W0467588

Sylvester Walch
Dimensionen der menschlichen Seele

Sylvester Walch

Dimensionen der menschlichen Seele

Heilung und Entwicklung
durch veränderte Bewusstseinszustände

Patmos Verlag

VERLAGSGRUPPE PATMOS

PATMOS
ESCHBACH
GRÜNEWALD
THORBECKE
SCHWABEN

Die Verlagsgruppe
mit Sinn für das Leben

MIX
Papier aus verantwortungsvollen Quellen
FSC® C006701
FSC www.fsc.org

Für die Schwabenverlag AG ist Nachhaltigkeit ein wichtiger Maßstab ihres Handelns. Wir achten daher auf den Einsatz umweltschonender Ressourcen und Materialien. Dieses Buch wurde auf FSC®-zertifiziertem Papier gedruckt. FSC (Forest Stewardship Council®) ist eine nicht staatliche, gemeinnützige Organisation, die sich für eine ökologische und sozial verantwortliche Nutzung der Wälder unserer Erde einsetzt.

Bibliografische Information der Deutschen Nationalbibliothek
Die Deutsche Nationalbibliothek verzeichnet diese Publikation in der Deutschen Nationalbibliografie; detaillierte bibliografische Daten sind im Internet über http://dnb.d-nb.de abrufbar.

2. Auflage 2013

www.patmos.de
Neuausgabe des 2002 im Walter Verlag erschienenen Titels *Dimensionen der menschlichen Seele. Transpersonale Psychologie und holotropes Atmen*

Umschlaggestaltung: butenschoendesign.de
Umschlagabbildung: © getty images / Stephen Studd
Druck: CPI – Ebner & Spiegel, Ulm
Hergestellt in Deutschland

ISBN 978-3-8436-0246-4

Inhaltsverzeichnis

Einleitung

Dieses Buch ist für Menschen geschrieben, denen Heilung der Seele und Verwirklichung der inneren Potentiale ein Anliegen ist. Auf diesem Hintergrund werden Themen wie Bewußtsein, Identität, Selbst und Spiritualität behandelt. Das holotrope Atmen in der Praxis, die zugrunde liegenden Konzepte sowie persönliche Erfahrungsberichte geben einen Einblick in eine hochwirksame therapeutische Methode.

Die traditionelle Psychologie und Psychotherapie war lange Zeit Erfahrungen in veränderten Bewußtseinszuständen gegenüber mißtrauisch. Menschen mit Grenzerfahrungen und spirituellen Krisen wurden häufig als verrückt angesehen. Dieses Buch soll nicht nur verstehen helfen, sondern auch aufzeigen, daß in uns beachtliche Ressourcen der menschlichen und gesellschaftlichen Entwicklung liegen.

Für Therapeuten, Berater und Wegbegleiter soll es Anregung und Unterstützung für die Begleitung intensiver psychischer Prozesse bereitstellen. Wenn es gelingt, die Angst vor tiefgreifenden Durchbrüchen abzubauen, die durch veränderte Bewußtseinszustände evoziert werden, können wertvolle und nachhaltige Persönlichkeitsveränderungen stattfinden.

Gewachsene psychologische und psychotherapeutische Konzepte werden durch die transpersonale Psychologie nicht verworfen, sondern erfahren eine wichtige Ergänzung. Heilung und Entwicklung muß über die gewöhnlichen Begrenzungen der Persönlichkeit und des Alltags hinausgehen, um wirklich voranzukommen. Dies soll durch die Darstellung von Ideengeschichte und Grundkonzepten der transpersonalen Psychologie im zweiten Teil des Buches klar werden. Dabei ist die Frage nach der Natur des Bewußtseins von maßgeblicher Bedeutung. Je tiefer man das Phänomen Bewußtsein zu begreifen versucht, desto komplexer und geheimnisvoller wird es. Es kommt dem Versuch gleich, mit der rechten Hand die rechte Hand zu ergreifen. Im Bewußtsein kann sich Bewußtes, Unbewußtes und Überbewußtes offenbaren. Jedoch sind die Inhalte nicht nur auf die persönliche Lern- und Lebensgeschichte bezogen, sondern sie verweisen auch auf kollektive, archaische und universelle Strukturen. Das Bewußtsein ist ferner in der Lage, sich selbst zu transzendieren. Veränderte Bewußtseinszustände dehnen die Erfahrungsgrenzen aus und ermöglichen tiefere Einsichten in die Existenz. Deshalb werden sie auch in unterschiedlichen Kulturen absichtsvoll eingesetzt. Sie bringen heilsame Energien hervor und machen nicht integrierte psychische Inhalte, kollektive Archetypen und universale Transformationssymbole sichtbar. Die Herstellung veränderter Bewußtseinszustände kann durch stoffliche und psychische Stimulation erfolgen. Wie sich herausstellen wird, sind generell psychologische Interventionen vorzuziehen, weil sie eher einer organischen Entwicklung und Integration der Psyche dienen. Veränderte Bewußtseinszustände bereichern das Leben. Sie können auch spontan auftreten. Bekannt hierfür sind die Nahtoderlebnisse. Sie lösen bei dem Betroffenen intensive Wandlungen aus. Sie sehen fortan den Tod als einen Prozeß der Reinigung und Weiterentwicklung.

Bedeutsam sind auch die unterschiedlichen Formen parapsychologischer Ereignisse. In Phänomenen wie Telepathie, Hellsehen, Präkognition und Psychokinese können die Koordinaten des Raum-Zeit-Körper-Kontinuums zeitweilig außer Kraft gesetzt werden. Die reichhaltigen Erkenntnisse der parapsychologischen Forschungen wurden von der transpersonalen Psychologie noch zu wenig beachtet, deshalb sollen sie hier auch einen angemessenen Stellenwert bekommen.

Nach der horizontalen Transzendenz des Bewußtseins, wie sie durch spontane und willentlich herbeigeführte veränderte Bewußtseinszustände auftritt, wird in einem weiteren Kapitel die vertikale Transzendenz oder die fortschreitende Bewußtseinsvertiefung thematisiert. Die Erörterung der Fragestellungen, wie die Suche nach einem spirituellen Weg beginnt, wie der der Weg nach innen verläuft und welche Schwierigkeiten auftreten können, vermitteln die Dynamik einer systematischen Meditationspraxis. Die außerordentliche Fülle existentieller Lebens- und Gotteserfahrungen, die auf den Stufen der inneren Entwicklung dem Menschen begegnen können, müssen sich im Alltag bewähren, denn sonst sind sie wertlos.

Seelische Gesundheit und spirituelles Wachstum sind eng miteinander verbunden.

In Zeiten, in denen die fanatische Auslegung religiöser Inhalte das Weltgefüge zu sprengen droht, sind ideologiekritische und kulturübergreifende spirituelle Konzepte notwendig geworden. Sie müssen die Erkenntnisse der Aufklärung und der modernen Bewußtseinsforschung beinhalten, ohne dabei den Wert der Hingabe und der Demut zu schmälern.

Die Begriffe Ich, Ego und Selbst werden im Verlauf des Buches eingehend erläutert. Da sie in der Fachliteratur ganz unterschiedlich definiert werden, erschien es sinnvoll, sie auf dem Hintergrund bisheriger psychologischer Forschungen darzustellen, um sie dann im Hinblick auf ein transpersonales Verständnis neu zu konzeptualisieren. Mit dem Begriff eines transpersonalen Selbst soll das Prinzip der »inneren Weisheit«, wie es oft im holotropen Atmen verwendet wird, begründet werden.

Der erste Teil des Buches ist der Praxis des holotropen Atmens gewidmet. Das holotrope Atmen eröffnet einen transpersonalen Erfahrungsweg, der tiefgreifende Lösungen von psychischen Problemen ermöglicht, die Persönlichkeitsentwicklung vorantreibt und spirituelle Befreiung bewirken kann. Die Darstellung der grundlegenden Konzepte soll sowohl für den professionellen Therapeuten, als auch für den Laien hilfreich sein. Der Leser wird auf eine Erfahrungsreise mitgenommen. Auf den verschiedenen Etappen der Reise werden auch die Mittel des holotropen Atmens näher erläutert.

Im dritten Teil kommen die Erfahrenden selbst zu Wort, ohne daß ihre Erfahrungsberichte interpretiert werden, denn diese sind mit dem üblichen Wissens- und Methodenkanon nicht zu erfassen. Sie sollen anmuten, berühren und zum Nachdenken anregen. Danach erfolgt ein heuristisches Ordnungsschema möglicher Erfahrungen im holotropen Atmen. Darin wird besonders die Offenheit und Vielfältigkeit dieses Weges deutlich.

Seit ca. 25 Jahren bin ich als humanistischer Psychotherapeut, Ausbilder und Supervisor im ambulanten und stationären Bereich tätig. Ausgehend von meinen Erfahrungen verlagerte ich in den letzten zwölf Jahren meinen Tätigkeitsschwerpunkt in Praxis, Forschung und Lehre mehr in Richtung transpersonaler Psychologie und holotropes Atmen. Immer wieder wurde ich von Kollegen angeregt, meine Konzepte nicht nur in Seminaren einzubringen, sondern in Form eines Buches einer breiteren Öffentlichkeit zur Verfügung zu stellen. Das Schreiben dieses Buches wurde für mich zu einem Abenteuer, verschiedenste psychotherapeutische, transpersonale und spirituelle Konzepte und Erfahrungen zu einem Ganzen zusammenzufügen und in seinen Verästelungen sichtbar werden zu lassen. Die Landschaften, in die ich mich dabei begab, waren vielfältig und tiefgründig.

Ich danke allen, die mich bei diesem Projekt unterstützt haben. Mein ganz besonderer Dank gilt den vielen Menschen, die mir das Vertrauen schenkten, sich in veränderten Bewußtseinszuständen begleiten zu lassen. In großem Umfang legten sie ihre Erfahrungen in schriftlicher Form nieder und trugen damit entscheidend zum Gelingen dieses Buches bei.

I. Teil

Praxis der transpersonalen Psychologie: Das holotrope Atmen

Die Grundsätze der transpersonalen Psychologie, die Erfahrungen der Mystiker und die Einsichten in die horizontale und vertikale Transzendenz des Bewußtseins eröffnen neue Möglichkeiten für die innere Entwicklung, die in zwei Ebenen sinnvollerweise verläuft: eine Ebene, die starre Gewohnheiten auflöst, Defizite auffüllt, Traumata behandelt, und eine andere Ebene, in der Öffnungen erfolgen, spirituelle Einsichten möglich werden und Bewußtseinsschulung stattfinden kann. Heilung und Öffnung, Psychotherapie und Spiritualität sind die beiden Erfahrungskreise, die es zu verbinden gilt. Durch holotropes Atmen ist beides möglich. Es ist einerseits eine äußerst wirksame Heilmethode und andererseits Vorbereitung und Öffnung für den ureigensten spirituellen Weg. Praktische Anwendungsgebiete der transpersonalen Psychologie blieben traditionellen spirituellen Wegen vorbehalten. Für viele aufgeklärte Menschen gab es häufig Bedenken wegen der Regel- und Normensysteme, die der jeweilig zugehörigen und gewachsenen Kultur entstammten. Das oftmals konservative Frauenbild, eine eher rigide Auffassung hinsichtlich der Sexualität, autoritäre Organisationsstrukturen und starre Hierarchien in den Meister Schüler Beziehungen schreckten Menschen aus westlichen Kulturkreisen ab. Sie befürchteten, in alte Abhängigkeitsmuster zurückzufallen und einem irrationalen Glauben an eine »heile Welt« ausgeliefert zu sein. Bewußtseinserweiterung und -vertiefung im Rahmen einer zunehmend gesellschaftlich akzeptierten Wissenschaftsrichtung, der Psychologie und Psychotherapie, ermöglichten zumindest ein wertfreies Experimentieren und eine nicht von vornherein religiös geprägte Vorgehensweise. Aus diesem gesellschaftlichen Bedürfnis nach transpersonaler Praxis ohne moralische Einengungen, die durch die humanistischen Psychotherapien in den siebziger Jahren überwunden wurden, entwickelte sich eine Reihe von Methoden, die Selbsterfahrung, Psychotherapie und Spiritualität miteinander sinnvoll verbinden sollten. Der Markt blüht, und das nicht nur mit fruchtbaren Ansätzen, denn unverarbeitete narzißtische Motive von Gruppenanbietern werden wegen der oft andächtigen Haltung der Teilnehmer entweder gar nicht oder häufig zu spät offenbar. Im Lichte eklektisch praktizierter spiritueller Rituale breiteten sich Schattenaspekte aus, die dann tabuisiert wurden. Das führte zu sexuellen Übergriffen, Betrügereien und autoritär geführten Selbsterfahrungsgruppen, in denen Kritik und Widerstand populistisch niedergebügelt wurden. Selbsternannte Lehrer, die oft ihre Inkompetenz durch autoritäres Gehabe überdeckten, tauchten in Scharen auf. Ausbildung, Eigentherapie und der persönliche spirituelle Weg kamen meistens zu kurz. Unter dem Begriff New Age wurden Schnellkurse zur inneren Befreiung angeboten und illusionäre Heilserwartungen geweckt. Damit war zunächst ein Bemühen in Verruf geraten, eine ganzheitliche Befreiungsmethode zu finden, die psychotherapeutische und spirituelle Einsichten produktiv integrieren kann.

1. Mein persönlicher Weg

Im folgenden schildere ich meinen persönlichen Weg zur transpersonalen Psychologie und zur spirituellen Praxis des Siddha Yoga, weil sich rückblickend vieles von dem bestätigt, was in den theoretischen Ausführungen dargelegt wird. Subtil und geprägt von Synchronizitäten bereiten sich äußerliche Veränderungen vor, die zwar in der jeweiligen Situation Entscheidungen erforderten, aber im Gesamtzusammenhang logisch erscheinen.

Schon in der frühen Jugend befaßte ich mich mit Philosophie, Psychologie und mit der Frage, warum manche Menschen ein bestimmtes Schicksal zu durchleiden haben und andere nicht. Auch empfand ich großes Mitgefühl mit Außenseitern der Gesellschaft, die oft unverschuldet in eine aussichtslose Situation geraten waren. Ich wollte wissen, wie man das erklären konnte.

Den ersten bewußten Aufbruch in das Gebiet transpersonaler Anschauungen unternahm ich mit 18 Jahren. Eine langwierige Nebenhöhlenentzündung zwang mich, nach dem verschiedenste medizinische Möglichkeiten ausgeschöpft waren, alternative Heilungsmethoden zu probieren. Da fiel mir ein Buch über Hatha Yoga in die Hände. Ich begann, die darin beschriebenen Übungen durchzuführen, besuchte Yogakurse, unterzog mich einer Heilfastenkur und überwand damit die unangenehme Krankheit. Dies war gleichzeitig der Beginn meiner Suche nach philosophischen und spirituellen Gesetzmäßigkeiten des menschlichen Daseins. Ich vertiefte mich in östliche Literatur, lernte verschiedene Techniken und Meister des Yoga (Yesudian) und der Transzendentalen Meditation (Maharishi Mahesh) kennen und erlebte tiefe innere Aufbrüche, die bei mir zu beeindruckenden außersinnlichen Wahrnehmungen wie Präkognitionen und Hellsehen führten. Ich konnte zum Beispiel die Aufgaben einer Mathematikschulaufgabe im voraus erkennen, registrierte nachts die unplanmäßige Rückkehr einer Freundin aus dem Urlaub, befreite durch Magnetisieren Menschen von diffusen Schmerzen und befaßte mich mehr und mehr mit Dimensionen, die über das Diesseits hinausgingen. Ich suchte in unterschiedlichen Religionen nach deren mystischen Ansätzen und landete dabei in einem urchristlichen spiritistischen Zirkel, der wöchentliche Seancen abhielt und Kontakt zu Geistwesen aufnahm. Wir gaben uns im Kreis sitzend die Hände, konzentrierten uns und nach kurzer Zeit fiel das Medium in Trance. Geistwesen sprachen durch das Medium und gaben Anweisungen zu einem »guten Leben«, erteilten Ratschläge in Lebenskrisen und machten Voraussagen über bedeutsame Ereignisse. Ich vertiefte diese Erfahrungen bei einer Englandreise, damals eine Hochburg des Spiritismus. Dabei traf ich auf ein Medium, das, ohne es wissen zu können, meine familiären Verhältnisse genau aufzeigte. Sie sah meinen Urgroßonkel, dessen Tod ich als Zweijähriger dramatisch miterlebte und der eine innige Beziehung zu mir hatte. Das war für mich ein Schlüsselerlebnis von hoher Authentizität, das mir neben den vorher beschriebenen eigenen Erfahrungen zeigte, daß parapsychologische Zugänge ernst zu nehmen sind. Mehr und mehr zog es mich in diese Materie hinein, bis ich feststellen mußte, daß sich auf diesem Gebiet viele Scharlatane tummelten. Führende Personen in diesen Gruppen fielen durch konservativ autoritäres Denken und die pauschale Verteufelung kritischer Einwände auf. Mediale Aussagen stimmten oftmals nicht oder wurden überinterpretiert. Darüber hinaus schien ich in bezug auf meine Persönlichkeit für grenzüberschreitende Erfahrungen noch nicht gut genug vorbereitet zu sein. Ich fühlte mich labil, in meinem Weg inkonsequent, fiel in alte familienbedingte Muster zurück und schwankte von einem Extrem ins andere. Ich begann die übersinnlichen Fähigkeiten für persönliche Befriedigung auszunutzen. Daraufhin verlor ich diese Fähigkeiten und führte kurze Zeit ein von Suchttendenzen (Beziehungen, Spiel, Essen) beherrschtes Leben. Ich fühlte mich unglücklich, warf alles »Esoterische« über Bord und widmete mich ganz der Wissenschaft (Studium der Psychologie, Philosophie und Psychiatrie), befaßte mich eingehend mit Erkenntnis- und Wissenschaftstheorie, sammelte berufliche Erfahrungen (Psychoanalyse, Verhaltenstherapie, Transaktionsanalyse, Bioenergetik) und absolvierte Ausbildungen in humanistischen Psychotherapiemethoden (Gestalttherapie, Integrative Therapie, Klientzentrierte Gesprächspsychotherapie und Gruppendynamik). Daneben arbeitete ich an meiner Doktorarbeit, deren Titel bezeichnenderweise »Subjekt, Realität und Realitätsbewältigung« lautete. Dabei ging es um die Frage: Was ist wirklich, und wie kann das Leben in guter Weise bewältigt werden?

Ich begegnete vielen bekannten Psychotherapeuten und lernte bei Carl Rogers, Laura Perls, Alexander Lowen, Igor Caruso, Moshe Feldenkrais, Herbert Otto, Hilarion Petzold, Raoul Schindler, Virginia Satir und Ruth Cohn. Mein hauptsächliches Interesse galt von nun an der klinischen Psychologie, und ich arbeitete parallel zu meinem Studium therapeutisch in freier Praxis sowie im Team der universitären Erziehungsberatungsstelle und betreute in der Psychiatrie chronisch schizophrene Patienten. Bald nach Abschluß des Studiums erhielt ich die Ernennung zum Ausbilder in Gestalttherapie, Integrativer Therapie, Gruppendynamik und klientenzentrierter Gesprächspsychotherapie. Zunächst arbeitete ich in freier Praxis und als Lehrtherapeut, doch nach kurzer Zeit nahm ich eine leitende psychotherapeutische Position in der Psychiatrie an und wurde anderthalb Jahre danach, 32jährig, beauftragt, ein Suchtkrankenhaus mit 85 Patienten und 40 Angestellten aufzubauen und zu leiten.

Zwei Erlebnisse, die den weiteren inneren Weg bestimmten, sollen hier, stellvertretend für viele ähnliche Begebenheiten, Erwähnung finden. In der Psychiatrie arbeitete ich mit einer Frau, die ihre zwei Kinder umgebracht und ihren Mann schwer verletzt hatte. Am Pfingstsonntagmorgen hatte ich plötzlich eine bedrängende Eingebung, ihr sei etwas zugestoßen, obwohl sie auf einer geschlossenen Abteilung lag. Ich fuhr sofort ins Krankenhaus, und die Pfleger berichteten, daß sie sich beim Gang zur Kirche aus einem offenen Fenster gestürzt hatte, zum Glück auf einem Rosenstrauch landete und sich nur leicht verletzte. Sie sagte mir später, daß sie von ihren verstorbenen Kindern gerufen worden sei. Ein zweites einschneidendes Erlebnis hatte ich als Krankenhausleiter. In der Nacht rief mich der Pflegedienst an und teilte mir ängstlich mit, rückfällige Patienten zettelten eine Schlägerei an. Auf dem Weg zum Krankenhaus fing ich spontan zu beten an, und eine ungeheure Energie breitete sich in mir aus. In diesem Zustand betrat ich das Foyer des Krankenhauses, und schon nach zwei Minuten beruhigte sich die Situation schlagartig. Danach verspürte ich ein glückseliges inneres Schauern, ein durch den ganzen Körper strömendes Rieseln, ähnlich einer flow-Erfahrung. In diesem Moment wurde mir klar, daß mir spirituelle Energien hilfreich zur Seite standen.

Nach etwa drei Jahren beruflichen Erfolgs fiel ich in eine tiefe Sinnkrise, die durch ein Burn out-Syndrom beschleunigt wurde. Ich hatte nun vieles erreicht, leitete eine Klinik, war als Ausbilder und Supervisor tätig, hatte eine eigene lange Eigentherapie hinter mir und fühlte mich trotzdem in einer Stagnation. Ich hatte den tiefen Wunsch nach einer neuen Dimension. Doch nichts, was ich kannte, konnte mir in dieser Hinsicht weiterhelfen. Zu dieser Zeit hatte ich in Salzburg eine Ausbildungsgruppe zu leiten, und zufällig (!) fand ganz in der Nähe ein Vortrag von Stanislav Grof über die Ergebnisse seiner Bewußtseinsforschungen statt. Ich besuchte diesen Vortrag und war innerlich davon zutiefst bewegt, obgleich meine Kollegen sich sehr skeptisch äußerten. Spontan entschloß ich mich, einen Kongreß für transpersonale Psychologie zu besuchen. Dort traf ich eine Kollegin, die sich zu einem Seminar von Grof angemeldet hatte, aber aus familiären Gründen absagen mußte, so daß ich für sie teilnehmen konnte. In dem Augenblick wußte ich, daß etwas Besonderes passiert war und daß ein neuer Weg begonnen hatte. Die Vorträge von Repräsentanten der transpersonalen Psychologie bewegten mich, aber am allermeisten überwältigte mich ein »Feuerlauf«. In der Nacht vom Ostermontag auf Osterdienstag wagte ich es, nach ausführlichen Meditationen zusammen mit anderen Personen über einen etwa 10 m langen und 4 m breiten glühenden Holzkohlenteppich barfuß zu gehen. Das Durchschreiten und Überwinden der Angst waren die Voraussetzungen für ein unverletztes Überstehen des Experiments. Danach fühlte ich mich energetisch in hohem Maße aufgeladen und lebendig. Ich hatte für einen Augenblick alle Begrenzungen und Fesseln gesprengt. Von dieser Energie beseelt setzte ich die Suche nach dem Selbst fort. Vor dem Seminar mit Stan Grof fuhr ich nach Todtmoos Rütte, um Graf Dürckheim, einen deutschen Vertreter der transpersonalen Psychologie, zu besuchen und mit ihm zu sprechen. Da er sich schon in Todesnähe wähnte, empfing er gewöhnlich keine fremden Besucher mehr. Wiederum durch eine auf mehrere »Zufälle« aufgebaute, außergewöhnliche Situation hatte ich das Glück, mit ihm eine Stunde lang sprechen zu können. Er sagte zu mir: »Geh in den Wald und höre in die Stille, laß alle Namen weg. Höre die Stille hinter der Stille und richte das Ohr nach innen, dann wirst du erfahren, was zu tun ist.« So wie Graf Dürckheim das zu mir sagte, erlebte ich plötzlich eine immense Verstärkung meiner Suche. Gleichzeitig fühlte ich, daß neue berufliche Aufgaben auf mich warteten, nur konnte ich sie noch nicht erkennen. Im Seminar mit Stan Grof erlebte ich in der ersten holotropen Atemsitzung einen weiteren inneren Durchbruch und meldete mich dann für die dreijährige Ausbildungsgruppe an. Stellvertretend für viele wichtige Atemerfahrungen sollen hier zwei dargestellt werden:

Zu Beginn meiner ersten Atemsitzung identifizierte ich mich mit einem schuppigen wurmähnlichen Tier und machte eine Anzahl entsprechender Bewegungen. Ich wand mich wiederholt spiralförmig von meinem Rücken zu meinem Bauch und wieder zurück. Plötzlich spürte ich auf meinen Füßen Berührungen, die ich als lästig und einengend empfand. Ich fing an, gegen sie anzukämpfen, zunächst nur leicht, später mit zunehmender Kraft und Entschlossenheit. Dieser Kampf intensivierte sich allmählich bis zu einem solchen Ausmaß, daß ich mir sicher war, daß ich um mein Leben kämpfe. Später erzählte man mir in der Gruppe, daß ich von fünf Personen nach unten gedrückt werden mußte, weil ich den anderen Leuten im Raum bedrohlich nahe gekommen war. In mir formte sich der Gedanke, daß ich niemals aufgeben würde, selbst wenn sich die ganze Welt gegen mich wandte. Mit Tricks, mit Kraft und mit lauten Schreien kämpfte ich gegen die Hilflosigkeit und die übermächtigen Feinde. Während ich nach unten gedrückt wurde, redete Stan ständig auf mich ein, daß er und die anderen um mich herum nicht meine Feinde seien, daß sie mir helfen wollten, meine Erfahrungen bis zum Ende zu durchleben. Nach einiger Zeit konnte ich in meinem Kampf das Wiedererleben meiner Geburt erkennen. Ich muß dazu sagen, daß das Gefühl der Hilflosigkeit unentwegt massiven Widerstand in mir hervorrief, aber nie Resignation. Ein ähnliches Verhaltensmuster kenne ich auch aus meinem Alltag. Meine heftigen Bewegungen und lauten Schreie erreichten einen Höhepunkt und ließen dann nach. Ich geriet in eine Phase der Entspannung. An diesem Punkt wollte ich mich aufsetzen. Als Stan mir sagte, es sei noch zu früh, zuckte mir die Erkenntnis durch den Kopf: Ich bin eine Frühgeburt! Ich legte mich wieder hin, wurde an meinem ganzen Körper zugedeckt und hatte das Gefühl, ich könnte all die verlorene Zeit in der Gebärmutter wettmachen. Das war sehr schön. Ich fühlte mich glücklich und war in der Lage, innerlich loszulassen und zu entspannen. Plötzlich konnte ich einen sehr intensiven Geruch nach Leder wahrnehmen. Dieser Geruch kehrte immer wieder, und ich empfand ihn als sehr, sehr angenehm. Ich befand mich in einem Zustand äußerster Entspannung, was ich in meinem Alltag überhaupt nicht kannte. Ich war in der Lage, meine Visionen richtig zu genießen. Dieser starke und intensive Geruch nach Leder war der bemerkenswerteste Aspekt meiner Erfahrung. Ich war sehr erstaunt und wußte nichts damit anzufangen. Später, als wir uns in der Gruppe unsere Erlebnisse erzählten, fragte ich Grof, was dieser Geruch sein könnte. Er erwiderte mir, der Geruch nach Leder gehöre wohl nicht zu den symbolischen und archetypischen Aspekten der Geburt. Meine Wahrnehmung müßte vielmehr mit den tatsächlichen Gegebenheiten während meiner Entbindung zu tun haben. Später an jenem Abend fand ich heraus, daß meine Mutter in einem Ledergeschäft gearbeitet hatte und am Tage meiner Entbindung bis spät in den Abend hinein Lederhosen auf ihrem Schoß genäht hatte. Sie hatte nicht damit gerechnet, daß die Wehen schon an diesem Tag einsetzen würden, und als Fruchtwasser abfloß, glaubte sie irrtümlich, sie hätte eine Blasenentzündung. Auch meine allererste Zeit nach der Geburt war eng mit dem Geruch nach frischem Leder verknüpft, weil meine Mutter kurz nach meiner Entbindung zu Hause weiter an Lederhosen nähte.

Ich bin überzeugt, daß ich meine Geburt wiedererlebt habe und daß auch der Geruch nach frischem Leder eine authentische Erinnerung war.

Ich hatte in den Atemsitzungen zahlreiche Visionen, hielt mich in unterschiedlichen Zeiten und Kulturen auf, identifizierte mich mit Tieren, erlebte mich als Frau und sah in einer Vision, wie ich meine Eltern aus einer Schlucht zog, was mir bewußt machte, daß die menschliche Existenz nicht auf Zufälle aufgebaut ist. Ich erlebte mich in verschiedenen Lebensaltern, ging durch einen Sterbeprozeß hindurch und erfuhr die Herrlichkeit einer Wiedergeburt. Und dennoch, als erfahrener Psychotherapeut und Erkenntnistheoretiker zweifelte ich an der Authentizität dieser Erfahrung, quälte mich mit der Suche nach stichhaltigen Beweisen und fand mich sogar in der Atemerfahrung selbst als Kritiker meiner Erfahrung wieder, bis ich aus tiefster innerer Verzweiflung nach Wahrheitszeichen flehte. Dazu folgende Sequenzen einer Atemsitzung: Meine Großmutter verstarb vor nicht allzu langer Zeit und sie erschien mir während der Atemsitzung in einem langen weißen Gewand. Plötzlich durchströmte mich ein Gefühl von Liebe und Geborgenheit, so wie ich es auch immer, als sie noch lebte, in ihrer Nähe empfand. Das freundliche Lächeln in ihrem Gesicht sprach mich an, und plötzlich trübte sich meine innere Stimmung. Bildete ich mir das alles nur ein, oder begegnete ich ihr wirklich in diesem Augenblick? Die Zweifel wurden so stark, daß ich in hohe Anspannung geriet und am liebsten die Atemsitzung beendet hätte. Ich konnte nur von diesen Zweifeln befreit werden, wenn sie mir ein sichtbares Zeichen gab. So flehte ich sie an: »Gib mir ein Zeichen, damit ich dir glauben kann!« In diesem Moment hatte sie plötzlich eine Rose in der Hand, die sie am Stil umknickte. Sie lächelte und vermittelte mir, daß dies das Zeichen sei. Nach der Atemsitzung konnte ich damit absolut nichts anfangen. Ich suchte und suchte, fand jedoch in meiner näheren Umgebung keine Rose. Da rief ich meine Tante an, die im Hause meiner verstorbenen Großmutter lebt, und fragte sie, ob im Zusammenhang mit meiner Großmutter irgend etwas mit einer Rose zu finden sei. Sie verneinte, und wir sprachen dann über oberflächliche Dinge. Plötzlich, in einem Nebensatz, erwähnte sie, daß sie gestern, in der Stunde meiner Atemsitzung, ihrer Schwägerin beim Rosenschneiden half, und dabei seien viele abgebrochen. In diesem Moment erlebte ich einen starken inneren Schauer von Glückseligkeit und Wärme. Mir wurde schlagartig klar, daß dies das Zeichen war, und meine Zweifel wurden insgesamt schwächer.

Zwei wichtige Wegmarken bestimmten die weitere Richtung in meinem Leben: der intuitiv wahrgenommene Auftrag, die Aufbauarbeit des Krankenhauses allmählich abzuschließen und die persönlichen Erfahrungen mit veränderten Bewußtseinszuständen in die traditionellen Kreise der Psychotherapieverbände hineinzutragen; des weiteren erkannte ich, daß ein spiritueller Weg mir helfen konnte, das Ego so zu transformieren, daß ich meine neuen Aufgaben gut bewältigte. Für nahestehende Menschen war es kaum verständlich, daß ich nach fünfjährigem intensiven Engagement nun nicht mehr die Früchte und Privilegien eines Krankenhausleiters ernten und mich in die unsichere freie Praxis begeben wollte. Doch der innere Ruf wurde immer stärker, so daß ich mich zu diesem Schritt entschloß und voller Vertrauen die neuen Aufgaben anging. Dabei unterstützte mich der kurz vorher begonnene spirituelle Weg des Siddha Yoga. Im Siddha Yoga wird der innere Weg von einem Meister begleitet, der nach der Tradition die Kraft zur Initiation eines Schülers besitzt. Die Erweckung der spirituellen Kräfte im Schüler kann subtil, oder auch äußerst dramatisch verlaufen, denn die erweckte Kundalini birgt immense Kräfte in sich. Sie reinigt den Schüler, befreit ihn von Hindernissen und öffnet die feinstofflichen Energiezentren (Chakren). Denn auf dem Wege zu universaler Liebe muß das Ego schrittweise transformiert werden. Meine Initiationserfahrung bei einem intensiven Meditationskurs brachte massive Ängste, begleitet von hohem Fieber, an die Oberfläche, die sich für Stunden zu einem paranoiden Zustand steigerten. Danach fiel ich in eine tiefe Müdigkeit, aus der heraus Wellen von Frieden,

Liebe und Gelassenheit strömten. Ich fühlte mich noch Tage danach von einem hohen Energielevel getragen, der meinen Alltag beseelte. Die Übungen des Siddha Yoga sind u. a. stille Meditation, Wiederholung von Mantren, Seva und die allmähliche Transformation des Alltags. Dabei sollen die täglichen Aufgaben aufmerksam, im Sinne eines umfassenden Dienstes (seva), bewältigt und in den anderen Menschen das Göttliche wahrgenommen werden. Die inneren Hindernisse werden durch unbearbeitete Ego-Anteile ausgelöst, so daß Konfrontation und Transformation des Ego im Zentrum der inneren Arbeit des Schülers und des Meisters stehen. Plötzlich eintretende Ereignisse, unvermutete Begebenheiten und soziale Problemkonstellationen erhalten einen Aufforderungscharakter, sich damit auseinander zu setzen, wobei die Weisheit des Gurus die Tragfähigkeit des einzelnen nicht überfordert. Bei einem Ashram-Besuch in Indien fügte ich mir nach einer intensiven Meditationssitzung durch Unachtsamkeit einen Bänderriß zu, der zu einer spontanen Reflexion meiner Lebensweise führte. Diese Auseinandersetzung vollzog sich aber unter dem Schutz eines Orthopäden, der zufällig das gleiche Meditationsseminar besuchte und mich erstversorgte. Die Prüfungen, so heißt es, die auf den Schüler zukommen, lassen keinen Schaden zurück, sondern sind zu seinem Besten. Zum Zeichen meiner Bereitschaft, daß Gurumayi, das derzeitige spirituelle Oberhaupt der Siddha Yoga Tradition, subtil meine Egotransformation begleiten und fördern soll, überreichte ich ihr in einer Zeremonie eine Kokosnuß, eine symbolische Geste, die zum Ausdruck bringt, daß meine harte Schale des Egos durchbrochen werden soll, damit ich den göttlichen Kern meines Innersten erfahren kann. Ein zweites, für mein Leben äußerst entscheidendes Erlebnis möchte ich dazu schildern: Monate nach dem Ashramaufenthalt verbrachte ich mit meiner Familie einen Urlaub auf einer Kanarischen Insel. Durch Aneinanderreihen vieler »zufälliger« Ereignisse sprang ich kopfüber in ein Schwimmbecken, das mit einem zwei Meter breiten, 40 cm seichten Betonrand versehen war. Ich bemerkte dies nicht und knallte mit meinem Kopf darauf. In diesem Augenblick hatte ich das Gefühl, in den Weltraum geschleudert zu werden. Unter Wasser dachte ich nur noch: »Raus und überleben!«, für meine Familie und meine kleinen Kinder. Mit Mühe rettete ich mich an den Rand, zog mich hoch, brach mit blutüberströmten Kopf zusammen und fiel direkt in die Arme einer Schweizer Ärztin, die mich sofort behandelte, den Notarzt rief, der mich dann mit dem Krankenwagen ins nächstgelegene Krankenhaus transportieren ließ. Die Wirbeldeckel von drei Brustwirbeln wurden bei dem Unfall eingedrückt, und ich durfte in den nächsten Wochen nichts anderes tun, als Ruhe zu bewahren, mich aufrecht und bedächtig durchs Leben zu bewegen und sorgsam mit mir umzugehen. Welch eine gute Botschaft! In den Tagen nach dem Ereignis erlebte ich Zustände von überfließender Liebe und Visionen von Begegnungen mit dem Göttlichen. Rückblickend wurde mir klar, daß dieses Mißgeschick intensive Öffnungen meines Zentralkanals (shusummna) mit sich brachte, die diese außergewöhnlichen Erfahrungen bewirkten. Die innere Flamme meines Herzens brannte wieder, und ich begann, neben meiner sonstigen Ausbildungs- und Supervisionstätigkeit Seminare für Psychotherapeuten, die neue Dimensionen ihres Bewußtseins und ihrer therapeutischen Arbeit entdecken wollten, anzubieten. Diese Seminare waren sehr gut besucht, und ich nahm die Aufgabe, die mir übertragen wurde, in meinem tiefsten Herzen an. Daraus entwickelte sich dann der Arbeitskreis für transpersonale Psychologie und Psychotherapie. Rückschläge in meiner inneren persönlichen Entwicklung, Identitätsunsicherheiten und Konfrontation mit verbliebenen Schattenaspekten meiner Seele warfen mich immer wieder zurück und zeigten mir in deutlichen Worten, daß der Weg lang und steinig ist. Die bewegenden Licht- und die frustrierenden Schattenerfahrungen hießen mich die Kraft des Egos ernst zu nehmen, den transzendenten Kräften und Ressourcen zu vertrauen und den Weg trotz massiver Rückschläge nicht aufzugeben. Sie zeigten mir jedoch auch, daß das einmal Erworbene nicht zum dauerhaften Besitz wird, sondern täglich erneuert werden muß. Des weiteren wurde mir eindrucksvoll bestätigt, daß personale und transpersonale Entwicklung sich gegenseitig brauchen und ergänzen, denn nur eine gestärkte Persönlichkeit ist in der Lage, die immensen Energien, die aus dem transpersonalen Bewußtseinsraum kommen, zu halten und weiterzugeben.

2. Entstehungsgeschichte

Bevor ich nun genauer auf das holotrope Atmen eingehe, hier einige biographische Stationen des Begründers Stanislav Grof: Er wurde 1931 in der Tschechoslowakei geboren, studierte Medizin und Philosophie und absolvierte eine Ausbildung zum Facharzt für Psychiatrie und zum Psychoanalytiker. Schon bald begriff er, daß die psychoanalytischen Konzepte die seelisch-geistige Bedingtheit des Menschen zu sehr auf die Triebtheorie reduzierte. Darüber hinaus stellte er fest, daß der Aufwand, gemessen an der Anzahl psychoanalytischer Sitzungen, in keinem Verhältnis zu den Heilerfolgen stand: »Die Opfer an Zeit, Energie und Geld waren im Vergleich zu den Resultaten riesig« (Grof und Grof, 1991, S. 37). Deshalb öffnete er sich für neue Wege. 1955 wurde LSD von dem Chemiker Albert Hofmann synthetisiert und schon bald danach zur Probe an verschiedene psychiatrische Krankenhäuser geschickt, um das Wesen der Schizophrenie durch die »Modellpsychosen« genauer erforschen zu können. LSD ist dem Psilocybin sehr ähnlich, das wie andere Halluzinogene in indianischen Kulturen schon seit frühen Zeiten zum Erzeugen außergewöhnlicher Bewußtseinszustände verwendet wird. Grof begann mit LSD zu arbeiten und fand heraus, daß Menschen unter LSD Einfluß nicht verworrenes Zeug sprechen, sondern daß das Erlebte im Bezug zur Person steht. Durch diese Erfahrungen änderte sich sein Weltbild und seine Auffassung über die Wirkkräfte der menschlichen Seele vollkommen:

»Als Ergebnis meiner systematischen Studien der psychedelischen Erfahrungen von anderen und mir selbst hat eine äußerst bemerkenswerte Transformation stattgefunden: der unnachgiebige Einfluß von unumstößlichen Beweisen hat mein Verständnis von der Welt allmählich von einem atheistischen Standpunkt hin zu einem grundlegenden mystischen gewandelt. Was sich durch meine erste Erfahrung von kosmischen Bewußtsein auf umwälzende Weise angekündigt hatte, ist durch sorgfältige tägliche Arbeit an den Forschungsdaten voll zum Erblühen gekommen« (Grof u. Grof, 1991, S. 41).

1967 ging Grof nach Amerika und setzte dort seine Forschungen am Maryland Institute fort, bis LSD verboten wurde. Er fand nun heraus, daß in unterschiedlichen Kulturen seit vielen Jahrhunderten die Technik des schnelleren Atmens zur Evozierung von veränderten Bewußtseinszuständen eingesetzt wurde. So entwickelte er mit seiner Frau Christina das »holotrope Atmen« (von holotrop = in Richtung Ganzheit gehend): Im Zusammenspiel des beschleunigten Atmens, mitreißender (evokativer) Musik und prozessualer Körperarbeit, können Gruppenteilnehmer in tiefe innere Erfahrungen eintauchen.

Es wird zwar als originäre Richtung im Psychotherapiespektrum betrachtet, doch bei genauerem Hinsehen stützt sich Grof auf althergebrachte Methoden, die sogar in der Historie der vielfältigen Entwicklungen der Psychotherapie wiederzufinden sind. Zahlreiche therapeutische und spirituelle Richtungen haben auf den Atem als Vehikel der persönlichen Reifung und des spirituellen Wachstums gesetzt. Das beschleunigte Atmen als natürliches Mittel der Bewußtseinserweiterung, der Reinigung und der Steigerung des spirituellen Energieflusses ist in den Pranayama-Übungen des Yoga, im Dikhr der Sufis, in Ritualen des Schamanismus und in Zeremonien urchristlicher Gemeinden eingesetzt worden. In der Psychotherapie war es Wilhelm Reich, der neben bestimmten Körperübungen auch Atemübungen, darunter das beschleunigte Atmen, verwendete, um Widerstände zu durchbrechen, Symptome, die Verpanzerungen des Körpers bewirkten, in emotionale Erfahrung umzusetzen und zu lösen. Er beobachtete bei den Patienten, daß nicht nur Krankheitssymptome verschwanden, sondern auch ihre Vitalität, Empfindsamkeit und Beweglichkeit gefördert wurden. Auch Nachfolger von Reich, wie Lowen (Bioenergetik), Ida Rolf (Rolfing – Strukturelle Integration) und andere körperzentrierte Psychotherapieformen maßen dem Atem eine zentrale Bedeutung bei. Leonard Orr versuchte mit Hyperventilationstechniken die Prägungen durch das Geburtstrauma (rebirthing) zu lösen. In den sechziger Jahren wurde die Hyperventilation in den Zentren von Baghwan Shree Rajneesh (Poona) ganz selbstverständlich als Intervention zur Lösung psychischer Probleme, zur spirituellen Öffnung und Intensivierung der Bewußtseinsentwicklung praktiziert. Evokative Musik findet sich von je her im Trommeln und Rasseln der Schamanen, in den Gesängen der Yogis, Inuit, Sufis und Tibeter, in den Engelschören der Christen und in den vielfältigen musiktherapeutischen Interventionen, zur Aktivierung und zur Entspannung. Prozessuale Körperarbeit der humanistischen Traditionen ergänzte die oft an der Oberfläche verbleibende verbale Psychotherapie. In diesem Bereich wären auch noch Kelemann, Boadella, Ron Kurtz, Malcolm und Kathrin Brown zu nennen. Das Verdienst von Stanislav Grof besteht nicht so sehr darin, neue Methoden oder Techniken entwickelt zu haben, sondern in den ausführlichen Beschreibungen der perinatalen und der transpersonalen Erfahrungsebenen. Die Kenntnis davon führte jedoch wieder zu einer ganz bestimmten Form der Umsetzung der vorgenannten Zugänge und Methoden, die im Laufe der Jahre, wie das für jede Richtung gilt, weiterentwickelt wurden.

In seinen Büchern *Topographie des Unbewußten* (1978), *Geburt, Tod und Transzendenz* (1985), *Das Abenteuer der Selbstentdeckung* (1987), *Die Welt der Psyche* (1993) zeigt er in eindrucksvoller Weise, daß unsere Seele nicht nur von lebensgeschichtlicher Erfahrung geprägt ist. In veränderten Bewußtseinszuständen können Menschen – die Dramatik der eigenen Geburt nacherleben – das Erleben kann sogar zurück bis zur Inkarnation reichen – in die Zukunft sehen – sich Jahrhunderte zurück erleben – sich außerhalb des Körpers aufhalten – an zwei Orten gleichzeitig sein – plötzlich in andere und frühere Kulturen eintauchen – mögliche frühere Leben wieder erleben – volle Identifikation mit Tieren erlangen – das Schicksal von Menschengruppen direkt erleben (z. B. sich mit allen Hungernden der Erde identifizieren) – umfassende innere Verbundenheit mit dem Kosmos erfahren – Begegnungen mit Heiligen erleben. Auch wenn die orthodoxe Neurophysiologie einwendet, daß die »Myelisierung der Hirnrinde« erst nach der Geburt abgeschlossen ist und somit ein Erinnern an Erlebnisse, die vor dem ersten Lebensjahr liegen, nicht möglich ist, konnte Grof in vielen Selbsterfahrungssitzungen ungewöhnliche, authentische Erfahrungen erschließen. Das Unbewußte eines Menschen umfaßte somit nicht nur die verdrängten libidinösen Regungen, sondern beinhaltet auch die Welt der kollektiven Archetypen und Mythen, perinatale Erlebnisse und über die individuelle

Persönlichkeit hinausgehende transpersonale Zustände. Er geht so weit anzunehmen, daß das gesamte Erfahrungswissen des Universums in der Einzelseele holographisch gespeichert ist und daß wir in veränderten Bewußtseinszuständen durchaus Zugang dazu finden können. Mosaikartig fügten sich die persönlichen Erlebnisse und die Ergebnisse seiner Untersuchungen zu einem Verständnis des Universums und des Seins zusammen, das stark an die unterschiedlichen Systeme des Yoga, die buddhistischen Lehren, das tibetische Vajrayana, der Shivaismus in Kashmir, Taoismus, Sufismus, die Kabbalah und die christliche Mystik angelehnt war. Er nannte dies nach Huxley eine philosophia perennis, eine Grundauffassung vom Sein, die sich in allen Kulturen in ähnlicher Weise wiederfindet. Wie weiter unten noch erwähnt wird, bildeten diese Einsichten die inhaltliche Voraussetzung für die Bewegung der transpersonalen Psychologie. Einen nicht zu unterschätzenden Stellenwert für die rituelle Ausrichtung des holotropen Atmens besitzt auch der Einfluß von Muktananda, dem ehemaligen Meister des Siddha-Yoga. Christina Grof war eine Schülerin Muktanandas und ihre dramatischen spirituellen Erfahrungen konnte sie mit Hilfe des tantrischen Kundalinikonzepts verstehen:

»Mein Treffen mit Muktananda läßt sich am besten mit den Worten beschreiben, daß es so war, als ob ich mich verliebt oder einen Seelengefährten gefunden hätte. Der Kontakt zu ihm änderte den Lauf meines Lebens vollkommen« (Grof und Grof, 1991, S. 23).

Aber auch Stanislav Grof hatte mehrere intensive Kontakte mit Muktananda, die ihn stark beeinflußten. So wies ihn Muktananda darauf hin, daß das holotrope Atmen im Sinne einer spirituellen Energiearbeit zu verstehen sei, die wohl von westlich orientierten Menschen besser angenommen werden könnte. Später, nach dem Tode Muktanandas, zogen sich beide aus dem Siddha-Yoga wieder zurück.

Ausgehend von persönlichen Erfahrungen (vgl. Grof u. Grof, 1990 u. 1991), haben sich Stan und Christina Grof auch um die Entwicklung von SEN (Spiritual Emergency Network) große Verdienste erworben, in dem Menschen in spirituellen Krisen emotionale Geborgenheit und professionelle Ansprechpartner finden konnten.

Das holotrope Atmen wurde im Laufe der Zeit zu einer anerkannten transpersonalen Erfahrungs- und Therapiemethode. Grof führte in den USA und Europa Ausbildungsgruppen durch und übergab später einem seiner Gefolgsleute in den USA die Ausbildungsrechte. Da die Ausbildung für alle Interessenten zugänglich war und ist, entstand im Laufe der Jahre das Problem, daß viele Laientherapeuten diese Methode ausübten und häufig durch die gleichzeitig auftretenden psychodynamischen und gruppendynamischen Komplikationen überfordert waren. Eine so intensive und wirksame Methode braucht therapeutisch gut vorgebildete Personen, denn neben dem Erfahrungswissen ist ein professioneller Umgang mit Übertragungs- und Gegenübertragungsphänomen, sowie mit Widerständen und Krisen absolut erforderlich, denn sonst läuft man Gefahr, das auftauchende Material inadäquat zu verarbeiten, was mehr Belastung, als Befreiung mit sich brächte. In Österreich wurden die transpersonale Selbsterfahrung, das holotrope Atmen und die transpersonale Psychotherapie vom Arbeitskreis für transpersonale Psychologie und Psychotherapie zu einem anerkannten Weiterbildungscurriculum ausgearbeitet. Dieses ist nur für Personen gedacht, die über eine abgeschlossene Therapieausbildung verfügen und bereits in einem Heilberuf tätig sind. Die Integration personaler und transpersonaler Ansätze ist zentrales Anliegen des Arbeitskreises. In den nächsten Abschnitten soll nun näher auf das Setting der »transpersonalen Selbsterfahrung und des holotropen Atmens« eingegangen werden, wie es in den von uns durchgeführten Seminaren praktiziert wird.

3. Standortbestimmung

Die psychotherapeutischen Methoden kann man zunächst in drei Hauptströmungen einteilen. Zu den behavioristischen Richtungen gehören die klassische Verhaltenstherapie und kognitive Ansätze der Verhaltenstherapie. Sie stellen das Symptom und seine Behandlung in den Mittelpunkt des therapeutischen Bemühens. Nach ausführlichen Explorationen und einer verhaltensanalytischen Diagnostik versucht man, durch Desensibilisierung des Problemverhaltens, durch Verstärkung von erwünschtem und Löschung von unerwünschtem Verhalten dem psychischen Leiden entgegenzuwirken. Angstpatienten zum Beispiel suchen in Begleitung des Therapeuten angstbesetzte Situationen auf, und sie versuchen durch Entspannungstechniken den Angstpegel zu senken, bis sich die Angst allmählich verliert. Mutige Verhaltensweisen werden unterstützt und belohnt. Die Kindheit spielt nur im Zusammenhang mit der Symptomentwicklung eine Rolle. Der Therapeut versteht sich als neutraler Experte, der Vorschläge für den therapeutischen Plan erstellt und hilfreiche Unterstützung in der Durchführung gewährt.

Die zweite große Richtung sind die tiefenpsychologischen Methoden (Freud, Jung, Adler); die Freudsche Psychoanalyse ist allgemein bekannt. Sie hat durch die Erforschung des Unbewußten, auf die innere Triebwelt des Menschen aufmerksam gemacht. Der Mensch handelt nicht nur, wie er will, sondern auch wonach »Es« ihn drängt. Die Technik der freien Assoziation legt die verdrängten, lebensgeschichtlichen Erfahrungen und unbewußten

Konflikte frei (Erinnern) und ermöglicht ein erweitertes Verstehen der oberflächlich sichtbaren Symptomatik (Einsicht). Die Durcharbeitung beschränkt sich im wesentlichen auf verbale Interaktion (vgl. Thomä u. Kächele, 1986 u. 1988). Das Symptom ist anders als in der Verhaltenstherapie nur die Spitze des Eisbergs, denn dahinter verbergen sich ungeahnte konfliktreiche Erfahrungen in der Kindheit, die verdrängt wurden. Nur wenn diese Ursachen wieder ins Licht der Bewußtheit kommen, kann auch das Symptom verschwinden. Die Rolle des Therapeuten ist im Sinne eines Spiegels zu verstehen, in dem sich alle Probleme, die es mit früheren Bezugspersonen gab, abbilden. So schlüpft der Therapeut für den Klienten in die Rolle des Vaters, der Mutter oder anderer wichtiger Bezugspersonen (Übertragung). Die entsprechenden zugehörigen Gefühle auf seiten des Therapeuten (Gegenübertragung) werden als wichtige Interventionshilfe indirekt in den therapeutischen Prozeß mit einbezogen. Auftauchende Widerstände gegen das unbewußte Material werden feinfühlig gedeutet und bearbeitet, weil sie Zugänge zu unbewußten Themen und Inhalten eröffnen. Die Freudsche Richtung befaßt sich hauptsächlich mit dem persönlichen Unbewußten, C. G. Jung verweist außerdem auf die Bedeutung kollektiver Archetypen, kreativer Symbolisierung und transpersonaler Aspekte in der individuellen Seele. Adlers Individualanalyse setzt auf die Triebkräfte von Macht und auf die Kompensation von Ohnmacht. Mit Ausnahme von C. G. Jung stehen die meisten psychotherapeutischen Richtungen dem Religiösen und Mystischen eher skeptisch gegenüber, fallweise betrachten sie es sogar als Zeichen von Krankheit (Verschmelzungs- und Erlösungssehnsüchte von früh geschädigten Menschen).

Die humanistischen Ansätze der Psychotherapie betonen die Eigenverantwortlichkeit des Menschen und beziehen sich auf die im gegenwärtigen Prozeß (Hier und Jetzt) auftauchenden leiblich gefühlten Empfindungen (vgl. Perls, 1980). Die in der Kindheit aus Angst abgedrängten und vereisten Gefühlsreaktionen werden durch Betonung des körpernahen Ausdrucksvermögens (in Verbindung mit ihren szenischen Inhalten) direkt erlebbar und in einem kontrollierten Rahmen ausagiert. Die freiwerdende Energie kann dann kreativ für alternatives Handeln (Neuorientierung) eingesetzt werden (vgl. Petzold, 1993). Der Therapeut ist zwar auch Experte, aber zugleich in einem von Gleichberechtigung, Würde und Respekt getragenen partnerschaftlichen Verhältnis. Es ist eine Hilfe zur Selbstregulation, zur Authentizität und zur Kreativität im Lebensprozeß. Nicht allein das Krankheitsgeschehen wird zum Motiv der gemeinsamen Arbeit, sondern auch die Gesundheit und die Selbsterforschung. Therapie wird auf diese Weise zu einem gemeinsamen und einmaligen Unterfangen, das dem sich je zeigenden individuellen Lebensentwurf phänomenologisch begegnet und hermeneutisch zu einem konsensuellen Lebensverständnis führt. Gestalttherapie, klientenzentrierte Psychotherapie, Psychodrama, Integrative Therapie, systemische Therapie und verschiedene Formen der leiborientierten Psychotherapie können dazu gerechnet werden.

Die überwiegende Mehrheit der Psychotherapierichtungen sieht den Menschen hauptsächlich durch seine individuelle Lebensgeschichte geformt. Sie gilt es zu integrieren. Gewöhnlich fürchten traditionelle Psychotherapeuten Kontrollverlust, Dekompensation, Ichauflösung und religiöse Visionen. Sie vertrauen mehr der eigenen Konzeptualisierung als der inneren Weisheit des Klienten. Die transpersonale Selbsterfahrung, die transpersonale Psychotherapie und das holotrope Atmen gingen aus der humanistischen Therapie hervor, nicht nur von ihren Hauptvertretern (Maslow, Sutich, Grof, Wilber), sondern indem sie deren Anliegen beibehält und durch einen breiteren Verständnisrahmen ergänzt.

Eine psychische Störung kann zu einer körperlichen, seelischen und geistigen Behinderung im Leben führen – ein globales Unwohlsein, ein mangelndes Gefühl von Geborgenheit, Unsicherheit im Kontakt zu anderen Menschen, eingeschränkte Beziehungsfähigkeit, ein schwaches Selbstbewußtsein, verschiedene körperliche Erkrankungen, Störungen im Arbeitsleben, plötzlich auftretende Angstzustände usw. Im DSM-IV (Diagnostic Statistic Manual) sind zahllose Störungsbilder aufgeführt, die hier nicht vollständig dargestellt werden können. Ein Mensch mit einer psychischen Störung leidet am Leben. Den Hintergrund von Lebensstörungen sehen Psychotherapeuten vor allem in einer breiten Palette an schädigenden sozialen Einflüssen, insbesondere in der Kindheit. Sie lassen sich in folgende Bereiche einteilen: Defizite, Traumen und chronische Konflikte. Bei Defiziten fehlten, vor allem im frühen Kindesalter, die psychischen Grundnahrungsmittel wie Liebe, Wärme, Geborgenheit, Sicherheit und Verläßlichkeit. Häufiges Alleingelassenwerden, wenig Zuwendung, seltener Körperkontakt, Fehlen basaler Sicherheiten (materiell und psychisch), Grundwerte und sozialer Geborgenheit, mangelnde Selbstbestätigung verhindern den Aufbau von Selbstsicherheit und führen häufig zu depressiven Erkrankungen. Was für die Entwicklung wichtig gewesen wäre, hat gefehlt oder war nur in unzureichendem Ausmaß vorhanden. In der Seele entsteht ein Vakuum, das durch spätere korrigierende Erfahrungen gefüllt werden muß. Was damals nicht war, muß stellvertretend ersetzt werden. Bei einem Trauma ist etwas mit einem Menschen passiert, das ihn seelisch geschädigt hat, wie körperliche Mißhandlungen und andere Grausamkeiten, die das Kind einmal oder über einen längeren Zeitraum erleiden muß, wie Züchtigungen, Mißbrauch, Scheidung, Tod der Mutter oder des Vaters, Verlust, heftige Schmerzen, Kriege und Katastrophen. Sie lösen Ängste, Ekel, Wut und Verwirrung aus, die damals nicht ausgedrückt werden konnten. So kommt es zu seelischen Ablagerungen und abgespaltenen Emotionen. Hier geht es darum, diese aufs neue zu erleben, damit sich die Seele von den kränkenden Introjekten wieder befreien kann. Chronische Konflikte sind über einen längeren Zeitraum immer wiederkehrende Unstimmigkeiten im sozialen Feld eines Menschen, die seine Psyche in einen dauerhaften Spannungszustand versetzten, so daß er heute nicht mehr in der Lage ist, Ruhe und inneren Frieden zu finden. Erst wenn er diese Spannungen ausdrücken und Entspannung genießen kann, wird er wieder eine gesunde Lebensbalance erreichen.

Durch psychische Störungen hat sich irgend etwas innerlich zusammengezogen und abgekapselt, das nicht mehr wachsen kann. Man fühlt sich in seiner eigenen Haut nicht mehr wohl. Die Selbstregulation ist ins Stocken geraten, innere Impulse werden unterdrückt oder inadäquat entladen. Die Lebensmuster sind starr geworden und unbewußt auf die Kompensation fixiert. Mißtrauen, Angst, Ohnmacht, emotionale Labilität und Wut dominieren die Seele und verhindern Liebe, Spontaneität und Kreativität. Die Intensität des Symptoms zeigt das Ausmaß an Energie, das darin gebunden ist und das Symptom ist eigentlich schon der erste unbeholfene Heilungsversuch. Die Dynamik der Heilung bleibt im Symptom stecken wie ein abgelenkter Pfeil, der sein wirkliches Ziel noch nicht findet. Die veränderten Bewußtseinszustände aktivieren das Unbewußte und setzen diese Energie frei. Je umfassender eine Entladung stattfinden kann, desto heilsamer wird sie sich auswirken, weil sie zur Entlastung und Entspannung des psychischen Systems führt, auch wenn der Patient die Zusammenhänge noch unzureichend versteht. Unterdrückung, Abwertung und Ausklammerung veranlassen chronische Kontraktionen und festigen im Unbewußten das krankmachende Milieu.

Bei der therapeutischen Arbeit mit veränderten Bewußtseinszuständen hat man entdeckt, daß sich die dynamische Konstellation psychopathologischer Symptome weit über die Biographie hinaus erstrecken kann. Deshalb werden Heilmechanismen gebraucht, die diese tief verborgenen Erfahrungen ans Tageslicht fördern; sie wären durch den normalen Erinnerungsvorgang nicht zu erschließen. Die Grundprinzipien einer personalen Psychotherapie sind nicht überflüssig, sondern sie werden intensiver und breiter angewendet. Das holotrope Atmen bringt die holotrope Gestalt eines psychischen Problems in den Vordergrund, damit biographische, perinatale, transbiographische und transpersonale Aspekte gleichwertig behandelt werden können. Die Aufmerksamkeit richtet sich auf den Anteil, der im Moment machtvoll an die Oberfläche drängt.

Heilung steht auf mehreren Füßen: Der Klient muß sich seines Problems bewußt sein und die Motivation mitbringen, etwas dagegen tun zu wollen.

Wie können nun psychotherapeutische Methoden wirksam werden? Durch Bewußtmachung, Erlebnisaktivierung (Wahrnehmen und Ausdrücken, was bisher verdrängt war), Sinnfindung und Solidarität. Die Einstellung des Therapeuten sollte von Offenheit, Engagement, Wertschätzung und Liebe getragen sein. Komplikationen und Konflikte, auch zwischen dem Therapeuten und dem Klienten, werden durchgearbeitet und gelöst. Diese Heilmechanismen gelten natürlich auch für das holotrope Atmen, allerdings ist das, was sich ereignet, intensiver und umfassender und einige Aspekte kommen hinzu, die die Heilung weiter fördern können. Die Selbstorganisation oder innere Weisheit nimmt einen zentralen Platz ein: Der Therapeut muß seine eigenen Heilungskonzepte im Verhältnis zu dieser Kraft relativieren. Er versucht, in jedem Fall dem zu folgen, was sich zeigt, und vermeidet Interventionen, die das niederhalten, was er vielleicht als störend für den Prozeß empfindet. Wenn ein Patient zum Beispiel im Gespräch ein Zittern erlebt, dann unterstützt der Therapeut den vollen Ausdruck und versucht nicht den Klienten zu beruhigen. Denn die innere Weisheit hilft, die Spannungen zu entladen, um eine gesündere innere Struktur errichten zu können. Auch destruktive Affekte, die selbst- oder fremdverletzende Tendenzen besitzen, werden beim holotropen Atmen in einem geschützten Raum ausgelebt, so daß sie später auch unbewußt keinen Schaden mehr anrichten können. Der holotrope Bewußtseinszustand schafft die psychische Ausgangsbasis für das radikale Wirken der inneren Weisheit. Im veränderten Bewußtseinszustand wird alles körpernaher, bildhafter und intensiver erlebt, so daß es zu einer massiven Entladung kommt, die alle Ebenen umfaßt. Wenn Schmerzen unterdrückt wurden, die jetzt ganz authentisch und gegenwärtig mit allen psychosomatischen Phänomenen wiederbelebt werden, kann es zu einer tiefergreifenden Integration führen, als wenn nur darüber gesprochen wird. Durch massive Ausschüttung unbewußter Energie kommt es zu einer gewaltigen Erschütterung, die zu einem Zugewinn an Kraft und zu einer Neugestaltung der seelischen Struktur führt. Aus der Literatur ist bekannt, daß spontan auftretende veränderte Bewußtseinszustände, wie bei Nahtodeserfahrungen, durchgreifende Persönlichkeitsveränderungen herbeiführen.

Therapeuten, die veränderte Bewußtseinszustände kennen gelernt haben, können sich besser in Patienten mit einer Psychose einfühlen und sie psychotherapeutisch effektiver begleiten, weil sie keine Angst vor massiven Affektdurchbrüchen und überflutendem primärprozeßhaften Material haben. Sie können leichter mit dem Patienten in diese Welt hineingehen und gemeinsam mit ihnen ein stabiles inneres Bezugssystem aufbauen.

Darüber hinaus werden dominierende negative Systeme der Seele durch die Kräfte des holotropen Bewußtseinszustandes so heftig aufgeladen, daß es spontan zu Entladungen (Entlastungen) kommt und plötzlich Verschiebungen zu einer heilsamen positiven Selbstorganisation stattfinden können. Die massive Konfrontation mit Tod- und Wiedergeburtsprozessen, vor allem beim Durchschreiten von perinatalen Matrizen, kann auf das Leben eine sehr positive Wirkung haben, weil Ängste abgebaut werden und die existentielle Grundbedingung des Daseins, nämlich die ständige innere Transformation (Aufnehmen und Loslassen), kann tief verstanden und gelebt werden.

Das gründliche Durcherleben dominanter perinataler Matrizen ermöglicht nach Grof mehr Gelassenheit und Offenheit im Lebensalltag. Wenn transbiographische Verstrickungen beseitigt sind, kann es zu einer tiefgreifenden Befreiung von Schuld kommen, die sich in einem systemischen Verständnis auf die Ahnenreihe beziehen kann oder aber nach karmischer Sichtweise auf schicksalhafte Bindungen durch mögliche frühere Inkarnationen oder kollektive Fixierungen. Dies löst auch aktuelle Probleme, denn im jetzigen Leben gibt es zweifellos Hauptfiguren des karmischen Dramas. Um einen nachhaltigen karmischen Einfluß abzulegen, muß man mehr riskieren, tiefer gehen und gründlicher an sich arbeiten. Diese Einsichten führen auch zu einer wertschätzenden Einstellung gegenüber dem eigenen Schicksal, das nicht allein als Widerfahrnis, sondern auch als aktiver Beitrag zur inneren Entwicklung gesehen werden kann.

Durch die Öffnung der personalen Grenzen können auch archetypische Transformationssymbole in die Seele treten und dort wirksam werden. Wenn jemand die weibliche Seite nur unzureichend integriert hat, können Frauensymbole aus verschiedenen Kulturen ins holotrope Erleben eintreten und die Heilung dieses Aspekts positiv verstärken. Auch kollektive Rituale, wie sie in Trauerprozessen, Übergangsriten, Todeserfahrungen, Transformationszeremonien und Einweihungsfesten in den verschiedenen Kulturen vorkommen, dehnen ihre innewohnende Wandlungskraft auf jeden aus, der dies im holotropen Zustand erleben darf. Der bewußtseinsnahe Zugang zur Menschheits- und Kulturgeschichte und ihrer Innovationsdynamik besitzt eine enorme Heilwirkung.

Dies geht noch tiefer, wenn man spirituelle und religiöse Erfahrungen macht. Eine überwältigende Begegnung mit der göttlichen Liebe kann mit einem Schlag die fehlende Geborgenheit in der Kindheit vergessen lassen. Die heilende Wirkung der Berührung mit Lichtqualitäten und spirituellen Einsichten im Sinne eines Neuanfangs im Leben wird von unterschiedlichen Seiten bezeugt. Was von den Anonymen Alkoholikern als »Unterordnung unter eine Höhere Macht« als Voraussetzung für die Genesung bezeichnet wird, faßt C. G. Jung mit dem Satz: »Spiritus contra Spiritum« zusammen. Die Identifikation mit dem Göttlichen, Geistigen und Kosmischen führt

»Durchbrüche zum Wesen« (Dürckheim) herbei. Durch das Erwachen der »schlafenden Kundalini« kann, neben der spirituellen Entwicklung, eine zunehmende Dynamik in die Bereinigung psychischer Problemstrukturen kommen, weil alles an die Oberfläche drängt (körperlich, seelisch und geistig), was in Unordnung geraten ist. Die persönliche Entwicklung wird unter dem Einfluß spiritueller Erfahrungen an Fahrt und Radikalität gewinnen, weil die subtilen Energien, die von Erfahrungsschichten verwirklichter Menschen ausgehen, ein enormes Heilpotential in sich tragen. Eine Begegnung mit einem Guru, einer Heiligen oder Jesus im holotropen Zustand kann zur Spontanheilung von Krankheiten führen. Die uns ständig umgebenden Transformationsenergien werden auch die »dritte Kraft der Heilung« genannt. Wenn man sich ihr öffnet, greift sie bestimmend in den therapeutischen Prozeß ein.

Ken Wilber glaubt, daß es erst zu echten transpersonalen und kosmischen Erfahrungen kommen kann, wenn die persönlichen Probleme gelöst sind. Dem ist entgegenzuhalten, daß Menschen oft in tiefsten Krisen dem Göttlichen begegnen und dadurch aus der Umklammerung des Schicksals herausgezogen werden. Individueller Schmerz kann sich in Licht verwandeln, und das Aufwachen am tiefsten Punkt einer destruktiven Entwicklung kann eine radikale Umkehr bewirken. Wenn man das Leben von Heiligen studiert, kann man feststellen, daß nicht selten intensivste Erfahrungen des Transpersonalen mit Krankheit, Schmerz und Entbehrungen verbunden sind.

Das holotrope Atmen soll der Kraft, die alles durchwirkt und »Sein des Seienden«, »kosmische Energie«, »Shakti«, »der heilige Geist« usw. genannt wird und sich im Menschen als innere Weisheit konstituiert, mehr Wirkung zur Heilung und zur Entwicklung des Bewußtseins verschaffen. Holotropes Atmen geht tiefer, weiter und wirkt umfassender. Personale Therapien haben nach wie vor ihren Platz, denn es ist sehr wichtig, daß ein Problem seine Sprache findet und zunächst in dem vorhandenen Weltbild verstanden werden kann. Denn die Arbeit im veränderten Bewußtseinszustand setzt Vertrauen in Veränderungsprozesse voraus, das oft erst in kleinen »personalen Schritten« aufgebaut werden muß. Darüber hinaus kann die immense Erfahrungsdichte im transpersonalen Zustand durch gute Kooperation mit personalen Ansätzen in verdaulichen Portionen aufgearbeitet werden. Gute transpersonale Therapeuten haben »Trans-Kompetenzen« und »personale Qualitäten«, die sie je nach Situation einsetzen können. Sie gehen auf den personalen Zusammenhang der Probleme respektvoll ein, berücksichtigen gleichzeitig mögliche perinatale und transpersonale Einflüsse, verhelfen zuversichtlich dem auftauchenden Material zum Ausdruck, verlassen sich auf die Heilkräfte, die aus den Tiefen persönlicher und kollektiver Seinsweisen kommen, und schließen sich an das kosmische Feld und die spirituellen Kräfte an.

Der zweite wichtige Partner, der also hinzukommt, sind globale Einsichten in das Wesen des Menschen, wie sie von den mystischen Schulen gelehrt werden. Die Rolle des Therapeuten wird eher als Medium, als Katalysator und als Wegbegleiter verstanden. Er ist wie ein Assistent der Entwicklung, der sich genauso von der »dritten Kraft«, den feinstofflichen Energien und den kosmischen Kräften im Prozeß leiten läßt. Dreh- und Angelpunkt der therapeutischen Arbeit des Klienten ist die innere Weisheit und das transpersonale Selbst. Diese sieht im Aufgeben der Kontrolle und in der Ichrelativierung einen Zugang für ein breiteres Verstehen des Unbewußten und eine grundsätzliche Berücksichtigung des Überbewußten. Dementsprechend tritt auch das Ego des Therapeuten immer mehr in den Hintergrund, damit Therapie in der eigentlichen Wortbedeutung von therapein, dienen und heilen, stattfinden kann. Jedoch beschränkt es seinen Anspruch nicht nur auf das Behandeln von Leiden und Fördern der Gesundheit, sondern erweitert das Angebot. Die transpersonale Bewußtseinsarbeit öffnet sich nicht nur für spirituelle Themen und Prinzipien, sondern kann auch Menschen in spirituellen Krisen hilfreich unterstützen. Sie erfordert jedoch von allen Beteiligten, Begleiter und Klienten, Mut, Ausdauer und Risikobereitschaft, denn eine strukturelle Erneuerung der Psyche und der Geisteshaltung ist immer von Angst und Unsicherheit begleitet. Wenn wir uns darauf einlassen, wird uns bewußt werden, was wir für die inneren Ziele investiert und getan haben.

Auch wenn Egotransformationen, Initiation, Kundalinierwachen und Chakrenarbeit eher unsystematisch unterstützt werden, so wäre es vermutlich noch zu früh, die transpersonale Selbsterfahrung und das holotrope Atmen als spirituellen Weg zu sehen. Es fehlen dazu noch die Tradition, die explizit darauf ausgerichteten Konzepte, ein systematischer Übungsweg und vor allem die Lehrer, die selbst schon lange Bewußtseinsentwicklungen durchgemacht haben. Darüber hinaus ist die Gefahr groß, daß vorschnell diese therapeutisch hochwirksame Methode einer säkularisierten Religionskritik unterzogen wird. Meines Erachtens wäre es dennoch sinnvoll, sich mit der Frage auseinanderzusetzen, ob die Anwendung der transpersonalen Psychologie spirituelle Übungen einbeziehen soll.

Eines ist klar: Die Praxis der transpersonalen Psychologie ist mehr als eine psychotherapeutische Methode, denn sie bietet neben der intensiven Katharsis die Erfahrungsgrundlage für spirituelle Aufbrüche und sie hilft dem spirituellen Adepten, auf seinem Weg weiterzukommen, indem sie emotionale Blockaden löst, das Loslassen und Zulassen unterstützt und die Frage nach einer spirituellen Lebensorientierung stellt. Da sie sich aber auch um Deformationen der Seele kümmert und Schattenaspekte integrieren hilft, kann sie eine stabile Basis für weitergehende Bewußtseinsentwicklung

Entwicklungswege

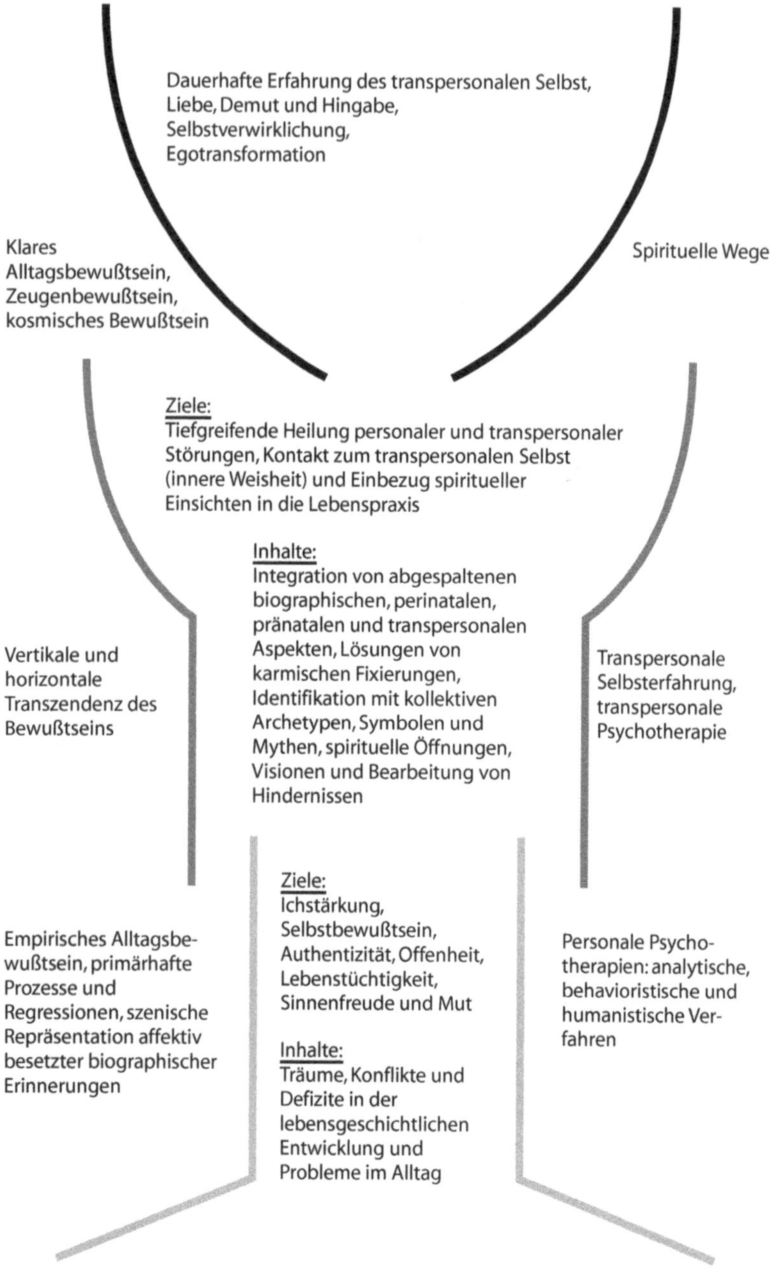

bieten. In vielen spirituellen Traditionen geht man auch dazu über, bei emotionalen Schwierigkeiten therapeutischen Rat einzuholen und zu betonen, wie wichtig eine umfassende Persönlichkeitsintegration ist. Fruchtbare Ansätze zur Zusammenarbeit gibt es im Siddha Yoga und mit buddhistischen Gemeinschaften. Personale Psychotherapie, transpersonale Selbsterfahrungspraxis und Spiritualität könnten so einen gemeinsamen Entwurf für ein umgreifendes Bewußtseinsentwicklungskonzept bieten. Die Praxis der transpersonalen Psychologie, so wie sie durch das holotrope Atmen repräsentiert ist, steht also in einem Zwischenbereich, sie heilt alte Wunden und ist offen für spirituelle Erfahrungen, sie bewegt sich flexibel zwischen therapeutischen und spirituellen Prozessen. So auch in der Rolle des Begleiters, der gleichzeitig als Therapeut und als spiritueller Lehrer gefordert ist. Dies wird in der nachfolgenden Beschreibung des holotropen Atmens noch deutlicher herauskommen. In ihr wachsen Psychotherapie und Spiritualität konstruktiv zusammen, so daß sie dem Menschen breite Unterstützung auf dem inneren Weg bieten können. Es ist ein Zueinander und Miteinander und nicht mehr wie früher ein skeptisches Gegeneinander. Kognitive Leistungen, seelische Empfindungen und geistige Werte müssen in einer fundierten Therapie und in einem soliden spirituellen Konzept ihren Platz finden, ansonsten würde die Ganzheitlichkeit der menschlichen Existenz eine einschneidende Verkürzung erfahren. Therapie ohne transpersonalen Kontext führt zu Ichdominanz. Spiritualität ohne Lösung emotionaler Probleme wird unflexibel. Welcher Aspekt der Entwicklung auch immer im Vordergrund steht, die einzelnen Ebenen sollen zueinander offen bleiben, wie im Schema Seite 32 dargestellt. Personale Therapie, holotropes Atmen und spiritueller Weg gehören zusammen und sollten füreinander durchlässig sein, denn sie sind kompetente Partner für eine umfassende, tiefgreifende Therapie und Bewußtseinsentwicklung des Menschen.

4. Der holotrope Bewußtseinszustand

Welcher Bewußtseinszustand ermöglicht nun tiefere und umfassendere Selbsterfahrung, Heilung und Öffnung als die gewöhnlichen personalen Methoden? Er wird »holotroper Bewußtseinszustand« genannt, weil er den Menschen in Richtung Ganzheit weiterbringt. Dazu muß das empirische Alltagsbewußtsein horizontal und vertikal transzendiert werden, damit die Grenzen zum Unterbewußten, zum Unbewußten, zum kollektiven Unbewußten und zum Überbewußten durchlässig werden. Das Dasein des Menschen ist dann reicher und tiefer, weil es aus einem viel breiteren Erfahrungshorizont hervorgeht.

Wie weiter unten näher ausgeführt (Kapitel über »Veränderte Wachbewußtseinszustände«), läßt sich der holotrope Bewußtseinszustand auf vielerlei Weise induzieren, durch stoffliche und psychologische Mittel. Für viele Kulturen sind rituelle Handlungen darauf ausgerichtet, zur geistigen Verwirklichung und zur Heilung. Im Westen stand man diesen Praktiken skeptisch gegenüber bis durch die kulturelle Revolution der Flower-Power-Bewegung Bewußtseinserweiterung durch Drogen und Meditation angestrebt wurde.

Da nachfolgend die Evokation veränderter Bewußtseinszustände durch natürliche Strategien beschrieben wird, soll hier noch kurz auf die Problematik der bewußtseinserweiternden Drogen am Beispiel des LSD eingegangen werden. Es war für Stan Grof der historische Ausgangspunkt für die Entwicklung des holotropen Atmens. Er betonte auch des öfteren, daß es ihm leid tue, daß es kein legales Mittel mehr sei, weil die Erfahrungen in der Regel tiefer und intensiver sind. Die Droge nimmt dem Ich die Kontrolle ganz aus der Hand und hält durch seine chemische Beschaffenheit und durch die Dosis den veränderten Bewußtseinszustand über 6–8 Stunden relativ stabil. Der Erfahrende bleibt passiv und muß selbst nicht allzu viel dazu tun. Die Dauer der Erfahrung wird durch die Dosis der Droge vorgegeben. Beim Atmen kann die Erfahrungsintensität variieren; niemand braucht tiefer zu gehen, wenn er das nicht will. Dadurch fühlen sich die Menschen im Prozeß sicherer und müssen auch nicht körperliche Komplikationen durch die Verabreichung eines chemischen Präparats fürchten. Die Entscheidung, ob er bestimmte Schritte machen möchte, wird ihm auch durch die Droge abgenommen. Das kann für Menschen mit zwanghaften Charakterstrukturen anfangs eine Hilfe sein, weil sie so leichter die Kontrolle aufgeben und bequemer die Widerstände überwinden können. Trotzdem muß man auch hier berücksichtigen, daß Widerstände in der Regel einen Sinn haben, Energien binden und auf zugrundeliegende Ängste und Hemmungen verweisen. Dies kennenzulernen ist therapeutisch durchaus sinnvoll. Sie verlangen dem Erfahrenden Entscheidungen ab, ob er bereit ist, den nächsten Schritt zu gehen, was zu erhöhter Selbstverantwortlichkeit beiträgt. Damit ist auch eine organische Integration des auftauchenden Materials möglich. Die Seele gibt auf ihrem natürlichen Weg meist das unbewußte Material frei, das ein Mensch gut integrieren kann. Die Überbetonung transpersonalen und außergewöhnlichen Materials in drogeninduzierten Sitzungen birgt eher die Gefahr in sich, daß der Klient sich vom schnöden Alltag abwendet. Das Klebenbleiben an sensationellen Phänomenen kann tendenziös suchtbildend (Erfahrungsberauschung) wirken, auch wenn die katalytischen Drogen selbst kein Suchtpotential besitzen mögen. Durch die Einnahme von Drogen kann es zu einer massiven Überflutung von Material kommen, das zudem durch physiologische Vorgänge beeinflußt wird. Dies kann zu einer neuerlichen Abspaltung und Verdrängung führen, so daß der Klient bei einem als Horrortrip empfundenen Erlebnis danach erst wieder die Angst bewältigen muß, um die freigewordenen und möglicherweise fluktuierenden Inhalte zu integrieren. Die innere Weisheit und die selbstregulatorischen Kräfte können den Prozeß nicht mehr adäquat steuern, was zu einem Vertrauensverlust führen kann, vor allem nach einer Rückkehr in den empirischen Alltagsbewußtseinszustand. Die dadurch erzwungene Distanzierung vom Material erschwert den Verstehensprozeß, der für eine Neustrukturierung der Persönlichkeit unbedingt erforderlich ist. Unvorbereitetes Öffnen von Chakren, das Erwachen der Kundalini und mystische Einsichten, die durch Drogen herbeigeführt wurden, stehen dem spirituellen Gesetz entgegen, das den »rechten Zeitpunkt« im spirituellen Fortschritt immer wieder betont. Gott ist weiser als jede Droge, und wenn wir die Droge für den spirituellen Weg bräuchten, würden wir die Droge maßlos überschätzen. Im Gegenteil, sie kann sogar die geistige Entwicklung stören, wenn sie unbedacht die spirituellen Gesetzmäßigkeiten umgeht. Auch das Legalitätsproblem ist nicht zu unterschätzen. Die Arbeit muß im verborgenen geschehen, Tabus könnten entstehen, und die Inanspruchnahme von öffentlichen Hilfseinrichtungen bei körperlich und seelisch stark krisenhaften Prozessen könnte zu sekundären Problemen führen. Dies bezieht sich nicht nur auf den Erfahrenden, sondern auch auf den Begleiter, der um seine berufliche Konzession und mögliche Schadensersatzklagen von Angehörigen fürchten muß, wenn etwas Unvorhergesehenes geschehen sollte. Darüber hinaus kann die notwendige Rapportfähigkeit erheblich gestört sein. Daß in einem solchen Klima kein positives Durchschreiten von Grenzsituationen möglich ist, liegt auf der Hand. Ganz anders, wenn durch natürliche psychologische Mittel das psychospirituelle Bündnis Erfahrender – innere Weisheit – Begleiter innig und stark ist. Man lernt, dem inneren Prozeß zu vertrauen und sich von der Intuition leiten zu lassen. Ist nicht der Gebrauch der Drogen im Westen Ausdruck eines eindimensionalen Denkens und vom Wunsch getragen, schneller und intensiver, mit weniger Anstrengung, einen Fortschritt zu erzielen? Ist dies nicht gerade für diese Arbeit, in der Loslassen und Zulassen im Mittelpunkt stehen, kontraindiziert? Ein organischer, von Selbstregulation getragener Prozeß, in dem Widerstände respektiert und aufgelöst werden, entspricht eher dem begleitenden Grundsatz »alles ist zum Besten«, und jede Erfahrung ist die im Augenblick wichtigste Erfahrung.

Es geht also darum, ein Setting zu schaffen, das in natürlicher Weise einen holotropen Bewußtseinszustand unterstützt. Die Regie verlagert sich von der kognitiven Vorherrschaft auf die innere Weisheit, aus der die Tiefe der eigenen Existenz vernehmbar wird. Die Person, das Ich nimmt mehr die Position des Zeugen der Erfahrung ein und überläßt das aktive Handeln dem inneren Geschehen. Die Struktur des Bewußtseins paßt sich dabei dynamisch den Inhalten an, so daß es einmal in der Zeit steht und dann wieder die Zeit transzendiert oder sich im Raum aufhält und dann die Räume wie die leiblichen Grenzen überschreitet. Bewußte, unbewußte und überbewußte Themen können nebeneinander auftreten, sich miteinander verschränken oder sich ergänzen. Die Gesetze der Logik und das linear-kausale Denken scheinen aufgebrochen, denn Widersprüche und Paradoxien treten zusammen auf, ohne sich auflösen zu müssen. Es ist eine Trance, vergleichbar mit kraftvollen Traumsequenzen, in der Bilder fließen, zugehörige Körperreaktionen sich einstellen und kaleidoskopartig personal bedeutsame Themen, Bilder, Symbole, fremdartig anmutende Szenen, Geräusche, Stimmungen und überwältigende Einsichten aufleuchten. Es ist ein primärhafter Prozeß, der abläuft, in dem es auch zu äußerst authentischen Regressionen kommt, aber es wäre eine zu enge Auffassung, diese besonders zu betonen. Das Zeitbewußtsein ist verändert, die Denkprozesse sind bildhafter und ganzheitlicher, weniger zerlegend, und die Emotionen sind fließender, sinnhafter und runder, weniger blockiert. Die körperlichen Empfindungen sind direkter und lösen schneller die dazu passenden Vorstellungen und Bilder aus. Jede Information, ontogenetisch und phylogenetisch, die in irgendeiner Form gespeichert wurde, kann konkret und symbolisch zugänglich werden.

Ein für diesen Gedanken wichtiger Ansatz ist die Holographie (»das Ganze schreiben«). Denis Gabor (vgl. Bohm, 1985 und Talbot, 1992) zeigte durch seine Versuchsreihen, daß über Welleninterferenzphänomenen in jedem Teil auch die Ganzheit aufgefunden werden kann. Zu ähnlichen Ergebnissen kam Pribram (in: Talbot, 1992) in der Gehirnforschung. Das Gehirn als Hologramm beinhaltet in allen seinen Bereichen sämtliche Informationen in unscharfer Form.

Da die Grenzen fließend sind und sich je nach Erfahrungsverlauf mehr oder weniger öffnen, kommt es auch fallweise zu einem Zugriff auf Wissen, das nicht persönlich erworben wurde, sondern hologrammartig in universalen Strukturen zur Verfügung steht. Sheldrake erklärt dies mit dem Konzept der morphogenetischen Felder, die zeit- und raumübergreifend nicht an stoffliche Informationsträger gebunden sind und in direkte Kommunikation mit dem holotropen Bewußtseinszustand treten können. Nach Rupert Sheldrake (vgl. 1990, 1991; Welte, 1991) gibt es immaterielle und unsichtbare Felder (mit einem zugehörigen Gedächtnis), die sich über Raum und Zeit hinweg ausdehnen und Informationen über die Entstehung artspezifischer Formen enthalten. Diese Felder wirken wie Matrizen und werden ihrerseits durch neue Erfahrungen verändert und beeinflußt. Auch ist es den Chemikern wohlbekannt, daß neue Substanzen zunächst schwierig zu kristallisieren sind und daß es dann von Mal zu Mal leichter wird, und zwar überall auf der Welt. McDougall (vgl. Sheldrake, 1991) brachte Ratten bei, aus einem Wasserlabyrinth zu entkommen, wobei die erste Generation von Ratten sehr langsam lernte. Die nächsten Generationen lernten immer schneller, aber nicht nur in Amerika, sondern auch in Australien oder in Europa, obwohl sie es dort nicht trainiert hatten. Die Information ist überall gegenwärtig und verfügbar.

Die Sinne scheinen in Frequenz, Intensität und Wellenlängen erweitert und Wahrnehmungen außerhalb der fünf Sinne möglich. Die Gehirnwellen sind vorrangig im Alpha, Delta- und im Thetabereich angesiedelt. Holler (1991, S. 239) zitiert zur Erläuterung der Gehirnwellen Kaye Hofmann aus *Play Ecstasy*: »Während unter Beta das normale Bewußtsein mit Streß, Sorgen, Ängsten verzeichnet ist, lockt Alpha mit streßabbauender Entspannung im Wachzustand. Theta gibt sich visionär und Delta besorgt die Aktivierung der Selbstheilungskräfte.« Die innere Selbstorganisation verwebt auftauchende Impulse und Eindrücke zu einem Gesamtgeschehen, zu einem »persönlichen Mythos«, zu einer bedeutsamen Geschichte, die in die persönliche Existenz eingebettet ist. Externe Normen und moralische Maßstäbe werden nicht mehr als fremdbestimmend, verurteilend und dominant erlebt, sondern das bisherige Leben und Handeln – dazu gehören auch Fehler – können in ihrer geschichtlichen Sinnhaftigkeit verstanden und akzeptiert werden. Andere Begriffe für diesen Zustand des Bewußtseins, in dem ein anderes Zeichensystem herrscht, könnten auch sein: Systemisch, ganzheitlich, vernetzt, symbolisch, repräsentativ und holographisch. Die Identifizierung der Erlebnisse (die bewegt, ruhig oder ekstatisch verlaufen können) durch den inneren Zeugen kann sich von Sekunde zu Sekunde verändern; die Zensur und Kontrolle sind stark gelockert, so daß flüssig, assoziativ und spontan fluktuierendes Material ins Bewußtsein strömt. Dieser Zustand ist in sich heilsam, weil er sich neben der Aktivierung der Selbstheilungskräfte in die subtilen kosmischen Energieformen einklinkt und von der alles umfassenden göttlichen Kraft, die mit dem innersten Selbst verbunden ist, getragen wird. Der Zustand befreit die in den Krankheitssymptomen verdeckten Impulse und Selbstheilungsenergien. Er tastet wie ein Sensorium das Unbewußte ab und sucht nach entsprechenden emotionalen Aufladungen und starren Mustern. Blockaden und Hindernisse treten auf, schwellen an und können durch unterstützende Interventionen elegant gelöst werden. Es ist nicht der bessere Zustand, als der Alltagszustand, sondern der Alltag wird um vieles reicher, wenn wir uns diesem Erfahrungsbereich annähern. Entscheidungen könnten dann mit mehr Tiefe und Authentizität getroffen wer-

Der holotrope Bewußtseinszustand

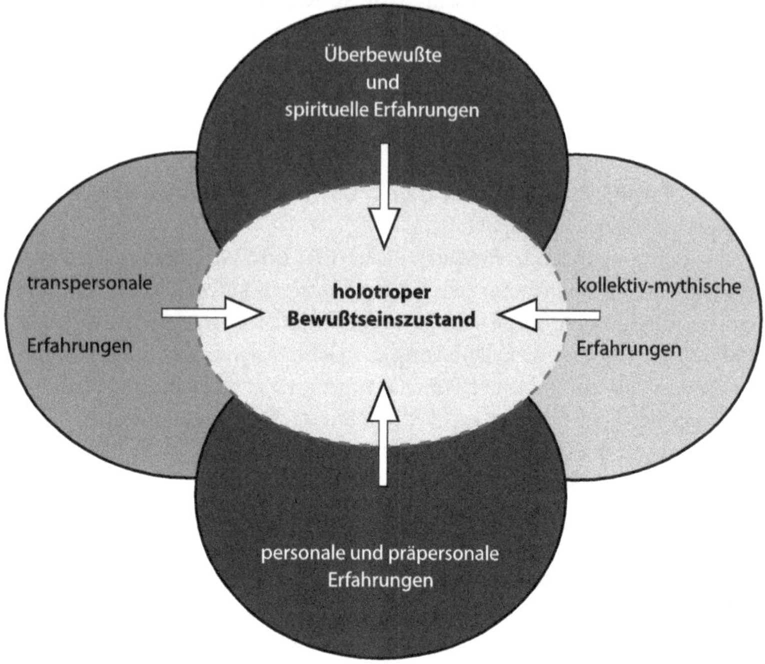

den, und die Maßstäbe des Lebens wären mehr durch den persönlichen Zugang verankert. Die ganz normalen Konflikte und Probleme des Lebens werden durch die authentische und ganzheitliche Sichtweise in neuen Zusammenhängen gesehen und auf einer tieferen Ebene gelöst. Schwerwiegende Erlebnisse der Lebensgeschichte kommen in ihrer damaligen Schärfe ins Bewußtsein, als ereigneten sie sich gerade jetzt, um unvollständige emotionale Reaktionen zum Abschluß zu bringen. Therapeutisch betrachtet kann es zu einer Integration von Aspekten kommen, die weit über die Biographie hinausgehen, wie ich im folgenden darlegen werde; dies führt zu einer umfassenden, existentiellen und spirituellen Transformation. Folgende Zielsetzungen können mit einem holotropen Bewußtseinszustand erreicht werden: Reinigung – Heilung – Öffnung – Ausbalancieren – Visionssuche – Anerkennung der Energie, die in Krankheit und Gesundheit gleichermaßen liegt – Aktivierung der Selbstheilungskräfte – Hervorrufung von Erlebnis- und Vorstellungsmaterial, das zu psychischen Blockierungen und starren Strukturen führt – Harmonisierung der Leib-Seele-Geist Einheit und der sie bedingenden Kräfte – sich Andocken an ein größeres Energiefeld – Durchlässigwerden für Botschaften aus anderen Welten – Einsichten in spirituelle Gesetzmäßigkeiten. Wir müssen nur Mut und Offenheit investieren und die Bereitschaft, von alten Konzepten und Gewohnheiten Abschied zu nehmen und zulassen, was sich aus dem Selbst heraus zeigen möchte, weil darin die Weisheit des Lebens verborgen ist. Im holotropen Bewußtseinszustand bildet man mit der Welt eine Einheit, und man folgt dem natürlichen Spiel der Kräfte. Auch wenn es zu einer lebhaften Abfolge von hautnahen Szenen kommt, kann es passieren, daß man nach der Rückkehr in den normalen Zustand gar nichts mehr davon weiß bzw. nur noch Fragmente erinnert. Das ist nicht schlimm, weil die heilende Kraft der Erfahrung auch ohne noch folgende Bewußtwerdung wirksam bleibt, lange über den direkten Erfahrungsprozeß hinaus. (Siehe Abbildung Seite 38)

Da dem holotropen Bewußtseinszustand in unserer Kultur eher mit Ängsten, mitunter mit Aggressionen und Fremdheitsgefühlen begegnet wird, ist es erforderlich, den Menschen, die sich dort hineinbegeben, einen Schutzraum zu bieten, um bedenkenlos diese Reise anzutreten. Das holotrope Atmen wird normalerweise in Seminaren angeboten, und der Gruppenleiter, Therapeut oder Wegbegleiter sorgt dafür, daß die Teilnehmer vertrauensvoll in diese Art der Selbsterforschung, die Heilung und Öffnung verspricht, eintreten können.

5. Das Erfahrungsseminar

Im folgenden möchte ich typische Abläufe von Atemsitzungen schildern, wobei ich die unterschiedlichen Perspektiven der »Gruppenteilnehmer« und des«Gruppenleiters« berücksichtige. Ich versuche, dies durch langsames Vorgehen und kleine Schritte so aufzubauen, daß man sich das auch ohne bisherige Erfahrung vorstellen kann. Dazu füge ich diskursive Bemerkungen und Erläuterungen ein, damit die Grundlagen und Voraussetzungen dieser Arbeit besser herauskommen. Natürlich würden andere Gruppenleiter diesen Ablauf etwas anders darstellen, aber die Kernaussagen sind immer die gleichen.

Was passiert vor dem Seminar?

Wenn sich jemand zu einem Seminar »transpersonale Selbsterfahrung und holotropes Atmen« anmeldet, hat er sich vorher zumeist intensiv mit seinem Leben auseinandergesetzt und eine Sehnsucht nach einer tiefgreifenden Veränderung verspürt. Den Ausgangspunkt bilden häufig psychische Probleme oder schwere Schicksalsschläge, die man mit herkömmlichen Methoden nicht bewältigen konnte. Am Anfang kann aber auch einfach der Wunsch stehen, mehr über seine Seele oder seinen Geist zu erfahren. Es gibt auch viele, die von Freunden gehört oder in Büchern gelesen haben, daß es spannend und für die persönliche Entwicklung eminent bedeutsam sein kann, mit Hilfe von veränderten Bewußtseinszuständen in unbekannte Gebiete der Seele vorzudringen. Einige hatten auch schon spontan Zustände veränderten Bewußtseins (Visionen, Nahtoderlebnisse, parapsychologische Phänomene und spirituelle Krisen) und hoffen nun Erklärungen zu finden, um sie besser verstehen und einen adäquateren Umgang mit ihnen finden zu können. Therapeuten erhoffen sich neben den persönlichen Erfahrungen auch Anregungen für ihren Beruf, vor allem im Umgang mit schwierigen Patienten, mit spontan auftretenden außergewöhnlichen Zuständen (Kontrollverlust, Dekompensationen, Hyperventilation, autonomen Körperreaktionen und spirituellen Phänomenen). Sie wollen lernen, wie man einen Patienten in solchen Zuständen angstfreier und besser begleiten kann.

Die Menschen, die zu solchen Seminaren kommen, sind in der Regel hochmotiviert, sich auf tiefe Selbsterfahrungsprozesse einzulassen, aber gleichzeitig ein wenig aufgeregt und ängstlich. Fragen wie »Kann ich dem Gruppenleiter vertrauen oder will er mich manipulieren?«, »Kann mir was zustoßen, kann ich krank werden oder vielleicht sogar durchdrehen?« werden gestellt. Auch der Gruppenleiter muß mit der Unsicherheit umgehen, daß sich Dinge ereignen können, die er bis jetzt noch nicht gesehen hat, und daß es zu grenzwertigen Prozessen kommen kann. Deshalb ist es wertvoll, wenn der Gruppenleiter des öfteren selbst durch diese Erfahrungen hindurchgegangen ist, grundlegendes Vertrauen in den Prozeß hat und innere Charakterfestigkeit ausstrahlt, um den Teilnehmern einen stabilen Boden für diese Experimente bieten zu können. Die Leitung solcher Seminare sollte nur von Leuten durchgeführt werden, die neben einer klassisch-personalen Ausbildung zum Psychotherapeuten eine mindestens dreijährige Zusatzausbildung in holotropen Atmen hinter sich haben. Klinische Erfahrung und regelmäßige spirituelle Praxis sind weitere wichtige Voraussetzungen.

Ein Erfahrungsseminar dauert etwa fünf Tage, damit ausreichend Zeit für zwei Atemsitzungen pro Teilnehmer und die nachfolgende Aufarbeitung zur Verfügung steht. Die Teilnehmer wohnen während der ganzen Zeit in einem Seminarhaus und sagen alle Termine und Verpflichtungen ab, denn nur dann ist gewährleistet, daß sie sich ganz auf ihren Erfahrungsprozeß einlassen können. Ein Erfahrungsfeld, daß durch Atmen, Rituale und die Anrufung spiritueller Energien aufgebaut wird, weitet die üblichen Begrenzungen der Psyche, so daß Problematisches leichter an die Oberfläche tritt und sich meist im Außen Situationen konstellieren, die den inneren Prozeß begünstigen. Es ist ein ganz spezielles Feld, in dem Wesentliches vor sich geht, ein flexibler Ort der Kraft, der sowohl die Teilnehmer als auch die Leiter erfaßt und führt. Die Teilnehmerzahl liegt im Durchschnitt bei 20–24, wobei jeder bei zwei Atemsitzungen selbst in den Prozeß geht und bei zwei Atemsitzungen einen anderen Erfahrenden als Sitter betreut. Jeder Teilnehmer hat also für seine Atemsitzung einen Partner, der neben ihm sitzt und unaufdringlich für ihn sorgt, damit er sich bei intensiven Bewegungen, beunruhigenden Affektäußerungen oder außergewöhnlichen Bewußtseinserfahrungen sicher und aufgehoben fühlen kann. So entsteht ein intensiver liebevoller Austausch, in dem Geben und Nehmen ausgewogen sind und die Gruppe allmählich zu einer Gemeinschaft zusammenwächst. Nach solchen Seminaren wird oft berichtet, daß die Position des Sitters auch für den eigenen Prozeß als außerordentlich wertvoll empfunden wurde.

Normale körperliche und seelische Belastbarkeit ist eine wichtige Voraussetzung, weil es zu heftigem Abreagieren von verdrängten Impulsen und abgespaltenen Gefühlsregungen kommen kann. Bei folgenden Krankheiten oder Zuständen sollte von einer Seminarteilnahme abgesehen werden: Herz-Kreislauf-Erkrankungen (Herzinfarkt, Angina pectoris, nicht ausreichend eingestellter Bluthochdruck, Schlaganfallgefahr), Atemwegserkrankungen, z. B. Asthma bronchiale, außer wenn Anfälle normalerweise gut beherrscht werden (Medikamente mitnehmen und bei den Atemsitzungen bereithalten), Knochenbrüchigkeit (schwere Osteoporose), nicht völlig abgeheilte Wunden, Operationen und Verletzungen, Blutungsneigung, Glaukom (grüner Star), ansteckende Krankheiten (infektiöse Lungen-TBC, AIDS etc.), Epilepsie und Schwangerschaft. Wenn ein Teilnehmer regelmäßig Medikamente einnehmen muß, sollte er das mit den Gruppenleitern besprechen, um Interferenzen mit der Hyperventilation zu vermeiden. Bezüglich psychischer Krankheiten hat sich herausgestellt, daß Menschen in akut psychotischen Zuständen, insbesondere des paranoiden Formenkreises und affektive Psychosen mit einem manischen Erscheinungsbild nicht für diese Seminare geeignet sind. Frühe Schädigungen (narzißtische Neurosen und Borderline-Störungen) sollten eine begleitende Einzelarbeit erfahren.

Dem Einwand, daß eine derart aktivierende Technik »schlafende Hunde« weckt und zu folgenschweren Dekompensationen führt, weil bei frühen Störungen das Selbst brüchig und das Ich schwach ist, kann so begegnet werden: Schwerwiegende Traumen führen zu Affekten, die in der Situation nicht ausgedrückt werden können und deshalb aus dem Erleben verbannt werden. Die Katharsis befreit steckengebliebene Impulse. Dies setzt zwar vorübergehend eine hohe psychosomatische Energiemenge frei, wie bei einem Druckkessel, führt aber am Ende doch zu einer umfassenden Entlastung des gesamten psychischen Systems. Darüber hinaus kann die körpernahe Begleitung frühe Defizite an Geborgenheit und Wärme auffüllen. Wenn sich auf einer tiefen Erlebnisschicht die Probleme lösen, können die selbstregulatorischen Kräfte in Richtung zunehmender Lebendigkeit neue Strukturen errichten, die mehr als früher Selbst- und Weltvertrauen vermitteln. Als problematisch wird eher das psychische Material angesehen, das nicht bewußt werden kann. Ausdruck, Konfrontation und Bewußtwerdung führen auf Dauer eher zu Entlastung als zu einer schädigenden Belastung. Komplikationen, die in Übertragungs- und Gegenübertragungsreaktionen entstehen können, sollten achtsam wahrgenommen und ganz offen geklärt werden.

Der Seminarraum ist so groß, daß Atmende und Sitter auf ihren Arbeitsinseln genügend Platz haben und ausreichend Abstand zu den anderen bleibt. Der Atmende liegt zu Beginn der Atemsitzung auf einer Schaumstoffmatte oder Matratze auf dem Rücken, und es empfiehlt sich, jeweils zur Abpolsterung links und rechts und im Kopfbereich weitere Matten und Kissen bereitzuhalten. Der Raum wird ein wenig abgedunkelt, damit das Eintauchen in den veränderten Bewußtseinszustand nicht beeinträchtigt wird. Die Musik kommt aus einer Anlage, die den ganzen Raum mit gleicher Lautstärke versorgt. Die Essenszeiten werden flexibel dem Prozeß angepaßt. Auch Störungen von Außenstehenden sind unerwünscht. Die Teilnehmer tragen bequeme Kleidung und bringen Wachsmalstifte und Zeichenblöcke mit. Es ist auch sinnvoll, persönliche Gegenstände wie eine Decke oder ein Kissen zur Verfügung zu haben. Das unterstützt die Geborgenheit und vermittelt Sicherheit. Es gibt auch Teilnehmer, die als »gutes Omen« einen Talisman, spirituelle Gegenstände oder Meditationsobjekte neben sich legen.

Die Gruppenleiter bereiten den Gruppenraum in einer »dienenden Einstellung« (seva) vor, ähnlich einer Kulthandlung, bei der ein Ort der Kraft, ein »Raum der Heilung« eingerichtet wird. Dies ist aber nur dann möglich, wenn die Gruppenleiter ihren inneren Raum in Ordnung gebracht haben. Die seelisch-geistige Vorbereitung kann Meditationen, sonstige spirituelle Übungen und Reinigungsrituale umfassen. Die spirituelle Verfassung der Gruppenleiter wirkt sich stark auf die Bereitschaft zur Offenheit, Wahrhaftigkeit und Intensität bei den Teilnehmern aus, erfahrungsgemäß wesentlich intensiver als bei personalen Seminaren, weil das Spiel der Kräfte und Atmosphären sich auf die feinstofflichen Ebenen ausdehnt.

Vorbereitung der Teilnehmer

Während die Seminarteilnehmer den Gruppenraum betreten, kann im Hintergrund entspannende oder spirituelle Musik (z. B. Mantren) zu hören sein, zur inneren Zentrierung und zum Abbau von Unsicherheiten. Der

Raum ist schön hergerichtet, in der Mitte steht ein Blumengesteck, das von vier Kerzen eingerahmt wird, als Symbol für die vier Himmelsrichtungen.

So ist von allen Anfang an ein Zentrum konturiert, ein Symbol der inneren Weisheit, das Sicherheit und Schutz bietet. Durch die spirituelle Atmosphäre wird bezeugt, daß wir uns einem größeren Energiefeld anvertrauen.

Das Seminar beginnt zunächst mit inhaltlich-strukturellen Ausführungen des Leiters, dann mit einer Vorstellungsrunde, in der die Teilnehmer ihre Beweggründe, Erwartungen und Befürchtungen für dieses Seminar benennen und in die Gruppe einbringen. Atmosphärisch liegt gewöhnlich eine leichte Spannung über der Gruppe. Wer ist noch mit hier? Wie wirken die Leiter auf mich? Wann ist die erste Atemsitzung?

Nachdem jeder etwas von sich erzählt hat, werden die Teilnehmer in die Technik und den Ablauf der Atemsitzungen eingeführt. Das könnte etwa wie folgt vor sich gehen: Wir werden morgen mit den Atemsitzungen beginnen. Das Wichtigste, was ihr mitzubringen habt, ist die Bereitschaft loszulassen, und den Mut, zuzulassen, was euch in der Atemsitzung begegnet. Veränderte Bewußtseinszustände mobilisieren die innere Heilenergie und lassen Bilder, Themen, Gefühle und Inhalte in bewußtes Erleben kommen, die uns zu einer breiteren und tieferen Sicht der Existenz verhelfen. Vertraut eurer inneren Weisheit, kooperiert mit dem, was passiert und stellt euch nicht gegen die Erfahrung! Die Interventionstechniken beziehen die jahrhundertealten Vorgehensweisen der Selbsterforschung mit ein. Deshalb ist die zuverlässige Einhaltung von ganz bestimmten Strukturen wichtig. Wir werden heute noch Paare bilden, wobei einer in die erste Atemsitzung als Erfahrender geht und der andere als Helfer (Sitter) den äußeren Raum der Erfahrung schützt und dich achtsam begleitet. Wir bereiten gemeinsam den Raum so vor, daß jeder Atmende einen komfortablen Atemplatz zur Verfügung hat. Dann legt sich der Atmende in bequemer Kleidung (Kettchen, Uhren, Ringe und alles, was beengt oder verletzen könnte sollte abgelegt werden) auf den Rücken, schließt die Augen, nimmt nochmals kurz Kontakt mit seinem Sitter auf und läßt alles los, was ihm im Augenblick noch beschäftigt. Der Raum wird abgedunkelt und nur mit einem schwachen Licht beleuchtet, dazu wird entspannende Hintergrundmusik gespielt. Die Gruppenleiter gehen nochmals zu den einzelnen Erfahrenden, fragen, wie es ihnen im Augenblick zumute ist und wünschen ihnen alles Gute. Normalerweise geschieht dies auch unter den Gruppenteilnehmern, so daß so etwas wie eine Art vertraute Aufbruchstimmung im Raum entsteht. Der Gruppenleiter führt eine Entspannungsübung durch, um ein weiteres Loslassen und Zentrieren zu ermöglichen. Dann wird die Anweisung gegeben, einfach schneller und dynamischer zu atmen, zunächst ganz bewußt durch willentliche Unterstützung: »Danach wirst du den Atemrhythmus finden, der im Augenblick zu dir und deiner Erfahrung paßt«.

Es setzt auch dann Musik ein, die zunächst durch einfache und schnelle Rhythmen den Atemvorgang unterstützen soll, dann im mittleren Teil eher eruptive und epochale Musik, die aus verschiedenen Kulturkreisen stammen kann und innere Durchbrüche fördert. Schließlich spielen wir im dritten Abschnitt integrierende, entspannende und spirituelle Musik, damit du deine Erfahrung in sanfter Weise beenden kannst. Nach der direkten Atemerfahrung legt dein Sitter für dich einen Zeichenblock und Wachsmalstifte bereit und male dann einfach das, was sich im Augenblick ausdrücken möchte. Das können Symbole sein, die du während der Atemsitzung bildhaft wahrgenommen hast, oder Sequenzen aus der Atemsitzung, an die du dich erinnerst, das kann aber auch einfach etwas sein, was jetzt im Augenblick aus dir kommt. Laß es einfach ohne viel Gedanken aus dir herausmalen. Die Erfahrungssequenzen können für jeden einen ganz unterschiedlichen Verlauf annehmen. Das kann zwischen zweieinhalb und vier Stunden, in Einzelfällen noch länger dauern. Die Erfahrung kann laut, bewegt und mit vielen Bildern ablaufen, sie kann aber auch ruhig, leise und lediglich mit bestimmten körperlichen Reaktionen verlaufen. Neben dir kann lautes Geschrei, Spucken und heftiger Aggressionsausdruck sein, und du bist in einer tiefen Ruhe. Geh experimentell davon aus, daß deine momentane Erfahrung die augenblicklich beste Erfahrung für dich ist. Vergleiche nicht und bewerte nicht, was passiert, denn oftmals kommt es erst im nachhinein zu einem Verstehen. Laß dich von deiner inneren Weisheit führen. Es kann auch durch die Hyperventilation zu Krämpfen an den Fingern (Pfötchenstellung), in den Armen, Beinen oder rund um den Mund herum kommen, doch das ist gar nicht gefährlich. Laß es einfach zu und atme weiter. Wenn es zu schmerzhaft wird, dann kannst du einfach weniger atmen oder Bewegungen und Töne zum Ausdruck bringen, wir helfen dir dabei gern, dann lösen sich die Krämpfe wieder. Es sind zwei Dinge, die geschehen: Erstens wird das chemische Gleichgewicht im Blut durch die Hyperventilation verändert, so daß eine periphere Krise auftreten kann, und zum zweiten treten durch das Atmen tiefsitzende Spannungen an die Oberfläche, die dein Körper durch Vereinfachung seines Funktionskreises loswird. Du wirst sehen, wenn du weiteratmest, können sich die Spannungen auch von selbst lösen, und du empfindest nachher ein großartiges Gefühl von Frieden und Gelassenheit. Es kann während der Sitzung, nach einer gewissen Zeit, auch eintreten, daß du eine bestimmte Bewegung ausführen möchtest oder Spannungen in bestimmten Bereichen deines Körpers erlebst, die allein durch das Atmen nicht gelöst werden können. Dann wird dir der Sitter oder der Gruppenleiter dabei behilflich sein, durch Halten, Drücken oder nährende Berührungen. Laß dich ganz darauf ein und gib dem Sitter oder Gruppenleiter auch ein Zeichen, wie du es gerne haben möchtest. Wenn es jedoch nicht für dich paßt, sage einfach »Stop«, denn dieses Wörtchen unterbricht sofort alle Interventionen. Körperliche Unterstützung kann auch dann erfolgen, wenn am Ende der Sitzung, bevor du den Raum verlassen möchtest, das Gefühl vorherrscht, daß etwas nicht in Ordnung ist. Im Zweifelsfall bleibe lieber hier, und wir arbeiten solange an deiner Erfahrung, bis du dich in Ordnung fühlst. Wenn du dich gut fühlst, kannst du in die Pause gehen, vergiß aber nicht, noch kurz mit einem der Leiter Kontakt aufzunehmen. Nach den Atemsitzungen wird die Gruppe zur Besprechung (sharing) zusammenkommen. Es ist ein breites Erfahrungsspektrum möglich und es können sich Situationen einstellen, die dir fremd sind. Intensivste Gefühle, heftige Schmerzen, plötzlich erlebst du dich außerhalb deines Körpers, in einer anderen Zeit und in einer anderen Kultur. Du wirst nicht verrückt, sondern das alles gibt es in einem erweiterten Bewußtsein auf ganz natürliche Weise. Am Anfang der Sitzung kann es zu sensorischen Phänomenen (Glockenläuten, Zirpen von Grillen, Figuren, Farben, Ornamente) kommen, dann zu authentischen Erfahrungen deines Lebens, bis hin zum Durcherleben perinataler und pränataler Zustände. Auch die weitere Öffnung von Raum- und Zeitgrenzen ist möglich, so daß du dich mit anderen Menschen, vielleicht sogar Tieren oder Pflanzen, identisch fühlst. Auch Begegnungen mit spirituellen Wesen, ein Schweben im Raum, im All kann durchaus erlebt werden. In diesen Erfahrungen zeigt das Bewußtsein nur bisher nicht erlebte Aspekte, es ist kein bedrohlicher Zustand.

Folgende Grundsätze gelten für diese Art von intensiver Erfahrungsarbeit:

Außergewöhnliche Bewußtseinszustände haben eine lange Tradition in mystischen Wegen, und sie mobilisieren die innere Heilenergie.

Atme und vertraue der inneren Weisheit, sie begleitet dich durch den Prozeß.

Das Problem ist nicht, was man erlebt, sondern, was man nicht erlebt.

Das Schlimmste, was passieren kann, ist, daß man sich selbst begegnet, also etwas entdeckt, was bisher hinter dem Schleier des Alltagsbewußtseins verborgen war.

Der Sitter ist Zeuge und Wächter deiner Erfahrung, der dir achtsam und liebevoll die Erfahrung ausdrücken und vollenden hilft.

Nach dieser Einführung werden in der Regel noch Befürchtungen angesprochen. Einige typische Bedenken sollen hier angeführt werden:

Kann mir körperlich etwas zustoßen, oder kann ich sogar dabei sterben? Die Antwort ist, daß du durchaus mit Tod- und Wiedergeburtserfahrungen konfrontiert werden kannst. Es kann auch zu Atemnot kommen, wenn du in eine perinatale Erfahrungsschicht eintrittst. Schmerzen, die du bei Gewaltanwendung oder Operation erlebt, aber narkotisiert oder verdrängt hast, können konfrontiert werden. In der Regel gilt aber: Du hast es schon einmal überlebt, jetzt werden nur die unterdrückten Anteile deines damaligen Erlebens integriert. In diesem Sinne ist es objektiv nicht bedrohlich, auch wenn du es subjektiv so erlebst. Von Bedeutung ist jedoch, daß du normal körperlich-seelisch belastbar bist und die Kontraindikationen beachtest.

Kann ich verrückt werden? Das Material, das an die Oberfläche kommt, ist in Dir. Bewußt ist es leichter zu handhaben, als wenn es verdrängt wird. Die Integration führt eher zu einer Entlastung des psychischen Systems, so daß die Wahrscheinlichkeit einer Dekompensation eher abnimmt. Ein anderer wichtiger Aspekt ist, daß durch das häufige Erleben und Miterleben von fremdartig anmutenden Erfahrungsinhalten ein angstfreierer Umgang mit ihnen entsteht. Wenn man dann Ähnliches, in einer spirituellen Krise oder bei spontan auftretenden Kundaliniphänomenen, zu Hause erlebt, ist man darauf vorbereitet, und die Gefahr eines unkontrollierten Angstzustandes wird geringer.

Was soll ich tun, wenn ich nichts erlebe? Sowenig wie es eine Nichtkommunikation gibt, gibt es ein »Nichterleben«. Nimm alles so, wie es kommt, es ist zu deinem Besten. Wenn wir eine Situation schaffen, in der das Bewußtsein seine Speicher öffnen kann, so wird es die für die Entwicklung bedeutsamen Themen und Inhalte an die Oberfläche bringen. Wenn jemand während des Atemprozesses einschläft, kann das sehr heilsam sein. Ein großer Lernschritt für den Menschen ist, das, was passiert, als die beste aller Möglichkeiten anzuerkennen. Wir versuchen, uns für die Dauer des Seminars auf dieses Experiment einzulassen.

Ein anderer erlebt vielleicht eine tiefe körperliche Entspannung, ohne Bilder. Es ist wie ein innerer Boden, der dann wächst und andere Erfahrungen wiederum vorbereitet. Keine Erfahrung ist besser oder schlechter als die andere, darin würden sich nur unsere gewohnten Bewertungen und Konzepte spiegeln. Besonders schwierig wird es, wenn Menschen von tollen Astralreisen oder transpersonalen Visionen, wie Begegnung mit dem Göttlichen, berichten, andere eine Gewalterfahrung mit intensivsten Schmerzen zum Ausdruck bringen und wieder andere sich sehr schwertaten, in den veränderten Bewußtseinszustand zu kommen. Das alles gleichwertig nebeneinander zu sehen fällt nicht leicht und doch ist es die beste Einstellung im Umgang mit den Atemerfahrungen. Darin liegt ein Geheimnis des Lebens:

Jeder Schritt ist wichtig, es gibt nichts, was ohne Bedeutung ist, und es gibt kein besseres oder schlechteres Erleben.

Was ist, wenn ich mit dem Atmen nicht zurechtkomme? Probiere einfach für dich aus, wie es am besten ist. Es ist gleichgültig, ob du durch die Nase oder den Mund atmest. Der veränderte Bewußtseinszustand wird dadurch aufrechterhalten, daß man über einen längeren Zeitraum mehr als gewöhnlich atmet. Du kannst dir auch von deinem Sitter Unterstützung geben lassen, indem er vielleicht die Hand auf deinen Bauch legt und du zu seiner Hand hinatmest. Du kannst auch probieren, einige schnelle Atemzüge zu machen, dann wieder etwas langsamer atmen und dann wieder schneller. Du sollst dich nicht zu sehr mit dem Atmen selbst beschäftigen, weil du dann sehr leicht an die Oberfläche zurückkommst. Deshalb ist die Atemanweisung recht unkompliziert: Atme einfach schneller und spüre, was die Energie zu tun wünscht!

Was habe ich als Atmender zu tun? Die Erfahrung voll und ganz zulassen, die schnelle Atmung aufrechterhalten, die Augen geschlossen halten und, wenn möglich, auf dem Rücken liegen bleiben, denn das ist gleichzeitig eine stabile und öffnende Lage. Es kann zwar in bestimmten Abschnitten gut sein, die Position zu verändern (auf die Knie zu gehen, aufzustehen, sich zur Seite zu drehen etc ...), doch wenn der Sitter oder der Leiter den Hinweis gibt, sich wieder auf den Rücken zu legen, tu es einfach, denn es ist gut für dich. Wenn du etwas brauchst, gib ein Zeichen. Sag ansonsten einfach Ja zu allem, was passiert, gib deine innere Zustimmung. Die Einstellung könnte etwa so lauten: Ich bin einverstanden, mit dem was passiert. Ich heiße alle Erfahrungen willkommen, ob sie schmerzhaft, ungewöhnlich, lustvoll oder traurig sind. Sollten Blockaden auftreten, atme einfach ein und gehe hindurch, der schnelle Atem befreit und öffnet dich für die weiteren Schritte. Es werden sich immer wieder Begrenzungen einstellen, Grenzen, die dein bisheriges Leben errichtet hat, überschreite sie mit Hilfe deines Atems. Atme und gehe weiter, denn nichts, was dir begegnet, ist schlecht für dich, es erweitert deine Bewußtheit und fördert deine Entwicklung. Plötzlich können auch massive Ängste hinzukommen, denn jede Weitung birgt Unsicherheit in sich. Auch dann ist es wichtig, weiterzuatmen und durch die Angst hindurchzugehen, denn sie bringt das Material an die Oberfläche, das dich bis jetzt im Leben behindert hat. Das Durchschreiten der Angst befreit dich für den Lebensalltag.

Vereinbare mit dem Sitter: Möchte ich ans Atmen erinnert werden und wenn ja, in welcher Form. Was ist mir in bezug auf Körperkontakt wichtig, welche besondere Art von Schutz brauche ich und welche nonverbalen Zeichen stehen für welche Bedürfnisse. Du sollst auch klar signalisieren, was du nicht möchtest. Das kann sich aber auch alles während der Atemsitzung wieder verändern.

Stellt die Musik nicht eine zu große Beeinflussung und Manipulation dar?
Natürlich kann es passieren, daß du bestimmte Musikstücke kennst und damit auch bestimmte Themen und Bilder verknüpfst. Doch es gibt sehr unterschiedliche Reaktionen auf die gleichen Musikstücke. Der eine gerät in Wut, wenn er ein bestimmtes Musikstück hört, der andere ist freudig erregt und wieder ein anderer erfährt einen tiefen Frieden. Es hängt immer von innerpsychischen Zuständen ab. Nicht die Musik erzeugt in dir künstlich etwas, sondern sie unterstützt die Intensivierung verschiedener existentieller Themen. Falls dir bestimmte Musikstücke partout nicht gefallen sollten, versuche nicht, etwas ändern zu wollen, sondern geh tiefer in die ausgelöste Emotion und in die auftauchenden Bilder und sieh, was sich dahinter verbirgt. Es kann auch vorkommen, daß technische Störungen mit der Musikanlage auftreten. Laß dich davon nicht beeindrucken, sondern geh einfach deinen inneren Weg weiter.

Ich weiß nicht, ob ich als Sitter kompetent sein kann, ich habe noch nie jemanden begleitet.
Das holotrope Atmen wäre ohne Sitter nicht möglich. Beide Positionen, Sitter und Erfahrender, sind Teil des gesamten Atemfeldes, sie stehen in der Energie, die den Raum erfüllt, und sind in der »Erfahrung des Selbst« nur in verschiedenen Positionen. Wenn Geben und Nehmen ausgeglichen sind, spielt es keine Rolle mehr, wer gerade auf welcher Seite ist. In jeder Position geschieht Erfahrungsarbeit mit jeweils unterschiedlichen Aufgaben. Einem »Prozeß zur Lebendigwerdung« zu dienen strahlt auf den Gebenden zurück und transformiert in jedem Augenblick seine Persönlichkeit.

Der Sitter ist der Wächter des Atemprozesses, der sich vollkommen auf die Unterstützung des Atmenden konzentriert. Dies hat mehr mit Haltung und Einstellung zu tun, weniger mit fachlicher Ausbildung, weshalb der Sitter auch nicht psychotherapeutisch vorgebildet sein muß. Es geht einfach darum, den Erfahrungsraum zu schützen, eine zusätzliche Matte hinzulegen, ein Kissen zu bringen, ein Glas Wasser zu reichen oder den Erfahrenden auf die Toilette zu begleiten. Auch kann es zwischendurch wichtig werden, eine Grenze zu vermitteln, wenn der Atmende sein Revier verlassen möchte. Der Erfahrende muß sich sicher fühlen, um ganz loslassen zu können. Er darf keine Hemmung, keine Angst vor Verletzung haben, mit den Fäusten auf die Matte zu schlagen. Der Atmende kann dich auch um Hilfe bitten, ihn zu halten oder an einer bestimmten Stelle seines Körpers einen Gegendruck zu geben. Wenn du dir unsicher bist, rufe einen der

Gruppenleiter, der wird dir und dem Atmenden dann die Unterstützung geben, die ihr braucht.

Erfahrungsgemäß erlebt sich der Sitter in den ersten Atemsitzungen etwas unsicher, entwickelt dann aber bald durch die allgemein unterstützend wertschätzende Atmosphäre und durch das innere Angerührtsein von dem intensiven Prozeß des Atmenden eine liebevolle, menschlich-therapeutische Kompetenz. Wenn es zu einer inneren Distanzierung des Sitters kommt, dann kann der Leiter gerufen werden, denn zumeist handelt es sich um eine Abwehr von innerpsychischem bedrohlichen Material.

Da im holotropen Atmen immense Energien frei werden, können diese auch sexualisiert erlebt werden. Orgastische Bewegungen und ein starkes Bedürfnis nach intimen Berührungen können zum Ausdruck kommen. Es ist sehr wichtig, daß der Erfahrende dies auch ohne Peinlichkeit erleben kann, denn vielleicht ist es sogar das erste Mal im Leben, daß dies geschieht. Es kann auch sein, daß es einfach energetische Entladungen sind, die in vertrauter Weise als sexuelle Regungen identifiziert werden, obwohl sie eigentlich neutral sind. Der Begleiter sollte nicht seine eigenen möglichen Bedürfnisse nach sexueller Befriedigung subtil ins Spiel bringen, denn dies könnte den Erfahrenden um seine Erfahrung betrügen. In diesem Fall würden personale Komplikationen und Beziehungsprobleme entstehen, die den eigentlichen Erfahrungsverlauf komplett unterbrechen. Auch im Hinblick auf mögliche Körperinterventionen sollte dies sorgfältig berücksichtigt werden. Wenn du ärgerlich oder feindselig bist, solltest du nicht intervenieren, sondern dich innerlich in Ordnung bringen. Wenn du bei provozierender Körperarbeit stärker drückst, als der Erfahrende das braucht, trägst du zu einer sekundären Traumatisierung bei. Der Sitter sollte im Zweifelsfall immer den Gruppenleiter rufen.

Der Erfahrende kann um Hilfe bitten, wenn er merkt, daß die Energie blockiert ist. Das kann jederzeit im Sitzungsablauf geschehen, besonders hilfreich ist es im letzten Teil, wenn wir merken, daß sich durch langanhaltendes Atmen die Blockaden nicht lösen können. Die Körperarbeit befreit blockierte Energien, und der Atmende hilft mit, indem er die blockierten Stellen besonders anspannt und alles ausdrückt (Töne, Grimassen), was sich ausdrücken möchte.

Zum Schluß möchte ich noch einige allgemeine Richtlinien für die Atemsitzung geben.

Nicht aufstehen während des Erfahrungsprozesses, weil das mehr Ich-Leistung erfordert und das Loslassen behindert.

Im Raum nicht zu laut miteinander sprechen, denn das könnte die anderen stören.

Der Sitter sollte vermeiden, den Erfahrenden zu früh oder zu schnell über bestimmte dramatische Situationen hinwegzutrösten, denn das könnte zu einem nur bruchstückhaften Wiedererleben führen, was die Integration entscheidend beeinträchtigen würde. Wenn ich jemanden zu früh Wasser gebe, wenn er dürstet, kann er die Erfahrung, »in der Wüste nahe dem Verdursten zu sein« nicht gänzlich erleben.

Eßt vor einer Atemsitzung moderat. Raucht nicht.

Wenn du dich als Erfahrender schämst, daß dich andere in einem solchen Zustand sehen, denk daran, daß in der nächsten Sitzung die anderen diese Zustände erleben.

Auch wenn du dich übergeben mußt, dann laß es einfach zu. Wir haben auch Plastiksäckchen dafür bereit.

Weitere Fragen werden sich dann mit der praktischen Erfahrung ergeben.

Am Ende der Vorbereitungssitzung merkt man, wie nun genug gesprochen wurde. Die Gruppenteilnehmer wollen nun endlich in die Erfahrung hineingehen. Trotzdem werden nochmals die Kontraindikationen erwähnt, und den Teilnehmern wird nahegelegt, im Falle einer Unsicherheit wieder mit den Therapeuten zu sprechen.

Paarbildung

Nach der Einführung kommt es zur Paarbildung für die ersten beiden Atemsitzungen, in denen jeder einmal Atmender und einmal Sitter ist. Nach den ersten beiden Atemsitzungen können sich die Paare verändern. Es ist außerordentlich wichtig, den Gruppenteilnehmern klarzumachen, daß die Paarbildung nicht allein nach vernünftigen Maßstäben verläuft, sondern daß sich in geheimnisvoller Weise meistens auch die Partner treffen, die unbewußt zusammenpassen. Man soll mit der Einstellung in die Übung gehen, aktives Suchen und passives Gefundenwerden gut auszubalancieren und sich für überraschende Begegnungen zu öffnen, denn alles, was passiert, ist zum Besten, wenn wir bereit sind, es anzunehmen. Wir stellen uns gemeinsam im Kreis auf, spielen spirituelle Musik, schließen die Augen und lassen alles los, was uns im Augenblick durch den Kopf geht. Es kann sein, daß jemand sich an die Tanzstunde erinnert und Angst hat, nicht gewählt zu werden. Es kann auch sein, daß man ganz genau weiß, auf wen man zusteuern möchte, und sich darauf fixiert. Es folgt eine kurze Meditation mit der Aufforderung, alles zu registrieren und bewußt wieder loszulassen. Den Boden und die innere Mitte spüren, die Augen öffnen und sich einfach in den Raum hineinbewegen und sich spontan dem Geschehen überlassen. Am Ende der Übung sollen sich Paare gebildet haben, bei einer ungeraden

Teilnehmerzahl eine Dreiergruppe. Dann, am Ende, nochmals spüren, ob es so paßt. Wenn das nicht der Fall ist, hilft der Gruppenleiter mit, gute Lösungen zu finden. Danach setzen sich die Paare für etwa 20–30 Minuten zusammen, lernen sich näher kennen, entscheiden, wer mit dem Atmen beginnt, und besprechen, was dem jeweils Atmenden für die Begleitung wichtig ist. Möglicherweise möchte jemand beim schnelleren Atmen unterstützt werden, oder es gibt bestimmte Körperregionen, an denen man nicht gern berührt werden möchte. Jemand fühlt sich vielleicht unwohl, wenn der Sitter zu nahe kommt. All das kann besprochen werden, denn in erster Linie soll die Atemsitzung nicht durch falsche Eingriffe gestört werden. Es ist eine sehr individuelle und intime Angelegenheit. Woran sich der eine stört, kann der andere als entscheidende Unterstützung erleben. Man kann auch bestimmte Zeichen vereinbaren, auf die der Sitter reagieren kann. Durch dieses Gespräch soll die individuelle Betreuung des Atmenden gewährleistet werden. Im Zweifelsfall ist der Gruppenleiter dazu da, mitzuhelfen, das richtige Maß an Begleitung zu finden. Als Sitter und besonders als Gruppenleiter versucht man, sich aufmerksam dem Prozeß anzuschließen. Manipulation durch eigene Konzepte sollte vermieden werden.

Die Übung zur inneren Weisheit

Da in Atemseminaren oft von der inneren Weisheit gesprochen wird, ist es für den weiteren Verlauf hilfreich, eine Erfahrungsübung durchzuführen.

Das Ziel der Übung ist, sich nach innen zu wenden und sich dem Ort anzunähern, den ich als den innersten Kern fühlen kann. Das kann von Mal zu Mal durchaus variieren, denn dieser Ort ist nicht substantiell, sondern in Form und Inhalt flexibel, wie in den Ausführungen über das Selbst noch dargelegt wird.

Jeder nimmt sich eine Matte, legt sich auf den Rücken, nimmt seinen Atem wahr und läßt mit dem Ausatmen die momentanen Spannungen und Gedanken los.

Der Gruppenleiter kann sanfte Entspannungsmusik spielen und etwa folgende Einleitung geben:

Ich lade dich ein, mit mir gemeinsam auf die Suche zu gehen, nach dem innersten Kern, dem intimsten Grund in uns, der inneren Weisheit, dem Selbst, oder wie wir es auch nennen mögen. Verschiedene Weisheitsschulen sprechen davon, daß in jedem Menschen eine innere Instanz existiert, aus der heraus das persönliche Wachstum unterstützt wird, wenn wir uns dafür öffnen. Sie sagen uns auch, daß wir sie am ehesten dann erfahren können, wenn wir ruhig werden und loslassen, von den Wellen der Oberfläche immer mehr in die Tiefe gehen. Egal wie weit wir kommen, allein der

Schritt, sich für diesen Weg nach innen zu entscheiden, bringt uns unsere Lebensquelle näher. Weise Menschen sagen, daß es etwas in uns gibt, das nicht geboren wurde und nicht sterben wird.

Nach den vorbereitenden Worten kehrt Stille ein, und zum Zeichen, daß wir uns nun auf den Weg machen, wird die Klangschale angeschlagen. Danach folgt eine geführte Entspannung und Visualisation, die etwa folgende Schritte umfassen:

Körperliche Entspannung; harmonische Atmung; nach innen gehen, mit jedem Atemzug Blockierungen und Spannungen zur Seite legen – weiter nach innen gehen; wenn Widerstände auftreten, sie umatmen, vielleicht ein wenig intensiver atmen und weitergehen – ich komme immer näher an das, was ich als mein Innerstes erfahre; nimm wahr, was dir dort begegnet, vielleicht sind es Bilder und Töne, vielleicht sind es Formen, vielleicht ist es ein Satz oder auch eine Gestalt; beobachte alles, was dir begegnet; wenn es gar nichts ist, akzeptiere dieses Nichts einfach mit Vertrauen; verweile dort, es kann sich auch ändern, es kann sich verwandeln, vielleicht kommt etwas anderes hinzu; laß es einfach geschehen; vertrau dich dem tiefsten Grund deiner Seele an und spüre, was er dir im Augenblick sagen möchte; vielleicht taucht auch ein Wesen auf; nimm dann liebevoll Kontakt auf; vielleicht möchtest du auch eine Frage stellen; dann lasse sie einfach zu und registriere die Antwort … – nach einer Weile wird es wieder Zeit, Abschied zu nehmen; vielleicht magst du etwas ausdrücken, eine Geste oder einen Satz; dann gehe wieder zurück, laß dir dabei Zeit, laß dich langsam und allmählich zurückgleiten – wenn du wieder hier im Raum angekommen bist, bleibe noch ein Weilchen mit geschlossenen Augen liegen und denke über deine Erfahrung nach; dann, später, öffne die Augen und setze dich ganz langsam auf.

Dazu die Erfahrung einer Seminarteilnehmerin, die das Selbst als Schale visualisierte:

»Diese tönerne Schale mit dem geflochtenen Rand … diese Schale nahm an Größe ab, wurde kleiner, kleiner, die kleinste Dimension, die ich erfahren konnte, wurde zum Schnittpunkt in mir zweier sich kreuzender Linien von weit außen dem Schnittpunkt immer näher, um dann langsam auseinanderzugehen zum großen, größer zum ewig Großen. Das Kleinste und Größte wurden dadurch für mich als dasselbe wahrnehmbar, als etwas, das miteinander zusammenhängt, voneinander abhängig ist. Es war eine völlig unspektakuläre Erfahrung von Ewigkeit, ganz kurz nur geschaut, aber sicher für immer in mir, nicht mehr zu vergessen.«

Diese Übung bewirkt Vertrauen in den eigenen Prozeß, vermittelt eine erste Tiefung und ein Loslassen in der Gruppe. Der Einstieg in den bewußtseinsverändernden Rapport zum Gruppenleiter entsteht in einer angenehmen

Atmosphäre, die Angst abbaut. Kosmische Energien werden angerufen und die morphogenetischen Felder aktiviert. Die Bereitschaft, sich mutig für die erste Atemsitzung zu öffnen, steigt. Diese Übung schließt normalerweise den ersten Seminartag ab, der in der Regel, wegen der Anreise der Gruppenmitglieder am Nachmittag beginnt. Danach kann der Tag ausklingen, und man trifft sich am nächsten Morgen vor dem Frühstück zu einer kurzen und stillen Meditation.

Meditation

Die Meditation findet an jedem Morgen vor dem Frühstück statt, und sie strebt folgende Ziele an: a) Kontakt mit einer universellen Übung spiritueller Wege, b) Anrufung des Höheren Selbst, c) Die Erfahrungen des Atmens verinnerlichen und integrieren, d) Einstimmung auf den Tag, e) Reduktion egodominierten Verhaltens, f) Öffnung für die Atemerfahrung, g) Üben des Loslassens.

Da die Atemerfahrungen zumeist von Emotionen, Affekten, Bewegungen, Körperempfindungen, Bildern und Geräuschen begleitet sind, empfiehlt es sich, in stille Meditation zu gleiten. Sie sollte so ausgerichtet sein, daß es für Anfänger nicht zu lange dauert und nicht zu komplex ist. Erfahrungsgemäß sind 20 Minuten eine gute Zeit. Sie sollte nicht an eine bestimmte Tradition gebunden sein, so daß sich die Teilnehmer nicht verpflichtet fühlen, einem ganz bestimmten Weg zu folgen. Wenn in der Meditation Probleme auftreten (z. B. bei Kundaliniphänomenen), dann sollte es später, in der Gruppe oder einzeln, eine Gesprächsmöglichkeit geben. Drei Aspekte sollten in der Anweisung, der ein kurzer spiritueller Text aus unterschiedlichen Traditionen vorangestellt wird, Beachtung finden: die Körperhaltung, der Atem und das Denken.

Da der Gruppenleiter die Meditationsanleitung durchführt, könnte er auf einer Übertragungsebene leicht als Guru oder spiritueller Lehrer gesehen werden. Aus diesem Grunde ist es günstig, von vornherein klarzustellen, daß dies nicht seine Funktion ist. Zweitens könnten Meditationen als religiöse Manipulation mißverstanden werden. Im Sinne der transpersonalen Psychologie sollte die Meditationsanleitung deshalb sehr offen angeboten werden, im Sinne einer Berücksichtigung eines wesentlichen Aspektes der menschlichen Existenz. Natürlich sollte keine Überredung stattfinden und jederzeit die Möglichkeit zu kritischen Äußerungen gegeben sein. Die spirituelle Praxis birgt, wie die Psychotherapie, zahlreiche Widerstände in sich. Widerstände sind mögliche Gegenreaktionen auf frühere ungesunde Einflüsse, sie dürfen nicht abgewertet und sollten sorgfältig bearbeitet werden.

Nun zur Körperhaltung: Sie ist mit gekreuzten Beinen sitzend, aufrecht, aber komfortabel, ohne körperliche Anstrengung. Nur wer sich wohlfühlt, kann sich öffnen. Ruhig und leicht atmen wir ein und aus. Wenn Spannungen auftreten, können leichte Positionsveränderungen helfen, sie zu lösen. Die Gedanken kann man registrieren, um sie wieder loszulassen.

Die Skizze einer Meditationsanleitung könnte folgendermaßen aussehen: »Ich bin selbst Schüler der Meditation und werde euch einige Anregungen geben. Setzt euch in die Position, die ihr am angenehmsten und stabilsten empfindet. Wer Probleme mit dem Sitzen hat, kann sich mit dem Rücken an der Wand anlehnen oder auf den Rücken legen. Im Sitzen könnt ihr die Beine kreuzen und eventuell eine zusammengelegte Wolldecke oder ein Kissen unter das Gesäß legen, denn eine leichte Erhöhung kann das Sitzen angenehmer machen. Lehnt euch für einen Moment im Sitzen nach vorn, so daß sich euer Gesäß vom Boden abhebt und der Rücken langstreckt, dann kommt langsam wieder in die aufrechte Haltung zurück. Spürt, wie euer Rückgrat sich auf natürliche Weise aufrichtet und sich über dem Becken zentriert. Erlaubt eurer Wirbelsäule, sich zu verlängern. Stellt euch vor, euer Kopf würde sanft nach oben gezogen. Nun haltet eure Hände so, daß sich an jeder Hand Daumen und Zeigefinger berühren. Diese Handhaltung wird chin mudra genannt. Wir benutzen diese Haltung in der Meditation, weil sie uns hilft, die Energie im Körper zu halten. Legt dabei eure Hände in dieser Position auf eure Knie – mit den Handflächen nach unten. Eine andere Möglichkeit ist, die Hände im Schoß übereinanderzulegen. Wer auf dem Rücken liegt, kann eine Hand auf den Bauch und die andere aufs Herz legen. Nun nehmt euren Atem wahr, wie er ganz von selbst ein- und ausströmt. Atmet tief und ruhig. Aufsteigende Gedanken oder körperliche Spannungen, registriert sie, und laßt sie auch wieder gehen. Schließt die Augen und werdet innerlich und äußerlich ruhig. Läßt euch von der Stille in die Tiefe ziehen. Ziel der Meditation ist es, mit dem Selbst, dem innersten und tiefsten Grund unseres Seins in Kontakt zu kommen. Meister Eckhart sagt uns dazu: »Ich will sitzen und will schweigen und will hören, was Gott in mir rede?« Die zur Meditation zitierten Texte sollten klar verständlich und kurz sein, damit der Meditationsanfänger nicht durch zu komplexe Sachverhalte verwirrt wird. Der Beginn und das Ende der Meditation wird durch das Anschlagen einer Klangschale angezeigt.

6. Die Atemsitzung

Die Atemsitzungen haben eine gemeinsame äußere Struktur, und dennoch gleicht keine Atemsitzung der anderen. Vor der Atemsitzung merkt man den

Teilnehmern an, daß sie schon aufgeregt sind und sich damit befassen, was heute passieren wird. Lebensthemen, die sie ins Seminar mitgebracht haben, werden gegenwärtig, Erinnerungen an mögliche frühere Atemsitzungen werden wach, und man ist damit beschäftigt, nochmals alles zu überprüfen, was man für die Atemsitzung braucht.

Der Einstieg

Vor der Atemsitzung richten die Paare (etwa eine Viertelstunde vorher) ihre Plätze ein, wobei der Sitter schon in dieser Phase auf die Wünsche des Atmenden fürsorglich und achtsam eingeht. Es liegen Decken, Kissen und Matten (2–3 werden pro Atmendem aufgelegt) bereit, scharfe Kanten werden abgepolstert, die Gebiete um den Kopf herum sollten keine harten Gegenstände aufweisen, und der Atmende sollte sich im Liegen bequem ausbreiten können. Sollten im Prozeß heftige Bewegungen auftreten, kann man im Bedarfsfall noch weitere Matten oder Kissen hinzulegen. Pro Atemplatz werden Papiertücher und ein Plastiksäckchen benötigt, damit körperliche oder emotionale Reaktionen (Weinen, Spucken, Schwitzen etc.) entsprechend unterstützt werden können. Es ist auch darauf zu achten, daß die Atmenden mit dem Kopf nicht zu hoch liegen (z. B. zwei Kissen), weil dadurch der Atemvorgang behindert werden könnte. Der Atmende trägt bequeme Kleidung, und alles, was behindern könnte, ist abgelegt (Uhren, Kettchen, Ohrringe etc.). Zeichenblock und Wachsmalstifte werden in der Nähe des Atemplatzes aufbewahrt. Die Gruppenleiter haben auch für den Bedarfsfall Wasser und Mineralwasser vorbereitet, wobei es wichtig ist, daß keine Flasche mit zum Atemplatz gebracht wird.

Die sorgfältige Vorbereitung des Atemplatzes soll Sicherheit bieten und körperliche Unversehrtheit bei heftigen emotionalen und körperlichen Reaktionen gewährleisten. Der Gruppenleiter muß jeden einzelnen Atemplatz genau inspizieren, um später nicht unnötig in Schwierigkeiten zu kommen. Während dieser Phase wird beruhigende und spirituelle Musik gespielt. Die Gruppenleiter gehen von Platz zu Platz und erkundigen sich nach dem momentanen Empfinden der Gruppenteilnehmer und wünschen für »die Reise« alles Gute. Dabei sollte auch vorsichtshalber nochmals nachgefragt werden, ob bestimmte körperliche Beeinträchtigungen hinsichtlich der Körperarbeit zu berücksichtigen wären. Das kann sich um Schmerzen in bestimmten Regionen handeln oder kurze Zeit zurückliegende Verletzungen, die noch schonend behandelt werden müssen. Im Gruppenraum herrscht eine leicht unsichere Aufbruchstimmung, die Atmenden werden auch von den anderen Teilnehmern fürsorglich behandelt und liebevoll verabschiedet. Der Raum ist von einer fast »heiligen Atmosphäre« erfüllt.

Im Gruppenraum sind folgende Utensilien vorbereitet: Ausreichend Papiertücher, zusätzliche Zeichenblöcke und Wachsmalstifte, Plastiktüten, möglicherweise Augenbinden, wenn jemand Schwierigkeiten hat, mit geschlossenen Augen über einen längeren Zeitraum auf der Matte zu liegen, Wasser und Mineralwasser, Abdunkelungsmöglichkeit. Genügend Decken, Kissen, Handtücher (zur Körperarbeit) und Matten. Der Raum ist insgesamt sauber und schön. Wenn man aus dem Trancezustand zurückkehrt, wirkt eine angenehme Umgebung aufbauend. Die Musikanlage (zwei CD-Player, ein Mischpult und vier Lautsprecher) wurde vorher nochmals sorgfältig überprüft. Es empfiehlt sich, in den verschiedenen Tonlagen vor der Atemsitzung noch einen Anlagencheck durchzuführen.

Wenn diese praktischen Vorbereitungen zufriedenstellend abgeschlossen wurden, kann man entspannt und frei in den Prozeß gehen. Sollte trotzdem etwas schieflaufen (Anlagenausfall durch einen Blitzschlag etc.), dann sollte damit offen und ohne Hektik umgegangen werden, denn dann gehört genau diese Situation zum Prozeß. Es darf nicht vergessen werden, daß durch das Atemfeld ungeheure Energien freiwerden, die psychokinetische Effekte und Synchronizitäten auslösen können. Alles, was nach einer achtsamen Vorbereitung passiert, ist bereits Bestandteil der Erfahrung. Das ist kein Freibrief für Schlampigkeit oder Nachlässigkeit.

Entspannungsübung und Atemanleitung

Die Entspannungsübung dient dazu, sich ganz der Atemerfahrung zu öffnen, körperlich, um die Energieströme zu unterstützen, seelisch, um das tiefliegende Material zuzulassen, und geistig, um die spirituelle Qualität aufzunehmen. Das Ziel ist, alles loszulassen, was gewöhnlich das empirische Alltagsbewußtsein bindet, Vorstellungen, Erwartungen und Befürchtungen, das sind Widerstände gegen tiefere Erfahrungen. Loslassen, so wurde schon betont, heißt nicht verdrängen, sondern lediglich die vordergründigen Inhalte des Bewußtseins zur Seite zu legen, die Fixierungen zu lockern, um das aufnehmen zu können, was jenseits davon für uns bereitliegt.

Die Anleitung sollte einfach und anschaulich sein und mit einer getragenen Stimme gesprochen werden. Hier wird der Rapport über die Stimme weiter gefestigt, was für spätere Interventionen im veränderten Zustand hilfreich ist. Falls die Gruppenkohärenz durch verdeckte gruppendynamische Probleme belastet ist, kann man darauf nochmals allgemein eingehen. Wenn es zum Beispiel bei der Paarbildung zu Konflikten kam, kann dies nochmals vom Gruppenleiter kurz benannt werden, mit dem Ziel, auch das jetzt loszulassen.

Schwierige Themen und Konflikte werden nicht tabuisiert, sondern werden dem inneren Prozeß übergeben. Die sorgfältige Registrierung personaler Unstimmigkeiten verringert die Gefahr, das Transpersonale zu idealisieren und das Personale zu entwerten. Trotzdem sollte der Teilnehmer lernen, dies nicht zu dramatisieren, sondern dem eher offen und gelassen zu begegnen und es als Teil des Prozesses zu sehen.

Die Entspannungsanweisung sollte einfach und effektiv sein. Die Art und Weise, wie die Entspannungsübung durchgeführt wird, wird subjektiv von der Energie und der Persönlichkeit des Leiters bestimmt, dennoch sollte sie folgende Inhalte aufweisen: einführende Worte, Reise durch den Körper und Benennung einzelner Regionen, beginnend bei den Füßen bis zum Kopf, mit dem Hinweis Entspannen und Loslassen, Loslassen von allen Konzepten, Gedanken und Befürchtungen, Übergeben der Regie dem innersten Selbst, der Selbstorganisation und Anweisung zum Atmen.

Die Stimme sollte beim Übergang zur Atemanweisung in Atmosphäre und Form prägnanter werden. Die Atemanweisung beginnt in der Regel damit, daß zunächst in entspannter Form das Einatmen und Ausatmen wahrgenommen wird, dann mit willentlicher Unterstützung »einfach schneller atmen«. Dann »das schnelle Atmen ist das Fahrzeug deiner Erfahrung«. Beim Einatmen immer tiefer gehen, beim Ausatmen immer mehr loslassen. Es kann auch das Bild verwendet werden: Der Atem breitet sich wie eine Wolke im Körper aus und erreicht jede Zelle des Körpers. Laß ganz los, sei ganz der Atem, und wenn gleich die Musik beginnt, dann geh ganz in deine Erfahrung hinein.

Beispiel einer Atemanleitung, die auch mit leiser entspannender Instrumentalmusik unterlegt werden kann:

Ich möchte euch recht herzlich zu unserer Atemsitzung willkommen heißen. Überprüft nochmals, ob euer Atemplatz in Ordnung ist, vielleicht braucht jemand noch eine Decke, ein Kissen oder eine Matte. Falls noch etwas mit dem Sitter zu besprechen ist, tut das noch. Die Kleidung ist locker und bequem. Legt Kettchen, Ohrringe ab, löst die Gürtel und legt alles zur Seite, was euch während des Atemvorgangs behindern könnte.

Der schnelle Atem hilft die Grenzen des Bewußtseins zu öffnen und Zugang zu tief verschütteten Erfahrungen zu gewinnen. Er ruft die inneren Heilkräfte an und öffnet die Tore für die spirituellen Energien. Atme, laß geschehen, was geschieht, und drücke aus, was sich ausdrücken möchte. Die Sitter und die Gruppenleiter sind für dich da, du kannst voll und ganz loslassen. Wenn du Unterstützung brauchst, gib ein Zeichen. Wir richten uns nach dir; du kannst uns korrigieren und wenn du »Stop« sagst, unterbricht das jegliche Intervention, bis wir gemeinsam, die für dich richtige Vorgangsweise gefunden haben. Schließe bitte die Augen und richte dich so auf deiner Matte ein, daß du offen sein kannst. Achte darauf, daß der Kopf nicht zu hoch liegt. Kleine Bewegungen können helfen, die richtige Position zu finden. Dein Sitter sitzt aufmerksam neben dir und öffnet sich für deinen Prozeß.

Da jeder zu einem individuellen Zeitpunkt fertig wird, müssen noch Angaben gemacht werden, wann die gemeinsame Gruppe beginnt. Falls die differenzierte Aufarbeitung erst am nächsten Tag beginnt, empfiehlt es sich, sich auch am späten Abend zumindest zu einer Blitzlichtrunde zu treffen, um zu sehen, ob alle einigermaßen in guter Verfassung sind. Die Teilnehmer werden auch darauf vorbereitet, daß es jederzeit zu Verschiebungen kommen kann, je nachdem, wie der Prozeß läuft.

Wir bereiten uns nun für die Atemsitzung mit einer Entspannungsübung vor, werden am Ende eine Anleitung zum schnelleren und effektiveren Atmen geben damit du dich dann, wenn die Musik zu spielen beginnt, ganz in den Prozeß hineinfallen lassen kannst.

Spüre deinen Körper, wie er im Moment auf der Matte liegt, registriere wie der Atem herein- und hinausfließt ... laß mit jedem Ausatmen ein wenig mehr los. Einfach loslassen ... Spannungen, Gedanken, Bilder und körperliche Empfindungen, die dich im Augenblick behindern und stören ... einfach loslassen und nachgeben ... Jetzt machen wir eine Reise durch unseren Körper, von unten nach oben. Spüre hin zu deinen Füßen, spanne sie ein wenig an, nimm sie ganz wahr und laß ganz bewußt los ... einfach loslassen und nachgeben ... Nimm die Waden wahr, wie sie weich werden und sich der Matte anvertrauen ... einfach loslassen und nachgeben ... dann der Bereich der Schienbeine, bis zu den Knien, laß sie weichwerden ... die Knochen geben nach ... einfach loslassen und entspannen ... die Oberschenkel, sie fühlen sich weich und warm an ... die Muskeln geben nach, die Beine fallen ganz von selbst auseinander und öffnen sich leicht ... Restspannungen fließen ab ... einfach loslassen und nachgeben ... die Beine sind weich, locker und entspannt ... dann das Becken, spüre, wie sich die Beckenknochen leicht ausdehnen und nachgeben ... die Muskeln des Gesäßes werden weich und weit ... tief im Beckenraum, im Beckenboden und rund ums Becken herum ... einfach loslassen, einfach nachgeben ... mit dem Loslassen wächst das Vertrauen in die innere Weisheit, sie führt und unterstützt dich ... einfach loslassen und nachgeben ... spüre jetzt zu deinem untersten Wirbel der Wirbelsäule, dort wo Weise die schlummernden spirituellen Kräfte in uns vermuten ... entspanne auch dort, laß los und gib ganz bewußt nach ... einfach loslassen, einfach nachgeben ... spüre, wie der untere Rücken ganz weich und frei wird ... Du brauchst nichts mehr zu halten, einfach loslassen und Restspannungen abfließen lassen ... dann gehe jetzt Wirbel für Wirbel hoch und laß dabei den mittleren Rücken bis hin zum oberen Rücken frei und leicht werden ... einfach loslassen ...

einfach nachgeben … der Rücken wird ganz weich und ganz entspannt, auch dort im Schulterbereich, wo oft Festgewordenes sitzt … ganz bewußt hinspüren und nachgeben … wenn der Rücken ganz locker geworden ist kannst du dir auch vorstellen, wie sich Wirbel für Wirbel öffnet und der Strom deines Atems durch den Wirbelkanal hindurchfließt … ohne Hindernisse … ganz luftig und leicht … nimm jetzt nochmals die Schultern, den Schultergürtel, die Schulterblätter wahr … einfach loslassen … einfach nachgeben … vertrauensvoll schmiegen sie sich der Matte an … nun laß den Strom der Entspannung weiterfließen … Richtung Oberarme … links und rechts und spüre auch dort, wie die Entspannung zunimmt … die Ellbogen werden weich … die Unterarme ganz locker … und die Hände öffnen sich und werden weich … bis hin zu den Fingerspitzen … einfach loslassen und nachgeben … du brauchst nichts zu tun … es geht ganz von selbst … wenn du ein leichtes Kribbeln in den Fingerspitzen verspürst, laß dich nicht irritieren … es ist ein Zeichen zunehmender Entspannung … einfach loslassen … einfach nachgeben … konzentriere dich jetzt auf die Vorderseite deines Oberkörpers … spüre nochmals in den tiefen Beckenraum … fühle wie dort Ruhe und Frieden einkehrt … einfach loslassen … einfach nachgeben … die Eingeweide dehnen sich leicht aus … aus der Tiefe deiner Körpermitte treten Wellen der Entspannung an die Oberfläche … die Bauchdecke wird ganz weich … das Zwerchfell ganz leicht und locker … einfach loslassen … einfach nachgeben … der Bereich um den Nabel wird weich … die Entspannung nimmt mehr und mehr zu … dann nimm deinen Brustkorb wahr … die Rippen … laß sie weich werden … sich öffnen … die Lungen atmen mühelos … das Herz schlägt ganz sanft … nur für dich … immer mehr übernimmt jetzt deine innere Weisheit die Regie … einfach loslassen … einfach nachgeben … auch das Schlüsselbein wird ganz weich und locker … einfach loslassen … einfach entspannen … dann der Nacken … wird locker … der Hals wird weich … die Kehle weitet sich, so daß der Atem mühelos durchfließen kann … einfach loslassen … einfach nachgeben … jetzt der Kopf … vertraue ihn ganz bewußt der Matte an … laß ihn ein wenig tiefer liegen … einfach loslassen … einfach nachgeben … du spürst wie die Muskeln der Kiefer nachgeben und der Mund sich leicht öffnet … einfach loslassen … der Bereich der Wangen wird ganz weich … die Augen sinken vertrauensvoll in die Augenhöhlen und richten den Blick ganz nach innen … einfach nachgeben … einfach loslassen … die Stirn glättet sich … der Bereich zwischen den Augen, dort wo Weise das Weisheitsauge (dritte Auge) vermuten, öffnet sich und wird ganz weich … einfach loslassen … einfach nachgeben … auch im Scheitelbereich einfach loslassen und aufgehen lassen … der Hinterkopf wird ganz weich und die Haut des Kopfes dehnt sich ein klein wenig aus … einfach nachgeben … einfach loslassen … der ganze Körper ist offen und entspannt und bereit für die Erfahrung … ganz tief loslassen … ganz tief nachgeben … dann richte jetzt die Aufmerksamkeit auf deine Gedanken … registriere einfach, was in deinem Kopf vor sich geht … und dann laß alles los … Erwartungen und Befürchtungen … Ziele und Vorhaben für die Atemsitzung … ganz bewußt registrieren und dann einfach zur Seite legen … loslassen … bis du ganz leer bist und offen für neue Erfahrungen … auch die Aufregung vor der Atemsitzung legt sich … du wirst ruhig … einfach entspannen … alle Restspannungen loslassen … alles fließt ab … Deine Gedanken ziehen vorbei … wie Wolken am Sommerhimmel … Dein Körper ist entspannt und dein Geist wird vollkommen ruhig und frei … richte jetzt deine Aufmerksamkeit auf deinen Atem … spüre, wie er ganz von selbst ein- und ausfließt … ohne dein Zutun … ganz für dich … unterstütze ihn ein wenig … laß ihn schneller werden und dynamischer … er breitet sich wie eine Wolke in dir aus und durchspült dich … atme schneller und intensiver … der Atem wächst mehr und mehr an … einfach immer schneller atmen … in dem Maße, wie der Atem dynamischer wird, wächst das Vertrauen in deine innere Weisheit … der Atem erreicht jede Zelle deines Körpers … geht sogar über deine Körpergrenzen hinaus und verbindet sich mit dem kosmischen Atem … atme noch schneller und tiefer … bis nur noch dein Atem existiert … tiefer und schneller … tiefer und schneller … laß dabei alles los, was dich noch bindet … die Widerstände öffnen sich und alles wird weicher und weicher … und der Atem immer schneller … Du gehst tiefer und tiefer und läßt immer mehr los … wenn gleich die Musik beginnt … atme einfach weiter, schneller und tiefer … schneller und tiefer und laß dich ganz von deiner Erfahrung tragen … schneller und tiefer … der Atem bringt dich tief in deine Erfahrung … atme schneller und tiefer …

Im Raum sind Atemlaute und die ersten Töne zu hören, die durch die energetische Aufladung freiwerden. Ein intensives Atem- und Erfahrungsfeld wird durch die Gruppe aufgebaut und erfaßt allmählich alle Gruppenteilnehmer. Bewegungen im Rhythmus der Musik entstehen und lösen sich wieder, es kann auch schon in dieser Phase etwas lauter werden. Die Therapeuten gehen im Raum umher und können bei Bedarf hilfreich zur Seite stehen. Bei ausladenden Bewegungen können Kissen und Matten ergänzt werden. Außer bei Atemblockierungen sind direkte Interventionen eher kontraproduktiv, weil der Atmende erst allmählich in den veränderten Bewußtseinszustand eintaucht und durch direkt spürbare Handlungen von außen wieder an die Oberfläche zurückkommen würde. Der Atem gewinnt auch einen ganz eigenen Rhythmus, je nach dem, wie die Erfahrung verläuft.

Exkurs: Das beschleunigte Atmen

Psychische Widerstände bauen sich über die Atemblockierung auf. Durch tieferes und schnelleres Atmen (erhöhte Energieproduktion) kommt es zu einer Lockerung und Veränderung des Bewußtseinszustandes, so daß tiefliegendes psychisches Material an die Oberfläche kommen kann. Wir brauchen keinem Dogma zu folgen oder Autoritäten anzuerkennen, wir lassen uns lediglich in den Atemprozeß hineinfallen, wir geben uns den Erfahrungen hin und öffnen uns den Energieströmen. Das sind die Voraussetzungen für den Zugang zu unseren unbewußten und überbewußten Aspekten, aus denen eine weiter- und tiefergehende Entfaltung der Persönlichkeit hervorgeht.

Wie aus der Psychotherapie hinlänglich bekannt ist, sind psychische Widerstände zumeist mit einer Beeinträchtigung des Atmens gekoppelt, so daß, so die grundsätzliche Idee, vice versa, über die Beschleunigung und Vertiefung des Atmens die psychosomatischen Abwehrmechanismen gelockert, die Schranken der Zensur gesenkt und Räume des Bewußtseins geöffnet werden. Mit Hilfe des Atmens können Blockierungen, Ängste, Hemmungen und Widerstände gelöst und bis dahin unzugängliche Gefühle wahrgenommen werden. Durch das erhöhte Energie- und Erregungsniveau werden Schmerzen, Beeinträchtigungen, Sperrungen und Spannungen deutlicher spürbar, und die psychischen Mechanismen reagieren, indem sie kritisches Material an die Oberfläche bringen, immer mehr aufladen und sich schließlich entladen. Das hat den Effekt, daß vorher blockierte psychische Räume von freien Energieströmen durchflutet werden können. Dies zeigt sich in einem erhöhten Lebendigkeitsgefühl mit der empfindsamen Wahrnehmung innerer Pulsationen. Durch diese Öffnungen finden kosmische Energieschwingungen Eingang in die individuelle Seele. Diese verbinden sich mit dem inneren pulsierenden Kern (selbstorganisierende Kräfte). Die pulsierenden Quasare im Weltall haben auf einer manifesten makrophysikalischen Ebene wahrscheinlich ein ähnliches Muster. Durch die Hyperventilation erzeugt der individuelle Atem freie Valenzen für die Verbindung mit dem kosmischen Atem durch die Auflösung der selbstgeschaffenen Begrenzungen.

Die neurobiologische Gehirntätigkeit zeigt in der Hyperventilation vorwiegend Theta- und Deltawellen, die wiederum die Selbstheilungskräfte und die visionären Fähigkeiten des Bewußtseins aktivieren.

Der Atem durchdringt die körperliche, seelische und geistige Ebene. Er verbindet grobstoffliche und feinstoffliche Prozesse, belebt also gleichermaßen den manifesten Leib und den subtilen Energiekörper. Spannungen im Bereich der Chakren werden intensiver wahrgenommen und allmählich aufgelöst. Unaufgelöste Lebenserfahrungen und blockierte Impulse werden bewußt und können durch weiterführende Prozeßarbeit zu einer seelisch-geistigen Erweiterung führen. Durch beschleunigtes Atmen kommt es zu einer Vitalisierung spiritueller Kräfte, die ihrerseits zu einer Verdichtung entwicklungsfördernder Impulse beitragen. Die Kundalini kann erwachen und den Prozeß intensivieren, indem sie in hoher Geschwindigkeit unintegrierte körperliche, seelische oder geistige Aspekte an die Oberfläche bringt.

Durch beschleunigtes Atmen kann es auch zu krampfartigen Zuständen bestimmter Körperregionen (Pfötchenstellung im Bereich der Hände, Beine, Mund, etc.) kommen. Von außen sieht dies oft sonderbar und gefährlich aus. Grof (1987, S. 209 ff.) hat jahrelang mit der Technik der Hyperventilation gearbeitet und er schreibt dazu:

»Manche Lehrbücher der Physiologie beschreiben das sogenannte Hyperventilationssyndrom, eine angeblich automatische Reaktion auf zu schnelles Atmen. Hierzu gehören vor allen Dingen die berühmten karpopedalen Spasmen – tetanische Verkrampfungen der Hände und Füße; die Symptome des Hyperventilationssyndroms werden gewöhnlich als pathologisch gewertet und mit biochemischen Veränderungen in der Blutzusammensetzung – einem höheren alkalischen Gehalt und einer herabgesetzten Ionisierung von Kalzium – erklärt; die Mittel der Wahl sind dann Tranquilizer, intravenöse Injektionen mit Kalzium und eine Papiertüte, um die Entleerung von Lungenkohlendioxyd zu verhindern.«

Die Beobachtungen von Grof zeigten,

»daß die Vorstellungen von der Pathologie der Hyperventilation nicht zutreffen: Es gibt viele Personen, bei denen selbst massives Hyperventilieren über längere Zeit nicht zum klassischen Hyperventilationssyndrom, sondern zu zunehmender Entspanntheit, intensiven sexuellen Empfindungen oder gar zu mystischen Erlebnissen führen, bei anderen bauen sich Spannungen in verschiedenen Teilen des Körpers auf, die durch weiteres Atmen zu einem Punkt maximaler Spannung, auf den tiefe Entspannung folgt, kommen.«

Grundsätzlich geschieht offenbar folgendes:

»Der Organismus reagiert auf die veränderte biochemische Situation damit, daß er verschiedene tiefsitzende Spannungen in Form von mehr oder weniger stereotypisierten Mustern an die Oberfläche bringt und sich von ihnen durch periphere Entladung befreit: Dieses Eliminieren oder Reduzieren aufgestauter Energien in holotropen Sitzungen geschieht offenbar auf zweierlei Weise: erstens in Form von Katharsis und Abreagieren, zu dem Zittern, Zuckungen, dramatische Körperbewegungen, Husten, Würgen, Erbrechen, Schreien und andere stimmliche Äußerungen oder eine gesteigerte Aktivität des autonomen Nervensystems gehören und zweitens gelangen die tiefsitzenden Spannungen in Form von länger anhaltenden Kontraktionen und Spasmen an die Oberfläche. Durch die Aufrechterhaltung einen solchen Grades muskulärer Anspannung über einen längeren Zeitraum verbraucht der Organismus enorme Mengen an aufgestauter Energie und vereinfacht seine Funktionsweise, in dem er sie loswird« (ebenda).

Vorhandene Spannungen werden intensiviert und gelangen an die Oberfläche. Dazu können sich auch Bilder von Einengungen, Behinderungen und Spannungen einstellen. Über die psychosomatischen Geschehnisse hinaus erreicht der Atem auch die spirituelle Seite des Menschen. Er »gehört auch seit jeher zu den profunden Rückhalten aller Mysterienschulen, da seit langer Zeit bekannt ist, daß man tiefgreifende Bewußtseinsveränderungen mit Hilfe von Techniken herbeiführen kann, die das Atmen beeinflussen« (Koosaka, 1989, S. 23): So die Pranayama-Übungen des Yoga, die Derwisch-Tänze und Gesänge im Sufismus, die Kehlkopfgesänge der Inuit, das Taufritual der Essener oder die Kongos in der Kalahari-Wüste, die durch schnelles Atmen die Kundalini aufheizten.

Stan Grof fand heraus, nachdem er verschiedene Atemtechniken ausprobiert hat, daß »eine spezielle Atemtechnik weniger bedeutend ist, als die Tatsache, daß der Klient schneller und effektiver atmet als gewöhnlich und dabei das Bewußtsein voll auf die innerpsychischen Vorgänge richtet« (Grof, 1987, S. 208). Wenn jemand normal körperlich belastbar ist (die vorher genannten Kontraindikationen sind zu beachten), dann ist das schnelle Atmen eine körperlich ungefährliche, psychisch und geistig außerordentlich intensive Möglichkeit zur Selbsterforschung, Heilung, Reinigung und Öffnung.

Sie nützt den transpersonalen Raum, um Zugang zu einer kollektiven Transformationsebene zu bekommen und zu den je wichtigen archetypischen Themen, die in der Korrespondenz der Individuen und des morphogenetischen Feldes zur Bearbeitung auftauchen. Heilung geschieht in diesem Raum. Festgewordenes, Erstarrtes und Abgelagertes kehrt dynamisch ins Bewußtsein zurück. Das kollektive Atemfeld unterstützt den einzelnen und das Kollektiv. Die Anrufung der inneren Weisheit ermöglicht eine Führung durch die verschiedenen Stadien der Arbeit hindurch. Das tiefe Einatmen belebt die Tiefenstrukturen, durch das Ausatmen tritt ein Loslassen und Zulassen mit hinzu. Einfach atmen und fühlen, was die Energie tun möchte und wie sie sich ausdrücken möchte!

Die Phase der Aufladung, der Entladung und des Durchbruchs

Die Erfahrungen intensivieren und vertiefen sich ganz unterschiedlich. Der eine atmet laut, schreit oder führt heftige Bewegungen aus, ein anderer geht tief nach innen und wirkt von außen »weit weg«, und wieder ein anderer spürt Enge und Einschränkung. In dieser Phase verdichten sich die Erfahrungssequenzen, und die größten Widerstände haben sich aufgelöst. Es kann aber auch sein, daß jemand noch um seine Erfahrung kämpft, nicht richtig hineinkommt und sich darüber Sorgen macht. Mehr und mehr kommt das Geschehen in Fahrt.

Die Gruppenleiter gehen langsam durch den Raum, können da und dort, wenn die Bewegungen über den Rand einer Matte hinausgehen, behilflich sein, sollten aber nicht zu direkt eingreifen, es sei denn, sie werden vom Erfahrenden oder Sitter zur Unterstützung gerufen. Es kann sein, daß jemand durch Spannungen im Bereich der Atemwege im Atmen beeinträchtigt ist oder das Atmen aus anderen Gründen nicht weiterführen kann. Wenn starke Schmerzen infolge von Hyperventilationskrämpfen auftreten, kann man mit Hilfe von Interventionen, die den Ausdruck fördern (mit den Fäusten auf die Matte schlagen, Grimassieren, Töne geben etc.), Erleichterung verschaffen.

Waren eben die Impulse noch zurückhaltender und die expressiven Tendenzen noch eher verhalten, kommt es jetzt zu heftigen Entladungen. Was vielleicht über Jahre aufgestaut wurde, kommt in Bewegung und möchte sich abbauen. Der Raum zittert unter den berstenden Emotionen und Affekten, Schreien von Wut und Verzweiflung und hilflosem Heulen. Auf der anderen Seite mischen sich orgiastische Töne von Erregung und Lust, intensiver innerer Berührung und Freude, sowie befreiendes Lachen und ansteckende Heiterkeit mit hinein. Ein anderer stöhnt vor Anstrengung oder gibt wimmernd sich seinem Los hin. Es kommt alles vor, was man sich im Zusammenhang mit der menschlichen Kreatur vorstellen kann, nebeneinander, ohne daß man sich gegenseitig wirklich stört. Im Gegenteil, auch wenn die Zustände noch so unterschiedlich sind, sie regen einander an. Wenn jemand von außen den Raum beträte, wäre er vermutlich geschockt. Was chaotisch anmutet, hat jedoch eine innere Ordnung. Sie wird durch die innere Weisheit etabliert. Es ist der Raum, in dem sich alles zeigen kann, denn der Ausdruck wirkt lösend und erlösend. Die Entladungen führen zu Durchbrüchen durch alte fest gewordene Muster, und diese neu gewonnene Freiheit breitet sich als Qualität aus. Sie läßt den Erfahrenden mutiger den nächsten Schritt machen, denn die Angst vor der Intensität, der Widerstand gegen das Erleben lösen sich kraftvoll auf. Die Musik trägt und ist dementsprechend voluminös, epochal und durchdringend. Die Entladung und Intensität ist nicht gleichbedeutend mit Lautstärke und äußerer Bewegung. Das kann auch ganz nach innen gehen, in einer ruhigen Vertiefung bis hin zu einer Starre bei Tod-, Wiedergeburts- oder Nahtodeserfahrungen. Nur die Dichte geht auf einen Höhepunkt zu, unabhängig von dem Pol, um den sich die Erfahrung aufbaut.

Die Gruppenleiter gewähren jedem Erfahrenden den Raum, den er braucht. Die Sitter helfen dabei, den Erfahrungsraum so zu schützen und zu ordnen, daß niemand Gefahr läuft, sich beim heftigen Ausdruck Schaden zuzufügen. Es kann aber auch nötig werden, Räume zu begrenzen, dort wo ein Halt oder ein Gegendruck das Ausufernde reguliert und prägnanter erfahrbar machen kann. Auch Wünsche nach Umarmung und Gehaltenwerden, nach Widerstand und Druck, nach Zärtlichkeit und Geborgenheit können im Zusammenhang mit dem inneren Erleben auftreten. Für die Begleitung ist zweierlei wichtig: erstens für die Wünsche dazusein, weil es äußerst heilsam ist, und zweitens nicht überfürsorglich zu reagieren, denn das könnte etwas vom Erleben wegnehmen, da es für einen vollen Durchbruch notwendig ist, auch Entbehrung, Gewalt und Destruktivität in seiner zugrundeliegenden Erfahrungsintensität zu erleben. Erst wenn es sich vollständig zum Ausdruck gebracht hat, kann es integriert werden. Im Wechselspiel von konstruktiver Zurückhaltung, nahem Beteiligtsein und direkten Körperkontakt (nährend und provozierend) liegt das Geheimnis einer guten Begleitung. Um für die Sitter die Latte nicht zu hoch zu legen, greifen die Gruppenleiter bei Bedarf ein und raten im Zweifelsfall eher zur Zurückhaltung, als zur Kontaktaufnahme mit dem Erfahrenden. Eine interessante Erfahrung nach 12 Jahren Leitung solcher Gruppen: Auch wenn die Szenerie noch so unübersichtlich und chaotisch scheint, der Gruppenleiter ist durch den Kontakt zur inneren Weisheit meistens am richtigen Ort.

Exkurs: Prozessuale Körperarbeit

Die Bedeutung des Körpers in der Psychotherapie

Psychotherapie wurde lange Zeit als talking cure verstanden. Dies ist gar nicht so unverständlich, wenn man einen Blick in die Philosophiegeschichte, die früher für die Seelendinge zuständig war, wirft. Für Platon ist der Körper der Kerker der Seele und in der Rolle des Sklaven, der seinem Herrn der Seele bzw. dem Geist zu dienen hat. Die Kirche radikalisierte dieses Verständnis, indem sie den »triebhaften Körper« als potentiell sündig stigmatisierte. Das ging so weit, daß die Körperteile, je näher sie an die Geschlechtsorgane heranreichten, um so minderwertiger angesehen wurden. Die Veredelung des

Menschen ging nur über seine Entfleischlichung. Für Descartes (1863) waren Körper/Materie und Seele/Geist zwei unabhängige Substanzen, res extensa und res cogitans, wie zwei parallel laufende Uhren, die nichts miteinander zu tun haben. »Die res extensa muß sich allein durch Exteriorität erklären lassen, durch mechanistische Theorien, und nie durch innere, mehr oder weniger magische Mächte oder Eigenschaften. Sogar der lebende Körper unterliegt dieser Wahrheit. Daher stammt bei Descartes die Theorie von den Tieren als Maschinen-Lebewesen ... Die Biologie des Körpers wird ein Teil der Physik.« (Hersch, 1981, S. 111 f.) Diese Auffassung hielt sich lange und reicht sogar in die moderne Medizin hinein. Der Körper wurde allein unter physikalischen, chemischen und biologischen Gesichtspunkten behandelt und verkam zum Instrument, zur Maschine und im kybernetischen Zeitalter zur Hardware. Schwierige erkenntnistheoretische Fragestellungen wurden gerne in Dualismen, Gegensätze und Polaritäten aufgelöst, weil diese der gewohnten Denkstruktur eher entsprachen. Die Lösung des Leib-Seele-Problems verlief über die, von der Frankfurter Schule (Bloch, 1977, Habermas, 1974 und Marcuse, 1972) kritisierte, Subjekt-Objekt-Spaltung. Denn diese führe zu einem »eindimensionalen Weltbild«, in dem der Körper zu einem Objekt, gleich einer Maschine, funktionalisiert wird. Der heutige Körper- und Jugendkult ist kein Ausweg, sondern nur der andere Pol eines dualistischen Denkens.

So war es nicht verwunderlich, daß die frühe Psychologie und die Psychotherapie zunächst dem Körper keine besondere Bedeutung beimaßen. Auch die Angst vor Berührung und unkontrollierten Affekten spielte eine große Rolle. Die Empfindungen des Leibes wurden zwar thematisch eingebunden, jedoch hatte man eine große Scheu, direkte Körperinterventionen vorzunehmen, aus Angst vor möglichen Komplikationen in Übertragungs-Gegenübertragungsreaktionen. In der Körperarbeit sah man die Gefahr des Ausagierens, der Überflutung mit psychischen Material und einer Dekompensation personaler Integrität. Sie stand somit einer differenzierten Bewußtseinsarbeit entgegen.

Daß der Körper vielleicht doch etwas mit der Seele zu tun haben könnte, wurde erst über sein Nichtfunktionieren, über Krankheits- und Leiderfahrung reflektiert, nachdem keine objektiven Ursachen bei bestimmten Krankheiten zu finden waren. Der zusammengesetzte Begriff »Psychosomatik« legt zwar noch zwei unterschiedliche Substanzen nahe, geht aber von einem ganzheitlichen Zusammenhang aus. In ihren vielfältigen Arbeiten beschreiben Thure von Uexküll und Viktor von Weizsäcker, wie sich die Psyche des Leibes bemächtigt, um dort Konflikte auszutragen. Es ist eine verdeckte Abwehrstrategie, um sich nicht mit seiner Lebenssituation auseinandersetzen zu müssen. Die verdrängten psychischen Energien können sogar zu selbstverletzenden Handlungen und Unfällen führen, die aus heiterem Himmel ins Leben treten.

Eine bemerkenswerte Ausnahme waren in der Philosophiegeschichte der Existenzialismus und die Phänomenologie mit ihrem Leib- und Lebensweltkonzept. Gabriel Marcel (1972) sprach davon, daß wir keinen Leib haben, sondern Leib sind und Merleau-Ponty (1966) sah im Leib die Inkarnation des Subjektiven. Für Bergson ist der Mensch von einer schöpferischen Lebensenergie (élan vital) durchflutet. Für diese Geistesrichtungen ist der Leib keine substantielle und abgeschlossene Einheit mehr, sondern er ist unauflöslich mit dem Subjekt verschränkt und verwoben. Leib und Subjekt gehen im Leibsubjekt (Petzold, 1993) unwiderruflich auf, so daß sich in der Leibsphäre Subjektives ausdrückt und erfassen läßt. Sie stehen beide in einem relationalen Verhältnis wie die zwei Seiten einer Medaille. Ganz gleich, von welcher Seite man es betrachtet, es ist jeweils das Andere mit gegeben. Es ist kein additatives Verhältnis, sondern es ist anders und es ist mehr, denn es verschmilzt so miteinander, daß etwas Neues daraus hervorgeht. Die Überwindung innerer Spaltungsprozesse läuft über die Reintegration des Leiblichen in das Menschliche.

Dieses Leibkonzept wurde dann durch die Forschungen Goldsteins (1971) zur »Ganzheitstheorie« weiterentwickelt, in der die innere Selbstorganisation leiblicher Prozesse, deren bedeutendste Fähigkeit es ist, von katastrophalen Zuständen sich immer in Richtung neuer Ordnungen zu bewegen, einen großen Stellenwert besaß. Besonders bei Kriegsverletzten zeigte er auf, daß die Selbstregulation auch vorhandene Defizite und Fehlreaktionen beständig immanent auszugleichen und zu kompensieren sucht. Die Fähigkeit zur Selbstorganisation wurde zum kompetentesten inneren Heiler. In der humanistischen Psychotherapie war es insbesondere die Gestalttherapie nach Fritz Perls und in der Nachfolge die Integrative Therapie Petzolds, die dem Leib im therapeutischen Kontext immer mehr Bedeutung zugeschrieben haben. Der Leib wurde mit psychischen Eigenschaften versehen. Petzold (1993) sieht den Leib als Wahrnehmungsorgan (perzeptiver Leib), ausgestattet mit Erinnerungsvermögen (memorativer Leib) und als Handlungsorgan (expressiver Leib). Der sichtbare Leib als Spiegel der Seele erzählt die Geschichte unseres Lebens, er ist ein offenes Buch und die Aufgabe des Therapeuten ist, darin lesen zu lernen, um das Unausgesprochene zu hören. Die Übersetzung der manifesten Leibstruktur in die flüssige Mitteilung löst den starren Ausdruck und fördert eine neue Flexibilität (adaptive Plastizität). Das continuum of awareness, die Bewußtheit der sinnlichen Empfindungen läßt uns Szenen und Bilder (Petzold, 1984) in ihrer geschichtlichen Tiefe verstehen und führt so zu einer fortschreitenden Integration abgespaltener und nicht bewußter Anteile der Persönlichkeit.

Reich (1978), Lowen (1981), Kurtz (1986) und Brown (1985), die zunächst in einer tiefenpsychologischen Tradition standen, fanden heraus, daß psychische Probleme in die Speicher des Leibes eingelagert werden. In chronischen Kontraktionen von Muskelpartien (hartgewordene Spannungen), schädigenden Einflüssen auf die inneren Organe (Magengeschwüre, Herzrasen) und langsamer Veränderung des Bewegungsapparates (gebückte Haltung) ist die Lebensgeschichte (Biographie) aufgezeichnet. Im Leib ist nicht nur das Schwierige beheimatet, sondern auch die Ressourcen und die Lebenskraft. Die Selbstorganisation, von Perls als organismische Selbstregulation bezeichnet, ist tief im Leiblichen als innerer pulsierender Kern, verankert. Dem gilt es individuell zu folgen. Körperorientierte Verfahren, insbesondere der bioenergetischen Traditionen, laufen Gefahr, den Leib wieder zu resubstantialisieren, in dem sie ihn durch vordergründige Kausalbezüge zum alleinigen Ansprechpartner machen. Der Rückgriff auf Modelle allgemeiner Charakterstrukturen und der schematische Einsatz von Übungen, die subjektives Befinden nicht ausreichend berücksichtigen, führen in eine Sackgasse. Prozessuale Leibarbeit ist Arbeit am Körper, mit dem Körper und durch den Körper. Der Leib ist ein unverbrüchlicher Indikator, wenn etwas im Gesamtsystem Mensch nicht in Ordnung ist.

Für Kepner ist (1988) das Erleben unseres Körpers ein Erleben unseres Selbst, in der Weise, daß sich leibhaft konturiert, was auch für das Selbst von Bedeutung ist. Ron Kurtz (1986) sieht in der Körperstruktur die ganzheitliche Antwort auf Lebensereignisse. Unterdrückte Emotion (von e-movere = herausbewegen) ist in der Kontraktion steckengebliebene Bewegung, die befreit werden muß. Seelische Probleme bauen Körperspannungen auf, diese wiederum stauen Energie, wodurch die Bewegungen verhindert werden. Lösung der Spannung setzt Energie frei und ermöglicht wieder Bewegung. Es ist auch ein Transparentmachen von zuvor Undurchdringlichem. Auch wenn die Therapie vom Leib her beginnt, hat es immer Auswirkungen auf den ganzen Menschen. Es geht nicht um eine dominierende Haltung gegenüber dem sprachlichen Dialog, dem Verstehen und der Einsicht, sondern um eine legitime Wertschätzung von Leibphänomenen und Körperprozessen.

Die prozeßorientierte Leibarbeit im holotropen Atmen

Die Leibarbeit im holotropen Atmen ist ein wichtiger Bestandteil und berücksichtigt drei Aspekte: Die Grundlagen einer prozeßorientierten Körperarbeit, das östliche Konzept eines Energieleibes und einen spezifischen Umgang im Bereich veränderter Bewußtseinszustände.

Die verstärkte Atmung ist eine erste wichtige Leibintervention, denn die Atemschwingung lädt abgespaltene und blockierte Körperfelder auf, die mit kritischen Erlebnisinhalten geladen sind. Die dazugehörigen Bilder und Szenen, die längst in die Tiefe des Unbewußten abgesunken waren, werden vitalisiert, treten ins Bewußtsein und geben die chronischen Körperspannungen allmählich frei. Vieles wird auf diesem Wege intensiv wiedererlebt und löst sich ganz auf. Wenn jedoch Restspannungen bleiben, ist es erforderlich nachzuhelfen, und zwar immer in zwei Zielrichtungen: intensives Durcherleben und Ausdrücken der Spannungen.

Dahinter stehen folgende Annahmen: Traumatische Erlebnisse lösen Angst aus, Angst führt zu flacher Atmung, Enge und zu leibseelischen Kontraktionen. Die Lebendigkeit wird abgezogen, um den Schmerz erträglicher zu machen. Die Wut und die Tränen gegen die Aggression von außen können nicht ausgedrückt werden, weil der Gegner übermächtig scheint. Auch diese Gefühle werden retroflektiert und verstärken die Kontraktionen. Diese Erlebnisse erkalten mit der Zeit und werden dem Bewußtsein durch Abspaltung entzogen. Die Abspaltung bezieht sich aber nicht nur auf Inhalte, sondern auch auf Affekte, Leibempfindungen und Leibareale. Geschieht dies öfter und über einen längeren Zeitraum, chronifizieren die Kontraktionen und verändern allmählich das Körperbild und die Körperstruktur, die sich um die Bedrohung organisieren. Dies hat wieder Rückwirkungen auf das Selbstbild, das Selbstgefühl und das Kontaktverhalten. Erleben und Körperempfinden bauen gemeinsam eine Persönlichkeitsstruktur auf, die vermeiden möchte, daß dies von früher wieder passiert. Dazu panzern sie bestimmte Schichten ab, auf Kosten von Potentialen der Wahrnehmung, Erfahrung und Entwicklung. Ähnlich geschieht dies bei Defiziten. Fehlende Körperwärme, Alleingelassenwerden und mangelnde Akzeptanz im frühen Kindesalter läßt Unsicherheit, Angst und Einsamkeit entstehen, die Spuren im Leiblichen hinterlassen, denn aus der Oberfläche weicht die Energie zurück und zieht sich zusammen, weil man sich selbst psychisch erwärmen und ernähren muß. Das Mißtrauen in die kalte Welt der Menschen führt zu immer weniger Kontakt, was wiederum zu einer Zurücknahme und Abspaltung der Gefühle führt.

Aus diesen Teufelskreis auszubrechen ist nur dann möglich, wenn wir an das zurückgehaltene Material kommen, die Probleme wiedererleben und alle begleitenden Reaktionen ausdrücken. Alle emotionalen Wunden müssen neu geöffnet werden, damit man die darin gebundenen Energien wieder frei dem gesamten System zur Verfügung stellen kann. Das heißt, tiefer hineingehen, in das, was sich zeigt. Wenn man direkt ins Symptom, in die Krankheit hineingeht, verliert sich der Schrecken und bringt Erregung hervor. Die Lösung ist im tiefsten Punkt zu finden. Auch wenn das, was man erlebt, noch so problematisch ist, man hat es schon einmal überlebt. Jetzt gilt es das zu integrieren und loszulassen, denn für die Psyche ist nicht das problematisch, was sich zeigt, sondern das, was sich nicht zeigt. Die über den Leib freiwerdenden Spannungen können sich dramatisch äußern, bis hin zu autonomen Körperreaktionen. Ein Zittern, Schreien, Wimmern und Wüten mit aufgerichteten oder zusammengekrümmten Körper, Erlebnisse von Ohnmacht, Erstickungszustände, blinde Wut, Panik können wellenartig an die Oberfläche gelangen. Neue Ergebnisse der Hirnforschung besagen, daß emotionales Lernen subkortikal im limbischen System stattfindet. Dieses ist etwas schwerfälliger als die assoziativen und kognitiven Bahnungen in der Großhirnrinde. Deshalb bedarf es zur Veränderung der emotionalen Gebundenheit eines emotionalen Aufruhrs, um die unbewußten limbischen Netzwerke zu verändern. Nur das Abrufen der Kognitionen führt nicht zum Ziel, weil die unbewußte emotionale Fixierung bestehen bleibt.

Jetzt ist ein nächster wichtiger Grundsatz zu beachten: Stehe dem Prozeß nicht im Wege, laß alles in seiner eigenen Intensität zum Ausdruck gelangen, denn nur dann kann es sich vollständig integrieren.

Wir wissen, daß Therapeuten, wenn es »an das Eingemachte« geht und die Klienten ihre Kontrolle verlieren, oft gerne den Prozeß anhalten und eine Beruhigung herbeiführen möchten. Ängste, der Klient könne das Bewußtsein verlieren, Ängste vor Kollegen, Ängste, den Prozeß nicht durchstehen zu können, all das kann subtil zu Konzeptionalisierungen und Rationalisierungen führen. Die Ansicht ist: Man muß Dekompensation verhindern und dem Klienten eine gute Struktur zur Seite stellen. Im Grunde genommen ist ein unterbrochener Prozeßverlauf schädlicher als einer, der gar nicht stattfindet. Denn die Impulse, die sich zeigen, müssen dann wieder zurückgenommen werden, und das kann zu einer verstärkten Abwehrstruktur führen.

Therapeutische Körperprozesse führen zunächst immer in die Instabilität, weil alte Ordnungen aufgebrochen werden und das bewußt wird, was zuvor aus Angst ferngehalten wurde. Damit ist auch klar, daß diese Ängste direkt erlebbar werden und sich mit anbrandenden Affektwogen bis zu einer Panik steigern können. Zeitweilige Depersonalisationserscheinungen sind unumgänglich, weil die Persona ins Wanken gerät. Diese Krise ist notwendig, damit effektive Lösungen herbeigeführt werden können.

Die Regel sollte sein: Was begonnen wurde, muß vollständig zu Ende geführt werden. Es hat eine eigene Dynamik, einen eigenen Regelkreis, der durchlaufen werden muß, so daß es zu einer umfassenden Entladung kommt. Und diese Dynamik organisiert sich durch die Selbstregulationsmechanismen, auf die zu bauen, für Grof (1993, S. 284) von ausschlaggebender Bedeutung ist:

»Bei der Arbeit mit veränderten Bewußtseinszuständen sind die Rollen von Therapeut und Klient anders als in der traditionellen Psychotherapie. Der Therapeut ist kein aktiv Handelnder, der die Veränderungen im Klienten durch bestimmte Interventionen verursacht, sondern jemand, der intelligent mit den inneren Heilungskräften des Klienten kooperiert. Diese Rolle des Therapeuten paßt zu der ursprünglichen Bedeutung des griechischen Wortes thera, das so viel heißt wie ›derjenige, der beim Heilungsprozeß assistiert‹. Sie stimmt auch mit C. G. Jungs psychotherapeutischer Vorstellung überein; danach ist es die Aufgabe des Therapeuten, dem Klienten Kontakt und Austausch mit dem eigenen inneren Selbst zu vermitteln, das dann den Prozeß der Transformation und Individuation lenkt. Die Weisheit für die Veränderung und Heilung entspringt dem kollektiven Unbewußten und übersteigt bei weitem das dem Therapeuten intellektuell verfügbare Wissen. Das fehlende rationale Verständnis des Heilungsprozesses kann zwar gelegentlich sowohl den Therapeuten als auch den Klienten frustrieren, aber die dramatischen, positiven Veränderungen, die bei den Klienten relativ schnell auftreten, machen das mehr als wett.«

Man kann sehr gut darauf vertrauen, daß sich nur das zeigt, was vorhanden ist in seiner ganz eigenen Qualität. Der Therapeut sollte nicht die Beruhigung unterstützen, sondern die Weiterführung, wenn es zu Unterbrechungen und Sperrungen kommt, also eingreifen, wenn Widerstände behindern. Prozeßorientiert bedeutet auch, daß wir nicht etwas evozieren, was nicht da ist, sondern nur auf das eingehen, was sich meldet, aber nicht vollständig zeigen kann. Von außen kann das eine Bewegung sein, die im Ansatz steckenbleibt, oder eine diffuse Spannung, die ein unangenehmes Gefühl verursacht, ein Brechreiz oder Wut, die lediglich durch geballte Fäuste sichtbar ist. Wenn ein intensiver Leibprozeß im Gange ist, sollten die gesprochenen Worte eher sparsam sein, weil sich sonst der Klient schnell ablenken läßt.

Körperinterventionen sind direkt, intim und lösen auf allen Ebenen Reaktionen aus. Die Begleitung kann nur dann erfolgreich sein, wenn man liebevoll, achtsam und in jeder Phase bereit ist, sich vom Klienten korrigieren zu lassen. Man muß in jedem Augenblick präsent sein, um den inneren Strömen, die sich in äußeren Spannungen repräsentieren, folgen zu können. Das sind oft Wege, die überraschen und nicht vorherzusehen sind. Da Körperinterventionen sehr frühe Schichten berühren, direkt und intim sind, können sie auch durch Unachtsamkeit und Aufdringlichkeit tiefe psychische Verletzungen auslösen.

Es kann natürlich auch zu Komplikationen kommen, weswegen traditionelle Therapierichtungen skeptisch sind. Sie glauben, neben der hohen Vulnerabilität, daß durch direkte Körperberührung ein starkes erotisches Anregungsniveau geschaffen wird, was die Abstinenzregel gefährden könnte.

Die Effekte direkter Berührung sind nach deren Meinung geringer einzuschätzen als die Gefahren und die Verwirrung, die auftreten können. Natürlich ist einzuräumen, daß durch die Lockerung von Blockaden und das Strömen von Energien sich leicht erotische und sexuelle Gefühle einstellen können. Vielleicht erlebt sogar jemand während einer Sitzung einen Orgasmus. Es geht nicht darum, dies zu verhindern, denn, zum ersten Mal erlebt, kann das für die Heilung außerordentlich wichtig sein. Der Wert einer solchen Sitzung hängt stark von der Art der Begleitung ab, denn schädlich kann es nur dann werden, wenn der Therapeut seine eigenen Bedürfnisse nach Zärtlichkeit und Sexualität mit einbringt.

Berührungen sollten planvoll, intuitiv und veränderbar sein und im Einverständnis mit dem Klienten stattfinden. Dies muß hin und wieder auch gegenüber dem Klienten betont werden, weil der Klient den Therapeuten nicht gerne kränkt und dann vielleicht etwas über sich ergehen läßt, das nicht gut für ihn ist. Berührungen zeigen dem Klienten auch, daß seine Leiberfahrung ein wichtiger Teil seiner Person ist. Berührung trifft immer den ganzen Menschen, einschließlich seiner feinstofflichen Natur.

Prozessuale Leibarbeit orientiert sich an der Einzigartigkeit des subjektiven Prozesses, der inneren Weisheit und läßt sich mit den weiteren Merkmalen phänomenologisch (also am Phänomen orientiert und nicht an den eigenen Konzepten und Vorstellungen), dialogisch (durch intersubjektive Korrespondenzprozesse wird gemeinsam der Schatz gehoben) und energetisch (die Orientierung verläuft entlang des Energieverlaufs) charakterisieren. Das Dialogische muß nicht sprachlich sein, es kann auch zu nonverbalen Korrespondenzprozessen kommen, dem Leibdialog, eine Kommunikation und Interaktion durch Atmosphären und Berührung. Anziehung, Abstoßung, Zuwendung, Abwendung ereignen sich im Alltagsleben häufig vor dem sprachlichen Austausch und finden in der liebenden Vereinigung eine großartige leibdialogische Erfüllung. Der Therapeut hilft über die Korrespondenzprozesse mit, die Organisation und die Gestaltung der Erfahrung zu finden.

Der Leib ist nicht nur repräsentatives Ausdrucksorgan, sondern kann durch Fremdeinwirkungen direkt beschädigt oder unterversorgt sein. Opfer von Gewaltverbrechen und sexuellem Mißbrauch lernen mit der Zeit, sich ganz vom Leibe abzuspalten, weil er der Ort des Verbrechens ist. Nur so können sie damit fertigwerden. Sind Leibinterventionen generell für den therapeutischen Prozeß sinnvoll, so sind sie in diesen Fällen als korrigierende Erfahrungen lebensnotwendig. Die Nachnährung, in der Klienten über Stunden im Arm gehalten werden, der körperliche Schmerz, der sich in Schreien ausdrückt, und die Aggression, die sich durch heftiges Abwehren und Schlagen Luft verschafft, wirkt direkt heilsam, auch wenn der Verstehensprozeß erst einige Zeit später einsetzt, weil in diesen Augenblicken die authentische Erinnerung das Abstrahieren und Differenzieren zurückstellt.

Grundsätzlich kann man mehrere Ebenen von prozeßorientierten Körperinterventionen beschreiben: a) das Ansprechen von Körperreaktionen b) das Verstärken von Körperhaltungen und c) direkte Körperinterventionen. Diese letzteren wiederum lassen sich in katalytische (provozierende) und nährende (abschmelzende) unterscheiden. Weiter geht man in der holotropen Atemarbeit davon aus, daß die Leibareale nicht nur den manifesten Körper umfassen, sondern auch den subtilen oder feinstofflichen Energiekörper (mystischer Leib). Körperberührung verändert somit sichtbare Leibstrukturen und unsichtbare Leibschwingungen. Ziel prozessualer Körperarbeit ist, zurückgehaltenes und blockiertes Material so aufzuladen, daß es zu einem kathartischen Abreagieren kommt, denn in der Expression werden die Leibspeicher durchgelüftet und Sedimentationen an die Oberfläche transportiert. Die freiwerdende Energie wird dann nicht mehr zur Blockierung gebraucht, sondern wird integriert und steht dem Gesamtsystem wieder zur Verfügung. Das kann durch Erhöhung der vorgefundenen Spannung (Verstärkung durch den Erfahrenden und Gegendruck durch den Therapeuten) geschehen oder durch abschmelzende Berührungen. Schneller Atem, Gegenkräfte und Wärme beleben die Spannungen derart, daß sie nichts anderes tun können, entgegen den ursprünglichen Widerständen, als sich zu entladen.

Auch wenn die Grundprinzipien personaler Körperarbeit ähnlich sind, werden durch den veränderten Bewußtseinszustand archetypische, transpersonale und spirituelle Kräfte mobilisiert, wodurch die Intensität und Radikalität des Prozesses (Schmerzen und Spannungen werden stärker wahrgenommen) entscheidend angehoben wird. Des weiteren können die Interventionen auf der körperlichen Ebene heftiges Bildmaterial, außergewöhnliche Visionen und massive Empfindungen hervorrufen, denn es werden immer die ganzen Erlebnisgestalten gerufen, ganz gleich auf welcher Ebene die Aufladung durchgeführt wird. Die Rolle des Begleiters ist die eines unterstützenden Assistenten, der intelligent mit der inneren Weisheit kooperiert. Einige praktische Aspekte sollen noch angeführt werden, wenngleich dies nur partiell erfolgen kann, weil ein tieferes Sinnverständnis nur durch die aktuelle Eigenerfahrung möglich ist. Die außergewöhnliche Vielfalt der Erfahrungs- und Begleitungsmöglichkeiten läßt den Versuch, Hinweise zu geben, unvollständig erscheinen. Dennoch mag es sinnvoll sein, um eine Empfindung und Ahnung für diese Vorgänge zu bekommen.

Das Atmen bewirkt also einen ganzheitlichen Prozeß, der alle Ebenen des Erfahrenden mit einschließt und intensive körpernahe Erfahrungen hervorruft. Dies geschieht zunächst ohne direkte Einwirkung von außen und läuft autonom ab. Es gibt nur wenige Ausnahmefälle, in denen relativ früh Körperinterventionen Anwendung finden. Körperarbeit sollte in der Anfangsphase nur dann stattfinden, wenn der Atemvorgang oder der weitere Prozeß stark behindert ist. Spannungen, Krämpfe und Schmerzen können dazu führen, daß sich der Hals- oder Brustbereich so fest zusammenzieht, so daß schnelles Atmen nicht mehr möglich ist. Es kann passieren, daß die Krämpfe in Händen so stark werden, daß der Erfahrende im Augenblick den Schmerz nicht mehr aushalten möchte.

Ausdruck über Töne, Schlagen auf die Matte, Grimassieren und Drücken gegen die Hände des Therapeuten wirkt lösend. Wenn die Blockaden abgebaut sind, können die Interventionen wieder beendet werden. Ein anderer Fall tritt ein, wenn der Erfahrende ausdrücklich wünscht, gehalten oder unterstützt zu werden. Auch wenn der Erfahrende heftig um sich schlägt und die Matratzen oder Kissen nicht mehr ausreichen, um die notwendige Sicherheit zu gewährleisten, kann durch steuerndes Halten (manchmal durch mehrere Personen) das Ausdrücken ermöglicht werden, ohne daß dabei dem Erfahrenden etwas passieren kann.

Wenn also nichts Derartiges auftritt, gibt es folgende Kriterien für ergänzende Interventionen: Der Prozeß kann sich nicht von selbst vollenden, bestimmte Bewegungen bleiben stecken, Impulse können nicht voll ausgedrückt werden, körperliche Spannungen haben sich noch nicht restlos gelöst, das Ausdrucksverhalten braucht eine Regulation, um nicht für den Erfahrenden oder die anderen gefährlich zu werden, die Erfahrung wurde abrupt abgebrochen, am Ende der Erfahrung steht ein diffuses Unwohlsein, der Körper weist noch Verdrehungen, Verrenkungen und Anspannungen auf, die darauf hindeuten, daß irgend etwas noch nicht integriert ist. Es ist also noch etwas Unerledigtes, Unintegriertes und Spannungsgeladenes, das sich zwar andeutet, aber noch nicht dynamisch in den Vordergrund treten kann. In diesen Fällen ist normalerweise katalytische oder provozierende Körperarbeit angezeigt. Es geht also um ein Mehr, ein Deutlicher, ein Kräftiger und ein Lauter. Dies wird zunächst durch Erhöhung der Spannung oder des Drückens erreicht. Der Erfahrende spannt an, und der Therapeut vermittelt Gegendruck. Was vom Therapeuten ausgeht, ist einfühlsam mit dem Klienten abzustimmen, und im Zweifelsfall muß der Therapeut eher etwas Druck zurücknehmen, anstatt mit zuviel Druck die Bedürfnisse des Erfahrenden zu übergehen. Allerdings ist dabei zu berücksichtigen, daß in veränderten Bewußtseinszuständen mehr Kraft und mehr Spannung verlangt sein kann, als dies in gewöhnlichen Situationen der Fall ist. Wenn man zwischendurch nachgibt, den entsprechenden Körperbereich wahrnimmt, die Restspannung sorgsam überprüft und mit dem Erfahrenden nonverbal oder mit wenigen Worten kommuniziert, dann kann man das rechte Maß finden. Wichtig für den Therapeuten ist, während der Körperarbeit zentriert und in stabiler Position zu sein. Als Faustregel gilt immer: stabil, zentriert und komfortabel, denn nur dann kann der Therapeut geben und muß sich nicht um seine eigene Unversehrtheit kümmern. Das kann bedeuten, daß er den Erfahrenden davon abhält, auf die Knie zu gehen oder aufzustehen, weil dann das Handling schwieriger wird und unberechenbare heftige Bewegungen die Begleiter gefährden könnten. Außerdem kommt der Erfahrende mehr ins Alltagsbewußtsein, wenn er sich aufrichtet und seine Standfestigkeit behalten muß. Der Atmende versucht nun den inneren Druck zu veräußerlichen, indem er voll dagegenhält und zur Bekräftigung laute Töne ausstößt, grimassiert und so fest anspannt wie nur irgend möglich. Dies geschieht so lange, bis der Erfahrende erschöpft zurücksinkt und Entspannung einkehrt. Es kann jedoch sein, daß es auch nur einer kurzen Pause bedarf, um dann noch intensiver weiterzumachen, bis zur vollkommenen Entspannung.

Entspannung erkennt man an der Weichheit des Körpers, an einer Liegeposition, die äußerst komfortabel aussieht, mit ausgestreckten Armen und Beinen, einem friedlichen Gesichtsausdruck, ruhigem und tiefem Atmen und einem Empfinden, daß etwas in Ordnung gekommen ist. Sicherheitshalber fragt man dann aber noch nach, ob sich wirklich alles o. k. anfühlt. In der nachfolgenden Integrationsphase breitet sich die entladene Energie über den ganzen Körper aus.

Was ist nun bei verstärkender Körperarbeit zu beachten: Wenn direkte Körperinterventionen angezeigt sind, empfiehlt es sich, die Annäherung langsam, sorgsam bzw. nicht abrupt zu gestalten. Hektische Berührungen sollten vermieden werden. Wenn der Sitter oder Therapeut seine Position wechselt, sollte er die Berührung beibehalten. Beim liegenden Körper immer von der Seite her intervenieren, so daß man einem möglichen Schlag ausweichen kann. Man sollte sich nie auf den Erfahrenden setzen, um nicht instabil zu werden, wenn sich der Erfahrende aufrichtet. Auch die Festigkeit des Druckes sollte man sensibel immer wieder auf die Stimmigkeit überprüfen. Auf keinen Fall zwischen die Beine gehen, um Grenzüberschreitungen im Intimbereich zu vermeiden. Drücke mehr großflächig (mit der ganzen Hand) und weniger punktuell (mit einzelnen Fingern) ansetzen, so daß keine Verletzungen auftreten. Versuche den Rapport so aufrechtzuerhalten, daß du jederzeit Veränderungen wahrnehmen und Korrekturen vornehmen kannst. Der Erfahrende könnte zum Beispiel sagen: »Etwas tiefer, mehr nach rechts, ja genau dort sitzt die Spannung.« Grimassen, Töne, Pressen, Drücken und Schlagen, also aktive Expressionen, intensivieren den Prozeß. Der Erfahrende spannt selbst die betroffenen Stellen so stark wie möglich an. Je mehr Innendruck ausgeübt wird, desto weniger muß man von außen Druck geben. Strampelt der Erfahrende heftig oder schlägt er um sich, ist es gut, das Becken ein wenig zu stabilisieren und mit Matten den umliegenden Bereich weich zu begrenzen, um die Energie zu fokussieren. Man sollte auch immer daran denken, daß die Liegeposition sich am besten dazu eignet, Regulierungen vorzunehmen. Wichtig können auch ermutigende, prägnante und kurze Sätze wie »Drücke es aus«, »Gib Stimme dazu«, »Lauter«, »Voll und ganz« usw. sein. Wenn durch den Gegendruck des Begleiters der innere Druck des Erfahrenden nach außen abgegeben wird, kann dieser sich stärker auf den anderen Pol einlassen und alle Kräfte bündeln. Die gewohnte Selbstblockade führt in diesem Wechselspiel zu einer Kraftaufladung, wodurch eine spätere Integration begünstigt wird. Innere Widerstände können sich auf diese Weise direkt und unvermittelt gegen den Begleiter richten, sich gegen ihn entladen. Das kann sich durchaus in mehreren Abläufen aufschaukeln, wobei der Begleiter darauf zu achten hat, daß er sich streng der Situation des Atmenden anschließt und keine eigene Dynamik hinzufügt. Dies wäre zum Beispiel der Fall, wenn er selbst das Gesicht verzieht oder in eine blinde Anfeuerung, die in ein Kräftemessen ausartet, geraten würde.

Von zentraler Bedeutung ist das Bemühen, der blockierten Energie zum Ausdruck zu verhelfen, so daß es sich für den Erfahrenden im Augenblick stimmig anfühlt.

Einer Körperarbeit nachfolgende Schmerzen können im Sinne eines Heilschmerzes den Prozeß abschließen. Sie können aber auch Zeichen für noch nicht befreite Blockaden sein. Nur im zweiten Falle wäre eine sorgfältige katalytische Weiterarbeit angebracht, sonst genügt ein entspannendes Ausklingenlassen.

Bei dieser intensiven Erfahrungsarbeit tauchen naturgemäß auch Widerstände auf, die gegen inneres Erleben im Laufe der Jahre aufgebaut wurden. Dann ist es notwendig, Geduld zu üben, einen guten Rapport zur inneren Weisheit zu halten, den Widerstand zu akzeptieren, um ihn später Schritt für Schritt auflösen zu können, damit der Erfahrende sich über seine innere Schwelle wagen kann. Erst danach kann man an den Stellen, die wirklich weh tun und in denen stärkste Anspannungen sitzen, tiefer gehen. Für die Begleiter: Finde heraus, wo die Spannung sitzt und in welcher Form und Richtung sie sich ausdrücken möchte. Folge stets dem Energiefluß. Dies gilt ganz besonders für Geburtserfahrungen, deren äußere Begleitung sich ganz nach den Phänomenen richtet und nicht nach bestimmten eigenen Konzepten, wie eine Geburt abzulaufen habe. Hier vermittelt der Begleiter die nötige Enge, um den Erfahrenden die mögliche Luftknappheit in den Durchgangsstadien nochmals erleben zu lassen. Er simuliert den bei den Wehen auftretenden Gegendruck, unterstützt das Vorwärtstreiben und empfängt liebevoll das Neugeborene. Es kann auch zu einem Vervollständigen eines unverarbeiteten Teilerlebnisses kommen und nicht zu einer umfassenden Geburtserfahrung. Ein längeres Verweilen im Mutterleib bei Frühgeborenen (nachbrüten) kann stellvertretend zu einer Integration dieser Erfahrungssequenz führen. Das, was zu tun ist, ist nur aus der Situation selbst zu erschließen. Es wird das intensiviert, was sich zeigt und dort verstärkt, wo Spannungen und Hindernisse auftreten, ohne daß irgend etwas hinzugefügt wird. Dies kann auch von sehr sonderbaren Bewegungsformen ausgehen, wenn jemand so etwas wie eine mögliche frühere Inkarnation erlebt und Erfahrungen verarbeitet, die der Begleiter im Augenblick nicht verstehen kann. Wenn jemand den Hals weit überstreckt, Gliedmaßen verrenkt oder Brennen und Jucken spürt, dann folgt man einfach dem Bedürfnis des Atmenden nach Berührung, Gegendruck, Halten und Massieren, ohne lange darüber nachzudenken, was innerlich vor sich geht. Man sieht häufig auch, daß Erfahrende einen Widerstand suchen, zum Beispiel mit dem Kopf an einer Wand reiben, dann kann man durch Körperinterventionen so flexibel darauf reagieren, daß man einerseits eine Situation schafft, in der es keinen Ausgang gibt, oder nach längerer Zeit eine Öffnung simuliert, durch die der Prozeß seine Richtung nehmen kann.

Prozessuale Körperarbeit ist aber nicht nach dem Grad der äußeren Intensität und Kraftanstrengung zu beurteilen. Wenn jemand schon über Kraft und Lautstärke viel ausgedrückt hat und trotzdem eine Lösung nicht möglich war, kann es manchmal wichtig sein, die Hand aufzulegen, zu halten, um verbliebene Spannungen abzuschmelzen. Es kommt dabei zu einem fließenden Energiestrom, der lösend und entspannend wirkt. Im ruhigen Gehaltenwerden können auch emotionale Defizite von körperlicher Wärme, Geborgenheit und Liebe aufgefüllt werden. In Erfahrungen tiefer Verlassenheit und bei massiven körperlichen Verletzungen wirkt nährende Körperarbeit wie ein Balsam. Die abschmelzende oder nährende Körperarbeit vermittelt dem Erfahrenden Halt, Sicherheit und Vertrauen im Wiedererleben seiner alten kränkenden Erfahrungen und vermittelt zugleich ein gesundheitsförderndes körperlich-emotionales Korrektiv. Zu beachten ist, daß man genügend viel Zeit aufwendet und erst dann wieder losläßt, wenn sich ein Gefühl des »Gefülltseins« einstellt, denn, wenn man zu früh aufhört, kann eine neuerliche Erfahrung des »Verlassenseins« auftreten. Die nährende Variante kann bis zum Ganzkörperkontakt reichen, nach einer Geburtserfahrung oder nach einem langandauerndem Zittern. Nach massiven Spannungen, die sich in autonomen Körperreaktionen gelöst haben, bauen sich nährende Ressourcen auf. Autonome Körperreaktionen wie ein ganzkörperliches Zittern und Schütteln wirken äußerst befreiend und errichten ein neues Energiefundament.

Energetische Körperarbeit geschieht durch die Kraft, die aus uns kommt und durch uns fließt. Welche Art von Körperarbeit notwendig ist, erwächst aus dem direkten Kontakt. Wenn man die Hand auflegt und merkt, daß ein Gegendruck von seiten des Erfahrenden entsteht, kann man den Druck verstärken. Sollte das Gefühl entstehen, daß sich dabei irgend etwas verschließt, kann man die Hand auf der Stelle ruhig liegen lassen und wahrnehmen, ob sich dabei eine leichte Öffnung und Ausdehnung ergibt, denn dann wäre eher abschmelzende Arbeit verlangt.

Direkte Körperarbeit sollte nicht im Halsbereich oder an Weichteilen, die direkt an der Oberfläche liegen (Augen) und im Genitalbereich stattfinden. Hier kann man in der Umgebung eher diffusen und ausstrahlenden Druck ausüben, oder durch indirekte Interventionen, wie die Erhöhung der Eigenspannung, Töne, Grimassen, das Ausdrucksniveau heben. Bei Problemzonen gibt es auch die Möglichkeit, daß der Erfahrende die eigenen Hände auflegt und sanft drückt.

Sollte mehr Druck und Widerstand notwendig sein, als vom Sitter oder Therapeuten gegeben werden kann, werden andere Sitter mit hinzugezogen, wobei der Gruppenleiter die Regie über den gesamten Vorgang behält. Eine Atemsitzung kann auch über den normalen Zeitrahmen hinausgehen und fortdauern.

Wenn über lange Zeit sehr viel Energie abgegeben wurde und der Erfahrende sich ziemlich entkräftet fühlt, kann man unterstützend nach der Arbeit Tee mit Honig reichen, um das Energieniveau wieder ein wenig anzuheben. Aber die Hauptkonzentration gilt dem Atmenden, und beim Wörtchen »Stop« sind alle Interventionen abzubrechen. Neuralgische Stellen sind häufig angespannt und haben die Gewohnheit, Spannungen auf sich zu zentrieren, wodurch andere Stellen unterversorgt bleiben. Deshalb sollte man auch andere Körpersegmente tastend erfühlen, um eventuell dort weiterzuarbeiten. Entscheidend ist, was ich mit den Händen fühle, ob sich die ertastete Stelle ausdehnt, anschmiegt, entzieht oder weiter verkrampft. Die sensiblen Spürorgane des Begleiters sind die Hände, die zugleich abgeben und aufnehmen, ein viszerales (tiefes Gefühl der inneren Mitte) Stimmigkeitserleben, der Einbezug aller Sinne, die Intuition und das kommunikative Ausprobieren, bis die richtige Form und Intensität gefunden wird. Auch der Gruppenleiter sollte genau hinschauen, wie sich Bewegungen und Symptome zeigen, verändern und gestalten und überlegen, wohin sich die Energie richten möchte. Die eigene Leiberfahrung wird zum Resonanzorgan, und das, was man selbst riskiert und durchschritten hat, macht angstfrei, geschmeidig und flexibel. Je öfter man die Erfahrung macht, daß der Respekt vor der innersten Weisheit am ehesten zum Ziel führt, desto sicherer fühlt man sich. In schwierigen Situationen kann dem Begleiter die

Konzentration auf den eigenen Atem, ein Mantra oder ein Gebet weiterhelfen.

Der Energieaustausch zwischen Begleiter und Erfahrenden erfolgt nicht nur im Bereich grobstofflicher und manifester Körperstrukturen, sondern berührt auch die feinstoffliche und atmosphärische Energiehülle, die wir im Normalbewußtsein als persönliche Ausstrahlung bezeichnen. Feine Energietransformationen innerhalb dieser Ebene öffnen Verspannungen in den Chakren und können subtil die Erweckung der Kundalini bewirken. Diesen unermeßlichen Entwicklungsqualitäten begegnet der Begleiter mit einer demütigen und bescheidenen Einstellung, mit dem Wissen, nur Übermittler der allumfassenden Energieströme zu sein. Es entsteht dann die Empfindung, an etwas Größeres angeschlossen zu sein. Syntax und Semantik müssen dabei nicht entschlüsselt werden. Die Bereitschaft, diesen Dienst lebendig auszufüllen, wirkt auf den Begleiter erfrischend, denn der Strom des kosmischen Feldes transformiert den Gebenden und Nehmenden. Eingetaucht in diesen Zustand sind die zugewiesenen Rollen nicht mehr ausschlaggebend, sondern nur noch die innere Öffnung für die »Eine Große Resonanz«.

Die Körperarbeit wird dann beendet, wenn sich umfassende Entspannung ausbreitet und der Erfahrende signalisiert, daß es für den jetzigen Zeitpunkt genug und gut ist oder der Erfahrende plötzlich in einen anderen Prozeß fällt.

Zum Schluß noch ein Hinweis: Es kann auch zu Vermeidungsstrategien und Abwehrmanövern kommen, die eher in personalen Konfliktkonstellationen liegen. Dies wird in unauthentischen Verhaltensweisen sichtbar.

Übergroße Anpassung an den Gruppenleiter, Rivalität mit dem Gruppenleiter, mangelndes Vertrauen in die Methode und Feindseligkeit können zu Körperreaktionen führen, die nicht unbedingt etwas mit dem eigentlichen Prozeß zu tun haben. Auch könnte ein plötzliches Registrieren der sozialen Situation (Wer sieht mich? Ist mir mein Sitter sympathisch?) richtungsändernd in den Prozeß einfließen. In diesem Fall muß man an der Beziehungssituation und den aktuellen Problemen arbeiten, bevor der Betroffene wieder in den veränderten Bewußtseinszustand gehen kann. In allen anderen Fällen gehören Widerstände zu dem inneren Prozeß und sind, wie oben beschrieben, zu begleiten.

Die Phänomene, die vom feinstofflichen Bereich ausgehen, reichen von vielgestaltigen Kundalinierscheinungen bis zu reichhaltigen Begleitmaterial beim Öffnen von Chakren. Häufig korreliert die Lage der Spannungen mit der der Chakren und läßt im nachhinein auch thematische Bezüge erkennen.

Der energetische Leib

Die Phänomene im holotropen Atmen und in der prozessualen Leibarbeit, insbesondere bei energetischen Zuständen durch spirituelle Öffnungen, authentischen Erinnerungen, die vor der Myelisierung der Hirnrinde liegen, Ausdehnungen über den sichtbaren Körper hinaus usw., legen ein Leibkonzept nahe, das die grobstoffliche und explizite Struktur transzendiert. So wie der Leib mit Subjektivität geladen ist, ist der feinstoffliche, implizite und energetische Schwingungsleib mit Bewußtseinspotentialen verknüpft. Man muß sich eine durchgängige Verschränkung von Leib – Subjekt – feinstofflicher Leib – Bewußtsein einerseits und Natur – Welt – Kosmos andererseits vorstellen und zwar so, daß es keinen Vorrang gibt, daß das Ganze mehr als die Summe der Teile und in allen Teilen das Ganze auffindbar ist:

»Pribram hat die Metapher des Hologramms außerdem durch seine Theorie erweitert, wonach die Holonomie – was besagt, daß das Ganze auf irgendeine Weise in jedem seiner Bestandteile enthalten ist – eine universelle Eigenschaft der Natur sei« (Capra, in: Grof, 1986, S. 138).

Das holotrope Atmen schließt sich dieser Sichtweise an, denn nur so sind die eigenartigen Phänomene der Psyche zu verstehen. Subjekt/Bewußtsein und Welt/Kosmos interferieren und korrelieren auf der Ebene von pulsierenden Schwingungen. Im Erleuchtungszustand wird der gemeinsame Urgrund als universale Einheit transparent. Ein kurzer Abstecher in die neueren Ergebnisse der Naturwissenschaften zeigt, daß diese Visionen sogar wissenschaftlichen Kriterien standhalten.

Anregungen der Neuen Physik für die transpersonale Psychologie

Die transpersonale Psychologie wurde überraschenderweise sogar von den Naturwissenschaften unterstützt. Die Relativitätstheorie und vor allem die Quantentheorie sorgten in der Physik für radikale Umwälzungen – einen Paradigmenwechsel. Frühere physikalische Grundgesetze (Descartes-Galilei-Newton) wie dreidimensionaler Raum, lineare Zeit, Kausalität, raumzeitliche Kontiguität und die Ansicht, daß die materielle Substanz aus kleinsten Partikeln, die sich im Raum bewegen, aufgebaut ist (... das Zusammenwirken der einzelnen Materieteilchen, die träge und relativ unabhängig voneinander sind, geschieht mechanisch, wie das Zusammenwirken von Teilen einer Maschine), hatten im Bereich der Mikrophysik keinen Bestand mehr. Plötzlich wurde unsere Welt sehr ungenau und unscharf (einmal haben wir ein Teilchen vor uns, kurz darauf ist es wieder eine Welle; wir können Ort und Zeit nicht mehr wie früher gleichzeitig messen; die Messungen werden immer ungenauer, weil der Beobachter nicht mehr neutral ist, sondern das

Meßergebnis beeinflußt), und je tiefer wir in die Materie eindringen, desto flüchtiger wird sie. Neuere Beschreibungen sprechen von einer »schrecklichen Leere (vgl. auch Erfahrungen in der Zen-Meditation) im Innern der Materie« (Quarks als punktförmige Zustände), in der »virtuelle Teilchen« auftauchen und vergehen (Davis, 1993, S. 24). »Die Reise ins Innere der Materie gleicht allmählich einer Reihe von chinesischen Schachteln. Kaum hat man eine neue Schachtel ans Licht befördert, ahnt man schon, daß in ihr eine weitere Schachtel stecken wird« (ebenda, S. 42).

Die Neue Physik zerstörte die Vorstellung getrennt existierender Objekte, ersetzte den unbeteiligten Beobachter durch den Teilnehmer und interpretierte das Universum als Beziehungsnetz, dessen Teile ausschließlich durch ihre Beziehung zum Ganzen definiert sind. Ein unteilbares Ganzes, fließend, mit ständig ineinander überwechselnden dynamischen Mustern – ein Tanz von Energie.

»In der Welt der Atome und Elementarteilchen regieren bizarre Gesetze. Elektronen halten sich mit bestimmten Wahrscheinlichkeiten an verschiedenen Orten gleichzeitig auf ... In der Quantenwelt lassen sich selbst Zukunft und Vergangenheit nicht klar unterscheiden. So wie der Aufenthaltsort der Teilchen ›unscharf‹ bleibt, haben sie auch in der Zeit bestimmte Bewegungsspielräume« (Focus, 15. 4. 1995).

Das heißt wiederum nicht, daß es nichts Stabiles gibt, sondern nur, daß die uns in der Welt begegnende stabile Struktur nicht als etwas Unabhängiges und dauernd Existierendes zu sehen ist.

Bohm (in: Schaeffer, Bachmann, 1989) schließt aus den Ergebnissen der modernen Physik, daß es zwar unterscheidbare Zustände gibt, ihre Konturiertheit und Stabilität jedoch nicht fundamentaler Art ist. Er spricht von expliziten Strukturen. In diesen sind die impliziten eingefaltet. Die Innenseite in der Tiefe transzendiert die vorher beschriebene äußerliche Struktur und zeigt Merkmale von systemischer Verbundenheit und Offenheit, in der es keine voneinander unabhängige Entitäten mehr gibt, »ein bruchloses Ganzes in strömender Bewegung« (ebenda, S. 159), aus dem heraus sich Strudel formen können, die dann wieder in diesen Strom zurückgehen.

Yogis und Mystiker haben diese Eigenschaft der Welt in ihren Erleuchtungsvisionen wahrgenommen (Einheitsbewußtsein). Capra (1984) spricht davon, daß es »unerwartet starke Parallelen« von naturwissenschaftlichen und mystischen Einsichten in das Innerste der Welt gibt.

Auch das Prinzip der »Selbstorganisation« (vgl. Capra, in: Grof, 1986) als eine der Natur innewohnende Formkraft (kann als rhythmische Muster beständig pulsierender Art beschrieben werden), die im Zusammenspiel mit variierenden Einflüssen die Entwicklung in Gang hält, wird zur Zeit in der Chaosforschung eingehend untersucht:

»Ein lebender Organismus ist ein selbstorganisierendes System, das heißt, daß die Ordnung seiner Struktur und Funktion nicht von der Umwelt diktiert, sondern vom System selbst eingerichtet ist« (Capra, in: Grof, 1986, S. 136). Zur Selbstorganisation gehören der beständige Austausch mit der Umwelt, die Selbsterneuerung und die Verwirklichung des innewohnenden Potentials.

In diesem Zusammenhang ist auch die Idee Sheldrakes von den morphogenetischen Feldern, wie sie weiter vorne erläutert wurden, diskussionswürdig.

Trotzdem ist es wichtig, durch diese Erkenntnisse nicht einem neuen verkappten Reduktionismus das Wort zu reden. Das Bewußtsein läßt sich nicht auf materielle Gesetze reduzieren, doch sind die transpersonalen Ideen nicht so weltfremd, wie sie oft hingestellt werden. Die Neue Physik ist nicht die Grundlage einer neuen Bewußtseinstheorie, ist aber auch nicht mehr, wie früher, ein aufgeklärter Gegenpol zu geistigen Aspekten unseres Lebens.

Das System der Chakren

Repräsentieren Teilchen die Struktur der festen Materie, so stehen Wellen für die strömende Energie. Diese Doppelnatur kann auf den Leib übertragen werden. Der manifeste Leib kann entsprechend den biologischen Grundlagen als der Teilchenanteil verstanden werden, die energetische Hülle mit ihren feinstofflichen Zentren ist diesem immer implizit. Hier kommen überlieferte Schriften den heutigen Erkenntnissen der Naturwissenschaften sehr nahe, denn materielle Objekte erscheinen in der mikro- und makroskopischen als pulsierende Schwingungsfrequenzen. Körper, Leib, Gehirn, Bewußtsein, Subjektivität und Atem gehen auf diese Weise ineinander auf. Sie sind zwar als unterschiedliche Perspektiven zu beschreiben, jedoch nicht voneinander zu trennen. »Atome bestehen aus Atomteilchen, und diese Teilchen sind nicht aus materiellem Stoff. Wenn wir sie beobachten, sehen wir nie etwas Stoffliches; was wir beobachten, sind ständig ineinander überwechselnde dynamische Muster – ein kontinuierlicher Tanz von Energie« (Capra, in: Grof, 1986, S. 134).

Wir leben in einer sichtbaren und einer unsichtbaren Welt. Ein Teil der unsichtbaren Welt konnte durch technische Vorgänge wie Mikroskopie, Teleskopie und Radioastronomie erschlossen werden. Auch unser dreidimensionaler Körper repräsentiert nach Meinung renommierter Wissenschaftler nur eine Weise des Sehens. Selbstverwirklichte beschreiben unabhängig voneinander, daß es eine strahlende, vibrierende und pulsierende Zustandsform der menschlichen Existenz gibt, die die Grenzen des sichtbaren Körpers transzendiert. Es ist eine Art Schwingung, die den Menschen durchdringt und umgibt. Wilhelm Reich sprach von einer Orgon-Energie, die weit über den Libidobegriff Freuds hinausging und die Erfahrungen der Mystiker mit berücksichtigte: »Indessen verriet die Wucht des religiösen Empfindens an sich die Existenz eines mächtigen Etwas, das die Menschen wohl fühlten, aber weder in Worte zu fassen noch zu lenken wußten« (Schwery, 1988, S. 133). Durchgreifende und aufbrechende Energieströme, die den Menschen auf andere Daseinsebenen schleudern, konnten nicht allein mit vegetativen Zuständen erklärt werden.

Da es im Westen keine elaborierten Ansätze gibt, muß man auf Überlegungen zurückgreifen, die hauptsächlich im tantrischen Yoga und im tibetischen Buddhismus entwickelt wurden, andernorts aber Entsprechungen fanden.

Die Idee eines feinstofflichen Körpers (Energieleib) ist in den schamanistischen Traditionen genauso zu finden wie in den mystischen Zweigen aller großen Religionen. In der christlichen Tradition symbolisiert zum Beispiel der Heiligenschein die Aura. Die chinesische Medizin sieht in den Meridianen und den Akupunkturpunkten eine feinstoffliche Landkarte, die der Idee einer ganzheitlichen Heilung im Westen zu einem großen Aufbruch verhalf. Die Qui-Kraft und die Integration von Yin und Yang bringen den physischen Körper und die feinstofflichen Schwingungen in eine Balance. Die dreieinhalbmal aufgerollte Schlange (Kundalini), die latent in der Nähe des untersten Wirbels ruht, symbolisiert in den yogischen Traditionen die jedem Menschen innewohnende schöpferische Kraft. Das Schlangensymbol tritt in den unterschiedlichen Kulturen auf. Die Schlange steht für Evolution, spirituelle und physische Gesundheit und nicht, wie häufig angenommen, für Korruption und Verführung. Der Stock von Moses wurde zur Schlange und spendete dann Wasser für sein Volk. Bei den Azteken ist es die gefiederte Schlange Quetzalcoatl und in ähnlicher Weise bei den Maya Kulkulkam. In Australien wird diese Kraft einer Regenbogen- oder Wasserschlange zugeschrieben. Ambrosius hat in Mailand einen Altar in Stein gemeißelt, der eine dreieinhalbmal aufgerollte Schlange aufweist, und auch bei Ignatius von Loyola erscheint eine Schlange, von der Licht ausstrahlte. Aber auch der Heilige Geist in der Pfingsterweckung im Christentum steht für die göttliche Kraft, die den Menschen formt. Die Kongos in der Kalahari Wüste nennen sie N/um und bei den Tibetern wird lange über die Sushumna meditiert, um die Kraft zu aktualisieren. Das System der subtilen Energiezentren (Chakren) wurde vor allem im Hinduismus (Kundalini-Yoga und Siddha-Yoga) ausgebildet, spielt aber auch im tibetischen Buddhismus eine Rolle.

Das leibgewordene Bewußtsein ist der Ort der spirituellen Entwicklung. Dies erfordert Annahmen über eine mystische Anatomie, aus denen Energiephänomene, unwillkürliche Bewegungen und parapsychologische Wahrnehmungen verstanden werden können: 1. In jedem Menschen existiert ein latentes psychospirituelles Energiepotential (Kundalini), das auf vielerlei Arten aktualisiert werden kann. Es wird als grundlegende Schöpfungskraft und als ursprüngliches Bewußtsein des Universums angesehen. Wenn sie aktiviert wird, dann kann es zu intensiven Durchgangsphänomenen, die der Reinigung und Öffnung dienen, kommen. Die erwachte Kundalini ist eine transformierende Energie, deren Aufgabe es ist, den Menschen von der Zersplitterung zur Ganzheit auf allen Ebenen zu führen. Sie ist die innere Weisheit in Aktion – eine intelligente Selbstorganisationskraft, die die Potentiale des Menschen erschließt, um seine Selbstverwirklichung voranzutreiben. Auch wenn der Weg der Kundalini von außergewöhnlichen Zuständen begleitet sein kann, wird nie die Grenze der Belastbarkeit überschritten. 2. Der dreidimensionale sichtbare Körper ist nur eine Zustandsform, denn dieser wird durchdrungen und umgeben von einem feinstofflichen Leib (Energiekörper), in dem sich unzählige (72 000) feinstoffliche Kanäle (nadis) befinden, durch die Prana, ein Aspekt der Kundalini, fließt.

»Der feinstoffliche Körper ist auch als Prana oder Vitalkraft bekannt. Prana ist weder Geist noch Psyche noch physikalische Energie, sondern ein Medium, das alle Körperebenen verbindet, eine kosmische Intelligenz, die alles und jedes durchdringt. Prana hat deshalb auch drei verschiedene Aspekte. Zunächst ist es die alles durchdringende, höchst intelligente kosmische Lebenskraft oder Prana – Shakti. Dann bedeutet Prana die verschiedenen biologischen Funktionen des Körpers, und schließlich bedeutet Prana auch ganz gewöhnlicher Atem ... In den Upanishaden wird von den pranah, den schaffenden Lebensströmen gesagt, sie seien satyam. Satyam heißt Wirklichkeit, die von etwas noch Tieferem getragen wird: Atman, dem Selbst, der Realität aller Realitäten, satyasa satyam« (Schwery, 1988, S. 113).

In allen Traditionen wird ein subtiler Kanal besonders hervorgehoben, der Zentralkanal oder die Sushumna, der entlang der Wirbelsäule verlaufen soll und die Chakren miteinander verbindet. Wenn man daran denkt, daß das Rückenmark mit dem Gehirn und allen Nerven verbunden ist, dann sind diese Anschauungen mit neurophysiologischen Erkenntnissen kompatibel. Die aktualisierte Kundalini reist in einem anwachsenden Strom vom Wurzelchakra langsam aufwärts, aktiviert die Chakren, löst die Blockierungen und kommt dann letztendlich im Scheitelchakra zur Ruhe. Muktananda (1982, S. 37) nennt die Sushumna die »Gasse der Großen Kundalini«, die implizit alles enthält: »Jeder aufsteigende Gedanke kommt von diesem Zentral-nadi. Alles karma und alle gespeicherten Eindrücke unzähliger Lebensrunden sind hier gelagert.« Durch Energetisierung kommt das alles in Bewegung (Kriyas) und mündet häufig in Zuckungen, Zittern und Entladungen vielfältigster Art. Die implizit spirituelle Seite des Atems aktiviert genau diese Ebene. Im Yoga sind es die Pranayama-Übungen. Dazu repräsentieren zwei polare Energieströme einerseits den weiblichen Aspekt (Ida) und andererseits den männlichen Aspekt (Pingala). 3. Die Chakren oder feinstofflichen Energiezentren, die fokussiert als Schaltstellen der Transformation dienen. Beim Hinaufwandern der Kundalini werden diese mit Leben erfüllt und spezielle Erkenntnisse und Fähigkeiten hervorgerufen. Jedes Chakra beschert eine machtvolle Erfahrung. Für C. G. Jung ist der Weg der Kundalini der Archetyp des spirituellen Weges. Die Blockaden in den Chakren können als Schwellen von Entwicklungsstufen betrachtet werden. Aus dieser anschaulichen Allegorie des spirituellen Weges wurde eine vielfältige spirituelle Praxis ausgearbeitet.

In diesem Zusammenhang muß auch die psychospirituelle Wirkung des holotropen Atmens und die Intention der Körperarbeit gesehen werden, die, wie Muktananda erwähnt, eine westliche Ausprägung der Kundaliniarbeit darstellt.

Der mit normalen Augen sichtbare und mit den Händen tastbare Körper ist von einer unsichtbaren Hülle von Schwingungen umgeben. Man kann sie auch als Energiefelder bezeichnen, die in sich konsistent sind, jedoch in subtilen Formen das Subjekt fließend umgeben und durchdringen. Es gab viele Versuche, die Aura von Menschen und Pflanzen mit speziellen Infrarotkameras optisch sichtbar zu machen. Auch wenn in den esoterischen Schriften die Kirlianfotografien berühmt geworden sind, wurden sie von der Wissenschaft eher vernachlässigt. Es gab auch Messungen der Wärmeabstrahlung und der elektromagnetischen Ladungen, die von Menschen ausgingen, doch blieben diese Versuche meist in einer ideologiekritischen Auseinandersetzung stecken.

Die Beschreibungen einer Energiehülle stammten zumeist von Selbstverwirklichten, die im Zustand des Tiefenbewußtseins Energiekörper wahrnehmen konnten, in unterschiedlichen Formen und Farben. Darin konnten Persönlichkeit, Charakter, Schicksal und Entwicklungsstand eines Menschen geschaut werden. Die fluidale Ausstrahlung kann sich von Sekunde zu Sekunde in Form, Frequenz, Dichtigkeit und Farbe verändern. In sie sind alle aktuellen Gedanken, Emotionen, Stimmungen, sowie die Strukturen der Ontogenese, Phylogenese und früherer Inkarnationen (Samskaras) implizit anwesend. Alle Gedanken, Handlungen und Erlebnisse sind dort holographisch aufgezeichnet. Auch erscheinen Krankheiten und zukünftige Ereignismöglichkeiten, die sich aus der aktuellen Verfassung ableiten, in unscharfen Skizzierungen. All diese fluktuierenden individuellen Informationen beinhalten freie Radikale, die jederzeit bereit sind, sich zu verknüpfen, mit geheimnisvoll anregenden Milieus, aus denen entwicklungsträchtige Synchronizitäten hervorgehen. Die rhythmischen Schwingungen des Energiekörpers können durch beschleunigtes Atmen angereichert werden, so daß sich die impliziten Strukturen dem Bewußtsein offenbaren und sich so integrieren, daß eine höhere Niveaubildung die innere Entwicklung intensiver anregt. Es wäre sinnvoll, die Konzepte des »memorativen Leibes«, »zellulären Gedächtnisses« und der »morphogenetischen Felder« in diesem Kontext zu diskutieren. Denn dies sind ja auch Hilfskonstruktionen, um den Zugang zu außergewöhnlichen Informationen zu beschreiben. Über die Interferenzen und Korrelationen von persönlichen Schwingungen, morphogenetischen Feldern und kosmischen Strahlungen können aus dem universellen Informationspool Inhalte in die Psyche gelangen, die vom Bewußtsein dechiffriert werden.

Die Vorstellung von einem Energiekörper ist für das holotrope Atmen und für die Körperarbeit von hoher Bedeutung. Man berührt die feinstoffliche Sphäre eines Menschen, noch bevor es zu einer direkten Intervention kommt. Das energetisch-fluktuierende Material kann ins Bewußtsein fließen und psychische Bewegungen hervorrufen, die vielleicht nicht adäquat erscheinen, denn in dieser Zustandsform sind transbiographische, kollektive und transpersonale Erfahrungen holographisch angeordnet. Dies zu berücksichtigen heißt, den feinstofflichen Energieströmen achtsam zu begegnen und den Händen heilende Kräfte, die das Energiefeld eines anderen regulieren können, zuzuschreiben.

Oftmals entstehen Spannungen in körperlichen Regionen, die traditionell bestimmten Chakren zugeordnet werden. Die Blockaden werden durch Streß und unverarbeitete Erlebnisse verursacht. Beim Aufstieg der Kundalini wird die Energie und die Schwingungsfrequenz der Chakren erhöht und die Spannungen abgebaut. Dies kann bedeuten, daß sich Öffnungen vorbereiten und Reinigungen stattfinden. Auch wenn es körperliche Entsprechungen gibt, muß noch erwähnt werden, daß die Lokalisierungshinweise nicht unbedingt zu konkret, objektiv und absolut genommen werden dürfen, denn die feinstoffliche Seinsweise gehört in eine andere Wirklichkeitsebene und transzendiert die Orts- und Zeitgebundenheit. Nach Sharamon (vgl. 1988) stellt man sie sich am besten als Blütenkelche mit Lotusblättern, die über den physischen Körper hinausgehen, vor. Diese richten sich auf, wenn sie von der Kundalini berührt werden. So wird zugleich eine Lokalisation angedeutet und transzendiert. Govinda (vgl. 1999) betont, daß er keine Behauptung aufstellt, die die Schüler als objektive Tatsachen hinzunehmen hätten, sondern er weist sie nur mit dem Satz an: Stelle dir anschaulich vor, daß ein Strom vitaler Kraft von hier nach dort fließt. Es wurden auch spezielle Meditationen erarbeitet (Chakrenmeditation), die bewußt die innere Kraft auf bestimmte Chakren lenken und zentrieren, um die Bewußtseinspotentiale zu evozieren. Das beschleunigte Atmen wirkt in ähnlicher Weise. Hohe Energieflüsse und intensive Konfrontationen mit kollektiven Kräften können die Folge sein.

Chakra hat mehrere Bedeutungen: 1. im Hinduismus ein Kreis von Gottesverehrern, 2. symbolische Bedeutung: das Drehen des Rades des Gesetzes, um das Reich der Rechtschaffenheit und Wahrheit ins Rollen zu bringen, 3. im Tantrismus, besonders in den yogischen Schulen (Kundalini-Yoga) und in der tibetischen Mystik, Bezeichnung für die Zentren »subtiler« oder »feinstofflicher« Energie im Energieleib (Astralkörper) des Menschen. Sie sammeln, transformieren und verteilen die durchfließenden Energieströme wirkungsvoll und dienen auch als Antennen für kosmische Schwingungen. Sie sind die Tore zum Makrokosmos, Empfangsstation, Transformator und Verteiler von Prana. Sie verbinden den physischen Körper mit den seelischen und geistigen Existenzsphären der individuellen Seele und des kollektiven Seins. Die östlichen Weisheitsschulen sehen die phänomenale Wirklichkeit umgeben und durchdrungen von einer tieferen existentiellen Sphäre, aus der heraus die menschliche Entwicklung auf allen Ebenen gesteuert wird. Obwohl viele westliche Autoren die Chakren mit verschiedenen Nervenknoten, Ganglien oder Drüsen gleichsetzen und sie auf bestimmte Regionen des physischen Körpers (z. B. Herz, Herzchakra) lokalisieren, sind sie in ihrem ursprünglichen Verständnis als energetisch-spirituelle Zentren des Menschen aufzufassen. Sie sind kreisförmige Kreuzungspunkte und Verdichtungen im psychoenergetischen Feld eines Menschen. Sie können nur von Menschen gesehen werden, die bereits über die Fähigkeit der Tiefenschau verfügen. Diese Zentren werden durch die aufsteigende Kundalini geöffnet und gereinigt, zur Aktivierung entsprechender Bewußtseinspotentiale. Spannungen im Bereich der Chakren verweisen darauf, daß die potentielle Seinsweise noch nicht aktualisiert wurde. Die Kundalini bricht diese auf und erschüttert das psychisch-geistige System, indem die auf dieser Ebene repräsentierten Schattenaspekte zunächst stark an die Oberfläche kommen, um sich in einem längeren Prozeß auflösen zu können. Es kann dabei auch zu heftigen Energieentladungen kommen, die zu Zittern, Schütteln und intensiven Erregungen führen können. Manchmal ist es eine einzelne Bewegung, und ein anderes Mal kann es zu langandauernden Entladungsmustern kommen, bis die Knoten gelöst sind. Danach entsteht meistens ein angenehmes Vibrieren (flow) und Wellen von tiefem Wohlgefühl. Dabei werden Fixierungen aufgelöst und gebundene Energien gelöst. Eine gute spirituelle Führung hilft dabei, daß der Weg nicht in eine Sackgasse führt oder auf einer Stufe steckenbleibt. Menschen strahlen und glänzen danach in einer ansprechenden Weise. So können auch Themen und Bewußtseinspotentiale in die Psyche Eingang finden, die durch die bisherigen Lebensgewohnheiten nicht verstehbar sind. Okkulte Fähigkeiten und die Macht über die Naturgesetze können sich einstellen. Von Yogis wird u. a. immer wieder berichtet, daß sie stundenlang den Atem anhalten können, den Schmerz willentlich zu regulieren imstande sind und die Schwerkraft überwinden können. Diese siddhis, wie auch andere Phänomene, sollen nur als Nebenwirkungen des spirituellen Weges registriert und nicht zur Selbstbestätigung ausgeübt werden. Wenn jemand über diese Kräfte verfügt, kann es zu Wunderheilungen kommen, da die Behandlung der feinstofflichen Unordnung oft ohne jede äußerliche Einflußnahme erfolgt. Im Kundalini Yoga sagt man, daß die Chakren den physischen Tod überdauern und weiterhin im Astralkörper wirksam sind.

Es gibt viele solcher Energieknotenpunkte. In der spirituellen Literatur werden 7 Hauptchakren hervorgehoben. In Anlehnung an Tart (1978), Govinda (1979), Muktananda (1986), Dychtwald (1981), Greenwell (1998) und Chauduri (1978) sollen diese kurz umrissen werden. Durch die Energetisierung der Chakren wird zunächst der Ballast abgeworfen, um nach deren Öffnung die universellen Entwicklungsaspekte integrieren zu können:

Muladhara (Wurzelchakra): Ein vierblättriger Lotus am unteren Ende der Wirbelsäule. Kosmologisch steht es für die ursprüngliche Lebensenergie und die ganzheitliche Verbundenheit mit der Welt, mit dem Kosmos. Es ist der Sitz der latenten Kundalini, die nach ihrem Erwachen die Überlebensbedürfnisse des Menschen transformiert. Die Sicherheit und Erdung wird nicht mehr in der Ansammlung materieller Güter gesehen, sondern durch ein Geborgensein im Urschoß der Welt. Gott beseelt von nun an die Welt, den Kosmos und den eigenen Körper, wodurch sich liebevolle Bezüge anbahnen, die sich in achtsamem Verhalten gegenüber der Schöpfung zeigen.

Um dorthin zu gelangen muß die Angst vor dem Tod, die Angst vor dem Verlust von Kontrolle und die vielfältigen Fixierungen an materielle Werte bewältigt werden. Dies kann zu zeitweiliger psychischer Instabilität und zu einem explosionsartigen Freisetzen von lange unterdrückten Gefühlen führen.

Svadhistana (Milzchakra): Ein sechsblättriger Lotus, an der Wurzel des Fortpflanzungsorgans. Die Sexualenergien werden bei der Öffnung dieses Chakra als universale Lebensenergie erlebt, und die schöpferischen kreativen Impulse des Menschen werden von Blockaden befreit. Erotik, Sinnlichkeit und Sexualität werden als geheimnisvolle Kräfte eines schöpferischen Lebensentwurfs begriffen. Die Attraktivität nimmt durch die Ausstrahlung von Vertrauen auf einem höheren Niveau zu.

Es ist darauf zu achten, daß man zunächst von massiven sexuellen Energien überschwemmt werden kann und unaufgearbeitete sexuelle Probleme angsterregend und destruktiv in den Vordergrund drängen können. Begleitende Bilder und Vorstellungen beunruhigen und bringen die innere Gelassenheit vorübergehend durcheinander. Frustration, Abhängigkeit und Furchtsamkeit können die Folge sein. Nach einiger Zeit entspannt sich die Situation und mündet in einen ruhigen Zustand ein, in dem sich die schöpferische Kraft des Kosmos offenbart.

Manipura (Nabelchakra): Ein zehnblättriger Lotus, in der Nabelgegend. Repräsentiert das Element Feuer, die Kräfte der Verwandlung und den Willen zur Macht im Sinne eines achtsamen Umgangs mit seinen Fähigkeiten. Der eigene Wille wird als verwandelnde Kraft integriert, und das Handeln wird zielgerichtet. Die Konzentration auf die innere Mitte integriert im Handeln Vernunft, Gefühl und Ordnung und verleiht ein Gefühl der inneren Stabilität. Die Kraft, die dem Hara entspringt, ist klar und spontan. Es wird auch erkannt, daß die Förderung der mitgegebenen Talente eine Verantwortung gegenüber der Welt darstellt. Die blockierten Aspekte sind übertriebene Weltlichkeit, Dominanz, ungerechtfertigte Machtausübung, die Kultivierung von Ohnmacht und Angst vor den eigenen Potentialen.

Anahata (Herzchakra): Ein zwölfblättriger Lotus in der Herzgegend. Die Öffnung dieses Chakra läßt die Herzensqualitäten wie Liebe, Mitempfinden, Selbstlosigkeit und Hingabe in unmotivierter, freifließender Weise verströmen. Die Liebe ist nicht mehr auf bestimmte Menschen und Zustände fokussiert, sondern strömt bedingungs- und situationsunabhängig. Das Herz öffnet sich wie eine Blütenknospe und führt zum Weg des Herzens, der alle Menschen und den Kosmos mit Liebe einhüllt. Zu überwinden sind Einsamkeit, Kummer, Eifersucht und starre Bindungen, die selbstdestruktiv verlaufen. Auch mangelnde Sensibilität, Wehleidigkeit und Passivität sind Zeichen von unerlösten Anteilen.

Vishuddha (Halschakra): Ein sechszehnblättriger Lotus am Halsansatz. »Der Mensch, in dem dieses Bewußtseinspotential aktiviert worden ist, kann durch ein entsprechendes Wort oder Mantra Daseinsmacht vermitteln und anderen eine Quelle großer schöpferischer Inspirationen sein« (Chauduri, 1978, S. 375). Man erlangt die Fähigkeit zu subtiler Kommunikation und kann das Wesentliche vermitteln: Öffnet sich dieses Zentrum, so finden wir die richtigen Worte und unsere echte Stimme, und wir bekommen ein Gefühl dafür, wie es ist, über einen freien Kanal zu verfügen, so daß wir unsere kreativen Impulse zum Ausdruck bringen können. Zu überwinden ist demagogisches und arrogantes Verhalten, in der das gesprochene Wort zu Machtdemonstration, Entwürdigung, Zerstreutheit und Oberflächlichkeit mißbraucht wird.

Ajna (Brauen-Chakra): Ein zweiblättriger Lotus, zwischen den Augenbrauen. Die gewöhnliche Sinneswahrnehmung bricht auf. Parapsychologische Fähigkeiten, Intuition und das Sehen mit dem dritten Augen lassen die Welt und andere Menschen in ihrer Tiefendimension transparent werden. Die Weisheit des Selbst wird in einem nichtdualen Wahrnehmungszustand direkt erlebbar. Klarheit und übersinnliche Wahrnehmungsfähigkeit führen zu wahrhaftiger Spontaneität, die stets in der Balance zwischen inneren Zielen und äußeren Notwendigkeiten ruht. Der Mensch erwirbt mit dem Öffnen dieses Zentrums Selbstbeherrschung und vollendete Kontrolle über die verschiedenen Antriebe, Impulse und Strebungen seiner Persönlichkeit. Das Leben organisiert sich immer mehr um das spirituelle Gesetz.

Handeln wider bessere Einsicht und in Abweichung zu den Forderungen der inneren Weisheit führen zurück in unklare Selbstvergessenheit, die labil und ruhelos sich in vordergründiger Bedürfnisbefriedigung aufhält. Das Durchgangsstadium zur Überwindung dieser Strebungen bricht den alten Identitätsgürtel auf und kann zwischenzeitliche Desorientierungen mit sich bringen.

Sahasrara (Kronenchakra): Der tausendblättrige Lotus im Scheitelbereich. Die Öffnung dieses Chakra ist Zeichen für den letzten Verwirklichungsschritt. Das Durchströmen der kosmischen Energien, das Verweilen im Zustand der Selbstverwirklichung und die Einheit mit dem Göttlichen wird erfahren. »Das Sichöffnen dieses Zentrums bedeutet, daß das spirituelle Potential des Menschen, vom durchdringenden Strahl der Sonne des reinen zeitlosen Seins, voll erblüht. Es ist das Zentrum des wahren transzendenten Bewußtseins oder der transzendenten Erkenntnis. Die Verbindung mit Gott« (Chauduri, 1978, S. 376).

Die letzte Hürde stellt die Hingabe an das Göttliche und die vollkommene Auslöschung der gewohnten Einzelseele dar. Die Angst vor dem großen Tod und ein vorläufiges Zögern läßt die Seele in ein Vakuum fallen, deren Gefühl der Verlassenheit heftige Erschütterungen verursachen kann. Nur wenn daraus neues Vertrauen erwächst, kehrt der Mensch heim und wird dauerhaft Zufriedenheit und Glückseligkeit erfahren.

Die schrittweise Realisation der spirituellen Zentren, das Durchströmen der kosmischen Energien durch die geöffneten Chakren und das Aufsteigen der Kundalini gehen mit starken Egokonfrontationen und Abarbeitung von Blockaden einher. Dies kann vorübergehend zu massiven Energieschüben, überwältigenden Bildern und ambivalenten Emotionen führen, weil altes und hinderliches Material und Schattenaspekte an die Oberfläche kommen und aufgelöst werden. Die beste Begleitung, um Fehlidentifikationen zu vermeiden, ist ein spiritueller Weg, weil dadurch ein Ausagieren verhindert werden kann.

Aber auch durch das holotrope Atmen können Spannungsfelder im Bereich der Chakren gelöst werden, dazu sind aber ausreichende Kenntnisse dieser Systeme erforderlich.

Die Phase der Entspannung und Integration

Nach dem Höhepunkt der Entladung tritt allmählich körperliche Entspannung ein. Mit ausgebreiteten Armen und Beinen, geöffneten Kleidern liegen die Erfahrenden friedlich auf der Matte, folgen ihrem innerlichen Gewahrsein und erfreuen sich ihrer Wegstrecke, die sie gegangen sind. Es kann aber auch im Sinne dieser neugewonnenen Freiheit zu neuen inneren Szenen kommen. Offen sein, Energie spüren, tiefes Berührtsein empfinden, im Kontakt mit seiner inneren Weisheit. Nach getaner Arbeit strahlt diese offene und gereinigte Atmosphäre in den Raum hinein.

Daneben gibt es andere, deren Durchgehen sich noch nicht vollendet hat, die mit steckengebliebenen Impulsen hadern oder sich körperlich beengt oder unter starken Spannungen fühlen. Dies kann in einigen Körperregionen besonders ausgeprägt, oder auch ein diffuses allgemeines Gefühl des Unbehagens sein. Dies ist der Zeitpunkt, etwa im letzten Drittel der Atemsitzung, wo Nacharbeit erforderlich ist. Das Ziel ist, das, was sich meldet, ganz zeigen zu lassen und gerichteten Ausdruck zu unterstützen, denn zumeist handelt es sich um abgespaltene, zurückgenommene und verdrängte Erlebnisanteile, deren Offenbarungswiderstand den schnellen Atemrhythmus überstanden haben. Es kann aber auch sein, daß jemand das Bedürfnis hat, einfach über seine Erfahrung zu sprechen, aber mit leiser Stimme, damit sich andere nicht gestört fühlen. Vielleicht hat sich jemand auch zu früh aufgerichtet und wirkt noch etwas benommen. Ein kurzer Hinweis, sich wieder auf den Rücken zu legen und innerlich der Musik zu folgen und die Atemerfahrung nachwirken zu lassen, kann da weiterhelfen.

Im Raum nimmt der Kontakt zwischen den Betreuern und den Atmenden auf sanfte Weise zu, gemeinsam werden Arbeiten zu Ende gebracht. Es ist ein gegenseitiges Helfen und Unterstützen.

Sitter und Therapeuten müssen herausfinden, wo die stärksten Spannungen sind, und diese dann durch Gegendruck (katalytische Körperarbeit), oder durch zärtliche Berührungen (nährende Körperarbeit) zu lockern. Durch das Ausdrücken lösen sich chronisch kontrahierte Körperfelder, und in der Regel fließen die gestauten Wirklichkeitsfragmente in die Weite des Bewußtseins ein und integrieren sich. Eine gute Kooperation zwischen Erfahrenden und Sitter ist wichtig, weil nur gemeinsam herausgefunden werden kann, an welcher Stelle und mit welcher Intensität die Arbeit erfolgen soll. Die Therapeuten und Sitter dürfen nicht beleidigt sein, wenn sie vom Erfahrenden korrigiert werden, denn nur dann hat man die Sicherheit, auf dem richtigen Weg zu sein.

Wenn nach einer Zeit des aktiven Integrierens ein rundes und stimmiges Gefühl aufkommt, dann setzt sich der Atmende auf, überprüft nochmals, ob alles in Ordnung ist, legt sich die Malsachen zurecht und malt einfach, was sich kreativ zeigen möchte. Schon in der Einleitung wurde darauf hingewiesen, daß man sich nicht durch überhöhte Ansprüche, möglichst künstlerisch zu sein, oder durch negative Schulerfahrungen behindern lassen sollte: einfach sich dem inneren Fluß hingeben und sich malen lassen. Die Sitter oder der Gruppenleiter stellen eine oder zwei Kerzen dazu, um das Malen im abgedunkelten Raum zu erleichtern.

Exkurs: Das intuitive Malen

Wenn der Teilnehmer der Erfahrung und nach Beendigung der Körperarbeit aufgetaucht ist, beginnt nun allmählich der Prozeß des Erfassens. Man schaut sich im Raum um, wird bewußtseinsklarer, erinnert sich, nimmt Kontakt mit dem Sitter auf. Da Sprache im Augenblick noch zu sehr in die vertrauten Denkschemata führen würde, bietet sich die Symbolisierung der Erfahrung über ein Bild an. Sich über ein kreatives Medium auszudrücken schöpft aus dem transpersonalen Raum der Erfahrung und knüpft gleichzeitig erste Fäden mit dem alltäglichen Bewußtsein. Als Werkzeuge dienen Ölkreiden und ein größerer Zeichenblock. Wegen der Dunkelheit im Raum bringt der Sitter zwei Kerzen.

Die Einstellung, mit der der Erfahrende in diesen Prozeß hineingeht, läßt sich kurz so umschreiben: Aktiv und passiv zugleich, ohne jede Wertung und ohne künstlerischen Anspruch. Im schöpferischen Gegenwärtigsein bekommen die inneren Kräfte eine Kontur. Kreativität kommt direkt aus dem Selbst. Zulassen heißt auch aus einer tieferen Schicht empfangen. Kreativität kommt von creare und bedeutet soviel wie erschaffen und gebären, ein geheimnisvolles Wechselspiel von rezeptivem Geschehenlassen und aktiven Hervorbringen. Das Ich, das logische Denken und die inneren Kontroll- und Abwehrfunktionen sind durch den holotropen Zustand gelockert, so daß es normalerweise nicht schwerfällt, sich darauf einzulassen. In dieser expressiven Kreativität kann die Erfahrung nochmals angeeignet, vertieft, verarbeitet, mit anderen Mitteln fortgesetzt und integriert werden. Darüber hinaus ist es für die Person ein eigenständiger Vorgang, in der die momentane Innerlichkeit, im Kontinuum von bewußten und unbewußten Prozessen, in das Schöpferische einfließt. Es erweitert den gewohnten Rahmen der Persönlichkeit, denn: »Das kreative Selbst ist immer größer als das vom Ich in Anspruch Genommene und Verwirklichte … Man muß erst sein Selbst finden, um dieses für sich und die anderen schöpferisch sprechen zu lassen« (Matussek, 1979, S. 316). Das Nachklingen des holotropen Zustandes bildet eine gute Voraussetzung für kreative Selbstäußerungen. Das Material der Atemsitzung erfährt so einen weiteren Anstrich, eine neue Nuance, die auf die Erfahrung im Sinne einer positiven Selbstaneignung zurückwirkt. Darüber hinaus wird, vom jeweiligen Geschehen ausgehend, die Selbstoffenbarung über die Intuition eine Brücke zur Transzendenz errichten, wie in jedem kreativen Akt, so daß überpersönliche Bedeutungen den Erfahrungshorizont erweitern, wie C. G. Jung für Kunstwerke formuliert:

»Sein Sinn (des Kunstwerks) und seine ihm eigentümliche Art ruhen in ihm selber und nicht in äußeren Vorbedingungen … man könnte fast sagen, es sei ein Wesen, das den Menschen und seine persönlichen Dispositionen nur als Nährboden benützt, über dessen Kräfte nach eigenen Gesetzen verfügt, und sich selbst zu dem gestaltet, was es aus sich selbst werden will« (Jung, 1931, S. 53).

Das Gemalte ist auch nicht etwas, was nur für das Individuum Bedeutung erlangt, nein, es strahlt auch auf die Gruppe zurück und tritt nonverbal mit den anderen Erfahrungen in Kontakt.

In den Bildern finden sich Szenen, Abläufe, Gefühle, intuitiv geschaute Symbole oder momentan sich einstellende Formen und Farben.

Das Bild schließt an die Erfahrung an, verdichtet sie und setzt sie fort. Es ist im nachhinein Erinnerungsstütze, Material für die Aufarbeitung und Träger der Erfahrungsenergie. Es symbolisiert den Prozeß, vermittelt Sinn und beinhaltet Information, die über die tatsächliche Erfahrung hinausreicht. Jedes neue Hinschauen auf das Bild bringt neue Eindrücke, so daß es auch dazu beiträgt, daß die Erfahrung ihren dynamischen Charakter beibehält und nicht ins Vergessen absinkt. Die Erfahrung ist nicht statisch, sie erneuert sich in jedem Stadium, denn der kreative Ausdruck wirkt wie ein »Naturprozeß« (vgl. Kast, 1974):

»Der Naturprozeß bricht ins Bewußtsein ein, zwängt sich auf, wird aber nicht vom Bewußtsein ›gemacht‹ – und doch bleibt es dem Bewußtsein vorbehalten, diesem schöpferischen Drang – äußere er sich nun in der Sphäre der Entwicklung der Persönlichkeit oder in einem schöpferischen Prozeß mit überpersönlicher Bedeutung – Worte zu verleihen, ihn in einen bewußten Bedeutungszusammenhang hineinzustellen und damit das Bewußtsein zu erweitern« (Eisler-Stehrenberger, 1991, S. 117).

Das, was sich zeigt, wird, wie im Traum und in der Atemerfahrung durch Prozesse der Verdichtung, Verschiebung, Symbolisierung und kreativen Anpassung in einen in sich schlüssigen Zusammenhang gebracht, auch wenn dieser noch nicht erkannt wird. Das Bild des Erfahrenden verweist auf zweierlei, einerseits auf die Erfahrung selbst und andererseits auf die Persönlichkeit, denn es ist immer auch Projektion, eine Ausgestaltung der Innerlichkeit. Über das Malen und das Bild sind folgende Prozesse initiiert: Expression, Interaktion, Diagnose, Katharsis, Transformation, Kommunikation, Stimulation und Entspannung. Es bezieht sich auf die Atemsitzung, auch wenn es ohne Vergangenes auskommen könnte.

Schmerzliche Erlebnisse werden durch das Malen entspannt, Nebulöses prägnant und Unklares klarer, so daß in diesem schöpferischen Akt die Erfahrung eine vermittelbare Struktur annimmt und zugleich nicht Erinnertes und schon wieder Verdrängtes neu an die Oberfläche bringt. Der kreative Ausdruck fördert auch den kreativen Umgang mit den Erfahrungen und wirkt so positiv auf die Persönlichkeitsentwicklung zurück, denn sie bringt in Mustern Erstarrtes zum Fließen. So ermöglicht das Malen nach der Atemsitzung die Integration von Polen, beruhigt nach einer stürmischen Sitzung, schafft freischwebende Aufmerksamkeit und festigt die Beziehung zum Selbst.

Das Malen kann auf zweierlei Weise instruiert werden zunächst in freier Form, ohne jedwede Vorstrukturierung. Dies hat den Vorteil, daß offen und ohne innere Begrenzung sich Farben und Formen ausdrücken. Die inneren Kontrollinstanzen können sich nicht an einer bestimmten Struktur festmachen und das Malen blockieren, insbesondere bei solchen Menschen, die in der Schule Probleme mit dem künstlerischen Ausdruck hatten.

Eine andere Möglichkeit wird häufig in den Atemsitzungen vorgeschlagen. Auf die Zeichenblätter wird vorher ein großer Kreis eingezeichnet, und der Erfahrende soll alles, was er malt, in diesen Kreis einfügen. Diese Intervention bezieht sich auf die Tradition des Mandala-Malens, das in vielen spirituellen Richtungen als äußerst hilfreich für den inneren Prozeß angesehen wird.

Die Bezeichnung Mandala stammt aus dem Sanskrit und bedeutet soviel wie Rad, Kreis, Zentrum. Im weitesten Sinn handelt es sich dabei um eine universale Struktur, die in vielfältigen Variationen in der unbelebten (Kristalle, Atome) und belebten Natur, sowie in Kulturschöpfungen (Rosetten der gotischen Kirchen, die durch die Kombination von Licht, Farbe und Form im Glas wirken) vorkommt. C. G. Jung sieht in ihren reichhaltigen Ausprägungen das immer wiederkehrende Symbol des Selbst, von dem alles ausgeht und zu dem alles hinläuft. Der Kreis ist seit Menschengedenken ein Symbol für Ganzheit, ohne Anfang und Ende, für Gleichgewicht, Harmonie, Ausgewogenheit und Kosmos. Kreissymbole sind archetypisch und treten darum auch immer wieder im individuellen Leben auf, sei es in Träumen, sei es in der Imagination oder beim Malen. In tibetischen, hinduistischen und schamanischen Traditionen werden Mandalas auch als Einweihungsbilder und Meditationshilfen eingesetzt. Sie sind für den Schüler eine göttliche Kraftquelle, die innere chaotische Kräfte und ungelöste Spannungen auf die Ganzheit ausrichten und Mut verleihen. Die unbewußten dissoziativen Kräfte werden gebündelt und in eine neue Ordnung gebracht, was besonders in Krisenzeiten hilfreich sein kann. Das kontinuierliche Malen von Mandalas ist gleichzusetzen mit einem äußerst transformativen Prozeß der Persönlichkeit, wie C. G. Jung in seiner Autobiographie niederschrieb:

»[Ich] skizzierte jeden Morgen in ein Carnet eine kleine Kreiszeichnung, ein Mandala, welches meiner jeweiligen inneren Situation zu entsprechen schien. Anhand der Bilder konnte ich die psychischen Wandlungen von Tag zu Tag beobachten ... Nur allmählich kam ich darauf, was das Mandala eigentlich ist: ›Gestaltung – Umgestaltung des ewigen Sinnes: ewige Unterhaltung‹. Und das ist das Selbst, die Ganzheit der Persönlichkeit. Meine Mandalabilder waren Kryptogramme über den Zustand meines Selbst, die mir täglich zugestellt wurden. Ich sah, wie das Selbst, d. h. meine Ganzheit am Werke war. Das konnte ich allerdings zuerst nur andeutungsweise verstehen ... Ich hatte das deutliche Gefühl von etwas Zentralem, und mit der Zeit gewann ich eine deutliche Vorstellung vom Selbst ... Ich weiß nicht mehr, wie viele Mandalas ich damals gezeichnet habe. Es waren viele. Während ich daran arbeitete tauchte immer wieder die Frage auf: ›Wohin führt der Prozeß, in dem ich stehe? Wo liegt sein Ziel?‹ ... Ich wurde gezwungen, den Prozeß des Unbewußten selbst durchzumachen. Ich mußte mich zuerst von diesem Strom mitreißen lassen, ohne zu wissen, wohin er mich führen würde. Erst als ich die Mandalas zu malen begann, sah ich, daß alles, alle Wege die ich ging, und alle Schritte, die ich tat, wieder zu einem Punkt zurückführten, nämlich zur Mitte. Es wurde mir immer deutlicher: Das Mandala ist das Zentrum. Es ist der Ausdruck für alle Wege zur Mitte, zur Individuation« (zitiert nach Keller).

Aniela Jaffé, eine langjährige Mitarbeiterin von C. G. Jung, zeigt, daß die Form des Mandala eine kulturübergreifende und langwährende Tradition besitzt:

»Die ersten Mandaladarstellungen stammen aus der Alt-Steinzeit, lange vor der Erfindung des Rades: es sind kreisförmige Felsritzungen, die meist als Sonnenräder gedeutet werden. Ihr Alter wird bis zu 25 000 oder 30 000 Jahren geschätzt. Im Lamaismus und im tantrischen Yoga bedeutet das Mandala das kreisförmige Abbild des Kosmos in seinem Zusammenhang mit göttlichen Mächten. Es stellt ein Instrument der Kontemplation dar. Im christlichen Mandala mit Christus im Zentrum betonen die vier Evangelisten oder ihre Symbole die Kardinalpunkte des Kreises. Die Fensterrosen der Kathedralen stellen abstrakte oder kosmische

Mandalas dar. [...] Das viergeteilte Mandalasymbol tritt spontan in Träumen und Phantasien auf, meist als ein unbewußter Selbstheilungsversuch in Zuständen psychischer Desorientierung. Es stellt ein Ordnungsschema dar, welches sich gewissermaßen über das psychische Chaos legt, so daß das auseinanderfließende Ganze durch den hegenden und schützenden Kreis zusammengehalten und zugleich der Mensch in einen unpersönlichen Zusammenhang gestellt wird« (Jaffé, 1977, S. 77 f. in: Keller).

Mandalas kommen von den tiefsten Schichten der Seele und transformieren sie dank ihrer inneren Kraft. Sie sind Sinnbild für eine auf ein Zentrum hingerichtete Ganzheit, in der Gegensätze vereinigt, Widersprüche gelöst und der innere Prozeß gefördert wird. Über die zentrierende Funktion des Selbst werden Pole wie Gut und Böse, Licht und Schatten, Schnell und Langsam, Aktiv und Passiv, Männlich und Weiblich, Sanftmut und Aggression, Liebe und Haß in ein ausbalanciertes Kräftespiel eingebunden.

Für die Atemerfahrungen kann dies entlastend und integrierend wirken, wenn wir an die ganz unterschiedlichen Erlebnisqualitäten denken, denen wir dort begegnen.

Ein Mandala bewirkt eine innere Ordnung und eine Neuordnung der Persönlichkeit. Das Unbewußte wird in eine annehmbare und kommunizierbare Form gebracht und dehnt seine sich stets wandelnde Wirkung auch auf zukünftiges Erleben aus.

Für die praktische Anwendung in der holotropen Atemarbeit sollten beide Möglichkeiten angeboten werden, das freie intuitive Malen und die Vorgabe einer Mandalastruktur, denn je nach Erfahrung und Persönlichkeitstyp kann einerseits das freie Malen als Befreiung von einem Druck erlebt werden, andererseits vermißt man unter Umständen die zentrierenden Impulse. Für andere löst die vorgegebene Kreisstruktur eventuell Beklemmung und Bevormundung aus, andererseits kann es wiederum bei entgrenzendem Erleben hilfreich zur inneren Mitte führen.

Die Bilder gewinnen in der Phase der Aufarbeitung eine zentrale Bedeutung. Der Gruppenleiter läßt sich vom Bild ergreifen und bezieht es achtsam mit ein, denn es vermittelt auf eine andere Art das Innerste des Erfahrenden. Dieses ist genauso zu schützen, zu respektieren und anzuerkennen wie die Erfahrung selbst. Im Vordergrund steht das gemeinsame Verstehen, nicht das Kommentieren oder Sezieren des Bildes. Benedetti, der über eine reichhaltige Erfahrung im Einsatz von kreativen Medien im Umgang mit schwer geschädigten Menschen besitzt, beschreibt diesen Prozeß:

»Wir projizieren auf das Bild des Patienten unsere Liebe für ihn, unsere Partizipation, Erschütterung, Ergriffenheit, auch unser eigenes Leiden. So kommt es zur Appersonierung von Teilen des therapeutischen Selbst durch den Patienten.

Erst auf der Grundlage einer solchen Appersonierung und Identifizierung mit dem das Bild erkennenden Therapeuten kann nun der Patient auch dessen Deutungen wahrnehmen, den Sinn erfassen, den er nicht in Gedanken, nicht in Worten, auf das Bild projizierte: Der Patient kommt einen weiteren Schritt zu sich« (Benedetti, 1991, S. 322).

In der Aufarbeitung geht es um Mitteilen, Erfassen und Verstehen. Die Erfahrung wird anhand des Bildes nochmals versprachlicht und integriert. Das kann auch durch therapeutische Interventionen ergänzt werden. Deutungen kommen zumeist aus dem Erfahrenden selbst. Wenn die Gruppenleiter Angebote mit hinzufügen, dann sollte dies unaufdringlich geschehen und jederzeit durch die Sicht des Betroffenen widerlegbar sein.

Symboldeutungen, die aus der reichhaltigen Mythologie der Menschheitsgeschichte, aus religiösen Richtungen oder kulturanthropologischen Kontexten stammen, werden beigestellt, ohne zwingenden Aufforderungscharakter. Quellen dazu bieten die einzelnen religiösen Strömungen, wie sie zum Beispiel hervorragend von Mircea Eliade *(Geschichte der religiösen Ideen)* herausgearbeitet wurden. Die Werke von Joseph Campbell *(Der Heros in tausend Gestalten; The way of the animal powers; Die Mitte ist überall; Die Masken Gottes)*, C. G. Jung *(Der Mensch und seine Symbole)*, Jean Gebser *(Ursprung und Gegenwart)*, sowie die verschiedenen Symbollexika geben ebenfalls entsprechende Hinweise aus dem kulturhistorischen Fundus der Menschheitsgeschichte.

Dadurch wird die transformative Kraft anthropologischer Entwicklung dem Individuum in seinem je eigenen Wandlungsprozeß verfügbar. Zu beachten ist jedoch, daß keine schnellen Kausalschlüsse gezogen werden dürfen oder rigide Zuordnungen entstehen, weil diese in der Regel an der konkreten Erfahrung vorbeigehen und leicht die Gefahr entsteht, daß sich der andere unverstanden und etikettiert fühlt.

Ausgehend von der Gesamtatmosphäre, die ein Bild ausstrahlt, können auch einzelne Details näher beleuchtet werden. Man kann sich wie in der Traumarbeit auch mit einzelnen Aspekten identifizieren und im Focus der Awareness erkunden, um die dahinterliegenden Botschaften zu entschlüsseln.

Wie die Gestalttherapie im Umgang mit kreativen Medien lehrt, kann es auch sinnvoll sein, einzelne Elemente in der Vorstellung miteinander in Dialog treten zu lassen, um den inneren Bezugsrahmen hervortreten zu lassen.

Folgende Fragen können in die Aufarbeitung und in den therapeutischen Prozeß einbezogen werden (vgl. auch Chicken, 1999):

- Wie ist der Gesamteindruck des Bildes und was löst es im Erfahrenden aus?
- Wofür steht es, und welche Botschaft verbirgt sich dahinter?
- Welche Aspekte rücken in den Vordergrund, und welche sind im Hintergrund?
- In welchem Verhältnis stehen sie zueinander?
- Wofür stehen die einzelnen Formen, Farben und Figuren?
- Was wird nicht wahrgenommen?
- Welche Bewegung oder Hemmung entsteht aus dem Bild heraus?
- Welche Assoziationen und Analogien kommen mir, wenn ich auf das Bild schaue?
- Womit komme ich jetzt in Kontakt?
- Was rundet sich mit dem Bild und welche unerledigten Aspekte zeigt es an?
- Welche Fragen stellt das Bild an mich?

Die Beendigung der Sitzung

Grundsätzlich entscheiden die Erfahrenden, wann ihre Sitzung zu Ende ist. Wenn noch irgendeine Spannung oder ein Symptom körperlich spürbar ist, empfiehlt es sich, noch daran zu arbeiten. Auch mit einem generellen Unbehagen sollte man nicht aus dem Raum gehen. In der Regel fragt dann der Sitter oder der Gruppenleiter genauer nach und versucht durch weiterführende Körperarbeit oder Gespräche zu einer Lösung beizutragen. Wenn der Atmende aus dem Raum geht, sollte er Kontakt zum Gruppenleiter aufnehmen, damit etwaige Ungereimtheiten noch ausgeräumt werden können. Besonders bescheidene Menschen wollen aus Rücksicht den Gruppenleiter oder Sitter nicht zu viel beanspruchen. Der Raum leert sich allmählich, und der Gruppenleiter bleibt im Raum, bis der letzte Teilnehmer gegangen ist. Es kann durchaus sein, daß noch ein oder zwei Gruppenmitglieder eine oder zwei Stunden länger bleiben als die anderen. Es ist wichtig, sie nicht aus zeitlichen Gründen aus ihrem Prozeß zu holen, sondern so lange dabeizubleiben, bis er sich organisch abschließt, denn ein unterbrochener Prozeß kann zu unangenehmen Folgeerscheinungen führen, weil die Psyche irritiert wird: Einerseits soll sie alles loslassen und ausdrücken, und andererseits soll sie sich dann wieder beherrschen und kontrollieren.

Exkurs: Die evokative Musik

Nach Richard Wagner ist Musik die universale Sprache, sie verbindet Menschen über Kontinente, und ihre Schwingung dringt tief in die Seele ein.

Wir sind immer von Musik umgeben, Musik und Schöpfung gehören zusammen. Am Anfang war das Wort (Johannes-Evangelium) und OM ist der Urklang des Kosmos. Die Inder und Tibeter sagen, es ist das Heilige Mantra OM, aus dem die Welt entstanden ist. In seinem Buch *Das dritte Ohr* (1985, S. 359) zitiert Berendt die Upanishaden:

»Die Essenz aller Wesen ist die Erde, die Essenz der Erde ist das Wasser, die Essenz des Wassers sind die Pflanzen, die Essenz der Pflanzen ist der Mensch, die Essenz der Menschen ist die Rede, die Essenz der Rede ist das Heilige Wissen, die Essenz des Heiligen Wissens ist Wortlaut und Klang, die Essenz von Wortlaut und Klang ist Om.«

Berendt präsentiert in seiner Reihe Nada Brahma, das soviel bedeutet wie »Die Welt ist Klang« ein von tibetischen Mönchen gesungenes OM. Dies ist so eindrucksvoll, daß sogar nicht spirituell orientierte Menschen aufs tiefste berührt werden.

Das Singen von Mantren ist eine spirituelle Übung, die das Herz öffnet und mit dem tiefsten Inneren in Kontakt treten läßt. Auch die Derwisch-Musik der Sufi-Orden, die Bajans und Kirtans der Hindus und die Gregorianischen Choräle im Christentum künden von der Sehnsucht nach Selbstverwirklichung. Die Kehlkopfgesänge der Inuit, die Obertonmusik von tibetischen Mönchen, das Didgeridoo der australischen Aborgines oder die Gesänge orthodoxer Christen sind Ausdruck einer tiefen Beziehung zur Natur, zum Kosmos und zum Göttlichen.

Große Musik, auch wenn sie nicht explizit spirituell ist, löst das innere Chaos auf dynamische Weise auf, läßt die verborgene Harmonie hervortreten und bringt Frieden, Schönheit, Synthese und Transformation. Sie öffnet die Grenzen des Individuums und weist über die eigene Struktur hinaus. Musik ist Bewegung, Pulsieren, Dynamik, Kreativität und Ruhe und löst das menschliche Dasein in feinstoffliche Schwingungen auf.

Es entsteht durch die ganzheitliche Hingabe an diese Musik eine innere Ordnung, die vorher noch nicht erkannt wurde. Die Klänge der Pulsare des Weltraums wurden bei Weltraumflügen von der NASA aufgenommen. Diese kompositorische Vielfalt von Harmonie, Schwingung und Pulsieren zentriert und berührt das innerste Wesen.

Musik kann heilsam sein und das ist schon seit Jahrtausenden bekannt. Fischer (1999, S. 59) faßt zusammen:

»In den alten Kulturen waren die Musiker immer auch Priester, Schamanen, und Heiler. Und die Musik war Heilmittel. Sie diente der körperlichen, seelischen und geistigen Integration des Individuums … Vom Altertum wissen wir, daß Töne und ihre Magie zu Heilzwecken eingesetzt worden waren. In der Odyssee wird fließendes Blut mit Gesang gestillt. Theophrast war der Meinung, Ischiasleidende würden wieder gesund, wenn man die kranke Stelle mit phrygischen Tönen anblase, Vipernbisse ließen sich durch Flötenspiel heilen. Demokritos schreibt, Flötenspiel lasse jeden kranken Körperteil gesunden. Asklepiades soll Trompetenstöße gegen Nervenschmerzen angewandt haben. Und von Pythagoras schreibt man, er habe seelisch Kranke mit Musik getröstet. Er hatte auch Lieder gegen körperliche Leiden zum Vergessen der Trauer, zur Stillung des Zornes und Austilgung der Leidenschaften. Im Mittelalter hatte man die Theorie, die Musik öffne die Luftlöcher, also die Poren, wodurch die ›bösen Geister‹ ausziehen können.«

Harmonische Musik hat eine beruhigende und heilsame Wirkung, denken wir an die Untersuchungen mit Babys im Mutterleib, die durch klassische Musik positiv angesprochen werden oder krebskranken Menschen, deren Gesundung gefördert wird. Heilklänge sind harmonische Weisen, die die Seele und den Körper wieder in »Gleichklang« bringen. Die Musiktherapie hilft Menschen mit blockiertem sprachlichen Ausdruck und schwer geschädigten Menschen zu einer klingenden Kommunikation, aus der heraus erst wieder die Annäherung an Menschen möglich wird.

Mentales Training bei Hochleistungssportlern und Techniken des Superlearnings unterstützen durch sanfte und seelisch angenehme Hintergrundmusik einen konzentrativen Zustand im Alpha-Rhythmus. Die brain machines, die zu einer Tiefenentspannung beitragen sollen, benützen neben optischen Reizen ebenfalls die bewußtseinsverändernde Wirkung akustischer Einflüsse.

Musik wird äußerst erfolgreich in der Psychotherapie bei gelenkten Imaginationen eingesetzt. Sie kann Komplexe und Ängste bewußt machen, Fähigkeiten, Bedürfnisse, Ängste, Hoffnungen, Freude und Leidensfähigkeit hervorrufen. Sie ist Katalysator der Gefühle, wirkt kathartisch und macht frei. Sie spricht alle Ebenen der Seele an, die bewußten und die unbewußten, erhöht die Erinnerungsbereitschaft und reduziert die Abwehrmechanismen.

Auf der anderen Seite kann Musik auch suggestiv wirken, Menschenmassen zusammenschmelzen und sie in einen kollektiven Ausnahmezustand versetzen. Die Kritikfähigkeit wird von den Herrschenden bewußt herabgesetzt, um frühkindliche Gefühle und Sehnsüchte anzusprechen, wie die Kriegspropaganda im »Dritten Reich«, die Aufmärsche bei nationalsozialistischen Reichsparteitagen und die Anfeuerungsmärsche kriegführender Volksgruppen beweisen. Der Mensch wird in einen dumpfen Gleichschritt versetzt und hebt sich durch die archaisch kollektive Stimmung über sich selbst hinaus, ein übermächtiges Einheitsgefühl des Starkseins. Im Supermarkt steigert Musik die Kauflust und senkt die Kontrollmechanismen. Lärm und Getöse führt zur Zerstreuung, ist das Gegenteil von Musik, ist »wildgewordener Klang«, der zu einer Fragmentierung des Menschen führt.

Psychische Beeinträchtigung durch Lärm oder dissoziativ-aggressive Musik kann geistige Erschlaffung, seelische Abgestumpftheit und körperliche Schäden hervorrufen.

Die Musik kann uns in eine größere Wirklichkeit als unser begrenztes Ich führen. Auch in Popkonzerten (Woodstock) oder in den Anfängen der Love Parade mit den synchronen Technorhythmen erlebten die Menschen ein harmonisches Miteinander und eine tiefe Geborgenheit, in der die Bedeutung des einzelnen entspannend im Ganzen aufging. Interessanterweise liegt die Frequenz von Technomusik ähnlich den schamanischen Trommeln bei 4 Hz.

Bewußtseinsveränderung wird in vielen Kulturen durch Musik unterstützt: Heilrituale, Tänze und Gesänge mit konstanten Rhythmen führen den Schüler in die Anderswelt und in eine größere Wirklichkeit. In der Ekstase legt er die Begrenzungen des Alltags ab, und die Musik wird zum Wegbereiter der inneren Erfahrungen.

Musik ist ein wichtiges Medium in der Evokation veränderter Bewußtseinszustände, denn Töne und Melodien sind Schwingungen, die die Psyche und den Geist tief ansprechen. Seit dem Entstehen der Mysterienschulen werden Trancezustände durch Klang, Atem, Bewegung, Rhythmus, Tanz und Gesang hergestellt. Auch die spirituelle Seite des Menschen wird durch Musik aufs höchste berührt:

Musik führt in die Trance, stellt innere Harmonie her und verbindet den Menschen mit dem Kosmos und dem Göttlichen. Über Musik entsteht eine feinsinnige Kommunikation, und die Identität wird erweitert. Sie ist Medium für das tiefe Erleben von Gefühlen, läßt den Körper weich werden und integriert schmerzhafte Erfahrungen. In ihren Schwingungen kann sich der Mensch selbst erfahren und erheben.

Im holotropen Atmen trägt die Musik zu einer Stimulation bei, die zu einer Intensivierung und Integration des Materials führt, das sich im Augenblick zeigen möchte, denn: »Das Wunderbare an der Musik ist, daß sie die Dinge nicht etwa weniger präzis – schwammiger und ungenauer –, sondern im Gegenteil viel präziser zu fassen vermag als die Künste des Wortes« (Berendt, 1985, S. 382).

Erlebt man eine freudige Stimmung, läßt die Musik diese Stimmung prägnanter werden. Befindet man sich in einem aussichtslosen Kampf, wird durch die Musik das Gefühl der Ohnmacht gesteigert. Die Musik suggeriert nicht die Wahrnehmung, sondern verstärkt und integriert das, was sich zeigt. Sie kann jedoch auch versteckte Aspekte, die sich noch gar nicht melden, aus den Tiefen der Seele hervorholen, weil sie die Widerstände durch ihre spezifischen Klänge unbemerkt überwinden kann. Man wird plötzlich von der Musik angeregt, kommt mit heftigen Aggressionen in Kontakt und nimmt Szenen von Gewalt wahr, obwohl man sonst sehr friedliebend ist. In der Nacharbeit wird dann deutlich, daß es sich um verdrängte Anteile handelt. Grof hat über einen längeren Zeitraum die psychotherapeutischen Wirkungen von Musik untersucht und kommt zu folgenden Ergebnissen:

»Wir haben Musik systematisch im psychedelischen Therapieprogramm im Maryland Psychiatric Research Center in Baltimore, Maryland, angewendet und dabei viel über ihr außergewöhnliches psychotherapeutisches Potential gelernt. Gute Musik scheint in außergewöhnlichen Bewußtseinszuständen von besonderem Wert zu sein und übernimmt in ihnen mehrere Funktionen. Sie hilft, alte Emotionen zu mobilisieren, und versetzt den betreffenden Menschen in die Lage, sie auszudrücken. Sie intensiviert und vertieft den Erinnerungsprozeß und gibt einen sinnvollen Rahmen für ihn ab. Der kontinuierliche Fluß der Musik trägt die betreffende Person wie auf einer Welle mit sich fort und hilft ihr, über schwierige Erfahrungen oder festgefahrene Situationen hinwegzukommen, psychische Abwehrmechanismen zu durchbrechen und sich dem Erfahrungsprozeß hinzugeben« (Grof, 1987, S. 224).

Das holotrope Atmen und bewußtseinsevokative Musik ergänzen und potenzieren sich gegenseitig. Für den Atmenden ist es allerdings notwendig, sich auf die Musik voll und ganz einzulassen, ganzheitlich mitzuschwingen, elementar und spontan darauf zu reagieren und sich nicht intellektuell damit auseinanderzusetzen, dann kann sich ein hohes Erfahrungspotential entfalten, das heißt, alles auszudrücken, was sich an Impulsen einstellt.

Die Musik unterstützt ganz allgemein das holotrope Atemfeld und wird vom Erfahrenden entsprechend den eigenen Themen und Atmosphären durch die introspektive Konzentration kreativ umgearbeitet. Wir wissen auch aus vielen Forschungsberichten, daß ein und dieselbe Musik ganz unterschiedlich erlebt wird, abhängig vom geistig-seelischen Zustand.

Das Musikangebot beinhaltet in erster Linie ganz generell evokative Musik, die den Prozeß trägt, die Gefühle anspricht und bildhaftes Assoziieren anregt.

Generell ist es günstig, wenn die Musik nicht allzu leicht aus dem Alltagsleben identifiziert werden kann, so daß sich nicht alltägliche Erinnerungen daran heften und den holotropen Bewußtseinszustand beeinträchtigen. Des weiteren ist darauf zu achten, daß die einzelnen Musikstücke nicht zu kurz sind und auch keine längeren Pausen entstehen. Sie sollen ineinander übergehen, weiterführen und intensivieren, sie sollte nicht zwingend sein, sondern die Erfahrung unterstützen, tragen und hervortreten lassen. Um den Prozeß zu unterstützen, orientieren sich die Gruppenleiter in der Auswahl der Musikstücke an den Körperbewegungen und Reaktionen der Klienten. Die Musik sollte von hoher künstlerischer Qualität sein und durch wenig konkreten Inhalt oder vertraute Texte keine bestimmten Botschaften suggerieren. Gewöhnlich ist der Einfluß der Musik bei intensiven Erfahrungsprozessen nicht so groß. Wenn man innerlich in einer schwierigen Situation ist, wird jede Art von Musik zu Trauer oder Schmerz führen. Umgekehrt bei einer freudig-erregten Stimmung wird Musik diese weiter emporheben, denn was die betreffende Person mit der Musik anfängt, hängt von den individuellen Gegebenheiten der Psyche ab. Den größten Einfluß hat Musik, wenn jemand nur eine mäßig ausgeprägte Erfahrung beim Atmen hat. Dann ist sie in der Lage, den veränderten Bewußtseinszustand zu halten und zu stabilisieren.

»Aber auch in solchen Fällen wird die Musik nur eine allgemeine Atmosphäre oder emotionale Tönung suggerieren. Wie der Klient sie im Endeffekt verarbeitet, ist vollkommen individuell. Die Situation hier ähnelt dem, was ich später im Hinblick auf die Möglichkeit erörtern werde, die Therapiesitzung durch Vorbereitung und verbale Instruktionen zu strukturieren. Was die betreffende Person mit den gegebenen Informationen anfängt, wird immer noch von ihren bisherigen Erfahrungen und ihren unbewußten Mechanismen beeinflußt. Dies wird deutlich, wenn man die sehr unterschiedlichen Reaktionen innerhalb einer großen Gruppe auf ein und dieselbe Musik miteinander vergleicht. Wie sehr die Musik die Erfahrungen des einzelnen auch zu strukturieren vermag, sie können nach wie vor heilende und transformative Kraft besitzen und für jeden einzelnen einen tiefen Sinn haben« (Grof, 1987, S. 230).

Die Musik schafft auch eine Vernetzung der Atmenden, weil sie neben den Einzelaffekten das Gemeinsame im Raum betont. Laute, die die Gruppenmitglieder in verschiedenen Stadien des Prozesses hervorbringen, werden überdeckt und durch die verbindende Musik in ein gemeinsames Geschehen eingebettet. Die unterschiedlichen Affektäußerungen wie schmerzhaftes Schreien und aggressives Toben von Einzelnen fließen in die Musik ein. Da die Töne und Schreie, die im Raum sind, nicht als prägnante Individualaspekte hervortreten, stören sie die anderen Erfahrenden nicht. Die Musik führt aber nicht nur in den veränderten Bewußtseinszustand, sondern auch wieder in die Tiefe der Erfahrung zurück, wenn eine Ablenkung den Prozeß beeinträchtigte, und hilft am Ende durch ihre integrative Funktion langsam ins Wachbewußtsein zurückzugleiten.

Die Musik verbindet die Einzelerlebnisse zu einem Ganzen und bettet die Erfahrung in ihrer Schwingung in einem größeren Zusammenhang ein. Auch wenn Störungen durch bestimmte Musikstücke auftreten oder einzelne Musikstücke für einen Erfahrenden nicht ansprechend sind, was in einer großen Gruppe natürlich immer wieder vorkommen kann, so ist es nicht weiter schlimm. Das Wichtigste ist, dies dann einfach nach innen zu verarbeiten. Das, was die Störung auslöst, ist dann das jeweils bedeutsame Material.

Zur Technik: Die Ausrüstung besteht aus mindestens zwei CD-Playern, einem Mischpult und zwei Boxen. Um den Raum bei großen Gruppen gleichmäßig und optimal zu beschallen sind vier Boxen erforderlich. Wenn während einer Sitzung Probleme mit der Technik auftreten, obwohl vorher alles gut vorbereitet und durchgecheckt wurde, ist es wichtig, gelassen und ruhig darauf zu reagieren, denn dies kann zum Prozeß gehören. Dies entbindet jedoch nicht von der Verantwortung einer sorgfältigen Vorbereitung und Wartung der Anlage. Die Lautstärke sollte zwar etwas über dem Durchschnitt liegen, aber es ist darauf zu achten, daß sie nicht für Teilnehmer, die in der Nähe der Boxen liegen, zu laut ist und das Trommelfell beschädigt wird. Die Musik ist eine ergänzende Intervention, und die Art und die Lautstärke entscheiden letztlich nicht über den Inhalt des Prozesses.

Gruppenleiter erarbeiten sich im Laufe der Zeit eine große Musiksammlung, in die auch individuelle Vorlieben mit einfließen. Dabei sollte man auf eine hohe Variabilität achten, so daß sich die verschiedenartigsten Prozesse entfalten können: »Die Grundregel lautet, einfühlsam auf das Stadium, die Intensität und den Inhalt der Erfahrung der betreffenden Person zu reagieren statt zu versuchen, ihr ein bestimmtes Muster aufzuzwingen« (Grof, 1987, S. 228). Die Auswahl der Musikstücke sollte sich also auch nach der allgemeinen Atmosphäre richten. Wenn einige Personen die Musik für ihren Prozeß nicht optimal stimmig erleben, werden sie angeregt, tiefer in die Erfahrung hineinzugehen.

Es ist dann abzuraten, außerhalb der holotropen Sitzungen, zum Beispiel in der Gruppenfreizeit, beliebig evokative Musik zu verwenden, denn das könnte zu ungeplanten weiteren Prozessen führen.

Auch wenn sich die Auswahl der Musikstücke am Prozeß orientiert, so gibt es einen generellen Phasenverlauf, in den eine Atemsitzung bezüglich charakteristischer Musikstücke gegliedert ist.

Grof nimmt eine grobe Dreiteilung vor, einen Anfangsabschnitt, den Mittelteil und die Endphase. Nach differenzierter Betrachtung lassen sich fünf Phasen unterscheiden, die im folgenden beschrieben werden. Diese können je nach Prozeß in der Länge variieren. Es ist deshalb nicht empfehlenswert, Musikstücke in gleicher Reihenfolge in unterschiedlichen Atemsitzungen abzuspielen. Da jede Atemsitzung anders verläuft, sollten die hier genannten Abschnitte mehr als Anhaltspunkte oder als allgemeine Prinzipien verstanden werden.

Erste Phase – die Eröffnung – der Aufbruch

Die Teilnehmer beginnen nach der Entspannung mit dem schnellen Atmen, und die Musik setzt langsam ein. Die Musik breitet sich aus, der Erfahrende wird von ihr abgeholt und in den Prozeß hineingetragen. Der Atem wird durch allmählich schneller werdende Rhythmen, die von noch eher leichten Melodien getragen werden, in seiner Dynamik unterstützt. Es sollte eine fließende Verstärkung erfolgen, ohne zu starke Brüche oder Rhythmenwechsel. Das Atemfeld und der Prozeß sollten sich langsam entwickeln, denn die Erfahrenden sind noch äußerst störungsanfällig. Die Musik strahlt Vertrauen und Sicherheit aus, wodurch die ersten Hürden und Ängste überwunden werden können. Günstig für den Erfahrungsprozeß ist, sich ganz der Musik anzuvertrauen. Der Atem, die Musik und das transpersonale Selbst führen immer mehr in den veränderten Bewußtseinszustand.

Es eignen sich besonders elektronische Musikstücke mit Synthesizer, die dem Herzschlag ähnliche Frequenzen und Rhythmen verwenden. Werke von Klaus Schulze aus dem X-Album *(Nietzsche, Bayreuth)*, *Time Wind*, *Mediterranian Pads*, *Blackdance* lösen die vorhanden Ängste auf und ermutigen zum Weitergehen. Ähnlich gut wirkende Stücke sind *Oxygene* von Jean Michel Jarre und *Transfer Station Blue* von Michael Shrieve. Auch leichte Trommelmusik, die melodiös auflöst, fördert das »Hinübergehen« in den anderen Bewußtseinszustand. Hier zu nennen wären verschiedenste Kompositionen von Gabrielle Roth *(Trance, Initiation)*, etwas kräftiger das Album von James Asher *(Feet in the soil)* und von Anugama & Sebastiano *Exotic Dance*. Auch Stücke von John Mc. Laughlin *(Shakti)* werden besonders gern an den Anfang von Atemsitzungen gestellt. Speziell das Atmen unterstützen Musikstücke, die selbst das schnelle Atmen enthalten wie *Chakra Breathing* oder *Breath of Fire* von Professor Trance.

Zweite Phase – die Intensivierung des holotropen Bewußtseinszustandes – Loslassen und Tiefergehen

In dieser Phase geht es um eine Intensivierung. Der ganze Raum sollte von Musik erfüllt sein, die die Atmenden förmlich in den veränderten Bewußtseinszustand ziehen kann. Der veränderte Bewußtseinszustand festigt sich, die Aktivität der Gedanken nimmt ab, die psychophysiologische Hypersynchronisierung wird verstärkt bei Zunahme der Thetawellen im Gehirn. Hierfür eignen sich hervorragend verschiedene Trommelvariationen. In der schamanischen Kultur spielt die Trommel und die Rassel eine herausragende Bedeutung, sie ist das Pferd des Schamanen für seine Reise in die Trance. Die Trommel bricht das Alltagsbewußtsein auf und läßt unwiderstehlich die andere Welt näher rücken. Es erfolgt eine Dämpfung der kognitiven Aktivität und eine Synchronisierung des Herzens. Auch in den Stammesriten in Afrika sind es Trommeln, die in die Ekstase führen und die Welt der Geister anrufen. Auch Musik aus den Sufitraditionen können mit intensiven Trommeln einhergehen, insbesondere von Nusrat Fateh Ali Khan *(Mußt, Mußt … Haq Ali Haq … Jeh Jo Halka Halka)*.

Die eingebrachte Trommelmusik sollte einen homogenen Rhythmus haben, Intensität ausstrahlen und diesen nicht zu schnell wechseln. Musik für Dynamische Meditation, außergewöhnliche Schlaginstrumente und pulsierende Earth-Musik sind ebenfalls sehr ansprechend. Gegen Ende dieser Phase können dann auch zu den Trommeln Gesänge mit hinzukommen.

Bewährt haben sich: J. Sebnat: Trancetrommeln … Bridgewalker Drummers: *Shamanic Journey* … Farafina: *Bolomakote* … Rupesh: *Laughing Drums* … Babatunde Olantunje: *Drums of Passion* und *Dance to the Beat of the Drum* … Osho: *Dynamic Meditation* … Deuter, Osho: *Kundalini Meditation* … *The heart of Percussion* … Guem et Zaka: *Best of Percussion* und *Rhythme Universico* … Tom Ehrlich: *Spiritdance Drumming* … Les Tambours Du Bronx: *Silence* … Brent Lewis: *Earth Tribe Rhythms* und *Down under Thunder.*

Dritte Phase – Aktions- und Durchbruchsphase – Zulassen und Durchgehen

Alle Teilnehmer sind in einem veränderten Bewußtseinszustand, und die Aktivität im Raum gewinnt an Dramatik und Kraft. Die Bewegungen sind nicht mehr gleichartig, sondern jeder erlebt sein individuelles Drama. Die Begrenzungen werden enger, die Schmerzen stärker, die Lust intensiver und die Wut exzessiver. Zum einen treten Erregung, Kämpfe, Affekte, Resignation und Ohnmacht komprimiert an die Oberfläche. Daneben wirken andere absolut abwesend und ganz in sich hineingezogen. Die Atmosphäre im Raum wird dichter, und die Sitter wirken hochkonzentriert, weil in jedem Moment sich abrupte Änderungen des Geschehens ereignen können. Die unterschiedlichsten Szenen, Bilder, Geschichten und Mythen sind zum Greifen nahe. All dieses soll durch die Musik gefördert werden, sie darf keinen Einfluß nehmen.

Prinzipiell kann in dieser Phase die Musik als voluminös, epochal und dramatisch charakterisiert werden. Sie kann ethnischer oder klassischer Natur sein, Filmmusik oder Naturgeräusche beinhalten. Die Musik vertieft schwierige, festgefahrene Situationen, hilft über sie hinweg und bricht harte Abwehrstrukturen auf. Sie steigert sich bis zu einem Höhepunkt, auf dem Entlastung erfolgt. Äußerst erfolgreich wurden auch Kompositionen von

Vangelis *(Antartica, China, Chariots of Fire, Mask, Voices)* oder *Movements* von Montserrat Caballé eingesetzt. In der klassischen Musik finden sich Titel von Holst *(Planets: Mars)*, Rachmaninoff *(Toteninsel)*, Mussorgsky *(Die Nacht auf dem Kahlen Berge)*, Wagner *(Tannhäuser, Walkürenritt)*, Schubert *(Der Tod und das Mädchen)* usw.

Zu den besonders evokativen Filmmusiken können *The Man in the Iron Mask, Robin Hood, Backdraft* gezählt werden. Im Sinne der Dramaturgie des Todes wäre *Golgotha* (Terra Mystica) zu nennen.

Die Musik unterschiedlichster ethnischer Gruppen kann in dieser Phase sehr anregend wirken: Stellvertretend sind die Australia Aboriginal Music zu nennen: Steve Roach, David Hudson, Sarah Hopkins: Australia: *Sound of the Earth* ... Gary Thomas: *Didgeridoo* ... Charlie McMahon: *Tjilatjila* ... Indianische Musik wie *Powwow Songs* (Music of the Plains Indians) ... Inkuye (Land of the Inkas) ... *Earth Voices of a Planet* (Gary Winter) Bauchtanzmusik von Hossam Ramzy ... Pygmäen Musik aus Cameroon usw.

Im Bereich der Natur heben sich besonders die verschiedenen Töne von Walen hervor, die ganz archaische Situationen verdichten können (Hovhanness: *And God Created the Great Whales, The Mysterious Mountain*) und *Die Gesänge der Buckelwale* ... Das Heulen von Wölfen, Donnergeräusche und mächtige Wasserfälle können eine sehr reinigende Wirkung ausstrahlen.

Vierte Phase – Öffnung und Weitung

Nachdem der Höhepunkt der Aktivität und Expression überschritten ist, geht es um die Unterstützung einer Bewußtseinsweitung und Öffnung, damit das durchlebte Material in offener Weise aufgenommen werden kann. Die Musik fühlt sich voll und frei an, sie öffnet die Herzen und die inneren Räume. Für solche, die noch nicht ganz durchgekommen sind, findet Körperarbeit statt, die sich auch bis zum Schluß der Sitzung ausdehnen kann. Nach dem Durchgehen durch die Schattenaspekte und durch die Weitung des Bewußtseins und die Öffnung des Herzens kann es zu innigen Verbindungen mit kosmischen und spirituellen Aspekten des Seins kommen. Hier geht es nicht mehr unbedingt um Trancevertiefung, sondern um eine generell öffnende Wirkung. Überströmende Erfahrungen von Liebe und religiöse Themen treten in den Vordergrund.

Besonders gut passen dazu *Caravans* von Mike Batt, *Mission* von Enrico Morricone, Patrick Bernhards *Atlantis Angelis* und viele Stück von Irene Papas wie *Odes* und zusammen mit Vangelis *Rhapsodies.*

Ethnische Musikstücke wie in der Sammlung von Zweitausendeins (World Network – vom Westdeutschen Rundfunk aufgenommen), in der die verschieden Musikkulturen der Welt zum Ausdruck kommen, sprechen die unterschiedlichen Erfahrungsmöglichkeiten stark an. Das Doppelalbum von Joachim Ernst Berendt *Das dritte Ohr* bietet ebenfalls einen reichhaltigen Querschnitt weltberühmter Chöre und Ensembles an, die das Herz öffnen. Korsische Gesänge (Polyphonies Corses), kretische Ensembles (Psarantonis) und Festgesänge von den Südseeinseln bewegen tief die Seele.

Von den spirituellen Musiken sind die Sufi-Gesänge hervorzuheben und die *H-Moll-Messe* von Johann Sebastian Bach (siehe oben).

Fünfte Phase – Integration und Rückkehr

In dieser Phase sollte kontemplative und meditative Musik zu hören sein. Der größte Teil der Aktivität im Raum ist beendet, allmählich verlassen einzelne Teilnehmer den Raum. Es ist der Zeitpunkt, an dem Erholung, Kontemplation und Integration stattfindet. Es kann aber auch sein, daß an einigen Plätzen im Raum noch individuelle Sitzungen und Körperarbeit stattfinden. Deshalb sollte die Musik einerseits kontemplativ und andererseits kraftvoll genug sein, um dies zu unterstützen. Von der Charakteristik her ist die Musik eher zeitlos, ruhig und entspannend. Sitarklänge, Harfe, ruhige spirituelle Musik und entspannende New Age-Musik, die sanft und abschwellend körperliche Erholung und tiefe Entspannung ermöglicht. Ein ruhiger Wellengang mit harmonischen Klängen öffnet das Bewußtsein für die Integration der neuen Inhalte. Zum anderen wird im Verschmelzen mit der Musik wieder Kraft für den Alltag gesammelt und allmähliches Zurückgleiten in den Wachbewußtseinszustand gefördert. Sitter und Erfahrende beginnen auch leise miteinander zu sprechen. Die Bilder werden gemalt und Wesentliches vielleicht aufgeschrieben. Der Raum strahlt eine Atmosphäre der Offenheit, Zufriedenheit und Liebe aus.

Beispiele hierfür wären: Kitaro, Anugama *(Ocean, Open Sky)*, Paul Horn *(Inside the Great Pyramide)*, Hans Andre Stamm *(Spirit of Celtic Music)*, Deuter *(Sam)*, Crimson *(Meditation)*, Henry Marshall und die Playshop Family *(Mantras)*, Yogeshwara & Suresh *(Ayur Veda)* und Bulgarian Magic Voices *(Sakrale Gesänge bulgarischer Frauen)*.

Wir spielen mit Vorliebe zum Abschluß der Sitzung ein Mantra von Gurumayi *(Om Namah Shivaya)*, um dem Selbst für die Erfahrung zu danken und mit einem guten inneren Gefühl der Integration den Raum verlassen zu können.

7. Die Aufarbeitung

Die Aufarbeitung ist ein wichtiger Bestandteil des Seminars. Auch wenn Erfahrungsinhalte durch ihre innewohnende energetische Ladung auch unterhalb der Bewußtheit wirken, kann durch das Verstehen eine zusätzliche Qualität hinzukommen. Die Teilnehmer sollten jedoch von Anfang an darauf hingewiesen werden, daß dies ein Prozeß ist, der längere Zeit in Anspruch nehmen kann und auf verschiedenen Ebenen abläuft. Die erste Ebene ist die Einstellung zur Erfahrung. Wie weiter oben schon ausgeführt wurde, sollte immer wieder daran gearbeitet werden, daß die Erfahrung so, wie sie ist, akzeptiert und angenommen wird. Wenn das nur schwer gelingt, muß dies in der Aufarbeitung berücksichtigt werden. Wie ist meine Beziehung zur Erfahrung? Worin tue ich mir schwer, sie anzunehmen? Verbirgt sich dahinter vielleicht ein Schattenaspekt, eine ungelebte Seite von mir? Zum Beispiel, wenn ich den Eindruck habe, gar nichts zu erleben und lediglich dagelegen habe und die anderen intensiv mitbekommen habe, kann das heißen, daß ich Angst habe, nichts zu erfahren, weil ich mich dann nicht mehr spüren kann, oder mich als leer empfinde oder daß andere mit ihren Erfahrungen wichtiger sind als ich selbst. An dieser Stelle muß ich tiefer gehen, um diese Blockade zu lösen, und dann merke ich, wie sinnvoll plötzlich die Erfahrung werden kann. Die »Beziehung zur Erfahrung« kann man in bestimmten Zentrierungsübungen bearbeiten. Die Aufgabe könnte sein: Nimm das Bild von Deiner Erfahrung und lege es in einem bestimmten Abstand zu Dir auf den Boden. Dann betrachte es, fühle die Qualität und nimm wahr, was es in dir auslöst. Nimmst du es innerlich gerne auf, wendest du dich ab, gehst du innerlich ein Stück weiter weg, oder näherst du dich eher an, drücke deine momentane Beziehung zu dem Bild in Form einer Haltung aus, gib vielleicht auch einen Ton hinzu. Dann nimm wahr, was diese Haltung gerne möchte, was taucht an Assoziationen auf und was ändert sich dadurch in dir? Dies kann spielerisch und prozeßorientiert geschehen.

Die Beziehung, Einstellung und Haltung zur Erfahrung entscheiden darüber, was wir von der Erfahrung verstehen. Denn wenn wir kein freundliches Verhältnis zur Erfahrung haben, wird sie uns ihre Geheimnisse nicht preisgeben. Es ist ähnlich wie in einer Beziehung, nur wenn wir einen Menschen mögen, können wir ihn wirklich verstehen, und er vertraut uns dann auch seine innersten Geheimnisse an.

Generell geschieht die Aufarbeitung in einer phänomenologischen und hermeneutischen Grundhaltung. Das Verstehen hat Vorrang vor dem Erklären. Die Erfahrung für sich selbst sprechen lassen, zunächst ohne Seitenblicke auf Modelle und Konzepte. Es liegt im Wesen des Menschen, möglichst schnell Erklärungen für unbekannte Zustände zu finden, und es ist eine gewisse Disziplin erforderlich, sich diesem Bedürfnis zunächst zu versagen. Die Teilnehmer sollen, in einer Kleingruppe oder in der Gesamtgruppe, das gemalte Bild vor sich, einfach die Erfahrung in der Gegenwart erzählen, so als würde sie sich jetzt ereignen. Dabei ist es günstig, alles, was jetzt dazu auftaucht, Empfindungen, Bilder, Symbole und Gefühle, mit aufzunehmen, denn die Erfahrung entwickelt sich in jedem Moment weiter.

Es ist, als würde im holotropen Zustand, in einer hohen Intensität Prozeßarbeit geschehen und später im normalen Bewußtsein dann nicht mehr. Das ist ein Fehlschluß. In jedem Moment wird die Erfahrung von der Psyche weiter be- und verarbeitet. Unbemerkt wird sie mit früheren Erfahrungen verbunden, treten neue Assoziationen hinzu, und es entsteht eine neue Perspektive. Die Erfahrung lebt, sie ist wie ein Organismus, der in einer dynamischen Interaktion mit der Innen- und Außenwelt seine eigene Geschichte aufbaut. Sie birgt Kräfte in sich, die an der Konstellation von Situationen, die weitere Erfahrungsarbeit mit sich bringen, mitwirken. Sie gleicht sich auch mit den morphogenetischen Feldern ab. Die kollektiven Symbole und Mythen fügen ihre Wandlungskraft hinzu, denn sie vermitteln verdichtete Erlebnisse und Erfahrungen einer größeren Menschengruppe. Im Symbol begegne ich dem aktualisierten Archetyp. Wenn ich einen Schwan sehe und diesen dann auch male, kann das eine Erfahrung des Selbst sein, die dann durch das Symbol auf mich wirkt und mich öffnet. Dies kann auch unbewußt verlaufen, und ich spüre es in Form einer tiefen Gelassenheit oder Zufriedenheit. Der Archetyp des Selbst ist die Kraft, die mich zur Ganzheit führt. Wenn man sich auf Symbolarbeit einläßt, ist es außerordentlich wichtig, ihre individuelle Verarbeitung zu beachten, denn die Erfahrungschiffren können stark variieren. Die Atemerfahrung wird durch Verdichtung, Verleugnung, Verschiebung, Projektion und Identifikation abgeändert, wie man das vom Traumgeschehen kennt. Darüber hinaus wird sie durch unterschiedlichste Einflüsse überlagert:

a) Durch die Einstellung zur Erfahrung: Im Falle einer inneren Ablehnung kann eine neuerliche Verdrängung einsetzen, während bei einer Faszination bestimmte Aspekte idealisiert werden können.

b) Durch soziale Interaktionen in der Gruppe (während und nach dem Atemprozeß): andere können neue Aspekte sehen, die mir bis dahin unzugänglich waren und Bewertungen, die von außen auf mich zukommen, können ebenfalls meinen eigenen Blickwinkel verändern.

c) Durch kulturelle, religiöse und gesellschaftliche Sichtweisen: hier könnten Tabus und Normen eine wichtige Rolle spielen, wie auch Erfahrungen mit anderen Religionen, die vielleicht meiner eigenen entgegenstehen.

Auf diesem Hintergrund wird klar, daß das bewußte Verstehen nur die Spitze des Eisberges darstellen kann und deshalb ist die Ermutigung, die Erfahrung aus sich selbst heraus wirken zu lassen, sehr wichtig. Nach der erzählerischen Darstellung wird der Teilnehmer gefragt, was die verschiedenen Symbole auf seinem Bild für *ihn* bedeuten könnten. Die subjektive Bedeutung der Symbole ist eine Momentaufnahme, die sich ständig ändern kann. Wertvolle Hinweise auf verlorengegangene Erfahrungssequenzen geben auch die nonverbalen Äußerungen. Wenn jemand zum Beispiel von Freude berichtet und dabei die Faust ballt, könnte dies Hinweise auf verdeckte Ärgeranteile oder nicht bewußter Destruktivität liefern.

Der Verstehensprozeß kann auf einer nächsten Ebene die Wirkung der Erfahrung und ihrer Symbole auf andere Gruppenteilnehmer miteinbeziehen. Hier ist natürlich auch eine disziplinierte Vorgehensweise wichtig. Sharing und Feedback sollten möglichst konkret, verständlich und ohne Anspruch auf Gültigkeit ablaufen, so daß jederzeit eine Rückbeziehung auf den Absender vollzogen werden kann, denn Feedbacks sind nie ganz rein, sie sind durchtränkt von der subjektiven Erfahrungswelt.

Auf einer weiteren Ebene können Aspekte, die der Teilnehmer nicht versteht und die Unbehagen hervorrufen, gesondert bearbeitet werden. Methoden der humanistischen Therapie eignen sich durch ihre vielfältigen kreativen Möglichkeiten dafür hervorragend. Das Psychodrama regt an, unklare Inhalte nachzuspielen, oder die Gestalttherapie empfiehlt, sich mit diesem Anteil zu identifizieren und ihn sprechen zu lassen.

Am Ende können im Sinne eines weiterführenden Angebots auch Symboldeutungen mit einfließen. Dies gilt besonders für Symbole, die aus dem Schatz der kollektiven Archetypen und aus Mythologien stammen, wobei der Vorrang immer bei der subjektiven Empfindung und Bedeutung des Einzelnen liegen sollte. Einige Beispiele dazu: Feuer: Transformation … Tod: Veränderung, Loslassen, Vergänglichkeit … Schwan, blaue Perle, Kreis: Symbol der Ganzheit und des Selbst … Tiere: stehen für entsprechende Fähigkeiten, insbesondere für Kraft, Geschmeidigkeit und Ausdauer … Gottheiten: die ihnen zugeschriebene mythologische Bedeutung … Sonne und Mond: Die Tages- und Nachtseite, Kraft, Helle, Klarheit und andererseits Empfindsamkeit, Sensibilität und Jenseitiges … Schwert und andere Kampfutensilien: Krieger, Klarheit, Ordnung, Disziplin und Kraft … Berg: Stabilität, Kraft, Ruhe, Stille … Lotusblüte: Selbstverwirklichung … Schlange: Kundalini … es kann auch zu Metaphern und Allegorien kommen: Fluß, anderes Ufer, Kahn, Brücke: zu anderen Bewußtseinszuständen aufbrechen, in jenseitige Welten gehen, jenseits des vertrauten Landes …

Jeder Gruppenleiter sollte sich ein wenig mit den Mythologien und Symbolen beschäftigen, denn sie können der Erfahrung noch einen zusätzlichen Aspekt vermitteln. Wenn jedoch Symbole vorschnell interpretiert werden, ist die Gefahr groß, daß der subjektive Erfahrungsgehalt weggedeutet wird.

Kreative Übungen mit intermedialen Quergängen können den Erfahrungsinhalt so variieren, daß es zu immer neuen Bedeutungen kommt. Das kann so geschehen, daß man das Gemalte innerlich aufnimmt und eine Bewegung dazu ausführt, oder einen Vierzeiler schreibt, bei dem die erste und letzte Zeile gleich lauten sollen. Dadurch kann eine umfassende Integration gewährleistet werden. Integration zeigt sich in der Umsetzungsfähigkeit der Erfahrung in den Alltag, denn wir wissen aus anderen Selbsterfahrungsgruppen, daß die mangelnde Berücksichtigung des Alltags eher zu Komplikationen führt. Die Aufarbeitung ist organische Verdauung und Assimilation. Das bewußt Aufgenommene kann dann die inneren Strukturen transformieren. Besteht über einen längeren Zeitraum eine zu große Kluft zwischen Atemerfahrungen und Alltag, führt das zu einer Spaltung: hier die wunderbaren Atemseminare und dort der triste Alltag. Sogar die sogenannte »Erfahrungssucht« ist ein Zeichen von Integrationsdefiziten.

Rituale verdichten die Erfahrung und zentrieren den Erfahrenden, damit die überpersönliche Qualität und die transpersonalen Energien Zugang finden können. Rituale müssen sorgfältig vorbereitet (Inhalt, Struktur und Ort) und in Demut durchgeführt werden, denn sie sind das Gefäß für das Göttliche und betten die individuelle Erfahrung in ein mystisches Kraftfeld ein.

Der Gruppenleiter wird zum Zeremonienmeister, zum Priester, zum Katalysator, denn er stellt sich als Mittler (Medium) zwischen der personalen, transpersonalen und spirituellen Ebene zur Verfügung. Er ist Repräsentant des Rituals und sichert die Durchführung gegen etwaige Unwägbarkeiten ab. Nur wenn man sich vorher gereinigt und leergemacht hat, kann man sich von den kosmischen Energien tragen lassen.

Ein Ritual läßt sich schwer beschreiben, denn man muß in der Kraft stehen, um es zu begreifen. Es lebt vom augenblicklichen Prozeß, von der Spontaneität und vom Vertrauen in die spirituellen Kräfte. Es nimmt die Menschen ganzheitlich in diese Energie mit und drückt für einen Augenblick den kosmischen Stempel in die Seele. Gruppenleiter, die Rituale durchführen, haben sich immer vor Augen zu halten, daß sie nur Werkzeug dieses Vorgangs sind. Die daraus erwachsende Bescheidenheit öffnet die Herzen für die unermeßliche Liebe, die aus einem Ritual fließen kann.

II. Teil

Konzepte der transpersonalen Psychologie

Transpersonale Psychologie und Psychotherapie haben durch vielfältige Forschungen aufgezeigt, daß der Stoff, aus dem die Seele ist, über biographische Einflüsse und Inhalte des normalen Bewußtseins weit hinausgehen kann (vgl. u. a. Grof, 1978, 1985; Wilber, 1984, 1987). Die seelische Struktur ist nach Stanislav Grofs »Kartographie der Psyche« (vgl. Grof, 1987) nicht nur das Ergebnis lebensgeschichtlicher Erfahrungen, sondern in ihr finden auch perinatale, pränatale, archetypische, mythologische, präexistentielle und paranormale Eindrücke ihren Niederschlag.

Zunächst soll der Forschungsgegenstand, eine allgemeine Begriffsbeschreibung, die Ideengeschichte der transpersonalen Bewegung dargestellt und ihre Bedeutung für die Psychologie und Psychotherapie ausgeführt werden.

Nach Maslow, dem Begründer der transpersonalen Psychologie, werden einige bedeutende Vertreter der amerikanischen und europäischen Bewegung gewürdigt. Maslow legt uns nahe, die mystische Dimension und die Erfahrungen veränderter Bewußtseinszustände in der Psychologie mehr zu berücksichtigen, denn sie sind nicht krankhaft, sondern bergen mächtige Ressourcen unserer Existenz.

Die transpersonale Psychologie wurde auch entscheidend von den Konzepten der spirituellen Traditionen (Zen-Buddhismus, tibetischer Buddhismus, Yogismus, Sufismus, christliche Mystik) beeinflußt.

1. Begriffsbestimmung

Die personale Psychotherapie befaßt sich mit der Sozialisation des Menschen, mit dem Aufbau von Identität, den Zuständen des Erlebens und Verhaltens und mit entwicklungspsychologischen Fragestellungen. Glaubt man der gängigsten Literatur, beginnt die Entwicklung nach der Geburt und bleibt vor dem Tod stehen.

Demnach muß uns das Sein und die Psyche des Menschen in den großen Fragen der Psychologie unerschlossen bleiben: Wann beginnt das Leben? Woher kommen wir, wohin gehen wir? Wie verhält es sich mit dem Schicksal? Welche tiefere Bedeutung haben Geburt und Tod für das menschliche Dasein? Existieren wir in irgendeiner Form weiter? Welchen Sinn haben Krisen, Kriege, schwere Krankheiten oder Katastrophen? Mit diesen Fragen sollen sich besser – so ist zu hören – Religion und Philosophie (Metaphysik) beschäftigen. In der Regel läßt man sich erst dann auf diese Themen ein, wenn das alltägliche Funktionieren auf überraschende Weise unterbrochen wird, vor allem durch Krankheiten und Krisen. Es können aber auch Glückszustände sein, die in uns plötzlich für Augenblicke eine tiefe existentielle

Einsicht aufbrechen lassen. Normalerweise sind diese Fragen in jedem Menschen, nur werden sie oftmals von der Hektik des Alltags zugedeckt.

Sie können auch aufbrechen, wenn wir uns ganz eins mit der Natur fühlen, still sitzend am Meeresstrand und uns an einem Sonnenaufgang erfreuen oder wenn wir nachts zum Sternenhimmel aufschauen, innehalten und die Weite des Kosmos uns berührt, oder wenn wir eine tiefe Begegnung mit einem geliebten Menschen erleben dürfen. Dann treten die alltäglichen Sorgen in den Hintergrund, und wir fühlen uns gelassener und eingebettet in einen größeren Gesamtzusammenhang.

Psychologie und Psychotherapie weichen gewöhnlich diesen Zuständen in ihrem Gegenstandsbereich aus: So

»berücksichtigt unsere Psychologie nicht ausreichend menschliche Erfahrungen in dem Bereich, den wir als den spirituellen bezeichnen, das heißt in jenem umfassenden Bereich der latenten Kraft im Menschen, die ihm den Zugang zu einem letzten Sinn des Lebens, zu höheren Wesenheiten, zu Gott, zur Liebe und damit zur Empfindung von Mitleid und Erbarmen ermöglicht« (Tart, 1978, S. 13).

Religiöse Erfahrungen und mystische Zustände, wie sie häufig in der spirituellen Literatur beschrieben werden, sind ihr sogar suspekt. Aber nicht nur daß sie wenig Beachtung finden, sie werden als Zeichen von frühen Defiziten und Sehnsüchten pathologisiert. Battegay (1991) spricht von einer allgemeinen »narzißtischen Wunde«, die Unabwendbarkeit der Vergänglichkeit und Verletzlichkeit unseres Daseins, die uns immer wieder für transpersonale bzw. religiöse Praktiken und Systeme anfällig macht. Die Religion soll unsere kindlichen Sehnsüchte nach Geborgenheit, Glück, Einheit und Harmonie befriedigen. Für Freud trägt das religiöse Bedürfnis des Menschen neurotische Züge, ein Zeichen von Verdrängung und Verschiebung sexueller Triebimpulse.

Sicherlich können religiöse Wünsche auch in Mangelerfahrungen der Kindheit, als präpersonales Motiv nach Verschmelzung und harmonischer Einheit, begründet sein, doch würde eine Reduktion der großen Menschheitsreligionen, der Vielzahl spiritueller Wege, der umfangreichen Bemühungen der mystischen Schulen auf individuelle Psychopathologie zu einer nicht zu verantwortenden kulturhistorischen Verarmung der Menschheitsgeschichte führen.

Das große Verdienst der transpersonalen Psychologie ist es, spirituelle Traditionen in einen Zusammenhang mit moderner Bewußtseinsforschung in die psychologische Forschung einzubringen und die großen Fragen des Seins wieder der Wissenschaft zugänglich zu machen, ohne gleichzeitig die Erkenntnisse der abendländischen Psychologie und Psychotherapie zu vernachlässigen. Das positivistische Wissenschaftsparadigma hat diese Einsichten lange Zeit von den psychologischen Instituten unserer Universitäten ferngehalten aus Angst, als unwissenschaftlich oder spekulativ abgewertet zu werden – obwohl Psychotherapie und Parapsychologie viele Fälle aufzeigen können, in denen das Bewußtsein eigene Grenzen aufgebrochen und überschritten hat. Denken wir an Wahrträume, Psychokinese, Präkognitionen und spontane außerkörperliche Reisen.

Darüber hinaus leistet transpersonale Psychologie in bezug auf das alte Wissen der Weisheitsschulen (Zen-Buddhismus, Sufismus, christliche Mystik, Yogismus, Tantrismus, Schamanismus) wertvolle Übersetzungsarbeit, so daß diese Einsichten auch den modernen Menschen erreichen können.

Natürlich besteht immer die Gefahr, bei Theorien mit einer großen Reichweite ideologisch und dogmatisch zu werden. Erikson (1971) warnt, daß der Grat zwischen Ganzheitlichkeit und Totalitarismus äußerst schmal ist. Aber wir dürfen Fragen nicht deshalb außer acht lassen, nur weil empirische Untersuchungsmethoden zu kurz greifen.

Wenn die transpersonale Psychologie von Spiritualität und Religiosität spricht, bezieht sie sich auf direkte innere Erfahrung und nicht auf dogmatische Lehrgebäude. Grof (1993, 1997) verknüpft die transpersonale Psychologie mit dem »esoterischen Teil« der großen Religionen, im Gegensatz zum exoterischen, der äußerlichen Form, die zumeist erstarrt ist. Wilber (in: Zundel und Loomans, 1994, S. 291 ff.) hebt in diesem Zusammenhang deutlich hervor:

»Mystik ist nicht an Meinungen interessiert, nur an Erfahrungswissen. Esoterische Religion oder Mystik bleibt dem Bewußtsein, das sich nicht dem Experiment widmet, verborgen; mehr heißt das nicht. ›Esoterisch‹ bedeutet: eine ›Geheimlehre‹ betreffend, verborgen, nur durch direkte Erfahrung zugänglich.«

Umgekehrt sollen dadurch nicht die Gefahren einer unkritischen und dogmatischen religiösen Praxis verharmlost werden. Wir wissen, daß religiöse Gemeinschaften mit stark autoritären Zügen die Entwicklung von Autonomie und Kritikfähigkeit erheblich beeinträchtigen können. Erst die Rückbindung (religere) des Menschen an seinen existentiellen Grund gestattet uns ein ganzheitliches Erfassen der Tiefe seelischer Dimensionen.

Aber nicht nur das Verständnis seelischen Geschehens wird vollständiger, wenn wir die spirituelle Seite berücksichtigen. Psychische Erkrankungen können ausgelöst werden, wenn Sinnhorizonte wegbrechen. Immer wieder bemerken wir in der Psychotherapie, daß beruflicher Erfolg und ein befriedigendes Privatleben allein noch keine Gewähr für ein zufriedenes Leben sind. Die Krise in der Mitte des Lebens ist oft genug eine Sinnkrise. Ich habe alles erreicht, bin reich an äußeren Gütern, und dennoch fühle ich mich leer: »Sie haben zwar alles, wovon sie leben können, doch nichts, wofür sie leben können« (Frankl, 1983, S. 10). Im Lebenssinn selbst konstituiert sich eine fundamentale Säule menschlicher Identität (Petzold, 1993).

Umgekehrt wissen wir auch, daß Wert- und Sinnempfinden Belastungen und schwierige Situationen besser durchstehen läßt. Frankl zeigte das am Beispiel von KZ-Häftlingen eindrucksvoll auf. Die Menschen, die mit einem tieferen Sinn des Lebens in Kontakt waren, konnten die unmenschlichen Belastungen besser durchstehen.

Eine Psychologie und eine Psychotherapie, die Sinnarbeit leisten, rufen eine tiefere Atmosphäre von Heilung und Genesung hervor. Echte Psychotherapie muß nach C. G. Jung das Numinose mit einschließen: »Es ist so, daß der Zugang zum Numinosen die eigentliche Therapie ist, und insoweit man zu den numinosen Erfahrungen gelangt, wird man vom Fluch der Krankheit erlöst« (Jung, 1972, S. 465). Wir kommen dabei mit einer transzendenten Energie in Kontakt und spüren die tiefe Kraft, aus der heraus wir existieren.

Das Heilungspotential, zu dem wir über transzendente Zustände Zugang erlangen können, ist allen Menschen zugänglich; es muß nur geweckt werden, oder besser gesagt: erwachen.

Eben dies betont die transpersonale Psychologie, ohne sich dabei konfessionell zu binden. Nicht die exoterischen Religionssysteme, sondern ihre esoterischen und mystischen Traditionen stehen uns dabei hilfreich zur Seite. Es wäre ein großer Verlust, wenn wir auf diese jahrhundertealten Erfahrungen verzichten würden. Die Integration von Weisheitslehren, westlicher Psychologie und moderner Bewußtseinsforschung ist eines der größten Anliegen der transpersonalen Psychologie.

Aber nicht nur spirituelle Einsichten, sondern auch Erfahrungen aus veränderten Bewußtseinszuständen, Trance und plötzlichen inneren Aufbrüchen können zu einer gewinnbringenden inneren Transformation führen. Dies ist eine weitere wichtige Perspektive der transpersonalen Psychologie: Veränderte Bewußtseinszustände sind nicht pathologisch, sondern unterstützen unsere Gesundheit. Bei Walsh u. a. (1985, S. 38) heißt es, daß »durch geistige Schulung tiefste Einsichten in das Bewußtsein, mentale Prozesse und die Wirklichkeit zu gewinnen sind«.

Der alltägliche Bewußtseinszustand (gewöhnliches Wachbewußtsein) stellt nur eine Seite unserer Existenz dar. Jenseits dieser Grenze werden uns, wie wir später noch genauer sehen werden, außergewöhnliche Erfahrungen zugänglich, die unser Sein tief beleben. Die transpersonale Psychologie plädiert dafür, diese Erfahrungen in eine Seelenkunde einzubringen und sich nicht irritieren zu lassen, wenn diese psychischen Inhalte für Außenstehende verrückt wirken. Es kann passieren, daß wir plötzlich in Zuständen veränderten Bewußtseins uns außerhalb unseres Körpers erleben, zukünftige

Ereignisse vorhersehen, Begegnungen mit verstorbenen Angehörigen haben, in den Bereich der kollektiven Mythen eintauchen, uns nicht mehr als absolut abgegrenzt erleben, sondern durchlässig und transparent, verbunden mit allem, was uns umgibt. Diese möglichen Erlebnisse sind nicht pathologisch, wie sie einem Psychiater erscheinen mögen, sondern in einem transpersonalen Sinn ganz normal. Die Parapsychologie mit ihren Forschungen zur außersinnlichen Wahrnehmung (ASW), zur Psychokinese und zum PSI-Faktor deuten uns an, welche Potentiale in uns schlummern (vgl. Bender, 1984; Tart, 1986 und Lucadou, 1995). Nicht umsonst gehen wir davon aus, daß erst 10 Prozent unserer Bewußtseinsmöglichkeiten erschlossen sind. Wir brauchen uns nur die Berichte von Heiligen oder Yogis vor Augen zu führen, die in der Lage sind, viele Monate ohne Nahrung zu leben, die Schwerkraft durch Levitation zu überwinden, den Atem über Stunden anzuhalten, schmerzunempfindlich zu sein und vieles mehr.

Daß es auch hier zu pathologischen Depersonalisationsphänomenen kommen kann, ist nicht von der Hand zu weisen. Der Grat zwischen Genie und Wahnsinn ist sehr schmal.

Die transpersonale Perspektive zeigt sich nicht nur im Forschungsfeld der Psychologie und Psychotherapie, sondern sie ist von ihrem Grundanliegen her interdisziplinär.

Sie bezieht sich neben den obengenannten Aspekten auch auf die Nahtodforschung, Systemtheorien, ganzheitliche naturwissenschaftliche Anschauungen, evolutionäre Kosmologien und neuere Ansätze der Physik. Überall, wo es um Vernetzung, Ganzheitlichkeit, Spiritualität, Mystik, veränderte Bewußtseinszustände und existentielle Theorien geht, ist die transpersonale Psychologie angebracht.

Die transpersonale Sichtweise wendet sich nicht gegen die grundlegenden Aussagen der klassischen Wissenschaften, sondern zeigt, daß ihr absoluter wissenschaftstheoretischer Gültigkeitsanspruch vermessen ist.

In der Psychologie geht es ihr um Weiterentwicklung und Integration herkömmlicher psychologischer und psychotherapeutischer Ansätze, weil sie einerseits deren Zielvorstellungen mit berücksichtigt, andererseits aber in ihrem Anliegen weit über sie hinausgeht.

»Die transpersonale Psychologie bedeutet für die westliche Psychologie einen Paradigmenwechsel, der zum Teil aus einer kulturübergreifenden Auseinandersetzung mit den verschiedensten Anschauungen über die Natur des Bewußtseins und der Wirklichkeit hervorgegangen ist« (Tart, 1978, S. 27).

Thomas Kuhn (1973) spricht dann von einem Paradigmenwechsel, wenn neue Modelle ein Theoriegebäude, bestehend aus bis dahin krisenfesten Sätzen, aufbrechen. Ein Paradigmenwechsel ist immer mit großen Umbrüchen verbunden und kann auf einer höheren Ebenen zu neuer Integration führen.

Die transpersonale Psychologie trägt zu einer Perspektiverweiterung bei, weil sie aufzeigt, daß tiefe Befriedigung nicht allein mit der Erfüllung grundlegender Bedürfnisse zusammenhängt, sondern daß auch der Aspekt Selbstverwirklichung dazukommen muß. Der Mensch ist nicht nur sein Leib, seine Gefühle, sein Leiden, sondern kann diese auch transzendieren und transformieren. Meditative Praktiken können diesen Prozeß unterstützen, und ein ganzheitliches Menschenbild, das die Welt und den Kosmos mit einbezieht, ins Blickfeld treten lassen.

»Eine transpersonale Vision bietet eine gesündere und hoffnungsvollere Perspektive. Diese Perspektive zeigt unsere Verbundenheit miteinander an und unsere Einheit mit der gesamten Menschheit und mit dem Leben als Ganzem, und sie bietet Praktiken und Disziplinen an, mit deren Hilfe wir jene Einheit selbst realisieren können« (Walsh, 1995, S. 17).

Die harmonische Integration transpersonaler Erfahrungen ist von entscheidender Bedeutung für geistige Gesundheit. Ein egozentrisches, wettbewerbsorientiertes, ziel- und machtorientiertes Leben führt letztendlich zu Gefühlen von Sinnlosigkeit, Nutzlosigkeit und Depression. Die Verwirklichung der geistigen Ressourcen und der Bewußtseinspotentiale kann das Menschsein auf eine neue Stufe heben, in der eine innere Verbindung zwischen Achtsamkeit, Mitgefühl, Liebe und Verwirklichung von Potentialen möglich wird. Dieser Mensch geht bewußt und verantwortlich mit seinen Potentialen um, erkennt die Notwendigkeit stetiger Transformation an und stellt sich in Bescheidenheit und Liebe seinen Mitmenschen zur Verfügung.

Die transpersonale Psychologie stellt nicht nur eine Veränderung und Weiterentwicklung der Psychologie dar, sondern überprüft auch spirituelle Richtungen nach verkrusteten Strukturen. Jede Richtung, die über eine jahrelange Tradition verfügt, ist in Gefahr, rigide zu werden und sich von sich selbst zu entfremden. Die transpersonale Psychologie kann durch ihren neutralen Ansatz dazu beitragen, wissenschaftliche und ideologiekritische Verantwortung zu übernehmen, so daß für den modernen Menschen sich neue Möglichkeiten der spirituellen Suche auftun. Die Aufgaben der transpersonalen Psychologie sind nun für beide Seiten wichtig, die westliche Psychologie um den spirituellen Aspekt zu ergänzen und die östlichen Weisheitslehren von möglichem traditionellen Ballast zu befreien.

Die transpersonale Psychologie hat keine einheitliche Theorie; viele Zweige sind inzwischen entstanden, und der Suchende kann kaum noch richtig beurteilen, welcher Weg und welches System für ihn das richtige ist. Wenn wir uns nun bemühen, die Felder zu skizzieren, auf die sich die transpersonale Psychologie bezieht, dann sehen wir, daß sie viele Gebiete umfaßt: Öffnung, Veränderung und Weitung des Bewußtseins, Bewußtseinsschulung, spirituelle Wege, Selbsterforschungswege, mystische Traditionen aus dem Osten und dem Westen, schamanistische Wege, kollektive Archetypen der Menschheitsgeschichte, Gipfelerfahrungen, neue Modelle menschlicher Gesundheit, Tranceerfahrungen, Meditationszustände, Forschungsergebnisse der Parapsychologie (ASW, Psychokinese und PSI-Phänomene), Nahtodforschung, neuere Erkenntnisse der Naturwissenschaften. Die dort gewonnenen Einsichten können für die Psychologie und Psychotherapie nutzbar gemacht werden und ihre Modelle sinnvoll ergänzen.

Wenn wir uns einer vorläufigen Begriffsbestimmung annähern, dann interessiert sich die transpersonale Psychologie vor allem für Zustände, in denen das Identitätsgefühl über die normalen Grenzen von Ego und Persönlichkeit hinausgeht. Die lateinische Vorsilbe »Trans« läßt sich übersetzen mit »quer«, »durch«, »jenseits« und »hinüber«. Für Grof (Grof, 1987, S. 64), einen Mitbegründer der Internationalen transpersonalen Gesellschaft, bedeutet »transpersonal« die »erlebnismäßige Ausdehnung oder Erweiterung des Bewußtseins über die gewöhnlichen Grenzen des Körper-Ich sowie über die Beschränkungen von Raum und Zeit«. Vaughan verweist uns darauf, »daß, wer und was wir sind, nicht auf die Persönlichkeit beschränkt ist und daß wir dann, wenn wir uns nur mit dem Körper, dem Ich, der Persönlichkeit oder Rollen identifizieren, eine beschränkte, zu enge Auffassung von uns selbst haben« (Vaughan, 1986, S. 34).

Die personale Psychologie und Psychotherapie kümmern sich um das, was mit der Personwerdung in Zusammenhang steht: Identität, Zeitlichkeit, Geschichtlichkeit, Leiblichkeit, Rollenverständnis, Beruf, Beziehung, Selbstwert. Für Wilber ist die Entwicklung eines gesunden Ichs im Sinne der Personwerdung Voraussetzung für konstruktives Transzendieren, hinein in den transpersonalen Raum der Psyche:

> »Transpersonal bedeutet, daß im Individuum irgendeine Art von Prozeß abläuft, der gewissermaßen über das Individuum hinausgeht. Der einfachste Fall davon ist die außersinnliche Wahrnehmung (ASW). Parapsychologen erkennen mehrere Formen von ASW an: Telepathie, Hellsehen, Vorauswissen, Vergangenheitsschau. Wir könnten noch hinzunehmen: Erlebnisse außerhalb des eigenen Körpers, Erleben eines transpersonalen Selbst oder Zeugen, Gipfelerlebnisse usw. All diese Ereignisse haben eine Erweiterung der Grenze zwischen Selbst und Nicht-Selbst gemeinsam, die über die Hautgrenze des Organismus hinausgeht« (Wilber, 1984, S. 19 f.).

Der Schritt in den transpersonalen Raum überwindet die Grenzen zwischen »Mein und Dein«, die Grenzen der »linearen Zeit«, der »Dreidimensionalität«, der »Logik« und der »individuellen Biographie«. Wilber macht uns aber auch darauf aufmerksam, daß wir den Begriff »transpersonal« nicht zu inflationär (Pop-Mystik) verwenden sollten; für ihn stellt sich der transpersonale Zustand erst nach langer Bewußtseinsentwicklung her, denn »die Erfahrung des transpersonalen Raumes (›Eintauchen in die transpersonalen Bänder‹) ist erst möglich, wenn die Grenzen des Innen und Außen keine festen Größen mehr darstellen.« An die Stelle der Person tritt dann der überindividuelle Zeuge als Erfahrender: »der Zeuge beobachtet den Strom der Ereignisse innerhalb und außerhalb des Geist-Körpers auf schöpferische distanzierte Weise, da er weder mit dem Inneren noch mit dem Äußeren ausschließlich identifiziert ist« (Wilber, 1985, S. 94). Dies ist erst dann möglich, wenn das egozentrierte Denken aufhört und wir mehr im Kontakt mit unserer inneren Instanz leben.

Wilber empfiehlt deshalb eine zurückhaltende Verwendung des Begriffs »transpersonal«, weil wir sonst Gefahr laufen, transpersonal mit präpersonal zu verwechseln, denn in der Psychotherapie kennen wir auch Grenzgänger anderer Art, Menschen, die infolge traumatischer Erfahrungen brüchig sind und von Impulsen und Empfindungen überschwemmt werden, die ähnlich den transpersonalen Zuständen, eine Öffnung der personalen Grenzen bewirken können.

Der Aufbruch der stabilen Persönlichkeit durch Regression sollte nicht als transpersonal, sondern eher als präpersonal bezeichnet werden, auch wenn sich die Zustände oft nicht klar voneinander trennen lassen.

Um einem weitverbreiteten Mißverständnis vorzubeugen, soll ausdrücklich betont werden: transpersonal bedeutet nicht Vernachlässigung des Personalen, sondern Erweiterung und Überschreitung. Die personale Existenz ist im transpersonalen Sein aufgehoben – im doppelten Sinn. »Trans-Personal« setzt Person voraus und setzt sich aus »Trans« und »Person« zusammen. So verstanden sind personale und transpersonale Psychologie und Psychotherapie keine konkurrierenden Disziplinen, sondern sie brauchen einander und ergänzen sich.

Vaughan ergänzt die Begriffsbeschreibung noch um eine wichtige Nuance: »transpersonal kann insofern von transzendental unterschieden werden, als es sich auf das Transzendentale bezieht, wie es sich in und durch den Menschen manifestiert« (Vaughan, 1990, S. 48).

Kurz skizziert stützen sich transpersonale Psychologie und Psychotherapie (vgl. Vaughan, 1986) auf folgende Grundprinzipien:

- Die Quelle der Weisheit liegt im Innern.
- Der Mensch wächst in seiner Entwicklung über das Ego (nicht zu verwechseln mit den für die Lebensbewältigung notwendigen »Ich-Funktionen«, vgl. Walch, 1994) hinaus.

- Unsere Existenz ist vernetzt und eingebettet; Inneres und Äußeres sind nicht voneinander zu trennen und ergänzen sich sinnvoll (Synchronizität): Alles, was passiert, dient unserer Entwicklung.
- In jedem Teil ist das Ganze enthalten (geht über den Satz, »das Ganze ist mehr als die Summe seiner Teile« hinaus, vgl. Theorien zum Hologramm, u. a. Talbot, 1992).
- Es gibt eine formgebende Entwicklungskraft in allem.

Davon ausgehend kann der Forschungsansatz der transpersonalen Psychologie die Psychologie und die Psychotherapie zusammengefaßt in folgender Weise befruchten:

- Integration und Übersetzung der Weisheitslehren, so daß allgemeine Bewußtseinsentwicklungskonzepte erarbeitet werden können
- Jenseits der Frage der Methodologie sich wieder an die großen Probleme des Seins heranwagen
- Öffnung für tiefere Heilungsenergien und Atmosphären aus dem kosmischen Feld
- Therapieziele werden durch Wachstumsziele ergänzt, um den Bedürfnissen nach Höherentwicklung, Sinnsuche und Eintauchen in tiefere Dimensionen gerecht zu werden
- Erweitertes Verständnis von Bewußtsein, Selbst, Ich und Ego
- Entpathologisierung von veränderten Bewußtseinszuständen
- Einbezug bewußtseinsverändernder Techniken zur Heilung und zur Transformation
- Entwicklung und Transformation
- Vertrauen auf eine höhere Instanz, die sich als innere Stimme vermitteln kann
- Anerkennung parapsychologischer Forschungen
- Auswertung und Integration von spirituellen Schulungen, mystischen Wegen und schamanistischen Praktiken

Trotz ausführlicher Erläuterungen muß auch gesagt werden, daß der Begriff »transpersonal« letztlich unscharf bleibt, weil das, was uns jenseits des Personalen begegnet, nur durch die Person vermittelt werden kann und weil der transpersonale Raum unendlich ausgedehnt scheint und in den meisten Fällen unser Fassungsvermögen übersteigt. Dies ist zu berücksichtigen, doch beschreiben neue Begriffe neben neuen Sichtweisen und Phänomenen, die bis dahin nur unzureichend zu fassen waren, auch Menschen und Bewegungen, die dafür stehen. Es hat sich auch gezeigt, daß kulturrelevante Strömungen und Modeerscheinungen anfällig sind für Ideologiebildungen, andererseits jedoch auch bisher verdrängte Inhalte einer größeren Öffentlichkeit ins

Bewußtsein bringen. Deshalb soll nun auch in einem kurzen Überblick die Entstehungsgeschichte der transpersonalen Bewegung beschrieben werden, weil darin die impliziten Motive deutlich werden können.

2. Ideengeschichte der transpersonalen Psychologie

Eine Geschichte der transpersonalen Psychologie müßte in die Zeit zurückreichen, als sich der Mensch seiner spirituellen Veranlagung bewußt wurde. Wir finden die ersten Mysterienschulen in der Antike, die ägyptischen Tempelschulen, die Schulen des Pythagoras und Plato, die orphischen Kulte und die Mysterien von Eleusis. Der Adept war stets strengen Prüfungen unterworfen und mußte sich auf diesen Weg intensiv vorbereiten, denn es hieß: Es gibt nur einen Eingang und keinen Ausgang mehr. Das Wissen wurde auch streng geheimgehalten, über Jahrhunderte hinweg, weil die mystische Erfahrung nur direkt und persönlich zu gewinnen ist. Die Grundgesetze des Hermes Trismegistos können als universales transpersonales Konzept der Antike interpretiert werden. In der Überlieferung ist Hermes Trismegistos eine Sagenfigur, halb Gott, halb Mensch, die Verkörperung des esoterischen Prinzips am Übergang von der Epoche des alten ägyptischen Reiches zum Hellenismus der Antike. Er wurde, so berichtet eine Legende, von Alexander dem Großen in einer Grabkammer gefunden, eine smaragdene Tafel in der Hand, worauf die Grundgesetze des Kosmos eingraviert waren. Die hermetischen Grundgesetze von Hermes Trismegistos waren für die gesamte abendländische Esoterik und auch für die späteren Arbeiten Wilbers im Hinblick auf die »große Kette des Seins« richtungweisend. Sie können nach Leuenberger (1987) in vier Grundgesetzen zusammengefaßt werden:

I. Alles, was auf einer oberen Ebene geschieht, findet seine Entsprechung auch in den unteren Ebenen. Was auf der oberen Ebene geschieht, wirkt auf die untere Ebene ein; umgekehrt gesehen ist alles, was auf einer unteren Ebene vorhanden ist, ein Abbild dessen, was auf den oberen Ebenen ist und wirkt. In der Kurzfassung wird dieses Prinzip oft zitiert als »Wie oben so unten«.
   In einer etwas weiteren Interpretation können wir auch von einer gegenseitigen Durchdringung der Seinsformen sprechen. Alles ist in allem enthalten, wie die späteren holographischen Gesetze zeigen werden.
II. Alles in der Welt ist polar. Das bedeutet, daß alles, was ist, gewissermaßen in zwei Ausgaben, in zwei Polen vorhanden ist, die zueinander in einem Spannungsverhältnis stehen, wie etwa männlich-weiblich,

positiv-negativ, hell-dunkel, oben-unten, sichtbar-unsichtbar und so weiter.

Gemeint sind hier die expliziten Formen, wie sie dem Bewußtsein über die gewöhnliche Wahrnehmung zugänglich sind.

III. Zwischen diesen mit unterschiedlichen Spannungsverhältnissen ausgestatteten Polen herrscht ein gegenseitiger Kraftfluß, der etwas Neues, ein Drittes, entstehen läßt, das mit den zwei ersten Polen zusammen eine neue Einheit bildet, die wiederum zum Spannungspol wird.

Erst über das polare Spannungsfeld wird Entwicklung initiiert.

IV. Alles im Kosmos läuft zyklisch, rhythmisch ab und untersteht dem Gesetz der Balance und der Ausgewogenheit. Beispiele dafür sind der Herzschlag, der Atem oder das Gesetz der Gravitation im Weltall.

Energie und Bewegung sind die Lebenskräfte des Daseins. Denken wir an die prozeßorientierten Körperpsychotherapierichtungen, so gilt es, den inneren Energiefluß von Blockaden zu befreien. Dies evoziert die inneren Selbstheilungskräfte.

Obwohl es transpersonale Ausführungen gab, bevor dieser Begriff entstand, kann die Geburtsstunde der transpersonalen Psychologie mit dem erstmaligen Auftauchen des Begriffs »transpersonal« in den Arbeiten von Abraham Maslow Ende der sechziger Jahre des 20. Jahrhunderts und mit der Gründung des *Journal of Transpersonal Psychology* von Tony Sutich in Zusammenhang gebracht werden.

Beide waren Vertreter der humanistischen Psychologie und trafen auf Menschen, die von Erfahrungen berichteten, die nicht in gewöhnliche Schemata paßten. Nach intensiven Selbsterfahrungsübungen sprachen sie von durchströmender innerer Energie, von Lichterlebnissen, von Trancezuständen, von umfassenden Liebesgefühlen. Die akademische Psychologie hatte dafür keinen Verständnisrahmen. In Maslows grundlegendem Werk *Psychologie des Seins* (1973) wird von einem dem Menschen innewohnenden Bedürfnis nach Selbstverwirklichung in dem Werte wie Ganzheit, Lebendigkeit, Wahrheit, Güte, Schönheit, Vollkommenheit, Vollendung, Einfachheit, Selbstgenügsamkeit und Anmut im Sinne der Seinsbedürfnisse (S-Werte, S. 94) ausgegangen. In dem Artikel »Die Reichweite der menschlichen Natur« (1969/1984, S. 200–208), der als Meilenstein in der Entwicklung der transpersonalen Psychologie gelten kann, schreibt er, daß »der voll entfaltete (und wirklich glückliche) Mensch … dazu neigt, von Werten motiviert zu werden, die sein Selbst transzendieren. Sie sind nicht mehr selbstisch im alten Sinn des Wortes.« Des weiteren beschreibt Maslow die Motive weit entwickelter Menschen, deren Handeln mehr auf das Gesamtwohl der

Menschheit gerichtet ist als auf persönliche Bedürfnisbefriedigung. Wir kennen diese Einstellung von spirituellen Meistern oder auch gesellschaftlich wirksamen Menschen, wie Mutter Teresa oder Gandhi. Maslow erkannte auch, daß selbstverwirklichte Menschen von Gipfelerfahrungen (peak experiences) berichteten, in denen sie spontane ekstatische Bewußtseinszustände und Gefühle der Einheit erlebten, die jenen mystischen Erfahrungen ähnlich sind, über die zu allen Zeiten und in allen Kulturen immer wieder ausführlich berichtet wurde. Zunächst nannte Maslow die Motive dieser Menschen transhumanistisch, später dann transpersonal. Damit war eine Bewegung geboren, die es schon lange gab, wofür sich aber nun Therapeuten, Psychologen, Psychiater und Ärzte zu interessieren begannen. In diesem Sinne brachte die dritte Kraft der Psychologie, die humanistische, die vierte hervor, die transpersonale, die sich mit transzendenten Erfahrungen und Werten beschäftigte: Maslow (1973, S. 11 f.) schreibt in seinem Vorwort zu *Psychologie des Seins*:

»Ich sollte auch sagen, daß ich die Humanistische Psychologie, die Psychologie der Dritten Kraft (Third Force Psychology) als vorübergehend betrachte, als Vorbereitung für eine noch ›höhere‹ Vierte Psychologie, die überpersönlich, transhuman ist, ihren Mittelpunkt im All hat, nicht in menschlichen Bedürfnissen und Interessen, und die über Menschlichkeit, Identität, Selbstverwirklichung und ähnliches hinausgeht. Es wird bald (1968) ein Journal der transpersonalen Psychologie geben, von demselben Tony Sutich organisiert, der das Journal der Humanistischen Psychologie begründet hat. Diese neuen Entwicklungen können sehr wahrscheinlich eine greifbare, mögliche und wirksame Befriedigung des ›frustrierten Idealismus‹ vieler verzweifelter, besonders junger Menschen bieten. Sie können sich zu einer Lebensphilosophie entwickeln, zu einem Religionssurrogat, zu dem Wertsystem und Lebensprogramm, das man bisher vermißt hat. Ohne das Transzendente und transpersonale werden wir krank, gewalttätig, nihilistisch oder sogar hoffnungslos und apathisch. Wir brauchen etwas ›Größeres, als wir es selbst sind‹, um Ehrfurcht davor zu empfinden und uns in einer neuen, naturalistischen, empirischen, nichtkirchlichen Weise zu engagieren, vielleicht wie es Thoreau und Whitman, William James und John Dewey getan haben.«

Weitblickend erkannte Maslow, daß neue Erfahrungsbegriffe und -räume, die möglichst frei von Dogmen und Ideologien sind, eingerichtet werden müssen. Weder die Kirchen, noch die Wissenschaften konnten bislang diesem Bedürfnis gerecht werden, denn zu sehr waren sie auf die vorgegebenen Schemata und Dogmen festgelegt.

Natürlich muß in diesem Zusammenhang erwähnt werden, daß die Bewußtseinspsychologie von William James Maslows Werk in vielfacher

Hinsicht vorbereitet und beeinflußt hat. Er weist auf diese Welt jenseits des empirischen Erfahrungsraumes hin und sagt,

»daß unser normales waches Bewußtsein, das rationale Bewußtsein, wie wir es nennen, nur ein besonderer Typ von Bewußtsein ist, während überall jenseits seiner, von ihm durch den dünnsten Schirm getrennt, mögliche Bewußtseinsformen liegen, die ganz andersartig sind. Wir können durchs Leben gehen, ohne ihre Existenz zu vermuten; aber man setze den erforderlichen Reiz, und bei der bloßen Berührung sind sie in ihrer ganzen Vollständigkeit da ... Keine Betrachtung des Universums kann abschließend sein, die diese anderen Bewußtseinsformen ganz außer Betracht läßt. Wie sie zu betrachten sind, ist die Frage ... Auf jeden Fall verbieten sie einen voreiligen Abschluß unserer Rechnung mit der Realität« (James, 1982, S. 366).

Tony Sutich gründete 1969 als Herausgeber die Zeitschrift *Journal of Transpersonal Psychology*, wie er auch einige Jahre früher das *Journal of Humanistic Psychology* auf den Weg brachte. Sutich war kein charismatischer Führer der transpersonalen Bewegung. Er war vollkommen gelähmt, arbeitete als Psychotherapeut liegend, half anderen, in Seminaren zu ihrem Potential zu finden, und stand mit Personen der transpersonalen Bewegung auf der ganzen Welt in telefonischem Kontakt.

Ende der sechziger Jahre – einer großen Zeit des Umbruchs, der auch in der Psychologie und Psychotherapie stattfand – war das Esalen Institute in Kalifornien internationales Zentrum der humanistischen und transpersonalen Bewegung. Dort wurden in intensiven Selbsterfahrungsseminaren die Konzepte und Ideen fruchtbar umgesetzt und Erfahrungsexperimente durchgeführt.

»Durch Abraham Maslow, Rollo May, Frederick Perls, Carl Rogers und viele andere Vorkämpfer der Humanistischen Psychologie, die dort Workshops veranstalteten, wurde Esalen bald zu einem außerordentlich einflußreichen Zentrum der Bewegung zur Entfaltung des menschlichen Potentials« (Capra, 1987, 129 f.). Auch Grof, Tart, Vaughan, Kornfield, Capra und andere bedeutende Köpfe der Bewegung stellten dort ihre Ideen und Visionen vor.

Hatten in den Jahren zuvor die psychoanalytischen und verhaltenstherapeutischen Richtungen eine uneingeschränkte Monopolstellung, so setzten sich nun immer mehr die humanistischen Therapierichtungen durch. Es gab eine lebendige Auseinandersetzung mit Autoritäten, mit den eigenen Wünschen, Gefühlen und Sehnsüchten, mit Körperempfindungen, Kreativität, Spontaneität und dem Willen, das eigene Schicksal wieder in die Hände zu nehmen. »Be your own Chairman«, so Ruth Cohn, wenn einer ihrer Seminarteilnehmer sich zu sehr über sein Schicksal beklagte. Eine große

Bereitschaft zum Experimentieren mit Übungen, kreativen Medien, aber auch mit bewußtseinsverändernden Substanzen war vorhanden. Die Bücher von Castaneda und seinem Schamanenführer Don Juan fanden reißenden Absatz. Der Umgang mit den Kraftfeldern der Natur unter Anleitung von Schamanen, Schwitzkuren, Fasten u. ä. führten zu einem erweiterten Verständnis subtiler Energieformen. Das schamanistische Weltbild sah den Menschen eingebettet in einen natürlichen Ablauf und zeigte die Gefahren eines mißbräuchlichen Umgangs mit den von den Göttern gegebenen Ressourcen auf. Es wurde in verschiedenen Richtungen experimentiert: östliche Formen der Meditation und Ekstase, schamanistische Übungen, christliche Mystik, bewußtseinsverändernde Substanzen, verschiedene Formen von Trancetechniken und Ritualen, grenzüberschreitende Selbsterfahrungstechniken wie verstärktes Atmen, intensive Körperarbeit, Schreitechniken und Marathon-Selbsterfahrungssitzungen. Die inneren und äußeren Grenzen dehnten sich immer mehr aus, so daß plötzlich Erfahrungsräume aufbrachen, die fremd und ungewohnt waren und in der klassischen psychopathologischen Diagnostik zu finden waren unter den Begriffen Depersonalisationserscheinungen, Psychosen und Halluzinationen. Einerseits wurde dadurch der Experimentiergeist um so mehr angestachelt, andererseits entstand auch das Bedürfnis nach Einordnung und Katalogisierung.

Die ersten Reisen nach Fernost wurden gebucht, denn die entsprechenden Erklärungen und Landkarten des Bewußtseins hierfür wurden zunächst im Osten gefunden; deshalb wandten sich Ende der sechziger Jahre viele transpersonale Forscher den spirituellen Richtungen des Ostens zu (vgl. Walsh, 1995 und Tart, 1978). Das traf natürlich auch mit einer tiefen Krise der Kirchen zusammen, deren religiöse Praxis und Rituale zumeist als starr, unecht und antisexuell erlebt wurden. Dazu kam, daß auch die Wissenschaften, allen voran die Apparatemedizin, immer kritischer beleuchtet wurden. Das positivistische, mechanistische Wissenschaftsideal, in dem nur Messen, Wiegen und Quantifizieren aussagekräftig waren, wurde der Scheinobjektivität überführt. Die Wissenschaft stieß an ihre Grenzen mit ihrem Weltbild und dem technologischen Interesse (Habermas). Es kam zu einer Rückbesinnung auf die inneren Heilkräfte, den inneren Heiler, die intuitive Autorität des Individuums, das selbst am besten spüren kann, wie der eigene Weg weitergeht. »Ganzheitlich«, »naturnah« und »beziehungsintensiv« wurden zu bestimmenden Eigenschaften im Umgang mit wissenschaftlichen Entwürfen. Der Paradigmenwechsel war interdisziplinär.

Dies wurde auf dem Kongreß der ITA (International Transpersonal Association) in Bombay im Februar 1982 mit dem Titel »East and West: Ancient Wisdom and modern Science« deutlich herausgestellt. Diese Tagung kann rückblickend als Höhepunkt der transpersonalen Bewegung gelten.

Prominente Vertreter der Psychotherapie (Grof, Vaughan, Naranjo, Green, und andere), Naturwissenschaft (Capra, Pribram, Sheldrake und andere) und spiritueller Richtungen (Kornfield, Swami Muktananda, Kripananda, Pater Bede Griffith, Mutter Teresa) fanden sich zusammen, »um in einem offenen Dialog die rasant zunehmende Konvergenz zwischen den alten Lehren und der modernen Wissenschaft, zwischen östlichem Denken und westlichem Pragmatismus, zu erforschen« (Grof, 1986, S. 10). Seitdem nahm die internationale Bedeutung zu, und in den USA wurden neue Universitätsinstitute gegründet.

Mehrere Strömungen treffen in der transpersonalen Bewegung zusammen: Psychologie, Psychotherapie, interdisziplinäre Bewußtseinsforschung, Anthropologie, spirituelle Richtungen, Schamanismus, Naturwissenschaften und Ökologie.

Die transpersonale Psychologie, die sich also in den frühen siebziger Jahren des 20. Jahrhunderts als Fachdisziplin etablierte, erhielt entscheidende Anstöße von Stanislav Grof, Ken Wilber, Charles Tart, Roger Walsh, Francis Vaughan, C. G. Jung, Roberto Assagioli und Karlfried Dürckheim.

An erster Stelle soll Stanislav Grof genannt werden, weil er zur Internationalisierung der transpersonalen Bewegung durch seine Vortrags- und Seminartätigkeit einen beachtlichen Beitrag leistete, die Verbindung zwischen Theorie und Praxis in ausgezeichneter Weise herstellte und darüber hinaus über profunde Kenntnisse der akademischen Psychologie und Psychotherapie verfügt. Er wurde 1978 zum ersten Präsidenten der neugegründeten »International Association of Transpersonal Psychology« (ITA) gewählt. Aufgrund seiner vielen Erfahrungssitzungen mit LSD und holotropem Atmen entwarf er eine neue Kartographie der Psyche, in der die Erfahrungen in veränderten Bewußtseinszuständen theoretisch gefaßt werden konnten. Er erweiterte die in der Psychotherapie geläufige biographische Ebene um die perinatalen Erfahrungsmatrizen und transpersonalen Dimensionen.

Seine praktische Arbeit eröffnete seinen Schülern die Möglichkeit, außergewöhnliche Erfahrungsräume in einem wertfreien Setting zu betreten und die Angst vor dem Ungewöhnlichen abzulegen. Stan und Christina Grof haben sich auch um die Entwicklung von SEN (Spiritual Emergency Network) große Verdienste erworben. Dies war vor allem für Menschen ein Segen, die früher mit der Diagnose »Psychose« in der Psychiatrie landeten, weil sie spontane mystische Trancezustände erlebten.

Kann Stanislav Grof als ein praktischer Wissenschaftler bezeichnet werden, so ist Ken Wilber der zurückgezogene Denker, »The Brain«. In seinen komplexen Arbeiten geht es immer wieder um das Bewußtsein, und zwar um Struktur, mögliche Inhalte und Entwicklungsformen. In seinen Büchern *Wege zum Selbst, Halbzeit der Evolution, Das Spektrum des Bewußtseins, Das*

Atman-Projekt, Drei Augen der Erkenntnis betont er, daß es eine umfassende, allgemeingültige mystische Philosophie gibt, die philosophia perennis, die ewige Philosophie. Sie ist Ausgangspunkt und Endpunkt jedweden Philosophierens, und sie macht Aussagen über den Zugang zum Numinosen und über die globale Entwicklung in der großen »Kette des Seins«. Die Erleuchtung, das Numinose, das Göttliche, das Transzendente Selbst kann nur durch einen langen Weg nach innen, ausgelöst durch einen Akt der Gnade, erlangt werden. Der letzte Schritt, die »unio mystica«, in dem alle Gegensätze aufgehoben sind, die innere Einheit mit der Welt und dem Kosmos authentisch zugänglich wird, getragen von einem unermeßlichen Gefühl der Liebe und Verbundenheit, kann kaum noch in Sprache gefaßt werden. Obwohl dieser Zustand überkulturelle Strukturen aufweist, kommt es zu unterschiedlichen Beschreibungen: Die heilige Hochzeit mit Gott, das Einswerden im Urgrund des Seins, der Zustand der absoluten Leere und das Aufgehen des Atman im Brahman sind Versuche, das Unsagbare zu fassen.

In seinem Entwicklungsstufenkonzept der menschlichen Psyche hebt Wilber hervor, daß jede höhere Stufe die niedere umfaßt und über sie hinausgeht. Edith Zundel (1995, S. 31), eine hervorragende Wilber-Kennerin, beschreibt seine Entwicklungstheorie folgendermaßen:

»Gott (das Bewußtsein) schläft im Stein, atmet in der Pflanze, träumt im Tier und erwacht im Menschen. Auf den Menschen bezogen bedeutet das: es gibt in unserer Entwicklung – der individuellen und der Menschheit insgesamt – eine präpersonale, mehr oder weniger unbewußte Phase, die in der Individualentwicklung etwa bis zum 5., 6. Lebensjahr reicht; danach folgt die personale, bewußte Phase, die Phase der Autonomie, Vernunft und moralischen Reife, die zu erreichen uns als einzelnen und als Menschheit noch immer recht schwer fällt; und darüber hinaus gibt es einen transpersonalen, überbewußten Bereich, die Welt der Heiligen und Weisen, in dem noch sehr wenige wirklich leben, für den sich jedoch immer mehr Menschen öffnen. Die höheren Bereiche übersteigen und umfassen die früheren, heben sie aber nicht auf. So gehen Autonomie, Vernunft und moralische Reife beim Übergang zum transpersonalen nicht verloren; diese Steuerungsfähigkeiten werden im Gegenteil sehr gebraucht. Das Ich muß erst entwickelt werden, bevor man es transzendieren kann, und diese Transzendenz, dieses Loslassen bedeutet nicht, die eigene Urteilsfähigkeit nicht mehr zu benutzen, sie ist lediglich nicht mehr höchstes Ziel. Von einem ›Bypass‹ vom prä- zum transpersonalen ist dringlich abzuraten, wenn man nicht zum ›transpersonalen Süchtigen‹ werden will.«

Erinnern wir uns an die smaragdenen Tafeln des Hermes Trismegistos, so sind die Ähnlichkeiten nicht zu übersehen. Das ist es, was mit philosophia perennis gemeint ist.

Die Spektrumstheorie des menschlichen Bewußtseins kann als Hauptverdienst Wilbers gewürdigt werden. Darin zeigt er, daß das Bewußtsein flexibel ist und je nach Entwicklungsstand des einzelnen eher enge Grenzen aufweist und sich durch bewußte Übungen und Integration abgespaltener Inhalte weiten kann. Zumeist sind es starre, willkürliche Begrenzungen, die uns hindern, das Potential voll auszuschöpfen. Je höher wir steigen, von der personalen Therapie über die transpersonale Therapie zum spirituellen Weg, desto weitreichender wird die Fähigkeit des Bewußtseins, Inhalte aufzunehmen, Grenzen zu öffnen, Potentiale auszuschöpfen und Feinstoffliches wahrzunehmen. Auf weitere Aspekte der Bewußtseinstheorie Wilbers wird weiter unten eingegangen.

Ein Klassiker der transpersonalen Literatur, Charles Tart, rezipierte in seinem Buch *Transpersonale Psychologie* verschiedene spirituelle Systeme (Buddhismus, Yogismus, Sufismus, Christentum und Systeme westlicher Magie) und bemühte sich um eine konstruktive Synthese mit der modernen Bewußtseinspsychologie. Mit seinem Plädoyer für eine »bewußtseinszustandsorientierte Wissenschaft«, die sich zum Ziel setzt, außergewöhnliche Bewußtseinszustände der Forschung zugänglich zu machen, erweiterte er das Forschungsgebiet der Psychologie und trug entscheidend zur wissenschaftlichen Wertschätzung der transpersonalen Psychologie bei. Das »Übersinnliche« (1986) wurde so von ideologischem Ballast befreit und konnte als dem Menschen zugängliche andere Welt verfügbar werden. Die oft etwas spröde wirkenden Untersuchungen der Parapsychologie, die unbedingt wissenschaftlich sein wollte, wurden lebendig und für die transpersonale Psychologie zugänglich gemacht.

Roger Walsh machte sich um eine ideologiekritische Analyse der »transpersonalen Bewegung« verdient. In einem äußerst interessanten Artikel über die Ergebnisse nach 25 Jahren sieht er folgende Aufgabe vor uns liegen:

»Unsere Aufgabe ist folglich, die transpersonale Vision selbst zu realisieren, indem wir uns aktiv mit einer transpersonalen Disziplin beschäftigen, indem wir diese Vision durch Studium, Reflexion und kritisches Denken überprüfen und verfeinern, indem wir sie in unserem Leben verkörpern und zum Ausdruck bringen, indem wir sie anderen vermitteln, wo immer wir können, indem wir sie benutzen, um zur Heilung der Welt beizutragen, und indem wir zulassen, daß sie uns als ihre bereitwilligen Diener für das Erwachen und zum Wohle aller benutzt« (Walsh, 1995, S. 19).

Die Visionen im Alltag zu leben und der Frage nachzugehen, welche Übungen und Techniken zur Umsetzung uns behilflich sein können, ist eine ganz andere Aufgabe. Wie so oft, sind die Ideen gut und schön, doch es fällt sehr schwer, dies auch mit konkretem Leben zu füllen.

Ohne die engagierte Mitarbeit, besonders im Bereich Begriffsbestimmung und Leitideen, von Frances Vaughan wäre die transpersonale Bewegung nur ungenügend vorangekommen. In ihrem Buch *Die Reise zur Ganzheit* (1990) unternimmt sie den Versuch, die inhaltlichen Konzepte in praktische Übung zu übersetzen. Ausgehend von der personalen Psychologie und Psychotherapie leistete sie enorme Integrationsarbeit, indem sie die transpersonale Vision nicht überheblich über die traditionelle Psychotherapie stellte. Vor allem die Konzeption eines transpersonalen Selbst ermöglichte ihr, einen allmählichen Übergang von der psychischen Gesundheit zur spirituellen Befreiung des Menschen zu skizzieren. Hier liegen auch erste Ansätze eines spirituellen Befreiungsweges durch die transpersonale Psychologie, obwohl man dies natürlich im Angesicht der jahrhundertealten Wege mit Sorgfalt und der notwendigen Bescheidenheit tun muß. Die transpersonale Psychologie könnte aufgrund ihres Wissensstandes einen eigenständigen geistigen Weg entwerfen.

Als die transpersonale Psychologie, die wie so viele Neuerungen zuerst in den USA auftauchte und deren Vertreter nach Europa reisten, Seminare und Vorträge hielten, fragte man sich, welche europäischen Psychotherapeuten ähnliche Ansätze vertraten. Man wurde vor allem bei C. G. Jung, Assagioli und Dürckheim fündig. Aber auch die parapsychologische Forschung von Hans Bender kann hinzugezählt werden, auch wenn sie zunächst kaum in der transpersonalen Psychologie Beachtung fand. Darauf soll weiter unten eingegangen werden.

Die europäischen Vertreter erweitern die personale Psychologie und Psychotherapie um den transpersonalen Aspekt, so daß das Transpersonale nicht Gefahr läuft, den festen Boden zu verlieren. Sie wirkt dadurch weniger spektakulär, aber betont im Sinne einer guten Integration einen langsamen, doch stetigen persönlichen Fortschritt.

C. G. Jung (1875–1961), Schüler Freuds und einer der wichtigsten Pioniere der modernen Psychotherapie, verstand es, personale und transpersonale Modelle vom Menschen aufeinander zu beziehen und zu integrieren. Seine Bedeutung und sein Einfluß für die seriöse Entwicklung transpersonaler Konzepte können gar nicht hoch genug eingeschätzt werden.

Früh kam er durch sein Elternhaus – sein Vater war evangelischer Pfarrer – mit dem Glauben in seiner äußerlichen und bürokratischen Form in Berührung. Die Sehnsucht, das tiefste Wesen des Menschen und den Kern des Religiösen aufzufinden, wurde durch Träume und Visionen, die ihn von Kindheit an zeitlebens lenkten und begleiteten, geprägt. Auf seinen Reisen nach Afrika, Südamerika und Indien erforschte er die kollektiven Grundstrukturen menschlicher Erfahrungswelten und deren kulturabhängige und individuelle Verarbeitung. Dabei kam er mit der aufbrechenden Kraft des

Numinosen in Kontakt, vor der er in letzter Konsequenz wieder zurückwich. In einer Nahtoderfahrung nach einem Herzinfarkt und langer Bewußtlosigkeit im Jahr 1944, die er in seinen Erinnerungen (Jaffe, 1985, S. 293 ff.) eindrucksvoll beschrieb, erlebte er »out of Body Experiences«, die ihm die Fähigkeit des Bewußtseins, über die Grenzen zu gehen, in einer außergewöhnlichen Weise nahebrachte:

»Es schien, als befände ich mich hoch oben im Weltraum. Weit unter mir sah ich die Erdkugel in herrlich blaues Licht getaucht. Ich sah das tiefblaue Meer und Kontinente ... Als ich in Kandy den Tempel des heiligen Zahnes besuchte, ... mich den Stufen zum Eingang in den Felsen näherte, geschah etwas Seltsames: Ich hatte das Gefühl, als ob alles Bisherige von mir abgestreift würde. Alles, was ich meinte, was ich wünschte oder dachte, die ganze Phantasmagorie des irdischen Daseins fiel von mir ab, oder wurde mir geraubt – ein äußerst schmerzlicher Prozeß ... Es gab nichts mehr, das ich verlangte oder wünschte; sondern ich bestand sozusagen objektiv: ich war das, was ich gelebt hatte.«

So gab es viele Visionen und Erfahrungen, die es ihm möglich machten, ganz selbstverständlich mit außergewöhnlichen Bewußtseinserfahrungen umzugehen (Jaffé, 1985, S. 307):

»Neben zahllosen Fällen von spontanem Vorauswissen, unräumlichen Wahrnehmungen und dergleichen, wofür ich Ihnen Beispiele aus meinem Leben erzählt habe, beweisen sie, daß die Psyche zeitweilig jenseits des raum-zeitlichen Kausalgesetzes funktioniert. Daraus ergibt sich, daß unsere Vorstellungen von Raum und Zeit und damit auch der Kausalität unverständlich sind. Ein vollständiges Weltbild müßte sozusagen noch um eine andere Dimension erweitert werden; erst dann könnte die Gesamtheit der Phänomene einheitlich erklärt werden.«

Diese andere Dimension zu erschließen ist nach Jung Ziel einer gelungenen Selbstverwirklichung. Nach der Bewältigung der Aufgaben äußerer Lebenswirklichkeit wie Ablösung von der Familie, Erwerb professioneller und personaler Kompetenzen geht es zumeist in der zweiten Lebenshälfte um eine Initiation in die innere Wirklichkeit:

»Ziel der Individuation ist nichts anderes, als das Selbst aus den falschen Hüllen der Persona einerseits und der Suggestivkraft unbewußter Bilder andererseits zu befreien. Diese Befreiung beginnt allerdings meistens mit einem Zusammenbruch der bisherigen bewußten Einstellung, einem kleinen Weltuntergang, bei dem sich alles ins Chaos zu kehren scheint« (Schwery, 1988, S. 140).

Es ist nur möglich, auf dem Wege zum Selbst dem Göttlichen in uns zu begegnen, wenn wir auch die Schattenaspekte integriert haben. Die bewußte

Schattenarbeit, die Auseinandersetzung mit dem Bösen, Minderwertigen, Fremden, Aggressiven in uns, reduziert die Neigung zu Projektion und Ausgrenzung. Die dabei entstehende freiwerdende Bewußtseinsenergie steht uns dann für die Weiterentwicklung in positiver Weise wieder zur Verfügung. Je tiefer bzw. höher wir steigen, desto mehr sollten wir uns von Projektionen befreien.

Vergleichen wir diesen Gedankengang mit den überlieferten Schriften mystischer Wege, so könnten wir genausogut von Loslassen der Äußerlichkeit, Transformation des Ego und Öffnung zum Wesen sprechen.

Seine Konzeption des Selbst, das Symbol des zugrundeliegenden Archetypus der Selbstverwirklichung, lehnt sich an die Selbst-Idee des Vedanta an, das Atman (Selbst im Menschen) mit Brahman (das Göttliche Selbst) verbunden sieht. Brahman und Atman sind zwei Seiten einer Medaille, die Basis des Personalen und die Öffnung zum Überpersönlichen. Die Individuation, der Weg zur Ganzheit, ist ohne das Schmecken dieses Zustandes unvollständig. Symbolisch verdichtet finden wir diese Bilder des Selbst in den Mandalas. Jung geht sogar so weit, daß er in der Krankheit eine Störung der Beziehung zum Selbst sieht: »Er verstand Krankheitssymptome als regulative, kompensatorische Signale und ›Aufrufe‹ des ›Selbst‹ an den Menschen, sich seines religiösen Ursprungs und seines transpersonalen Lebenssinns bewußt zu werden« (Müller, Seifert, 1989, S. 247). Die Kraft der Erfahrung des Grenzenlosen erhellt und heilt unsere bewußte und unbewußte Existenz. So ist Heilung hinein in die Ganzheit nur durch das Gewahrsein der kosmischen Dimension möglich.

Auf Grund der langjährigen psychotherapeutischen Erfahrung betont Jung allerdings auch, daß die immense Energie, die vom Schöpfungsgrund ausstrahlt, nur durch eine feste Persönlichkeit zu halten und zu verwirklichen ist. »Das hängt vor allem damit zusammen, daß die Individuation ein relativ gut entwickeltes Ich-Bewußtsein zur Voraussetzung hat, das die Spannung der Auseinandersetzung mit den archetypischen Wirkkräften des kollektiven Unbewußten auszuhalten vermag« (Müller, Seifert, 1989, S. 258). Seelische Ichstärke ist das Flußbett, in dem die immensen Energien, die der Osten durch seine Übungen anspricht, fließen können. Da viele Menschen sich innerlich ausgehöhlt fühlen, könnte eine unsachgemäße Verwendung kraftvoller spiritueller Praktiken zu einer inflationären Energetisierung und Verschmelzung führen, die wiederum ihrerseits für Ideologiebildungen anfällig ist.

Deshalb ist es wichtig, nicht ohne festen Grund und unreflektiert Bewußtseinswege anderer Kulturen zu übernehmen. Auch wenn Jung im Anschluß an seine Indienreise eine grundsätzliche Skepsis gegenüber der Übernahme von, durch indische Gurus repräsentierten, Heilswegen äußert: »Ich habe sie umgangen, weil ich mit meiner eigenen Wahrheit vorlieb nehmen mußte und nichts anderes annehmen durfte als das, was ich selber erreichen durfte« (Jaffé, 1985, S. 278), so hatte er doch eine »außerordentliche Hochachtung, ja Ehrfurcht vor der jahrtausendealten Weisheit des Ostens« (Schwery, 1988, S. 17). In der menschlichen Seele ruht das Transpersonale auf dem Personalen, begründet es und umfaßt es. Heilung und Entwicklung im Lichte der Individuation nach C. G. Jung beziehen sich somit in der Ausformung der Ganzheit im Sinne einer differenzierten Integration auf beide Aspekte. Die Erschließung des persönlichen Unbewußten, die Integration des Schattens und umfassende Auseinandersetzung mit den Anforderungen des Alltags sind notwendige Voraussetzungen für eine erfolgreiche Hinwendung zum Numinosen. Weiter unten wird noch darauf einzugehen sein, wie die Begriffe »kollektives Unbewußtes«, »kollektive Archetypen«, »Transpersonales« sinnvoll zu differenzieren sind.

Roberto Assagioli (1888–1974) war einer der führenden Psychotherapeuten der ersten Stunde. Er wurde in jungen Jahren von der Freudschen Tiefenpsychologie geprägt. Aber schon in seiner Doktorarbeit von 1910 kritisierte er einseitige, auf Triebimpulse und Pathologie ausgerichtete Konzepte der Psychoanalyse. Im Unbewußten sah er nicht nur den Friedhof verdrängter Triebenergien, sondern auch ein Reservoir von Potentialen und Ressourcen. Er wollte eine ganzheitliche wissenschaftliche Psychologie entwerfen, welche Kreativität, Wille, Freude und Weisheit entscheidend mitberücksichtigen und von einer holistischen Natur der Gesundheit ausgeht. »Im Sinne der Psychosynthese ist Gesundheit das Resultat einer Harmonie zwischen den verschiedenen Energien der Psyche und eines dynamischen Wachstums zu immer komplexeren Bewußtseinsstufen« (Boggio Gilot, 1989, S. 333). In diesem Sinne mündet die Heilung der Persönlichkeit in der Weisheitslehre: Vom Lustprinzip über das Realitätsprinzip zum Einigkeitsprinzip. Eine weitere wichtige Station seines Werdegangs war die Stelle als Assistenzarzt bei Bleuler und die Auseinandersetzung mit der psychiatrischen Dimension der Schizophrenie, durch die in kruder Form die Grenzen des gewöhnlichen Erfahrungsraumes ausgeweitet scheinen. Inmitten dieser Bruchstücke leuchtet, kaum sichtbar, das scheinbar verlorengegangene Zentrum, hindurch. Auch C. G. Jung arbeitete in der Psychiatrie Burghölzli in Zürich.

Mit vielen bekannten Denkern, wie C. G. Jung, Tagore, Steiner, Suzuki, Buber, Keyserling, Ouspensky, die zu jener Zeit die spirituelle Seite der menschlichen Existenz in ihren Werken ausdrücklich hervorhoben, stand er in direktem persönlichen Kontakt.

1927 brachte er sein Buch *A New Method of Healing – Psychosynthesis* heraus. Seitdem arbeitete er mit außerordentlicher Schaffenskraft seine Ideen detailliert aus, nahm an vielen Kongressen teil und führte etliche

Seminare durch. Immer wieder bezog er sich dabei auch auf religiöse Schriften und Berichte über mystische Erfahrungen. Kein Wunder, daß er bezüglich der Bewußtseinstheorien später dann auch in den Arbeiten von William James und Abraham Maslow die Psychosynthese im Sinne der transpersonalen Psychologie theoretisch begründete.

In seinen Werken bemüht er sich um eine Synthese der Tiefenpsychologie, der Humanistischen Psychotherapie und der transpersonalen Psychologie. Noch bevor die transpersonale Bewegung in Europa aufkam, zeigte er in seiner Psychosynthese, daß die Entwicklung der menschlichen Psyche die Tendenz hat, eine immer größere Integration und Komplexität des Bewußtseins hervorzubringen. Im Zentrum der Psyche, inmitten von Empfindungen, Emotionen, Impulsen, Imaginationen, Denken, Intuitionen obwaltet das mehrdimensionale Selbst und der vielschichtige Wille in Interaktion mit dem äußeren Geschehen, eingebettet in die umgreifende Liebe, zum Wohle und zum Nutzen einer fortschreitenden Evolution der individuellen und universellen Strukturen. Dies kann nur verstanden werden, wenn in die Sicht von der menschlichen Seele die transpersonalen Dimensionen mit einfließen. In seinem bekannten Ei-Diagramm der Psyche (Boggio Gilot, 1989) fügt er dem Bereich des Unbewußten eine Schicht hinzu, worin er höhere Energien und Kräfte der Psyche und des Geistes vermutet, von denen sich Intuition, übernormale Kräfte (u. a. auch parapsychologische Phänomene) und erleuchtete Zustände ableiten. Er nennt diesen Bereich des Unbewußten das »Höhere Unbewußte oder das Überbewußte«. Des weiteren spricht er von einem transpersonalen Selbst, einem Zentrum hinter der Person. Es ist zugleich verbunden mit dem größeren und universalen Selbst. Über die Pforte des transpersonalen Selbst ist der Mensch an die kosmischen Seinsprinzipien angeschlossen.

So sind personal und transpersonal, Individualität und Universalität dynamische und gleichberechtigte Pole die in einem balancierten Wechselspiel eine zunehmende Persönlichkeitsintegration bewirken und darüber hinaus den Weg ins Transzendente voranbringen. Unter den von Jung im Prozeß der Individuation zu integrierenden Aspekten wie Anima und Animus, Schatten und Licht, sowie anderen kollektiven psychischen Strukturen wurden von Assagioli insbesondere die Pole Eros und Logos herausgehoben:

»Während der Eros die primordiale Kraft repräsentiert, das grobe und materiale Element, das die undifferenzierte Instinktenergie nährt, so ist der Logos die intelligente Kraft, das subtile und synthetische Element, das sich der chaotischen Kraft des Eros entgegensetzt.« (Boggio Gilot, 1989, S. 331).

Diese Kräfte durchwirken den Menschen, doch er ist ihnen nicht schutzlos ausgeliefert, sondern ihm ist eine zentrale Kraft zu eigen, die vermittelt, übersetzt, sublimiert und die unterschiedlichen Kräfte zum Wohle des Menschen in einer guten Richtung hält: der Wille. Er ist die Antriebskraft der Persönlichkeit, die Voraussetzung jeder menschlichen Entscheidung und somit das Gefäß der Veränderung. Ohne ihn könnte die Wirklichkeit nicht beeinflußt und das Leben nicht in die richtige Bahn gelenkt werden. Assagioli (1986) unterscheidet den starken Willen, den geschickten Willen und den spirituellen Willen. Die Energie, Intensität und Kraft werden erst dann zum starken Willen, wenn Beherrschung, Disziplin und Kontrolle mit hinzutreten. Daraus entstehen Konzentration und Aufmerksamkeit, die begleitet von Beharrlichkeit und Ausdauer zu Entschiedenheit und Entschlossenheit führen. Der Wille kann Berge versetzen, wenn wir seine Kraft nützen, und er ist erforderlich, wenn wir Zugang zu den uns innewohnenden Kräften und zum Raum der transpersonalen Erfahrungen verschaffen wollen. Der geschickte Wille nutzt die Kreativität und die Intelligenz, um nicht mit der Stärke allein, sondern mit Eleganz die ästhetische Form des eigenen Weges zu finden. Hindernisse und Barrieren, die in der eigenen Person oder im Äußeren liegen, können damit effektiv und zielstrebig überwunden werden, und dies auf dem Hintergrund eines spirituellen Willens, der die Gesamtentwicklung im Auge hat und nicht den anderen seinen Willen aufzwingt. Dies mündet in den universellen Willen, der die Einheit des Subjektiven mit dem Universellen repräsentiert und der von einer umfassenden, nicht an Bedingungen gebundenen, freifließenden Liebe durchtränkt ist. Individualität und Universalität sind dort aufgehoben, nicht jedoch ausgelöscht, denn: »Die Individualität ist nicht nur das notwendige und komplementäre Gegenstück der Universalität, sondern der Brennpunkt, durch den allein Universalität erlebt werden kann« (Govinda, in: Assagioli, 1986, S. 116). Der Wille unterstützt das spirituelle Wachstum, weil er uns befähigt, festgefahrene Gewohnheiten aufzugeben, von rigiden Besitzansprüchen loszulassen und destruktive Energien zu transformieren.

Auf der personalen Ebene hilft uns der Wille, Energien zu bündeln, die verschiedenen, oft in Konflikten befindlichen Teile unserer Persönlichkeit zu koordinieren und zum Ausdruck zu bringen. Er hilft uns, Entscheidungen zu treffen, unsere Fähigkeiten und Talente zu nutzen und in ihrem Ausdruck zu verfeinern. In diesem Sinne fungiert der Wille auf dieser Ebene als eine leitende Funktion in Richtung Integration der Persönlichkeit, die alles, was wir sind, mit einschließt.

Auf der transpersonalen Ebene fordert uns der Wille auf, zu wachsen und uns der Mitwelt und dem größeren Ganzen zu öffnen. Er fordert uns auf, neue Fähigkeiten und Talente in uns zu entwickeln, und gibt unserem Leben Richtung und Bedeutung.

Assagioli (1986) betonte immer, daß wir zutiefst spirituelle, geistige Wesen sind und daß wir uns in einer globalen Bewußtseinsentwicklung befinden; er bedenkt aber auch – und daß ist heutzutage in einem Zeitalter der Suche nach der schnellen Erleuchtung außerordentlich notwendig –, daß nur über ein gutes personales Fundament der Weg in die Transzendenz erfolgreich verlaufen kann. Die Stärkung der Persönlichkeit, des Ichs, des Selbstbewußtseins, des Charakters und der Fähigkeit zu lieben gibt uns einen festen Rückhalt für die immensen Atmosphären, Energien, Themen, Archetypen und Inhalte, die uns bei paranormalen, transpersonalen und mystischen Erfahrungen begegnen.

Immer mehr Menschen, die sich für das spirituelle Leben interessieren, bemerken, wie notwendig es ist, eine gut integrierte, fähige Persönlichkeit zu entwickeln, damit ihre spirituellen Werte eine solide Basis haben.

Die Menschen werden unaufhörlich aufgefordert, ihren Weg weiterzugehen; sie suchen und sie werden gerufen. Wenn wir nur die Persönlichkeit stärken und das Spirituelle vergessen, geraten wir in eine existentielle Krise:

»Die Periode einer existentiellen Krise ist eine besonders geeignete Zeit, um den Kontakt mit dem Transpersonalen zu suchen oder zu erneuern. Vom Standpunkt des höheren Selbst aus gesehen wird die Existenzkrise ausgelöst durch einen wachsenden Fluß von überbewußter oder transpersonaler Energie, die vom höheren Selbst auf die Persönlichkeit hingelenkt wird« (Assagioli, 1965, in: Firman, Vargin, 1988, S. 118).

»Berichte über religiöse Erlebnisse sprechen oft von einem Ruf von Gott, oder von einem Ziehen einer höheren Macht« (Assagioli, 1986, S. 105).

Der Wille, durch den das Suchen seine Beständigkeit erlangt, kommt im Gerufenwerden zu seiner Antwort. Trifft der Ruf mit dem Willen zusammen, kann es zu spontanen Eruptionen und Öffnungen des menschlichen Bewußtseins kommen, in der die Gegenwärtigkeit eines höheren Prinzips sich dem Menschen zeigt. Die Welt, die Ereignisse und mein Schicksal offenbaren in diesen Augenblicken ihren ureigentlichen Sinn. Bei weiterer Festigung dieses Zustandes durch Beharrlichkeit und geistige Übungen wird es möglich, Gegensätze spielerisch zu integrieren, die innere Verbundenheit des Universums zu erkennen und Willen, Liebe und Gnade als fundamentale Wachstumsgrößen zu begreifen.

Die Dualitätskrise kann auch von der anderen Seite her verstanden werden. Wenn Menschen sich lösen und den Alltag vergessen, kann es plötzlich passieren, daß die höheren Erfahrungen aufhören und sich Depressionen einstellen. Nun wird es höchste Zeit, die Welt und das Leben hier wieder zu würdigen und die Aufgaben des Alltags zu erledigen. Erst dann kommt das Überbewußte wieder zurück.

Assagiolis therapeutische und spirituelle Erfahrungen kommen nach Firman und Vargiu (1988, S. 111) zu dem Schluß, daß Selbstverwirklichung immer beide Dimensionen, die personale und die transpersonale umfassen muß. »Personale Psychosynthese, die auf eine gut entwickelte, effiziente Persönlichkeit abzielt, und spirituelle Psychosynthese, die zur Erkenntnis der eigenen höheren Natur führt.«

Sie beinhalten auf ihrem weiteren Weg der Selbstverwirklichung:

»Hinwendung nach oben in Richtung auf das Überbewußte durch verschiedene Methoden von Meditation, Visualisierung und Gebet ... Verständnis für das Wesen des Überbewußten, unserer Persönlichkeit und unserer Welt, um sie zunehmend miteinander in Harmonie bringen zu können ... Dienen oder das beste, was wir kennen, zum Ausdruck bringen, um das größte Wohl zu erreichen.« (dies., S. 132 f.).

Karlfried Dürckheim (1896–1988), Professor für Psychologie und Dozent für Philosophie, hielt sich von 1937 bis zum Kriegsende in Japan auf und beschäftigte sich intensiv mit Zen-Buddhismus und mit der Praxis der Meditation. 1948 gründete und leitete er zusammen mit Maria Hippius die existential-psychologische Bildungs- und Begegnungsstätte Todtmoos-Rütte.

In seiner phänomenologischen Beschreibung der transzendenten Erfahrung leistet er einen entscheidenden Beitrag zum Verstehen des Unsagbaren. Bei ihm fließen philosophische, psychologische und mystisch-existenzielle Deutungen zusammen, so daß westliche Humanwissenschaftler die sonst übliche Skepsis mühelos aufgeben können.

Dem Menschen, ja allen Dingen wohnt eine überweltliche Dimension inne, die einen religiösen Charakter hat. Diese Dimension zeigt sich, jeweils vermittelt durch subjektive Chiffren der Erkenntnis, in »transzendenten Erfahrungen«, die den tiefsten Sinn unserer Existenz in uns aufbrechen und gegenwärtig werden lassen:

»Dieser Mensch entdeckt eine überweltliche, ihn tausendfältig transzendierende Wirklichkeit auch in sich selbst. Das ist die ihm immanente Transzendenz seines Wesens, die jeweils individuelle Weise des allem Seienden innewohnenden Wesens (das Sein als Seiendes im Sinne Heideggers)« (Dürckheim, 1989, S. 279).

Wie zeigt sich nun die transzendente Erfahrung? In dreierlei Weise, als »schöpferisch-erlösende Fülle«, »als allordnendes Gesetz« und als »alldurchdringende Einheit« (ebenda). Durch diese Erfahrung wird der Mensch in eine andere Ebene des Seins geworfen und gleichzeitig von den »Urnöten«, wie »Angst vor der Vernichtung«, »Verzweiflung am Absurden« und »Trostlosigkeit der Einsamkeit« befreit. Es wird überweltlich im Sinne eines Heraustretens aus der weltlichen Gefangenheit. Der Mensch wird inmitten dieser Erfahrung verwandelt, erlöst und befreit. Das heißt nicht, daß dieser Zustand dauerhaft ist. Immer wieder wird er in den vertrauten Horizont seines früheren Ichs zurückfallen, und ihm kommt die Aufgabe zu, durch Übung und Disziplin ein stabiles Gefäß, das die transzendente Erfahrung bergen kann, aufzubauen. Dürckheim nennt drei Abstufungen der erlebbaren Transzendenz: erstens die »große Seinserfahrung«:

»Diese Erfahrung durchzieht alle Zeiten und alle Kulturen. Im Zen-Buddhismus heißt sie Satori, im Raum des Hinduismus das große Samadhi als Erfahrung des Großen Lichtes. Im christlichen Raum ist sie die Erfahrung der Praesentia Dei, die Gotteserfahrung. Übergreifend für alle Formen der Großen Erfahrung steht der Begriff des ›Kosmischen Bewußtseins‹. Was auch immer die Namen sein mögen, es gibt die den Menschen bis in den Grund hinein aufreißende und verwandelnde Erfahrung, die ihn schlagartig auf eine andere Stufe seines Menschseins hebt und zu einem neuen Leben erweckt und beruft. Auch wenn die Gewalt des umstürzenden Erlebens schwindet, Sinnmitte, Richtung und Gesamtstimmung des Lebens sind ein für allemal andere: nicht mehr primär daseinsbedingt, sondern seinsbezogen« (ebenda, S. 283).

Diese totale Vermittlung findet nur in Ausnahmefällen statt. Die »kleinen Seinserfahrungen«, nennt er die »Seinsfühlungen«:

»In ihnen wird der Mensch nur vorübergehend mehr oder weniger stark vom Sein berührt und aus der Ordnung seiner natürlichen Bezüge herausgehoben. In dieser Weise kann der Mensch in jedem Augenblick und durch alles berührt werden. Vorwiegend aber kann er die Strahlung des Seins auf vier Feldern seines Lebens in der Qualität des Numinosen fühlen: im Erlebnis der Großen Natur, wahrer Kunst, der Erotik und der Hingabe im Kult. Immer handelt es um das Erleben des Einbruchs einer anderen Dimension in den Raum seines gewöhnlichen Wirklichkeitsbewußtseins« (ebenda, S. 283).

Eine dritte Vermittlung sieht er in den »Seinsahnungen«, der Sehnsucht des Suchenden, die gegebenen Grenzen zu überschreiten und sich vom Gesuchten anziehen zu lassen. Die Suche ist in vielen Mythen und Kulturen das Symbol für den Aufbruch in eine andere Wirklichkeit und gehört wesentlich zum mystisch-spirituellen Weg.

Es ist nicht leicht zu beurteilen, ob der Mensch wirklich von der transzendenten Realität berührt wurde:

»Wo die numinose Qualität den Menschen ergreift, ist das Erleben durchwittert von einem Fascinosum wie Tremendum (R. Otto, 1917). Das Tremendum ist Anzeichen einer Kraft, die uns in der wohlgeordneten Oberfläche unseres gewöhnlichen Daseins bedroht und daher erzittern läßt. Fascinosum – was immer uns fasziniert … zu dem wir uns hingezogen fühlen, mit dem wir vollends eins sein möchten, von dem wir aber doch noch getrennt sind« (ebenda, 284).

Zu jeder echten Seinserfahrung gehört auch, das Alte loszulassen, also ein Sterben. Nur so kann das Neue geboren werden. Dies ist nicht nur ein aktiver Vorgang, sondern der Mensch wird dabei auch vom Grunde auf verwandelt und transformiert; er wird vorbereitet für die Einheit des Seins, in der ihm unermeßliche Liebe zufließt. Daraus wird ein neues Gewissen geboren, das den Weg der weiteren Selbstverwirklichung mit Hilfe der inneren Stimme betreut, um dem Auftrag, so zu werden, wie man eigentlich ist, gerecht werden zu können.

Wie wir wissen, ist dieser Weg weit und steinig und nur mit festem Schuhwerk zu begehen. Neben dem Licht gibt es auch Blitz und Donner, Schatten und heftige Windstöße. Nur wer eine starke Persönlichkeit entwickelt hat, kann erfolgreich dieses Ziel erreichen. Deshalb zeigt uns auch Dürckheim in seiner »Initiatischen Therapie«, daß eine Vorbereitung notwendig ist. Das Erden, die Stärkung des Haras, der inneren Mitte, ist genauso wichtig wie eine tiefgreifende Auseinandersetzung mit abgespaltenen Anteilen der Persönlichkeit. Dies geschieht am ehesten über die Sphäre des Leibes, weil dort, in den Chakren, Grobstoffliches und Feinstoffliches zusammenfließen. Wenn die – oft geschichtlich geprägten – Blockaden, gelockert und aufgelöst sind, kann der Bezug zum inneren Wesen, zum Selbst, hergestellt werden. Die durch diese Intentionen geprägte und in Rütte praktizierte Prozeßarbeit bringt ein Wiederbeleben blockierter Energien, die Integration abgespaltener Persönlichkeitsanteile und den empfindsamen Ausdruck von Gefühlen und Empfindungen. Neben der ganzheitlichen Leibarbeit, dem geführten Zeichnen nach Maria Hippius, werden auch meditative Übungen und alltagsbezogene Aufgaben einbezogen, damit die Teilnehmer im Tun die eigene Tiefe leben und verwirklichen können. Damit wird die Transzendenz auf fruchtbaren Boden fallen (vgl. dazu: Dürckheim, 1992, 1989; Helke, 1989, Loomans, 1994).

3. Ich, Ego und Selbst

Die Begriffe Ich, Ego und Selbst finden neben dem Bewußtseinsbegriff häufig in der transpersonalen Psychologie Anwendung. Fragt man genauer nach, muß man feststellen, daß ihr Gebrauch oft widersprüchlich und verwirrend ist. Es ist deshalb nötig, die Begriffe zu klären.

Wenn man das Selbst verstehen möchte, muß man sich vorher mit dem Ego beschäftigen, denn, so sagen uns Weisheitslehrer aller Schulen, das größte Hindernis auf dem Weg zum Selbst ist das Ego. Da das Ego oftmals, meiner Ansicht nach irrtümlich, mit dem Ich gleichgesetzt wird, müssen zum besseren Verständnis, Ich und Ego getrennt beschrieben werden, auch wenn sie nicht vollständig voneinander zu trennen sind.

Ich und Ego

Umgangssprachlich würden wir einem Menschen ein starkes Ich dann zuschreiben, wenn er weiß, was er will, sich traut, seine Meinung zu sagen und tatkräftig für seine Ziele eintritt. Auch Toleranz und Dialogfähigkeit sind Ausdruck eines autonomen Ichs. Das starke Ich wird zum Ego, wenn es seine Ziele gegen die berechtigten Ansprüche anderer durchsetzt, die Grenzen nicht respektiert, kontrolliert und manipuliert, um für sich selbst das Beste herauszuholen. Es kreist vorwiegend um sich selbst.

Wenn wir uns zum Beispiel am Bahnschalter eine Fahrkarte kaufen, ist das Ich für ein Gelingen dieses Vorhabens wichtig. Sind drei Leute vor mir und ich beschwere mich beim Schalterbeamten lautstark, warum er mich nicht zuerst bedient, obwohl ich eine bedeutende Persönlichkeit bin und es eilig habe, dann war das Ego in Aktion. Das Ich tut etwas, das Ego zeigt sich im Wie.

Das Ich als lebenserhaltende Struktur

Freud (1975) führte 1923 den Begriff Ich in seine Strukturhypothese ein. Kurz umrissen unterscheidet die Strukturhypothese Freuds drei funktional zusammenhängende psychische Strukturen: das Es, das Ich und das Über-Ich. Das Es umfaßt die psychischen Repräsentanzen der Triebwelt, das Über-Ich die moralischen Vorschriften unseres Seelenlebens sowie unsere idealen Strebungen. Das Ich besteht aus Funktionen, die mit der Beziehung des Individuums zu seiner Umwelt (und zu sich selbst) zu tun haben. Es hat die Aufgabe, zwischen Es und Über-Ich so zu vermitteln, daß eine gesunde Integration der Persönlichkeit stattfinden kann.

Später dann, in der Nachfolge Freuds wurde das Ich zu einem zentralen Begriff, um den sich ganze Psychologien entwickelten – die sogenannte Ich-Psychologie. Für sie ist, ganz allgemein zusammengefaßt, das Ich ein hypothetisches Konstrukt (also nicht direkt durch die Wahrnehmung erkennbar, sondern nur durch Reflexion erschließbar) und steht für die bewußte innere psychische Organisation bzw. nach Blanck und Blanck (1989, 1994) für den »Organisierungsprozeß« lebensnotwendiger psychischer Funktionen. Für Hartmann (1972) wären dies vor allem Realitätsprüfung, Wahrnehmung der Außenwelt und der Innenwelt, schützende Schranke gegen übermäßige Reize von außen und innen (Abwehrfunktion), Objektivierung, Distanzierung, Handeln, Denken und die Fähigkeit, zum Zwecke eines höheren Zieles momentane Befriedigungen aufzuschieben usw. Bildlich gesprochen ist das Ich der Kapitän der Seele, der uns befähigt, gesamthaft zu empfinden, wahrzunehmen, bewußt zu machen und zielgerichtet zu handeln.

Das Ich bildet auch Konzepte über die eigene Person und die Außenwelt aus. Diese können aus Angst und Mißtrauen starr sein, spontane Regungen und Intuitionen abblocken, scharfe Grenzen ziehen und dominant über alles Kontrolle ausüben wollen. Hier kämen wir in die Nähe zu dem, was spirituelle Traditionen unter Ego verstehen würden. Das Ich ist ein wichtiger Garant der menschlichen Entwicklung, und Ichverlust ist immer mit fehlender Anpassung gleichzusetzen.

In der Entwicklungspsychologie ist die Ichentwicklung ein zentraler Reifungsabschnitt im Werdensprozeß des Menschen. Sie löst das Bewußtsein des Individuums aus dem seelischen Kollektiv des Prä-Ichs heraus. Die Fähigkeiten zu Differenzierung und Diskrimination (Ich und die anderen), Objektivierung (Distanzierung) und Separation werden entfaltet. Die Separation ist die Grundlage der Individualität. Bei einem Verbleiben in der undifferenzierten wirhaften Ausgangslage wären wir lebensuntauglich. Wenn wir aber unsere Individualität und Persönlichkeit ausgelebt und eingebracht haben, wird es notwendig, schrittweise die Betonung der Ich-Persönlichkeit (die Herausstellung des Ich bin, Ich habe, Ich kann) abzubauen, um das Ich in die Totalität des Seins zurückzuführen, also die erworbenen und geschenkten Fähigkeiten nicht mehr im Eigenbesitz zu lassen, sondern dem Ganzen zur Verfügung zu stellen. Dürckheim und Frankl betonten immer wieder, daß es in der ersten Lebenshälfte darum geht, den Alltag zu bewältigen, sich im Diesseits Klarheit zu verschaffen und sich im Leben zu zeigen. In der zweiten Hälfte sollte dann die spirituelle Seite mehr und mehr Gewicht finden. Individuation, Tiefe des Lebens und Transzendenz sollten dazukommen. Die Krise in der Mitte des Lebens übermittelt uns diese Botschaft recht eindrücklich. Dieser Schritt der Transformation des Ichs ist mit Schwierigkeiten und Schmerzen verbunden, weil vertraute Bezüge und Gewohnheiten allmählich aufgelöst werden, überwertige Selbstattribuierungen konfrontiert und Stolz abgebaut werden. Nicht mehr der Persönlichkeitsentwurf steht von nun an im Vordergrund, sondern der Weltentwurf. Gelingt dieser Schritt jedoch nicht, dann werden uns narzißtische Bestätigungen und starre Abgrenzungshaltungen immer wichtiger.

Das Ego als Schattenaspekt des Ich

Untransformierte, starre und abgegrenzte Ich-Anteile sind die Bausteine des Ego, die loszulassen eine absolute Notwendigkeit in der menschlichen Entwicklung ist.

Wie zeigt sich das Ego? In Spannungen und Verkrampfungen, in Neid, Verbissenheit, Gier, Eifersucht, Druck, Härte, Abwertung, Unversöhnlichkeit, in Allmachtsphantasien, Anerkennungssucht und Machtansprüchen.

Dadurch bindet das Ego unsere kreativen und evolutiven Kräfte. Die göttliche Eingebung, der göttliche Kanal wird undurchlässiger, die selbstdestruktiven Kräfte übernehmen die Regie, wir entfernen uns immer mehr vom inneren Sinn unseres Lebens, so daß wir Leichtigkeit und Freude einbüßen. Selbstdestruktivität ist eine Überheblichkeit und Unachtsamkeit gegenüber der Schöpfung. Wir kämpfen dann gegen unser Schicksal ohnmächtig an, und äußere Widerfahrnisse, die uns Neues lehren könnten, regen uns nur noch auf. Freiheit und Autonomie heißt, nicht alles tun zu können, sondern das zu tun, was richtig und stimmig ist. Dem Ego zuzuschreiben ist außerdem ein Festhalten an starren Bildern, ein Leben im Wartesaal der Zukunft und Vergangenheit, sich mehr mit Erwartungen und Befürchtungen auseinanderzusetzen als mit dem Hier und Jetzt und ein chronisches Selbsterleben als »Gesehener«. Ego ist also Einengung, Abwertung, Anhaftung und Schwere.

Vor allem aber zeigt sich das Ego in tiefem Mißtrauen gegen alles, was einfach passiert, und baut somit eine Barriere gegen das transpersonale Selbst auf. Gurumayi (1990): »Es steht als grundsätzliches Hindernis der Erleuchtung und Verwirklichung im Wege. Das Ego steht im Mittelpunkt von Illusion und Leiden, als Widerstand gegen die Verwirklichung der Wahrheit und der Erleuchtung.« Durch das Anhaften an Erwartungen und Wünsche verstrickt sich das Ego in die Welt der Maya oder Illusion, durch vordergründige Befriedigung zu echtem Selbstwert zu kommen. Das Ego wirft somit einen Schatten auf den transpersonalen Bewußtseinsraum.

Die Erfahrung des Ego und Konfrontation mit Ego-Anteilen ist schmerzlich und zeigt die Diskrepanz zum spirituellen Ziel deutlich auf. Das Ego kann zur Qual werden, wenn wir schon einmal eine tiefe, transzendente Erfahrung des inneren Lichts hatten. Zum Beispiel schreibt Teresa von Avila (1979) in der dritten Wohnung ihres spirituellen Weges:

»Der Mensch hat hier unter Trockenheit zu leiden, der Brunnen gibt kein Wasser her. Das bedeutet: Der Mensch macht hier kaum noch gnadenhafte Erfahrungen der inneren Nähe Gottes. Mündliches Gebet und Betrachtung funktionieren nicht mehr so recht, die eigenen Fehler werden dafür um so schärfer gesehen … Gott entzieht in der dritten Wohnung dem Menschen die schon geschenkten Gnaden, um ihm seine Abhängigkeit zu zeigen. Denn wie der Mensch nun einmal ist, könnte er sich schnell überheben und sein kleines Ego aufblähen, wenn er sich oft in der Nähe Gottes fühlte, ohne jedoch wirklich mit ihm vereinigt zu sein. Hier setzt nun die Erziehungsarbeit Gottes ein. Der Mensch wird durch diese Wohnung nur durchkommen, wenn er die Nichtmehrerfahrung in Gelassenheit und Liebe trägt.«

Loslassen des Ego und Transformation des Ich

Die Therapie hilft uns ein brüchiges Ich zu erneuern, der spirituelle Weg hilft uns das Ich zu transformieren, durch Übung im Alltag und Disziplin. Spirituelle Lehrer und Meister stehen uns dabei liebevoll zur Seite.

Eine Erfahrung einer Seminarteilnehmerin in einer Sitzung mit veränderten Bewußtseinszuständen: »Mein Brustkorb steht in Flammen. Ich verbrenne innerlich. Mit der Zeit brennt das Feuer zu einem kleinen Punkt zusammen, der genau in meinem Herzen sitzt ... diese Erfahrung geht weiter und zwischendurch erlebe ich überströmende Liebe« (Feuer als Symbol der Transformation). Das Ego verbrennt, das Ich transformiert sich.

Die mystischen Schriften berichten uns auch von Beispielen, in der diese innere Konfrontation – Egotod und die Ichtransformation – kulminiert. Es steht in einem Augenblick alles auf dem Prüfstand, was ich bin und was ich habe. Dies kann zu einem Auflösen vertrauter Beziehungen, zum Verlust von materiellen Gütern und zu Depersonalisationserscheinungen führen. Auch spontane außergewöhnliche Bewußtseinszustände, abrupte Bewegungen, Visionen von Auseinanderfallen und Zerstückeltwerden sind möglich. Johannes vom Kreuz spricht ja auch von der »dunklen Nacht der Seele«.

Über die Reinigung und Läuterung auf dem Weg zum Selbst schreibt eine Siddha-Yoga Meisterin in ihrer Autobiographie (Gurumayi, 1990, S. 44 f.):

»Das Haus meines Ichs ging in Flammen auf. Alles, was ich besaß wurde verbrannt. Ich wollte mein Haus retten. Aber ich konnte nicht entkommen. Auch die Tür meines Hauses stand in Flammen. Ich weiß nicht mehr, was dann geschah ... Und alles verstummte in der endlosen Stille der Liebe.«

Diese Erfahrungen gehen zumeist mit einer Öffnung des Herzchakras einher.

Das Loslassen des Ego kann mit enormen Eruptionen und Krisen verbunden sein, weil es auch zur Aufgabe von Sicherheit, vertrauten Fähigkeiten, bekannten Beziehungen und alten Mustern und gewohnten Selbstbildern zwingt. Danach aber ist es vor allem die konstante, tägliche Aufmerksamkeit und die Übung, die das Ego allmählich transformieren.

Das transformierte Ego erkennt das transpersonale Selbst und dient ihm. Es zeigt sich in der Fähigkeit zu freifließender Liebe. Das transformierte Ich heftet sich nicht an die Affekte, sondern begleitet sie, es ist ein Sinnesorgan des Selbst. Es existiert in uns als Zeuge ohne Anhaftung und unterstützt uns in den täglichen Pflichten. Es zeichnet sich durch Vertrauen aus, kann flexibel reagieren und ist fähig, selbst-produzierte Konzepte wieder loszulassen. Das Loslassen des Erreichten, das Aufgeben des Vertrauten sind Garanten beständiger Erneuerung und bereiten den Boden für umfassende Befreiung:

»Bedenke aber: Viele Leute möchten in ihrer Entwicklung immer große Sprünge machen. Das ist schon recht, doch bedenke, daß du dabei die Schönheit jedes einzelnen Schrittes übersiehst. Jeder kleine Schritt hat seinen eigenen inneren Plan. Möchtest du ihn nicht kennenlernen? Wenn du achtsam Schritt für Schritt in deiner inneren Entwicklung weitergehst, machst du die Erfahrung, daß du innerlich stärker wirst, und dir wird auch bewußt, was du für das große Ziel getan hast. Das läßt die Überzeugung, auf dem richtigen Weg zu sein, weiter wachsen.« (Gurumayi, 1994)

Das Selbst

In einem nächsten Schritt kommen wir zu einem Thema, über das, so lehren uns weise Menschen, wir besser schweigen sollten. Nur wenn wir konsequent alles loslassen, was wir haben und wer wir sind, dann können wir eine Ahnung davon bekommen, was das Selbst ist. Das Selbst ist das subtilste aller subtilen Dinge. Nietzsche (in: Jones, 1984, S. 376) sagt: »Das eigene Selbst ist gut versteckt; von allen Goldminen ist die eigene die letzte, die man ausgräbt.« Es ist sehr verborgen und geheimnisvoll, und es hat keinen Namen, keine Farbe, keine Form.

Im ersten Teil möchte ich einige psychologische, psychotherapeutische und personale Aspekte des Selbst darstellen, um dann in einem zweiten Teil auf die transpersonale Sichtweise des Selbst einzugehen.

Allgemeine Definition und erkenntnistheoretische Schwierigkeiten

Für Rolf Fetscher (1985) repräsentiert das Selbst die leib-seelisch-geistige Einheit der Person. Er bezieht sich in dieser allgemein-anthropologischen Definition des Selbst auf den Gesamtumfang der Person und zugleich auf den wesenhaften Kern, also das, was den Menschen im Innersten zusammenhält und wovon beständig Integrationsleistungen ausgehen. Mit Hilfe des Selbst nehmen wir uns selbst als eigenständige und einheitliche Person ganzheitlich wahr. In einem mehr tiefenpsychologischen Verständnis ist das Selbst das »Gesamt dessen, was wir als zu uns selbst gehörig wahrnehmen«, also die ins Bewußtsein gelangenden Selbstrepräsentanzen. Es stellt eine zentrale Repräsentanz des Individuums dar, das das Gefühl einer erlebten Einheit vermittelt, auf dessen Boden kompaßartig eine dauerhafte Richtung entwickelt wird. Battegay (1991):

»Es ist jene Repräsentanz, die dem Individuum den Eindruck vermittelt, bei allen Veränderungen, die es erfährt, gestern, heute, morgen das Gleiche und ein ganzes Zusammengehöriges zu sein sowie eine unveränderte Subjektivität zu besitzen.«

Jacobson (1992) sieht das Selbst als

»eine differenzierte und organische Ganzheit, welche getrennt und unterschieden sei von der Umgebung, eine Ganzheit, welche Kontinuität und Richtung habe, sowie die Fähigkeit, inmitten von Wandlungen gleich zu bleiben. Werde diese besondere Identität bewußt, so werde dieses Bewußtsein einen emotionalen Ausdruck finden in der Erfahrung einer persönlichen Identität, eines Selbstgefühls.«

Das Selbstgefühl im Sinne einer dumpfen Ahnung einer autonomen Handlungserfahrung reicht nach Meinung der Säuglingsforscher bis in die Anfänge unserer leiblichen Existenz zurück, und es differenziert sich über den Kontakt zur Umwelt immer mehr heraus. Wir wissen ja aus der Entwicklungspsychologie, daß am Anfang unserer Existenz das Außen vom Innen noch nicht klar differenziert ist und nach Levy-Bruhl (1928) Welterfahrung und Subjekterfahrung nach dem Gesetz der mystischen Teilhabe eher vereinheitlicht sind. Dieser prä-personale Zustand ist nicht mit der transpersonalen Einheitserfahrung der Mystiker, in der jede Form von Dualität aufgehoben ist, zu verwechseln. Nach sozialen und interaktionellen Ansätzen ist das Selbst ein Sediment aus Selbst- und Fremdzuschreibungen. Wie sehe ich mich selbst, und wie werde ich von anderen gesehen? Die Formulierungen sind bisher sehr allgemein gehalten.

Der Versuch, das Selbst seinem Wesen nach zu erfassen, kommt dem Versuch gleich, mit der rechten Hand die rechte Hand zu ergreifen. Das, wodurch unser Erkennen seinen Grund hat und es ermöglicht, können wir niemals vollständig mit unserem Bewußtsein durchdringen. Es bleibt irgendwie immer unzugänglich. Die folgenden Annäherungen an das Selbst müssen deshalb ungenau, flüchtig und aspektivisch bleiben. Sie stützen sich auf klinische Beobachtungen, Literaturstudium, phänomenologisch-hermeneutische Erkundungen, intuitive Ahnungen und spirituelle Einsichten. Das Selbst läßt sich nicht mit empirisch-wissenschaftlichen Methoden hinreichend beschreiben.

Pathologie und personale Seite des Selbst

Psychische Störungen gehen oft auf ein verletztes oder deformiertes Selbst zurück. Ein beschädigtes Selbst gibt uns keinen Halt mehr, die innere Orientierung geht verloren, der emotionale Boden wird brüchig, Spielräume des Denkens und Handelns engen sich ein, und die Zukunftsperspektiven verdunkeln sich. Überschießende Gefühle von Schmerz und Wut arten in selbst- bzw. fremddestruktives Verhalten aus und lassen so dem inneren Chaos meist ein soziales folgen. In einer grundlegenden Beeinträchtigung des Selbst durch frühe traumatische Erfahrungen oder aktuelle Belastungssituationen, die nicht mehr durch die gewohnten Bewältigungsstrategien kompensiert werden können, kommt die lebensnotwendige Kraft zur Integration der Persönlichkeit zum Erliegen. Das »hilflose Selbst« nach Schwartz-Salant (1991) läßt einen »Bruchstück-Menschen« (Minden, 1988) zurück, der von archaischen Impulsen chaotisch hin- und hergeschaukelt wird. Die davon oft ausgehende Selbst-Zerstörung bzw. Zerstörung anderer ist der illusorische Versuch, durch die Vernichtung des Alten ein neues, besseres Selbst aufzubauen, in einer neuen, besseren Welt.

Wir als Therapeuten wissen, wenn wir frühgeschädigte oder psychotische Menschen begleiten, daß uns diese Wellen entgegenschlagen und wir fest in unser eigenes Selbst gegründet zunächst nur eine Aufgabe haben: als Therapeuten, als Fels in der Brandung, zu überleben, um dann durch unsere Zuverlässigkeit neue Fundamente zu errichten und durch echtes Antworten und wärmenden Kontakt Vertrauen aufzubauen. Wenn wir uns zeitweise im therapeutischen Prozeß ohnmächtig, labilisiert und ohne festen Stand erleben, dann ist es wichtig, daß wir uns nicht zu sehr damit identifizieren und unsere Fähigkeiten selbst außer Kraft setzen. Es ist ein notwendiges Durchgangsstadium nach Melanie Klein und Heinz Kohut zur Heilung des Selbst.

Es ist ein Verdienst der Borderline-Forschung, sich des Selbst wieder angenommen zu haben, nach einer Durststrecke der wissenschaftstheoretischen Diktatur exakter Messungen in der Psychologie. Die Borderline-Symptomatik ist im Grenzbereich zwischen Neurose und Psychose anzusiedeln und wird auch im therapeutischen Sprachgebrauch mit frühen Störungen oder frühen Schädigungen beschrieben: Es sind nach Rhode-Dachser (1983) Menschen, bei denen wir das Gefühl haben, daß sie innerlich brüchig sind, von frei flottierenden Ängsten überschwemmt werden, unmotiviert auftretende Affekte von Feindseligkeit und Wut zum Ausdruck bringen, mangelnde Impulskontrolle aufweisen, verschiedenste Symptome selbst- oder fremddestruktiver Natur haben, unter episodisch auftretenden Minipsychosen leiden, im Kommunikationsverhalten haarscharf danebenliegen (Borderline-Dialog), zwischen Gut und Böse extrem aufspalten und die Therapeuten auch über die Sitzungen hinaus intensiv beschäftigen, so daß sie die Patienten meistens mit Anstand loswerden möchten.

Winnicott und andere, die sehr viel mit solchen Menschen arbeiten, haben zum besseren Verständnis therapeutischer Prozesse die Begriffe »wahres Selbst« und »falsches Selbst« eingeführt – meiner Ansicht nach keine sehr glücklichen Begriffe, weil sie als moralische Kategorie mißverstanden werden könnten und wohl dem komplexen menschlichen Verhalten nicht ganz gerecht werden. Trotzdem können sie therapeutisch nützlich sein. Unter falschem Selbst wird nach Winnicott (1988) und Horney (1975) die Fassade oder die »Als-ob-Persönlichkeit« verstanden, die durch Verwahrlosung, Gewalt und Gefügigkeit entstanden ist. Chronische Verletzungen lassen Narben zurück und frieren Gefühle ein, vor allem Angst, Schmerz und Ohnmacht. Wir verschließen uns, um das nicht noch einmal zu erleben. Das falsche Selbst ist nicht der Gegner des wahren Selbst, sondern sein Panzer, um es zu schützen. In Selbsterfahrungsgruppen werden solche Menschen in vielen Fällen als »unecht« bezeichnet, wobei dies zumeist als Abwertung verstanden wird und somit die Panzerung zwangsläufig stärker werden läßt.

Der Weg zur Echtheit kann nur über die wachsende, nach Rogers (1979) »nicht an Bedingungen gebundene« Wertschätzung gegangen werden. In der Therapie gilt es für ihn zuerst

»sich als eine Person von Wert wahrzunehmen, die würdig ist, von anderen respektiert und nicht verurteilt zu werden; seine Maßstäbe als auf seiner eigenen Erfahrung basierend und nicht auf den Einstellungen und Wünschen anderer basierend wahrzunehmen; seine eigenen Gefühle, Motive, sozialen und persönlichen Erfahrungen ohne Verzerrungen der grundlegenden Sinneseindrücke wahrzunehmen und sich beim diesen Wahrnehmungen entsprechenden Handeln wohl zu fühlen.«

Das aufkeimende »wahre Selbst« bewirkt ein angenehmes und lebendiges Körpergefühl, in dem nach Winnicott (1988) Atmung und Herzarbeit leichter werden. Es kann mit den »Details des Lebendigseins« beschrieben werden. Die spontane Geste, das Vertrauen in die Tiefe des Entwicklungsprozesses, die Kreativität, das Gefühl, real zu sein, wären nach Winnicott weitere Eigenschaften des wahren Selbst. Für Horney (1975, S. 176) sorgt das wahre Selbst

»für das pulsende innere Leben; es bewirkt die Spontaneität aller Gefühle, sei es Freude, Sehnsucht, Liebe, Ärger, Furcht oder Verzweiflung. Es ist außerdem die Quelle spontaner Interessen und Energien … die Fähigkeit zu wünschen und zu wollen, es ist jener Teil in uns, der sich ausdehnen, wachsen und selbst erfüllen will. Für sie ist es die ›ursprüngliche Kraft‹, die uns zur persönlichen Entwicklung drängt und mit der wir wieder eine volle Identifikation erlangen können.«

Für Matussek (1979) ist das »Schöpferische ein Geschenk des Selbst«. Kreativität fließt direkt aus dem Selbst, denn es ist die innere Schöpfungskraft, die stets Erneuerung sucht. Menschen mit einem unverstellten Kontakt zu ihrem Selbst gehen über das Gewöhnliche hinaus und finden leichter zu ihren eigentlichen Lebenszielen.

Für Maslow (1973) leben selbstverwirklichte Menschen im Kontakt mit dieser inneren Entwicklungskraft, der »Selbstaktualisierungstendenz« nach Rogers. Perls (in: Perls, Hefferline, Goodman, 1979) nennt sie, vielleicht etwas zu biologistisch gefaßt, »organismische Selbstregulation«. Das gesunde Selbst ermöglicht für ihn das lebendige und freie im Kontakt sein mit dem Anderen und das Vermögen neue Erfahrungen zuzulassen.

»Das Selbst ist das System der Gegenwartskontakte und das Agens des Wachstums. Es bezieht sich auf den ganzen Menschen und ist nicht als Institution mit festem Standort zu denken; es existiert, wo und wann immer eine Grenzinteraktion tatsächlich stattfindet. Um einen Satz von Aristoteles abzuwandeln: ›Wenn der Daumen gequetscht wird, existiert das Selbst in dem schmerzenden Daumen‹« (ebenda, S. 161).

Es ist dynamisch und flexibel im Dienste der schöpferischen Anpassung und im Sinne eines beständigen Entwicklungsanstoßes. Nach Jung ist es der Archetyp der Ganzheit, der die Dynamik der personalen Selbstverwirklichung symbolisiert. Emerson (in: Schoen, 1995) spricht von der Einfachheit und Transzendenz der tiefen Kraft, in der wir existieren.

In akuten Krisen verlieren wir häufig ganz das Vertrauen in die selbstregulatorischen Kräfte. Deshalb brauchen wir Hilfe. In der Krisenintervention stellen wir für eine bestimmte Zeit unsere Fähigkeit zur Integration und unsere Hoffnung in die Selbstheilungskräfte (in die innere Weisheit) zur Verfügung, bis dies wieder aus dem Klienten-Selbst heraus möglich ist.

Die transpersonale Seite des Selbst

Das Selbst, wie wir es bis jetzt erläutert haben, ist auf das Subjekt, die Persönlichkeit beschränkt. Die transpersonale Psychologie bricht diese Grenze auf, wie vorher schon ausgeführt wurde. Sie bezieht auch in ihr Ideengut die Erfahrungen und das alte Wissen der spirituellen Traditionen ein, wobei sich diese Art der Religiosität nicht auf dogmatische Lehrgebäude stützt, sondern auf die innere Beziehung und die persönliche Erfahrung. Für die transpersonale Psychologie zeigt sich das Selbst also nicht allein auf die Persönlichkeit bezogen, sondern ist dem Überpersönlichen gegenüber offen.

Bildlich gesprochen ist im innersten Kern unserer Persönlichkeit eine Öffnung, durch die das transpersonale Selbst hindurchscheint: Es trägt nach Leibniz den »Funken des Kosmos« in sich und kann für C. G. Jung auch als »Gott in uns« (Jung, 1971) bezeichnet werden:

»Dieses Etwas ist uns fremd und doch so nah, ganz uns selber und uns doch unerkennbar, ein virtueller Mittelpunkt von ... geheimnisvoller Konstitution ... Ich habe diesen Mittelpunkt als das Selbst bezeichnet. Intellektuell ist das Selbst nichts als ein psychologischer Begriff, eine Konstruktion, welche eine uns unerkennbare Wesenheit ausdrücken soll, die wir als solche nicht erfassen können, denn sie übersteigt unser Fassungsvermögen, wie schon aus der Definition hervorgeht. Sie könnte ebensowohl als der ›Gott in uns‹ bezeichnet werden. Die Anfänge unseres ganzen seelischen Lebens scheinen unentwirrbar aus diesem Punkt zu entspringen, und alle höchsten und letzten Ziele scheinen auf ihn hinzulaufen« (S. 134 f.).

Im Christentum heißt es: »Das Reich Gottes ist in Dir«, im Buddhismus: »Schau nach innen, Du bist der Buddha«, im Siddha-Yoga: »Gott wohnt in Dir als Du«, im Hinduismus: »Atman (das individuelle Bewußtsein) und Brahman (das universelle Bewußtsein) sind eins«, im Islam »Wer sich selbst kennt, kennt seinen Herrn«. Dem transpersonalen Selbst nähert man sich, wenn man sich nach innen wendet und allmählich die Identifizierung mit dem, was wir sind und was wir haben, loszulassen bereit sind (Egotransformation). Das ist das Geheimnis des Prinzips »Stirb und werde«. Die Erfahrung ist weder kalt noch langweilig noch intellektuell. Das Selbst ist warm und euphorisch. »Es existiert in uns als ein inneres Lächeln ... Es ist unsere wahre und ewige Natur« (Siddha Yoga-Meister). Der innere Weg zum transpersonalen Selbst öffnet eine Quelle der Heilung und Inspiration.

Für Erich Neumann (in: Ludwig-Körner, 1992) ist das transpersonale Selbst das »dirigierende Zentrum«, von dem alle Prozesse angestoßen, geleitet, kontrolliert und ausbalanciert werden und »das Selbst ist sowohl für das Psychische wie das Physische transzendent«. Für Maturana und Varela (1982) sind Lebensprozesse vom Prinzip der Autopoiese getragen, also einer Kraft, die im Wechselspiel von Integration und Desintegration, Innen und Außen nach Verwirklichung drängt. Als organisierendes Prinzip führt das transpersonale Selbst die Evolution in Richtung Ganzheit. Weise Menschen sagen, daß es (das Selbst) immer bei uns ist, weder geboren ist noch sterben wird, unzerstörbar und unverwundbar ist, und von den Zeitläuften unbeeindruckt bleibt.

Lassen Sie mich diese Sichtweise durch einen Auszug aus den Upanishaden (Katha Upanishad, 1989, S. 14 ff.), einer vedischen Weisheitslehre, in der Interpretation von Shankara, noch näher ausführen:

»Das Selbst im Menschen ist nichts anderes als die Kraft hinter dem Universum. Das erkennende Selbst ist nicht geboren, und es stirbt nicht. Es ist aus nichts entstanden, und nichts entstand aus ihm. Geburtslos, ewig dauernd, wird es nicht getötet, wenn der Körper getötet wird. Wenn der Tötende zu töten glaubt und der Getötete glaubt, getötet zu sein, haben beide nichts begriffen. Das Selbst tötet nicht, noch wird es getötet. Atman, das Selbst, ist alldurchdringendes Bewußtsein und das innere Herz aller Dinge, ob groß oder klein. Im Körper wohnend ist es körperlos; obgleich mit wandelbaren Dingen verbunden ist es unwandelbar. Durch Studium oder mit einem scharfen Verstand kann man den Atman nicht erkennen. Wenn das Denken durch Verehrung und rechtes Tun, durch Selbstbeherrschung und Kontemplation geläutert ist, wird es durchsichtig und klar und reflektiert die Herrlichkeit des Atman … Atman wohnt im Herzen aller und ist das innerste Wesen des Menschen. Es belebt die körperlichen, vitalen und geistigen Tätigkeiten des Menschen. Es ist der unbeteiligte Zuschauer der Erfahrungen im Wachen, Träumen und Tiefschlaf … Das Selbst existiert immer, ungetrübt und unvermindert, nicht abnehmend und nicht zunehmend durch gute oder böse Handlungen des Menschen. Es kann aber wie die Sonne von Wolken der Nichterkenntnis verborgen werden und wird wieder enthüllt, wenn Nichtwissen von Erkenntnis vertrieben ist.«

Für Muktananda (1971) ist es kleiner als das Kleinste und größer als das Größte und wohnt für immer im Herzen aller Wesen.

Das Selbst ist ein unlokalisierbarer Seinsgrund, aus dem der individuelle Mensch hervorbricht, und gleichzeitig geht er grenzenlos und formlos in das Sein des Seienden ein. Es ist ein Hologramm, in das der Kosmos eingefaltet ist. Alles ist im Selbst enthalten, und daher erwerben wir vollkommenes Wissen über alle Dinge, wenn wir das Selbst kennen.

Das personale Selbst ist im transpersonalen aufgehoben (in einem doppelten Sinn: beherbergt und überschritten). Das transpersonale Selbst dient als Brücke zwischen dem existentiellen Selbstbewußtsein und dem transpersonalen Einheitsbewußtsein. Über diese Brücke kommuniziert das letzte Geheimnis mit uns. Es ist die innere Weisheit, die unser Leben formt und fördert. Das transpersonale Selbst ist immer zugänglich und nie aufdringlich. Wenn man sich einmal entschieden hat, den Weg zum transpersonalen Selbst aufzunehmen, steht es immer mehr als Quelle von Heilung und Führung zur Verfügung, für sich selber, aber auch für die uns anvertrauten Menschen, die am Leben leiden.

4. Das Bewußtsein

Eine erste Annäherung an das Bewußtsein

Das Bewußtsein, veränderte Bewußtseinszustände und die Entwicklung des Bewußtseins sind Kardinalthemen der transpersonalen Psychologie. Auch die Psychotherapie, in besonderem Maße natürlich die transpersonale, verstand sich von jeher als individuelle und universelle Bewußtseinsarbeit. Dies gilt vor allem für die spirituelle Praxis. Da zwar viel und gerne in diesem Zusammenhang von Bewußtsein gesprochen wird, jedoch in den wenigsten Fällen ein Bewußtseinskonzept explizit dargelegt wird, soll dies im folgenden im Sinne eines heuristischen Versuchs geschehen. Die Vielgestaltigkeit und Mehrdeutigkeit des Bewußtseins zu erforschen ist eine umfassende und komplexe Aufgabe, an der sich häufig die Geister von Philosophie, Psychologie und Neurophysiologie scheiden. Metzinger formuliert es in seinem Standardwerk zur Gegenwartsphilosophie folgendermaßen:

»Das Problem des Bewußtseins bildet heute – vielleicht zusammen mit der Frage nach der Entstehung unseres Universums – die äußerste Grenze des menschlichen Strebens nach Erkenntnis. Es erscheint deshalb vielen als das letzte große Rätsel überhaupt und als die größte theoretische Herausforderung« (Metzinger, 1996, S. 15).

Je tiefer man in dieses Rätsel einzudringen versucht, desto mehr Fragen und Zweifel tun sich auf. Man kommt sich vor wie in einem Labyrinth, in dem Wege plötzlich abbrechen und die Angst, nie mehr ans Ziel zu gelangen, steigt. Der analytische Verstand, das akademische Wissen und die Gesetze der Logik allein sind überfordert, umfassende Lösungen anzubieten, weil sie selbst aus dem Bewußtsein geboren wurden und durch das Alltagsbewußtsein existieren.

Konzentrieren wir uns auf eine objektive und von außen kommende Beschreibung des Bewußtseins, stoßen wir schnell an unsere Grenzen, denn die innere Erlebniswirklichkeit eines Menschen läßt sich von einem Außenstehenden nur bruchstückhaft erschließen.

Umgekehrt ist uns durch vielfältige psychologische Forschungen klar geworden, daß die Introspektion, die nach innen gerichtete Beschreibung subjektiver Erlebniszustände, durch persönliche Einstellungen, gesellschaftlich-kulturelle Bedingungen und selektive Wahrnehmung verzerrt sein kann.

Ein weiteres Problem ergibt sich in der Frage, in welchem Verhältnis Gehirn und Bewußtsein stehen. In einem erweiterten Sinne sind wir in dieser Frage mit dem Leib-Seele bzw. Geist-Materie Problem konfrontiert. Die kortikale Vernetzung läßt sich wissenschaftlich erforschen, aber wenn es um komplexere Aspekte wie die Qualität subjektiven Erlebens, die semantische Vieldeutigkeit der Sprache, die Entstehung des freien Willens und Fähigkeit zur Kreativität geht, dann werden unsere Erklärungen dünn, sobald wir sie auf chemisch-physikalische Einheiten konzentrieren. Das Bewußtsein und seine Strukturen sind pluriform. Körperliches, Seelisches und Geistiges durchdringen sich geheimnisvoll und sind in systemischer Weise miteinander verbunden. Als Analogie könnte man Einsteins »dynamisches Feld« heranziehen, bei dem Materie, Kraft und Feld eine Einheit bilden. Nur so ist die Abhängigkeit des Messergebnisses vom Bewußtsein des Untersuchers im Bereich der Quantenphysik zu verstehen. Loddenkemper (1986, S. 169) sieht in der »Mitbeteiligung des Bewußtseins am Aufbau der Welt um uns, mit dem Hauptdarsteller, dem selbstbewußten Geist, dem kosmischen Drama ... die letzte Grundidee heutiger Wissenschaft«. Der selbstbewußte Geist des Bewußtseins ermöglicht kreative Umgestaltung, verändernde Eingriffe, die Transformation seiner selbst und nicht zuletzt den freien Willen. Er empfängt Information, verwertet sie, ändert sie ab und ergänzt sie durch Erfahrung. So fließen selbstbewußter Geist, Bewußtsein, Außenwelt und Handeln zueinander und bilden eine differenzierte Erlebniswelt, aus der heraus das Menschliche entspringt.

Eccles hat auf die Frage, wie das Immaterielle mit dem Materiellen interagiert, eine mögliche Antwort skizziert: Ein Psychon (eine autonom existierende mentale Einheit) durchdringt ein Dendron (die Dendriten, also die Empfangsantennen der Nervenzellen) und löst damit eine Aktivität aus (Eccles, 1994). Der Wille ist eine mentale Aktivität, die von einem neuronalen Impuls begleitet wird. Immer ist der ganze Mensch betroffen. Im Umkreis eines geistigen Aktes wird ein Feld aktiviert, das nichtmaterielle und materielle Eigenschaften besitzt. Dies macht es möglich, daß eine psychische Einwirkung auf materielle Gegenstände stattfinden kann.

Der Körper-Geist-Dualismus (Descartes), der zu Spaltungen in der Betrachtungsweise führte muß nach Holler von einem ganzheitlichen Prinzip abgelöst werden. »Das ist ein hierarchisch organisiertes, sich selbst regulierendes, offenes System« (Holler, 1991, S. 413).

Darüber hinaus muß man Inhalte, Zustände und Wesen des Bewußtseins unterscheiden. Die Entwicklung des Bewußtseins betrifft gleichzeitig den Menschen, die Welt und den Kosmos. Bewußtsein ist auch jenseits der menschlichen Existenz vorstellbar.

In den großen Aufforderungen der antiken Weisheitsschulen »Erkenne Dich selbst«, »Werde, der, der Du bist« wird dem Bewußtsein eine zentrale Position eingeräumt. Diese herausragende und überkulturelle Bedeutung in der menschlichen Entwicklung belegen auch die in allen Kulturen zu findenden Experimente (vgl. auch Walsh, 1992) mit bewußtseinsverändernden Technologien (Peyoterituale der Schamanen, ekstatische Tänze der Sufis, Singen von Mantren der Yogis).

So ist es für indische Yogis kein Problem, den Atem für Stunden anzuhalten, jahrelang ohne Nahrung auszukommen, über glühende Kohlen zu gehen oder Levitationen durchzuführen, wie es übrigens auch von christlichen Mystikern wie Franz von Assisi und Teresa von Avila, berichtet wird. Denken wir an Therese von Konnersreuth oder Pater Pio, an deren Leib die Wundmale Christi jeden Freitag bluteten und die über Jahre kaum Nahrung zu sich nahmen, ohne feststellbare körperliche Beeinträchtigungen. Viele solcher Beispiele finden sich in dem von Andreas Resch herausgegebenen Werk *Paranormologie und Religion* (1997), in dem namhafte Wissenschaftler über diese Zustände berichten.

Dazu kommt in jüngster Zeit das Interesse für parapsychologische Phänomene wie Hellsehen, Präkognitionen, Psychokinese und außerkörperliche Erfahrungen, besonders in Nahtoderlebnissen (vgl. Tart, 1986). Immer wird in diesem Zusammenhang von Bewußtseinsphänomenen gesprochen. Ein Begriff des Bewußtseins muß auch diese Phänomene berücksichtigen.

Zunächst können wir uns also durch äußerliche Beschreibung (Perspektive der 3. Person) annähern. Dies umfaßt also alles, was wir von außen erkennen können und durch Beschreibung, Experimente und Methoden der exakten Beobachtung aufzeichnen. Dann die Welt des Bewußtseins, wie sie sich durch den Blick nach innen, eine intrapsychische reflektierende Schau, erschließt (Perspektive der 1. Person). Die deskriptive Psychologie bedient sich dafür der phänomenologischen Schau und der hermeneutischen Sinnauslegung. Bei diesen beiden Perspektiven folgen wir noch der gewohnten Begrifflichkeit und dem Bezugsrahmen der Logik. Dies reicht allerdings nicht aus, wenn wir nichtalltägliche und außergewöhnliche Phänomene verstehen wollen, denn

»Bewußtsein ... ist ein derart komplexes Phänomen, daß wir nur versuchen können, die beschriebenen Verfahren zu verbessern und in ihren Anwendungsbereichen zu erweitern, um wenigstens einige der bewußten Zustände erfassen zu können, die das Bewußtsein konstituieren, das eine Person zu einer bestimmten Zeit besitzt« (Werth 1983, S. 122 f.).

»Mehrperspektivität wird im Hinblick auf die Begriffe ... Bewußtsein, Bewußtheit ... und daraus folgende Konzepte ... unerläßlich, weil diese Konzepte keineswegs eindeutig gegeben sind und eine allgemeine, intersubjektive Geltung beanspruchen können« (Petzold, 1993, Bd. 1, S. 197).

So fügen wir die spirituelle Perspektive, die Perspektive der Heiligen, hinzu. Muktananda, ein Heiliger Indiens, berichtet uns zum Beispiel, daß ihm für

Augenblicke das Bewußtsein gewahr wurde, spontan aufleuchtete, in Form eines fluidalen blauen Wesens. In diesem Zustand wird der normale Rahmen, die gewöhnliche Struktur des Bewußtseins durchbrochen, weil sie einem tiefen Evidenzerlebnis in der Regel im Wege stehen. Das Rauschen der alltäglichen Bewußtseinsbewegungen übertönen gemeinhin Wesenserfahrungen. Es sind oftmals Erlebnisse, in denen im Menschen etwas aufbricht oder intuitiv hereinbricht, spontan, durch einfache Innenschau, durch ein Innehalten im Strom unaufhörlicher Bewußtseinsinhalte, durch außergewöhnliche Öffnungen oder durch langjährige Schulungen des Bewußtseins in spirituellen Disziplinen.

Das Bewußtsein gibt uns Rätsel auf, die vielleicht nur durch die Befragung eines Orakels oder durch die Verarbeitung eines Koans (weisheitsleitende Paradoxien im Zen-Buddhismus) zu lösen sind. Es ist ein Problem der Menschwerdung und der Menschheitsgeschichte, das Philosophen, Naturwissenschaftler, Psychologen und Anthropologen seit jeher in ihren Bann zog. Wenn hier Antworten entworfen werden, dann mit der Gewißheit, daß sich dadurch mindestens genauso viele neue Fragestellungen ergeben. Die nicht endgültig zu lösende Problemstellung befreit uns von dem Ziel, eine schlüssige Antwort finden zu müssen. Diese Ausgangslage bereitet zwar einerseits Unbehagen, andererseits ermöglicht sie auch ein entspanntes Herangehen an dieses Thema, denn was kann schon schiefgehen bei dem Bemühen, das Unmögliche zu erfassen, außer daß wir selbst am Ende mit leeren Händen dastehen, was wiederum eine gute Voraussetzung für eine neue Sicht wäre.

Folgenden Grundsätzen der Bewußtseinsforschung schließen wir uns an, auch wenn wir sie im Detail nicht behandeln können:

»Das Bewußtsein stellt einen eigenartigen Bereich absoluter Priorität dar, weil es sich als jenes Medium erweist, durch das wir zu allem Sein und Gelten – in welchem Sinn auch immer – Zugang haben« (Gurwitsch, in: Petzold, 1993, Bd. 1, S. 203).

»Die Grenzen unseres Bewußtseins sind allein dadurch gegeben, daß psychische Funktionen an Hirnsubstanz gebunden sind« (Pöppel, in: Petzold, 1993, Bd. 1, S. 203).

Dies gilt im wesentlichen für den Normalzustand des Bewußtseins, für den Leistungen der Aufmerksamkeit, der Diskrimination, des Gedächtnisses und der Lokalisation im Vordergrund stehen. In jedem Fall gilt für außergewöhnliche Bewußtseinszustände:

»daß das Bewußtsein buchstäblich weniger eingebunden ist in die Struktur des Gehirns, daß es nicht so eng mit dem Gehirn verbunden ist, daß es sich eher um seiner selbst willen manifestiert« (Tart, 1986, S. 150).

Paracelsus (in: Holler, 1991, S. 416) stellt vortrefflich fest:

»Die Fähigkeit zu sehen, kommt nicht vom Auge, die Fähigkeit zu hören, nicht vom Ohr, und die Fähigkeit zu fühlen, nicht von den Nerven; sondern es ist der Geist des Menschen, der durch das Auge sieht, mit dem Ohr hört und mit den Nerven fühlt. Weisheit, Verstand und Denken sind nicht in uns eingeschlossen, sondern gehören zu dem unsichtbaren, allgegenwärtigen Geist, der durch das Herz fühlt und mit dem Gehirn denkt.«

Das Bewußtsein befähigt den Menschen zu erkennen, zu wissen und zu verstehen. Der Begriff wurde von Christian Wolff vom Lateinischen »conscientia« (eigentlich »Mit-wissen« »wissender Mitvollzug«; »sich selbst bewußt sein« ist eine Bedeutung, die mehr der Gegenwartsphilosophie entstammt) hergeleitet und zunächst in zwei Wörtern aufgeteilt: bewußt sein. Ich bin mir dessen bewußt sagen wir, wenn wir wissen, daß unser kognitives System den gemeinten Sachverhalt repräsentiert. Ich habe die Person nicht bewußt wahrgenommen, wird man vielleicht sagen, wenn man unaufmerksam war und daher einen Bekannten im Vorübergehen nicht beachtet hat. Es sagt aus, daß ich etwas wahrnehme, es in einen Kontext einbette und diesen Inhalt auch als meine Wahrnehmung identifiziere und Verantwortung dafür übernehme. So wird die Schuldfähigkeit bei Gericht u. a. auch von der Tatbewußtheit hergeleitet, währenddessen besondere Formen von Bewußtseinstrübung zu einer Schuldminderung führen können. Bewußtsein hat also mit Aufmerksamsein zu tun. Auf was kann sich nun dieses Bewußt-Sein und Aufmerksam-Sein beziehen? Auf externe und auf interne Stimuli, also auf prinzipiell alles, was mir zugänglich werden kann und eine innere Bewegung hervorruft. Dies können durch äußere Objekte stimulierte Sinnesdaten sein, die dann zu einer ganzheitlichen Wahrnehmung werden: die starke Eiche in der grünen Wiese, die in mir ein Gefühl der Geborgenheit und Behaglichkeit auslöst. Bildhafte Sinnesreize und stimmungsgeladene Atmosphären fügen sich in geheimnisvoller Weise zu einem Gesamteindruck zusammen; dann der stechende Bauchschmerz, der mich in eine gekrümmte Haltung zwingt und einen Arzt aufsuchen läßt. Durch die Lokalisation (hier sitzt er) scheint er eine äußerliche und eigenständige Qualität zu besitzen, und doch gehört er als bedrohliche Qualität, die mich als ganze Person in Mitleidenschaft zieht, zu meinem inneren Wesen. Ich berichte dem Arzt von »dem Bauchschmerz«. In der Beschreibung kann man sich zwar distanzieren, aber nicht in der affektiven Betroffenheit:

»Man kann aber nicht leiden im Sinne des Leid-Tragens, des affektiven Betroffenseins von Leid, ohne zu merken, daß es sich um einen selbst handelt; sonst würde die Verstrickung fehlen, die zum Gepacktwerden und zur Ergriffenheit gehört, und der Zustand würde an dem Betroffenen, der es nur mehr in einem juristischen Sinn wäre, ohne affektives Betroffensein ablaufen« (Schmitz, 1996, S. 172).

Keine Zweifel gibt es bei Gefühlen, Empfindungen, Gedanken, Erwartungen und Erinnerungen. Diese schreiben wir, abgesehen von krankhaften Zuständen, unserer Innenwelt zu. Sie sind für das einzelne Subjekt von realer Konsequenz,

»denn im wirklichen Leben sind die subjektiven Tatsachen, die härtesten, mit denen der Mensch in seinem affektiven Betroffensein weit nachdrücklicher als mit den bloß objektiven konfrontiert wird, in dem sie dem Leben Gewicht, Blut und Wärme geben. Die Tatsachen des affektiven Betroffenseins gehen dem Betroffenen ohne weiteres nah und warten nicht darauf, daß er sie feststellt oder sich zuschreibt« (ebenda, S. 174).

Die Herausarbeitung der affektiven Involvierung im Sinne einer bewußtseinsfähigen Resonanz ist auch ein besonderes Anliegen der Psychotherapie.

Nun sind es aber nicht nur innere Empfindungen oder äußere Sinnesdaten, die unser Bewußtsein verarbeitet, es kann sich sogar auf sich selbst, auf seine Seinsweise und Funktionalität, richten. Dies ist natürlich, wie wir schon erwähnt haben, nicht ganz so einfach, denn wie können wir kraft des Bewußtseins die ihm zukommende Wesenhaftigkeit erschließen? Die menschliche Entwicklung ist auch eine Entwicklung des menschlichen Bewußtseins, und je mehr Bewußtheit wir erlangen, desto größer werden auch die bewußtseinsfähigen Spielräume. Es gilt natürlich auch umgekehrt. Wenn wir uns nicht um Bewußtwerdung bemühen, wird der innere Horizont immer enger. Wenn wir Angst vor der Dunkelheit haben und nicht die zugrundeliegenden Motive erkennen, werden wir der Dunkelheit immer mehr ausweichen und damit den Erfahrungshorizont existentiell beschneiden. Bewußtsein wird zu einer realen Folie unserer Existenz, die sich selbst immer wieder neu konstelliert.

Das heißt aber auch, daß das Bewußtsein keine feste Größe darstellt, sondern einem stetigem Veränderungsprozeß unterliegt. Was wir erkennen, verändert sich ständig, und das, womit wir erkennen, bleibt auch nicht gleich. Dies macht es so schwer, ein verläßliches Modell zu finden. Wir sind auf Analogien, Metaphern und Bilder angewiesen, auf horizontale Erklärungsmodelle.

Für Karl Jaspers bedeutet Bewußtsein »Wachsein und Wahrnehmen«. Er stützt sich auf die von Fechner eingeführte und inzwischen berühmt gewordene »Bühnenmetapher«: Danach stellt das Bewußtsein eine Bühne dar, auf welcher die einzelnen Phänomene (Inhalte des Bewußtseins) auftreten und abgehen wie die Akteure in einem Schauspiel. Die Mitte der Bühne ist vom Scheinwerfer der Aufmerksamkeit hell erleuchtet und stellt den eigentlichen Schauplatz des bewußten Daseins dar, während die Gegenstände der näheren Umgebung zwar in einem schwächeren Lichtschein ebenfalls erkennbar sind, sich aber nicht aufdrängen. Es fällt nur ein schwaches Licht auf sie, sie sind kaum erkennbar, können aber durch die Hinwendung des Scheinwerfers der Aufmerksamkeit jederzeit sichtbar gemacht werden. Die weitere Umgebung der Kulissenraum und der Schnürboden stellen in dieser Bewußtseinsmetapher das große dunkle Reich des Unbewußten dar, das aber durch eine entsprechende Anweisung des Regisseurs ebenfalls sichtbar gemacht werden kann. Nach Jaspers (1973, S. 9) hat

»Bewußtsein dreierlei Bedeutung: Es ist erstens die Innerlichkeit eines Erlebens und steht als solches im Gegensatz zur Bewußtlosigkeit und zum Außerbewußten. Es ist zweitens ein gegenständliches Bewußtsein, ein Wissen von etwas (intentionale Struktur des Bewußtseins, siehe auch Husserl) und steht als solches im Gegensatz zu einem innerlichem Erleben als dem Unbewußten, dem die Spaltung in Ich und Gegenstand noch abgeht. Es ist drittens Selbstreflexion, Bewußtsein seiner selbst, und steht als solches im Gegensatz zum Unbewußten, das ich zwar in Subjekt-Objekt-Spaltung mit gemeinten Inhalten erlebe, dessen Erleben aber ich nicht ausdrücklich und darauf aufmerksam weiß.«

Das Bewußtsein ist eine fluidale Folie des Daseins, das die Entfaltung der Person subtil steuert. Je mehr ich es mit Aufmerksamkeit und Energie versorge, desto mehr werde ich in der Kommandozentrale des Bewußtseins zum »Regisseur«, bei dem alle wichtigen Aktivitäten zusammenlaufen. Plastisch und flexibel paßt es sich meinen Kontrollmechanismen an und weitet sich, entsprechend meiner Bereitschaft, zur Grenzüberschreitung. Es ist nicht von vornherein und auf Dauer eingeschränkt, jedoch muß es bestimmte Entwicklungsstadien durchlaufen, um Freiheitsgrade zu gewinnen, einerseits ontogenetisch, andererseits phylogenetisch. In der ontogenetischen Entwicklung lernt das Bewußtsein allmählich, sich selbst zu betrachten, aus einer exzentrischen Position, und zu reflektieren. Die körperliche Basis (neuronale Verschaltungen der Großhirnrinde) beeinflußt die Werkzeugfähigkeit des Bewußtseins (Bewußtseinstrübungen bei hirnorganischen Störungen schränken die Aufmerksamkeit und das Gedächtnis erheblich ein), und die konkret erlebte Lebenswelt beeinflußt die Bewußtseinsentwicklung.

Vorläufig könnten wir sagen, daß das Bewußtsein, das eine Person hat, »die Gesamtheit der bewußt wahrgenommenen Empfindungen (die aus Empfindungsgewahrsein und Empfindungsdiskrimination bestehen) im Gegenwartsfenster, d.h. einer gegebenen Zeit ...« ist. »Es ermöglicht, die Wirklichkeit wahrzunehmen, zu erfassen, zu verstehen und auszulegen« (Petzold, 1993, S. 209 u. 250).

Auf das Verhältnis bewußter und unbewußter Inhalte werde ich später eingehen. Im folgenden möchte ich mich den selbstverständlich bewußten Inhalten zuwenden. Daß ich jetzt vor dem Computer sitze und dieses Buch schreibe und vorhabe, dies heute noch drei Stunden lang zu tun und anschließend zum Abendessen zu gehen, läßt sich nicht bezweifeln, auch nicht, daß ich mich im Moment wohl fühle und der Regen draußen eine behagliche Stimmung in mir auslöst. Plötzlich kommt ein Telefonanruf, das Gespräch ist unangenehm, und von diesem Augenblick an fällt mir auch das Schreiben schwerer. In der Philosophie und in der Psychologie werden diese »puren Wahrnehmungen« (Metzinger, 1996, S. 22) als »der phänomenale Gehalt unserer mentalen Zustände« bezeichnet. Metzinger beschreibt diese phänomenalen Inhalte des Bewußtseins als transparent, perspektivisch und präsent. Transparent sind diese Zustände, weil wir durch diese Zustände hindurchschauen und sie gewöhnlich nicht von einer Metaebene her betrachten: Aha, ich schreibe jetzt das Buch. Dies ist für mich im Augenblick des Schreibens selbstverständlich und nicht Gegenstand meiner Reflexion.

»In Standardsituationen spielt sich unser bewußtes Leben immer in der Welt ab. Wir erleben unseren Bewußtseinsraum, nicht als einen von unserem Gehirn erzeugten Cyberspace, sondern ganz einfach als die Wirklichkeit, mit der wir auf natürliche und unproblematische Weise in Berührung sind« (ebenda, S. 25).

Die Eigenschaft »perspektivisch« meint, »daß Erlebnisse immer Erlebnisse für ein erlebendes Ich zu sein scheinen: Ich selbst bin es, der seine Gefühle und Empfindungen auf eine bestimmte Art und Weise erlebt« (ebenda, S. 27). Auch dieses mitlaufende Gewahrsein der Zuschreibung phänomenaler Inhalte gegenüber meiner Person ist durch die natürliche Einstellung gegeben, wenn wir von psychotischen Episoden mit Depersonalisationserscheinungen absehen. Dort können meine Inhalte zu fremden, von außen auf mich einwirkenden Stimmen werden. Das Zentrum des Bewußtseins sind wir selbst, und daraus entwirft sich auch die vorläufige Struktur von Innerlichkeit und Äußerlichkeit des Erlebens. Unter der Eigenschaft Präsenz versteht Metzinger ein »subjektiv erlebtes Jetzt« und verleiht damit dem Bewußtsein auch eine zeitliche Dimension. Auch die Erinnerung und die Projektion in die Zukunft spielen sich in der Gegenwärtigkeit ab. Jetzt kommt mir die Erinnerung an die Arbeit von gestern in den Sinn, und jetzt denke ich an die Reise von morgen.

»Die Gegenwart, was wir als jetzt empfinden, ist nach den hier ausgeführten Überlegungen etwas dem jeweiligen Bewußtseinsinhalt Anhaftendes, also nicht der Bewußtseinsinhalt selber« (Pöppel, in: Petzold, 1993, S. 212).

Gardenne (1996, S. 18) sieht an den Inhalten eine Art Kometenschweif (protentative und retentative Struktur), die die nacheinander heraufziehenden einzelnen Inhalte zu einem kontinuierlichen Strom des Bewußtseins miteinander vernetzt, denn die tatsächlich erlebte Zeit der Gegenwart würde sich nach Pöppel (in: Petzold, 1993, S. 212) auf etwa drei Sekunden erstrecken.

Die phänomenalen Inhalte des Bewußtseins ruhen einer lebensgeschichtlich und kulturgeschichtlich geprägten zugrundeliegenden Erfahrungswelt auf und können in ihrem systemischen Zusammenhang nur auf diesem Hintergrund interpretiert werden. Daß mich in dem obigen Beispiel der Telefonanruf in meiner momentanen Wohlfühlsituation stört, ist kein objektiver Sachverhalt, sondern nur für mich subjektiv erlebbar und auslegbar.

Wahrnehmen, Erkennen, Erleben und Verhalten und die Begleitumstände vermitteln sich durch das Bewußtsein. Sie sind von ihrem Inhalt her tendenziös subjektiv und somit nur über das Subjekt selbst erschließbar.

Für Gardenne (1996) ist Bewußtsein die »Gesamtheit der Erlebnisse« d. h. der erlebten psychischen Zustände und Aktivitäten einer Person. Für ihn sind Bewußtseinsinhalte keine festen Objekte, sondern flüchtige Ereignisse, die ins Bewußtsein strömen. Sie sind auf eine eigentümliche Art miteinander verbunden, also keine separaten und diskontinuierlichen Einheiten, die als Einzelobjekte auftauchen: »Wir erleben die eigenen Bewußtseinszustände eher nicht als diskrete Ereignisse, sondern als fließend, als bruchlos ineinander übergehend. Verschiedene Wahrnehmungen, Vorstellungen, Gedanken und Gefühle folgen aufeinander, aber sie scheinen sich auch teilweise zu überlappen oder zu durchdringen« (Gardenne 1996, S. 15). Jacoby (1925, S. 178) spricht demzufolge auch von einer Erlebniseinheit, einer »eigentümlichen Art des Zusammenseins von Gleichzeitigem«, die nicht der raum-zeitlichen Kontiguität (Undurchdringlichkeit) unterworfen ist und einer psychischen Kausalität folgt, die sich anders konstelliert, als äußere Objektkausalität. Liebe und Haß können sich als gleichzeitige Gefühlsdimension einstellen, und das, was sich ereignet, muß nicht folgerichtig aus dem beobachtbaren Verhalten erfolgen, sondern kann durch eine Jahrzehnte alte Erinnerung hervorgerufen werden. Das Erleben ist einerseits durch den Strom des Bewußtseins mannigfaltig und in stetiger Veränderung, andererseits erkenne ich mich wieder als den, der ich bin, denn ich bin es, zu dem dieser Bewußtseinsstrom gehört. Die erlebende Einheit des Bewußtseins hat somit auch etwas Kontinuierliches.

Daneben ist das, was wir aufnehmen können, begrenzt, hat ein Zentrum, eine zugehörige Peripherie, einen Horizont und gliedert sich in Figur und Grund.

Das Bewußtsein hat darüber hinaus eigentümliche, für jeden Forscher unzugängliche Eigenschaften:

»Das Bewußtsein ist von einer Beschaffenheit, die man sich von einem Beobachtungs- und Forschungsgegenstand absolut nicht wünscht: Es ist veränderlich, schwer in allen Einzelheiten zu überschauen, hat unscharfe Aspekte und verflüchtigt sich beim Hinsehen« (Gardenne, 1996, S. 23).

Das Bewußtsein hat auch das ständige Verlangen, sich auf irgend etwas zu richten: Diese Eigenschaft nennt man seine Intentionalität. Clemens Brentano und die phänomenologische Forschung haben sich mit diesem Aspekt eingehend beschäftigt. Edmund Husserl warnt uns allerdings davor, uns das Bewußtsein wie ein starres Gefäß vorzustellen, das allein die Inhalte, so wie sie gegeben sind, aufnimmt.

Bewußtsein und Erkenntnisgegenstand werden im Husserlschen Denken zu flexiblen Gliedern im Erkenntnisakt. Sie sind nicht als statische Einheiten zu verstehen, sondern ineinander beweglich verwoben. Held (1985, S. 24) beschreibt Husserls Bewußtseinskonzept wie folgt:

»Das Bewußtsein darf man sich nicht so vorstellen, wie einen leeren Strand, an dem das Meer beliebige Inhalte anschwemmt; es ist kein Container, dem es gleichgültig ist, womit er gefüllt wird, sondern es besteht aus mannigfaltigen Akten, deren Charakter sich jeweils durch einen entsprechenden Akt von Gegenständlichkeit bestimmt, die ausschließlich in den zu ihr passenden Gegebenheitsweisen für das Bewußtsein erscheinen kann. Dies gilt unabhängig davon, ob der betreffende Gegenstand faktisch vorhanden ist oder nicht.«

Wenn der Erkenntnisgegenstand mir ursprünglich erscheint, d. h. wenn ich für ihn offen bin, dann kann ich durch die Art der Erscheinung (die Art der Gegebenheitsweise des Gegenstandes für mein Bewußtsein) auf die Gegenstandsart kommen. Husserl meint damit einen tiefen inneren Bezug zwischen dem Umkreis meines Erfahrens, Erlebens und Denkens zu dem Erkenntnisgegenstand. In der Situation des originären Erscheinens nehme ich Bezug zur Sache auf; die Sache erscheint für mich als etwas Erfahrbares, Erlebbares, Erkennbares auf der Bühne der Welt; in diesem Sinne hat alles originär Erscheinende einen subjektiv-relationalen Charakter, wie Husserl sagt, d. h., sein Erscheinen besteht darin, sich einem in einer bestimmten Situation befindlichen Subjekt darzubieten. »Originär« versteht Husserl auch immer als »leibhaft«. Zwischen dem Ansichbestehen der Gegenstände und ihrer subjektiven situationsgebundenen Gegebenheitsweise besteht ein

Wechselverhältnis. Er nennt dies Korrelationsapriori (Korrespondenz von Gegenstandsart und Gegebenheitsweise). Die beiden Seiten der Korrelation sind nicht voneinander zu lösen. Jeanne Hersch (1981) meint dazu, die Phänomenologie behandle das, was zwischen Vorderseite und Rückseite eines Blattes Papier sei.

»Dem Gegenstand im Wie seiner Gegebenheit, dem Noema, wie Husserl in den Ideen I sagt, korrespondiert die Noesis, die zugehörige Mannigfaltigkeit der Vollzüge des Erfahrens, Erlebens, Erkennens, in denen uns eine bestimmte Art von Gegenständen erscheint ... Die Gegenstände im Wie ihres Erscheinens in zugeordneten Gegebenheitsweisen sind die ›Phänomene‹, die ›Erscheinungen‹, von denen die danach benannte Phänomenologie handelt ... Die Phänomene im Husserlschen Sinn sind nichts anderes als das in der Welt An-sich-Seiende, aber rein so, wie es sich in der situativen Jeweiligkeit des subjektiven ›Für-mich‹ zeigt« (in: Held, 1985, S. 15).

Im weiteren Verlauf seiner Beschreibungen sind in diesem Zusammenhang noch die Begriffe intuitio (Anschauung), Evidenz (einleuchten) und eidetische Variation (Umfigurieren in der Phantasie, um das konstante Wesen zu erschließen) wichtig, doch möchte ich hier nicht näher darauf eingehen.

Das Bewußtsein allein über seine Inhalte zu definieren würde zu kurz greifen, denn wir wissen gerade von der Meditation, daß es dort darum geht, den Strom des Bewußtseins zu unterbrechen. Was dann gegenwärtig wird, wenn die hektischen Gedanken und sogar die Identifikation mit diesen unterbrochen ist, ist von noch rätselhafterem Vermögen.

Vorläufig können folgende Erfahrungen im fortgeschrittenen Meditationszustand, der uns dann später noch bei den außergewöhnlichen Bewußtseinszuständen intensiver beschäftigen wird, ausgemacht werden: Verlangsamung und letzten Endes Stillstand des Bewußtseinsstromes, Rückgang der begrifflichen Interpretation und der Verwendung der aristotelischen Logik, Rückgang der intentionalen Grundstruktur, der Subjekt-Objektunterscheidung und Wahrnehmungsintensivierung.

Ein besonderer Inhalt des Bewußtseins ist natürlich das Bewußtsein selbst und in der erweiterten Fassung das Selbst und die gesamte innere Zuständlichkeit. Selbstbild, Selbstkonzept und Selbstschema werden affektiv und kognitiv besetzt. Dies ist nur möglich, wenn wir einen Schritt zurückgehen. Die leib-seelisch-geistige Einheit wird zugleich Objekt und Subjekt der Bewußtseinsresonanz, nicht im Sinne unabhängiger Glieder, sondern in sich verschränkt. Auch wenn wir uns distanzieren, sind wir uns doch ganz nah.

Das Selbstbewußtsein wird

»durch eine Exzentrizität gewonnen, die sich zu ihrer positionalen Mitte in Beziehung zu setzen weiß, ... das damit – aus kommunikativen Prozessen hervorgehend – Grundlage für höhere Formen kommunikativen und kooperativen Verhaltens bildet« (Petzold, 1993, Bd. 1, S. 221).

Das Selbstbewußtsein führt zur Selbsterkenntnis. Selbsterkenntnis fördert die Selbstregulation und unterstützt somit Entwicklungsimpulse, die von innen kommen. Dies gilt aber nicht nur für Individuen, sondern auch für soziale Einheiten bis hin zu gesellschaftlichen Prozessen. In dem Vermögen sich selbst zu erkennen liegt das spezifisch Menschliche.

Schmitz kommt nach differenzierter Ableitung zu folgenden Konklusionen:

»Zu dem Selbstbewußtsein ... gehört ein Subjekt dessen Bewußthaben folgende Eigenschaften besitzt: 1. Ein Objekt dieses Bewußthabens ist mit dem Subjekt identisch. 2. Das Subjekt erkennt seine Identität mit einem Objekt des Bewußthabens an. 3. Das Subjekt erkennt seine Identität mit einem Objekt seines Bewußthabens an, mit dem es tatsächlich identisch ist, wobei immer vorausgesetzt ist, daß das Ich Selbstbewußtsein ... vollzieht« (ebenda, S. 241).

Was ist nun das Wesen des Bewußtseinsganzen? Das Bewußtsein blendet Inhalte ein und aus, bewegt sich innerhalb der Zeit und kann auch ihre Grenzen überschreiten. Es ist ein persönliches Feld, das sich wandelt und stets erneuert. Csikszentmihalyi (1995, S. 43) entwirft eine Psychologie des 3. Jahrtausends und beschreibt das Bewußtsein so:

»Das Bewußtsein gleicht eher einem magnetischen Feld, einer Aura oder einem harmonischem Klang, erzeugt von den unzähligen Einzelempfindungen, die im Gehirn zusammenfließen«. Und im weiteren bemerkt er, »daß der Normalzustand des Bewußtseins, nicht durch Ordnung, sondern durch Chaos gekennzeichnet ist ... Die Tatsache, daß unsere Gedanken in ein unangenehmes Chaos geraten, wenn sie nicht auf ein konkretes Ziel gerichtet sind, ist also ein wichtiger Sicherheitsfaktor.« Es gibt zwei Möglichkeiten, um dieses ziellose Abdriften im Bewußtseinsstrom, das man normalerweise als unangenehme Empfindung von Angst und Langeweile erlebt, zu vermeiden: Ordnung von außen (zielgerichtete Aufmerksamkeit) oder Ordnung von innen (Disziplin, bewußte Konzentrationssteuerung), denn: »Jede zielgerichtete Tätigkeit, die bestimmte Fähigkeiten erfordert, schreckt das Chaos und schlägt es in die Flucht« (ebenda, S. 59). Roger Sperry »vertritt die Auffassung, daß das Bewußtsein zwar durch das elektrochemische Potential des Gehirns erzeugt wird, daß es aber in bestimmten wichtigen Punkten von seinen Ursprüngen unabhängig wird und selbst wiederum neue Gedanken und Handlungen beeinflussen kann« (ebenda, S. 74).

Die Komplexität der Sinneseindrücke und Empfindungen braucht einen Regulator. Sonst reagieren wir eher nach den Diktaten des genetischen Bauplans und der Gesellschaft. Die Beeinflussung des Bewußtseins geschieht durch die genetische Entwicklung (Gene) und die kulturelle Entwicklung (Meme): Meme sind Informationseinheiten, die kulturell vererbt werden. Die Informationen, die wir entwickeln, erzeugen ein Eigenleben. Im Bewußtsein spiegelt sich die menschliche Vielfalt wider (reflektierendes Bewußtsein). Es läßt uns in Erfahrungsräume vordringen, die nicht alltäglich sind. Es kann sich ausbreiten und zusammenziehen, sich auf Äußerliches und Innerliches richten, und sich selbst erkennen und entwickeln.

Das Bewußtsein ist die Schlüsselstelle, über uns selbst hinauszuwachsen, unser genetisches und memetisches Erbe zu überwinden, die Erfahrungen unserer Entwicklung zu verarbeiten, Zukunftsentwürfe zu planen, Intentionen und Ziele zu haben und unsere Handlungen zum Wohle der eigenen Selbstwerdung und zur Weltverbesserung einzusetzen. Es ist die Sphäre der menschlichen Existenz, in der unser Handeln und Denken rückbezüglich sich entwirft und wirksam wird. Die Wirkungen und Früchte unseres Lebens strukturieren unser Bewußtsein und dieses entwirft wieder unseren Lebens- und Handlungsraum. Das Bewußtsein ist vielschichtig und mehrdeutig. Es kann sich einerseits den Gesetzen der Logik anschließen, sich öffnen für den ganzheitlich-kreativen Erlebnisraum, Intuitionen zulassen und kollektive Symbole abbilden; andererseits hat es selbst die Neigung, seine Struktur zu überarbeiten und zu verflüssigen, auch wenn es sich selbst einschleifen und verfahren kann. Das Bewußtsein entwirft die Existenz des Menschen, baut sie ab und verändert sie. Wir haben kein Bewußtsein, wir sind das Bewußtsein.

»Integriertes Bewußtsein hat zur Einfachheit gefunden und bleibt dennoch pluriformes, komplexes Bewußtsein. Es ist exzentrisch und zentriert zugleich. Es bringt das Dasein zum Bewußtsein und kommt zugleich als Bewußtsein zum Dasein« (Petzold, 1993, Bd.1., 262).

Da das Bewußtsein auch das Unbewußte beleuchten kann, ist es nicht der Gegenspieler, sondern sein Partner. Es vertraut unseren Fähigkeiten, Neues und Angstbesetztes zuzulassen und zu verarbeiten, wenngleich es auf dem Hintergrund früherer Erfahrungen, die Kontrolle über die Grenzen nur ungern aufgibt. Loslassen und Öffnen müssen im Sinne vertrauensbildender Maßnahmen für das Bewußtsein geübt werden. Das holotrope Atmen möchte genau an diesem Punkt ansetzen und uns zu mehr Freiheit und weniger Kontrolle führen. Die aus Angst entstandene scharfe Abgrenzung zwischen bewußten Inhalten und unbewußten inneren Regungen und Symbolen soll flexibler und durchlässiger werden. So kann das Leben eine breitere Basis gewinnen, und wir können uns damit auch ins kosmische Internet einloggen. Kraft und neue Inhalte sind die Folge.

Das Bewußtsein ist ein selbstentwickelndes System, hat die Fähigkeit zur Selbsterkenntnis, es kann Inhalte einblenden und ausblenden – es ist intentionsselektiv –, sich innerhalb und jenseits von Raum und Zeit bewegen, die Grenzen der Identität ausdehnen und in der Regression verengen.

Topologisch gesehen gibt es ein Bewußtsein, ein persönliches Unbewußtes, ein kollektives Unbewußtes (C. G. Jung) und ein Überbewußtes (Scharfetter, 1994). Alles kann vom Licht des Bewußtseins erfaßt werden, auch wenn die Erfassungsmodi dem jeweiligen Gegenstandsmodus angepaßt sind. Um dies zu berücksichtigen, gehen transpersonale Psychologen davon aus, daß das menschliche Bewußtsein in der Lage ist, verschiedene Formen des Gewahrseins anzunehmen, die sich ergänzen und Pole eines Kontinuums darstellen, zum Beispiel das empirische Alltagsbewußtsein und das Tiefenbewußtsein. Zum einen kann man die Alltagsrealität in Form von getrennten Objekten, linearer Zeit und dreidimensional wahrnehmen. In der Form des Tiefenbewußtseins werden die gewöhnlichen Grenzen der Sinneswahrnehmung und des logischen Denkens transzendiert, und unsere Wahrnehmung verlagert sich von festen Objekten zu fließenden Energiemustern und zu einer vernetzten Sichtweise (vgl. Grof, 1985, 1993). Grof betonte, er verwende den Ausdruck »komplementär« zur Beschreibung der beiden Bewußtseinsformen, weil man die beiden Wahrnehmungsformen in Analogie zur Quantenphysik »partikelartig« und »wellenartig« nennen könne.

Die Funktionsweise des Bewußtseins ist plastisch, flexibel, dynamisch. Das Bewußtsein entwickelt sich einerseits unbewußt durch die Erfahrungsvielfalt, andererseits bewußt durch Schulung und Übungen.

Im Verständnis der indischen (Yoga-Sutren des Pantanjali) und auch der buddhistischen spirituellen Literatur wird Bewußtsein als die »intelligente, vollkommen freie Energie, die alles im Kosmos durchdringt und aufrechterhält« angesehen und es ist »der Eine, der in allem lebt, der das ganze All erfüllt und es in Bewegung setzt, der einmalig ist, jenseits von Dualität und in sich eins, dessen Spiel doch immer weitergeht, der zu vielen aus einem wird und zu einem aus vielen« (Muktananda, 1981, S. 209 und 1986, S. 219). Sie kann sich zusammenziehen, ausdehnen, verdichten und kann sich in verschiedenen Aggregatszuständen zeigen. Die Materie ist somit eine Manifestation des höchsten Bewußtseins. Das formlose Bewußtsein kann sich in den Formen zeigen und sich von diesen lösen, denn es kann Formen annehmen und sich in der Zeit verwirklichen, aber auch formlos und zeitlos sein. Es ist das und das, aber auch nicht das und nicht das. Es ist der Ausdruck des göttlichen Prinzips und der schöpferischen Kraft, es ist die höchste Realität, das Selbst, Atman und Brahman. Die menschliche Entwicklung hat zum Ziel, dieser letzten Realität gewahr zu werden. Im Kapitel über Bewußtseinsstufenkonzepte werden wir diesen Gedankengang noch weiter verfolgen. Geist und Materie sind keine dualistischen Gegensatzpaare, sondern zwei Seiten einer Medaille, die vom grenzenlosen Bewußtsein zusammengehalten werden.

So können wir auch die Berichte des tibetanischen Buddhismus über den Prozeß des Austritts des Bewußtseins im Sterbevorgang besser nachvollziehen:

»Im Prinzip geht es darum, daß der Praktizierende im Augenblick des Todes sein Bewußtsein ausschleudert und mit dem Weisheitsgeist des Buddha verschmelzen läßt« (Rinpoche, 1994, S. 277). Auch die Berichte über Nahtoderfahrungen haben eine große Ähnlichkeit mit dieser Beschreibung.

Das Unbewußte als Partner des Bewußtseins

Wie verhalten sich unbewußte Inhalte zum Bewußtsein? Nachdem ich das Wesen, die Funktion und die Inhalte des Bewußtseins skizziert habe, werde ich nun auf Struktur und Inhalte des Unbewußten eingehen. In Anlehnung an Leibniz, der »unmerkliche Perzeptionen« in der Psyche feststellte, führte Carus 1853 den Begriff »Un-Bewußtsein« in die Psychologie ein. Nach Janet verdanken wir es vor allem Sigmund Freud, »daß sogar der Mann auf der Straße weiß, daß wir oft aus Gründen handeln, die wir nicht verstehen, und daß wir unbewußte Gefühle und Gedanken beherbergen, die uns überraschen würden, wenn wir sie wüßten« (Allport, 1970, S. 143). Die Freudsche Analyse hat sich diesem Thema in einer für die Zeit um die Wende vom 19. zum 20. Jahrhundert revolutionären Art und Weise gewidmet. Die durch Freud begründete Tiefenpsychologie nahm uns den naiven Glauben, daß wir »Herr in unserem eigenen Hause« sind. Unser Tageswachbewußtsein (Alltagsbewußtsein) wird oft durch Kräfte und Inhalte bewegt, die nicht als solche erkannt und kognitiv repräsentiert werden:

»Eine unbewußte Vorstellung ist dann eine solche, die wir nicht bemerken, deren Existenz wir aber trotzdem aufgrund anderweitiger Anzeichen und Beweise zuzugeben bereit sind« (Freud, 1975, S. 29).

Versprecher, Fehlhandlungen und Fehlleistungen brechen urplötzlich in den normalen Lebensablauf ein und künden von verborgenen Motiven und Gefühlen. Das Verlieren des Eheringes kann eine tiefe, uneingestandene Unzufriedenheit mit der Partnerschaft bedeuten. Wenn wir jemanden einladen und bei der Begrüßung an der Haustüre voller Freude sagen »Ich bedauere, äh … ich freue mich, daß Sie zu uns kommen«, dann zeigt sich darin ungewollt eine stark ambivalente Einstellung gegenüber dieser Person:

»Was vom Unbewußten kommt, greift als eine (ihrerseits konflikthafte) Realität im Innern des bewußten Textes ein, der sich deshalb weniger zusammenhängend darstellt: manchmal lückenhaft, manchmal im Gegensatz dazu, mit Stellen, die ungerechtfertigter Weise gewichtig und eindringlich sind« (Laplanche, 1999, S. 1217).

Für Freud enthält das Unbewußte verborgene Motive, nichteingestandene Gefühlsregungen und Triebregungen, aus denen Wunschphantasien gebildet werden. Dazu kommen vergessene und verdrängte Erinnerungen, deren Inhalte nur schwer für das Bewußtsein zu ertragen sind, wie etwa Mißbrauchserfahrungen in frühester Kindheit, tiefgreifende Kränkungen und traumatische Erlebnisse.

»Nach Freud hat das Unbewußte, wie wir gesagt haben, eine doppelte Aufgabe. Einerseits stapelt es vergessene und verdrängte Erinnerungen, die sozusagen in eine tiefe Grube gefallen oder geworfen worden sind. Andererseits enthält es einen Dampfboiler mit Grundenergien, einen siedenden Kessel mit instinktiven Trieben (hauptsächlich Geschlechtstrieb und Aggression)« (Allport, 1970, S. 143).

Die Verdrängung zwingt Erlebnisse, die gefährlich sind, aus dem Bewußtsein heraus und führt so eine oberflächliche Beruhigung herbei. Später jedoch führen diese verdrängten Inhalte und Energien in verkleideter Form, wie etwa in allgemeinen depressiven Stimmungen oder in zwanghaften Charakterzügen und in psychosomatischen Symptomen, zu markanten, aber unerkannten Beeinträchtigungen des Lebens. Sie haben sich somit aus einer Verteidigungsposition heraus wieder in Erinnerung gebracht. Über die grundsätzliche Anerkennung des Unbewußten als einer Triebfeder menschlichen Handelns hat sich die moderne Psychotherapie etabliert und legitimiert. Die psychotherapeutische Beziehung installiert einen geschützten Raum, in dem frühere und nur schwer aushaltbare Erlebnisse, die zum Beispiel von tiefer Trauer, ohnmächtiger Wut, Fassungslosigkeit, unmenschlichem Streß und grundlegender Verwirrung begleitet wurden, wiedererinnert und wiederbelebt werden, damit sie integriert werden können. Wenn ein Klient in früher Kindheit ohne sich wehren zu können viel geschlagen wurde, dann muß er seinen Schmerz und seine Wut mit der Zeit verdrängen. Im Erwachsenenalter prägt er nun sich selber gegenüber eine Haltung aus: »Was mich nicht umbringt, macht mich nur härter«, ohne daß der Bezug zu früher ihm bewußt war. Erst im Durcharbeiten kritischer Szenen mit seinem Vater konnte er wieder authentisch seine Schmerzen empfinden und war auch in der Lage, sich in der Vorstellung, gegen die Schläge seines Vaters zur Wehr zu setzen. Diese freigesetzte Energie hat er nun auch in seinem Leben wieder zur Verfügung. Die Erlebnisse selbst und auch die möglichen Reaktionen darauf sind unterdrückt worden.

Die Integration unbewußter Erinnerungen und unterdrückter Resonanzen ist ein Hauptanliegen dynamischer Psychotherapie, doch würden wir das Unbewußte, wie vielfach von der Psychoanalyse proklamiert, nur auf den Bereich der Verdrängungen begrenzen, wäre das zu kurz gegriffen. In diesem Sinne führt Jung aus:

> »Die Inhalte des Unbewußten beschränken sich nach der Freudschen Anschauung auf infantile Tendenzen, die wegen ihres inkompatiblen Charakters verdrängt worden sind. Die Verdrängung ist ein Prozeß, der in der frühen Kindheit unter dem moralischen Einfluß der Umgebung einsetzt und das ganze Leben hindurch anhält. Durch die Analyse werden die Verdrängungen aufgehoben« (Jung, 1971, S. 13).

Aus diesem Grund empfiehlt er uns, die engen Grenzen der Freudschen Konzeption zu verlassen:

> »Dieses so definierte Unbewußte beschreibt einen ungemein schwankenden Tatbestand: alles, was ich weiß, an das ich aber momentan nicht denke; alles, was mir einmal bewußt war, jetzt aber vergessen ist; alles, was von meinen Sinnen wahrgenommen, aber von meinem Bewußtsein nicht beachtet wird; alles, was ich absichts- und aufmerksamkeitslos, das heißt unbewußt fühle, denke, erinnere, will und tue; alles Zukünftige, das sich in mir vorbereitet und später erst zum Bewußtsein kommen wird; all das ist Inhalt des Unbewußten« (ebenda).

Es ist also all das, was im Moment nicht direkt wahrnehmbar, erfaßbar, spürbar und verstehbar ist. Die unbewußten Inhalte sind miteinander und mit dem Bewußtsein subtil und ohne feste Grenzen verknüpft. Sie spielen sich ins Leben hinein und lassen sich zunächst nicht vom Bewußtsein berühren. Die Inhalte können ganz nah sein (vorbewußt), aber auch weit entfernt und bis in die Archive der Phylogenese hineinreichen. Da sie nicht an Zeit und Raum gebunden sind, wirken sie wie feinstoffliche Schwingungsfelder, die sich überall hin ausbreiten und durch Grenzen hindurch diffundieren können. Sie nehmen aber auch Abstrahlungen auf und lassen sie seelisch wirksam werden. Wir kennen die beruhigende Wirkung klassischer Musik auf den Fötus oder die unterschwellig wirksame Werbung.

Die unbewußten Schwingungen sind zwar kognitiv unzugänglich, nicht weil sie uns wesensfremd wären, sondern weil sie implizit und noch nicht aufbereitet sind, also noch nicht ins Licht unserer Aufmerksamkeit gehoben wurden.

Das Unbewußte ist somit kein eigenständiges Wesen oder ein unsichtbar existierender Homunkulus in der Tiefe unserer Seele, sondern es umschließt das Bewußtsein und durchdringt es. Es zeigt sich als konkrete Wirkung auf das Bewußtsein, es ist nicht als ein eigenes Gefäß vorzustellen. Bewußtes und Unbewußtes sind zwei Aspekte eines Bewußtseinsprozesses. Die Bilder von den ineinandergelegten Zwiebelschalen oder von einem Eisberg (die obere Hälfte symbolisiert das Bewußte und die untere Hälfte das Unbewußte) versuchen, dem nahezukommen. Dabei ist zu beachten, daß im Unbewußten nicht nur schreckliche Dinge eingelagert sind, sondern auch Schätze und Ressourcen. Petzold sieht in der Vielfalt des Unbewußten einen Reichtum. In seinen Tiefen fänden sich Schätze, und es lauerten Gefahren. Mit seiner Fülle umfinge es das Bewußte, böte es Boden, Stütze, Sicherung, nicht nur Bedrohung. Diese Perspektive müsse gegenüber der oftmals einseitig negativen Sicht des Unbewußten bei Freud betont werden (vgl. Petzold, 1993). Und weiter oben schreibt er: »Es ist komplex in seinen Manifestationen, pluriform … Sein Sinn ist in unterschiedlichen Feldern verstreut, aus ihm sprechen vielfältige Sprachen, und dennoch ist es dabei nicht zersplittert, sondern durch sich kreuzende Bahnen verbunden« (ebenda, S. 280). Es hinterläßt Spuren im Bewußtsein, es kann phänomenal erschlossen werden, es ist dem Bewußtsein implizit, auch wenn es tief in uns verborgen scheint. In den Phänomenen sind die zugrundeliegenden Strukturen anwesend, so, wie wir eindrucksvoll von der Körpersprache und den Gesten eines Menschen auf sein Wesen blicken können. Unsichtbar können alte Erfahrungen in die Gegenwart hineinwirken, ohne daß klar wird, daß wir alte Muster aufgrund prägender Erlebnisse wiederholen. Chronisches Mißtrauen gegenüber anderen Menschen kann zum Beispiel in frühen Verlassenheitserlebnissen begründet sein. Bei genauerem Hinsehen müssen wir dann im nachhinein oft feststellen, daß es ganz unbegründet war. Aber auch nährende Zustände, eine glücklich durchlebte Zeit im ersten Lebensjahr kann uns eine tief gegründete Sicherheit vermitteln, ohne daß wir uns an Einzelheiten erinnern. Aus einem guten Mutterschoß heraus, getragen von tiefen Vertrauenserfahrungen wachsen wir gegründeter in unserer inneren Mitte. Für C. G. Jung (vgl. 1984) sind unbewußte Inhalte nicht schlechthin unbekannt. Kämen sie zum Bewußtsein, würden sie sich in nichts von den uns bekannten psychischen Inhalten unterscheiden. Sie haben ihre eigene Intelligenz, wie sie sich zeigen und Luft verschaffen. Keine Energie – das betrifft auch die menschliche Seele – geht verloren: Wir wissen aber, daß das Unbewußte nie ruht. Es scheint immer am Werk zu sein; selbst wenn wir schlafen, träumen wir noch. Die unbewußten Inhalte und Formen sind in einem beständigen Prozeß, Tag und Nacht, und sie stehen zum Bewußtsein in einer kompensatorischen Interaktion, die durchaus segensreiche Wirkungen hat: Die unbewußten Vorgänge sind zur Selbstregulierung der Gesamtpsyche außerordentlich wichtig, denn sie gleichen aus, ergänzen und folgen dem Prinzip innerer Homöostase. Über Synchronizitäten greifen sie direkt in das Leben ein. Ein uns allen bekanntes Beispiel: Wir beschäftigen uns mit einem bestimmten Problem, und urplötzlich treffen wir auf einen Menschen, der uns einen Tip gibt, oder wir drehen uns bei einem Stadtbummel »unbewußt« um, weil wir jemandem ausweichen, richten dabei den Blick in das Schaufenster eines Buchladens und sehen dort ein Werk mit dem Titel unseres Problems. Innere Zustände und äußere Gegebenheiten ergänzen sich oftmals sinnvoll und wundersam (Synchronizität), ohne daß wir das bewußt nachvollziehen. Welche charakteristischen Eigenschaften weisen nun unbewußte Zustände auf: Für Dieter Wyss (1982) existieren die unbewußten Inhalte auf eine aperspektivische Weise: Ineinander verflochten, fluktuierend, alogisch, jenseits der gewöhnlichen Denkformen von Zeit und Raum, bisweilen diffus ohne feste Grenzen und symbolisch verdichtet. Es denkt nicht, wie wir denken, sondern es ist eher vergleichbar mit einer künstlerischen Vision. Es ist undeutlich vieldeutig, und verschiedene So-Seinsweisen greifen ineinander. Seine Mentalität ist eher eine instinktive und spontane (vgl. Jung, 1971). In der Tiefenpsychologie werden diese Vorgänge auch als primärprozeßhaft bezeichnet, weil sie sich an keinem exzentrischen Bezugspunkt orientieren. Die verborgene Welt ist ein vieldimensionales implizites Universum. Es tritt auch in Träumen, Phantasien und in spielerischen Räumen potentieller Seinsaspekte in Erscheinung. So können auch ungelebte Lebensentwürfe und verdeckte Ressourcen zugänglich werden, denn nach Wyss (1972) gibt es in diesem System keine Negation und keinen Zweifel. In Zusammenhang mit dem Traumbewußtsein greift Wyss (1988, S. 3) einige Merkmale heraus, die er für charakteristisch hält:

Wyss

> »1. Es ist das Bewußtsein reiner Gegenwart, in der uns z. B. Verstorbene ebenso gegenwärtig erscheinen wie in der Präsenz der Wirklichkeit; 2. es ist ein Erleben ständiger Veränderung von Traumbild zu Traumbild, und 3. zeichnet es sich damit letztlich durch einen Raum der Dauer, des Gegenwartserlebens und der Veränderung ohne spezifische Markierung von Vergangenheit oder Zukunft aus.«

Die unbewußten Inhalte können uns nur dann zugänglich werden, wenn wir zu ihrer Erschließung einen hermeneutischen Weg wählen, denn Unbewußtes läßt sich durch kognitiv-operational ausgerichtete Erkenntnismethoden nicht fassen. Wenn wir es verstehen wollen, müssen wir bereit sein, uns von vielgestaltigen, amorphen, zeittranszendenten und mehrdeutigen Zeichen und Symbolen innerlich bewegen und atmosphärisch berühren zu lassen. Die Sprache des Unbewußten sind Bilder, Stimmungen, Symbole.

Wenn wir unsere Einstellung in dieser Weise zentrieren, dann erfahren wir mehr über unsere Existenz, als uns durch sonstige Selbsterkenntnis zuteil wird. Das Unbewußte enthält also weit mehr als nur sexuelle und aggressive Impulse, sondern auch schöpferische Kräfte, kreative Impulse und ist somit auch eine äußerst fruchtbare Quelle von Inspirationen. Aber nicht nur das: Im weiten Feld unbewußter Inhalte sind auch jene Aspekte der Persönlichkeit beherbergt, die wir gerade nicht leben können, sozusagen die Gegenstücke, die Implikate unserer Alltagspersönlichkeit. Diese müssen wir auf unserem Entwicklungsweg erschließen, um ganz werden zu können. Der Starke muß die Schwäche entdecken, der Rigide die Spontaneität und Kreativität, der Schnelle die Langsamkeit etc.

Ein weiteres Verdienst C. G. Jungs war es, aus der Perspektive der Traumanalyse zu zeigen, daß die Inhalte und Themen nicht nur individueller Natur sind, sondern sich auch symbolhaft auf kollektive Strukturen richten können. Er nennt es das archetypische kollektive Unbewußte. Wir müssen wohl annehmen,

»daß das Unbewußte nicht nur Persönliches, sondern auch Unpersönliches, Kollektives in Form vererbter Kategorien oder Archetypen enthalte. Ich habe daher die Hypothese aufgestellt, daß das Unbewußte, in seinen tieferen Schichten gewissermaßen, relativ belebte, kollektive Inhalte besäße. Ich spreche darum von einem kollektiven Unbewußten« (Jung, 1971, S. 25).

Darin finden sich Motive mythologischer Natur oder allgemeinmenschheitsgeschichtlicher Symbolik; das Weibliche in der Urgestalt der »großen Mutter«, das Männliche in Form des »Kriegers«, »Fruchtbarkeitsbräuche«, »Trauerriten« usw. sind kollektiv immer wiederkehrende Themen der menschlichen Entwicklung. Ihre Bewältigung in den verschiedenen Kulturen steht als kollektives Reservoir dem Individuum zur Verfügung. Daraus kann es Kraft und innere Führung beziehen. Man kann die archetypischen Vorstellungen als bildgewordene psychische Abläufe bezeichnen, als Urmuster menschlicher Verhaltensweisen. Der Archetypus oder die gesammelten Erfahrungen der Menschheit sind immer präsent, auch wenn sie nicht vom Bewußtsein identifiziert werden. Er kann auf verschiedenen Ebenen und in unterschiedlichen Erscheinungsformen auftauchen und sogar unerkannt wirksam sein. Am Archetypus des Selbst wird sich dies weiter unten eindrucksvoll zeigen. Die unbewußten Inhalte gehen über das Persönliche hinaus, sind jedoch in der Person und durch die Person vermittelt. Rupert Sheldrake (1990, 1991, 1996) meint, daß wir von morphogenetischen Feldern umgeben sind, einem allgemein verfügbaren Gedächtnis der Natur, jenseits der üblichen Zeit- und Raum-Koordinaten. In ihnen sind alle Erfahrungen der Natur-, Menschheits- und Kulturgeschichte abgelegt und eingefaltet, wie in einem Hologramm. Wir greifen unbewußt darauf zurück, und in veränderten Bewußtseinszuständen können wir Bruchstücke davon sogar an die Oberfläche transportieren.

»Die Polymorphie und Polyvalenz des Unbewußten mit seinen vielgestaltigen Zeiten, seinem bildhaften Sprachreichtum, seiner Fülle an Symbolen, seiner polytopischen Geographie, seiner Durchmischung von Phylogenetischem und Ontogenetischem, Singulärem und Pluralem, Individuellem und Kollektivem ... enthält Gutes, Schlimmes und Gewaltiges ... aber das sind schon Bewertungen des Ichbewußtseins, Ausdruck von Ängsten, Zensur, die die urtümliche Großartigkeit des Unbewußten entwerten muß, weil sie nicht ausgehalten werden kann« (Petzold, 1993, Bd. 1, S. 311).

Therapeutische Zugänge vor allem für das individuelle und persönliche Unbewußte können über freies Assoziieren, kreative Medien (Malen, Bewegung, szenische Darstellung), Visualisierung, prozeßorientierte Körperarbeit und Awareness-Übungen eröffnet werden. Intensivere Öffnungen, die auch für kollektive, mythologische und mystische Strukturen durchlässig sind, werden dann über Rituale, veränderte Bewußtseinszustände (psychologische und stoffliche Induktion) und Hypnose möglich.

Ken Wilber geht von einem sehr umfassenden Konzept des Unbewußten aus. Das Wort unbewußt sei auf eine Unzahl verschiedener Prozesse anzuwenden, doch ganz allgemein beziehe es sich auf Aspekte des Bewußtseins, die aus irgendeinem Grund unvollständig oder gar nicht wahrgenommen würden, so Wilber (1987). Da er verschiedene Ebenen des Bewußtseins annimmt, die im Laufe einer Entwicklung durchschritten werden, sieht er auch auf jeder Ebene das Unbewußte in einer besonderen Form vertreten, nämlich dann, wenn aufgrund des inneren Entwicklungsstandes bestimmte Inhalte dem Bewußtsein noch ferngehalten werden. Er sieht es als Entwicklungsziel jedes einzelnen Menschen an, mehr und mehr die Grenzen zu öffnen, das heißt für ihn auch mehr und mehr Bewußtheit zu erlangen. Wenn wir in einem Gebirgsort aufwachsen und diesen bis zum 20. Lebensjahr nicht verlassen und auch nichts über andere Länder und Kulturen lesen, oder über Medien erfahren, dann wird es für uns nichts anderes geben. Überschreiten wir nun diese Grenze, erkennen wir plötzlich, daß es nicht nur Berge gibt, sondern auch Meere und Wüsten. So wird mit jeder Reise unser Horizont erweitert, und plötzlich tut sich mehr auf, als wir uns früher überhaupt vorstellen konnten. Die Voraussetzung ist unsere Bereitschaft, den Weg zu gehen und die Grenzen zu überwinden. Jede neue Ebene ist durch einen höheren Grad seelischer Differenziertheit gekennzeichnet, und in jeder neuen Ebene sind alle vorhergegangenen Stufen integriert. Wilbers Bewußtseinsspektrum kann mit einer Stufenleiter verglichen werden. In einem ganz kurzen Überblick möchte ich mich auf die Hauptstufen seines Bewußtseinsentwicklungskonzepts beschränken. Auf der untersten Ebene haben wir uns der Auseinandersetzung mit dem Thema »Persona – Schatten« zu stellen. Mit dem Schatten sind Persönlichkeitsanteile gemeint, die wir an uns selbst ablehnen oder minderwertig erleben. Identifizieren wir uns nicht mit ihnen und bleiben sie unbewußt, dann müssen wir sie in andere Menschen hineinverlagern (Schattenprojektion). Wir identifizieren uns dann nur mit unserer Maske, unserer fassadenhaften Wirkung nach außen. Nachdem wir diesen Teil erkannt, akzeptiert und integriert haben, gelangen wir zur nächsten Stufe, die »Ego-Körper«-Ebene. Dort geht es darum, den Beitrag unseres Leibempfindens, das organismische Gewahrsein, als wichtige Quelle unserer Existenz anzuerkennen und sie nicht auszugrenzen. Gerade in der westlichen Kultur wurde der Körper mehr als Objekt, als Instrument gesehen und wir haben uns mehr und mehr von unserer Grunderfahrung als Leibsubjekt distanziert und entfremdet. Wenn wir uns wieder darauf einlassen, die innere Weisheit des Organismus zu respektieren, können wir uns ganzheitlicher erleben, und der gefühlte Lebensausdruck wird authentischer. Darauf hat die humanistische Psychotherapie besonderen Wert gelegt. Gebaut auf unserem endothymen Grund (vgl. Lersch, 1962), gelingt es uns dann leichter, die nächste Ebene zu integrieren, die existentielle Ebene. Dort fühlen wir uns eingebettet in unsere Umwelt; auch Themen wie Geburt und Tod, Schicksal und Lebenssinn werden uns allmählich wichtig. Davon ausgehend durchschreiten wir die transpersonalen Bänder, in denen wir uns plötzlich als Person nicht mehr abgegrenzt fühlen, sondern offen und verbunden, und kommen zur Auflösung der letzten Grenze, nämlich die Identifikation mit dem Urgrund alles Seins, dem umfassenden geistigen Prinzip. Dort kehren wir zur Einheit zurück und erkennen, daß jede Art von Grenzziehung willkürlicher Natur ist. Wenn wir diese letzte Grenze überschreiten, ist es durchaus nicht so, daß wir nicht mehr in den Alltag zurückkehren, im Gegenteil, es ist ein starker innerer Vorgang, der das normale Leben vertieft und uns ein gutes Gespür dafür vermittelt, welche Prioritäten wir zu setzen haben. Auch daß wir diese innere Weite erfahren dürfen, wird nicht als eigenes Verdienst, sondern als Gnade erfahren, die möglichst vielen Menschen zuteil werden soll.

Da wir auf dieser Ebene mit einer Daseinsweise in Kontakt kommen, die von besonderer Natur ist, soll nun noch ein anderer Begriff zur Bezeichnung eingeführt werden: das Überbewußte. Es kann auch latent und damit unbewußt bleiben, nur sollen hier die Unterschiede zu den gewöhnlichen unbewußten Inhalten herausgehoben werden.

Das Überbewußte – als innere Lichtung

Der Begriff wurde von Scharfetter eingeführt:

»Das Überbewußtsein, auch cosmic, divine, supra-conciousness genannt, ist der Bereich des Bewußtseins, in dem die Personhaftigkeit mit ihrem Bewußtseinszentrum des Ich überschritten ist, gerichtet auf ein Allgemeinsames, Übergeordnetes, Übergreifendes« (Scharfetter, 1994, S. 17).

Das Numinose, das Göttliche, das Heilige wird zwar in den Chiffren (Bildern und Überzeugungen) des zugehörigen spirituellen Weges erlebt, doch gibt es dazu auch begleitende Zustandsbeschreibungen, die kulturunabhängig sind. Die unermeßliche Qualität der Liebe, die nicht zweck- und zielgebunden ist, das tiefe Gefühl der inneren Verbundenheit mit allen Lebewesen, mit der Natur, mit dem Kosmos und mit seinem eigenen inneren Zentrum, die Losgelöstheit von allen Begrenzungen, Wünschen und Dualismen, die Erfahrung einer absoluten Egolosigkeit und der spielerisch-spontane Umgang mit der Alltagswirklichkeit. Diese Erfahrung führt nicht zu einem Abgehobensein oder einer Entrückung, sondern zur Vertiefung und Veredelung des Alltags. In diesem Zustand öffnen auch die Zeit und der Raum ihre Schranken, so daß Gegenwart, Zukunft und Vergangenheit verschmelzen und die örtliche Gebundenheit keine Rolle mehr spielt.

Das Bewußtsein ist klar, zentriert, wach, hell, konzentriert und weit. Aus diesem Grund spricht Petzold auch von Klarbewußtem und in letzter Konsequenz von Nichtbewußtem, weil nur noch die Fülle in der Leere gewahr ist.

»Es handelt sich um ein hyperperzeptives, hyperreflexives Klarbewußtes das mit den Epitheta: luzid, illuminiert, holotrop oder als supramentale Vernunft … bezeichnet werden kann. Damit erfolgt eine Ausdehnung der Lichtung des Bewußtseins, das umgreifender wird und eine Erhellung gewinnt, die auch den Bereich des Vorbewußten umfaßt und bis an die Grenzen des aperzeptiven, areflexiven Bewußtseins reicht« (Petzold, 1993, Bd. 1, S. 258).

Enorme wissenschaftliche Leistungen und außergewöhnliche kreative Impulse werden oft durch diesen Zustand erst möglich, denn unser Erkennen ist dann frei von allen dogmatischen Fesseln und erfaßt gegenwärtig intuitiv das Wesentliche, eine Art phänomenologische Schau, die befreit ist von dem gesamten Ballast, der auf unser Erkennen drückt. Kekulé hat die Ringstruktur des Benzolmoleküls in diesem Zustand entdeckt. Genauso gibt es Träume, in denen wir ganz klar Lebensbotschaften erhalten oder zukünftige Ereignisse voraussehen können.

Die Bewußtwerdung dieser Aspekte in uns ist vergleichbar mit einer zweiten Geburt, der spirituellen Geburt, denn wir erfahren dort, was den

Menschen, den Kosmos im Innersten zusammenhält, und empfinden ein tiefes Zusammengehörigkeitsgefühl in unermeßlicher Liebe und Freude.

Der Zugang zu diesen Erfahrungen ist nicht durch psychologische Methoden möglich, sondern nur durch eine langjährige spirituelle Praxis. Es gibt wohl auch spontane Öffnungen zu dieser Bewußtseinsebene, doch kann sie nur dann aufrechterhalten bleiben, wenn wir durch Übung, Disziplin und Konzentration dies weiterhin kultivieren.

Scharfetter (1994) weist uns noch auf einen wichtigen Aspekt hin, das Überbewußtsein sei natürlich nicht ein Ort, sondern ein Stand der Bewußtseinsentwicklung, etwas was sich ereignen und sich wieder entziehen könne, was nicht Besitz wird. Das Wünschenswerte sei nicht ein Austritt aus dem Tageswachbewußtsein in das Überbewußtsein, sondern die allmähliche Ausdehnung des Bewußtseins mit der Integration immer weiterer Bewußtseinsbereiche.

Horizontale Transzendenz des Bewußtseins

Veränderte Wachbewußtseinszustände (VWB)

Durch die Arbeit und die Auseinandersetzung mit veränderten Wachbewußtseinszuständen (im folgenden immer mit VWB bezeichnet) setzte ich mich als in Forschung und Lehre tätiger Psychotherapeut von vornherein grundsätzlicher Kritik aus. Von gesellschaftspolitischer Seite werden folgende Argumente vorgebracht: Durch das Eintreten in einen VWB wendet man sich von den alltäglichen Pflichten ab, erliegt einem irrationalen Seinsglauben, setzt die durch die Aufklärung gefundenen Werte eines kritischen Rationalismus leichtfertig aufs Spiel und frönt einem apolitischen Subjektivismus. Der Hauptpunkt der Kritik ist wohl, daß durch das Eindringen in tiefere Seinsebenen das technisch-funktionale und wirtschaftliche Interesse nicht mehr so wichtig genommen und einer inneren Prüfung unterzogen wird, denn es ist leicht auszumachen, daß die westliche Welt mit der »Philosophie des Habens« (Erich Fromm) auf Dauer materiell, psychisch und geistig nicht überleben kann. Dittrich versteht die Ablehnung in diesem Sinne, wenn er schreibt:

»Wenn also Leistungsstreben, Askese, Besitz, Profitmaximierung und die Ansicht, daß sich soziale Probleme durch Fortschritte der klassischen Naturwissenschaften und ihrer Technik lösen lassen, zu den Leitwerten der westlichen Kultur gehören, dann ist es auch verständlich, daß die Suche nach VWB um ihrer selbst willen als abweichendes Verhalten klassifiziert und als unheimlich gefährlich, kriminell oder pathologisch betrachtet wird; schließlich sind so gesehen VWB Hemmnisse auf dem Weg zur klaren Rationalität« (Dittrich, 1996, S. 3).

Nicht anders erging es den christlichen Mystikern und Mystikerinnen. Sie führten zeitlebens ein Schattendasein in der offiziellen Kirche. Für Teresa von Avila hatten die inneren Erfahrungen die höchste Autorität und nicht die Amtskirche. Das wurde als Gefährdung der kirchlich-staatlichen Autorität erlebt. Jeder Befreiungsweg löst sich auch von Fremdbestimmung, und das macht den Kontrollinstanzen in der Regel Angst. Ich räume ein, daß die New-Age-Bewegung eine moderne Form selbstherrlicher, totalitärer und unkritischer Auswüchse mit sich gebracht hat, wenn etwa die Astrologie in schablonenhafter Art jede Lebensbewegung vorherbestimmt wissen will, oder wenn mit einem lächelnd arroganten »Du bist halt noch nicht so weit« etwaige Zweifel oder Einwände beantwortet werden. Auch sektiererhaft-autoritäre Zustände, wie sie vor allem in der letzten Phase der Bhagwanbewegung in Oregon erkennbar waren, haben berechtigte Zweifel an der Authentizität und Ehrlichkeit geweckt. Dazu kam natürlich die sich ausweitende Drogenproblematik und die daraus folgende Generalisierung und Kriminalisierung. Die Unterscheidung zwischen betäubenden, narkotisierenden und euphorisch wirkenden Drogen wie Heroin, Morphium, Opium und Kokain sowie der psychoaktiven Drogen wie LSD, Meskalin und MDA konnte nicht aufrechterhalten bleiben. Es ist ein großer Unterschied, ob ein Mensch nicht mehr mit dem Leben fertig wird und dann zu Rauschmitteln greift, um innere Spannungen zu lösen, die Kluft zwischen Ideal- und Real-Selbst zu schließen und Beeinträchtigungen des Selbstwertgefühls zu kompensieren, oder ob durch die Verwendung bewußtseinsverändernder Substanzen eine starke Auseinandersetzung mit psychodynamischen und archetypischen Material erfolgen soll. Die Substanz hat dann therapeutischen Charakter, denn sie wirkt wie ein Katalysator, sie aktiviert psychisch belastendes Material, bringt es ins Bewußtsein und fördert die Integration. Dies ist vor allem wichtig, wenn das Material jenseits der erinnerbaren Erfahrung liegt. So hat Grof in seinen umfangreichen LSD-Sitzungen mit zum Teil psychisch erheblich kranken Klienten gezeigt, daß unter anderem Geburtstraumen, ungesunde pränatale Einflüsse und Belastungen durch kollektive Schattenprojektionen (z. B. Angst vor Dämonen) wiederbelebt und integriert werden konnten. Man muß sich wirklich die Mühe machen, die Spreu vom Weizen zu trennen. Auch das Bedürfnis nach einem tieferen Lebensbezug, nach fundamentaler innerer Transformation, nach neuen Lebenszielen und die Aussicht, wieder ganzheitlicher mit Gesellschaft, Natur und Kosmos zu leben, sind der menschlichen Existenz innewohnende Wünsche und sie können nicht auf Dauer von den materialistischen Werten der modernen Industriegesellschaft verdrängt werden. Narkotisierende Rauschmittel blenden aus, betäuben und machen süchtig. Die Sucht kann in vielfältiger Weise den Lebensimpuls zum Verwelken bringen, durch abhängigmachende Substanzen oder durch entfremdete Lebensstrategien (Eßsucht, Arbeitssucht, Sexsucht). Dies sind die schmerzlichen Ergebnisse einer kollektiven Entfremdung der Industrienationen, die der Leistungs- und Wohlstandsdruck hervorgebracht hat. Die Sucht ist ein abgelenkter Pfeil der Entwicklung, der nicht adäquat berücksichtigte Impuls zur Suche nach den inneren Werten, zur Suche nach dem Sinn des Lebens. Wenn das erkannt wird, kann es zu einer großen Wende kommen.

Die Kritik aus psychologischen und medizinischen Fachkreisen ist vielfältig: VWB labilisieren die Psyche und führen zu Dekompensationen. Daraus können irreparable Schäden, wie dauerhafte Angstzustände, psychotische Episoden, Ich-Auflösung und Lebensuntüchtigkeit entstehen. Des weiteren heben Menschen mit häufigen VWB ab, sie sind nicht mehr im Lebensalltag verwurzelt und erleiden soziale Einbußen im Beruf und im Familienleben. Sie entfremden sich zunehmend von den normalen Lebensbezügen. VWB induzieren Regression und verkaufen illusionäre Verschmelzungsphantasien als Gotteserfahrungen. Frühgeschädigte, Suchtgefährdete und psychisch kranke Menschen vermeiden gern eine realitätsbezogene psychotherapeutische Arbeit und sind fasziniert von dem inneren Schauspiel außergewöhnlicher Erlebnisse, weil sie so am besten die innere Leere kompensieren können, ohne sich anstrengen zu müssen. Diese und noch andere Argumente haben zunächst zu einer radikalen Ablehnung geführt. Das rationale Wachbewußtsein wurde zur Norm erhoben und jede Abweichung psychopathologisch interpretiert. Die Jugend der späten sechziger Jahre kümmerte sich nicht um diese Bedenken, sondern suchte radikal nach neuen Wahrheiten. Sie vertiefte sich in die fernöstlichen Philosophien und Meditationspraktiken, besuchte nord- und südamerikanische Schamanen, experimentierte mit bewußtseinsverändernden Drogen. Dies führte jedoch auch dazu, daß in letzten Jahren mehr und mehr ernsthaft suchende Psychiater und Psychotherapeuten über das fundamentale Heilungspotential und über intensiv kathartisch wirkende psychodynamische Prozesse mit Hilfe von VWB berichteten und zu einer differenzierteren Herangehensweise an diese potentiellen Wachstumskatalysatoren rieten. Überdies haben wir uns immer wieder vor Augen zu führen, daß VWB für viele Menschen in der außerwestlichen Welt eine institutionalisierte Form von Heilungsritualen, von Selbsterforschung und Bewußtseinsentwicklung darstellen. Die Verbreitung der Institutionalisierung von VWB in verschiedenen Kulturen wurde von Bourguignon (in: Dittrich, 1996) untersucht: »Danach sind also in 90 % der untersuchten Kulturen VWB institutionalisiert. Der geringste Prozentsatz findet sich bei den Völkern des Mittelmeerraumes und der höchste bei den nordamerikanischen Indianern.« (ebenda, S. 5). Sie kommt zu folgender Schlußfolgerung (ebenda, S. 6):

»Auffallend ist, daß neunzig Prozent unserer untersuchten Gesellschaften institutionalisierte Formen von veränderten Bewußtseinszuständen kennen und das legt in der Tat nahe, daß wir es mit einem wichtigen Thema zu tun haben und nicht mit einer oberflächlichen anthropologischen Esoterik. Es ist klar, daß es sich um eine psychobiologische Fähigkeit handelt, die allen Gesellschaften zur Verfügung steht und auch von der überwiegenden Mehrzahl in der je eigenen Art, vor allem spirituell, genützt wird.«

Weshalb sind in diesen Kulturen Riten, Trancezustände und Techniken zur Induzierung von VWB so weit verbreitet? Priester, Schamanen und Zeremonienmeister genossen hohes Ansehen. Sie repräsentierten die Verbindung zwischen Himmel und Erde. Sie waren und sind Heiler, Begleiter und geistige Lehrer. Die ritualisierten und institutionalisierten VWB dienen zur Wiederherstellung einer inneren Balance zwischen Körper, Seele, Geist, Gesellschaft, Natur und Kosmos. Durch Beschwören von Heilkräften, Reinigung von dämonischer Besessenheit, Läuterung von Schuld werden in Unordnung geratene Systeme (Krankheiten) gelöst und neu geordnet. Ritualisierte VWB beleben ausdrucksvoll kollektive Archetypen, wie Schattenaspekte, das Weibliche, das Männliche, und integrieren sie in der Einzelseele. Übergänge der menschlichen Entwicklung (Geburt, Pubertät, Erwachsenwerden, Alter, Tod) werden durch VWB in einer kraftvollen Weise verankert. VBW sind auch religiös motiviert, sie ermöglichen Begegnung mit dem Göttlichen in den Chiffren der jeweiligen Kulturen und bieten in integrierender Weise eine Auseinandersetzung mit dem Guten und dem Bösen. Sie führen zu einer Auflösung von Dualität (Polaritäten) und zu einer intensiven Konfrontation und Transformation von Ego-Phänomenen. Auch eine fruchtbare Sterbebegleitung sieht den Tod auf diesem Hintergrund als spirituelles Wandlungsphänomen. VWB sind psycho-hygienisch, sozialintegrativ, archetypisch-mythologisch, existenziell-transformativ und spirituell-mystisch. Sie entsprechen dem religiösen Grundbedürfnis des Menschen, das gewöhnliche Dasein zu vertiefen und zu transzendieren. Sie unterstützen eine Visions- und Sinnsuche. Diese Anliegen wurden in unserer Kultur von den materialistischen Werten verdrängt, so daß viele Menschen spirituell ausgehungert sind, oft in entfremdeter Form quer durch alle Kulturen diese Reise aufnehmen möchten (spiritueller Materialismus) und wahllos Seminare besuchen, unvorbereitet Drogen nehmen und alte Mysterienkulte imitieren.

Der VWB ist in diesen von Bourguignon untersuchten Kulturen in den Alltag integriert. Zu festgelegten Zeiten und getragen von sorgfältig durchgeführten Ritualen konnten die Adepten, mit Achtung und Wertschätzung, ihre Reisen ans andere Ufer antreten. Nach ihrer Rückkehr wurden sie willkommen geheißen und sie konnten ihre Erfahrungen im Beisein von ausgewählten geistigen Führern besprechen und integrieren. Der VWB war sozial anerkannt und fester Bestandteil des gesellschaftlichen Lebens.

Da mutet es wie eine kaum zu überbietende Arroganz an, wenn wir uns vorstellen, daß man Millionen von Menschen nach konservativ-psychiatrischen Kriterien eigentlich als auffällig bezeichnen müßte. Aus diesem Grunde soll auch die vorliegende Untersuchung zu mehr Respekt und Achtsamkeit beitragen, gesellschaftlich und wissenschaftlich. Erlauben Sie mir eine Utopie: Es wäre schön, wenn auch in unserer Gesellschaft kundige Pioniere des Bewußtseins, »agents of transformation«, ohne soziale Ächtung ihre Arbeit aufnehmen könnten. Sie würden Menschen rücksichtsvoll und mit starker Hand in die Grenzbereiche führen, die sich einstellenden intensiven Stimmungen, Bilder, Geräusche, Szenen und Körperempfindungen behutsam begleiten und nachher im weiterführenden Gespräch einfühlsam aufarbeiten. Dann müßten nicht mehr spontan auftretende VWB wie Nahtodeserfahrungen, Visionen, Kundalinierscheinungen und Jenseitsreisen geheimgehalten werden, aus Angst, von anderen Menschen für verrückt gehalten zu werden.

Im folgenden will ich die wichtigsten Arbeiten über VWB skizzieren und neben allgemeinen ätiologieunabhängigen Merkmalen auch der Frage nachgehen, welche unterschiedlichen Auswirkungen die Anwendung stofflich induzierter VWB gegenüber psychologisch hervorgerufenen VWB haben könnten und inwiefern sich das mystische Erleben nach langjähriger spiritueller Praxis (vertikale Transzendenz des Bewußtseins) von den beiden erstgenannten Möglichkeiten abhebt.

In den verschiedenen Berichten über veränderte Bewußtseinszustände begegnen uns folgende Metaphern: Jenseitsreisen, Seelenflug, Anderswelt, Visionen, Bewußtseinsreisen, Trance, Astralreisen, vierte Dimension, Traumzeit, imaginäre Gebiete, Multiversum, kosmische Reisen und Ekstase. Wir betreten in diesen Vergleichen ein Gebiet, ein Land, ein Energiefeld, das uns gewöhnlich verborgen ist und in der Regel Faszination, Unsicherheit und Angst hervorruft. Für diese Reisen gibt es Fährleute, die den Weg ans andere Ufer unterstützen. Es sind Schamanen, Weise, Yogis und Therapeuten. Ein verändertes Bewußtsein, das die Auflösung der gewohnten Denkmuster und Vorstellungen mit sich bringt, öffnet den Blick in eine andere Welt, in eine andere Dimension.

Da der Sachverhalt sich äußerst komplex darstellt, sollen einige Strukturlinien zum besseren Verständnis gezogen werden. Vom Alltagserleben herkommend begegnen uns täglich zwei unterschiedliche Bewußtseinszustände: Das Wachbewußtsein und das Schlafbewußtsein. In Träumen können wir uns Wünsche erfüllen, schreckliche Situationen nochmals durch erleben, unerledigte Tagesgeschäfte zu Ende bringen, Probleme behandeln, das nicht gelebte Leben ausleben, zukünftige Ereignisse vorhersehen und vieles mehr. Sie sind offener, weicher, flexibler und dadurch nicht durch die harten Daten der Realität begrenzt. Dann kennen wir auch Menschen, die aufgrund von Hirnverletzungen oder psychischer Krankheiten auffällig im Denken, Fühlen und Verhalten sind. Sie sprechen wirres Zeug, hören Stimmen, die ihr Tun kommentieren, haben optische und visuelle Halluzinationen. Wir hören aber auch von seltsamen Erfahrungen, wie außerkörperlichen Erlebnissen in Nahtodeszuständen, engen Kontakten mit mythologischen oder heiligen Figuren, Déjà-vu-Erlebnissen, Hellsichten und Zukunftsvisionen. Menschen in Hypnose können sich plötzlich an die Geburt oder an frühere Umstände erinnern, die sonst tief im Reich des Unbewußten verschüttet blieben. Der Alltag lehrt uns auch, daß wir in einem tief entspannten und gleichzeitig konzentrierten Zustand komplexe Probleme leichter bewältigen können, weil wir dann offener für Intuitionen sind. Die Forschungen über Superlearning im Zustand des Gehirns liefern weitere Fakten, daß VWB sehr produktiv sein können. Dies sind zwar nur graduelle Unterschiede zum NWB, doch zeigen sie eine lohnenswerte und für den Menschen brauchbare Forschungsrichtung an.

Im folgenden soll Dittrichs (1996, S. 2) Typologie von Bewußtseinszuständen graphisch skizziert und für unseren Gebrauch abgeändert (Einfügung von »spontan auftretenden Bewußtseinszuständen« und Ersetzung der »aufgezwungenen Bewußtseinszustände« durch »krankhaft veränderte Bewußtseinszustände«) werden:

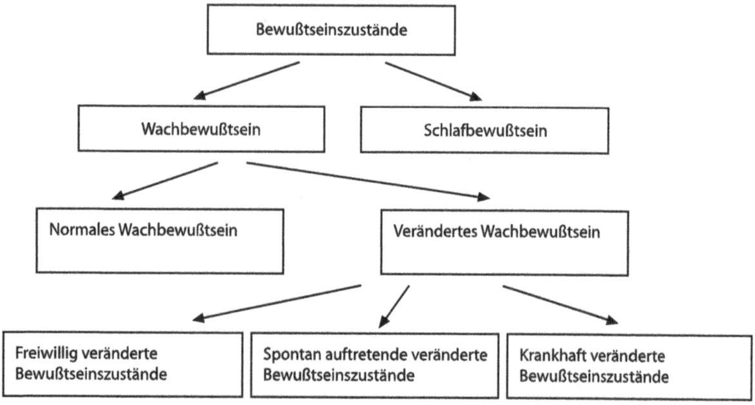

Die durch Krankheit induzierten VWB werden nur andeutungsweise behandelt, weil es dazu ein umfangreiches Werk psychopathologischer Forschung gibt.

Für Charles Tart (1969, 1978, 1985, 1986) ist Bewußtseinszustand das Gesamtset an Funktionen und Interaktionen psychologischer und neuronaler Prozesse, die im Zusammenwirken mit den Interozeptoren und Exterozeptoren der Informationsverarbeitung dienen. Dazu gehören: Kognitionen, Emotionen, Wahrnehmungen, Empfindungen, Aufmerksamkeit, Gedächtnis, Visualisierung, Raum-Zeit-Gefühl, Identität, Wertung und Entscheidungsfindung. »Allgemein wird ein Bewußtseinszustand … nicht nach einem bestimmten Bewußtseinsinhalt oder nach spezifischen Verhaltensänderungen definiert, sondern gemäß der Gesamtstruktur des psychischen Geschehens« (Tart, 1985, S. 228). Ralph Metzner bezieht sich auf diese Grundaussage in der Definition eines veränderten Bewußtseinszustandes:

»Ein Bewußtseinszustand kann dann als verändert bezeichnet werden, wenn seine wesentlichen Funktionen und Elemente, für eine bestimmte Zeit, signifikant vom Normalzustand abweichen.« (Metzner, 1989, S. 331)

Die Beeinflussung eines Elements kann nach der Systemtheorie Veränderungen im Gesamtsystem nach sich ziehen. Dazu muß immer wieder betont werden, daß die Konzeptionalisierung von Struktur und Inhalt dessen, was als »normaler Bewußtseinszustand« gilt, abhängig von der jeweiligen Kultur ist:

»Dieser normale Zustand ist kulturabhängig; wir lernen, durch Konditionierung und Prägung, was die normal erwarteten und übereinstimmend gültigen Erfahrungen in unserer Kultur sind. Daher schlage ich vor, diesen Grundzustand als Konsensus Bewußtsein zu bezeichnen, was beinhaltet, daß verschiedene Kulturen zu verschiedenen Bereichen von Bewußtseinszuständen und -ebenen Zugang haben« (ebenda).

Analog zum Paradigmenwechsel in der Wissenschaft können der Normal- und der veränderte Bewußtseinszustand als zwei unterschiedliche Paradigmen aufgefaßt werden. Zum Beispiel kann ein Psychiater auf dem Hintergrund des klassischen Wissenschaftsparadigmas die Vision eines Schamanen als optische Halluzination eines psychotischen Prozesses mißverstehen. Nur wenn wir uns auf das andere Paradigma einlassen, können wir sinnvoll begreifen, welche Prozesse sich ereignen und wie wir sie deuten können. Aber nicht nur die gesellschaftliche Einordnung spielt eine Rolle, denn auch von Mensch zu Mensch können Unterschiede in der Einordnung wirksam werden. Nach Tart (1978) bedeutet das beispielsweise, daß A in seinem gewöhnlichen Bewußtseinszustand etwas erleben kann, aber B in eben diesem nicht, wie sehr er sich auch darum bemühen mag. Das könne dazu führen, daß B glaubt, A sei geistig nicht normal, allzu phantasievoll oder einfach ein Lügner, oder daß B sich A unterlegen fühlt. Betrachtet A umgekehrt B als

Muster an Normalität, dann könne es durchaus passieren, daß er sich selbst für einen Außenseiter oder unnormal hält. Manchmal mag B in der Lage sein, in einen veränderten Bewußtseinszustand einzutreten und in ihm Dinge zu erleben, von denen A berichtet hat, er habe sie in seinem gewöhnlichen Bewußtseinszustand erlebt. In diesem Fall gehöre ein Bereich des Erkennens und Erlebens, der für A durchaus gewöhnlich ist, für B zu einem veränderten Bewußtseinszustand. Umgekehrt könnten einige Erlebnisse, die B in einem spezifischen veränderten Bewußtseinszustand gehabt hat, für A in seinem gewöhnlichen Bewußtseinszustand unerreichbar bleiben.

Wie daraus ersichtlich wird, bleiben der Umgang und die Auseinandersetzung mit Bewußtseinszuständen in allgemeiner und individueller Hinsicht immer relativ und sind erheblichen Fehlerquellen ausgesetzt.

Es ist sinnvoll für die weitere Untersuchung Bewußtseinszustand von Bewußtseinsstufe zu unterscheiden. Während der durch Induktion veränderte Bewußtseinszustand eine bestimmte Dauer hat, um dann wieder in den Normalzustand zurückzukehren, ist mit Bewußtseinsstufe eine dauerhafte Bewußtseinsentwicklung gemeint, die durch eine langjährige spirituelle Praxis erreicht wird. Kurzzeitige Öffnungen für höhere Bewußtseinsstufen kann auch im VBW auftreten. Das höhere Bewußtsein umfaßt auch Phänomene des VBW, doch leben zum Beispiel Zen-Meister, deren Bewußtsein hochentwickelt ist, fest im Alltagsbewußtsein verankert. Sie halten sich spielerisch und gleichzeitig in zwei Welten auf.

Veränderter Bewußtseinszustand

Veränderung der psychischen Funktionen für eine bestimmte Zeit ... durch

Induziert ... Spontan ... Pathologisch

Außergewöhnliche Bewußtseinseigenschaften

Besondere Eigenschaften wie Phänomene der außersinnlichen Wahrnehmung (ASW)

Höhere Bewußtseinsstufen

Dauerhafte Entwicklung mittels einer spirituellen Praxis ... Kann die beiden anderen Kategorien einschließen ...

In einem nächsten Schritt werde ich etwas detaillierter auf den freiwillig hervorgerufenen veränderten Wachbewußtseinszustand (VWB) eingehen. Es wurde schon erwähnt, daß ein wesentliches Merkmal die vorübergehende Dauer ist. Praktisch alle Völker kennen veränderte Bewußtseinszustände und verfügen über eine Technologie, diese auszulösen bzw. zu steuern.

Kulturübergreifend können die Auslöser (Trigger) in folgende Hauptbereiche zusammengefaßt werden (vgl. Walsh, 1992; Dittrich, 1996 und Rätsch, 1997).

Psychoaktive Substanzen oder Pflanzen
Dazu gehören Halluzinogene wie LSD, Meskalin und MDMA, wie sie häufig in den westlichen Subkulturen und in der psycholytischen Therapie nach Leuner verwendet werden. In Sibirien galt der Pilz Amanita muscaria als die bevorzugte Substanz. In den schamanischen Kulturen Lateinamerikas sind Peyote und Yage (Ayahuasca) die stärksten und bekanntesten Psychedelika. Ihre Wirkung hält in der Regel einige Stunden an. Der Vorgang kann nur durch Beruhigungsmittel oder Neuroleptika unterbrochen werden.

Psychologische Stimulation
Dies ist in einem erweiterten Sinn zu verstehen, denn die Beeinflussung erfolgt durch Techniken, die leiblich, psychologisch, sozial und geistig wirken. Von der Psychosomatik her ist natürlich auch bekannt, daß jedwede psychische Einflußnahme auch körperliche Veränderungen nach sich zieht, wie auch umgekehrt. Des weiteren unterscheiden sich psychologisch evozierte VWB, daß sie organischer in das Gesamtsystem hineinspielen und die Dauer weitgehend von der Einstellung und der inneren Bereitschaft abhängig ist. Die Wirkung kann durch die innere Auslösung graduell weniger intensiv sein, und es kann eine längere Einübung erfordern, bis sie zu den gewünschten Resultaten führen, weil die Abwehrmechanismen gegenüber belastendem Material etwas besser funktionieren. Die Stimulationstiefe ist leichter zu kontrollieren und eine Rückholung in den NWB bei auftretenden Schwierigkeiten schneller möglich. Intensität, Dauer und Wirkung werden durch die innere Weisheit mit geregelt. Das mitlaufende beobachtende Ich ist stärker konturiert und kann in bedrohlich empfundenen Situationen eher eine Kommunikation mit der Außenwelt einleiten.

Häufig angewendete Interventionen und Techniken
Zwei Richtungen lassen sich unterscheiden: Unterstimulation und Überstimulation. Die Unterstimulation, die Herabsetzung der Intensität und Variabilität des Wahrnehmungsfeldes geht von der Annahme aus, daß Monotonie, Abgeschiedenheit und die innere Zentrierung auf wenige Wahrnehmungsobjekte Visionen hervorrufen und die innere Beziehung zu einem höheren Selbst fördern. Meditationstechniken (Buddhismus) und Versenkungsgebete (Christentum), Verlangsamung der Atmung, Pranayama-Übungen (Yoga), das Einnehmen bestimmter Körperhaltungen (Trancepositionen), Singen von Mantren (Hinduismus), hypnotische und suggestive

Verfahren, Fasten, die Konzentration auf bestimmte Gegenstände (Meditationsbilder, Kraftobjekte) und ähnliches würden zu diesem Bereich zählen.

Die Überstimulation möchte durch eine »Reizüberflutung« die Schemata des NWB aufbrechen und die Abwehrkräfte des Ichs ausschalten, um so in einen tranceartigen Zustand zu kommen. Folgende Methoden können dazu genannt werden: rhythmische Stimulation, wie sie bei Stammesriten in Afrika vorkommt (Trommeln, Rasseln, Tanzen, Singen), Schlafentzug, Schwitzkuren, Beschleunigung des Atems (Hyperventilation, holotropes Atmen, Rebirthing) und evokative Musik. Versuche mit brainmachines (Lichtblitze, akustische Reize usw.) ergaben ähnliche Erfahrungen.

Grundsätzlich ist zu sagen, daß jede Reise in einen veränderten Bewußtseinszustand in einen liebevollen und achtsamen Rahmen eingebettet sein soll. Sorgfältige Vorbereitung, achtsame Durchführung und ausführliche Nachbereitung sollten Grundvoraussetzung sein. Während der Durchführung sollten Störungen von außen möglichst vermieden werden und durchgängige Anwesenheit der Begleiter garantiert sein.

Da es in dieser Untersuchung zu weit gehen würde, eine genaue Differenzierung der Erfahrung mit einzelnen Induktionstechniken herauszuarbeiten, soll einerseits auf die Arbeiten von Dittrich, Rätsch, Tart, Walsh und Ludwig verwiesen, andererseits die literarisch und empirisch ermittelten Tiefenstrukturen, die ganz allgemein zu beobachten sind, ausgeführt werden. Die Inhalte, die sich in diesen Strukturen spiegeln, sollen später beleuchtet werden.

Ludwig (1966 und in: Helg, 2000) hat in einer bahnbrechenden Literaturarbeit verschiedene Kulturen und deren Bewußtseinstechnologie miteinander verglichen und ausführlich beschrieben. Er kommt zu dem Schluß, daß folgende Merkmale immer wieder auftreten, unabhängig von ihrem Auslöser:

Veränderungen des Denkens und der Konzentration; Veränderung der Wahrnehmung wie Visionen, Halluzinationen und Illusionen; Sinneseindrücke werden besonders intensiv empfunden; das Körperschema verändert sich, vielfältige Phänomene in bezug auf die Körperwahrnehmung treten auf; Gefühl des Verlusts der Selbstkontrolle tritt auf, was entweder Angst und Depression oder aber Gefühle von Glück und Ekstase auslösen kann; das Bedeutungserleben ist stark verändert, es kann zu Momenten tiefer Einsicht und grundlegenden Verstehens kommen; VWB sind nur schwer vermittelbar, und die Kommunikation mit Menschen, denen entsprechende Erfahrungen fehlen, ist sehr schwierig; das Zeiterleben verändert sich; nach einem VBW kann ein Gefühl der Verjüngung, des Neugeborenseins auftreten; die Suggestibilität ist erhöht.

Dittrich (1996) machte sich nun daran, diese Merkmale in einer Varianzanalyse nach dem Persönlichkeitsstrukturmodell von Cattell und Eysenck empirisch zu untersuchen. Er fand drei Aspekte, die statistisch signifikant sind. Diese sollen dargestellt und aufgrund meiner eigenen Erfahrungen erläutert werden:

1. Ozeanische Selbstentgrenzung: Dieser Begriff ist ähnlich dem Einheitserleben in der mystischen Erfahrung. Er zieht deshalb auch zur näheren Erläuterung die Kategorien der mystischen Erfahrung nach Stace (1961) und Pahnke (1972) heran, die er als damit vergleichbar halte: Einheit, Transzendenz von Raum und Zeit, tief empfundene positive Stimmung, Gefühl der Heiligkeit, Objektivität und Realität, Paradoxie, angebliche Unaussprechlichkeit, Flüchtigkeit und anhaltende positive Veränderung in Einstellung und Verhalten.
2. Angstvolle Ichauflösung: Jede Auflösung und Veränderung des Ich-Zustandes ist auch stark angstbesetzt, weil der vertraute Boden, auf dem ich mich wiedererkenne, wankt. Mein Ich hat auch die Kontrolle verloren, und es kann sein, daß ich mich dem Prozeß ohnmächtig ausgesetzt fühle. Es ist auch möglich, daß ich mich isoliert, abgespalten erlebe und meine Umwelt von mir in meinem Erleben abrückt oder daß sie mich bedroht. Unter stofflichen Einfluß kann sich ein Gefühl einstellen, daß es nie wieder aufhört und ich in diesem Zustand steckenbleibe.
3. Visionäre Umstrukturierung: Es treten optische, akustische und haptische Veränderungen auf, die visionär, aber auch halluzinatorisch sein können. Alle Eindrücke konfigurieren sich zu einem für den einzelnen bedeutsamen Gesamterleben. Auch das Bedeutungserleben von äußeren Gegenständen ist verändert und die Vorstellungstätigkeit intensiviert.

Zur Kategorie 1 ist noch zu erwähnen, daß die mögliche mystische Erfahrung gewöhnlich nicht dauerhaft verfügbar bleibt. Wahrscheinlich deshalb, weil nur eine Öffnung im VWB erfolgt ist, der die langjährigen inneren spirituellen Übungen und die Verarbeitung durch einen spirituellen Hintergrund fehlten. Leicht werden dann transzendente Öffnungen auf ein visuelles und akustisches Schauspiel reduziert. Die Erfahrung religiöser Zustände bewirkt nicht automatisch eine religiöse Einstellung und Lebenshaltung. Diese ist aber notwendig, um die mystische Einheit als Qualität zu erhalten: »Drogen können zu religiösen Erfahrungen führen, ob auch zu einer religiösen Lebensführung, steht auf einem anderen Blatt« (Walsh, 1992, S. 215).

Eine vorübergehende radikale Öffnung durch induzierte VWB kann besonders bei stark kontrollierten Menschen zu einer segensreichen Veränderung der Lebenswerte beitragen und das Leben grundsätzlich verändern.

Die Gefahr der VWB liegt in einer möglichen Verstrickung emotionaler Probleme mit kollektiven und mystischen Strukturen.

Walsh (1992) sieht in seinem Prozeßverlaufsmodell folgende Schritte bei der Induzierung eines VWB: Auf einen Ausgangszustand (Normalwachbewußtsein) wirken destabilisierende Kräfte (Interventionen), die zu einer Destabilisierung führen. Im weiteren Verlauf gestaltet sich durch Formierungskräfte der veränderte Zustand und mündet in einem neu strukturierten Endzustand.

Der holotrope Bewußtseinszustand wurde weiter vorne detailliert dargestellt. Hier soll nun die Schamanenreise als ein weiteres Beispiel von VWB erläutert werden.

Die Schamanenreise und der schamanische Bewußtseinszustand

Mit Schamanismus wird eine Bewußtseinstechnologie beschrieben, die sich über die Jahrhunderte hinweg herausgebildet hat und besonders unter den eingeborenen Völkern Nord- und Südamerikas, Sibiriens und Nordeuropa (Sarnen, Tungusen, Jakuten), in Ost- und Zentralasien (Tibet, Mongolei, China, Korea) sowie in australischen und afrikanischen Stämmen zu finden ist. Harner (1999) weist auf signifikante Gemeinsamkeiten hin, etwas sehr Merkwürdiges in schamanischen Berichten und Methoden bestehe darin, daß sie in weit voneinander entfernten und abgetrennten Teilen unseres Planeten sehr ähnlich sind.

Das Wort Schamane bedeutet im Tungusischen (shaman) ganz allgemein »Wissender«, in der Ableitung von samarambi (Mandschurei) »außer sich geraten«, im Vedischen sram »wissend und erhitzt« (bezieht sich wahrscheinlich auf die Trance und die Ekstase), in einem chinesischen Verständnis »buddhistischer Mönch«, bei den Inuit (Eskimos) und bei den Indianern ist es ein Medium mit hoher Autorität, das sich durch rhythmisches Trommeln in Trance versetzt und Bewußtseinsreisen unternimmt (Campbell, 1983). Die Trommel ist unser Pferd, sagen die Jakuten, die uns durch die verschiedenen Welten trägt. Dem Schamanen wird die Begabung zugesprochen, mittels bestimmter Kulthandlungen und Techniken in ein breites Spektrum veränderter Bewußtseinszustände einzutreten. Für Eliade (1991) sind Schamanen »Techniker des Heiligen«, und der Anthropologe Joseph Campbell beschreibt ihn folgendermaßen:

»Der Schamane ist eine besonderer Art von Medizinmann, der durch seine Kräfte Krankheiten verursachen und heilen, mit der jenseitigen Welt kommunizieren, die Zukunft voraussehen kann; es wird auch geglaubt, daß er, durch visionären Kontakt mit den Geistwesen, sowohl das Wetter als auch die Bewegungen von Krafttieren beeinflussen kann« (Campbell, 1983, S. 156).

Winkelmann (in: Villoldo, Krippner, 1986), der mehr als 47 schamanische Gesellschaften untersucht hat, sieht den Schamanen je nach Kultur in unterschiedlichen Rollen: als Heiler, Hexer, Priester, Wahrsager, Visionär oder Medium.

Der Schamanismus ist nicht Religion, sondern lebt in der jeweiligen Religion des Kulturkreises. Diese bietet dem Schamanismus die Rahmenbedingungen für die je spezifische Kosmologie, denn nicht die Erfahrungen ändern sich, sondern deren Interpretation. Das zentrale Anliegen des Schamanismus ist es, den Menschen in die »andere Welt«, die »jenseitige Dimension des Bewußtseins«, in die Welt der »Geister und des Feinstofflichen« zu führen oder selbst auf diesen Reisen Erkenntnisse einzuholen. So ist der Schamane ein Reisender und Reisebegleiter in veränderte Bewußtseinszustände.

Trotz der Vielfalt der schamanischen Reisen und Bewußtseinszustände ließen sich nach Passie (1998) einige immer wiederkehrende Themenkomplexe innerhalb dieser Erfahrungswelten mit erstaunlicher Gleichförmigkeit weltweit nachweisen: Weltenschichtung in Ober- und Unterwelt, Zerstückelungsvisionen, Seelenflug, Gottesanflehung, Ahnenkontakte, sowie die Verbindung zu Pflanzen- und Tiergeistern. Durch den Schamanen kann sich auch die geistige Welt Gehör verschaffen, in diesem Sinne ist er auch Medium. Sein tiefster Wunsch ist es, wieder Ordnung zu schaffen und die aus den Fugen geratenen Gleichgewichte wieder herzustellen. Eliade (1991) bemerkt dazu, der Schamane sei Heiler, Vermittler zwischen Menschen und mythischen Wesen und erfülle noch viele andere wichtige Funktionen im religiösen Leben seines Volkes – z. B. als Geleiter der Totenseele ins Jenseits. Für Halifax sind Schamanen »Heiler, Seher und Visionäre, die den Tod bezwungen haben. Sie stehen mit der Welt der Götter und Geister in Verbindung. Sie können ihren Körper zurücklassen, um in außerirdische Bereiche zu reisen« (Halifax, 1999, S. 11 f.). Dem Schamanen werden außergewöhnliche Fähigkeiten zugeschrieben, und seiner Berufung für diese Funktion gingen in der Regel umfangreiche Initiationsriten, schwere persönliche Krisen und eine lange Ausbildung bei älteren Schamanen voraus, in der er selbst geprüft wurde und große Hindernisse überwinden mußte. Die Konfrontation mit dem Tod, mit schwerer Krankheit und mit tiefen menschlichem Leid sind oft die Voraussetzung für die furchtlose Begegnung mit übernatürlichen Kräften und die Bereitschaft, Schwellen zu überschreiten. Der Hintergrund dafür sind Transformation für höhere Aufgaben, Auflösung der alten Struktur und Zusammensetzung der Persönlichkeit in neuer Form. Für Rosenbohm ist die persönliche Begegnung mit dem Tod für den Schamanen ein wichtiges und weit verbreitetes Motiv:

»In den Visionen zerrissen und zerstückelten die Geister seinen Körper, fraßen sein Fleisch, untersuchten ihn auf seine Schamanentauglichkeit und setzten ihn neu zusammen. Deshalb findet man auf vielen Schamanentrachten oft Skelettdarstellungen, die auf die Meisterung dieser gefahrvollen Erlebnisse verweisen« (Rosenbohm, 2000, S. 48).

Halifax (1999) hat herausgefunden, daß die Visionen von Zerhackt-, Zerteilt- und Verschlungenwerden ebenso wie das Abschaben des Fleisches von den Knochen, das Ausreißen der Augen und das Verstreuen sämtlicher Organe ein Symbol der Opferung für die »große Aufgabe« darstellt: »Schamanen, die sich der großen Aufgabe geopfert haben und zum Sakrament für die Geistkräfte geworden sind, erlernen die Kunst des Sterbens und erlangen von den Geistern, die ihr Fleisch verzehrt haben, das Wissen, besondere Krankheiten zu heilen« (Halifax, 1999, S. 24). Das Hinabsteigen in die Hölle und das Auffahren in den Himmel sind archetypische Bilder, die bei Dante mit der Befreiung der Seelen assoziiert ist.

Das bewußte Annehmen des persönlichen Schicksals und gezielt induzierte Grenzerfahrungen wie Visionssuche, einsames Überleben in der Wildnis und umfassende Bewußtseinsreisen sind für die Ausbildung zum Schamanen unerläßlich. Nur eine charakterlich starke Persönlichkeit ist in der Lage, die Rituale zu führen, sie gemäß der Tradition vorzubereiten und eine gegenüber den kosmischen Kräften bescheidene und wahrhaftige Haltung einzunehmen. Sie ist für jede Art von Experimenten im veränderten Bewußtseinszustand unentbehrlich, damit unter dem Schutz einer stabilen und vertrauensvollen inneren Führung die gewohnte Welt verlassen und eine Öffnung für das Reich des Unerklärlichen erfolgen kann. Der sich wiederholende Ritus baut nach Sheldrake ein starkes morphogenetisches Feld auf, das über Zeit- und Raumgrenzen hinweg das geheime Wissen der Schamanen implizit zur Verfügung stellt. Außerdem trägt ein öffnender und zentrierender Ritus entscheidend zu einem guten Prozeßablauf bei. Wenn dies nicht genügend beachtet wird, besonders bei Kurzseminaren in Westeuropa, kann es zu erheblichen Komplikationen kommen, denn die evozierten intensiven Energien brauchen einen stabilen Rahmen, damit sie nicht destruktiv verarbeitet werden.

Psychoaktive Pflanzen mit halluzinogener Wirkung (u. a. Zauberpilze, Peyote, Ayahausca) in Kombination mit rhythmischer Stimulation (Trommeln, Rasseln, Tanzen) brechen die Grenzen der Alltagswirklichkeit auf und lassen die Adepten in »andere Wirklichkeiten« reisen.

»Der Gebrauch halluzinogener Drogen ist keine bloße Technik zum Hervorrufen eines Trancezustandes; er spielt auch eine zentrale Rolle bei der Enkulturation des Individuums und dessen Auffassung von nicht-alltäglichen Realitäten und außermenschlichen Personen, denn unter Drogeneinfluß sieht man die mythischen Wesen, oder besser: lernt sie zu sehen« (Eliade, 1991, S. 266).

Der Einbezug der anderen Wirklichkeit wird somit normal und gewöhnlich. Dies gilt besonders für die Anrufung von Schutzgeistern und die intensive Verbindung mit Krafttieren, deren Auffinden ein stabilisierender Faktor in der psychischen Entwicklung darstellt. Kalweit sieht in der Fähigkeit zur »Seelenabtrennung« die zeitweilige Loslösung der Seele von der körperlichen Bedingtheit ein zentrales überkulturelles Element, das wir heute in unseren Kreisen zum Beispiel als »out of body experience« in der Nahtodforschung wiederfinden (Kalweit, 1998).

Campbell (1983, S. 164) analysierte auch Schamanen aus verschiedenen Kulturkreisen und katalogisierte folgende zu beobachtende Fähigkeiten und Kräfte:

»Hindernisse und große Distanzen zu überwinden.
Zwischen Mensch und dem Übernatürlichen zu vermitteln.
Den Suchenden zu führen und zu unterstützen.
Zu heilen: entweder durch Massage und Saugen, oder durch spirituelle Flüge zu den höheren Energien des kranken Geistes, z. B zum Mond.
Bei Schädigungen durch okkulte Einflüsse: Steine oder andere Objekte auf die Feinde zu werfen.
Durch Tricks oder wirklichen Zauber, Magie auszuüben.
Die Form von Tieren oder Bergen anzunehmen.
Die Kraft von Tieren, Bergen, Bäumen und ähnlichem einzuverleiben.
Das Wetter zu beeinflussen.«

Die Schamanenreise ist eine Bewußtseinsreise, die auch als Seelenflug oder Schamanenflug bezeichnet wird. Sie führt die Seele in die untere Welt (Welt der Dämonen und Geister), in die mittlere Welt (normale Welt der Jagd und der Natur) und in die obere Welt (Welt der geistigen Führer). Die schamanische Reise umfaßt drei Phasen: eine einleitende Phase der Vorbereitung, der Reinigung und der Herbeiführung eines veränderten Bewußtseinszustandes, die eigentliche Reise und die Rückkehr.

Walsh (1992, S. 78 f.) beschreibt den Reiseantritt wie folgt:

»Die Einleitungsphase der Vorbereitung und Läuterung kann eine Periode der Absonderung aus der Gemeinschaft, des Fastens und der geschlechtlichen Enthaltsamkeit umfassen, vielleicht allein in der Wildnis oder in einer gemeinsamen Hütte. Die Reise selbst wird meistens in der Nacht angetreten, da die Dunkelheit die Wahrnehmung von Visionen erleichtert. Der Schamane beginnt die vorgeschriebenen Rituale und benutzt dann Techniken wie Singen, Tanzen, Trommeln und Drogeneinnahme, um einen veränderten Bewußtseinszustand zu induzieren.«

In der Vorstellung wird der Eintritt in die Unterwelt meistens durch einen Tunnel, ein Rohr oder ein Erdloch vollzogen, die Unterwelt sei häufig ein Ort der Gefahren und Bewährungsproben, aber auch ein Ort, wo Machttiere erworben würden und wo der Schamane zum Sieg geleitet und gestärkt werde (vgl. ebenda). Dabei kann es um vieles gehen: Beschaffung von Heilinformationen, Zurückführung von Seelen, Besänftigung von Dämonen, Befreiung von Besessenheit, Identifikation mit mächtigen Geistern, Erwerb magischer Kräfte, Reinigung und Läuterung. Während dieser Reise kann die Gruppe, die im Kreis sitzend die Schamanenreise identifikatorisch mitvollzieht, dem Schamanen hilfreich bei den Bewährungsproben zur Seite stehen, und gleichzeitig wirkt der Schamane als Medium für die anderen, sich unter Umständen von Schuld zu reinigen oder kollektive Kräfte zu entfalten. Während dieses Vorgangs kann es auch zu Spontanheilungen kommen, oder die richtigen Mittel werden auf dieser Reise erkundet. Mediale Äußerungen können zu einer Interaktion mit den Zuhörern führen:

»Einen Augenblick herrscht dann Stille: Niemand darf diese Stille durchbrechen, bis der Schamane sagt: ›Ich habe etwas zu sagen‹. Dann antworten alle Anwesenden: ›Laß uns hören, laß uns hören.‹ Doch der Schamane antwortet nicht sofort. Er nutzt vielmehr diesen dramatischen Moment, um die Zuhörer zu zwingen, ihre Tabuübertretung zu gestehen. Alle müssen ihre Sünden bekennen, eine Gruppenbeichte von starker, die Gruppe zusammenschweißender Wirkung. Erst wenn das getan ist, seufzt der Schamane vor Erleichterung« (ebenda, S. 185).

Die Reisen in die mittlere Welt und in die obere Welt zeigen ähnliche Grundzüge. Unterschiede gibt es hauptsächlich in der Intention, in den Zielen und in der Art der Wesen, die man dort antrifft.

Reisen in die mittlere Welt haben mit dem Alltag zu tun, mit Nahrungssuche, mit Jagd, mit Wetter, mit Naturerscheinungen und mit kriegerischen Auseinandersetzungen.

In der Oberwelt findet der Schamane geistige Führung und Anleitungen für die Lebenspraxis. Dort können auch Bitten vorgetragen und Segenswünsche erbeten werden. Symbolisiert wird die Reise in die Oberwelt durch die Verwandlung in einen Vogel und das Abheben von einer Baumkrone, das Tragen von Vogelschmuck, das Aufsteigen in höhere Stockwerke oder entlang der Weltachse:

»Die indianischen Religionen … beinhalten vielerorts das Konzept der axis mundi: eines Baumes, einer Säule oder einer Leiter als Verbindung der Erde – der Welt der Menschen – mit der Oberwelt … Eine besondere Rolle spielt die innige Beziehung zwischen dem Schamanen und der Vogelwelt. Entweder gleicht sich der Schamane dem Vogel an, indem er einen entsprechenden Federschmuck anlegt (um an dessen spiritueller Energie zu partizipieren), oder aber der Schamane strebt mit Hilfe von Drogen oder Psychotechniken die Verwandlung in einen Vogel an, um andere Schichten des Kosmos zu bereisen« (Eliade, 1991, S. 267, 270).

Auch die Symbolik des »heiligen Baumes« besagt, daß die irdische Ebene durchstoßen wird, bis hin zur Spitze des Baumes, von dessen Krone in die himmlischen Sphären eingegangen werden kann und der auch als Verbindung des Himmels mit der Erde dient: »Dieser Heilige Baum, Pfad zur Wiedergeburt und Symbol des Ortes, in dem die Gemeinschaft in eins zusammenfließt, hält die Gesellschaft zusammen, indem er ihre Energie auf seine kraftvolle Mitte ausrichtet« (Halifax, 1999, S. 26).

Die Deutung und interpretative Ausformulierung des in den Reisen auftauchenden synästhetischen Materials ist abhängig von der jeweilig vorherrschenden Kosmologie, Mythologie und Anthropologie. Interessant ist dabei, daß der Reisende nicht hilflos den visionären Impressionen ausgeliefert scheint, sondern sich in einer aktiven Interaktion befindet. Darüber hinaus sind »All diese veränderten Zustände in dem Sinne luzid, als der Schamane während der Erfahrung bewußt ist und sich hinterher an das Geschehene erinnert« (Villoldo, Krippner, 1986, S. 208). Sie sind so ausgebildet, daß sie willkürlich zwischen den verschiedenen Bewußtseinswelten reisen können und sollen Wissen, Macht und Kenntnisse erlangen, die Mitgliedern ihres Stammes helfen oder heilen können (vgl. ebenda). Es ist müßig, über den Realitätsgehalt der Erfahrungen zu diskutieren, denn wir könnten nur die Maßstäbe der Alltagswirklichkeit anlegen und die werden gerade in diesen Erfahrungen transzendiert. Natürlich ist jedem Bewußtseinsreisenden auch zuzugestehen, daß seine Erfahrung authentisch ist, also einen subjektiven Wahrheitsgehalt besitzt, und er mit ihr vollkommen identifiziert ist. Dadurch fehlt natürlich eine gewisse kritische Distanz zu den Phänomenen, damit man diese allgemein verfügbar und bereinigt durch die jeweilig vorherrschenden Anschauungsformen beschreiben kann. Nach Harner (1991, 1999) gründet die wissenschaftliche Komponente des schamanischen Bewußtseins auf der Zuschreibung der vollen Realität den Dingen, die sichtbar, spürbar und hörbar sind und so im veränderten Bewußtseinszustand erfahren werden. Diese empirischen Erfahrungen aus erster Hand werde vom Schamanen nicht als Phantasie angesehen, sondern als unmittelbare Wirklichkeit. Der Schamane verwechsle den Unterschied zwischen der schamanischen Wirklichkeit und der des normalen Bewußtseins nicht. Überall arbeite der Schamane grundsätzlich auf dieselbe Weise und mit den gleichen Techniken. Der Schamane könne den Zustand als

Mensch überschreiten und frei in den verschiedenen kosmischen Ebenen ein- und austreten.

Das Ziel der verschiedensten Reisen ist die innere Einbettung in einen größeren Zusammenhang und das Transparent werden für andere Wirklichkeiten. So können die ungelösten Daseinsrätsel wie Tod, Schicksal, Übergänge und Krankheit besser verarbeitet und vertrauensvoller betrachtet werden. Die jenseitigen Erfahrungen bereiten uns auch für eine »tiefere Existenz im Leben« vor, denn wenn »die geheimen Augen unseres Wesens in die fruchtbare Dunkelheit geblickt haben« (Leviton, 1993, S. 87), sind wir bereit für Mitgefühl, Großzügigkeit, Gesundheit, Geduld, Kraft und Weisheit. Dies berichten auch Menschen, die ohne Vorwarnung und Vorbereitung durch Nahtoderlebnisse in diese Zustände gezogen wurden. Obwohl die Inhalte der einzelnen Reisen individuellen Charakter haben, weil sie nur dem Subjekt in seinen individuellen, historischen, gesellschaftlichen und kulturellen Bewegungsräumen zugänglich werden, gibt es nach Rätsch (1997, S. 48)

»doch eine Matrix, nach der die Erfahrung, besonders der Übergang in die andere Welt, verläuft. Die Wahrnehmungsänderung während des veränderten oder sich verändernden Bewußtseinszustandes beginnt mit dem Verblassen der gewöhnlich sichtbaren Welt. An deren Stelle treten abstrakte, geometrische Formen und leuchtende Farben (sogenannte entoptische Phänomene). Oft ordnen sich die geometrischen Elemente zu übergeordneten (Mandalas, Kaleidoskopeffekt). Daraus entstehen Tunnel, Gänge, Röhren, durch die man hindurchfliegt. Geht die Bewußtseinsveränderung sehr tief, erreicht man am anderen Ende des Tunnels eine Welt aus Licht und übernatürlichen Erscheinungen. Sie sind, entsprechend den einzelnen Mythologien, in Gestalten gekleidet. Hinter dem Tunnel beginnen die spannendsten Abenteuer; sie reichen von beglückenden, mystischen Erfahrungen bis zu schrecklichen Qualen.«

Nochmals zu betonen ist, daß der Schamane dieser Bewußtseinswelt nicht ohnmächtig ausgeliefert ist, sondern sie im Prozeßablauf selbst bewältigt und die Erkenntnisse und die Gaben von dort den anderen Menschen mitbringt. So ist er auch wie der Götterbote Hermes, der Mittler zwischen den Welten und das Sprechrohr, das Medium der Anderwelt. Er steht in einer tiefen seelischen und geistigen Beziehung zu sich, zu den verschiedenen Ebenen der Wirklichkeit, zum Kosmos, zur Natur, zu den Tieren und sogar zur anorganischen Materie: Für den Hopi ist alles Leben eins. Seine Welt ist die menschliche Welt. Darin erscheinen maskiert oder in den Formen, in denen wir sie gewöhnlich sehen, alle Tiere, Vögel, Insekten und jedes Lebewesen, auch die Bäume und Pflanzen, die auch Leben haben (vgl. Waters, in: Harner, 1991). Der Schamanismus bezieht sich in inniger Weise auf die Zusammenhänge und die Selbstorganisationsprinzipien der Natur, weil sich in deren innerstem Kern die geistigen Gesetze enthüllen.

Der schamanistische Bewußtseinszustand ermöglicht auf der Ebene eines persönlichen und kollektiven Wandlungsrituals die Integration von Körper, Seele und Geist, Natur und Gesellschaft, Mythos und Mystik, Vergangenheit, Gegenwart und Zukunft, Unterwelt, Erde und Himmel, Subtilem und Manifestem, Individualität und Kollektivität. Zwischen Alltagsrealität, den paranormalen Welten und den feinstofflichen Energiezuständen gibt es keine scharfe Abgrenzung mehr, sie ergänzen und unterstützen einander im Sinne einer Balance im Spiel der Kräfte des Lebens.

»Das schamanische Bewußtsein ist ein selten erlebter und erreichter Zustand, der im Prinzip von jedem Menschen erfahren werden kann. Es ist der Bewußtseinszustand, in dem eine andere Wirklichkeit erlebt wird. Anscheinend liegt im Menschen die schamanische Bewußtseinsmatrix vor, die durch bestimmte Verfahren aktiviert werden kann und die Reise in die Anderswelt ermöglicht. Der schamanische Bewußtseinszustand läßt sich graduell abgestuft erleben. Mal flackern kurze Wahrnehmungsverschiebungen vorbei, mal öffnen sich die Tore in andere Welten oder Dimensionen. Wo sich diese Welten befinden, läßt sich nicht bestimmen. Manche Wissenschaftler nehmen an, sie befinden sich in den Tiefen unseres Geistes; die Schamanen wissen jedoch, daß sie draußen außerhalb des Menschen sind« (Rätsch, 1998, S. 119).

Die Schamanen gehen hinter die festen Seinsstrukturen zurück, tauchen in einen seelischen, halbmateriellen, wäßrigen Zustand ein, in dessen Zonen Innen und Außen nicht mehr scharf getrennt, sondern in geheimnisvoller Weise verschränkt sind und sich je nach Standort und Interpretationsschema (Kosmologie) identifiziert werden. Für Kalweit (1998) gilt im veränderten Bewußtseinszustand, daß das Dasein sich lebendiger, vibrierender und pulsierender anfühlt, Farben, Formen an Bedeutungen zunehmen, der erlebte Raum lichtdurchflutet erscheint, das Zeitgefühl sich von dem Vergangenheits- und Zukunftsaspekt löst und die Materiestrukturen verknüpft, fließend und in ihrem geistigen Zusammenhang erfahren werden. »Diese Zone werde nämlich holographisch organisiert, eins beziehe sich auf das andere, es herrsche ein universelles Analogie- oder Entsprechungssystem, in dem jedes mit jedem akausal, unzeitlich, unräumlich verbunden sei« (Kalweit, 1998, S. 174). Für Außenstehende mögen die sich überlappenden vielfältigen Impressionen im schamanischen Bewußtseinszustand chaotisch wirken, doch sie gehören einer höheren, übergeordneten Ordnung an.

Der schamanische Bewußtseinszustand ermöglicht auch mystische Erfahrungen, wobei diese ein integraler Bestandteil eines breiten Spektrums von Bewußtseinsformen sind (vgl. Passie, 1998). Das heißt, daß man die einzelnen Visionen und Erfahrungen wichtig nehmen und nicht wie in den klassisch spirituellen Wegen loslassen muß, um das höchste Ziel zu erreichen. Dort werden die auftauchenden Phänomene mehr als Hindernisse gesehen, insbesondere dann, wenn wir uns von ihnen zu sehr in den Bann ziehen lassen. Der Schamane kennt zwar auch die mystische Einheit mit Manitu, dem großen Geist, der Mutter Erde, des weisen Sehers und des Seins nach dem Durchschreiten der Körperauflösung, der Selbstauflösung, der Visionen, der magischen Handlungen und der Ebenen jenseits von Zeit und Raum, doch hat jede Erfahrung ihre eigene Qualität und Bedeutung und ist in sich unvergleichlich und nicht im Verhältnis zur Einheitserfahrung minderwertig (vgl. Scharfetter, 1994). Im Unterschied zu den klassischen spirituellen Wegen (Zen-Buddhismus) handelt es sich dabei um eine extrovertierte Mystik in der Ekstase.

Zusammenfassend läßt sich sagen, daß im schamanischen Bewußtseinszustand die Alltagswirklichkeit vorübergehend verblaßt, ästhetische Phänomene gegenwärtig werden, Tunnel- und Lichterscheinungen auftreten, Begegnungen mit Dämonen und mit dem Tod stattfinden, Raum- und Zeitgrenzen sich auflösen und in Form von visuellen Bildern Reisen in die unterschiedlichen Ebenen der Wirklichkeit, der Vorstellungswelt, der Mythen, der Natur und in den mystischen Raum stattfinden. Astralwanderungen, luzides Träumen und Nahtoderfahrungen kommen zu verwandten Phänomenen. Die erworbenen Erfahrungen werden der Gesellschaft uneigennützig zur Verfügung gestellt: Harmonisierung von in Unordnung geratenen Systemen, körperliche, psychische und geistige Heilung, Übergangsriten und Vertiefung des Alltagslebens können dadurch erzielt werden. Bewußtseinsreisen finden auch in der Psychotherapie eine segensreiche Anwendung. Sie sind ein Hauptbestandteil des holotropen Atmens.

Spontane Formen erweiterten Bewußtseins

Nahtoderfahrungen

Das langjährige Studium von Nahtoderfahrungen hat uns ein klares Wissen über die Erlebnismuster beim Sterbeprozeß und die Auswirkungen auf das Alltagsleben erbracht. Das öffentliche Interesse an diesem Thema wurde durch viele Veröffentlichungen geweckt und Hilfen für die Begleitung von Sterbenden entwickelt. In einem größeren Bezugsrahmen bringen uns die Erfahrungen rund um den Tod auch dem Leben und seinen implizit wirkenden Prinzipien näher. Im folgenden sollen in einem kurzen Abriß die Hauptlinien dieser Thematik erörtert werden, weil sie wesentliche Konzepte der transpersonalen Psychologie bestätigen.

»Seit Anbeginn der Menschheit, so müssen wir annehmen, haben die

Gewißheit des Sterblichseins und die Frage nach dem Tod nicht nur den Einzelnen in Atem gehalten, sondern auch die kulturelle Entwicklung der Völker bestimmt« (Condrau, 1984, S. 7). Der Tod begrenzt auf eigentümliche Weise die personale Existenz und ist zugleich wesensnotwendig und innig mit dem Leben verwoben. Deshalb ist die Frage, was an der Grenze zwischen Leben und Tod passiert und was sich jenseits dieser Grenze auftut, für das menschliche Dasein sinnvoll.

Es sind Fragen, auf die die Religionen seit jeher eine Antwort suchen und die seit jüngster Zeit auch im Blickfeld der Humanwissenschaften steht. Der Tod ist unausweichlich. Wurde er über lange Zeit verdrängt, tabuisiert oder als das unerfreuliche Ergebnis von Krankheit betrachtet, so wird heutzutage immer klarer, daß sich im Tod eine außergewöhnliche Seinsqualität zeigt: »Es klingt merkwürdig, aber wir wenden uns gegen das Leben, wir wenden uns gegen die Vollkommenheit des Lebens, wenn wir den Tod aus unserem Bewußtsein ausklammern« (Jäger, 1991, S. 173). Natürlich stoßen wir sofort an unsere erkenntnistheoretischen Grenzen, wenn wir einen Prozeß beschreiben sollen, der uns erst dann wirklich zugänglich ist, wenn wir nichts mehr darüber aussagen können. Letzte Zweifel am Überdauern des körperlichen Todes werden sich deshalb niemals ausräumen lassen. Dennoch begegnet man dem Glauben an die Überwindung des Todes in den Heilserwartungsvorstellungen der Natur- und Hochkulturvölker im Schamanismus, Taoismus, Hinduismus, Buddhismus, im Islam und in der israelisch-jüdischen Glaubenswelt, in den Jenseitsideen der christlichen Religionen, aber auch in so manchen Totenkulten und -bräuchen, die sich selbst in Europa zum Teil bis in unsere Tage erhalten haben. Nähere Hinweise bekommen wir durch Berichte über Erfahrungen von Menschen, die als tot galten, und durch spirituell-religiöse Beschreibungen über Prozeß und Bedeutung des Todes. In den verschiedenen Mythologien, Religionen und Totenbüchern sind die Vorstellungen der Menschen über den Tod aufgezeichnet. Anthropologen gehen sogar davon aus, daß Erfahrungen im Nahtodeszustand oder von induzierten Bewußtseinsreisen in die Totenbücher mit einfließen. Die tibetanischen und ägyptischen Totenbücher sehen den Tod als Übergang und als Vorbereitung für ein neues Leben, für eine neue Inkarnation oder im Sinne einer geistigen Erneuerung. Im Prozeß des Sterbens findet eine intensive Auseinandersetzung mit dem bisher gelebten Leben statt. Diese Lebensinventur dient der Reinigung, Läuterung und Transformation.

Die Totenbücher enthalten nun Ausführungen über den Zwischenzustand und Anweisungen, wie man diesen Prozeß (im tibetanischen Totenbuch der Bardo – Zustand) am besten bewältigt. Das Bardo Thadöl ist ein Führer für die Sterbenden und die Toten, ein Handbuch, das den Toten anleiten soll, mit Hilfe eines sachkundigen Lehrers die verschiedenen Stufen des Bereichs zwischen Tod und Wiedergeburt zu erkennen und Befreiung zu erlangen. Im Augenblick des Todes läßt man die vertraute, logische und geordnete Welt hinter sich. Die Denkbewegungen lassen nach, die Gefühle verblassen, und die Fühlungnahme mit der physischen Welt nimmt ab, das ganze Wesen löst sich auf (vgl. Grof, 1994). Dies kann als Vorbereitung für die Begegnung mit dem kosmischen Licht gesehen werden.

»Im Augenblick des Todes hat man eine überwältigende Schau von ›Darmakaya‹ oder dem ›Klaren Urlicht‹ der ›Reinen Wirklichkeit‹. Es ist, als ob das ganze Dasein plötzlich in seiner Totalität in einer völlig abstrakten Form erschiene. In dieser Erfahrung werden alle Dualitäten überschritten … Letztlich ist Darmakaya identisch mit dem eigenen Bewußtsein des Betroffenen, das weder Geburt noch Tod kennt und seinem Wesen nach das Unwandelbare Licht ist« (ebenda, S. 13).

Aber auch eine notwendige Konfrontation und Integration der Projektionen und Schattenaspekte (»grauenhafte Gottheiten« »Gott des Todes«) hat auf dem nicht einfachen Weg zu einer möglichen neuen Inkarnation zu erfolgen:

»Es wird jedoch dem Verstorbenen empfohlen, den Gott des Todes nicht zu fürchten; da der Leib ein Geist-Körper ist, kann er nicht sterben, selbst wenn er geköpft und gevierteilt wird. Der Körper ist in Wirklichkeit von der Natur der Leere; so brauchst du keine Angst zu haben. Die Todesgötter sind deine eigenen Halluzinationen« (Condrau, Gion, 1984, S. 153).

Erst wenn sich die alten Muster aufgelöst haben, kann eine neue Struktur entstehen.

Dabei gilt der Tod als Zugangstür zum göttlichen Prinzip und das Sterben als wegbereitender Transformationsprozeß. Für das Christentum ist dies die Befreiung zum ewigen Leben.

»Zur Vollkommenheit des Lebens gehört das Sterben. Wir Abendländer nennen das letzte Prinzip des Lebens Gott. Dieses letzte Prinzip aber offenbart sich als Leben – Sterben – Auferstehung. Das ist die Botschaft, die uns Jesus gebracht hat. Das ist die Botschaft jeder Religion. Wer sich gegen den Tod wendet, wendet sich gegen die Auferstehung und letztlich gegen Gott. Er weigert sich, dem kosmischen Gesetz zu folgen. Er weigert sich, die Wahrheit anzunehmen, die vor seinen Augen ausgebreitet liegt. Die Wahrheit heißt Verwandlung« (Jäger, 1991, S. 174).

Im spirituellen Weg wird der Prozeß des Sterbens im Leben geübt – ein umfassendes Loslassen – um sich dem kosmischen Ordnungs- und Werdensprinzip einzupassen, denn keine Reifung führt am Sterben vorbei. Geburt und Tod gelten somit nicht als einmalige Ereignisse in einem menschlichen Leben, sondern als ununterbrochen sich vollziehende Phänomene. In jedem Augenblick stirbt etwas in unserem Leben und wird etwas wiedergeboren.

Die Todesnäheerfahrung, das Nahtoderlebnis und Sterbeerfahrung ist ein Phänomen, daß in allen Kulturen und zu allen Zeiten beschrieben wurde. Die älteste Beschreibung einer Reise über die »Wasser des Todes« stammt aus dem Gilgamesch-Epos, ca. 3000 v. Chr.

Im Westen begann man Ende des 19. Jahrhunderts Berichte und Aufzeichnungen von Menschen, die nahe dem Tode waren, zu sammeln.

Nahtoderfahrungen (NTE) umfassen eine Gruppe intensiver Erlebnisse, die bei einigen Fastgestorbenen vorkommen. Diese Erfahrungen treten bei Leuten auf, die durch einen klinischen Tod mit nachfolgender Wiederbelebung gegangen sind, treten aber auch beim Ertrinken, bei Abstürzen, bei Autounfällen und nach chronischen Krankheiten auf. In vielen Fällen und immer wieder werden folgende Erlebnisse berichtet: Abtrennung der Seele vom Körper (out of body experience = OBE), Durchgang durch einen Tunnel, darauffolgende Visionen von Licht, Auftauchen von Lichtwesen und Begegnung mit Verwandten. Da einzelne Phänomene nicht nur bei NTE berichtet werden, wie zum Beispiel die Lichtvisionen, sondern auch von außeralltäglichen Bewußtseinszuständen (stofflich und psychologisch induzierte), handelt es sich um eine schwer abgrenzbare Phänomenlage.

»Etwa ein Viertel der Bevölkerung berichtet ohne Todesnähe über Außerkörperlichkeitserlebnisse – Elemente der Nahtoderfahrungen treten somit auch in Alltagssituationen auf ... und ähnlich kosmisch-mystische Erlebnisse können auch mit hohen Dosen halluzinogener Substanzen wie LSD hervorgerufen werden. Außerkörperlichkeitserlebnisse treten auch im Schlaf, in tiefer Meditation und unter Hypnose auf – oder bei extremem Streß, etwa sexuellem Mißbrauch, ferner bei Migräne oder epileptischen Anfällen. Dies spricht für eine universelle Anlage solcher Bewußtseinszustände« (Schröter-Kunhardt, 1993, S. 66).

Auch sind die medizinisch-biologischen Daten eines Menschen mit NTE nicht unbedingt für die Auslösung relevant, sie können von intensiv erlebter Todesfurcht bis hin zu direkt körperlich lebensbedrohlichen Zuständen reichen.

»Die von Ring geforderte saubere Trennung zwischen NTEs und anderen Erfahrungen ist indes nicht erfolgt. Auch andere terminologische Verbesserungsvorschläge haben sich nicht durchgesetzt. Der Grund hierfür dürfte sein, daß der NTE Terminus eine zwar vage, aber doch kaum besser abgrenzbare Bedeutung im undurchsichtigen Gewirr paranormaler und ähnlicher Erlebnisse erlangt hat.

Die oft fehlende tatsächliche Nähe zum biologischen Tod scheint in diesem Zusammenhang ein vergleichsweise kleines, weil allseits bekanntes Übel darzustellen« (Högl, 1996, S. 15).

Beim Nahtoderlebnis, so wie wir das heute beurteilen können, liegt die Betonung nicht so sehr auf der physischen, sondern mehr auf der psychisch-spirituellen Ebene. Es ist eine existentielle Grenzerfahrung, die den gewohnten Erlebnishorizont aufbricht und vorübergehend für transzendente Wirklichkeiten öffnet.

NTE können auch nicht direkt untersucht werden; man muß sich auf retrospektive Selbstberichte verlassen. Außerdem ist zu berücksichtigen, daß Berichte von NTE sich von den tatsächlichen Erfahrungen unterscheiden können, ähnlich dem Freudschen Traumverständnis, der von latenten und manifesten Inhalten ausgeht. Viele Menschen haben auch über ihre NTE nicht gesprochen aus Angst, verrückt gewesen zu sein oder dafür gehalten zu werden. Persönliche Berichte haben immer eine subjektive Färbung, auch wenn die interkulturelle Übereinstimmung sehr hoch ist, denn die »andere Wirklichkeit« kann nur in der sozial gewachsenen Sprache mitgeteilt werden. Erinnerungen sind, wie wir aus der traditionellen Psychotherapie nur allzu gut wissen, lückenhaft und anfällig für Phantasien und Wunschvorstellungen.

In der New Age-Bewegung entstand ein reges Interesse für NTE, weil man sie für einen Blick ins Jenseits und für einen Beweis des Lebens nach dem Tode hielt. Daß sie teilweise von unkritischen Reinkarnationslehren vereinnahmt wurden, hat ihrer Glaubwürdigkeit eher geschadet. Das war auch ein gefundenes Fressen für die pauschale Kritik von Seiten der positivistischen Wissenschaften, die NTE kategorisch verneinten, weil diese nicht verifizierbar sind. Es ist klar, daß hier wie auch bei den anderen paranormalen Erfahrungen kein absoluter empirischer Wahrheitsanspruch im Sinne der naturwissenschaftlichen Logik gilt, sondern daß ein Vertrauensvorschuß für die Ehrlichkeit der Forscher und ihre veröffentlichten Berichte einzubringen ist, wenn man sich ernsthaft mit den Phänomenen auseinandersetzen will. NTE sind Blicke in die transzendente Wirklichkeit mit spirituellen Qualitäten, und diese entziehen sich der exakten Datenanalyse. Wir haben es nicht mit Beweisen, sondern eher mit Hinweisen zu tun. Entsprechendes gilt auch dafür, daß niemand mit einer NTE-Erfahrung jemals die Schwelle des Todes überschritten hat und somit nichts über das »Jenseits« oder ein »Leben nach dem Tod« aussagen kann.

Gegen Ende des 19. Jahrhunderts stieß man also auf reges Interesse an der Untersuchung der letzten Augenblicke der Sterbenden. Man glaubte häufig, sie hätten unmittelbar vor dem Tod Visionen, meist von verstorbenen

Verwandten, die ihnen über die Schwelle zwischen Leben und Tod helfen. Sterbebettvisionen entfalten sich allmählich, Nahtoderfahrungen sind gewöhnlich die Folge von plötzlichen Ereignissen, Unfällen und dergleichen, die das Opfer sozusagen schlagartig in diese andere Welt hineinstürzen.

Heim (1892), ein Schweizer Geologe, der selbst nach einem fast tödlichen Absturz in den Alpen mystische Erfahrungen machte, hat die Selbstbeschreibungen von Personen untersucht, die durch Stürze dem Tod nahegekommen waren. Zunächst stellte er fest, daß die Erfahrung, fast zu sterben, oft dramatischer für die Zuschauer als für die Betreffenden selbst war. Sie erlebten meist eine ungeheure Beschleunigung ihrer Gedanken, insbesondere an Rettungsmöglichkeiten, einen Rückblick auf ihr bisheriges Leben, intensive Gefühle von Ruhe, Frieden und Transzendenz. Noyes (1972) hat die Beobachtungen Heims auf drei Aspekte zusammengefaßt: Resistenz, Lebensrückblick und Transzendenz. In einer Faktorenanalyse ermittelte er mit seinen Mitarbeitern außerdem die Kategorien »Hyperwachheit«, »Loslösung, Depersonalisation« und »transzendental/mystisches Bewußtsein«. Bis zu den Arbeiten von Elisabeth Kübler-Ross, Raymond Moody und Kenneth Ring wurde es im Zeitalter der Technikentwicklung etwas still um die Nahtodesforschung. Erst mit dem Auftauchen der transpersonalen Psychologie und der damit verbundenen allgemeinen Spiritualisierung des Lebens hat man sich diesem Thema Mitte der achtziger Jahre wieder verstärkt zugewandt. Zahllose Autoren haben dann dieses Thema aufgegriffen, die Zeitschrift *Anabiosis* gegründet und sich 1977 zu einer Gesellschaft (International Association for Near Death Studies, IANDS) zusammengeschlossen, in der renommierte Wissenschaftler verschiedenster Disziplinen weltweit diese ungewöhnlichen Erfahrungen untersuchten. Der Tod war nun nicht mehr das zu vermeidende Übel der Menschheit, sondern ein zentraler Entwicklungsschritt. Kübler-Ross hat zwar den Sterbeprozeß im allgemeinen untersucht, sich aber in ihren öffentlichen Vorträgen immer wieder auf Nahtodeserlebnisse bezogen. Sie vergleicht (1990, S. 98) den Vorgang des Sterbens mit dem Heraustreten des Schmetterlings aus dem Kokon:

> »Der Kokon samt seiner Larve ist der vorübergehende menschliche Körper. Diese sind aber nicht identisch mit ihnen, sie sind nur ein vorübergehendes Haus … Sterben ist nur ein Umziehen in ein schöneres Haus, wenn ich das symbolisch so sagen kann.«

In einem nächsten Abschnitt merkt der Todgeweihte, daß er alles wahrnimmt,

> »was an dem Ort Ihres Todes, im Krankenzimmer, an der Unfallstelle oder wo sie eben diesen Körper verlassen haben, passiert … Sie wissen genau, was jeder sagt

und denkt und wie er sich benimmt. Und sie werden nachher ganz klar sagen können, daß man zum Beispiel mit drei Schneidbrennern den Körper aus einem Autowrack befreite. Es gab sogar Leute, die uns das Kennzeichen jenes Wagens genannt haben, der sie angefahren hatte. Dann aber einfach weitergefahren war« (ebenda, S. 11).

Für Kübler-Ross nehmen die »Scheintoten« eine ätherische leibähnliche Form an, in der die Wahrnehmung direkter und jenseits der Sinnesorgane verläuft. Sie treffen in dieser Ebene auch auf nahe Angehörige und Lichtwesen (Schutzengel), die den Sterbenden hilfreich zur Seite stehen. Überhaupt hat in den Schriften von Kübler-Ross der Aspekt der Achtung und Liebe vor dem Tod und seinen inneren Abläufen Vorrang. Sie verhalf durch ihre Ausstrahlung dem Thema weltweit zu Ansehen, sie leitete zahlreiche Seminare zur Sterbebegleitung, und sie unterstützte Initiativen zum »humanen Sterben«. Heftigste Kritik aus dem Kollegenkreis beantwortete sie sachlich und respektvoll. Viele interpretieren die NTE als »Wunschprojektionen«, um sich nicht der Sterblichkeit stellen zu müssen. Sie entgegnete, daß zum Beispiel Unfälle (Hälfte aller NTE) in der Regel unvorbereitet ins Leben eingreifen und die Betroffenen nicht voraussehen konnten, was ihnen bevorstand:

»Es gibt noch einen zweiten und einfacheren Beleg für die Tatsache, daß man bei diesen todesnahen Erlebnissen die These von der Wunschprojektion ausklammern muß. Und diesen Beweis erhalten wir von Blinden, die in jenem todesnahen Zustand eben nicht mehr blind sind. Wir baten sie, ihren todesnahen Zustand mit uns zu teilen. Wenn es sich bei ihren Erlebnissen nur um Wunschgedankenprojektionen gehandelt hätte, wären sie nicht in der Lage, uns die Pulloverfarbe, die Schlipsbemusterung oder aufs genaueste die Muster, Farben und Zuschnitte der einzelnen Kleidungsstücke wiederzugeben, welche die Anwesenden zu jenem Zeitpunkt getragen hatten … sie konnten uns mit aller Genauigkeit das Aussehen und die Kleidungsstücke aller Anwesenden beschreiben« (Kübler-Ross, 1990, S. 60).

Im außerkörperlichen Zustand wurden in den verschieden Arbeiten (Moody, Kübler-Ross, Ring, Högl, Osis, Noyes) immer wieder von Beobachtungen berichtet, die aus der Perspektive oder aufgrund der körperlichen Verfassung des Scheintoten schlichtweg nicht möglich wären. Dies besonders dann, wenn der Leib der betreffenden Person in einem anderen Zimmer liegt, die Wahrnehmungen hingegen einen anderen Raum, eine andere Etage oder ein fremdes Gebäude betreffen. Dies legt den Schluß nahe, daß es eine Wahrnehmungsform geben kann, die nicht unbedingt eng an den Aufenthaltsort des Leibes gebunden ist.

Hans Bender, langjähriger Leiter des parapsychologischen Institutes in Freiburg, analysierte die NTE kritisch und erklärte die aufsehenerregenden Beobachtungen im außerkörperlichen Zustand:

»Man muß daraus schließen, daß in Ausnahmefällen die Bindung seelisch-geistiger Funktionen an bestimmte Gehirnfunktionen nicht so eng ist, wie wir es gewöhnlich als gegeben annehmen. Hier ist offenbar ein paranormales Erkennen in Funktion, wie es von der Parapsychologie als außersinnliche Wahrnehmung in den Formen Telepathie, Hellsehen und Präkognition beschrieben wird. Die physiologischen Substrate sind unbekannt und sind jedenfalls nicht mit der normalen Wahrnehmung vergleichbar. Es äußern sich Fähigkeiten der Psyche, die Raum und Zeit überschreiten. Nun sind die reanimierten klinisch Toten ja nicht eigentlich gestorben. Sie waren an der Grenze – im Bereich einer verborgenen Wirklichkeit, die wir nicht in den uns vertrauten Anschauungsformen von Raum und Zeit erfahren, die in bezug auf unser dreidimensionales Erleben schon ein Jenseits ist, aber noch nicht ein Jenseits nach dem Tod« (Bender, in: Resch, 1981, S. 612 f.).

Osis und Haraldsson führten eine culture-cross Untersuchung durch, in der sie die Visionen in bezug auf ein mögliches Weiterleben nach dem Tode zusammenstellten:

»Wir fanden bei allen drei Untersuchungen eine sehr enge Übereinstimmung hinsichtlich der Häufigkeit der Fortleben bezogenen Erscheinungen: Verstorbene, religiöse Gestalten gegenüber Erscheinungen von lebenden Personen. Die offenkundige Abhol-Absicht der Erscheinungen war ebenso gleichmäßig vorhanden. Das Fehlen von Einflüssen medizinischer und psychologischer Variablen wurde von allen drei Stichproben aufgezeigt. Die Grundphänomene waren dieselben … Religion hatte einen relativ geringen Einfluß auf die Hauptphänomene, wenngleich sie die Benennung der religiösen Gestalten (Lichtwesen) bestimmte« (Osis, Haraldsson, in: Resch, 1981, S. 452).

Raymond Moody ließ in *Life after Life* einfach die Menschen von ihren Erfahrungen sprechen, und er veröffentlichte diese Berichte unvoreingenommen und ging spärlich mit Interpretationen und Deutungen um. Zum besseren Verständnis skizziere ich die Merkmale einer NTE nach Moody (1999).

Ein Mensch liegt im Sterben, der Arzt erklärt ihn gerade für tot. Er nimmt ein unangenehmes Geräusch wahr, ein Läuten oder Brummen, und hat das Gefühl, daß er sich sehr rasch durch einen langen, dunklen Tunnel bewegt. Plötzlich ist er außerhalb seines Körpers, in derselben Umgebung wie zuvor. Wie ein Beobachter blickt er auf seinen eigenen Körper und wohnt den Wiederbelebungsversuchen bei. Nach einiger Zeit entdeckt er, daß er noch immer einen »Körper« besitzt, der sich in Beschaffenheit und Fähigkeiten wesentlich vom physischen Körper, den er zurückgelassen hat, unterscheidet. Die Geistwesen bereits verstorbener Verwandter und Freunde nähern sich dem Sterbenden, um ihn zu begrüßen und ihm zu helfen. Er erblickt ein Licht und Wärme ausstrahlendes Wesen, wie er es noch nie gesehen hat, ein Lichtwesen, erscheint vor ihm. Ohne zu sprechen, hilft ihm dabei, das Panorama der wichtigsten Stationen seines Lebens in einer blitzschnellen Rückschau vorüberziehen zu lassen. Dem Sterbenden ist, als ob er sich einer Art Schranke oder Grenze nähere, die offenbar die Scheidelinie zwischen dem irdischen und dem folgenden Leben darstellt. Jetzt wird ihm klar, daß er zur Erde zurückkehren muß, aber er sträubt sich dagegen, denn seine Erfahrungen mit dem jenseitigen Leben haben ihn so sehr gefangengenommen. Er ist von überwältigenden Gefühlen der Freude, der Liebe und des Friedens erfüllt. Ohne zu wissen wie, vereinigt er sich dennoch wieder mit seinem physischen Körper und lebt weiter. Bei seinen späteren Versuchen, anderen Menschen von seinem Erlebnis zu berichten, trifft er auf große Schwierigkeiten.

Zur Auswertung seiner Berichte stellt er von vorneherein klar:

»1. Ungeachtet der auffallenden Ähnlichkeiten zwischen den einzelnen Berichten finden sich doch keine zwei darunter, die vollkommen miteinander identisch wären (obwohl manche dem bemerkenswert nahe kommen). 2. Ich bin keinem einzigen Menschen begegnet, der ausnahmslos alle Komponenten des zusammengesetzten Erlebnisses erwähnt hätte. Immerhin haben sehr viele die Mehrzahl davon (also acht oder mehr der insgesamt fünfzehn Einzelelemente) aufgezählt, einige sogar bis zu zwölf … 5. Die Reihenfolge, in der ein Sterbender, die verschiedenen Stadien durchläuft, kann von der meines ›theoretischen Modells‹ abweichen … 7. Ich habe mit ein paar Menschen gesprochen, die für tot erklärt worden waren, wieder ins Leben zurückgebracht wurden und bei ihrer Rückkehr von keinem dieser häufig vorkommenden Geschehnisse berichteten‹« (Moody, 1999, S. 29 ff.).

Michael Sabom (1983), Herzspezialist an der Emory-Universitätsklinik im US-Bundesstaat Georgia, bestätigte weitgehend Moodys Befunde. Von hundert Befragten, denen ein Herzstillstand, ein Unfall oder ein Selbstmordversuch vorausgingen, bekundeten rund 60 Personen, klassische Nahtoderlebnisse gehabt zu haben. Er ist von der Echtheit der geschilderten Erfahrungen fest überzeugt. Er betont, daß sich diese Wahrnehmungen ganz erheblich von Trugwahrnehmungen (Halluzinationen) unterscheiden, wie man sie bei Schlaganfällen, Drogeneinwirkung, psychischer Entpersonalisation (Körperentfremdung) oder krankhaften Selbstwahrnehmungen kennt. Nach einer 1982 von dem Meinungsforscher Georg Gallup veröffentlichten

Schätzung waren 23 Millionen Nordamerikaner dem Tode nahe und wurden wiederbelebt. Davon haben 35 Prozent, also etwa acht Millionen Menschen, über Erfahrungen an der Schwelle des Todes berichtet, die Merkmale von Nahtoderfahrungen tragen. Bei den anderen wissenschaftlichen Untersuchungen schwankt der Anteil zwischen 35 und 60 Prozent.

Im OBE wird von einem spirituellen Leib berichtet, den man sich wie eine Wolke – eine ätherische Hülle – vorstellen soll, ohne die Dichte, Festigkeit und Bindeenergien des materiellen Leibes, ein Energiefeld, schwerelos dahintreibend bis blitzartig schnell vorwärtskommend, Distanzen und feste Gegenstände mühelos überwindend. Die physischen Funktionskreise sind außer Kraft. Die Gedanken anderer werden jenseits der Sinnesorgane schnell aufgenommen, und die gesamte sinnliche Kapazität übertrifft bei weitem den Normalzustand.

Nach Grof und Halifax (1980) ist ein weiterer, immer wieder genannter Aspekt, der zudem unabhängig von kulturellen Einflüssen scheint, der Lebensrückblick: Der Rückblick auf das Leben, der zu diesem Zeitpunkt stattfindet, erfolge in der Gestalt eines Panoramas von Erinnerungen, die rasch aufeinanderfolgen und die gesamte Vergangenheit des Sterbenden zu umfassen scheinen. Dieser Lebensfilm laufe manchmal rückwärts ab, vom Zeitpunkt des Unfalls bis zurück in die Kindheit, manchmal vorwärts, entsprechend der tatsächlichen chronologischen Abfolge der Ereignisse. In der Regel sei dieser Vorgang von angenehmen Empfindungen begleitet, seltener von einem negativen, schmerzlichen Affekt.

Wie in einem Film scheint in der Todesnähe das gelebte Leben vor dem inneren Auge abzulaufen und einer intensiven Auswertung unterzogen zu werden. Bedeutende Stationen des Lebens mit den zugehörigen Gefühlen werden nochmals authentisch durchlebt, und es wird auf andere Handlungsmöglichkeiten aufmerksam gemacht. Es kann auch bei lieblosen und verletzenden Handlungen passieren, daß die Gefühle der davon betroffenen Menschen wahrgenommen werden. Der Lebensfilm wird gewöhnlich als lebendig, lebensecht und dreidimensional erlebt:

> »Von den geringfügigsten bis zu den bedeutsamsten Handlungen – so versichern einige der von mir Befragten, ohne es allerdings genauer erklären zu können – sei in der Rückschau alles enthalten gewesen, was sie in ihrem Leben je getan hätten. Andere geben an, die Höhepunkte ihres Daseins noch einmal vor sich gesehen zu haben« (Moody, 1999, S. 72).

Diese Inventur ermöglicht dem Erfahrenden (experiencer) das vergangene Leben in Ordnung zu bringen und für das Leben nach der Sterberfahrung neue Prioritäten zu setzen. Lichtwesen (Schutzengel) unterstützen wohlwollend diesen Vorgang, der manchmal als erzieherische Bemühung durch das Lichtwesen erlebt wird. Dabei weist es auf zwei Dinge im Leben besonders hin: andere Menschen lieben zu lernen und Wissen zu erwerben (vgl. ebenda, S. 73).

Erwähnenswert ist dabei, daß in diesen Erfahrungsberichten die Lebensrückschau nicht unangenehm erlebt wurde, sondern als neue Chance gewertet wird. So schließen Menschen mit Suizidversuchen aus, daß sie sich jemals wieder umbringen würden, und sie fühlen sich danach dem Leben mit seinen Aufgaben näher, als dem Tod.

Der therapeutische Nutzen radikaler Lebensinventur ist zum Beispiel auch für die Anonymen Alkoholiker eine notwendige Voraussetzung für den ersten Schritt in ein trockenes Leben. Nur wer sich offen und ehrlich seinem bisherigem Leben stellt, kann neu anfangen und sich verändern. Dieser Aspekt der NTE kann durchaus im Sinne einer heilsamen Auseinandersetzung mit dem eigenen Leben gewertet werden:

»Ja, es war die heilsamste Therapie, die es überhaupt geben kann. Jahre der intensivsten Psychoanalyse hätten nicht erreichen können, was ich jetzt erlebte. Ich verzieh mir all die Dinge, die ich falsch gemacht hatte. Ich verzieh mir, derart neurotisch gewesen zu sein. Und ich spürte Mitgefühl für die Menschen, von denen ich glaubte, daß sie gemein zu mir gewesen, und verzieh ihnen« (Ring, 1986, S. 101).

Die Debatte über die Echtheit der NTE kann letztendlich nicht erfolgreich abgeschlossen werden, weil der Ausgangspunkt immer die persönlichen Berichte sind. Was aber unabhängig von dieser Verifizierungsaporie bestätigt wurde: Das Leben der Menschen mit NTEs hat sich danach radikal verändert, und zwar in Richtung mehr Offenheit, mehr Liebe, mehr Spiritualität, mehr Gelassenheit und mehr Achtsamkeit gegenüber den wesentlichen Dingen des Lebens. Die Angst vor dem Tod wurde radikal abgebaut. Es wurde auch berichtet, daß sich intuitive Fähigkeiten, Präkognitionen und hellseherische Fähigkeiten einstellen, wenngleich diese, nach buddhistischer Sichtweise, nicht unbedingt den spirituellen Fortschritt unterstützen, wenn wir uns zu sehr damit identifizieren. Kenneth Ring hat sich vor allem um die Untersuchung der Auswirkungen von NTE verdient gemacht, wobei er nicht nur die Betroffenen einer Fragebogenuntersuchung unterzog, sondern auch die Angehörigen:

»Nach einer Nahtoderfahrung neigt man dazu, das Leben mehr zu würdigen und sich stärker für seine Mitmenschen zu interessieren, sie zu lieben, während das Interesse am persönlichen Status und an materiellem Besitz abnimmt. Die meisten Menschen mit einer Nahtoderfahrung erklären auch, daß sie hinterher mehr Sinn für spirituelle Inhalte entwickelt haben und manche suchen sogar nach einem höheren Bewußtsein, nach dem eigentlichen Sinn des Lebens. Diese Eigenschaften werden von ihnen nahestehenden Menschen bestätigt« (Ring, 1986, S. 136).

Ring (vgl. ebenda) faßt in seinem Werk ein knappes Jahrzehnt eigener Forschungen über Nahtoderfahrungen als gesicherte Erkenntnis zusammen: 1. Das Phänomen der Nahtoderfahrung kommt in allen westlichen Kulturen vor; 2. ein bestimmtes Grundmuster von äußerst positiven Gefühlen und transzendenten Bildern bestimmt prinzipiell ihren Verlauf; 3. sie kann als ein inneres Erlebnis grundsätzlich jedem unter den verschiedensten Nahtodbedingungen widerfahren.

Das Nahtodeserlebnis steht für einen existentiellen Wendepunkt im Leben. Stirb und werde: dieses alte esoterische Gebot ereignet sich in diesem Prozeß auf realistische Weise. Im herannahenden Tod werden wir auf unser pures Dasein zurückgeschleudert, und wir kommen nicht umhin, dem Wesen unserer Existenz darin zu begegnen. Ring sieht deshalb in der Nahtodeserfahrung eine Kern- und Wesenserfahrung und einen Katalysator für das Erwachen des Geistes: »Die Nahtoderfahrung ist im wesentlichen ein geistiges Erlebnis, das als Katalysator für spirituelles Erwachen und für geistige Entwicklung fungiert.« (ebenda, S. 46) Es ist eine vorgezogene Entwicklungskrise, eine Chance zur Transformation. Allein wenn wir nicht so weit gehen, die NTE als empirische Realität zu begreifen und sie lediglich symbolisch deuten, ist der Nutzen für psychische Stabilität und geistiges Wachstum nicht zu unterschätzen. Menschen wissen dann, worauf es im Leben ankommt. Dic NTE eröffnet einen Zugang zu einem transpersonalen Erfahrungsraum, in dem Wertschätzung und Liebe in ihren heilsamen Qualitäten erlebt werden. Das Licht oder das Lichtwesen könnte auch für ein höheres Selbstprinzip stehen, das für Momente das Leben erleuchtet und einen direkten Zugang zur Spiritualität eröffnet. Die außerkörperliche Erfahrung zeigt, daß das Bewußtsein sich jenseits von Raum und Zeit bewegen kann. Der Lebensfilm betont die stetige Auseinandersetzung mit der Art und Weise, wie wir denken und handeln, um sich wieder auf die Werte Liebe, Mitmenschlichkeit, Engagement und Offenheit zu besinnen. In diesem Sinne ist die NTE nicht nur in sich eine spirituelle Erfahrung, sondern von ihrem Wesen her so beschaffen, daß sie geradezu zwangsläufig spirituelle Entwicklung und geistige Öffnung beschleunigt und verstärkt.

Es ist leicht verständlich, daß NTE universale und kulturübergreifende Strukturen aufweisen, weil es um allgemeinmenschliche Themen geht. Vereinzelt gab es auch Berichte über negative, alptraumartige Erlebnisse, insbesondere Höllenvisionen, die vor allem im Anfangsstadium der NTE auftreten, also in der Phase der – manchmal schmerzlichen – Loslösung. Es kann aber auch nach der Tunnelphase zum

»Eintritt in eine dunkle, höllische Welt, wo Dämonen und andere finstere Figuren den Erlebenden verurteilen, bedrohen oder gar angreifen ... Auch kann es zum Eintritt in eine dunkel-kalte unendliche Leere kommen, die kein Entrinnen ermöglicht und die eigene Existenz bedroht. Schließlich können typisch positive Nah-Todeserlebnisse auch bedrohlich-ängstigend erlebt werden. All diese negativen Erfahrungen können auch in die genannten positiven Sequenzen übergehen« (Schröter-Kunhardt, 1993, S. 66).

Ring sieht dies im Zusammenhang mit starken religiösen Prägungen. Es gebe Menschen, die außergewöhnlich stark religiös geprägt sind. Und zwar programmiert mit der fundamentalistischen Vorstellung von Hölle und Fegefeuer. Er könne sich vorstellen, daß solche Menschen, die von einer tiefen Angst durchdrungen sind, ihre Höllenangst in den Beginn der Nahtodeserfahrung einbringen. Solche Erlebnisse hätten nach seinem Dafürhalten mit einer von Angst und Zwang geprägten religiösen Persönlichkeit oder aber mit einer sehr engen Ich-Struktur zu tun, die sich von Furcht beherrscht gegen die Auflösung wehrt (vgl. Ring, 1986).

Daß sie auch eine subjektive Färbung aufweisen, in der Ausgestaltung der individuellen Inhalte und der Deutung des Lichts und der Lichtwesen (für den Christen ist es Jesus, für den Sufi ist es Mohammed usw.) auf dem Hintergrund sozialisierter Bilder, Einstellungen und Überzeugungen, darf uns nicht davon abhalten, die transformative Kraft der Nahtodeserfahrung zu würdigen. Existentielle Krisen – dazu zählen Nahtoderfahrungen, ermöglichen spirituelles und psychisches Wachstum, Veränderung und Entwicklung. Die Wissenschaft darf sich auch der Frage des Weiterlebens nach dem Tod nicht verschließen. Högl kommt in seiner Diplomarbeit über NTE zu einem »teilrealen Erklärungsmodell«:

»Die angenommene reale Basis offenbart sich beim Nahtoderlebnis in seiner Struktur. Augenscheinlich sind dabei die beibehaltene Identität (Einfügung: im außerkörperlichen Erlebnis) des Experiencers, die angetroffene ›bewohnbare Welt‹, das Wiedersehen von verstorbenen Personen, das Antreffen einer als ›Lichtwesen‹ charakterisierten Gestalt sowie die vorgefundene emotionale Stimmung (Einfügung: Ruhe und Frieden). Auch wenn der teilrealistische Ansatz die Beschaffenheit der vermuteten Struktur letztlich nicht offenlegen kann, so ergeben die ›gefärbten‹ Variablen der NTE doch einen gewissen Hinweis darauf, was sich hinter den vielgestaltigen Phänomenen des Erlebnisses verbergen könnte« (Högl, 1996, S. 91).

Eine individuelle Aufgabe bleibt die Interpretation der Nahtoderfahrungen. Sie kann religiöse Vorstellungen und philosophische Überzeugungen einschließen.

Die eigentliche Bedeutung der Nahtoderfahrungen hat nie im Nachweis eines Lebens nach dem Tode bestanden, sondern in der Kraft, die sie haben, unser Leben zu verändern. Sie tritt vielleicht dann ein, wenn unsere spirituelle Entwicklung einen Anstoß braucht.

Parapsychologie

Bei genauer Betrachtung des Alltagslebens findet man zahlreiche Belege für parapsychologische Phänomene.

Bender (1984) verweist darauf, daß das Allensbacher Institut für Demoskopie in einer repräsentativen Umfrage Erwachsenen die Frage gestellt hat, ob sie es für möglich hielten, daß man auf unerklärlichem Wege Informationen über räumlich entfernte Vorgänge und zukünftige Ereignisse erhalten könne.

Die Umfrage nannte das »Zweite Gesicht« oder ähnliche Erlebnisse. Demnach gab jeder fünfte westdeutsche Erwachsene an, solche Erlebnisse ein- oder mehrmals selbst gehabt zu haben. Seit der Antike ist bereits mit einer bemerkenswerten Gleichförmigkeit von diesen außergewöhnlichen Erfahrungen die Rede. Durch die Jahrhunderte hindurch spricht man von Ahnungen, von Wahrträumen, die Gegenwärtiges und sogar Zukünftiges künden, von Visionen, Hellsehen, Erscheinungen, »Zweitem Gesicht«, einer Fülle von unheimlichen Begebenheiten, die das gewohnte Erleben durchbrechen und offenbar einer »anderen Wirklichkeit« zuzurechnen sind.

Eindrucksvoll schildern Kriegerwitwen, wie die Fotos der Ehemänner im Augenblick ihres Todes von der Wand fielen, Spiegel zerbarsten, die Uhren stehenblieben oder plötzliche Klopfgeräusche im Hause zu hören waren. Eine Frau erzählte mir folgendes: Ihr Vater, ein Arbeiter in einem Steinbruch, zündete jeden Morgen in der Wohnung das Feuer im Ofen an. Als er bei der Arbeit im Steinbruch durch einen Unfall ums Leben kam, fing in der Todesstunde der Ofen zu rumpeln an, die Fensterläden am Haus schlugen wie bei einem Sturm, und die Uhren blieben stehen. Auch bei Unfällen gibt es oft Stimmungen und Vorahnungen. Ein Mann, der vormittags von zu Hause zu einem einstündigen Panoramarundflug aufbrach, zu dem er von Freunden eingeladen worden war, verabschiedete sich von Ehefrau und Kindern in so seltsamer und eindringlicher Weise, als wäre es für immer. Kurz darauf stürzte das Flugzeug ab, und er kam dabei ums Leben.

Aber nicht nur künftige tragische Erlebnisse werfen ihre Schatten voraus. Das Telefon klingelt, und plötzlich wissen wir, wer uns anruft, oder kurz bevor bei einem Würfelspiel eine Zahl fällt, wissen wir durch eine plötzliche Eingebung, welche das sein wird. Auch Déjà-vu-Erlebnisse (mir ist eine Umgebung, eine Stadt, eine Landschaft vertraut, obwohl ich noch nie dort war) kommen häufig vor. Wunderheilungen an Orten der Kraft, im Christentum Wallfahrtsorte (Lourdes, Fatima, Altötting usw.), wurden zuverlässig berichtet und sind letzte Zuflucht für unheilbar Kranke. Jesu Wort: »Dein Glaube hat dir geholfen« bezeugt die transformative Energie des zentrierten Willens, der die Grenzen der normalen körperlichen Bedingtheit überwinden kann.

Menschen, die eine enge Verbindung haben, wie Ehepartner, Geschwister, Eltern und Kinder, spüren, ahnen und träumen, wenn beim anderen etwas Unerwartetes oder Schlimmes passiert. Auch die überlieferten Voodoo-Praktiken (in einem Bild oder Foto eines Empfängers, der davon nichts weiß, werden mit einem spitzen Gegenstand Körperstellen berührt oder eingeritzt, und dieser verspürt tatsächlich in diesem Bereich Schmerzen), geben beredtes Zeugnis von parapsychologischer Einflußnahme.

Im folgenden möchte ich nun kurz einige eigene Erfahrungen beschreiben. Ich weiß, daß sie jederzeit bezweifelt werden können, doch sie gaben mir für meine weiteren Forschungen in Augenblicken des Zweifels Rückhalt und Sicherheit. Als ich etwa 19 Jahre alt war, wachte ich in der Nacht plötzlich auf und hatte das Gefühl, daß meine Freundin vorzeitig aus dem Urlaub zurückkommt. Ich hatte sie erst drei Tage später erwartet. Ich fuhr um 2 Uhr nachts zu ihrem Haus, und im selben Moment kam der Reisebus um die Ecke, und sie stieg aus.

Oder ich sah plötzlich in der Nacht die komplette Mathematikprüfungsaufgabe wie vor einem inneren Auge. Ich teilte diese meinen Klassenkameraden mit, und es gab einen Notendurchschnitt von 1,5. Noch heute sprechen wir bei Klassentreffen von diesem Ereignis.

Auch für die Psychotherapie ist die Intuition wichtig. In ihr kommen Erfahrung, Eingebung, Telepathie und Hellsehen in geheimnisvoller Weise zusammen. Die Philosophiegeschichte sah in der Intuition einen Zugang zu Axiomen und Grundgesetzen des inneren Weltzusammenhangs, ein kurzfristiges Aufleuchten im inneren Bild, ein Evidenzerlebnis jenseits der Raum- und Zeitachse (vgl. Husserl, Bergson, Merleau-Ponty).

In psychotherapeutischen Sitzungen kann man plötzlich eine Szene aus der Vergangenheit eines anderen Menschen lebendig vor dem inneren Auge sehen, obwohl dieser Klient es noch nie zuvor mitgeteilt hat. Oder wir verspüren einen stechenden Herzschmerz, den der Patient im Augenblick hat, aber dem Therapeuten nicht mitteilt. Der Schmerz überträgt sich subtil auf den Therapeuten, und er kann ihn durch Ansprechen dem Klienten bewußtseinsfähig werden lassen. In der psychotherapeutischen Literatur wird dieses Phänomen als Gegenübertragung bezeichnet.

Psychotherapeuten, Psychiater und Ärzte lassen sich von diesen Ahnungen in Krisensituationen leiten. Außergewöhnliche Phänomene der Psyche beunruhigen, bewegen und spalten die Menschen. Die einen sind davon fasziniert, die anderen lehnen sie strikt als Täuschung und Betrug ab. In dieser Kontroverse spiegeln sich Grundmuster der Einstellung zum Dasein, vor allem die Frage nach dem Jenseits und dem Weiterleben nach dem Tode. So finden sich auch in diesem Feld Grauzonen, von stark ideologisch und dogmatisch geprägten Außenseitergruppierungen (u. a. okkulte Sekten und spiritistische Freundesbünde) bis hin zu Scharlatanen (selbsternannte Magier und Hellseher), die von der Not anderer Menschen profitieren, voreilige Versprechungen machen und sich finanzielle Vorteile verschaffen. Das mag auch der Grund sein, weshalb die Parapsychologie in der akademischen Welt, insbesondere der Psychologie, ein Schattendasein führt, obwohl gerade die Parapsychologie in ihrer hundertjährigen Geschichte eine Vielzahl ausgezeichneter Forschungsarbeiten vorzuweisen hat. Aber auch sonstige »aufgeklärte Menschen« sprechen von einem Hokuspokus, dem man nicht trauen kann. Sogar die transpersonale Psychologie hat die vielfältigen Forschungen der Parapsychologie wenig beachtet. Es gibt vermutlich viele weitere Gründe, warum das so ist. Das Übernatürliche löst tiefsitzende Ängste aus. Es kann unbewußt mit teuflischen Kräften und mit krankhaften Geisteszuständen assoziiert werden. Dazu kommt die Unsicherheit, daß ein anderer wissen könnte, was man im Geheimsten denkt und fühlt; vielleicht könnte jemand sogar unbemerkt in meine Intimsphäre eindringen, mich versteckt beeinflussen und manipulieren. Es hätte umwälzende Konsequenzen für das gewohnte Weltbild, wenn diese Phänomene wirklich echt wären.

Aber nicht nur diese verdeckten Ängste und impliziten Motive haben dazu beigetragen, die Parapsychologie auszugrenzen, sondern auch Gruppierungen, welche die Parapsychologie für Geschäftszwecke ausgenutzt und sie durch Betrügereien und Sensationsgier in Mißkredit gebracht haben.

Im weiteren möchte ich nun einige Erkenntnisse und Ergebnisse der Parapsychologie darstellen, weil sie die Allgemeine Psychologie, die transpersonale Psychologie und die Psychotherapie sinnvoll ergänzen können und Anstöße für ein erweitertes Verständnis vom Menschen geben, oder wie Tart (1985, S. 18) zutreffend ausdrückt: »Es gibt höchst wichtige menschliche Phänomene, die – eben, weil sie sich mit unserem heutigen naturwissenschaftlichen Weltbild nicht erklären lassen – es erforderlich machen, daß wir uns um ein sehr viel weiter gefaßtes Weltbild bemühen.«

Definitionen, Begriffsbildungen

Im Jahr 1889 führte Max Dessoir, Philosophieprofessor an der Universität Berlin, den Begriff Parapsychologie (para = neben) ein – um damit in neutraler Form seelische Vorgänge zu beschreiben, die über das Gewöhnliche hinausgehen oder neben ihm hergehen und die herrschenden Kategorien unseres Weltverständnisses sprengen. Nach Bender, dem Pionier der Parapsychologie in Deutschland (Freiburger Institut für Grenzgebiete der Psychologie), hat die Parapsychologie

»zwei Probleme ausgesondert, die für eine Erforschung mit wissenschaftlichen Methoden geeignet erscheinen:

1. die Frage, ob Menschen bzw. Organismen Informationen außerhalb der bisher bekannten Wege der Erfahrung erhalten können. Es hat sich der Begriff ›Außersinnliche Wahrnehmung‹ als Abkürzung für ›Wahrnehmung außerhalb der uns bekannten Sinnesorgane‹ eingebürgert. Als Arbeitshypothese werden drei Formen unterschieden: *Telepathie – Hellsehen – Hellsehen in die Zukunft*, in der Parapsychologie als ›*Präkognition*‹ bezeichnet.

2. die Frage, ob Menschen bzw. Organismen auf eine physikalisch z.Z. nicht erklärbare Weise auf Objekte der Körperwelt, auf materielle Systeme, einwirken können. Man spricht von ›*Telekinese*‹ oder, jetzt fast allgemein, von ›*Psychokinese*‹« (Bender, in: Resch, 1981, S. 598).

Die »Parapsychological Association (PA)« skizzierte kürzlich im World Wide Web folgendes Rahmenverständnis (www.parapsychology.org):

»Parapsychologie ist das wissenschaftliche Studium von ungewöhnlichen Phänomenen der menschlicher Erfahrung ... Sie lassen sich in drei Kategorien einteilen: ESP (Außersinnliche Wahrnehmung, ASW), PK (Psychokinese) und Erfahrungen des Lebens nach dem Tod, welche gleichermaßen Nahtodeserfahrungen, Erscheinungen von Verstorbenen und Reinkarnationserlebnisse sein können.«

Weitere Phänomene, die in den Bereich der Parapsychologie fallen, sind Okkultismus (übernatürliche Kräfte), religiöse Erscheinungen und mediumistische Praktiken. Neben paranormalen Heilungen, Levitationen (über dem Boden schweben), Materialisationen, Todesankündigungserlebnissen, dem Gehen über glühende Kohlen, außerkörperlichen Reisen usw. gehört auch die Beratung von Menschen, die durch die unkritische Anwendung okkulter Praktiken in psychische Not geraten sind, in diesen Bereich. Die Parapsychologie befaßt sich mit Grenzbereichen der menschlichen Erfahrung sie reicht mit ihrem Gegenstandsbereich bis in die Psychologie, Religion, Anthropologie, Ethnologie, Philosophie, Physik, Physiologie und Psychiatrie.

Häufig sieht man auch die Bezeichnung PSI für parapsychologische Phänomene; PSI ist der 23. Buchstabe des griechischen Alphabets; und er wird als allgemeiner Oberbegriff, entweder als Substantiv oder als Adjektiv, für außersinnliche Informationsgewinnung oder Psychokinese verwendet. Im folgenden soll immer von PSI gesprochen werden, wenn wir allgemein über parapsychologische Fähigkeiten oder Phänomene sprechen.

Die Untersuchungen der Parapsychologie beziehen sich auf drei Felder: Die Untersuchung spontan auftretender Fälle, Experimente mit quantitativ-statistischen Methoden im Laboratorium mit beliebigen Versuchspersonen, um mögliche generelle parapsychologische Fähigkeiten herauszufinden und Experimente mit sensitiv begabten Medien. Was ist allerdings die Parapsychologie nicht: »Obwohl Medien dies oft vermitteln, Parapsychologie ist nicht einfach das Studium von allen Phänomenen, die irgendwie paranormal oder bizarr erscheinen. Auch hat Parapsychologie nichts mit Astrologie, Ufos, der Suche nach Bigfoot, Heldentum, Vampiren, Alchemie oder Hexerei zu tun« (www.parapsychology.org). Man sollte aber auch darauf achten, daß sie nicht zur Rechtfertigung pseudowissenschaftlicher, parareligiöser und dogmatischer Ideologien mißbraucht wird.

Wenn zum besseren Verständnis nun einige Schlüsselbegriffe der Parapsychologie erläutert werden, stütze ich mich dabei auf das Glossar des Freiburger Instituts für Grenzgebiete der Psychologie und Psychohygiene, auf die Association for Parapsychology (USA), auf Hans Bender, Eberhard Bauer, Charles Tart und Alex Schneider.

Gewöhnlich werden Telepathie, Hellsehen und Präkognition unter dem Begriff ASW (engl. ESP = extra sensory perception) »außersinnliche Wahrnehmung« zusammengefaßt. Da darin schon eine implizite, noch nicht zureichend geklärte Schlußfolgerung liegt, daß es sich um Wahrnehmungsvorgänge handelt, führt R. Tischner (vgl. dazu Schneider in Resch, 1986) den Begriff ASE ein und versteht damit »das Erfassen von fremdpsychischen Vorgängen bzw. objektiven Situationen in Gegenwart oder Zukunft ohne Verwendung der Sinneskanäle« (ebenda, S. 234). Wenn wir die weiteren Begriffe vorläufig skizzieren, so stoßen wir unwillkürlich auf Überlappungen und Unschärfen, weil sie Vorgänge beschreiben, die noch nicht umfassend geklärt werden konnten und vermutlich fragwürdig bleiben werden. ASW zeigt sich im Zusammenhang mit Personen, Situationen, Objekten und Sachverhalten: »Die Versuchsperson kann die Fähigkeiten besitzen, mit Hilfe von ASW Information über Ereignisse – nicht allein an einem entfernten Punkt im Raum, sondern auch an einem zeitlich entfernten Punkt – zu gewinnen« (Ryzl, 1999, S. 118).

Als Telepathie bezeichnet man die Übertragung einer seelischen Gegebenheit bewußter oder unbewußter Art, Gedanken, Gefühle, Empfindungen, Vorstellungen auf eine fremde Psyche ohne die Vermittlung uns bekannter Sinnesorgane. Umgangssprachliche Begriffe, die oft zu Mißverständnissen führen, weil sie nicht präzise den Sachverhalt treffen, wären Gedankenlesen, Gedanken erraten, Zustände und Schmerzen wahrnehmen, gleichzeitig den identischen Gedanken haben. Dabei ist hervorzuheben, daß sich paranormaler Informationserwerb nicht nur auf bewußte, sondern auch auf unbewußte Inhalte beziehen kann. In intensiven Psychotherapieprozessen spielen diese subtilen Vorgänge sicherlich eine bedeutsamere Rolle, als wir bisher angenommen haben. Über die Informationsart, deren Interpretation und mögliche Fehlerquellen muß natürlich noch ausführlicher gesprochen werden.

Hellsehen bezeichnet die Erfahrung von Sachverhalten über nicht physikalische Informationskanäle oder ein paranormaler Informationserwerb, der sich auf einen Gegenstand oder ein gleichzeitig existierendes Ereignis bezieht. Verschiedene Autoren (Bender u. a.) verstehen unter Hellsehen nur das Erfassen gegenwärtiger Situationen, während bei anderen (Tenhaeff u. a.) mit Hellsehen ein Oberbegriff gemeint ist, der die zeitlich verschobenen Phänomene mit einbezieht. Sie ist die direkte Erfahrung einer in der äußeren Welt vorhandenen Realität ohne die Zuhilfenahme uns bekannter Informationskanäle.

Präkognition ist ein äußerst vielschichtiges Phänomen. Es bedeutet Vorauserkennen und wurde im Christentum als Prophetie bezeichnet. Sie geht von der Möglichkeit aus, die lineare Zeitachse nach vorne und nach hinten (Retrokognition) zu transzendieren. Demgemäß können zukünftige (und vergangene) Ereignisse und Erfahrungen eines Menschen erfaßt werden, ohne die Analyse und die Zuhilfenahme gegenwärtiger Daten. Der Begriff Präkognition in Kombination mit dem Hellsehen beschreibt annäherungsweise das, was der Volksmund mit »zweites Gesicht« meint.

Präkognition, Hellsehen und Telepathie sind nicht scharf voneinander getrennt, so daß es auch zu unterschiedlichen Anwendungen kommt. Hans Bender (vgl. 1984) erläutert an der berühmt gewordenen Vision des schwedischen Gelehrten und Geistersehers Swedenborg (vgl. Immanuel Kant: »Träume eines Geistersehers«) die Unterschiede der Begriffe.

»1756 sah Swedenborg in Göteborg gleichzeitig einen in Stockholm wütenden Brand. Wäre nun der Seher in unerklärlichen Kontakt mit den Augenzeugen des Brandes in Stockholm gestanden, so wäre das Telepathie. Bezieht sich nun die Vision nicht auf die Spiegelung in irgendeiner Psyche, sondern würde sie der Seher direkt und selbst wahrnehmen, so handelt es sich um Hellsehen. Hätte nun Swedenborg den Brand vorausgesehen – so revoltierend es klingt: Es werden viele Begebenheiten solcher Art berichtet –, es wäre der Vorgang der Präkognition gegeben« (ebenda, S. 13).

Telepathie, Hellsehen und Präkognition sind keine voneinander unabhängigen Grundfunktionen, sondern sensitiv begabte Menschen weisen zumeist in allen Bereichen überzufällige Ergebnisse auf. Bender geht somit von einer zugrundegelegten PSI-Fähigkeit aus, die von den raum-zeitlichen Bedingungen unabhängig ist.

Psychokinese (auch Parapsychophysik genannt) ist die psychische oder geistige Beeinflussung eines physikalischen Systems, die sich mit Hilfe bekannter physikalischer Energien nicht völlig erklären läßt. Die bekanntesten Phänomene sind das Verbiegen von Messer oder Gabel, das ins Rollen bringen einer Kugel, Materialisationen und Geistheilung. In englischen Hospitälern werden Geistheiler zur Unterstützung der medizinischen Therapie einbezogen. Wichtig ist, daß es sich bei der Psychokinese nicht nur um eine Art »Fernbewegen« handelt, sondern jedwede Art von unerklärlichem psychischem Einfluß auf materielle Systeme. Dazu gehören Spukphänomene, das Stehen bleiben von Uhren und das Zerbersten von Spiegeln in Todesfällen, unerklärliche Tonbandstimmen u. v. m.

Ein Blick in die Geschichte der Parapsychologie zeigt mit wie viel Solidität und kritischer Distanz zu ihrem eigenen Forschungsbereich die entsprechenden Fragen und Probleme untersucht wurden, so daß mit Fug und Recht der Vorwurf sie sei eine sektiererische Gruppe von leichtgläubigen Spinnern zurückgewiesen werden kann.

Zur Geschichte der Parapsychologie

Parapsychologische Phänomene sind seit der Antike in Mysterienkulten, Einweihungszeremonien und spirituell-religiösen Schulungen als »Normalität« integriert. Die Befragung des Orakels, die Dienste von Hellsehern, die Anrufung von Heiligen, die Anerkennung von Zukunftsvisionen in Träumen, die Berücksichtigung astrologischer Konstellationen, die Heilung durch Handauflegen und magische Rituale gehörten im alten Ägypten und in Babylonien selbstverständlich zu einer guten Lebensführung.

Die Schriften des Christentums und des Islams bezeugen in vielfacher Weise Wunder, prophetische Träume und Visionen, paranormale Heilungen und Weissagungen.

Auch im Yoga des Hinduismus und im Buddhismus wird von außergewöhnlichen Fähigkeiten (siddhis) einiger Sadhus ehrfurchtsvoll berichtet. Sie können über glühende Kohlen gehen, ohne sich zu verbrennen, sich bei lebendigem Leib für längere Zeit eingraben lassen, über Stunden den Atem anhalten, jahrelang fasten, die Aura und die Inkarnationen eines Menschen vor ihrem geistigen Auge sehen, durch Blicke oder Berührung dem Schüler eine mystische Erfahrung vermitteln und sie sind fähig zu Materialisationen und Levitationen: »Indien ist die Wiege des Yoga, eines Systems von Lehren, die nicht allein zu einer Beherrschung der physiologischen Vorgänge im menschlichen Körper führen und damit den Körper gesünder und leistungsfähiger machen, sondern auch zu einer Beherrschung parapsychischer Fähigkeiten führen« (Ryzl, 1989, S. 38).

Ab dem Mittelalter begegneten sich im christlichen Abendland immer wieder zwei Strömungen: Einerseits viele Schilderungen über außersinnliche Wahrnehmungen (z. B. in Augustinus' Buch: *Contra academicos*, ASW seiner Schüler), parapsychologische Phänomene der Mystiker wie Levitationen (u. a. Joseph von Copertino), Stigmatisierungen (Therese Neumann von Konnersreuth und Pater Pio), Weissagungen in ekstatischen Zuständen (Teresa von Avila), monatelanges Fasten (Bruder Klaus von der Flühe), Visionen und automatisches Schreiben (Hildegard von Bingen). Im Untergrund gab es Hexen- und Satanskulte, Geisterbeschwörungen und Opferrituale, die ein breites Repertoire primitiver Volksweisheit und abergläubischer Praktiken enthielten. Der Exorzismus, der von der katholischen Kirche praktiziert wurde, richtete sich gegen eine dämonische Geisterwelt; dabei ging es nicht um eine Integration der dunklen Seiten, sondern um eine Vernichtung und Abspaltung.

Durch die enge Verquickung von Staat und Kirche wurde die Religion auch zu einem Gewaltinstrument mißbraucht, was zu großen Auswüchsen (Inquisition) führte. Die Intellektuellen jener Zeit durchschauten dies und wendeten sich gegen das Diktat der Kirche, indem sie nur noch das glaubten, was sie sahen oder mit Händen greifen konnten. Als Hauptvertreter dieser Gegenbewegung trat der englische Spätscholastiker Ockham hervor, der das Besondere, die Dinglichkeit und Materialität als Bestimmungsmerkmale des Realen sah. Gegen ihn wurde 1340 das sogenannte »Nominalistenstatut« verfaßt, das sich neuen Lehren widersetzte. Dies war der Frühbeginn der Aufklärung, die dann in den wissenschaftstheoretischen Positionen des Positivismus und Empirismus (Descartes, Locke, Hume, Bacon) ihre Ausformulierung fand. Die moderne wissenschaftlich-experimentelle Forschung entfaltete sich aus diesem Kontext. Alles Spekulative, Mystische und Ganzheitliche war, historisch aus gutem Grund, dem Aberglauben verdächtig und wurde weitgehend eliminiert. Neben den Geheimbünden, wie dem Orden der Templer, Freimaurer und Rosenkreuzer, in denen die okkulten Praktiken fortgeführt und mystische Traditionen gepflegt wurden, gab es einige hervorragende Denker und Gelehrte (u. a. Theophrastus, Paracelsus, Agrippa von Nettesheim, Nostradamus), die sich sehr stark mit dem beschäftigten, was wir heute unter Parapsychologie verstehen (Ryzl, 1989, S. 36): »Daneben gibt es mehrere Sammlungen von Weissagungen, die sogar gedruckt worden sind und sich in manchen Punkten später als zutreffend erwiesen haben. Autoren solcher Schriften waren z. B. Nostradamus (1503–1566) und Jaques Cazzote (1719–1792).«

Berühmt wurde Nostradamus durch eine Prophezeiung, in der er König

Heinrich II. von Frankreich vor einem Zweikampf warnte, bei dem er sein Augenlicht verlieren würde. Am 1. 7. 1559 verlor der König in einem Turnier sein rechtes Auge und starb am Tag darauf an dieser Verletzung.

Über den Seher Swedenborg (1688–1772) wurde schon an anderer Stelle gesprochen.

Die wissenschaftliche Aufklärung, soziale und politische Umwälzungen, magisch-okkulte Zirkel und sensationelle Einzelberichte von Menschen mit paranormalen Fähigkeiten, waren der Boden, aus dem die Parapsychologie der neueren Zeit hervorbrach.

Im folgenden sollen nun einige Etappen und Pioniere der parapsychologischen Forschung skizziert werden, um den Kontext dieses Themenbereiches besser zu verstehen und die fruchtbaren Ergebnisse dieser Entwicklung für die vorliegende Untersuchung nutzbar zu machen. Es zeigt uns gleichzeitig mit welchen Anstrengungen versucht worden ist, PSI nachzuweisen und wie schwierig es ist, mit dem großen Rest an Unerklärlichem zu leben.

An dieser Stelle können nur einige Linien und Themen herausgegriffen werden, für eine vollständige historische Rezeption sei auf die Werke von Bauer in: Lucadou (1995), Ryzl (1989), Beloff (1993), Tart (1986), Radin (1997) und Bender (1984) verwiesen. Die neuere Geschichte der Parapsychologie kann nach Bauer (1995) in vier Phasen eingeteilt werden:

»(1) der Mesmerismus vom späten 18. bis in die Mitte des 19. Jahrhunderts und seine merkwürdigen Berichte über die ›magnetisierten‹ Somnambulen, (2) die Massenbewegung des *Spiritismus* in der zweiten Hälfte des 19. Jahrhunderts, in die Elemente des Mesmerismus (z. B. Fluidum, Seancen und behauptete ›Jenseitskontakte‹ durch besonders ›begabte‹ Medien) eingeschmolzen werden, (3) die Gründung der heute noch aktiven *›Society for Psychical Research‹* in London (1882), die den Beginn einer systematischen und vorurteilslosen Erforschung ›okkulter‹ Phänomene markiert, und (4) die Etablierung der *Psi-Forschung* als wissenschaftlicher Disziplin an vereinzelten Universitäten Anfang der dreißiger Jahre des 20. Jahrhunderts« (Bauer, in: Lucadou, 1995, S. 16).

Mesmerismus

Zur ersten Phase vom späten 18. Jahrhundert bis Mitte des 19. Jahrhunderts zählt er den Mesmerismus. Mesmer (1734–1815) ging davon aus, daß ein universales Fluidum das All, alle Organismen und Lebewesen durchflutet und verbindet. Durch Disharmonien des Fluidums entstehen Krankheiten. Durch harmonische Streichbewegungen, mit einem Magneten oder mit bloßen Händen, am oder in einem knappen Abstand vom Körper, kann die natürliche Balance wieder hergestellt werden und somit eine grundlegende

Heilung unterstützt werden. Die Streichbewegungen werden unterstützt durch zeremonielle Gebärden und beständiges Suggerieren des Heilerfolgs. Mesmer beobachtete nun, daß während des sogenannten Magnetisierens die Menschen in einen tranceartigen Zustand, begleitet von Zuckungen, Krämpfen und Bewußtseinsstörungen, fielen und dazu Phänomene zeigten, die als paranormal klassifiziert wurden. Hellsehen, Sinnesversetzung (Sehen mit anderen Körperteilen, wie zum Beispiel den Fingerspitzen) und außerkörperliche Wanderungen. Dies ist nach heutiger Sicht nicht unerwartet, weil im veränderten Bewußtseinszustand paranormale Erlebnisse leichter zugänglich sind. Mesmer schreibt selbst (in: Ryzl, 1989, S. 40): »Bisweilen kann der Somnambule dank seinem inneren Sinne deutlich die Vergangenheit wie die Zukunft erkennen.« Und Ryzl bemerkt (ebenda) dazu: »Nach dieser Entdeckung begannen Puysegur und andere Magnetiseure regelmäßig bei ihren Patienten ASW Phänomene zu beobachten. Die Patienten pflegten im magnetisierten Zustand sowohl ihre eigene Krankheit als die anderer zu beschreiben und Empfehlungen für die Heilung zu geben.« Durch das Magnetisieren wird eine Verbindung zu den höheren Seinsenergien hergestellt, die dann auf einer tieferen Ebene Heilung hervorrufen: »Seine Heilerfolge und die ekstatischen Zustände seiner Patienten erklärte er als Sättigung ihres Körpers mit dem ... alles durchströmenden Fluidum« (Ryzl, 1989, S. 39). Moderne Therapieformen einer Harmonisierung fluidaler leibnaher Energien zum Zwecke einer ganzheitlichen Heilung finden wir in prozeßorientierten Leibtherapien, im Reiki, in der Orgodynamik und in einigen Formen der Chakrenarbeit. Die »heilende Berührung« schafft einen sanften energetischen Ausgleich im Geist-Seele-Körper Wesen und aktiviert die inneren Selbstheilungskräfte. Was dabei genau heilsam ist, bleibt natürlich die Frage, doch liegt in der Symbolik des Handauflegens auch die Idee, daß der Heiler die kosmischen Energien durch sich wirken läßt. Ohne Zweifel heilt auch die menschliche Wärme, die Tröstung und der Glaube an die Heilung. Es werden dadurch auch die inneren Kräfte gebündelt und zentriert. Der somnambule Zustand kommt auch durch suggestive und hypnotische Formeln des Magnetiseurs zustande. Später erforschten Braid, Charcot und Liebault den »magnetisierten Zustand«: »Es wurde festgestellt, daß der schlafähnliche Zustand, für den die Bezeichnung *Hypnose* oder *hypnotischer Zustand* eingeführt wurde, auch auf andere Weise als durch die Praktiken des Magnetisierens herbeigeführt werden kann und daß die Deutung dieses Phänomens keineswegs die Annahme eines magnetischen Fluidums erfordert« (Ryzl, 1989, S. 41). So ist das Magnetisieren ein Vorläufer der Hypnose. Während sich also mit der Hypnose ein Zweig herausbildete, dem sich Ärzte, Psychologen und andere Humanwissenschaftler annahmen, entstand rund um den okkulten Teil eine Gruppierung von hellsehenden

Somnambulen, Magnetiseuren und Gauklern, die ihren Lebensunterhalt mit dem zur Schau stellen von sensationellen Fähigkeiten verdienten.

Spiritismus

In einer zweiten Phase ab Mitte des 19. Jahrhunderts war es der Spiritismus, der sich wie ein Lauffeuer, zunächst in den USA und dann in England und im übrigen Europa, ausbreitete. Medien überbrachten mit Hilfe von Tischrücken, automatischem Schreiben und der Anrufung von Geistern aus dem Jenseits den Menschen Botschaften. Somit kehrte der somnambule Zustand als »Trance« wieder. Geistersehen, Clairvoyance, Jenseitsreisen und andere Phänomene wurden als besondere Fähigkeiten einer sensitiv begabten Person, des Mediums angesehen. Das Medium wurde zum Mittler zwischen der sichtbaren und unsichtbaren Welt. Es gab auf entsprechende Wünsche der Teilnehmer durch Trancereden oder automatisches Schreiben Botschaften durch, die angeblich von Kommunikatoren (den Verstorbenen) stammten und durch die Kontrolle (dem Geistführer) des Mediums vermittelt wurden. Das Seanceritual und seine besondere Atmosphäre etwa der Dunkelheit oder Kettenbildung der Sitzungsteilnehmer, damit die fluidale Kraft durch sie hindurchströmen konnte und dem Medium bei der Kontaktaufnahme mit dem Jenseits behilflich war, kristallisierte sich heraus.

Der Begründer des Spiritismus Jackson Davis (1826–1910) schrieb ein Buch über den Kontakt mit der Geisterwelt. Sein philosophisches Hauptwerk *The principles of nature* diktierte er selbst im Trancezustand. Die wissenschaftliche Kontroverse war einerseits gekennzeichnet durch die Überprüfung verschiedener Botschaften durch angesehene Zeugen, die diese für beweiskräftig hielten, andererseits durch Entlarvung von Fälschungen und Betrügereien. Um die siebziger Jahre des 18. Jahrhunderts erregte zum Beispiel das schottische Medium D. D. Home Aufsehen, das von dem in seiner Zeit herausragenden Chemiker und Physiker William Crookes geprüft wurde:

»Was heute noch erstaunt – und weshalb der Fall Home ein eigenes Spezialstudium voraussetzt –, ist die große Anzahl anscheinend neutraler und zuverlässiger Personen, die bereit waren zu bezeugen, das Home vor ihren Augen unter guten oder ausreichenden Sichtbedingungen verblüffende Phänomene produzieren konnte, wie z. B. Bewegungen und Levitationen schwerer Tische und anderer Gegenstände oder die Erzeugung von Melodien unter Bedingungen, bei denen eine manuelle Betätigung der Griffplatten des Musikinstruments offenbar unmöglich war – und vieles andere mehr« (Bauer 1995, S. 25).

Später wurden auch Materialisationen – aus dem Dunkel heraus entstanden schemenhafte Gebilde – von den Teilnehmern fotografiert. Das Tischrücken, eine besondere Form des Spiritismus, die wie eine Epidemie das Abendland überzog, wurde zunächst auch damit gedeutet, daß sie von Geisterhand bewegt wurden, später dann waren es die unwillkürlichen Muskelspannungen und die hypnoiden Zustände der Teilnehmer, die dafür verantwortlich gemacht wurden. Namhafte Forscher untersuchten diesen Sachverhalt objektiv und kamen auch zu keiner eindeutigen Erklärung, wie der Nobelpreisträger Charles Richet, der 1894 mit Eusapia Paladino, einem berühmten Medium, experimentierte und schrieb:

»Ich sah zweimal einen schweren Tisch 1 Fuß hoch völlig über den Boden erhoben. Alle standen um den Tisch herum, Hände und Füße Eusapias gehalten, ihre Hände auf der Tischplatte, nicht in der Nähe des Randes; es war für Eusapia, selbst wenn sie frei gewesen wäre, unmöglich, den Tisch zu heben, während sie an einer Ecke desselben stand und ihre Hände auf der Tischplatte hatte« (Sexauer, 1960, S. 6).

Der Spiritismus mit seinen neuen Praktiken und neuen Theorien verbreitete sich sehr rasch. Bereits 1851 waren allein in New York an die 100 Medien tätig. 1870 gab es bereits 10 Millionen organisierte Spiritisten und 1890 an die 15 Millionen, vor allem in den angelsächsischen Ländern und den USA. Der Spiritismus breitete sich überwiegend bei einfachen Leuten aus. Dies führt naturgemäß zu einer verminderten Kritikfähigkeit. Bei einer solchen Massenbewegung konnte es nicht ausbleiben, daß damit allen möglichen Fälschungen, Betrügereien und Ideologien Tür und Tor geöffnet wurden.

Der Psychologe Wilhelm Wundt und viele seiner Kollegen gingen von »Taschenspielertricks« und einer »unvernünftigen Welt der hysterischen Medien« aus, die nur ihren kindlichen Aberglauben verbreiteten.

Angesichts dieser Diskussionen war es an der Zeit, diese ausdauernd auftretenden Phänomene umfassend wissenschaftlich zu untersuchen und sich nicht allein auf sensationelle Einzelfallstudien zu beziehen. Der Spiritismus hat überdauert und wird auch heute noch in verschiedenen Zirkeln betrieben. Der tranceartige Zustand der Medien, unter dessen Einfluß sicherlich mit paranormalen Phänomenen zu rechnen ist, die nicht unbedingt mit der Geisterwelt der Verstorbenen erklärt werden müssen, kann entscheidend von suggestiven und hypnotischen Techniken induziert werden. Wir wissen heute, daß es unter dem Einfluß von Hypnose zu Depersonalisationserscheinungen, zu veränderten Bewußtseinszuständen und zu Teilidentifikationen kommen kann, die durchaus dem kollektiven Unbewußten (C. G. Jung) entspringen können. Bei Zirkusvorstellungen sehen wir Menschen unter Hypnose als authentische »andere Personen« oder Tiere, ähnlich einem Schauspieler, der unterschiedliche Rollen spielt. Je nach dem Befehl des Hypnotiseurs fühlt sich der Empfänger der Suggestion einmal als kleines Kind, als Krieger in einer

Schlacht, als Herrscher, als Schuhputzer und spielt diese Rollen perfekt, auch wenn er es vorher noch nie versucht hat.

»Die Trance eines spiritistischen Mediums kann als Sonderform des hypnotischen Zustandes betrachtet werden. Dieser Zustand ist für das Eintreten automatischer Reaktionen, die in einem suggerierten Zustand der Entpersönlichung ausgeführt werden, besonders günstig. Das Medium spielt in seiner Trance die suggerierte Rolle eines inkarnierten Geistes und stellt positiv den Geist dar« (Ryzl, 1989, S. 44 f.).

Im Jahr 1974 besuchte ich ein Seanceritual einer spiritistischen Gemeinschaft. Es wurde in folgender Weise durchgeführt: Ein vorher ausgewähltes Medium wurde durch langsame Streichbewegungen des Ritualführers in Trance versetzt (somnambuler Schlaf), oder bei anderer Gelegenheit gaben sich alle Teilnehmer im Kreise sitzend die Hände, und nach kurzer Zeit fiel das Medium in Trance. Plötzlich ging ein Ruck durch das Medium, Zuckungen entstehen, das Medium nimmt eine andere Körperhaltung ein und erhebt die Stimme. Die anderen Personen hörten andächtig zu. Aus dem Medium sprachen nun abwechselnd verschiedene Geistwesen. Es handelte sich dabei nach Aussagen dieser Geistwesen, die durch das Medium sprachen, um verstorbene Verwandte, um prominente geschichtliche Personen (z. B. Albert Schweitzer) oder um biblische Figuren (z. B. Erzengel Gabriel). Es folgten je nach Geistwesen allgemeine Lebensanweisungen, Hilfe bei persönlichen Problemen, Voraussagen für die Zukunft, Befürchtungen für die Entwicklung des Planeten und Ratschläge, wie man zu einer globalen Verbesserung der Menschheit beitragen kann.

Am Ende der Sitzung gibt es vielleicht noch einen Segensspruch, und nach Verlassen des Geistwesens kommt das Medium allmählich wieder zu seinem eigenen Bewußtsein zurück.

Diese Gemeinschaften waren und sind in der Regel organisiert wie Geheimbünde, an denen man nur durch Einladung oder mündliche Propaganda teilnehmen kann, zumeist im westeuropäischen Raum verbunden mit urchristlichem, theosophischem und anthroposophischem Gedankengut. Wir finden diese Rituale in abgewandelter Form unter Zuhilfenahme von stofflichen Substanzen natürlich auch in den ethnischen Kulturen auf der ganzen Welt.

Als echte Medien von Scharlatanen aufgrund der bizarren Spiritismusszene kaum mehr zu unterscheiden waren, kam der Wunsch auf, sich systematischer der wissenschaftlichen Untersuchung von ASW zuzuwenden.

Experimentelle Parapsychologie

Die aussagekräftigen und unter kritischen Zeugen beobachteten Fälle von parapsychologischen Phänomenen und der daneben »florierende Graumarkt« ermutigten die Wissenschaftler, die nicht von vornherein alles pauschal verwarfen, sich systematischer und ideologiefreier mit diesen Untersuchungsgegenständen auseinanderzusetzen.

Die Geburtsstunde der experimentellen Parapsychologie läßt sich mit zwei Ereignissen in Zusammenhang bringen: Die Gründung der S.P.R. (Society for Psychical Research) in London. Nach dem Urteil von Ryzl (1989) waren ihre Gründer eine Gruppe hervorragende, verdienstvolle Gelehrter ihrer Zeit, Universitätsprofessoren aus Cambridge wie Henry Sidgwick (1838–1900), Mrs. Sidgwick (1845–1936) und F. W. H. Myers (1843–1901). Zeitweise (1894–1895) war auch William James ihr Präsident.

Die Gesellschaft, die privat und interdisziplinär von jungen und ehrgeizigen Forschern organisiert wurde, nahm sich vor, die umfangreiche Sammlung von Spontanberichten zu sichten, Medien und Sensitive zu untersuchen und Laborexperimente (z. T. mit Hypnose) durchzuführen. Mit einer Präambel begaben sie sich auf den Weg:

»Als Gesellschaft gesehen sind wir ganz unvoreingenommen, und als Einzelpersonen sind wir uns alle darüber einig, daß wir jede einzelne Untersuchung mit dem einen Wunsch unternehmen wollen, die Tatsachen ohne eine vorgefaßte Meinung zu ermitteln« (Bauer, in: Lucadou, 1995, S. 28).

Das Feuer, das in ihnen loderte, wurde durch folgende Aussage von Sidgwick deutlich:

»Wir müssen den Gegner so weit bringen, daß er gezwungen wird zuzugeben, daß die Phänomene wenigstens für ihn unerklärlich sind – oder er muß die Untersucher der Lüge, des Betruges, der Blindheit oder Vergeßlichkeit beschuldigen, wie sie unvereinbar sind außer absolutem Schwachsinn« (ebenda).

Sie waren hochmotiviert und voller Schaffenskraft. Eines der Hauptanliegen der Society war die Untersuchung der Telepathie und des Hellsehens, der ein ausgedehntes Erfahrungsmaterial und spontane Erlebnisberichte zugrunde lag: Träume, Visionen oder Erscheinungen von lebenden oder sterbenden Personen. Mit äußerster Sorgfalt wurde diesen Berichten nachgegangen und umfassende Beweismaßstäbe angelegt. Neben der Sicherung des Auftretens der ASW wurden weitere wichtige Entdeckungen gemacht. Ryzl (1969) schreibt, die spontanen Fälle von ASW hätten sich überwiegend unter Verwandten oder engen Freunden ereignet, oft im Schlaf oder in Zuständen verminderter psychischer Tätigkeit: geistiger Entspannung, Ermüdung oder Fieber. Bisweilen seien diese Erlebnisse genaue Reproduktionen tatsächlicher Ereignisse, viel häufiger seien sie wie eine Art künstlerischer Gemälde wirklicher Ereignisse: die Wirklichkeit werde phantastisch verzerrt oder symbolhaft ausgedrückt, wie dies besonders oft in Träumen der Fall ist.

Natürlich ist, wie in der Traumdeutung, Vorsicht angesichts der Berichterstattung angebracht, denn alle Fehlerquellen subjektiver Verzerrung, Wunscherfüllung, Glorifizierung der eigenen Erlebnisse usw. können hier mit einfließen. Deshalb wurden auch, wie schon erwähnt, Maßstäbe (Ryzl, 1989, S. 54) zur Verarbeitung spontaner Berichte ausgearbeitet:

a. Aussonderung zu weit zurückliegender Berichte,
b. Ausschluß von Berichten aus zweiter oder dritter Hand,
c. Präkognitionen müssen vorher einem Dritten mitgeteilt oder aufgeschrieben worden sein,
d. der Bericht von der Erfüllung der Vorhersage muß genauso sorgfältig wie das Erlebnis selbst überprüft werden,
e. Absicherung, daß keine normale Informationsübermittlung stattgefunden hat,
f. Überprüfung der Zuverlässigkeit des Beobachters,
g. Berichte der Beobachtungen müssen auch vom Stande der Wahrnehmungspsychologie aus gewertet werden.

Aufsehen erregte die Untersuchung von Medien, durch die angeblich der Geist von Verstorbenen sprach. Mrs. Piper ist in der Geschichte der Parapsychologie wohl der am meisten untersuchte Fall, ein Schreib- und Sprechmedium im klassischen Sinne; ihre Äußerungen erfolgten ausschließlich im tiefen Trancezustand, in dem ihre ursprüngliche Persönlichkeit zurücktrat und Kontrollgeister sozusagen Besitz von ihr ergriffen und sich durch ihren Mund und ihre Hand manifestierten. Sie wurde von Amerika nach England zur SPR eingeladen, und ohne ihr Wissen wurden Personen ausgesucht und zu den Seancen eingeladen. Mrs. Piper machte im Trancezustand sehr genaue Angaben über diese Personen. Eindrucksvoll war zum Beispiel,

»daß in manchen Seancen die ›Geister‹ ihre Gegenwart so charakteristisch manifestierten, daß Anwesende ihre verstorbenen Freunde an den Eigenarten im Verhalten des Mediums erkannten. So ist bei den Seancen mit Mrs. Piper angeblich ein George Pelham (Pseudonym) erschienen, der kurz zuvor gestorben war. Im Verlauf der verschiedenen Seancen geschah es über 30mal, daß dieser George Pelham durch Mrs. Pipers Mund Personen grüßen ließ, die er während seines Lebens gekannt hatte. Diese Personen aber waren Mrs. Piper nicht bekannt, und sie wurden öfters unter falschen Namen zu den Sitzungen gebracht. Pelham grüßte keine einzige Person als Bekanntschaft, mit der er während seines Lebens nicht in Berührung gekommen war; aber als seine Eltern unter falschem Namen in der Sitzung erschienen, begrüßte der ›Geist‹ sie ganz spontan mit ›Hallo, father and mother!‹« (Ryzl, 1989, S. 61)

Es gab und gibt auch heute noch eine Kontroverse zwischen spiritistischen Erklärungsansätzen, die von einem Leben nach dem Tode ausgehen und demzufolge sich durch die Medien Verstorbene melden, und der animistischen Hypothese, derzufolge die bezeugten Fähigkeiten der Medien auf innere Kräfte der Psyche zurückzuführen sind.

Das gleichzeitige Auftreten von erlebter Authentizität und nachträglichen Betrugsvorbehalten (»gemischte Fälle«) bei vielen untersuchten Fällen (u. a. Mrs. Piper und Eusepia Palladino, vgl. Ryzl 1989, Bauer in: Lucadu, 1995 und Beloff, 1993) spaltete ebenfalls die Forscher und führte sogar so weit, daß sich die SPR nicht mehr mit Materialisationen beschäftigen wollte und dies den Pariser Kollegen überließ, weil keine schlüssigen Erklärungen in Sicht waren und Tricks nicht auszuschließen waren:

»Eine Konsequenz davon war, daß die SPR ... beschloß, daß der physikalische Materialismus mehr Ärger einbrachte, als er eigentlich verdiente ... Ein Ergebnis dieser Einstellung war, daß ein Großteil der besten Untersuchungen an physikalischen Medien in diesem Jahrhundert am Pariser Institut Metapsychique durchgeführt wurde« (Beloff, 1993, S. 139).

Dies führte dazu, daß man sich nicht mehr so sehr auf spektakuläre Fälle konzentrierte, sondern mehr einzelne ASW Fähigkeiten untersuchte.

In diesem Sinne ist auch die Errichtung des parapsychologischen Laboratoriums an der Duke University unter J. B. Rhine zu verstehen. Für ihn war es wichtig, der wissenschaftlichen Welt zu zeigen, daß sich ASW statistisch nachweisen läßt, daß Parapsychologie nichts mit dem Dunkelbereich der Seancen und spiritistischen Sitzungen zu tun hat, und er ging außerdem davon aus, daß ASW eine überall verbreitete Fähigkeit ist, also daß jeder sie zu einem gewissen Grade besitzt. In unzähligen Experimenten, insbesondere Kartenexperimenten, ging er dieser Hypothese nach. Dabei wurden besonders begabte Personen und zufällige Stichproben auf Telepathie, Hellsehen, Präkognition und Psychokinese untersucht. Die Versuche bauten sich hauptsächlich über Karten- und Würfelexperimente auf. Eine Serie von ASW-Karten besteht aus 25 Karten mit fünf verschiedenen Symbolen: Kreis, Stern, Viereck, Kreuz und Wellenlinien. Der Versuchsleiter mischt die Karten und schaut sich eine nach der anderen an, und die Versuchsperson hat nun herauszufinden, welche Karte der Versuchsleiter gerade betrachtet, und protokolliert dieses nacheinander. Wenn eine dritte Person nun die Karten in einem undurchsichtigen Briefumschlag dem Versuchsleiter aushändigt und dieser sie mischt, ohne sie selbst zu sehen, dann aufeinanderstapelt und die Versuchsperson die Reihenfolge der Karten zu erkennen versucht, wird Hellsehen untersucht. Schreibt die Versuchsperson die Reihenfolge auf, bevor die Karten vom Versuchsleiter gemischt und aufeinandergestapelt werden, geht es um Präkognition. Ist die Trefferquote nun signifikant über der Zufallserwartung von 20 Prozent, gelten die Effekte als bestätigt. Bei den

Würfelexperimenten wurde die Versuchsperson aufgefordert, den Würfel geistig so zu lenken, daß eine bestimmte Zahl oben erscheint, um nachzuweisen, daß mit geistiger Kraft Objekte bewegt werden können (Psychokinese). Die Versuchsanordnungen wurden in jeder erdenklichen Art und Weise variiert, und man wurde nicht müde, durch Abschirmung und Absicherung auszuschließen, daß doch normale Sinneswahrnehmungen mit einflossen. In der Literatur wird stellvertretend für andere das Pearce (Versuchsperson)-Pratt (Versuchsleiter)-Karten-Experiment (genaue Beschreibung Tart, 1986, S. 40 ff.), das am Duke Institute in vier Teilserien mit insgesamt 74 Durchgängen stattfand, hervorgehoben:

»In jeder Teilserie kam Pearce auf eine weit größere Zahl von Treffern, als dies allein durch Zufall möglich gewesen wäre, und selbst in der am wenigsten signifikanten Teilserie C wären die erzielten Ergebnisse nach dem Zufallsprinzip seltener als einmal in 10 000 Fällen erreicht worden ... In der erfolgreichsten Teilserie war die Abweichung von der Zufallswahrscheinlichkeit enorm groß. Die vier Serien insgesamt zeigten außerordentlich signifikante Ergebnisse, die eine Wahrscheinlichkeit von 10^{-22} besitzen. Es wäre lächerlich, diese Ergebnisse als Zufallsergebnisse zu bezeichnen. Sie sind weit signifikanter als diejenigen, die in vielen wissenschaftlichen Disziplinen als ein Erfolg angesehen werden« (Tart, 1986, S. 43 f.).

Die Systematisierung der experimentellen Parapsychologie erfolgte in drei Richtungen: a. Sammlung und Untersuchung von spontan auftretenden Fällen. b. Organisation von Versuchen und Experimenten mit Personen, denen parapsychologische Fähigkeiten nachgesagt wurden, wie zum Beispiel spiritistische Medien. c. Untersuchung von Menschen auf ASW Fähigkeiten, verbunden mit der Frage, ob es sich um Phänomene handelt, die generell dem Menschen gegeben sind.

Es war eine euphorische Aufbruchstimmung, wissenschaftlich zu beweisen, daß es paranormale Erfahrungen gibt, daß jeder Mensch dazu fähig ist, und herauszuarbeiten, unter welchen Umständen diese vorkommen, wie sie beschaffen sind und wie sie erklärt werden können. Der Beweis, daß es ASW bzw. PSI gibt, ist geglückt. Die Art und Weise konnte detailliert erläutert werden, auch die Umstände, Eigenschaften und Milieus, die sie begünstigen. Bestimmte Charakteristika, wie Instabilität und Elusivität der Phänomene, die zunächst Verwirrung und Irritationen auslösten, konnten herausgearbeitet werden. Auch die Schwäche der experimentell-statistischen Analyse wurde klarer gesehen. James schildert seinen Zustand nach all den vielen Untersuchungen:

»25 Jahre lang habe ich mich mit dem Schrifttum der Psychical Research befaßt und die Bekanntschaft zahlreicher Forscher gemacht. Ich habe auch eine stattliche Anzahl von Stunden ... damit verbracht, Zeuge von Phänomenen zu werden. Dennoch bin ich in theoretischer Hinsicht nicht weiter gekommen, als ich am Anfang war; und ich bin versucht zu glauben, als ob es der Schöpfer auf ewig darauf abgesehen habe, daß dieser Bereich der Natur rätselhaft bleibt, insofern er unsere Neugierde, Hoffnungen und Vermutungen in gleichem Maße reizen soll, daß aber Geistererscheinungen und Hellsehen und Klopfgeräusche und Botschaften Verstorbener, obwohl es sie immer zu geben scheint, niemals zur Gänze wegerklärt, aber auch niemals vollständig bewiesen werden können« (James, in: Beloff, 1993, S. 134 f.).

Die freudig-erregte Gründerstimmung mit den hochgespannten Erwartungen schlug angesichts der Komplexität der Experimente, die auch auf Dauer langweilig wurden, in Nüchternheit um. Dazu kamen noch Fälschungen des statistischen Materials (vgl. Beloff, 1993), von Mitarbeitern des Duke-Institutes und einem führenden Vertreter der experimentellen Parapsychologie in England heraus. Diese Skandale waren erhebliche Rückschläge auf dem Wege zu einer allgemeinen Anerkennung. Die Tatsache des Auftretens von ASW war zwar bewiesen, aber hinsichtlich einer schlüssigen Theorie kam man nicht weiter.

In Deutschland fand in den zwanziger und dreißiger Jahren des 20. Jahrhunderts eine intensive wissenschaftliche Auseinandersetzung um das Gebiet der Parapsychologie statt (vgl. Bauer, in: Lucadou, 1995). Es waren vor allem die Beiträge von Rudolf Tischner, der experimentelle Arbeiten zur ASW (über Telepathie, Hellsehen, Spiritismus und Okkultismus) veröffentlichte, Albert von Schrenck-Notzing, der über Materialisationsphänomene (1914, 1923) schrieb, und Willy Schneider, der die Zeitschrift für Parapsychologie herausgab, erwähnenswert.

Hans Bender veröffentlichte über die Frage des Hellsehens 1935 einen Artikel in der Zeitschrift für Psychologie. Dies war der Beginn einer großen Karriere, die der Parapsychologie in Deutschland zu einem soliden Fundament verhalf. Sie wird immer mit seinem Namen verbunden sein. Bender gründete 1950 in Freiburg i. Br. das Institut für Grenzgebiete der Psychologie und Psychohygiene und 1957 die *Zeitschrift für Parapsychologie und Grenzgebiete der Psychologie,* die bis heute die einzige deutschsprachige Fachzeitschrift auf dem Gesamtgebiet parapsychologischer Forschung geblieben ist. 1954 wurde Bender an der Universität Freiburg auf den Lehrstuhl für Grenzgebiete der Psychologie berufen, auf den 1975 sein Schüler Johannes Mischo folgte. Der Diplomstudiengang Psychologie an der Universität Freiburg sieht als freiwilliges Zusatzfach ›Parapsychologie/Grenzgebiete der Psychologie‹ vor. Das Institut für Grenzgebiete der Psychologie und Psychohygiene verfügt über eine umfangreiche Spezialbibliothek. 1981 wurde in Freiburg die Wissenschaftliche Gesellschaft zur Förderung der Parapsychologie (WGFP) gegründet. Seit 1989 unterhält sie eine Parapsychologische Beratungsstelle, deren Gründer und Leiter Walter v. Lucadou ist. Seine Tätigkeit wird offiziell vom Land Baden-Württemberg unterstützt. Seit Jahren befassen sich die Institutsmitglieder mit Spontanphänomenen (u. a. Rosenheimer Spuk in der Rechtsanwaltskanzlei), tragen zur Entmystifizierung parapsychologischer Phänomene bei, untersuchen die PSI-Fähigkeiten und haben eine Beratungsstelle für Anfragen und Notfälle aufgebaut. Sie stehen auch zur Verfügung, wenn Menschen in spiritistischen Gemeinschaften seelische Schäden erlitten haben. Das Institut veranstaltete im August 2000 den Weltkongreß für Parapsychologie. Private Spenden haben es ermöglicht, daß sich die Einrichtung mit ihren nunmehr 40 Mitarbeitern in den letzten Jahren zum weltweit größten Forschungszentrum für Grenzwissenschaften entwickelt hat.

Was über die systematischen Untersuchungen hinaus blieb, ist also die feste Verankerung der Parapsychologie als Universitätsdisziplin. Das frühere Rhine'sche Institut wird seit 1965 unter der Bezeichnung »Institute for Parapsychology« im Rahmen einer Stiftung fortgeführt und an anderen Universitäten in den USA kann man im Fach Parapsychologie graduieren. Neben der »Parapsychological Association« (PA) und dem »Psychic Research Center« in Großbritannien gibt es nahezu in allen westeuropäischen Ländern parapsychologische Gesellschaften, die sich einer vorurteilsfreien und kritischen Forschung widmen.

Betrachtet man die neuere Geschichte, so ist auffällig, daß sie weitgehend von der New Age-Bewegung und von der transpersonalen Psychologie ausgeklammert wurde. Das hat vermutlich damit zu tun, daß der empirisch-experimentelle Ansatz zu kurz greift, ja sogar damit wichtige Fragestellungen ausgeklammert werden müßten. Dazu wäre ein breiteres wissenschaftstheoretisches Verständnis vonnöten, das die phänomenologische und hermeneutische Einzelfallanalyse zuläßt. Hier könnte die Parapsychologie über sich hinauswachsen. Der transpersonalen Psychologie können aber auch die Ergebnisse und Erfahrungen der parapsychologischen Forschung sehr nützlich sein, was der nächste Abschnitt zeigen soll.

Ergebnisse und Erfahrungen der Parapsychologie

Die Parapsychologie hat sich seit ihrem Entstehen in mühseliger Detailarbeit den empirisch-wissenschaftlichen Standards gestellt. In unzähligen Experimenten mit ausgetüftelten Versuchsanordnungen bewies sie, daß es PSI-Effekte gibt. So wichtig diese Anstrengungen für die akademische Anerkennung waren, muß man sich trotzdem darüber im klaren sein,

»daß sich in der positivistischen Tatsachenfeststellung die Probleme dieses Mysteriums der Seele keineswegs erschöpfen« (Bender, 1991, S. 21). Dies gilt besonders für den wissenschaftlichen Anspruch auf Wiederholbarkeit und Vorhersage. Darin liegt die implizite Annahme, daß der Mensch und das zu erkundende Phänomen stabil sind und bleiben. Darüber hinaus muß man weiter davon ausgehen, daß symbolisch Erlebtes nicht immer eine direkt beobachtbare Spur im Äußeren hinterläßt. Die Kenntnis des Unbewußten und seiner vielfältigen Wirkungsweise weist uns kräftig in die Schranken: Gewöhnlich läßt es, wie ein Eisberg, nur einen Bruchteil seiner Inhalte sichtbar werden. Die Phänomene in der Parapsychologie sind so vielschichtig und instabil, daß zwangsläufig ihr Charakter entstellt werden würde, wenn wir nur streng empirisch-statistische Kriterien anlegen, denn die Effekte erscheinen eben nicht mit vollständiger Replizierbarkeit. Manchmal klappt es, manchmal nicht. Aus diesem Grund sind Berichte und Beschreibungen (deskriptive Psychologie), deutende Auslegung (Hermeneutik), Einzelfallanalyse (Kasuistik) und phänomenologische Analysen (ganzheitliches Erfassen) für die umfassende Erkundung und Erforschung unentbehrlich:

»Ich habe immer versucht, PSI in seiner existentiellen Bedeutung zu verstehen und diesen Aspekt in die Forschung einzubeziehen. So wichtig die Grundlagenforschung im Labor ist, die Sinnfrage läßt sich nicht im Laboratorium einfangen. Hier muß die Forschung ausgreifen – in das Leben der Menschen, in andere Kulturkreise und schließlich in die Religionen« (Bender, 1991, S. 16).

Ob man mit noch so ausgeklügelten Experimenten die Kritiker überzeugen kann, bleibt sowieso dahingestellt, denn, so Palmer (1990), bestehe die Tragödie darin, daß wir so lange mit dem Mythos, konventionelle Wissenschaftler würden oder könnten jemals einwandfreie Demonstrationsexperimente als einen Beweis für Paranormalität akzeptieren, gelebt haben.

Parapsychologie ist aber auch kein Gebiet, wo sich jeder tummeln und ausbreiten kann, denn es bedarf größter Sorgfalt im Umgang mit Theorien, die leicht ins Ideologische abgleiten können und einer feinsinnigen Einfühlung bei Menschen, die durch übersinnliche Erfahrungen in Not geraten sind oder ihre Not durch Übersinnliches lindern möchten. Menschen klammern sich in existentiellen Krisen und schweren Krankheiten an nur jeden erdenklichen Strohhalm, haben zumeist einen großen Vertrauensvorschuß und werden leicht abhängig. Der Parapsychologe soll auch Psychologe und Psychotherapeut sein, denn nur so ist gewährleistet, daß die im Einzelfall notwendige Feindifferenzierung zwischen unbewußten, psychodynamischen, pathologischen und parapsychologischen Abläufen erfolgen kann. Darin eingebettet kann die Kenntnis von parapsychologischen Phänomenen ein wenig mehr den geheimnisvollen Schleier der menschlichen Seele lüften.

Zur Vereinfachung wird *ASW* als Kürzel für das Auftreten von Telepathie, Hellsehen und Präkognition verwendet, *PK* für Psychokinese und *PSI* für alle parapsychologischen Phänomene. Die Versuchspersonen werden als Paragnosten, Perzipienten, Medien oder Empfänger bezeichnet. »An der Existenz paranormaler Erfahrung kann heute nach der Aufarbeitung des umfangreichen qualitativen Materials und der statistischen Auswertung der unzähligen Laborexperimente nicht mehr gezweifelt werden« (Schneider, in: Resch, 1986, S. 266).

Wenn wir jetzt nochmals kurz auf die unterschiedlichen PSI-Phänomene eingehen, muß vorab bemerkt werden, daß diese Phänomene in ihren Wurzeln verflochten sind, voneinander abhängen und sich gegenseitig beeinflussen (vgl. Tart, 1986 und Pfeiffer, 1993). Auch sind sie nicht klar von der sinnlichen Wahrnehmung abgegrenzt, sondern es gibt fließende Übergänge. Dies macht es auch so schwierig, beweiskräftige Versuchsanordnungen im herkömmlichen Wissenschaftsverständnis zu konstruieren, dennoch ist mit Pfeiffer (1993, S. 101) festzustellen: »Die Parapsychologie hält die Existenz von ASW (und PSI, Einfügung des Autors) im allgemeinen für erwiesen. Wie ASW zustande kommt, darüber hat die Parapsychologie kein exaktes Wissen.«

Telepathie und Hellsehen wurde sogar durch unzählige statistische Experimente signifikant bestätigt. Das Freiburger Parapsychologische Institut führte unter der Leitung von Hans Bender ein Telepathieexperiment durch, das in seiner Art und Weise und auch in den Ergebnissen einen allgemeingültigen Charakter besitzt:

»Es handelt sich um einen Distanzversuch über drei 12 Meter voneinander entfernte Räume hinweg. In einem Raum hatte der Assistent zehn Päckchen Karten mit einer zufälligen Reihenfolge der Symbole verdeckt vor sich, in der Telepathie-Situation nahm er eine Karte, betrachtete das Zielsymbol, sprach die Bezeichnung in ein vor ihm stehendes Mikrophon, drückte auf einen Knopf und löste damit im Raum des ›Empfängers‹ ein Signal von konstanter Länge und Tonhöhe aus, was den Beginn einer Sendung ankündigte. Der Empfänger spricht das vermittelte Zielsymbol in ein Mikrophon, der Sender hört seine Antwort, so daß er weiß, ob er das richtige oder ein falsches Symbol genannt hat. Alles wird auf Tonband aufgenommen; zwischen Sender und Empfänger besteht natürlich keine Sprechverbindung. In dieser Versuchsanordnung erzielte der junge Mann mit fünf Versuchspersonen so viele Treffer über der Zufallserwartung, daß die statistisch errechnete ›Antizufallswahrscheinlichkeit‹ einen außerordentlich hohen Wert von 1:10 hoch 29 erreichte, eine Zahl mit dreißig Nullen. So oft müßte man den Versuch wiederholen, daß das Resultat einmal als Zufallsergebnis herauskommt« (Bender, 1984, S. 17).

Beim Hellsehen gehen Wissen und Sehen ineinander über. »Ich weiß, daß der Vermißte sich gerade an diesem Ort aufhält.« »Ich sehe den verlorenen Gegenstand unter der Plane.« Forthuny, ein berühmter Hellseher, beobachtete sich selbst, doch er vermochte es nicht, genau herauszufinden, wie das Hellsehen sich ereignet. Ryzl (1999) berichtet, daß er sie bisweilen als Visionen empfand, in anderen Fällen als intuitive Ideen, sich aufdrängende Gedanken oder ähnliche Erscheinungen. Und häufig hörte er wie von einer inneren Stimme Namen ausgesprochen oder sah sie nach Art von Inschriften auf Orientierungszeichen.

Aber auch Gleichnisse, Symbole, Allegorien und mythische Bilder können Bestandteil der hellsichtigen Vision sein. Das Wichtigste ist, daß Lücken auftreten, daß falsche Informationen dazwischen sind und daß es zu Verwechslungen mit anderen Personen kommen kann, die zwar im Umfeld dazugehören, aber nicht direkt identifiziert werden.

Neben qualitativen Versuchen mit authentischer Protokollierung gibt es eine Reihe von experimentell angelegten Hellsehversuchen, bei denen die Versuchsperson die Aufgabe hat, Gegenstände zu erkennen, die in undurchsichtigen Umschlägen verschlossen sind oder hinter einem vor die Versuchsperson hingestellten Schirm liegen. In den meisten Fällen konnten überzufällige Ergebnisse nachgewiesen werden. Eine andere Form, die genauso gut untersucht wurde, ist das sogenannte »In-die-Ferne-Sehen«, bei dem die Perzipienten etwas sehen und beschreiben sollen, was sich an einem entfernten Ort befindet. Die bekanntesten Medien waren Ingo Swann und Henry Monroe, die bewußt ihre Aufmerksamkeit und Wahrnehmung so lenkten, daß sie eine ihnen unbekannte Situation an fernen Orten beschreiben konnten (vgl. Tart, 1985). Dies kann auch durch Hypnose gelenkt werden.

Der Hellseher Ben Clevers unterstützte in jüngster Zeit die Suche nach vermißten Personen und führte Fernheilungen durch. Die Beispiele wurden von Pfeiffer (1993, S. 174), der Clevers persönlich kannte, übernommen:

»Frau L. D. sollte auf Bitten der Familie gesucht werden. Clevers hatte angeblich nach zwei Minuten Kontakt mit ihr auf dem Tonband (paranormales Tonbandstimmen-Phänomen). Sie sagte: ›Spirituelle Welt‹. (Das bedeutete, daß sie gestorben war.) Die Verstorbene hat dann im voraus das Datum angegeben, wann man ihren Körper finden würde. Clevers konnte durch Hellsehen die Stelle genau beschreiben, wo sie bei Sonnenuntergang ermordet worden war, nämlich in einem kleinen Tannenwäldchen im Westen von Belgien, wo es außer an dieser Stelle keine Tannen gibt. Im Beisein von Clevers fand man den Leichnam der Frau später an der angegebenen Stelle.

Ein Mädchen von 14 Jahren aus Brüssel war verschwunden. Clevers nahm mit Hilfe seines Tonbandes ›Kontakt‹ mit dem verstorbenen Großvater auf. Dieser sagte: ›Sie wird nicht wegbleiben, immer Kontakt behalten.‹ In der sechsten Woche nach dem Verschwinden des Mädchens rief Clevers die Eltern an und sagte ihnen, daß er immer noch an eine Rückkehr der Tochter glaube, sie sollten die Hoffnung nicht aufgeben. Am selben Abend wurden die Eltern von der Tochter aus Amsterdam angerufen.

Herr A. v. M. aus Brüssel hatte Darmkrebs und wurde erfolglos viermal in Louvain operiert. Man sagte ihm, er hätte noch sechs Monate zu leben. Nun lebt er nach Clevers' geistiger Behandlung schon fast sieben Jahre, arbeitet normal und ruft zur Kontrolle jeden Monat bei Clevers an.«

Eine vielen bekannte Form des Hellsehens ist das Wahrträumen oder das luzide Träumen. Man findet dabei wie beim normalen Träumen realistische und symbolisch verdichtete Darstellungen. Ein 45jähriger Mann träumt, daß die Perlenkette, die seine Frau schon seit drei Jahren vermißt, im Garten unter einem alten Blumentopf liegt. Symbolisch könnte sich der Traum dadurch zeigen, daß die Sonne auf eine Lotusblüte scheint und das spiegelnde Licht einen weißen kreisförmigen Schein um die Blütenblätter birgt.

Man hat herausgefunden, daß physikalische Bedingungen wie die räumliche Entfernung beim Hellsehen und bei der Telepathie kaum eine Rolle spielen. Nach zahlreichen Experimenten zur ASW und vieler gut dokumentierter Fälle spontaner Telepathie und spontanen Hellsehens über große Entfernungen hinweg läßt sich heute sagen, die Entfernung übt keinen erkennbaren Einfluß auf Prozesse des Hellsehens oder der Telepathie innerhalb unserer irdischen Grenzen aus (vgl. Tart, 1986).

Durch ASW können wir auch Informationen über vergangene Ereignisse (Retrokognition) und zukünftige Ereignisse (Präkognition) auf direktem Wege und ohne Verwendung erschlossener Daten erhalten. Während man bei der Retrokognition noch davon ausgehen kann, daß der Perzipient vielleicht doch auf normalen Wege zu den Informationen gelangt ist, ist die Präkognition eine sehr seltsame Fähigkeit, wenn wir ausschließen können, daß das Ereignis nicht aufgrund von rationalem, schlußfolgerndem Denken in Kombination mit sinnlicher Wahrnehmung erschlossen werden konnte. Es war schon immer der Wunsch der Menschen, einen Blick in die Zukunft zu werfen. Andererseits müssen wir fragen, ob dann unser freier Wille und die Fähigkeit, selbstverantwortlich Entscheidungen zu treffen, Illusion sind. Können wir uns nur zu dem entscheiden, was schon vorbestimmt ist?

Gelegentlich kommt es vor, daß wir an irgendeinem Ort, an dem wir zum erstenmal sind, oder bei irgendeiner Begebenheit das untrügliche Gefühl haben, daß wir dies schon einmal gesehen, geträumt oder erlebt haben (déjà vu). Hier kann es durchaus vorkommen, daß die Präkognition mit im Spiel ist, auch wenn subjektive Gefühle oft trügen.

Präkognition wird von Wolman (in: Lucadou, 1995, S. 166) als »Kenntnis eines zukünftigen Ereignisses, das nicht auf normale Weise vorausgesagt oder erschlossen werden konnte«, definiert.

An dieser Stelle mag es sinnvoll sein, ein außerordentlich geglücktes und oft zitiertes Experiment anzuführen. Parapsychologen (vgl. Ryzl, 1989) untersuchten etliche Fälle von Präkognition. Dabei fanden sie einige wichtige Punkte heraus: Normalerweise sind präkognitive Erfahrungen konkret auf Personen und Situationen bezogen und selten abstrakter Natur. Präkognitive Visionen sind um so deutlicher und detaillierter, je näher der Zeitpunkt des Ereignisses liegt. Bilder über zukünftige Ereignisse sind nie perfekt oder lückenlos, sondern in der Regel fragmentarisch.

»Zuverlässig vorher erkennbare Ereignisse sind allem Anschein nach nur solche, bei denen es sich um nicht zu verhindernde Naturkatastrophen handelt, oder um Konfliktsituationen, die aus dem Zusammenwirken einer Vielzahl von Personen entstehen. Dagegen können Ereignisse, die von der freien Entscheidung einer einzigen Person abhängen – vor allem wenn die Person die Möglichkeit besitzt, auf das Vorhergesagte Einfluß zu nehmen –, nicht in zuverlässiger Weise vorhergesagt werden« (Ryzl, 1989, S. 197).

Bei einigen wenigen Fällen wurde nach einer Zukunftsvision direkt Einfluß genommen, das heißt, darin liegt sogar die Chance, einem unausweichlichen Schicksalsschlag zu entgehen. Mit einem starken Willen kann das Leben durch eine Veränderung konstitutiver Einflüsse in eine andere Bahn gelenkt werden. PSI trägt zu einer tieferen Lebensfindung und Selbstverwirklichung bei.

Es gab viele quantitative Tests, bei denen präkognitive Fähigkeiten nachgewiesen wurden (vgl. Ryzl, Lucadou, Bender, Tenhaeff, Rhine u. a.), die ich nicht anführen werde.

Am interessantesten sind meiner Ansicht die sogenannten Platzexperimente mit dem überall bekannten Medium Croiset. Es ist ein eindrucksvolles und vielfach bezeugtes Beispiel von einem Präkognitionsversuch.

»Am 6. Januar 1967 machte in Anwesenheit von W. H. C. Tenhaeff und zwei weiteren Professoren der Universität Utrecht Croiset eine Voraussage für die Versammlung, die 25 Tage später in Den Haag stattfinden sollte ... Man zeigte ihm nur den Sitzplan des Raumes und stellte ihm anheim, den Platz anzugeben, der seine größte Aufmerksamkeit errege.

Er wählte Platz Nr. 9 und machte dazu – neben anderen, ebenfalls richtigen – diese Angaben: 1. Zu dem bestimmten Zeitpunkt am 1. Februar 1967 wird auf Platz Nr. 9 eine fröhliche Frau mittleren Alters sitzen. Ihr Hauptinteresse gilt der Kinderpflege. 2. In den Jahren 1928 bis 1930 hat sie sich für einige Zeit in der Nähe des Kurhauses von Scheveningen aufgehalten. 3. In ihrer frühen Kindheit weilte sie häufig in einer Gegend, in der Käse produziert wurde. Hier sehe ich einen brennenden Bauernhof. Einige Tiere sind lebendig verbrannt. 4. Ich sehe ferner drei Jungen. Einer von ihnen arbeitet irgendwo in Übersee, anscheinend in einem britischen Dominion. (Später fügte Croiset hinzu: Ich habe den Eindruck, einer der drei Jungen ist tot. Sein Tod hängt irgendwie mit der deutschen Besetzung unseres Landes zusammen.) 5. War die Frau nicht stark beeindruckt, als sie die Oper ›Falstaff‹ sah? War es nicht die erste Oper, die sie überhaupt gesehen hat? 6. Hat ihr Vater nicht die Goldmedaille für treue Dienste bekommen? 7. Ist sie nicht mit einem kleinen Mädchen zum Zahnarzt gegangen, und hat dieser Besuch nicht eine Menge Aufregung gebracht? Als der Tag der Versammlung gekommen war, erklärte man den Teilnehmern, es solle ein Versuch durchgeführt werden; im Interesse dieses Versuches sollten sie ihre Plätze nach dem Los einnehmen. Jeder der dreißig Teilnehmer zog aus einem gut gemischten Packen eine Karte mit einer Platznummer. Jeder von den Teilnehmern bekam einen Durchschlag von Croisets Aussagen, unter denen er diejenigen auszuwählen hatte, die auf ihn paßten. Von allen Teilnehmern erklärte einzig und allein Mrs. D., daß alle Angaben von Croiset für sie paßten. Sie bestätigte: 1. Sie sei 42 Jahre alt, fröhlich und beweglich und habe großes Interesse an der Pflege von Kindern. 2. Ihr Vater, der außerhalb Hollands arbeitete, nahm sie oft mit nach Scheveningen, wenn er zum Urlaub nach Hause kam. 3. In ihrer Kindheit besuchte sie oft einen Bauernhof. Das Hauptprodukt war allerdings nicht Käse, sondern Butter. Später brannte der Hof mitsamt dem Vieh nieder. 4. Ihr Mann hatte zwei Brüder. Einer von ihnen hat sich freiwillig für den Krieg in Indonesien gemeldet, kam aber nur nach Singapur. Der andere Bruder starb in einem deutschen Konzentrationslager. 5. Frau D., die Opernsängerin ist, erklärte, ›Falstaff‹ sei die erste Oper gewesen in der sie gesungen habe. Außerdem habe sie sich in den Tenor verliebt, der ebenfalls damals auftrat. 6. Als ihr Vater in den Ruhestand trat, bekam er ein goldenes Zigarettenetui mit eingravierter Inschrift. 7. Kurz vor dieser Veranstaltung war Frau D. mit ihrer kleinen Tochter beim Zahnarzt. Das Kind hatte große Angst und viel zu leiden bei diesem Besuch. – Frau D. hatte durch das Los den Platz Nr. 9 bekommen« (Ryzl, 1999, S. 198).

Während beim »reisenden Hellsehen« die Raumschranke überwunden ist, wird bei der Präkognition die Zeitschranke geöffnet. Eine weitere große Herausforderung an den menschlichen Verstand stellt die Psychokinese dar. In den Spontanberichten sind es vor allem die Ankündungserlebnisse, die in der Bevölkerung stetig berichtet werden. Dies alles mit irrationalem Aberglauben abzutun wäre aufgrund der Häufigkeit und Eindrücklichkeit der Berichte absolut nicht gerechtfertigt. Mit dem Tod nahestehender Personen sollen Spiegel zerspringen, Uhren stehenbleiben, Bilder von der Wand fallen, oft begleitet von starken emotionalen und leiblichen Empfindungen. Aber auch eigenartige Polter- und Klopfgeräusche, die Krankheit, Unfall oder Tod nahestehender Bezugspersonen ankündigen (»Ankündigungserlebnisse«) sollen, werden berichtet. Diese Spontanberichte können unter Anwendung der weiter oben angeführten Qualitätsstandards sorgfältig ausgewertet werden.

Lucadou (1995) hat alle Psychokinese-Experimente (mit Zufallsgeneratoren), die im Zeitraum 1970–1977 publiziert worden sind (ca. 30), zusammengestellt und sieht eine große Anzahl erfolgreicher Experimente, die zum Teil hochsignifikante Ergebnisse erbrachten.

So können wir dem Klassiker der experimentellen Psychokinese, J. B. Rhine, zustimmen, wenn er sagt, der Geist besitze eine Kraft, die auf die Materie einwirken kann. Psychokinese übe auf die Materie eine statistisch meßbare Einwirkung aus und führe in der physischen Umgebung zu Ergebnissen, die sich durch keinen der Physik bekannten Faktor, keine ihr bekannte Energie, erklären lassen (vgl. J. B. Rhine in: Lucadou, 1995).

Berühmt geworden ist der »Rosenheimer Spuk«, der Ende der sechziger Jahre in einer Rechtsanwaltskanzlei Aufsehen erregte. Jedesmal wenn eine junge Büroangestellte anwesend war, platzten Glühbirnen, fingen Lampen an zu schwingen, wurden die Telefonleitungen gestört, schlugen Meßinstrumente ohne jeglichen Grund voll aus, und Bilder fingen an, sich zu drehen. Techniker, Physiker, Polizei und Parapsychologen dokumentierten diesen Fall ausführlich. Obwohl in einem Fall die Büroangestellte dabei ertappt wurde, wie sie eine Lampe mit den Händen zum Schwingen brachte (wie oben dargestellt: die seltsame Mischung von Authentizität und Verzerrung, wie sie oft angetroffen wird), kamen die Physiker Karger und Zicha zu folgendem Schluß:

»1. Obwohl die Phänomene mit den vorhandenen Mitteln der experimentellen Physik festgestellt wurden, konnten sie mit den vorhandenen Prinzipien der theoretischen Physik nicht erklärt werden; 2. die Phänomene erschienen als Ausdruck nichtperiodischer, kurzzeitig wirkender Kräfte; 3. sie scheinen nicht unter Zuhilfenahme elektrodynamischer ›Effekte‹, sondern ›mechanisch‹ hervorgerufen worden zu sein; 4. es fanden auch kompliziert geführte Bewegungen statt; 5. diese Bewegungen scheinen von intelligent gesteuerten Kräften herzurühren, die die Tendenz haben, sich der Untersuchung zu entziehen« (Lucadou, 1995, S. 48).

Während der Forschungen mit parapsychologischen Phänomenen sind mehrere Effekte sichtbar geworden, die nebenbei und zum Teil überraschend festgestellt wurden.

PSI ist instabil, unverläßlich und nicht beliebig wiederholbar, wie schon festgestellt wurde. Parapsychologische Phänomene sind nicht in den Griff zu bekommen; sie widersetzen sich der Kontrolle, sie sind elusiv (Elusivität der Phänomene).

Labilität, Wankelmütigkeit und Unentschlossenheit des Phänomens bewirken oft eine rückwirkende Verunsicherung des Versuchsleiters: Bei klaren Beweisen wird der Versuchsleiter im proportionalen Abstand zur Messung des Phänomens selbst wieder unsicher, ob denn das alles so wirklich sei. Die Verunsicherung des eigenen Weltbilds löst doch offenbar nachträgliche Verzerrungen aus.

Offensichtlich muß man von der Vorstellung Abschied nehmen, daß PSI absichtsvoll und zielgerichtet eingesetzt werden kann.

Extrem hohe und stabile PSI-Effekte entsprechen nicht der wissenschaftlichen Erfahrung, denn »auch die besten Perzipienten zeigen nämlich ganz ungleichmäßige und unberechenbare Leistungen, und es gibt keine Garantie dafür, daß es in dem Augenblick, in dem ich meine Instrumente habe aufstellen lassen, überhaupt zur Telepathie kommt« (Tart, 1986, S. 52).

Der Parapsychologe Ulrich Timm (in: Lucadou, 1995, S. 195) formuliert treffend: »Berichte über extrem hohe oder stabile PSI-Leistungen widersprechen der allgemeinen Erfahrung und lassen mit erhöhter Wahrscheinlichkeit den Schluß zu, daß es sich dabei – zumindest partiell – um Irrtum, Täuschung und Betrug handelt.«

Eine andere wichtige Tatsache im Zusammenhang mit parapsychologischen Phänomenen, die zunächst zu großen Irritationen führte, ist der sogenannte Absinkungseffekt (decline effect). Man hat herausgefunden, daß nach mehreren Versuchsreihen, in der Regel in der ersten Hälfte eine höhere Trefferanzahl zu verzeichnen war als in der zweiten. Diese Absinkung hängt einerseits von der Flüchtigkeit der Phänomene ab und ist andererseits in der Psyche der Versuchsperson zu suchen: die Menschen ermüden oder sind am Ende des Versuchs gelangweilt. PSI-Phänomene kommen deutlicher in einem emotional spannenden, engagierten, motivational positiven und intentional offenen Klima hervor. Auch die Ausstrahlung des Versuchsleiters oder anderer Begleitpersonen haben dementsprechende Wirkungen:

»Dieses plötzliche Ausbleiben positiver Resultate ist nahezu die Regel und liegt als Schatten auf der ganzen parapsychologischen Forschung; positive Ergebnisse sind nicht beliebig wiederholbar. Sie sind von komplizierten Bedingungen abhängig, die wir nur zum Teil kennen. Eine solche Bedingung ist eine starke Spannung, ein emotionales Interesse, ein affektives Feld zwischen Sender und Empfänger. Routine, Langeweile, Sättigung bringen das Paranormale zum Erliegen« (Bender, 1984, S. 18).

Der Experimentator mit seinen Hoffnungen, Schwankungen, Absichten und Phantasien ist systemisch ein Agent des Experiments und trägt wie in der Quantenphysik seinen Teil zum Ergebnis bei.

Den Displacement-Effekt hat S. G. Soal studiert. Bei seinen Telepathieversuchen bestand die Mehrzahl der Übereinstimmungen nicht zwischen dem vom Perzipienten angesagten und vom Agenten übermittelten Symbolen, sondern zwischen den Ansagen des Perzipienten und dem nachfolgenden gesendeten Symbol. So zeigten sich in den Telepathieversuchen präkognitive Leistungen. Es hat eine Verschiebung in der Zeit stattgefunden. Es kann aber auch ungeachtet der persönlichen Struktur zu erheblichen Verschiebung über die Identifikation von Sachverhalten, Personen und Zeiten kommen. Es kann passieren, daß ein Hellseher eine schwere unerkannte Krankheit bei einer Person ausfindig macht, in Wirklichkeit jedoch handelt es sich um deren Partner. Oder einmal hat ein Hellseher den Ehemann einer Frau beschrieben, den sie noch gar nicht kannte. Später jedoch, als sie heiratete, erinnerte sie sich an das frühere Bild und fand identische Details.

PSI-Milieu

Das spontane Auftreten von PSI-Phänomenen wird begünstigt durch Bewußtseinszustände, die nicht durch die üblichen oberflächlichen Alltagsgeräusche und normalen Kontrollmechanismen behindert sind, denn

> »sie zeigen sich weit häufiger zu Zeiten, in denen der Perzipient schläft oder in denen seine geistige Aktivität herabgesetzt ist und der vollen Klarheit entbehrt, zum Beispiel in Perioden der Müdigkeit oder Krankheit, in solchen der Entspannung nach anstrengender Arbeit, in einem Zustand geistiger Zerstreuung, des Wachtraumes oder Halbschlafes« (Ryzl, S. 1999, S. 103).

Geht man zunächst von spontan auftretenden PSI-Phänomenen aus, so scheinen sie auch immer mit starken Gemütsbewegungen verknüpft zu sein. Auch wenn jedes beliebige Ereignis Gegenstand von PSI sein kann, tritt es doch besonders häufig in existentiellen Krisen, schweren Krankheiten, bei Tod, Unfällen und in euphorischen Zuständen auf.

PSI-Phänomene dringen beim Normalbürger am ehesten durch, wenn Bewußtsein und Emotion destabilisiert sind, was aber wiederum nicht heißt, daß psychische Störungen oder Krankheiten für PSI eine notwendige Voraussetzung wären. Stabile und gesunde Persönlichkeiten, können sich bewußt durch Loslassen zu einer Lockerung des Bewußtseins und zu frei fließenden Emotionen für PSI öffnen. Man kann den Boden dafür bereiten, ein solches Phänomen aber nicht willentlich herstellen. Die Information kommt, wenn sie will. Doch

»unter veränderten Bewußtseinszuständen – also radikal andersartigen Formen der Organisation des Bewußtseins – werden PSI-Wirkungen manchmal geradezu in dramatischer Weise begünstigt. Das wird von hypnotischen Zuständen berichtet, ebenso von Zuständen, wie sie durch Meditation und durch die Einnahme psychedelischer Drogen hervorgerufen werden« (Tart, 1986, S. 83).

Eine tiefe körperliche, wie geistige Entspannung entleert den Geist und bietet freie Valenzen für PSI, denn wenn wir wie im Alltag von einem Gedanken zum anderen hasten, haben wir weder Zeit noch Raum für Übersinnliches.

Es gibt eine Form von radikaler Bewußtheit, wie sie in den spirituellen Schulen gelehrt wird, in der das Ego und das Rauschen der alltäglichen Gehirntätigkeit ganz in den Hintergrund tritt. Wir finden dies in meditativen Zuständen oder in Ganzfeld-Experimenten (Abschaltung der Sinne). Zentrierung, Konzentration und radikale Offenheit sind weitere Merkmale dieser Art von Bewußtheit. Offenbar ist dies der fruchtbarste Boden für die Entfaltung von PSI, denn im gewöhnlichen Alltagsdenken wird viel Energie und Aufmerksamkeit den PSI-vermittelten Prozessen entzogen. Ob gelockerte Bewußtseinsorganisation, veränderter Bewußtseinszustand, radikale Bewußtheit, Destabilisierung des Affektlevels oder mediale Trance den Boden für PSI bereiten, in all diesen Zuständen ist es möglich, daß

»das Bewußtsein buchstäblich weniger eingebunden ist in die Struktur des Gehirns, daß es nicht so eng mit dem Gehirn verbunden ist, daß es sich eher um seiner selbst willen manifestiert. In jedem Fall ist es dem Perzipienten gestattet und gegeben, sich auf das Ungewöhnliche zu konzentrieren, und das könnte sehr wohl heißen, daß sich seine Aufmerksamkeit gegenüber der PSI-Botschaft erhöht, über welchen Kanal sie ihm auch immer zukommen mag« (Tart, 1986, S. 150).

Eine positive Einstellung zu PSI erhöht die Wahrscheinlichkeit des Auftretens. Der PSI-Vektor im parapsychologischen Feld ist labil, so daß jede noch so kleine Einflußgröße sich auf die Qualität und Häufigkeit auswirken kann. Die Entdeckung, daß die Einstellung der Versuchsperson auf ihre Leistung im PSI-Experiment einen so großen Einfluß hat, wurde zuerst systematisch von der amerikanischen Psychologin Gertrude Schmeidler untersucht und wird als Sheep-Goat-Effekt bezeichnet. Die Sheep (Schafe) sind Versuchspersonen, die an ihre PSI glauben, und die Goats (Böcke) sind die ungläubigen Skeptiker. Dies ist nicht weiter verwunderlich, wenn man an die Erfolge durch mentales Training bei Sportlern denkt. Umgekehrt hat man gesehen, daß eine äußerst negative Einstellung sogar zu »negativ signifikanten« Ergebnissen führte. Ein Psychokinese-Test mit einer Studentin und einem Studenten fiel in Abhängigkeit zu ihrer Einstellung signifikant

»positiv« und »negativ« aus (vgl. Lucadou, 1995, S. 65). Alles, was ein Mensch glaubt, hat erheblichen Einfluß auf das, was bei den Experimenten mit PSI herauskommt.

Spontan auftretende Fälle von PSI in der Bevölkerung finden sich besonders zwischen Menschen, die eine intensive Beziehung zueinander haben oder hatten. Dies ist natürlich keine notwendige Voraussetzung. Sensitiv begabte Menschen können auch zu fremden Menschen inneren Kontakt aufnehmen. Die Konzentration auf einen anderen Menschen kann zum Beispiel durch ein Objekt ausgerichtet und zentriert werden (Induktor). Dies kann ein Bild oder ein Gegenstand sein, der die Sphäre des anderen vermittelt. Dies wirkt wie eine innere Brücke zu einer Person, von der der Perzipient Aussagen über Befindlichkeit oder zukünftige Ereignisse machen soll. Er erhöht, lenkt und hält die Konzentration zu der fernen Person.

»Der Induktor lenkt die Wahrnehmungsfähigkeit der Versuchsperson auf das zu bestimmende Ereignis; irgendwie zeichnet die Versuchsperson die Geschichte des Induktors nach, stößt auf das Ereignis, das ermittelt werden soll und stellt einen direkten Kontakt zu diesem Ereignis her« (Ryzl, 1999, S. 115).

Aber nicht nur die Informationen des Eigentümers können für den Perzipienten erkennbar werden, sondern auch andere Personen, die mit dem Induktor Kontakt hatten.

Der Einfluß psychologischer Bedingungen für das Auftreten von PSI ist groß, weit größer als etwa physikalische Variablen, was nun nicht weiter verwunderlich ist. Aber nicht nur für das Vorkommen von PSI, sondern auch für das Entschlüsseln spielt die psychische Struktur des Perzipienten eine wichtige Rolle.

Ryzl (1999, S. 102) teil den Vorgang der ASW in zwei Phasen ein: 1. Die Gewinnung von Information über das erkannte Ereignis und 2. die Manifestation der gewonnenen Information durch Auftreten in der bewußten Erfahrung des Perzipienten oder durch Vergegenständlichung in einer Reaktion des Organismus des Perzipienten. Wenn wir uns den Prozeß der Informationsgewinnung genauer ansehen, dann gibt es viele Lücken, in denen sich normale innere seelische Konflikte verfälschend und verstellend hineindrängen können.

Normale psychische und psychodynamische Mechanismen wie Widerstand, Übertragung, Verleugnung, Abwehr und blinde Flecken können auch im parapsychologischen Erkenntnisprozeß die Ergebnisse verzerren und verfälschen. Deshalb scheint es auch für einen Hellseher von großer Bedeutung zu sein, sich selbst zu kennen und allmählich auch einen guten Umgang mit dem zur Verfügung stehenden Material zu finden. Eine Schulung durch Selbst- und Lehranalyse könnte eine gute Anregung sein.

Die erhaltene Information erliegt selbstbestimmten Verschiebungs-Symbolisierungs- und Verdichtungsprozessen. In der Entschlüsselung der Information werden die Vorlieben, Abneigungen, Schattenseiten und Abwehrmechanismen des Perzipienten zu weiteren Entstellungen beitragen. Bedürfnisse, Phantasien, Wünsche und Defizite des Hellsehers können sich auch in die Ausgestaltung der inneren Informationen einschleichen. Oft vermitteln sich die Eindrücke bruchstückhaft, so daß diese Lücken mit Hilfe von Konfabulationen überbrückt werden.

Um die Komplexität einer symbolischen Verarbeitung darzustellen, soll ein Beispiel von Tenhaeff (in: Ryzl, 1999, S. 129) angeführt werden:

»So sah zum Beispiel ein Paragnost sechs Glas Bier über dem Kopf eines Klienten; das Bier verwandelte sich plötzlich in Rum. Der Paragnost glaubte zuerst sein Klient habe etwas mit einer Wirtschaft oder einem Restaurant zu tun. In Wirklichkeit war er in einem Dorf Sexbierum geboren.«

Oder ein Schizophrener in der Psychiatrie sagte zu mir: »Ich sehe glühende Leitungsdrähte«. Es stellte sich heraus, daß einige Tage später aus heiterem Himmel ein Konflikt zwischen den beiden leitenden Ärzten ausbrach.

Das im Paragnosten auftauchende Material wird durch Auswahl, Interpretation und Mitteilung bearbeitet und verändert. Durch die Persönlichkeitsstruktur des Sensitiven können die Aussagen stark entstellt werden. Bei starker unbewußter Verdrängung aggressiver Impulse können diese projiziert werden und dann in PSI-Information mit einfließen. Bilder von Unfällen, Gewaltanwendung oder Katastrophen werden dann dementsprechend umgedeutet, und am Ende ist nicht mehr klar, ob es Projektionen oder ASW-Eindrücke sind, die zum Ausdruck kommen.

Andererseits kann sich auch die Qualität verbessern. Gerard Croiset wäre als Kind fast ertrunken, und später fand er vor allem vermißte Menschen, die sich in ähnlichen Situationen befanden. Die Geschichte des eigenen Leidens und Lebens macht schwerhörig und hellhörig zugleich.

Erklärungsansätze

Für PSI gibt es noch keine lückenlose Theorie, die nach den Kriterien der klassischen Wissenschaftstheorie die beschriebenen Phänomene widerspruchsfrei erklärt. Man hat versucht, größere Zusammenhänge zu beschreiben, um PSI zu verstehen. Sie haben eher den Rang von Konzepten (von concipere, zusammentragen) als von Theorien. Lange Zeit glaubte man, PSI bestehe aus Signalen, die durch elektromagnetische Wellen übertragen werden. Sie ist natürlich auf dem Hintergrund des Magnetisierens entstanden und oft wiederholt worden. Dagegen spricht, daß PSI über große Entfernungen hinweg wirken kann und materielle Hindernisse überwindet. Dagegen spricht auch die Unmöglichkeit, elektromagnetische Wellen über Hunderte Kilometer hinweg genau auf eine bestimmte Person abzuzielen. Darüber hinaus wurde kein Organ entdeckt, durch das elektromagnetische PSI-Signale aufgenommen werden können. Die Präkognition könnte überhaupt nicht erklärt werden; auch beim Hellsehen würden sich unüberwindliche Schwierigkeiten auftun, weil dann von unbelebten Gegenständen elektromagnetische Signale erzeugt werden müßten. Der Physiker P. Jordan (in: Ryzl, 1999, S. 209) vertritt die Meinung,

»es müsse ein für allemal der Versuch aufgegeben werden, parapsychische Phänomene in das dreidimensionale Gerüst unserer Wirklichkeit, wie wir sie vor allem auf der Grundlage unseres Studiums der Naturvorgänge verstehen, zu verlegen oder zu übertragen und von ihm aus zu erklären.«

Ryzl transzendiert zwar die physikalische Erklärung, bezieht sich aber doch auf Strukturen der Feldtheorie, indem er die Übertragung von Informationssignalen als Fortpflanzung einer hypothetischen PSI-Energie in einem hypothetischen PSI-Feld erklärt. Dieses PSI-Feld muß seiner Meinung nach einen Vektor (PSI-Vektor) besitzen, »der von anderen physikalischen Wirkfaktoren unabhängig ist, wenn auch diese Unabhängigkeit eine Interaktion mit ihnen nicht notwendig ausschließt« (ebenda, S. 200). Dieses Feld transzendiert die Raum-Zeit-Verhältnisse im Sinne einer Unendlichkeitsdimension oder eines Nullpunkts, indem Vergangenheit, Gegenwart und Zukunft zusammenfallen, wie wir es auch annäherungsweise im quantenphysikalischen Bereich vorfinden. In der Parapsychologie muß man ganz besonders darauf achten, nicht zu versuchen, Kausalerklärungen zu geben.

Das Konzept der nichtlokalen Korrelation soll dem aus dem Wege gehen. Nichtlokale Korrelationen oder dissipative Strukturen sind Begriffe aus der Chaosforschung. Sie besagen, daß im Chaos eine ganz eigene innere Ordnung von selbst entsteht und herrscht, die weder von außen erkennbar ist noch durch äußere Einflüsse geregelt werden muß. Dies kann im Gesamtsystem Mensch-Natur Physikalisches, Psychologisches und Parapsychologisches sinnvoll verknüpfen, ohne daß dafür eine direkte Kausalität anzunehmen wäre. Der Beobachter ist fester Bestandteil dieses Systems. Daraus ergeben sich nach Lucadou (1995) die zwei Hauptsätze der Parapsychologie:

1. Hauptsatz der Parapsychologie
PSI-Phänomene sind nichtlokale Korrelationen in psychophysikalischen Systemen, die durch die pragmatische Information, die das (organisatorisch geschlossene) System erzeugt, induziert werden.

Erläuterung: Eine pragmatische Information ist die Bedeutung einer

Information, die erst über die Wirkung erfaßt werden kann. Sie ist nichtlinear und nichtlokal:

»Nach dem Modell der Pragmatischen Information müssen wir in der Tat annehmen, daß ein PSI-Effekt selbst dann elusiv bleibt, wenn die psychologischen Barrieren ausgeräumt sind, weil jede Beobachtung, die auf Bestätigung aus ist, das System so präpariert, daß seine Autonomie eingeschränkt ist« (ebenda, S. 210).

2. Hauptsatz der Parapsychologie
Jeder Versuch, nichtlokale Korrelationen zur Signalübertragung zu verwenden, bringt diese zum Verschwinden oder ändert sie in unvorhersagbarer Weise.

Ähnlich verhält es sich mit der Synchronizität, dem gleichsinnigen, signifikanten und sinngemäßen Auftreten zweier Sachverhalte, die miteinander verbunden sind, ohne daß ein Ursache-Wirkungsverhältnis besteht. Dabei können innere und äußere Ereignisse, die voneinander unabhängig scheinen, sich sinnvoll ergänzen und geheimnisvoll miteinander kommunizieren. Das Geflecht der Bezüge ist wiederum nichtlokal, nichtlinear und akausal. Das Prinzip der Synchronizität beherrscht nach C. G. Jung die Welt neben oder über dem Kausalitätsprinzip.

Im Verstehen von Medien, Spuk, Geistererscheinungen, mystischen Erfahrungen, Kontakt mit Verstorbenen, Materialisationen etc. stehen sich die spiritistische (besser: spiritualistische) und die animistische Hypothese gegenüber. Pfeiffer (1993) gibt einen guten Überblick über die unterschiedlichen Annahmen:

Zur animistischen Erklärung: Der Hintergrund aller Phänomene ist der lebendige Mensch, der mit besonderen Fähigkeiten und Kräften ausgestattet und in der Lage ist, über einen somnambulen Bewußtseinszustand, der im Unbewußten angesiedelt ist und in den Normalzustand hineinragt, die bekannten parapsychologischen Phänomene zu bewirken. Die psychischen Elemente sind dabei substantielle Kraftzentren, die implizit mitorganisieren. Es ist ein Rapport zu einem »Absoluten«, das Wissen über alles verleiht, was ist und gewesen war. Die inneren psychischen Kräfte können zu außergewöhnlichen Erscheinungen führen wie Spuk, Materialisation und Verdoppelung der Psyche, so daß Reisen an andere Orte möglich sind: »Die Elemente der Persönlichkeit überschreiten die Grenze des Körpers und manifestieren sich in der Ferne nicht allein durch psychische, sondern auch physische oder sogar plastische Wirkungen bis zur vollen Entäußerung und Objektivierung« (Pfeiffer, 1993, S. 219)

Mit dieser Hypothese schwer zu erklären sind mediale Leistungen von Kleinkindern, wie das Sprechen von nie gelernten Sprachen, Kenntnisse über naturwissenschaftliche Zusammenhänge in medialen Sitzungen, die nie vorher gelernt wurden, und die Erscheinung von Schriften Verstorbener. Die im letzten Kapitel angeführten Nahtoderfahrungen würden auch schwerlich zu der animistischen Erklärung passen.

Pfeiffer (1993, S. 223) führt einen besonderen Fall an,

»den Fall des Mediums James, eines ungebildeten Menschen, der Charles Dickens' unvollendeten Roman *Edwin Drood* nach dem Tode des Dichters unter dem Diktat des Unbewußten bzw. des verstorbenen Dickens in genialer Weise zu Ende schrieb. Es wird von der wunderbaren Übereinstimmung mit der Dickensschen Schreibweise berichtet, von den Darstellungen der Charaktere der Romanpersonen, dem Stil, den komplizierten Verflechtungen zwischen den handelnden Personen und der Verwendung der auffällig ungewöhnlichen Worte in dem nicht zu Ende geführten Roman. Das Medium hat angeblich niemals den von Dickens angefangenen Roman gelesen und war im wachen Zustand nicht in der Lage, einige Seiten über irgend etwas zu schreiben. Dieser Roman wurde exakt an der Stelle medial weitergeschrieben, wo Dickens aufgehört hatte, und selbst sachverständige Kritiker konnten hinsichtlich der Art und Weise (stilistisch etc.) keinen Unterschied zwischen den beiden Romanteilen feststellen.«

Die spiritualistische Hypothese geht von einer jenseitigen Dimension aus, in der es auch Seelen von Verstorbenen gibt, die nach dem Tod (Abtrennung des Körpers) ein gewisses individuelles Zentrum behalten und sich mit Hilfe von Medien der diesseitigen Welt vermitteln können:

»Diese Manifestationen sind wahrnehmbar durch optische, haptische und akustische Sinne; sie können dokumentiert werden durch Fotos und Gipsabdrücke. Mit diesen ›Geistern‹, Verstorbenen, individuellen Seelen ist eine Kommunikation durch Medien möglich. Die Manifestationen der Geistwesen erscheinen vollplastisch oder teilweise, lebendig oder als Nebel. Sie äußern sich durch Schrift und Zeichnungen, erzeugen Düfte und materialisieren Blumen und Gegenstände. Sie haben Kenntnisse vieler Sprachen, die dem Medium selbst unbekannt sind« (ebenda, S. 220).

Die Existenz von substantiell andersgestaltigen Geistwesen (Verstorbene, mythische Figuren etc.) ist zum Beispiel bei den medialen Durchsagen genauso möglich wie die Idee, daß es über einen hypnotischen Effekt zu realistischen Persönlichkeitsdissoziationen kommt, in denen global verfügbare Informationen zugänglich werden. Zweifellos schlummern aber tief in unserer Seele Kräfte, die meßbare Wirkungen erzielen können, und wir haben zu Informationen Zugang, die auf ungewöhnlichen Wegen zu uns gelangen oder immer schon in uns waren.

Falls sich keine klarere Sicht ergibt, bleibt nur die Möglichkeit, das Nebeneinander und Miteinander von verschiedenen Seinsbereichen, die je eigene Strukturen aufweisen, anzunehmen und sie in einen gesamtsystemischen Zusammenhang einzubetten. Materielles, Psychisches und Geistiges durchdringen sich, repräsentieren einander, transzendieren und transformieren sich. Raum, Zeit und Kausalität sind in diesem Verständnis flexible Koordinaten, die transzendiert werden können. So ist es möglich, daß zukünftige Ereignisse nichtlokal und akausal als Andeutung fluktuierend auf einer anderen Ebene in einer anderen Dimension existieren. Sie sind erkennbar, und an ihnen haften freie Potentiale, durch die der freie Wille und die Handlung verändernd wirken können.

»So können wir – hypothetisch – die Existenz einer allumfassenden kosmischen Einheit anerkennen, die unsere gesamte physikalische Welt (einschließlich der Materie, des Raumes und der Zeit) als Komponente mit einbezieht. Es läßt sich sehr wohl verstehen, daß es in einem solchen Super-Universum Gebilde, Formationen geben kann, die durch die geistige Tätigkeit von Menschen oder anderen Wesen, Relationen und Gesetzmäßigkeiten, die wir nicht einmal erahnen können, geschaffen werden. Möglicherweise sind diese höheren kosmischen Gesetzmäßigkeiten in unsere physikalische Welt hineinprojiziert als Kausalität, Synchronizität oder, wenn man so will, als Materie, Schwerkraft, Lichtgeschwindigkeit, Entropie, Bewußtheit usw., oder sie finden ihre Widerspiegelung als höhere Werte des menschlichen Lebens, ethische oder ästhetische, usw. So gesehen verschwindet auch der alte Gegensatz zwischen ›Materie‹ und ›Geist‹ und wird erkannt als Folge unserer begrenzten, partiellen Erkenntnisse von einer umfassenderen Wirklichkeit – ähnlich wie ein und dieselbe Münze von verschiedenen Seiten aus verschieden aussieht« (Ryzl, 1999, S. 217).

In dieser anthropologisch-kosmologischen Perspektive wird die Allverbundenheit, wie sie von den Mystikern geschildert wird, als universale Seinsebene angedeutet, aus der heraus sich verschiedene Ebenen und Bereiche mit ihrer je eigenen Gesetzlichkeit entwerfen und dorthin wieder zurückgehen. Die Psyche und der menschliche Geist könnten sich dann horizontal und vertikal in diesen verschiedenen Dimensionen des Seins, je nach Offenheit, bewegen.

Wir handeln aufgrund von PSI, auch wenn wir es nicht bemerken, es fließt in unsere gewöhnliche Lebenserfahrung unbewußt mit ein. Die innere Berücksichtigung dieser potentiellen Kräfte, Energien und Fähigkeiten kann unserer Lebensentwicklung nur dienlich sein, wenn wir damit nicht manipulieren oder unser Ego aufblähen möchten.

Die Seinsebenen korrespondieren mit den Bewußtseinsebenen, so daß die subtile PSI-vermittelte Wahrnehmungs- und Handlungsfähigkeit des Menschen auf der Basis geistiger Schulung und Bewußtseinsentwicklung unterstützt werden kann.

Anwendung parapsychologischer Aspekte

Die normale Wahrnehmung wird unterfüttert von PSI-Impulsen, ohne daß dies nach eindeutigen Kriterien zu definieren wäre: »PSI-Informationen beeinflussen aber, wie andere unbewußte Inhalte, unser Handeln« (Schneider, 1986, S. 253). Wir finden in der Intuition, in der erlebten Atmosphäre zwischen Menschen und im Ausweichen vor möglichen Gefahrensituationen Hinweise darauf, wie sinnliche Wahrnehmung und ASW zusammenwirken. Eine ganze Menge von Lebenssituationen lassen sich unter dem Aspekt »PSI-vermittelte instrumentelle Reaktion« (vgl. Tart, 1986) verstehen.

Jeder Mensch spürt den Blick eines hinter ihm stehenden Menschen, obwohl er von ihm weder berührt wird noch ihn sieht. Der Blick hat eine intensive Wirkung. Das Vermögen, mit Blicken auf andere einzuwirken, ist nicht bei allen Menschen gleich stark entwickelt, aber einem alten Volksglauben zufolge, wird jemand, der den »bösen Blick« hat, als Unglücksbringer gefürchtet (vgl. Sheldrake, 1996). Mit der positiven Wirkung von Blicken können wir einen Säugling beruhigen, ihn emotional nähren. Auch Liebe strömt über den Blick zu einem anderen Menschen, verzaubert ihn und löst innere Glückseligkeit aus. In Indien beispielsweise suchen die Menschen beim Darshan (Begegnung mit einem Meister) den Blick des Gurus, weil sie ihm magische Kräfte und eine große Segenskraft zuerkennen. Über den Blick weckt der Guru die Kundalini (latente spirituelle Kraft in jedem Menschen), so daß von diesem Augenblick an eine intensive spirituelle Entwicklung initiiert wird. Der Gedanke, daß von den Augen starke Kräfte ausgehen, ist weit verbreitet. Renée Haynes (1973, S. 41) hat den Blick und seine Wirkung eingehend untersucht:

> »Der Impuls, sich umzudrehen, ist nicht bei allen Menschen gleich stark, und es wird immer wieder Fälle geben – zum Beispiel bei Kellnern –, wo er vermutlich atrophiert ist oder ignoriert beziehungsweise direkt unterdrückt wird. Mit entspanntem Experimentieren, zum Beispiel bei einer langweiligen Vorlesung oder in der überfüllten Mensa, wird man herausfinden, daß der konzentrierte Blick auf den Hinterkopf eines anderen in der Mehrzahl der Fälle zu nervöser Unruhe und schließlich einem Blick nach hinten führt. Das kann man auch bei schlafenden Katzen und Hunden oder bei den Vögeln im Garten ausprobieren – ganz abgesehen von Kindern, die man so vielleicht statt mit dem kalten Waschlappen etwas humaner wecken kann.«

Weitere Beispiele aus dem Alltag wären: Zufällig steigen wir an der falschen Busstation aus und treffen dadurch einen lange nicht mehr gesehenen Freund. Oder wir vergessen beim Weggehen den Hausschlüssel abzuziehen. Später fängt es an zu brennen, und die Feuerwehrleute kommen ohne

Probleme in die Wohnung. Ich habe bei einem Kongreß aus Versehen eine Person angerempelt. Ich komme mit ihr ins Gespräch, und sie teilt mir mit, daß sie zu einem Seminar bei Stan Grof aus terminlichen Gründen nicht gehen kann. Ich übernehme ihren Seminarplatz, und das war der Beginn meiner Reise in die transpersonale Psychologie. In Indien riß ich mir in einem Ashram das Außenband meines linken Knöchels. Danach wollte ich in die Meditationshalle zu einem bestimmten Platz, um mich bequem mit meiner Verletzung hinsetzen zu können. Der Ordner wies mir aber einen anderen Platz zu. Ich geriet fast in einen Streit mit ihm. Schließlich beugte ich mich seiner Anweisung. Nach einer Weile klopfte mir jemand auf die Schulter und sagte auf Deutsch: Kann ich dir helfen? Ich bin Orthopäde. Er untersuchte mich und legte mir einen Tape-Verband an. Danach stellte sich noch heraus, daß er meinen Orthopäden in Oberstdorf gut kennt und den gleichen Nachnamen wie mein Orthopäde hat.

In der Psychotherapieforschung könnten diese Effekte ausgiebig studiert werden, denn das Parapsychologische entspringt in der Alltagserfahrung vorwiegend dem Unbewußten und dort, wo es bewußt ist, weist es ähnliche Strukturen auf.

Die therapeutische Beziehung ist durch ihre Tiefe und Intensität zwangsläufig stark mit PSI angereichert. Dies kann auch die Arbeit mit Widerständen, Übertragungen und Gegenübertragungen stark prägen. Im einzelnen müßte dies natürlich noch genauer analysiert werden, was im Rahmen dieser Arbeit nicht möglich ist.

Es gibt aber auch besonders sensitive Menschen, die Aussagen über die Lebenssituation und die Zukunft anderer Menschen machen. Wenn wir dadurch erfahren können, was wir mehr in unserem Leben berücksichtigen sollten, kann dies durchaus zu wichtigen Impulsen und Ratschlägen in der konkreten Lebensbewältigung führen. Wenn sie uns ihre Erkenntnisse vermitteln, realistisch oder in Symbolen, sollten wir sie nicht ungeprüft aufnehmen, sondern sie wirken lassen, mit unserer eigenen Lebenserfahrung abgleichen und Anregungen aufnehmen. Hellseher können irren, sehr parteiisch und subjektiv sein. Da Qualität und Zuverlässigkeit von PSI-Erfahrungen durch Paragnosten kaum abwägbar sind, sollte man immer die eigene kritische Reflexion des Materials folgen lassen, um richtige PSI-Informationen herauszufiltern, die dann bei der Lösung praktischer Probleme behilflich sind. Man darf aber auch nie aus dem Wahrheitsgehalt einer Aussage darauf schließen, daß auch die anderen Informationen richtig sind. Im nachhinein werden die Treffer leichter im Gedächtnis behalten als die Nieten. »Ein echtes Medium ist nicht bereit, die Zukunft eines Menschen als Gewißheit oder als unabänderliches Schicksal vorauszusagen« (Pfeiffer, 1993, S. 144).

Der Einsatz von Geistheilern kann die spirituell-geistige Atmosphäre reinigen und verändern. Dies kann im Sinne der Psychokinese positive Auswirkungen auf die Physis haben, so wie auch die eigenen Gedanken und Phantasien Spuren im Leib hinterlassen, positive, wie destruktive.

Einstellung und Handeln können durch Psychotherapie und spirituelle Schulung so fruchtbar entwickelt werden, daß die Selbstheilungskräfte sich gegen die selbstdestruktiven Kräfte durchzusetzen beginnen und Wachstum auf allen Ebenen folgt. PSI macht dann nicht mehr Angst, sondern ebnet der Seele neue Wege.

Die Frage, ob PSI trainierbar ist, kann nicht schlüssig beantwortet werden. Die Milieubedingungen können zwar durch Schulungen positiv beeinflußt werden, aber ob dann zwangsläufig PSI auftritt, ist nicht vorhersehbar. Offenbar muß auch eine gewisse Disposition zur Sensitivität vorliegen, die dann durch gezielte Maßnahmen wie Entspannen, Destabilisieren des Bewußtseinszustandes, Loslassen, Vertrauen und spirituelle Grundhaltung aktiviert werden kann. Ebenso wie eine musische Begabung kann sie gefördert werden, obwohl man nie erfolgreiche Resultate gewährleisten kann.

Die allmähliche Entwicklung einer sensitiven Begabung verläuft folgendermaßen: 1. Ungewöhnliche Kindheitserlebnisse mit der Umwelt. 2. Intuitives Erfassen von unerklärlichen Ereignissen, ohne bewußte außersinnliche Wahrnehmung. 3. Das Kind addiert unbewußt diese »nicht stimmenden« Beobachtungen. Je nach der Entwicklung des kindlichen Intellekts erfolgt eine bewußte Analyse dieser Beobachtungen und Erlebnisse durch Vergleiche, Bestätigungen oder Irrtümer. Das Kind wird sich des Unterschiedes zwischen einem »normalen« und einem »medialen« Erlebnis bewußt. 4. Es bildet sich im Bereich des Tiefenbewußtseins oder des Unbewußten eine Art von Kontrollorgan mit der Registrierfähigkeit für die Vorgänge, die in der Psyche oder dem Unbewußten eines anderen Menschen geschehen. 5. Ahnungen manifestieren sich zu Gewißheiten über die Existenz von Kräften, die anscheinend auch außerhalb des eigenen Ichs arbeiten können. Es folgt daraus, daß diese innere Gewißheit die Möglichkeit schafft, sich ein »Erkenntnissystem« zu erarbeiten, das im eigenen Unbewußten »funktioniert« und ASW ermöglicht. 6. Das Erkenntnissystem soll auch die »Durchgangsstation« zwischen dem »Diesseits« und einer anderen Dimension (»Jenseits«) sein. 7. Das nun erwachsene, reif gewordene Individuum mit seiner paranormalen Fähigkeit begreift diese Begabung als etwas Gegebenes (vgl. Pfeiffer, 1993).

Das spontane Auftreten von paranormalen Phänomenen wird meistens durch besondere psychische Situationen hervorgerufen. Man hat auch herausgefunden, daß religiöse Menschen bessere PSI-Resultate erzielen. Oft haben Sensitive auch den Glauben, daß ihnen die Gabe von Gott gegeben wurde, um anderen Menschen zu helfen. Dann ist es natürlich auch wichtig für den Sensitiven, infolge fortschreitender Erfahrung im Umgang mit übersinnlichen Zuständen besser unterscheiden zu lernen: Was ist eine echte Vision, welche eigenen Persönlichkeitsanteile verfälschen das Bild und wie wird das Bild vom anderen aufgenommen und verarbeitet? Dies beeinflußt den inneren Zustand des Paragnosten subtil: »Paranormal Begabte, die mit ihrer Begabung gut umgehen können, sind in der Lage, Versuchsperson und Versuchsleiter in einer Person zu sein.«

Der Hypothese, es handle sich bei parapsychologischen Phänomenen um pathologische Zustände, kann ganz klar widersprochen werden; im Gegenteil, sie sind ein wichtiges Indiz für psychische Gesundheit. Greeley hat viele Menschen mit übersinnlichen Erfahrungen untersucht und fand nichts, was die weitverbreitete Überzeugung stützen könnte, daß wiederkehrende mystische oder parapsychische Erlebnisse ein Zeichen von Deprivation oder Psychopathologie seien.

»Seine [Greeleys] für mystische Erlebnisse empfänglichen Personen waren im Durchschnitt gebildeter, im ökonomischen Sinne erfolgreicher, weniger rassistisch eingestellt und – was ihr psychisches Wohlbefinden anging – wesentlich glücklicher als diejenigen, die keine entsprechenden Erlebnisse gehabt hatten. Aus Greeleys Bericht ergibt sich, daß es normal ist, offensichtlich paranormale Erlebnisse zu haben« (Greeley, in: Tart, 1985, S. 34).

Nach aller Erfahrung verlieren sich die Fähigkeiten, wenn sie auf Dauer mißbräuchlich angewendet werden; eine liebende und menschenfreundliche Einstellung kann sie also am ehesten halten. Der Ausgangspunkt bei Hellsehern ist oft ein intensives »subjektives paranormales Erlebnis«, bei dem sie ihre Gabe entdecken. Gute Hellseher fühlen sich als Assistenten einer höheren Energie, der sie dienen. Sie sind kritikfähig und undogmatisch. Sie vermitteln dem anderen stets, daß es keine Gewähr für die Richtigkeit ihrer Visionen gibt und daß auch ihre Menschenkenntnis und ihre Kommunikationsführung mit zum Ergebnis beitragen. Mit Abstrichen könnte man Lucadous überspitzter Formulierung zustimmen:

»In dem Moment, wo man sich auf die präkognitive Aussage eines Hellsehers wirklich verläßt, ist die Aussage entweder falsch oder sie bedeutet etwas anderes, als man glaubt … [ebenso] psychokinetische Effekte sind geradezu vorprogrammiert, allerdings nur, solange sie niemand festmachen will« (Lucadou, 1995, S. 231, 235).

Daß das Leben nicht manipulierbar und fixierbar ist, gibt den vielen Anstrengungen auf dem Lebensweg Sinn und mißt ihnen den nötigen Wert bei. Lassen wir uns überraschen, auch wenn das, was passiert, als eine Möglichkeit schon konstituiert war. Es ist zum Besten im Sinne unserer Entwicklung. Das Schicksal ist auch kein geschlossenes System; man kann es durch tatkräftigen Einsatz verwandeln, ohne die gestellte Lebensaufgabe zu vernachlässigen.

Ein weiteres Gebiet sind Störungen durch okkulte Praktiken, sogenannte mediumistische Psychosen. Bei labilen, zu Bewußtseinsspaltungen neigenden Persönlichkeiten, die medial begabt sind, können sich krankhafte Aspekte mit parapsychologischen verbinden, und plötzlich werden bei affektiv erschütternden Jenseitskontakten psychische Störungen ausgelöst. Eine Person fühlt sich gezwungen, automatisch zu schreiben, in ihr werden Stimmen laut, die Kommentare abgeben. Auch Störungsformen wie »multiple Persönlichkeitsstörungen« und »Allmachtsideen« können sich zeigen. Wir sprechen dann auch nach Bender von mediumistischen Psychosen, die keine echten Schizophrenien sind, aber ähnliche Zustandsbilder aufweisen. Diese Störungsbilder entstehen häufig, wenn früh geschädigte Menschen (Narzißmus, Borderline) mit okkulten Praktiken in Kontakt kommen, ohne vorher eine persönlichkeitsbildende Arbeit (u. a. Psychotherapie) an sich unternommen zu haben, weil ein brüchiges Ich die intensiven Energien nicht halten kann. Die Therapie sollte bei erfahrenen Psychotherapeuten mit einem parapsychologischen und transpersonalen Hintergrund stattfinden, denn nur so kann eine hilfreiche Differenzierung zwischen echten parapsychologischen Phänomenen, normaler Sinneswahrnehmung, psychodynamischen Prozessen, psychopathologischen Einflüssen und ganz normalen psychologischen Strategien gewährleistet werden, denn jedes Phänomen ist äußerst komplex und weist alle diese Merkmale auf.

Wenn PSI im Leben eine selbstverständliche Achtung erfährt, vertieft und öffnet das die Kommunikation der Menschen untereinander und erhöht die Kompetenz zur Lösung von existentiellen Problemen. Der spontane Fluß des Lebens hält dann geheimnisvoll die Entwicklung in Gang, weil wir durch PSI Zugang zum Urgrund des Seins und zum kollektiv gespeicherten Fundus an Erfahrungen erhalten.

Vertikale Transzendenz des Bewußtseins

Am Anfang dieses Kapitels soll klargestellt werden, daß die spirituelle Entwicklung ein intrinsischer und konstitutioneller Teil des Mensch-Seins ist. In jedem Menschen ist die Tendenz nach Selbstverwirklichung angelegt, auch wenn der Zeitpunkt und die Umstände des bewußten Beginns äußerst unterschiedlich ausfallen kann.

Erfahrungsgemäß tritt die Frage »Wer bin ich wirklich?« in unterschiedlichen Situationen an uns heran. Das kann in der Mitte des Lebens sein, wenn wir erkennen, daß beruflicher Erfolg und private Zufriedenheit nicht alles sind. Das kann inmitten einer Krise plötzlich aufbrechen, wenn wir nicht mehr weiterwissen. Die Frage kann sich auch einstellen, wenn uns ein Schicksalsschlag ereilt oder wenn wir schwer krank sind. Der Ausgangspunkt der Suche ist meistens gekennzeichnet von dem Gefühl, daß etwas Wesentliches im Leben fehlt, begleitet von Verunsicherung, Unruhe und Unzufriedenheit. Wer bin ich wirklich, wenn ich alles weglasse, was ich habe und besitze? Wenn ich des weiteren meine Fähigkeiten, Eigenschaften und Merkmale meiner Person ausklammere: Wer bin ich wirklich, wenn ich alle Masken und Hüllen fallen lasse? Diese Frage ist zweifellos grundlegend für jede Form von Spiritualität, die als Suche nach der »wahren Identität« aufgefaßt werden kann, ein Weg vom Haben zum Sein, wie Erich Fromm es ausdrückt. Die Suche kann auch in einem intensiven psychotherapeutischen Prozeß initiiert werden, wenn sich spontan Zustände einer plötzlichen Seins-Evidenz ereignen, begleitet von einem prickelnden Körpergefühl (flow) und einem Aufleuchten tiefer Einsichten in Lebenszusammenhänge. Auch Experimente mit schamanistischen Techniken, halluzinogenen Drogen und hypnoiden Trancezuständen können plötzliche Öffnungen herbeiführen, die eine Sehnsucht nach einem spirituellen Weg wecken. Wo sollen wir nun die Suche beginnen? Die Meister geben uns eine knappe und wertvolle Antwort: Erkenne dich selbst! Gehe in dich! Sie fügen zumeist hinzu: Gott wohnt in dir!

In diesem Kapitel soll nun der Weg nach Innen aufgenommen werden. Die Bewegung in die Tiefe, die »vertikale Transzendenz des Bewußtseins« wurde in erster Linie durch Erfahrungen von Mystikern, Heiligen und spirituellen Meistern vorgelebt. In jeder Kultur gibt es selbstverwirklichte Menschen, die für andere, die sich auf den Weg machen wollen, Skizzen und Beschreibungen anfertigen. Diese können hilfreiche Hinweise und Anregungen für den Suchenden bieten, allerdings wird immer wieder betont, daß die geistigen und spirituellen Landschaften nur dann wirklich zu erkunden sind, wenn man sich selbst auf den Weg macht und dorthin geht.

In jeder Weltreligion hat sich ein kleiner mystischer oder esoterischer Zweig gebildet: im Buddhismus, der Zen-Buddhismus, im Islam der Sufismus, im Hinduismus die verschiedenen Yogasysteme, im Christentum die Mystik. Religion hat für Ken Wilber zwei sehr wichtige, aber auch sehr unterschiedliche Funktionen. Demnach sei die erste Funktion eine horizontale Bewegung, eine Bewegung auf der gleichen Ebene, die zweite, die das Selbst transzendiert, sei eine vertikale Bewegung, je nachdem in der Höhe oder Tiefe. Die erste nennt Wilber Translation, die zweite Transformation (vgl. Wilber, 1997).

Die exoterische Aufgabe einer Religion ist die Vermittlung von Glaubensinhalten, die Gewährung von Schutz, die Vermittlung von Sinn, sozialer Legitimation und lebenspraktischen Ratschlägen. Die Geschichte der religiösen Institutionen beweist allerdings auch, daß sie im Laufe der Zeit dogmatisch erstarren und die Rituale immer mehr an Lebendigkeit und Authentizität einbüßen:

»Transformative Spiritualität legt es nicht darauf an, irgendeine heutige Weltsicht zu stützen oder zu legitimieren, sondern sie will dadurch zu echter Authentizität führen, daß sie erschüttert, was die Welt für legitim hält. Das Bewußtsein der Legitimität wird vom Konsens sanktioniert, von der Kultur und auch von der Gegenkultur aufgegriffen und vom separaten Ich als der Weg propagiert, Sinn in die Welt zu bringen. Das authentische Bewußtsein jedoch schüttelt dies von sich ab und sieht nun die eine strahlende Unendlichkeit im Herzen aller Wesen, atmet nun den Hauch einer Ewigkeit, die zu einfach ist, um geglaubt zu werden. Transformative Spiritualität, authentische Spiritualität, ist revolutionär« (Wilber, 1997, S. 59).

Aber die Lehrer der verschiedenen spirituellen Disziplinen machen gleichzeitig darauf aufmerksam, daß der längste Weg der Weg nach innen ist. Durch den innewohnenden Antrieb, über sich selbst hinauszuwachsen, sich zu verwirklichen, wächst die Bereitschaft, sich auf ein Abenteuer der Entwicklung einzulassen, das dem Suchenden größte Anforderungen abverlangt. Der Weg ist steinig und voller Hindernisse. Viele bleiben nach den ersten Abschnitten auf der Strecke. Zu jedem Weg gehören eine bestimmte Richtung, wechselnde Landschaften, unerwartete Begebenheiten, Abschnitte und Stadien, Hindernisse, Begrenzungen, aber auch Abwege und Umwege.

»Unter Spiritualität kann die besondere religiöse Lebenseinstellung der Hinwendung auf das All-Eine, das Umfassende, das umgreifende Eine Sein, welches dem Menschen unfaßbar bleibt, verstanden werden. Dieses Eine ist dem Spirituellen Ursprung und Ziel, Sinn und Erfüllung seines Weges. Diesen Weg zu gehen, den spirituellen Weg, bedeutet, Wandlung zulassen, loslassen, aber auch Bewährung im Alltag« (Scharfetter, 1998, S. 9).

Das Charakteristische echter Spiritualität ist die Toleranz und Akzeptanz unterschiedlicher Wege, auch wenn jeder den für ihn passenden Weg erst finden muß. Die Suche nach einem Weg gehört schon zum Weg selbst. Überraschenderweise finden sich an unterschiedlichen Stationen und vor allem im Ziel auffällige kulturübergreifende Gemeinsamkeiten, was ein Indiz für Echtheit und Wahrhaftigkeit ist. Die Diskussion, ob nun die mystischen Erfahrungen identisch sind oder doch kulturspezifisch interpretiert werden müssen, ist meines Erachtens zweitrangig, denn sie führt in eine Sackgasse und verhüllt die eigentliche Aussage. Zwischen Erfahrung, Identifizierung der Erfahrung und Kommunikation der Erfahrung werden immer Spielräume für Auslegung und Deutung bleiben, doch sind Ähnlichkeiten in den wesentlichen Strukturmerkmalen nicht zu übersehen: »Mit anderen Worten, alle Erfahrungen haben denselben Einen Geschmack. Es gibt keine Erfahrung, die dem Einen Geschmack näher oder ferner wäre« (Wilber, 1999, S. 306). Bucke (1988) bezieht sich auf die Tatsache, daß die Berichte der Erleuchteten in »allen wesentlichen Zügen vollkommen übereinstimmen«. Jack Kornfield (1985, S. 175) unterstreicht: »Jede Technik, mit der man sich einen Freiraum von Stille, Klarheit und Offenheit schaffen kann, führt zum Verständnis der spirituellen Grundwahrheiten. Unser wahres Wesen ist stets gegenwärtig und sichtbar – wir müssen nur unsere Fähigkeiten zu sehen ausbilden.« Die religiöse Gipfelerfahrung und der Weg dorthin wird mit folgenden, immer wiederkehrenden Stichwörtern in Verbindung gebracht: Erwachen, Selbsterforschung, Gotteserfahrung, Mitgefühl, Gelassenheit, Gewißheit, Weite, Tiefe, Achtsamkeit, Konzentration (Sammlung), Stille, Gleichmut, Energie, Begeisterung, nicht an Bedingungen gebundene Liebe, Nicht-Anhaften an Wahrnehmungen und Gefühlen, umfassende Verbundenheit alles Lebendigen, intimes Erkennen der inneren Zusammenhänge und Gnade in der Realisation der mystischen Schau.

»Mystik meint das religiöse Einheitserlebnis des Einzelnen mit dem Einen. Es geht über die Begegnung hinaus und meint Verbindung, Vereinung (Unio). Die Praxis des Gehens des Weges bestimmt das Leben des Mystikers. In vergleichender Sicht meint Mystik die Erfahrung der Einheit, des Einsseins. Sie tritt aber gleichwohl in den verschiedenen Konfessionen und Kulturbereichen in recht unterschiedlichem Gewand in Erscheinung.«

Mystische Zustände werden nur für den unmittelbar Erlebenden evident. »Wer seine Sinne ins Innere hat gebracht, der hört, was man nicht redet und siehet in der Nacht«, versichert uns Angelus Silesius.

Das Wort »Mystik« geht zurück auf die griechischen Begriffe »mysterion« (Geheimlehre, Geheimkult, religiöses Geheimnis, »mystos« (verschwiegen) und »myein« (sich schließen, von Lippen und Augen). Damit haben wir einen Bedeutungshintergrund, der uns den Zugang zu dem doch meist recht wenig verstandenen Begriff erleichtert. Es geht um ein Geheimnis, das sich über die praktische Erfahrung erschließt, wenn wir beginnen, uns nicht nach außen zu wenden, sondern nach innen, wenn wir also unsere Lippen und Augen verschließen und nach innen hören. Von außen können mystische Erfahrungen nur durch Umschreibungen, Andeutungen, Sinnbilder und Allegorien bruchstückhaft erschlossen werden.

Williams James macht die mystischen Zustände zu einem Gegenstand der Psychologie und schlägt in seinem bahnbrechendem Werk *Die Vielfalt religiöser Erfahrung* (1997) vier Merkmale vor:

1. Die Unaussprechlichkeit: Sie besagt, daß dem Mystiker oft die Worte für das Erlebte fehlen. Die Sprache ist Ausdruck des ichbewußten Verstandes und kann durch ihre innere Logik nicht über diesen hinausgehen. Da das Erfahrene zeitlos und wesentlich ist, würden demnach durch die Sprache Schranken und Begrenzungen entstehen, die entstellend wirken: »In der Unaussprechlichkeit der letzten Wirklichkeit sind sich alle Religionen einig. Die letzte Wirklichkeit kann nur erfahren werden.« (Jäger, 1991, S. 43). Muktananda (Siddha-Yoga) und Johannes vom Kreuz (christlicher Mystiker) zum Beispiel, bringen uns diese Eigenschaft mit einer Negationsfolge nahe: Es ist nicht das, es ist nicht das … nicht dies, nicht dies … Die Upanishaden sagen: »Es, das Selbst, das Atman könne nur durch ›Nein! Nein!‹ beschrieben werden.« Oder, umgekehrt, mit einer unendlichen Affirmation, wie es ebenfalls in den Upanishaden nachzulesen ist: Tat tvam asi: Das bist du, das bist du … Laotse, dem chinesischen Mystiker werden folgende Worte zugeschrieben: Wer redet, weiß nicht. Wer weiß, redet nicht. Und: Das Tao, das genannt werden kann, ist nicht das Tao.

2. Noetische Qualität: In mystischen Zuständen werden Erkenntnisse und Einsichten von tiefer Wahrheit zugänglich, begleitet von einem erfüllenden, umfassenden und vollkommenen Seinsgefühl: »Es handelt sich um Erleuchtungen, Offenbarungen, die bedeutungsvoll und wichtig erscheinen, so unartikuliert sie im ganzen bleiben« (James, 1997, S. 384).

3. Flüchtigkeit: Mystische Zustände können in der Regel nicht über einen längeren Zeitraum aufrechterhalten bleiben, außer bei ganz wenigen Heiligen. Wenn sie wiederkommen, werden sie jedoch sofort wiedererkannt und können kontinuierlich die innere Entwicklung fördern.

4. Passivität: Der Mystiker wird ergriffen und der eigene Wille außer Kraft gesetzt. Man kann sich durch spirituelle Übungen und durch Willensanstrengung vorbereiten und öffnen. Der letzte Akt ist ein Gnadenakt und kommt zumeist unerwartet und überwältigend.

Namen für die letzte Wirklichkeit sind: Unio mystica (Vereinigung mit Gott in der jüdisch-christlichen Tradition und im Islam), das Einswerden mit dem Urgrund des Seins (Satori), mit der Leere in der Fülle (shunyata) im Buddhismus, die innere Gewärtigung von Atman (allumfassendes Bewußtsein, das wesensgleich mit Brahman, dem absoluten unsterblichen Bewußtsein ist) im Samadhi der Yoga-Traditionen, was auch als Selbstoffenbarung des Selbst (purusa) bezeichnet wird. Erleuchtung im Sinne des Erwachens läßt das wahre Wesen aller Dinge im Nu begreifen und taucht ein in das Unwahrnehmbare, Undenkbare, Unfühlbare, Unendliche jenseits von Sein und Nicht-Sein (vgl. Lexikon der östlichen Weisheitslehren).

Willigis Jäger sagt, daß ein Weg erst ein Weg wird, wenn man ihn geht. Jeder ist eingeladen sich auf das Abenteuer der Selbstverwirklichung einzulassen. Die eigene spirituelle Praxis, ein nachhaltiges Studium transpersonaler und spiritueller Literatur sowie ausführliche Reflexion mit Kollegen und Kolleginnen fließen in die Ausführungen mit ein. Vieles ist aus dem Blickwinkel eines Schülers betrachtet, und einiges wurde in wissenschaftlicher Detailarbeit gesammelt. In beiden Fällen sind es Erfahrungen, die mein Leben stark beeinflußt haben. Obwohl die Phasen des spirituellen Weges sich mit den Stufen der Bewußtseinstranszendenz teilweise überschneiden werden, sollen sie zum besseren Verständnis getrennt dargestellt werden.

Der spirituelle Weg

Dem inneren Aufbruch zu einem spirituellen Weg geht oft ein sonderbarer Zustand voraus. Das Leben ist nicht mehr, wie es einmal war. Die Sinnfrage ergreift allmählich oder plötzlich die bis dahin gelebten Vorstellungen und Werte. Wer bin ich wirklich? Was ist meine Aufgabe? Wohin gehe ich, wenn ich sterbe? Weshalb existiere ich? Aus einem inneren Klima von Hektik, Langeweile und Zweifel erwächst der Wunsch nach mehr Tiefe, innerer Zufriedenheit und umfassenderer Selbsterkenntnis. Die Seele an der Schwelle zum Transpersonalen ist nach Wilber zwar integriert und autonom, fühlt sich aber dennoch unglücklich:

»Es hat alles ausgekostet, was das personale Reich zu bieten hat, und es ist nicht genug. Der Reiz der Welt beginnt sich zu verflüchtigen. Keiner Erfahrung kann man mehr einen Reiz abgewinnen. Nichts befriedigt mehr. Es gibt keine lohnenden Ziele mehr. Es liegt nicht daran, daß die Trauben zu hoch gehangen hätten, sondern im Gegenteil daran, daß man sie alle reichlich gekostet hat, aber sie waren fade« (Wilber, 1999, S. 255).

Das Bedürfnis nach Sinnsuche wird stärker. Doch wo und wie kann ich Anregungen erhalten? Ein unüberschaubarer Markt an Selbstverwirklichungsangeboten, geistigen Zentren und esoterischen Wegen erregt Neugierde und Mißtrauen zugleich. Wie soll ich suchen und welchem Weg kann ich vertrauen?

Es heißt, die Suche nach einem spirituellen Weg ist kein einseitiges Vorgehen, denn das, was mit aller Leidenschaft und mit ganzem Herzen erstrebt wird, findet oft in geheimnisvoller Weise eine Antwort.

Das kann schnell gehen oder etwas länger dauern. Das spirituelle Verlangen gehört schon zum Weg. Der Sufi Reshad Field (vgl. 1991) rät uns, leidenschaftlich und demütig zu suchen und dabei demütig zu sein wie ein Mensch, der von ganzem Herzen um einen Anteil an Verstehen bittet. Wenn wir aufrichtig und engagiert die Suche fortsetzen, werden wir, manchmal durch nebensächliche Hinweise, auf den richtigen Weg gebracht. Um vertrauensvolle spirituelle Richtungen handelt es sich dann, wenn

- der Weg als lang und steinig beschrieben wird,
- die dort Lehrenden selbst Schüler waren und einen langen Weg gegangen sind,
- der Meister oder Lehrer den Schüler nicht braucht,
- die persönliche Erfahrung des Schülers im Mittelpunkt steht und nicht inhaltliche Dogmen,
- nicht ein Rückzug aus dem Alltag, aus der Familie oder dem Beruf propagiert, sondern eine Vertiefung der realen Lebensbezüge angestrebt wird. Im Alltag erweist sich der spirituelle Fortschritt.
- Kritik, Zweifel und Mißtrauen des Schülers nicht überheblich wegdiskutiert werden, sondern als ganz natürliche innere Zustände einer spirituellen Entwicklung ernst genommen werden – auch Schattenseiten wie destruktive Phantasien nicht moralisch abgewertet werden. Ein echter spiritueller Lehrer wird diesen Aspekten immer mit Gelassenheit und Liebe begegnen,
- keine Erfahrungen versprochen werden, sondern nur Hinweise auf die Vorbereitung für Erfahrungen und den Umgang mit Hindernissen gegeben werden, u. a. durch Meditationsanleitungen und Unterweisungen,
- keine Ausgrenzung von anderen Wegen vorgenommen wird: Die Wahrheit ist multikulturell und findet sich in allen großen mystischen Traditionen,
- keine offensive Werbung und Überredung einsetzt, wenn jemand seinen Weg beenden, unterbrechen oder woanders weitersuchen möchte.

Joseph Campbell (1978) spricht von einem »Aufbruch« und vom »Hören eines Rufes«. Wenn ich gewillt bin, mich auf die Suche zu begeben, werde ich gerufen. Der Ruf ist ein Ruf vom höheren Selbst oder des Genius, wie Wilber es bezeichnet. Die Stimme zum Aufbruch kann sich auch aus einer tiefen existentiellen Krise heraus erheben oder durch äußere Verhältnisse konstellieren, durch Beziehungen oder berufliche Situationen. Mit dem Vernehmen des Rufes tauchen auch Ängste auf, wie vor einer Reise in ein unbekanntes Land. Wenn wir in diesem Augenblick dicht machen, den Ruf durch die alltäglichen Geräusche übertönen oder ihn durch Suchtmittel verdrängen, dann bleibt die Sehnsucht unerfüllt, mündet in einer fundamentalen Unzufriedenheit und verliert sich allmählich in einer schleichenden Depression. Die Weigerung, den Ruf anzunehmen, ist gleichbedeutend mit einem allmählichen Verlust an Lebendigkeit. Umgekehrt, wenn ich mich darauf einlasse, dann wird mir geholfen, und ich fühle mich gestärkt. Campbell sieht unsichtbare Mächte am Werk, die unerwartet und plötzlich zur Seite stehen durch Hilfen, Hinweise und mögliche äußere Begegnungen. Mit der Entscheidung kommt die Energie, und plötzlich verändern sich die Aussicht, die Farben, die Landschaften, und es stellt sich innere Aufbruchstimmung ein.

Wenn die Entscheidung getroffen ist, muß man sie festigen und die ganze Kraft bereitstellen, um sich von vertraut gewordenen Bindungen an bestimmte Vorstellungen und Interessen zu lösen und das Leben auf die spirituellen Grundsätze ausrichten. Dafür muß ein Platz im Leben freigemacht werden, und das bedeutet auch Abschied nehmen von Gewohnheiten und lange gehegten Bezügen. Durch eine radikale Inventur meines bisherigen Lebens und eine darauffolgende Reinigung im Sinne von Klärung und Auseinandersetzung mit Fehlentwicklungen, Unechtheiten, Unaufrichtigkeiten und lebensfeindlichen Strategien bereitet das Bewußtsein für die ersten inneren »Auf-brüche« vor. Die Weisen aller spiritueller Richtungen sagen uns: Wenn du wirklich bereit bist, eröffnet sich dir ein Weg.

In der Auseinandersetzung mit spirituellen Wegen tauchen wichtige Probleme auf.

Die in der Psychotherapie häufig geführte Diskussion, wann ein spiritueller Weg sinnvoll ist, kann aufgrund stark schwankender individueller Situationen nicht schlüssig beantwortet werden. Nur so viel ist bisher klar geworden: Ein Mensch, der gesund und charakterfest ist, eine gewisse Autonomie und Authentizität ausgebildet hat und emotional stabil ist, braucht zwar mehr Zeit am Anfang, um sich ganz einlassen zu können, hat aber in den weiteren Phasen mehr Substanz, um neue Erfahrungen gut zu integrieren und nicht abzuheben. Psychisch labile und stark vorgeschädigte Menschen haben oft eine immense Erlösungssehnsucht, die sich aber indirekt mehr auf das persönliche Leid bezieht und leicht mit spirituellen Sehnsüchten verwechselt werden kann. Dies führt nach anfänglicher Begeisterung und Euphorie zu einem vorzeitigen Abbruch des Weges, wenn es darum geht, mit Disziplin und Ausdauer voranzuschreiten, auch in Zeiten reduzierter Erfahrungen. Es ist gefährlich, Spiritualität als Ersatztherapie zu nehmen, denn dann wird weder das eine, noch das andere erreicht. Deshalb werden erfahrene spirituelle Lehrer einen Schüler mit emotionalen Störungen vorübergehend in eine Psychotherapie schicken, denn eine authentische Person ist eine gute Basis für authentische Spiritualität.

Der spirituelle Weg heilt keine Neurosen aber er hilft, sich weniger damit zu identifizieren, sie weniger ernst zu nehmen und humorvoll die Eigenheiten, Fehler und Projektionen zu tragen.

Dazu ein authentisches Bekenntnis:

»In der gesamten Zeit bin ich nicht eine einzige meiner Neurosen losgeworden! Das einzige, was sich geändert hat: Während es zuvor jene riesigen Monster waren, die ständig auf der Lauer lagen, um Besitz von mir zu ergreifen, kommen sie heute nur noch ziemlich trottelig daher – ›oh, sexuelle Perversion, da bist ja, habe dich schon tagelang nicht mehr gesehen, komm und laß uns ein Täßchen Kaffee zusammen trinken!‹ Für mich ist dies das Resultat des spirituellen Weges. Es ist für mich jetzt so, daß ich in einen anderen Zusammenhang eingebettet bin, wodurch ich sehr viel weniger mit meinen eigenen Neurosen, mit meinen eigenen Begierden identifiziert bin« (Dass Ram, 1989, S. 474).

Dann werden der psychische Ballast und die karmischen Bedingtheiten nicht zur Belastung, sondern zu einem Erprobungsfeld der spirituellen Einsichten. Wir können dann mit klarer Einsicht erkennen, wo wir auf dem spirituellen Pfad stehen und wissen, was noch zu tun ist.

Ein weiterer Aspekt ist die Frage nach den Zielen: Menschen brauchen Ziele, um sich einzusetzen, doch kann eine zu starke Fixierung auf Ziele wiederum den spirituellen Weg behindern, denn der Weg ist schon das Ziel. Zu hochgesteckte Ziele und zu viele Erwartungen und Vorstellungen lenken von der Gegenwart ab. Die spirituellen Übungen sind in sich wertvoll und nicht weil wir dadurch etwas erreichen wollen, wie Dass Ram knapp ausführt: »Ich mache meine spirituellen Übungen, weil ich eben meine spirituellen Übungen mache« (1989, S. 462).

Zu bedenken ist ferner, daß der Suchende sich ganz auf eine spirituelle Richtung einläßt und sich nicht wie in einem Supermarkt aus unterschiedlichen Traditionen bedient, nach dem Motto: Was will ich und was brauche ich? Sich ganz auf einen Weg einzulassen bedeutet, die über Jahrhunderte entwickelte innere Botschaft zu begreifen, und das ist nur möglich, wenn ich mich vollständig identifiziere und meine Zweifel bearbeite und nicht bei den kleinsten Schwierigkeiten nach anderen Methoden greife. Sogyal Rinpoche (1994, S. 163) betont:

»Wenn du eine Tradition kennst, verwirklichst du alle. Die moderne Idee, sich immer alle Traditionen offen halten zu wollen und sich niemals einer Sache vollkommen verschreiben zu müssen, ist eine der größten und gefährlichsten Illusionen unserer Kultur und eines der wirkungsvollsten Mittel des Ego, unsere spirituelle Suche zu sabotieren.«

Nahezu alle spirituellen Lehrer sind sich darin einig, daß es notwendig ist, sich wirklich auf einen Weg zu konzentrieren und ihn zu meistern, gleichzeitig aber anderen spirituellen Wegen offen und respektvoll zu begegnen. Widerstände, Frustrationen und Zweifel sind notwendige Konfrontationen.

Sie bringen uns auf den Boden zurück und ermöglichen das richtige Tempo in unserem spirituellen Fortschritt.

Man darf sich auch nicht durch Unterbrechungen, Umwege und Abwege beirren lassen. Die Meister bezeugen immer wieder, daß ein Mensch, der einmal erwacht ist, auf dem Weg bleibt, auch wenn es äußerlich gar nicht so wirkt. Es ist das Geheimnis der innewohnenden spirituellen Energie (Kundalini), wie sie uns führt:

»Die Unreinheiten, mit denen du deinen Weg begonnen hast, üben lediglich ihre karmische Wirkung aus. Das gehört alles zum Weg. Wenn das Erwachen in dir erst einmal begonnen hat, so kannst du gar nicht vom Weg abkommen. Das geht gar nicht! Wohin solltest du denn abkommen? Willst du dir selber etwa vormachen, daß es nie gewesen ist? Du kannst es vergessen – aber es ist in dir, es ist dir immer auf den Fersen und holt dich ein. Also reg' dich nicht auf, es ist in Ordnung, sei ruhig weltlich. Und oftmals schubse ich die Leute geradezu in das Weltliche: Los, geh' hin, hab' mehr Sex, nimm mehr Drogen, mach' mehr Geld, mach' es so lange, bis du damit durch bist. Sei nicht zu schnell damit fertig, denn hörst du zu früh auf, wirst du bloß begierig bleiben!« (Dass Ram, 1989, S. 474)

Das Verhältnis Meister-Schüler

Viele Menschen im Westen sind gegenüber Meistern oder Gurus generell mißtrauisch, und das aus gutem Grund. Im Verlauf der Geschichte traten politische und religiöse Autoritäten auf, die die Menschheit fast in den Abgrund führten. Zahlreiche selbsternannte Meister haben leichtgläubige Menschen dazu verführt, ihren Besitz zugunsten der Gemeinschaft aufzugeben, die Familien zurückzulassen und sich vollkommen den autoritären Anweisungen unterzuordnen. Des weiteren glaubt man in den abendländischen Wissenschaftskreisen, daß Meister-Schüler-Beziehungen für die psychische Entwicklung ungesund sind, weil sie Selbstbestimmung und persönliche Freiheit einschränken. Sie werfen den modernen Gurus auch den Hang nach Kommerzialisierung und ihren Lehren oberflächlichen Eklektizismus vor. Mit dieser Kritik werden auch unangenehme Erfahrungen und Erinnerungen an Machtmißbrauch in Elternhaus, Schule und Beruf abgewehrt. Für unseren Kulturkreis sind also die Fragen, ob ein spiritueller Weg von einem Meister begleitet werden soll, welche Funktion ein Meister hat und wie die Beziehung zu ihm sein soll, überaus kompliziert.

In Indien wird auf die Frage, ob man einen Meister braucht, ein sehr einfaches Beispiel gegeben: In einer fremden Stadt kann man auf zweierlei Weise eine bestimmte Straße aufsuchen: Entweder man läuft so lange durch die Straßen, bis man zu der gesuchten kommt, oder man fragt einen Einheimischen, der einem den kürzesten Weg zu dem gesuchten Ziel zeigt. Ein Guru ist wie ein Einheimischer, der alle Wege auf dem Gebiet der Spiritualität kennt. Nach den spirituellen Schriften wird von einem gewissen Punkt an das eigene Selbst zum Guru und übernimmt die Führung. Im Sanskrit heißt das »Antaryämin«, wörtl.: »innerer Führer« (vgl. Fischer-Schreiber et al., 1986).

Auch gibt es keine Diskussion, den Meister eines Faches zu suchen, wenn man einen Beruf erlernt oder wenn man Hilfe und Unterstützung in einem bestimmten Fachgebiet braucht. Je weiter ein Mensch fortgeschritten ist, desto mehr kann er mit natürlicher Autorität und Ausstrahlung den Lernenden unterweisen. Dies geschieht nicht nur äußerlich und technisch, sondern auch subtil und zwischen den Zeilen. Das Atmosphärische, das morphogenetische Feld eines Meisters richtet den Schüler aus, gibt ihm kraftvolle Impulse und zentriert ihn auf seine Aufgabe.

In gewissem Sinne »beziehen alle großen Weisheitstraditionen – sei es im Christentum, Judentum, Sufismus, Buddhismus oder Hinduismus – einen Großteil ihrer Energie und Kraft aus der Beziehung zwischen Lehrer und Schüler« (Rinpoche, 1994, S. 166).

Sogar in der modernen Theologie, die ja ansonsten eher eine kritische Haltung gegenüber der Mystik einnimmt, vertritt Karl Rahner (in: Frambach, 1993, S. 387) die Auffassung, daß wir eine »Mystagogie«, eine kompetente geistige Wegbegleitung zu mystischer Erfahrung, brauchen.

Ähnlich einem guten psychotherapeutischen Setting ist die spirituelle Führung durch einen Meister nicht auf Zwang oder Angst gegründet, sondern von Respekt und Liebe getragen. Nicht Abhängigkeit oder Unterwürfigkeit ist das Ziel, sondern Verantwortlichkeit und gegenseitige Achtung. Ein wahrer Meister oder Guru ist den langen Weg der spirituellen Transformation selbst gegangen und war lange Zeit selbst Schüler seines Meisters, bevor er die Aufgabe, andere zu begleiten und zu führen, von seinem Meister übertragen bekam. Er ist auch als Guru weiterhin Schüler, denn: »Du kannst kein Guru sein, wenn du kein Schüler bist« (Gurumayi, 1989, S. 135).

In ihm lebt das Wissen der gesamten Linie seiner Vorgänger und der Tradition. Er ist durch die Hindernisse, Ängste und existentielle Krisen gegangen und lebt befreit und gegründet im tiefen Bewußtsein seiner wahren Natur:

»Der Guru hat diese ganze Entwicklung selbst mitgemacht. Sie (Gurumayi) kennt jeden Schritt des spirituellen Weges, durch den sie uns führt – all die auftauchenden Gefühle, Schwierigkeiten, aber auch die Schönheiten und Wunder, die aus den Übungen kommen, die sie uns gibt; sie spricht aus eigener direkter Erfahrung und ihre Führung kommt aus dieser Erfahrung. Auf diese Weise sind diese Übungen eine fühlbare Form von Gnade« (Ishwarananda, 1995, S. 11).

Im selbstverwirklichten Zustand handelt der Guru aus dem höheren Selbst heraus spontan richtig, weil er absichtslos und frei von persönlichen Interessen ist. Durch Mitgefühl und segenspendende Akte läßt er die Menschheit an seiner universellen Liebe teilhaben. Im Äußeren zeigt er sich als persönlicher spiritueller Lehrer, dem wir begegnen können, und innerlich steht er für den göttlichen Funken, der als höheres Selbst, als weiser innerer Führer tief in uns wohnt. Beides zusammen ist das, was in den östlichen Traditionen als Guru-Prinzip verstanden wird. Deshalb darf die intensive Hingabe zum Guru nicht als kindliche Idealisierung eines Menschen falsch interpretiert werden, sondern als ausschließliche Verehrung der göttlichen Qualität, die durch die Meisterung des Lebens aufleuchtet:

»Wer ist dieser äußere Meister? Er ist nichts anderes als die Verkörperung, die Stimme und der Stellvertreter unseres inneren Meisters. Der Meister, dessen Weisheit, menschliche Form und Stimme wir mehr zu lieben lernen als alles andere in unserem Leben, ist nichts anderes als die äußere Manifestation des Geheimnisses unserer eigenen inneren Wahrheit ... Der äußere Meister ist nicht nur der direkte Fürsprecher Ihres inneren Meisters, er ist auch Träger, Kanal und Übermittler der gesamten Inspiration aller erleuchteten Wesen. Das gibt ihm die außergewöhnliche Kraft, Ihr Herz und Ihren Geist zu erleuchten. Er ist nichts anderes als das menschliche Gesicht des Absoluten, das Telefon – wenn Sie so wollen –, durch das alle Buddhas und erleuchteten Wesen Sie erreichen können« (Rinpoche, 1994, S. 167).

Dennoch ist es für den erfolgreichen Verlauf der spirituellen Beziehung ausschlaggebend, daß Lehrer und Schüler einander sorgfältig prüfen. Im Siddha-Yoga werden dem Schüler sieben Kriterien auf den Weg gegeben, einen echten von einem falschen Guru zu unterscheiden (vgl. Schwery, 1988)

- Der wahre Guru kennt die heiligen Schriften, denn er muß fähig sein, diese dem Schüler zu vermitteln. Der wahre Guru ist vollkommen erleuchtet. (Hier wird allerdings eingeräumt, daß dies schwer zu erkennen ist.)
- Er muß fähig sein, die latenten spirituellen Kräfte (Kundalini) auf den Schüler zu übertragen (Shaktipat) bzw. in ihm zu wecken (Initiation).
- Er muß selbst Schüler eines Sadguru, eines vollkommenen Meisters, gewesen sein, der einer Tradition angehört.
- Er muß fähig sein, die Shakti (spirituelle Kraft) zu beherrschen (ein wegen der Gefahr psychischer Störungen besonders wichtiges Postulat).

- Er muß von diesem Guru den Auftrag erhalten haben, selbst Guru zu werden.
- Nach einigem Zusammensein mit dem Guru sollte der Schüler erkennen, daß er sich innerlich und äußerlich in positivem Sinne zu verändern beginnt. Auch sollte er sich dessen, was in ihm geschieht, bewußt werden.

Auch wenn es schwierig sein kann, an äußeren Kriterien einen »wahren Meister« zu erkennen, ein solcher wird jedenfalls dem Adepten Hilfen zum Erwecken und deutlichen Vernehmen des eigenen inneren Führers zu geben versuchen. Und erst nachdem ein grundsätzliches Vertrauen möglich ist, kann man sich ganz auf diese Beziehung einlassen, denn persönliche Anweisungen von einem Menschen akzeptieren wir in letzter Konsequenz nur dann, wenn wir ihn aufrichtig, gütig, authentisch und wahrhaftig erleben. Bei der Prüfung eines spirituellen Meisters sollte man allerdings nicht allein sein Verhalten heranziehen, sondern die erspürte Geisteshaltung. Da spirituelle Meister durch ihren Entwicklungsstand nicht in übliche Kategorien des Denkens und Handelns einzuordnen sind, wirkt ihr Verhalten nicht selten auf Außenstehende sonderbar.

Gurumayi erzählte vom Guru Muktanandas folgende Geschichte:

»Bhagawan Nityananda verhielt sich manchmal ganz seltsam. Wenn ihn jemand etwas fragte, was er besser nicht gefragt hätte, hob er einen Stein auf und verjagte ihn. Manchmal wünschte ich, wir hätten dabei sein können, wenn er das tat, nur um die Freude eines solchen Moments zu spüren. Wer von seinem Kieselstein getroffen wurde, wurde entweder reich oder sehr gelehrt oder ein großer Yogi. Der Kieselstein hatte eine sehr spirituelle Wirkung« (Gurumayi, 1989, Bd. 2, S. 372).

Ein nicht authentischer Meister kommt unseren Einschätzungen und vorgefaßten Ideen oft näher, weil er nicht in der Lage ist, uns aufzurütteln. Anstatt unsere Menschlichkeit zu erwecken, nährt er sich selbst durch seine Macht und sein Eigeninteresse (vgl. de Wit, 1998).

Wenn jemand seinen Meister gefunden hat, kommt es in der Folge entscheidend darauf an, sich ihm voll und ganz hinzugeben. Denn nur so können wir spirituelle Fortschritte erzielen. Die fortschreitende Vertiefung der Hingabe darf nicht mit blindem Vertrauen verwechselt werden, denn die Wahrheit, die uns durch den Meister vermittelt wird, hält jeder offenen Auseinandersetzung stand.

Über die intensive Beziehung zum Guru kann die eigene Entwicklung in einer klaren und unbestechlichen Weise gespiegelt werden. Der Schüler erlebt nicht nur Unterstützung, sondern auch Rückmeldung und Widerspruch. Weil der Meister selbst den Weg der direkten Erfahrung bis zum Ende gegangen ist, vermag er in den Erfahrungen des Schülers die Spreu vom Weizen zu trennen, die vorhandenen Probleme zu erkennen und ihn durch ritualisierte Übungen und Anweisungen für die nächste Stufe vorzubereiten. Der Meister kann zwar dem Schüler nichts abnehmen, ihn aber ermutigen, den Weg der Befreiung weiterzugehen und die Hindernisse zu überwinden. Im Zen-Buddhismus wird das Bild von der Henne und vom Küken verwendet. Das Küken pickt von innen die Schale auf, und die Henne hilft von außen ein wenig nach, um das Küken in die Freiheit zu holen. Es gibt zwei Arten der Unterweisung, die gewöhnliche, in der die Schriften ausgelegt und Anweisungen für Übungen gegeben werden, und die mystische, die überhaupt nicht in Worte zu fassen ist. Sie wird als »wortlose Übertragung« bezeichnet, ein Überströmen der spirituellen Kraft vom Meister auf den Schüler. Dazu ist die Anwesenheit des Gurus nicht unbedingt erforderlich, denn er wirkt unabhängig vom tatsächlichen Aufenthaltsort seiner Person:

»Das Bewußtsein des Guru ist allezeit identisch mit dem Bewußtsein des Universalen Selbst. Deshalb ist der Guru allerwärts, auch wenn er jeweils nur an einem Platze gegenwärtig zu sein scheint. Er wird als eine Manifestation des Höchsten Selbst angesehen, weil er der Kenner der höchsten Wahrheit ist. Da er die unmittelbare Erfahrung des Göttlichen erlangt hat, ist er fest in der höchsten Wirklichkeit verwurzelt« (Muktananda, 1979, S. 52).

Intuitiv erkennt der Guru die Ego-Probleme und Stagnation. Er wirkt unmerklich in die Lebenskonstellationen und schicksalshaften Ereignisse hinein, belastet den Schüler gemäß seinem Entwicklungsstand, löst Reinigungs- und Transformationsprozesse aus und geleitet ihn nach außergewöhnlichen Erfahrungen wieder in den Alltag und seine Pflichten zurück:

Meister und Schüler sind durch die Gemeinsamkeit des Seins aufs Innigste verbunden. Die katalytische Kraft des Meisters steht außerhalb der gewohnten Rollen, ist unabhängig von persönlichen Beziehungen und ist allein vom Wirken der überfließenden kosmischen Energie bestimmt. Die Begleitung erfolgt über lange Strecken fast unmerklich und kann dann auch wieder durch verbale Kommunikation und Rückmeldung direkt und persönlich werden. Die Aufgabe des Schülers ist dabei, sich allen Prozessen aufrichtig zu stellen. Da der Meister in seinem Seinszustand unabhängig von Raum und Zeit wirken kann, ist sein Beistand nicht auf persönliche Begegnung angewiesen, sondern kann zum Beispiel auch in die Meditation einfließen. Der Guru ist durch die Verkörperung des göttlichen Prinzips zu segenspendenden Akten fähig, das heißt, er kann die latente spirituelle Kraft (Kundalini) im Schüler wecken und fördern.

Kundalini ist ein Begriff aus dem Sanskrit und bedeutet wörtlich: »Schlange« oder »Schlangenkraft«. Sie symbolisiert die spirituelle Kraft, die schlafend aufgerollt am unteren Ende der Wirbelsäule eines jeden Menschen ruht. Ihrem Wesen nach ist sie Shakti, die höchste schöpferische Energie des Universums. Sie kann durch die Gnade eines spirituellen Meisters (Gurus), durch spirituelle Praktiken oder durch spontane Ereignisse geweckt werden. Einmal erwacht (die zweite, die geistige Geburt), beginnt eine intensive spirituelle Entwicklung. Dabei werden die subtilen Kraftzentren (Chakren) des feinstofflichen Leibes geöffnet und gereinigt. Im Verlauf dieses Prozesses kommt es zu einer intensiven Konfrontation mit offenen Lebensthemen, archetypischen Mustern (z. B. »Stirb und Werde«-Prinzip), latenten Krankheiten und unerledigten Eindrücken aus möglichen früheren Leben (samskaras und karmas). Dieser Reinigungsvorgang kann von außergewöhnlichen physischen Zuständen (Haltungen, Bewegungen, Atemmuster) und spontanen veränderten Bewußtseinserfahrungen (Visionen, Nahtoderlebnissen, Trancezuständen etc.) begleitet werden. Die transformierende Energie der Kundalinikraft führt auf diese Weise zu einer Integration auf allen Ebenen des Seins. Das Ziel ist letztendlich die innere bewußte Verbindung mit dem Geheimnisvollen, mit Gott. »Wenn es gelänge, Kundalini zu erwecken, so daß sie aus ihrer bloßen Potentialität herausträte, dann würde man unweigerlich eine Welt in Gang setzen, die völlig anders wäre als die unsere. Es wäre eine Welt der Ewigkeit« (C. G. Jung, 1975).

Die Initiation (shaktipat) ist zum Beispiel im Siddha Yoga eine wichtige Voraussetzung für einen gelingenden spirituellen Reifüngsprozeß, denn nach alter Tradition kann der Mensch ohne die Hilfe und die Gnade eines lebenden Gurus nur schwerlich Befreiung erlangen:

> »Gerade dies ist die große Aufgabe des Guru: Die im Zustand der Latenz befindliche Shakti zu wecken. Wenn der Guru seine Kraft auf den Schüler überträgt, wird dadurch der innere Aspekt von Kundalini automatisch aktiviert und voll zur Funktion gebracht. Shaktipat ist eine große und sehr subtile Wissenschaft. Sie ist die geheime Überlieferung der größten Weisen und ist schon seit grauer Vorzeit von Guru zu Schüler, von Generation zu Generation weitergegeben worden« (Muktananda, 1982, S. 20).

Erweckung und Übertragung der spirituellen Kraft können durch Berührung, durch einen Blick oder durch Gedanken des Gurus geschehen: »Nachdem der Guru die spirituelle Kraft eines Schülers erweckt hat, wird er dessen Führer und Beschützer« (Muktananda, 1979, S. 53). In vielen symbolischen Erzählungen wird darauf verwiesen, daß alle Gegenstände (Kleidungsstücke etc.), die ein Guru berührt hat, reich mit kosmischer

Kraft gesättigt sind, so daß von ihnen eine intensive Wirkung ausgehen kann.

Der Guru ist dem Schüler auf seinem Weg geistiges Vorbild, weil er in der höchsten Wirklichkeit steht. Muktananda, der seinem Guru Nityananda höchste Verehrung entgegenbrachte und durch ihn Selbstverwirklichung erlangte, betont in seiner Autobiographie die außergewöhnliche Stellung des Gurus für den inneren Fortschritt: Um sich innerlich zu entwickeln, um Göttlichkeit zu erreichen und zum Zustand von Parashiva zu gelangen, sei die Führung eines Sadgurus, der die Wahrheit vollkommen kennt und spirituelle Kraft besitzt, unbedingt notwendig. So wie es kein Leben ohne Prana geben könne, so könne es ohne den Guru kein Wissen geben, keine Entfaltung und kein Wachstum der Shakti, keine Zerstörung der Dunkelheit, keine Öffnung des dritten Auges. Der Guru sei notwendiger als ein Freund, ein Sohn, ein Verwandter oder eine Ehefrau, notwendiger als Reichtum, Maschinen, Fabriken, Kunst oder Musik. Der Guru sei sogar notwendiger als Gesundheit und Prana. Durch seine Gnade allein werde die innere Shakti entfaltet (vgl. Muktananda, 1986).

Die weiter oben erwähnte Guru-Gita (1972), die täglich bei Sonnenaufgang gesungen wird, gibt Aufschluß über die Beziehung zwischen Schüler und Meister und vertieft den inneren Fortschritt durch die regelmäßige Wiederholung. In Vers 21 heißt es: »Der höchste Zustand ist leicht für denjenigen erreichbar, der über seinen Guru mit absoluter Hingabe meditiert.« Der Vers 109 vertieft dies: »So wie ein Licht das andere entzündet, genauso verleiht der Guru die Erkenntnis des Höchsten Seins, das unendlich, nicht wahrnehmbar und ohne Form noch Eigenschaft ist.«

Ein Mensch wird das, worüber er meditiert: »Der Schüler, der sich dem Guru völlig zuwendet ohne irgend etwas zurückzuhalten, wird als Folge des ständigen Reflektierens und der ununterbrochenen Meditation über den Guru zum Abbild des Guru selbst« (Muktananda, 1979, S. 59).

In der Meditation über den Guru erlangen wir seinen Zustand, und sein gesamtes Wissen überträgt sich. Dies ist die subtile Wirkung des Gurus.

In der buddhistischen Sicht ist der Meister der »spirituelle Freund«, eine Verkörperung von Weisheit und Mitgefühl, mit dessen Hilfe dem Schüler zur Wissensschau und Erlösung verholfen werden soll. Die transzendenten Qualitäten werden von Herz zu Herz und von Wesen zu Wesen übertragen. Dabei geht der Guru oder ein Zen-Meister Wege, die unserem Verstand und unserer Logik oft zuwiderlaufen, denn die Begrenzungen des Egos müssen gesprengt werden, und das kann auch mit Konfrontation, Abgrenzung und Zurückweisung verbunden sein. Das einzige, wofür der Meister sich verantwortlich fühlt bei seiner Führung, ist, den Schüler sein eigenes tiefstes Wesen entdecken zu lassen. Der Meister muß dabei den Intellekt des

Schülers durch totale Verwirrung außer Kraft setzen, er muß persönliche Distanz zu ihm wahren und immer wieder deutlich machen, daß von ihm nichts zu holen ist (vgl. Dreisbach, 1999, S. 31).

Die Früchte eines wahren Meisters können im Schüler nur dann wirken, wenn er sich ganz aufschließt: »Wenn du alles hingibst und dir ganz sicher bist, werden alle Geheimnisse innerlich offenbart. Dann bist du ein wahrer Schüler« (Gurumayi, 1989, S. 139 und 142). Muktananda beschreibt es so:

»Der echte Schüler hegt, nachdem er die geistige Größe des Gurus erlebt hat, keinerlei Zweifel hinsichtlich der Lebensweise, des Benehmens, der Handlungsweise oder Lehrmethode des Gurus. Solcher Skeptizismus verhindert des Schülers Fortschritt in Richtung Vollkommenheit und Erlangen der Gurustufe. Wer solcherart versucht, Fehler an Gurus zu finden und denkt, daß sie – wie andere Menschen – noch von Leidenschaften wie Zorn und Haß beherrscht werden, verdient nicht ein Schüler genannt zu werden. Jüngerschaft bedeutet, sich völlig dem Guru zu widmen und so als Gegengabe alles zu bekommen, was der Guru geben kann. Wer mit vollen Händen gibt, erhält mit vollen Händen zurück. Hältst du etwas zurück, so bekommst du um dies weniger als Gegengabe des Guru« (Muktananda, 1979, S. 59).

Ein echter Meister macht sich als Person überflüssig und verlegt fast unmerklich das Guruprinzip in unser Inneres:

»Wir sehen allmählich, wie sehr der Mentor aus grundlegender Menschlichkeit lebt und wie er sie verkörpert. Dann bricht in uns die Erkenntnis durch, daß unsere Bewunderung für den Mentor nichts anderes bedeutet als unsere Hingabe und Sehnsucht nach unserer eigenen wahrhaftigen Menschlichkeit« (de Wit, 1998, S. 267).

Wahre spirituelle Meister erinnern den Schüler stets daran, daß er nach innen schauen muß, um den wahren Guru zu finden. Die innere und äußere Führung fügen sich zusammen und sind integrierte Pole eines universellen Prozesses: »Versteht der Schüler, daß es sich beim Guru letztlich um sein eigenes inneres Selbst handelt, wird er vor den Gefahren der Übertragung und der falschen Abhängigkeit vom Guru bewahrt werden« (Schwery, 1988, S. 101).

Sie soll uns für das Göttliche durchlässig machen. Jean Gebser und Graf Dürckheim haben dies das »Diaphane« genannt, Transparentwerden für die Transzendenz, die Wahrnehmung der Transzendenz und das Durchdrungenwerden von der Transzendenz. Um die Voraussetzungen dafür zu schaffen, ist eine umfassende Umwandlung der Persönlichkeit notwendig, denn die Energie und Unbegrenztheit des spirituellen Erwachens benötigt ein offenes und stabiles Gefäß: »Um für die Erfahrung der Überpolarität, der Grundwirklichkeit Gottes offen zu werden, muß sich ein Transformationsprozeß der Identität vollziehen« (Frambach, 1993 S. 391). Die unterschiedlichen spirituellen Wege stimmen darin überein, daß die spirituelle Praxis folgende Aspekte im Blick haben muß: Beruhigung der Gedankenwelt, Öffnung des Herzens, Hören des Selbst, Abbau des Egos und Bewährung im Alltag. Dafür wurden spirituelle Übungen entwickelt. Ein Sprichwort sagt: Übung macht den Meister, aber üben heißt üben. Üben ist die bewußte und regelmäßige Wiederholung einer neuen und ungewohnten Haltung, bis sie uns selbstverständlich geworden ist, wie das Erlernen eines Handwerks, das nur dann bis zur Meisterschaft gebracht werden kann, wenn der Lehrling diszipliniert und regelmäßig übt. Der spirituelle Fortschritt ist ganz entscheidend von dem Engagement und dem Bemühen des Schülers abhängig, denn:

»Immer wieder zeigt sich ganz klar, daß Gnade im Bemühen liegt. Wenn du dich nicht bemühst, hast du nicht einmal die Kraft, Gnade anzunehmen. Wenn du möchtest, daß dir ohne deine Mitwirkung Gutes geschieht, dann sei auch bereit, dich wieder davon zu trennen, denn es wird nicht von Dauer sein. Es verlangt große Anstrengung, klein beizugeben, aber wenn du es einmal tun kannst, bist du größer als der Größte, und dein Leben ist von Gnade erfüllt« (Gurumayi Chidvilisananda, in: Darshan, Nr. 111, 1996, S. 45).

Die Kraft der Übung liegt im Tun, nicht im Vorsatz, in der Entscheidung und nicht in der Phantasie. Sie erfordert Konzentration und Disziplin, aber keine Disziplin, die selbstdestruktiv und rigide ist, sondern mit wacher Aufmerksamkeit und dem festen Willen einhergeht, Raum zu schaffen und alte Gewohnheiten abzubauen. Auf Disziplin reagiert der Mensch normalerweise mit Aversion, denn oft wird unter Disziplinierung verstanden, mit einem Klima von Härte und Kälte gegenüber anderen aufzutreten. Zumeist werden dann auch noch Assoziationen von Militär, Internat, Unterdrückung in der Kindheit, Verboten und Bestrafung wachgerufen. Die »spirituelle Disziplin« hat keine autoritären Züge, denn sie kommt von innen und steht in der freudigen Erwartung von erfüllender Selbstverwirklichung. Sie erfrischt

Körper, Geist und Seele und zentriert die Lebenshandlungen auf das Wesentliche. Die spirituelle Disziplin zeigt sich in moderatem Lebensstil, in regelmäßigen spirituellen Übungen und in einer achtsamen und bewußten Haltung gegenüber sich selbst und anderen Menschen. Sie bricht das egozentrierte Verhalten auf, errichtet eine neue innere Ordnung, bereitet den Boden für die Wahrnehmung des Selbst und führt so zu existentieller Freude und universaler Liebe. Dabei stellt sich Freiheit im Denken und Tun ein und läßt die Persönlichkeit wachsen und legt vertrauensvoll das Leben in Gottes Hände, in den stetigen Fortgang des inneren Prozesses:

»Disziplin führt zu vollkommener Freiheit; sie ermöglicht es dir Beschränkungen zu überwinden, Grenzen zu durchbrechen und das höchste Ziel zu erreichen. Der Weg der Disziplin schützt nicht nur das Leben, sondern gibt ihm auch Sinn. Wie? Indem sie zu tieferer Freude und Sehnsucht führt und Stille erzeugt, in der das Flüstern des Herzens vernommen werden kann« (Gurumayi Chidvilisananda, 1996, S. 46).

Die Hinwendung zur spirituellen Disziplin sollte sanft und im Einklang stetig wachsender Einsicht vollzogen werden, so daß sich die Veränderung von inneren Lebensabläufen dauerhaft einstellt:

»Obwohl sich jeder dem Elend, das ein Leben ohne Disziplin mit sich bringt, bewußt ist, erscheint der kleine Schritt dazu, der kleine Schritt zu einem neuen Lebensstil, immer noch äußerst schwierig. Aber es ist nur ein kleiner Schritt. Es ist kein plötzlicher Wechsel vom ersten Gang in den vierten. Es kann sanft geschehen. Der Yoga der Disziplin soll für dich ein Schwerpunkt sein. Erforsche ihn. Schütze ihn. Sei sehr wachsam. Verlasse nicht den Yoga der Disziplin« (Swami Chidvilisananda, 1996, S. 46).

Ein Diamant ist wertvoll, geschliffen wird er unbezahlbar. Der innere Wert der Persönlichkeit nimmt immer mehr zu, wenn wir diese Form von Disziplin zu einem festen Bestandteil unseres Lebens machen. Die Disziplin stärkt den Willen und umgekehrt, wobei die Willensstärke nicht kopfbetont und achtlos Empfindungen und Gefühle unterdrückt, sondern im Sinne von Bereitwilligkeit und Zentrierung sorgsam das Herz mit einbezieht. Je mehr der Wille ganzheitlich wirkt und kräftiger wird, »um so weniger verlieren wir uns in unseren eigenen Problemen und sind der Macht des Schicksals ausgeliefert« (Field, 1991, S. 101). Wille und Disziplin sind nicht etwas, das man hat oder nicht hat. In kleinen Schritten können wir durch kontinuierliche Beobachtung und abgestimmte Ziele Fortschritte erzielen, besonders dann, wenn wir trotz hinderlicher Umstände unsere Übungen aufrechterhalten und die Übungen nicht vollständig gelingen. Gurumayi (Darshan, 1994, S. 38) zitiert dazu Krishnasuta: »Meditiere jeden Tag, auch wenn du störende Gedanken hast.« Wenn wir innere und äußere Barrieren überwinden, gewinnen wir Energie und werden durch die Gnade, die das eigene Bemühen ermöglicht, in den Strom der Erkenntnis eingetaucht.

Zwei wichtige spirituelle Eigenschaften werden durch den Willen und die Disziplin gefördert: Achtsamkeit und die Fähigkeit zum Loslassen.

Willigis Jäger betont, daß der Kern aller spirituellen Übungen die Achtsamkeit ist, sie sei zudem wohl die schwerste, aber auch die wichtigste Übung auf einem Weg. Sie ist eine

»Wachheit, die sich an nichts bindet ... die mehr ein Spüren ist, ein Wahrnehmen mit einer breiten Aufmerksamkeit ... Die Achtsamkeit führt uns ins Hier und Jetzt, führt uns zu unserem Wesen und damit zu Gott. Wie kann man das üben? Noch ein paar Hinweise: Nach innen schauen, nach innen lauschen, mehr spüren. Nicht denken, lauschen in die Stille, lauschen in den Körper, lauschen in den Raum und dabei nichts festhalten. Lauschen auch ins Unangenehme, lauschen auch in die Aggression, in die Wut, in das momentane Verhalten. Lauschen ohne Wertung« (Jäger, 1999, 149 f.).

Jede Form von spiritueller Schulung schult die Bewußtheit und die Konzentration, um den umherschweifenden Geist in die Gegenwart auszurichten und zu stabilisieren. Um Neues zu erspüren, müssen wir Altes loslassen, alte Konzepte, immer wiederkehrende Gedanken, Gewohnheiten, starre Haltungen und unflexible Verhaltensweisen. Das Loslassen folgt auch dem esoterischen Gebot: Stirb und werde! Nur wer Altes sterben läßt kann Neues gebären. Loslassen ist auch Ausatmen und wer gut ausatmen kann, wird viel Energie erhalten und lebendig sein: »Wer in allen Dingen zu sterben weiß, wird in allen Dingen Leben haben« (Johannes vom Kreuz, in: Jäger, 1991, S. 129).

Das Loslassen kann aber nur dann gelingen, wenn wir das Bedrängende nicht ängstlich verdrängen, sondern zunächst das, was innen und außen passiert, registrieren und akzeptieren, denn nur allzu leicht geraten wir in Gefahr die Ansprüche zu überhöhen, was das Loslassen wieder behindern würde.

Die spirituellen Wesenseigenschaften wachsen organisch und kontinuierlich, wenn man bereit ist, ganz von unten anzufangen, sich überschaubare Ziele steckt und jeden kleinen Schritt sorgfältig ausarbeitet. Im Siddha Yoga spricht man von der Entfaltung der »sadhana«. Es ist die beständige Arbeit an sich selbst, um sich frei zu machen für die Erfahrung des Selbst, für die Erfahrung der Wahrheit:

»Nun sind deine Sinne und dein Herz so vernebelt und schwer geworden, daß du das Licht des Selbst nicht sehen kannst und sogar, wenn dir jemand sagt, daß du das Selbst bist, kannst du es nicht akzeptieren. Das ist der Grund, warum du Sadhana (Anm. des Autors: spirituelle Praxis bzw. Übung spiritueller Disziplin) tun mußt. Sadhana ist das Mittel, durch welches du dein Herz rein und stark genug machen kannst, um das Wissen der Wahrheit zu behalten. Wenn dein Herz vollkommen rein wäre, du in vollkommenem Vertrauen und hingebungsvollen Glauben aufgehen würdest, würdest du die Wahrheit unmittelbar erleben. Weil du aber diese Art von Glauben nicht hast, mußt du Sadhana machen« (Muktananda, 1985, S. 50 f.).

Die spirituellen Übungen dienen der Reinigung, Vorbereitung und Kräftigung, um die Beziehung zum Göttlichen, zur kosmischen Energie zulassen und halten zu können. Spirituelle Erfahrungen, die zu tiefen Einsichten führen, verblassen nur zu häufig in der Mühle des Alltags. Die Übungen bewahren den Glanz und die Atmosphäre der Begegnung mit dem Kosmischen. Wichtig dabei ist allerdings, daß wir uns die öffnenden Erlebnisse immer wieder in Erinnerung rufen und darüber nachdenken, statt sie verschwenderisch jedem zu erzählen, fruchtlos darüber zu diskutieren oder sie nachträglich abzuwerten. In spirituellen Krisen oder in mühevollen Durchgangsstadien bilden sie den Grund und Boden, der uns nährt und weiterträgt. Ziel der spirituellen Praxis ist die Auflösung von starren Konstrukten im Gehirn, und zwar der Subjekt-Objekt-Spaltung, der Bedingtheit durch die lineare Zeit und des einfachen Kausalitätsdenkens.

Es ist ein Geschenk und Nahrung für die Seele und den Geist, wenn wir der täglichen Übung die Treue halten. Muktananda weist darauf hin, daß die Gnade ausfließt, wenn das Herz nicht stark genug ist (vgl. Muktananda, 1985). Er bezieht sich auf eine der wichtigsten spirituellen Schriften Indiens, die Bhagavad Gita:

»Im sechsten Kapitel der Bhagavad Gita erklärt Krishna, der Herr, warum wir einen erweiterten Bewußtseinszustand erleben, wenn wir spirituelle Übungen machen. Er sagt: weil uns diese Übungen dabei helfen, den Geist, den Körper und die Sinne zu kontrollieren, deshalb können wir dann in ständiger Meditation über das Selbst verweilen, das die Quelle der ›höchsten Glückseligkeit‹ ist. Jedoch, wie viele von uns allzu gut wissen, erleben wir die reine Freude des Selbst nicht so intensiv, wie wir es gerne möchten, da unser Geist oft zu ruhelos ist. Jnaneshwar Maharaj, ein Heiliger des dreizehnten Jahrhunderts, hat dies erkannt und bietet uns – in seinem Kommentar zur Bhagavad Gita – voller Mitgefühl eine Möglichkeit an, wie wir mit dem Geist arbeiten können. Er sagt: Der Geist ist wirklich unbeständig. Aber wenn er zu stetiger Übung angehalten werden kann, wird er im Laufe der Zeit beständig werden. In dieser einen Hinsicht ist er gut; er verweilt häufig an Orten, die ihm vertraut sind. Zeige ihm deshalb oft die Freude, die in der Erfahrung des Selbst liegt« (Kurtl, in: Darshan, 1996, Nr. 101, S. 28).

Die Erfahrung der »Zugehörigkeit zu unserem Wirklichkeitsgrund« (vgl. Steindl-Rast, 1989), die Rückbindung an die Kraftquelle des Lebens (vgl. Loomans, 1999) und die Gewißheit, im »unsichtbaren Ursprung« aufgehoben zu sein (vgl. Gebser, 1973) ist für den entfremdeten Menschen ja nicht einfach zugänglich. Das Sichverlieren in der Zerstreuung, die Heimatlosigkeit im Triebhaften, der Zerfall sozialer Bezüge, die Vereinsamung im Mediendschungel und das Fehlen einer verläßlichen Werteorientierung haben zu einer spirituellen Verelendung des postmodernen Menschen geführt. Geduld, Aufmerksamkeit und Stille brechen das schnelle Verlangen nach vordergründiger Befriedigung auf und führen in die Tiefe.

Aus diesem Grunde ist die Stille, das Ruhigwerden, die Meditation, die Grundlage der inneren und äußeren Befreiung des Menschen, die Königsdisziplin einer übergreifenden spirituellen Praxis, denn sie baut Mauern ab, öffnet das Herz und führt direkt in das Wesen der menschlichen Existenz. Sie wird überall auf der Welt praktiziert, unabhängig von der spirituellen Richtung; sie ist die universelle Übung für das »Zu-Sich-Selbst-Kommen«:

»Neben Lehre und Belehrung kommt der Kultur der Stille – wie der Meditation, den Budokünsten und anderen stillen Handlungen wie der Teezeremonie – in den östlichen Religionen eine besondere Bedeutung zu. Der Westen kennt mit der Kontemplation Vergleichbares. Und auch wenn sich die Methoden voneinander unterscheiden, ist ihnen allen eines gemein: die Harmonie der Stille, in der sich Sein und Dasein, Transzendenz und Immanenz verbinden. In dieser Stille ohne Wunsch und Traumbild wird vor allem anderen diese Dreiheit eingeübt: Haltung – Atmung – Bewußtheit« (Mayer, 1999, S. 113).

Die Meditation, auf die im nächsten Abschnitt näher eingegangen werden soll, ist in einer stabilen Haltung gegründet, schmiegt sich dem Fluß des Atems an und läßt den Geist in strömende Bewußtheit eintauchen. Sie verkörpert kulturübergreifende Werte und ist auch die wirkungsvollste Übung der Achtsamkeit, denn ihr Ziel ist nicht das Erleben außergewöhnlicher Phänomene, sondern die dauerhafte Transformation des Alltags:

»Jemand hat einmal einen Weisen gefragt: ›Wie soll ich meditieren?‹ Er antwortete: ›Führe jede Tätigkeit mit vollkommener Konzentration durch. Das ist Meditation.‹ Wenn du gehst, dann tue dies mit Wachsamkeit und voller Konzentration, ansonsten wirst du von deinem Weg abkommen oder weitermachen wie bisher. Wenn du ein Auto fährst, dann mußt du darauf konzentriert sein, voll auf die Straße und die Verkehrszeichen zu achten; wenn du die Abfahrt verfehlst, wirst du auch die richtige Straße verfehlen und du wirst in Schwierigkeiten kommen. Auf die gleiche Weise, innerlich singend, solltest du dein Essen mit voller Konzentration zu dir nehmen, als ob essen alles wäre. Wenn du sitzt oder stehst, dann solltest du darin voll aufgehen. All deine Tätigkeiten solltest du auf diese Weise ausführen. Das ist Meditation. Was auch immer deine Arbeit oder dein Dienst sein möge, du solltest sie ohne Trägheit tun und nicht über die Zeit nachdenken, die notwendig ist, sie zu vollenden. Arbeit, die mit großer Achtsamkeit durchgeführt wird, ist auch Meditation. Wenn diese innere Achtsamkeit zu strömen beginnt, dann sei dir bewußt, daß du dich im Zustand der Meditation befindest. In diesem Zustand ist sprechen, essen, oder zum Markte gehen ebenfalls Meditation« (Muktananda, 1980, S. 40 f.).

Meditation

Die Meditation hat ihren Ursprung in der religiösen Praxis. Meditation als spirituelles Exerzitium spielt in den meisten Teilen der Welt eine herausragende Rolle. Viele Religionen und Kulturen haben im Laufe der Jahrhunderte die Meditation zu einer bedeutenden Kunst entwickelt und spezifische und höchst wirksame Techniken ausgearbeitet. In der Meditation wird durch Besinnung und Sammlung der Fokus von der Betriebsamkeit der Außenwelt hin zur Innerlichkeit, zur existentiellen Wesensnatur des Menschen verändert. Erst wenn die permanente Aktivität des Geistes in die Stille findet, ist man in der Lage, die Töne einer tieferen und umfassenderen Identität zu vernehmen.

Für Pantanjali, dem Verfasser der Yoga-Sutren, ein beispielhaftes Hauptwerk der mystischen Literatur, ist das Zur-Stille-Kommen des Geistes unabdingbare Voraussetzung für den mystischen Weg (vgl. Pantanjali, 1990 und Yoga-Sutra, 1987). Den Geist zu sammeln ist ein schwieriger Prozeß, und er kann nur gelingen, wenn wir regelmäßig meditieren. Die Meditation läßt den Geist ruhig werden, öffnet das Herz und verleiht dem Leben Sinn.

Die Meditation führt nun über die Beruhigung der gewöhnlich hektischen, inneren Aktivitäten zu einer ständig wachsenden Identifizierung mit der Wesensnatur, in der das Selbst in die ablaufenden Lebensprozesse positiv hineinwirkt.

Regelmäßige Meditation kann uns schon bald zu mehr innerer Ruhe, Sensibilität, Empfänglichkeit, Einfühlungsvermögen, Einsicht und Klarheit führen. Alte Annahmen über uns selbst und die Welt werden allmählich aufgegeben, und an ihre Stelle treten andere, tiefere Einsichten.

Dieser unmittelbare Nutzen ist aber nur ein Vorgeschmack auf den tiefgreifenden Wandlungsprozeß, den Meditation bewirken kann, denn beharrliche intensive Praxis führt irgendwann fast unweigerlich in den Bereich transpersonaler Erfahrung. Fortgeschrittene Praktizierende berichten von Bewußtseinszuständen, von Ebenen der Wahrnehmungssensibilität und Klarheit, von Tiefen der Einsicht, Stille, Freude und Liebe, die die Alltagserfahrung der meisten Menschen weit in den Schatten stellen. Eine progressive Sequenz veränderter Bewußtseinszustände kann sich entfalten und schließlich in einen radikalen und dauerhaften Bewußtseinswandel münden, der vielfach Erleuchtung oder Befreiung genannt wird.

Die Meditation führt in den transpersonalen Bewußtseinsraum, ein existentielles Erleben von »Gewahrsein und reiner Achtsamkeit«, dessen charakteristische Merkmale von Galuska (1999, S. 169 f.) anschaulich skizziert werden:

»dieser Bewußtseinsraum ruht in sich selbst, er trägt in sich selbst Frieden und Stille. Diese Freiheit und Weite bedeutet auch Offenheit und Lichtung, wie ein leerer Spiegel, wie ein offenes Gefäß, das sich von den Erscheinungen und Erlebnisqualitäten füllen läßt. Somit besitzt dieser Bewußtseinsraum eine vollkommene Rezeptivität, ist offen für jede Qualität und jede Perspektive. Hier ist Durchlässigkeit, Transparenz für das Transzendente, das Göttliche und Absolute. Hier ist Sensitivität, Medialität für jenseitige Kräfte und jenseitiges Wissen. Hier ist subtile Empfindungsfähigkeit für energetische Prozesse, Energiefelder und Energieräume. Hier ist Sensibilität für die verschiedenen Wahrnehmungsqualitäten, die Abbilder der Welt in uns selbst erzeugen. Hier geschieht Resonanz und Empathie, ein Nachfühlen des Erlebens anderer Menschen und Lebewesen in unserem eigenen Bewußtsein«.

Allgemein können wir Meditation als eine Methode der Bewußtheitsvertiefung sehen. Die Aufmerksamkeit kann auf ein bestimmtes Objekt ausgerichtet sein oder in nichtselektivem Gewahrsein aller Erfahrung völlig offen bleiben und sich in den Raum der Stille versenken. Das freischwebende Hineinhören in die Stille kann aber auch zunächst, durch die Unstrukturiertheit, zu einem verstärkten Hören von äußeren und inneren Stimmen führen. Erfahrungsgemäß wird es dann am lautesten, wenn wir ruhig werden möchten und die körperlichen Spannungen sind dann am stärksten, wenn man sich vornimmt, zu entspannen. Die Zentrierung auf ein Objekt hat dann den Sinn, den überschäumenden allgemeinen Gedankenfluß allmählich und auf ein Bild, ein Mantra, auf den Atem zu reduzieren, oder auf bestimmte Empfindungen zu zentrieren. Dies nennt man dann auch »Meditation mit Stütze«. Die Stütze sollte einfach sein, wie: »Geist folge dem Atem« oder die Schmerzen beim Meditieren einfach innerlich zu benennen: »Aha, jetzt kommt gerade diese Spannung auf«. Die Stütze zentriert durch Vereinfachung, öffnet das Herz, erzeugt Gefühle von Liebe oder Mitgefühl und bündelt die ablaufenden Assoziationen in Richtung spiritueller Bewußtheit.

In den hinduistischen und buddhistischen Traditionen ist das innere Wiederholen oder das Singen eines Mantras eine wichtige Hilfe, um den Geist auf das Göttliche auszurichten:

»In Indien besagt ein Sprichwort, daß man am besten dann einen Dorn aus dem Fuß bringen kann, wenn man dies mit einem anderen Dorn macht. In gleicher Weise heißt es in den Schriften, wenn man einen Geist, der voller Gedanken ist, ruhig stellen will, muß man nur einen einzigen Gedanken zu Hilfe nehmen, das Mantra. Wer das Mantra kontempliert, den schützt und befreit es. Die Übung des Mantras ist lebendige Meditation, die größte aller spirituellen Techniken. Ein Mantra ist ein kosmisches Wort oder eine Klangvibration. Es ist die Vibration des Selbst, die wahre Rede des Selbst, und es führt uns zum Selbst, wenn wir uns in ihm vertiefen« (Muktananda, 1991, S. 29).

Mantren sind heilige Silben, deren Vibrationen und Schwingungen alldurchdringend sind und durch regelmäßige Wiederholung (Japa), still oder singend, das Bewußtsein vertieft und für göttliche Klänge öffnet: »Ein Mantra hat wirklich Macht genug, dich Gott nahe zu bringen« (Muktananda, 1979, S. 73). Ein in vielen Traditionen praktiziertes Mantra lautet »Om namah shivaya«. Es drückt die innere Verehrung des Absoluten in uns aus. Sinngemäß übersetzt bedeutet es »Ich verneige mich vor meinem innersten Selbst«. Es heißt, daß durch die vollkommene Hingabe an das Mantra die Seele und der Geist gereinigt werden und das Herz in die universelle Liebe eintaucht. Das Mantra, das dem Suchenden von einem Meditationsmeister gegeben wird oder in einer bestimmten Tradition praktiziert wird, unterstützt nicht nur die Meditation, sondern ist durch seinen harmonischen Klang auch heilsam. Die innewohnenden Schwingungen können auch Leib und Seele von Disharmonien und selbstdestruktiven Impulsen befreien. Neben der Wiederholung von Mantren können auch spirituelles Tanzen (»saptah« im Hinduismus und »Tanz der Derwische« im Sufismus) und meditatives Gehen Hilfen für die Meditationspraxis sein.

Im Mahayana- und Zen-Buddhismus werden dem Schüler Koans auf den Meditationsweg mitgegeben. Ein Koan ist eine scheinbar widersprüchliche Fragestellung, die der Meister dem Schüler aufgibt und die durch diskursives Denken nicht zu lösen ist, sondern nur durch ein intensives Versenken. Bekannte Beispiele für Koans sind: Was ist der Ton des Klatschens einer Hand? Oder: Halte das am Horizont segelnde Boot an! Oder: Eine Gans ist in einer Flasche gefangen – ohne die Flasche zu zerbrechen oder die Gans zu verletzen, hole die Gans heraus! Nur wenn der Schüler vollständig eins wird mit dem Satz, findet er die Lösung,

»denn die Koan – Praxis zielt also vor allem darauf, Subjekt und Objekt zu verschmelzen und uns zum GEIST zu erwecken … Das ist jedoch nicht einfach eine Konzentrationsübung; im Gegenteil, bloße Konzentration auf ein Koan wird als mechanisch und den Geist abstumpfend verworfen. Der Schüler hat sich vielmehr so intensiv auf das Koan zu sammeln, daß er schließlich nur noch hellwaches, vollkommen fasziniertes Lauschen und Forschen ist, eine Haltung, die man im Ch'an als *i-ch'ing*, ›Geist des Erforschens‹, bezeichnet … Um dich recht im Zen zu üben, solltest du den Geist des Erforschens *(i-ch'ing)* pflegen, denn in dem Maße, in dem dein forschender Geist stark ist, wird deine Erleuchtung tief sein.« (Wilber, 1987, S. 325)

Das Wesentliche eines Koans ist das Paradoxon, welches direkt in das Zentrum des Seins führt, denn es ist nur jenseits des Denkens und mit voller Hingabe aufzuschließen, denn nur dort findet die Integration der Gegensätze statt und kann das fließende Sein erfahren werden.

In der christlichen Spiritualität wird zwischen mündlichem Gebet (oratio), betrachtendem Gebet (meditatio) und kontemplativem Gebet (contemplatio) unterschieden. In der christlichen Spiritualität sind Meditation und Kontemplation keine Alternative zum Gebet, sondern integrale Bestandteile eines umfassenden Gebetsverständnisses. In die Gebetsbetrachtung können auch religiöse Erfahrungen oder theologische Fragestellungen einfließen, im Sinne einer ganzheitlichen inneren Schau und weniger als kognitive Auseinandersetzung. Im mystischen Verständnis des Christentums vollzieht sich in der Kontemplation der Übergang von einem personalen zu einem transpersonalen Gottesverständnis (vgl. Frambach, 1993, S. 378). Als intensive meditative Praxis ist das Herzensgebet bekannt geworden. Steindl-Rast (1989, S. 209) beschreibt es so: »Zu horchen, was das Herz von uns verlangt, heißt Sinn finden, heißt beten.« Für ihn ist Beten nicht das »Fürbitten« einem personalen Gott gegenüber, sondern Ausdruck von Sammlung, Gelassenheit, Verantwortlichkeit, Hingabe und Dankbarkeit:

»Gesammelt sein heißt, in der Herzmitte sein wahres Selbst finden. Gelassen sein heißt, im Einklang mit dem Herzen leben. Gläubig sein heißt, sich auf den Kompaß des Herzens verlassen. Verantwortlich sein heißt, sich dem Anspruch des Herzens zu stellen. Wie aber können wir mit Sicherheit den Weg finden zu unserem eigenen Herzen? Die Antwort lautet: durch Dankbarkeit. Dankbar kann man nur aus ganzem Herzen sein oder gar nicht« (Steindl-Rast, 1989, S. 210).

Nach der Darstellung unterschiedlicher Meditationshilfen soll im folgenden kurz eine exemplarische Anleitung für eine stille Meditation skizziert werden, wobei es außerordentlich wichtig ist, daß in jeder Meditationsanleitung alle Ebenen des Seins angesprochen werden, die körperliche Haltung, die Atmung, die Gefühlsbewegungen und die Gedankenwelt.

Die Körperhaltung sollte prinzipiell stabil und komfortabel sein. Mit gekreuzten Beinen auf dem Boden sitzend sollte man das Gesäß durch eine zusammengerollte Decke oder ein festes Kissen ein wenig erhöhen, so daß das Becken mit den gekreuzten Beinen ein festes Fundament bilden kann.

Locker und leicht kann sich dann das Rückgrat aufrecht über dem Becken zentrieren. Das Herz öffnet sich, und der Kopf wird gerade, ohne sich dabei anzustrengen. Dadurch ist Entspannung bei gleichzeitiger Wachheit möglich. Wenn wir uns dann noch vorstellen, wie der Kopf ganz sanft nach oben gezogen wird können wir in der Vorstellung eine innere Verbindung zwischen Himmel und Erde herstellen. Wir achten darauf, daß die Zunge locker im Mundraum liegt und sich die Sinne bei geschlossenen Augen ganz nach innen richten. Die Hände ruhen übereinander im Schoß oder einzeln auf den Knien, wobei nach alter Yoga-Tradition Zeigefinger und Daumen sich leicht berühren, denn das soll die zirkulierende Energie aufrechterhalten. Wer Schwierigkeiten mit dem aufrechten Sitzen hat, kann sich auch an einer Wand anlehnen oder mit dem Rücken auf dem Boden liegen. Dabei kann eine Hand auf die Herzgegend und die andere Hand auf den Bauch gelegt werden. Dabei ist zu beachten, daß die innere Konzentration nicht in ein schläfriges Dösen abgleitet. Die Meditation ermöglicht zwar auch Entspannung, aber sie ist eine Art »höhere Ruhe«. Sie ist zwar ein natürlicher Zustand, der in der Nähe des Schlafes liegt, aber getragen von einer inneren Klarheit, in der die feinen Vibrationen des Selbst aufgenommen werden können.

Der Atem hilft beim Loslassen und Tiefergehen. Wenn wir uns auf ein ruhiges Ein- und Ausatmen konzentrieren, wird er mit der Zeit seinen eigenen Rhythmus finden. Wir können uns vorstellen, mit jedem Einatmen ein wenig tiefer zu gehen und mit jedem Ausatmen loszulassen, was an überschüssigen Bewegungen ins Bewußtsein kommt. Das können Emotionen, Bilder, Vorstellung, Erinnerungen und Gedanken sein. Natürlich ist das nicht so einfach abzustellen, und deshalb ist es wichtig, zunächst einfach zu akzeptieren, was passiert, denn allein die Absicht zu meditieren ist schon Meditation. Das innere Spiel zu beobachten und die Konzentration immer wieder auf das schlichte Ein- und Ausatmen zu richten, hilft ein immer stärker werdendes Meditationsfeld aufzubauen. Als Stütze für die Beruhigung der unaufhörlichen Geistesaktivitäten kann, wie weiter oben erwähnt, ein Mantra (Om Namah Shivaya), ein Thema oder auch ein Objekt verwendet werden, auf das man sich konzentriert. Die vielfältigen inneren Gedankenströme lassen sich so besser im Sinne der »Einspitzigkeit« bündeln, und man kann sich dadurch leichter leer machen. Eine andere Möglichkeit ist, den einzelnen Gedanken innerlich einfach zu registrieren, zu benennen und dann loszulassen. Auch die Vorstellung, einen Schritt zurückzugehen und die auftauchenden »vrittis« (Bewegungen des Geistes) als inneren Film anzuschauen und sich dann zu distanzieren.

Schrittweise soll man also eine Entidentifikation von oberflächlichen Anhaftungen erreichen, um Spielräume für die kosmischen Ströme zu gewinnen. In der gänzlich unstrukturierten Form lassen wir uns einfach in die Stille hineinfallen und lassen alles los, was an inneren Bewegungen auftaucht.

Die Meditation verleiht dem Leben eine neue Qualität und eine andere innere Ordnung, wenn sie regelmäßig durchgeführt wird, denn nur so ist dauerhafte Transformation möglich. Klein anfangen, aber regelmäßig dabeibleiben ist das heilige Prinzip. Der Meditierende sollte mit etwa 20 Minuten am Tag beginnen, am besten am Morgen nach dem Aufstehen, und dann die Dauer allmählich auf 40 Minuten ausdehnen, und das am besten immer zur gleichen Zeit, am selben Ort und in einer ansprechenden Umgebung. Dann kann mit jedem Tag etwas mehr Meditationsenergie hinzukommen. Wichtig ist, die Übungsdauer so zu gestalten, daß sie gut und ohne allzu große Mühe in den Alltag zu integrieren ist, denn nur dann kann es zu einer täglichen Gewohnheit werden. Natürlich sind die Lebensverhältnisse mit zu berücksichtigen. Eine Mutter von kleinen Kindern, die nachts wenig schläft und schon früh aufstehen muß, sollte ihre spirituellen Übungen so anpassen, daß sie nicht nur mit großer Überwindung eingehalten werden können. Jede spirituelle Richtung hat Übungen, die man gut in den Alltag integrieren kann, um die Voraussetzungen für Wesenserfahrungen und tiefere Einsichten zu schaffen.

Für den Anfänger gibt es manche Schwierigkeiten zu bewältigen. Eine halbe Stunde lang bewegungslos in einer Meditationshaltung zu sitzen kann anfangs sehr anstrengend sein, und intensive Praxis über mehrere Tage hin zeigt manchmal sehr einschneidende und zutiefst beunruhigende Wirkungen. Ungelöste psychische Konflikte kommen häufig an die Oberfläche, sobald die Aufmerksamkeit sich nach innen wendet, und die ruhelose Natur des ungeschulten Geistes und die Dynamik heftiger Emotionen (u. a. nicht integrierte Schattenaspekte) können sich zeigen. Heftige Wellen der Erregung und Emotionalität können sich mit Perioden tiefen Friedens und tiefer Freude abwechseln. Diese Zustände sind wichtig, und man muß sie geduldig akzeptieren, denn sie sind der Gradmesser, wie tief man sich auf die Meditation schon einlassen kann und welche Hindernisse für den nächsten Schritt beseitigt werden sollten.

Mit dem Eintritt in den transpersonalen Bewußtseinsraum gewinnt der spirituelle Weg die ihm eigene Richtung und Dynamik. Was dies für das Alltagsleben bedeutet, soll im nächsten Kapitel genauer ausgeführt werden.

Der Alltag als Übung

Der Mensch ist in die Welt geboren und unauflösbar mit der Welt verbunden:

»Die Welt ist untrennbar vom Subjekt, von einem Subjekt jedoch, das selbst nichts anderes ist als Entwurf der Welt, und das Subjekt ist untrennbar von der Welt, doch von einer Welt, die es selbst entwirft. Das Subjekt ist Zur-Welt-sein und die Welt bleibt ›subjektiv‹, da ihre Textur und ihre Artikulationen sich vorzeichnen in der Transzendenzbewegung des Subjekts« (Merleau-Ponty, 1966, S. 464).

Bewußtseinstransformation kann deshalb nur in der Welt vollzogen werden, und eine Weltflucht würde dem Meditierenden eine grundlegende Lernmöglichkeit vorenthalten: den Alltag mit seinen vielfältigen Erfahrungen. Alltag und Spiritualität sind keine Gegensätze, sie sind ineinander verschränkt, und nicht voneinander zu trennen. Die Weisen sagen, daß alles, was existiert in Form und Inhalt göttlich ist. Die Welt ist der Ort der Gotteserfahrung, sie ist kein notwendiges Übel, sondern erst im täglichen Umgang mit der Welt erweist sich der spirituelle Fortschritt. Achtsamkeit, Aufrichtigkeit und Liebe können sinnvoll nur in Beziehung zu anderen Menschen verwirklicht werden, denn In-der-Welt-Sein ist stets auch Mit-Sein mit anderen (vgl. Heidegger, 1972). Der spirituelle Weg sollte keine Flucht aus Beruf und Familie fordern, denn »Spiritualität zeigt sich in der Lebensführung im Alltag, in Selbstbescheidung und universaler Verantwortlichkeit« (Scharfetter, 1998, S. 62). Selbstgewahrsein und Mitgefühl sind somit der Prüfstein für authentische Spiritualität. Arrogantes und narzißtisches Verhalten deuten auf eine nicht wirklich integrierte Spiritualität hin. Es zeigt sich zum Beispiel darin, daß man einem »Weggefährten« vermittelt, daß er »halt noch nicht so weit ist«, weil er bestimmte spirituelle Schriften nicht kennt oder noch keine außergewöhnlichen Erfahrungen auf seinem spirituellen Konto verbuchen kann. Autoritäres Gehabe von Funktionsträgern in spirituellen Gemeinschaften steht oft im Widerspruch zur Gesinnung. Dies wird von seriösen Lehrern als spiritueller Materialismus oder spiritueller Narzißmus bezeichnet. Echte Gottesliebe der Mystiker zeigt sich auch in Bescheidenheit und Menschenliebe. Der Alltag zeigt unerbittlich, wo Denken und Handeln nicht übereinstimmen und wie fehlende Authentizität den Fortschritt behindert. Spiritualität, die sich nicht vertiefend auf das Leben auswirkt, sondern nur Überheblichkeit hervorbringt, wird früher oder später in eine Sackgasse führen. Campbell (1978, S. 229) sieht in einer aufgesetzten Selbstgerechtigkeit, der man mit fortschreitenden außergewöhnlichen Erfahrungen leicht erliegen kann, eine große Gefahr, weil

»die meisten von uns, sich von sich selber ein falsches, im Grunde ungerechtfertigtes Bild machen, von der Art, man selber sei eine Ausnahmeerscheinung in der Welt, nicht schuldig wie andere, sondern bei allen unvermeidlichen Versündigungen gerechtfertigt, weil man das Gute vertrete. Solche Selbstgerechtigkeit führt zum Mißverstehen nicht nur des eigenen Selbst, sondern ebenso der Natur des Menschen und des Universums.«

Wenn der Mensch Gott folgen will, muß er sich auf die Welt einlassen, ohne sie beherrschen zu wollen, oder sich an sie zu verlieren (vgl. Teresa von Avila, 1987). Für Michael von Brück (1999, S. 188) ist:

»Spiritualität ... nicht etwas im Alltag, das hinzukommt, sondern Spiritualität ist der Alltag, oder der Alltag ist die Übung. Es gibt überhaupt keine Übung außerhalb, und wenn wir uns denn zurückziehen wollen in ein Sesshin etwa, in eine konkrete, von den alltäglichen Verrichtungen abgehobene Meditationsübung, dann ist das gewiß sinnvoll und vielleicht auch notwendig, aber diejenigen von Ihnen, die das schon getan haben, wissen, daß Sie Ihren ganzen Alltag, Ihr Alltagsbewußtsein, Ihre Alltagssorgen, Ihre mentale Welt mit in diese Übung hineinnehmen, und daß dann umgekehrt diese Übung wiederum das Alltägliche prägt, das Sie ansonsten umgibt.«

Sich für eine bestimmte Zeit von Alltagsverpflichtungen freizumachen, um sich in einem Kloster oder in einem Ashram ganz auf den spirituellen Weg zu konzentrieren, kann sehr sinnvoll sein. Die spirituelle Gemeinschaft kann Halt geben, Unterstützung bereitstellen und spirituelle Erfahrungen einordnen und bearbeiten helfen. Der Meister dient als Katalysator für den inneren Fortschritt. Das Gelernte sollte danach wiederum ins Alltagsleben einfließen. Joseph Campbells »Heldenreise« (Campbell, 1978, S. 200) endet mit der Rückkehr in den Alltag, denn »soweit einer ein lebendes Wesen ist, wird das Leben ihn rufen.« Nicht der Alltag ändert sich, sondern die Einstellung und der Umgang: Es komme nur darauf an, so von Brück, wie wir im Alltag wie in der konkreten Übung mit den einzelnen Impulsen, die das Leben in uns weckt, umgehen, und zwar auf der physischen Ebene, auf der psychischen Ebene und auf der Ebene des Mentalen. In diesem Wörtchen »wie« stecke die ganze spirituelle Übung. Die Frage, wie ich dieses Glas Wasser anschaue, sei genauso entscheidend und genauso spirituell wie die Frage, wie ich diese Gottesvision oder etwas Ähnliches, eine Engelsvision vielleicht, in mir aufnehme und damit umgehe. Nicht der Inhalt, sondern dieses »Wie« sei die Spiritualität (vgl. von Brück, 1999).

Für Herrigel verhält sich der Zen-Studierende im Alltag auf die Weise, daß er seine Übungen regelmäßig durchführt, Gelassenheit übt, Mitfreude und Mitleid praktiziert und sich in der Kommunikation eher zurückhält. Seine Aufgaben und Pflichten erfüllt er mit Hingabe und dem Bewußtsein, darin dem göttlichen Prinzip zu dienen. Wenn es dem Schüler zunehmend gelingt, diese Eigenschaften umzusetzen, werden seine Übungen doppelt wirksam sein und er wird mit Selbstdisziplin seine Arbeit gewissenhaft und pünktlich erledigen:

»Was er anfängt, führt er zu Ende und entwickelt dabei eine erstaunliche Energie und Ausdauer. Was er sich vornimmt, soll bewältigt werden, und er richtet sich dabei nicht nach der Uhr … Dem inneren Werk gilt tägliche Bemühung und tägliche Übung des Zenisten. Und so ist er täglich, stündlich, immer unterwegs, in der Einfalt der Seele und Fülle des Herzens lebt er zeitlos und doch auch in der Zeit, eins mit dem Leben, mit Schicksal und Tod« (Herrigel, 1992, S. 102).

Da immer eine Diskrepanz herrscht, zwischen dem, was wir in der Tiefe des Selbst erlebt haben, und dem, wie das gewöhnliche Leben abläuft, ist ein geduldiges Verändern von gewohnten Meinungen und Vorurteilen vonnöten. So verstanden, wird der Alltag zum Bewährungs- und Übungsfeld, zu einem spannenden Abenteuer. Jede Tätigkeit, sei es arbeiten, spazieren gehen, kommunizieren oder abwaschen, kann durch die Atmosphäre und die Wirkungen der spirituellen Praxis vertieft und neu erfahren werden. Es lohnt sich, das kennenzulernen. Das Handeln wirkt wieder auf das Denken und auf die Übungen zurück. Wahrnehmen, Denken, Handeln und Üben ergänzen sich gegenseitig. Spiritualität ist Teilhabe am Lebendigen, findet im Zentrum des Lebens statt und vermittelt sich durch den Alltag. Wenn wir uns in die Spiritualität wirklich einlassen, dann ändert sich die Sicht, die Wahrnehmung, die Auffassung und das Anfassen der Welt, wir stehen anders im Leben, jedoch nicht außerhalb. Das spirituelle Training ist ja auch eine Lebensschule, denn die darin erworbenen Kompetenzen tragen zur Reifung der Persönlichkeit bei.

De Wit (1998, S. 222) erachtet, neben der Verwirklichung allgemeiner Regeln der Humanität, das »kontemplative Handeln« als Ausdruck spiritueller Gesinnung: »Kontemplatives Handeln ist das anteilnehmende und barmherzige Handeln, das deswegen die kontemplative Einsicht einer Tradition erweckt und zum Ausdruck bringt.«

Es ist aber auch ein Handeln, das aus sich heraus geschieht, nicht von einem starren Über-Ich ausgeht und nicht auf die Ergebnisse fixiert ist:

»Mit anderen Worten: Du führst Tätigkeiten so gut wie möglich aus. Wenn du deine Pflicht erfüllst, dann brauchst du dir keine Sorgen darüber machen, wie es ausgehen wird. Du brauchst nicht besorgt darüber sein, ob das Ergebnis gut oder schlecht sein wird. Du hast dich deiner Aufgabe hingegeben … ohne Erwartungen. Erwartungen existieren nur, wenn Angst vorhanden ist« (Gurumayi, 1994, S. 42).

Kontemplatives Handeln wächst von innen her aus, nicht durch äußere Normen, Tabus und Sanktionen. Durch die Beschränkung des Ego werden wir aufmerksam, was in uns in jedem Moment geschieht, und achtsam im Umgang mit dem, was wir tun. Wenn das Ego unser Leben nicht dominiert, dann kommt man in eine innere Verfassung, die von Offenheit, Zärtlichkeit, Milde und effektiver Tatkraft gekennzeichnet ist, und die Selbstdisziplin wird nicht zur Belastung, sondern zum natürlichen Ausdruck unserer Menschlichkeit, kein verkrampftes Entsagen, sondern Spontaneität, Einsicht und Anteilnahme. So kann der Alltag die Blüten unserer spirituellen Bemühungen hervorbringen und neue Samen streuen, wo was Neues wachsen und sich entwickeln möchte. Im tibetischen Buddhismus sind die Weisheit des Zuhörens und Hörens, die Weisheit der Kontemplation und des Nachdenkens und die Weisheit der Meditation die Weisheitswerkzeuge mit denen der Alltag zur Entwicklungswerkstatt wird. Im kleinen und nicht durch große Reden erweist sich die echte spirituelle Gesinnung. In der Spiritualität geht es nicht um das Ideal eines Übermenschen oder die Erlangung von übernatürlichen Fähigkeiten, sondern um eine kontinuierliche Lebenstransformation. Hindernisse, Schwächen und Rückschritte sollten liebevoll angenommen werden, damit die Kluft zwischen Anspruch und Wirklichkeit nicht zu groß wird.

Unvollkommenheit, Ohnmacht, Leiden und Schattenanteile gehören nur zur Normalität des Lebens, sie sind wichtige Triebkräfte der Entwicklung, wenn wir sie zunächst akzeptieren und uns dann in eine bewußte Auseinandersetzung einlassen. Die Spannung zwischen dem Ganzheitlichen und dem Fragmentarischen, zwischen der Wirklichkeit und der Utopie hält die Evolution in Gang. Schwärmerische Idealbilder sind zu relativieren, denn sonst ist die Landung auf dem Boden der Tatsachen sehr hart. Nur wenn man das existentielle Dilemma, Verletzlichkeit und Endlichkeit, akzeptiert, kann man eine gesunde Entwicklung erhoffen.

Die Hindernisse im Alltag fungieren auch als eine Art Spiegel, in dem die egoverhafteten Anteile reflektiert werden. Wenn die Botschaften gehört werden, quellen Authentizität, Freigiebigkeit, Lebensfreude und Intuition hervor, und inmitten dieses Gewahrseins bricht die Verbindung mit dem fließenden Bewußtsein und dem fließenden Existieren auf. Eingedenk dieser wunderbaren Zusammenschau können wir handeln, erfahren, wahrnehmen und denken. Was sich innerlich ereignet und äußerlich passiert, wächst zu einer entwicklungsfördernden Einheit zusammen.

Diese Haltung können wir nach Brück (1999, S. 197 f.) im Alltag am ehesten verwirklichen, wenn wir die Vergänglichkeit unseres Seins als Herausforderung betrachten, das Hier und Jetzt für die Transformation nützen, die Wahrnehmung des Seins als von unseren inneren Zustand abhängig betrachten und mit Hingabe das tun, was uns abverlangt wird. Einen hilfreichen Modus in der Auseinandersetzung mit dem Leben in der Balance zwischen Autonomie und Anpassung sieht er in einer bewußten Passivität: »Ich bin empfänglich, ich mache mich leer, ich öffne mich für den Augenblick ... Aber gleichzeitig muß ich mich mit äußerster Intensität konzentrieren, d. h. aktiv sein. Die Haltung des Lassens bedarf auch des Willens. Es ist ein aktives Loslassen.«

Genausowenig wie die Abkehr von der Welt zu einem spirituellen Weg gehört, bringt eine leidvolle Askese den Schüler weiter. Im Gegenteil, viele spirituelle Lehrer sehen in der Selbstkasteiung sogar eine Handlung gegen das kosmische Prinzip, denn sie verbraucht die Kraft, die für den spirituellen Weg erforderlich ist. Deshalb empfiehlt Muktananda dem Yogi als einziges nur eine moderate und disziplinierte Lebensweise:

»Sei deshalb in deinem Leben diszipliniert. Gehe abends pünktlich zu Bett, stehe jeden Tag zur gleichen Zeit auf, esse regelmäßig zur gleichen Zeit, gehe zur rechten Zeit in dein Büro. Sprich nur so viel, wie absolut notwendig. Iß nur so viel, wie du zum Leben brauchst; überfülle deinen Magen nicht. Sei in allem mäßig. Werde nicht zum Opfer von Süchten. Sogar wenn deine Vergnügen harmlos sind, habe die Distanz, sie nicht jeder Zeit zu benötigen. Das ist der Lebensstil eines Yogis« (Muktananda, 1985, S. 79).

Diese spirituellen Regeln könnten bei genauer Betrachtung sicherlich auch für ein gesundes und glückliches Leben gelten. Sie haben nicht jenseits des normalen Lebens ihre Gültigkeit, sondern bewähren sich auch im weltlichen Leben. Dabei geht es nicht um Entsagung oder einen Verzicht auf Sinnlichkeit, sondern um ein achtsames Spüren und Wahrnehmen. Sinnlichkeit heißt auch »mit allen Sinnen wahrnehmen«, um herauszufinden, was mir guttut, und nicht einfach das zu tun, was mir augenblickliche Befriedigung bringt und mich letztendlich unzufrieden zurückläßt. Man kann das gut beim Essen beobachten. Wenn ich in Qualität und Menge das esse, womit ich mich wohl fühle, ist das nicht unbedingt gleichzusetzen mit dem, was mir momentanen Genuß verschafft.

Das erfordert natürlich ein Bemühen, sich gegen die »normal-süchtigen« Gewohnheiten zu behaupten, doch nur wer diese Kraft auch einsetzt, kann den spirituellen Pfad meistern.

Die spirituelle Disziplin achtet auf eine ganzheitliche und ausgewogene Balance zwischen Aktivität und Passivität, sowie Denken, Fühlen und Handeln. Die Korrespondenz von Meditationshaltung und Geisteshaltung im achtsamen Gewahrsein bringt uns dazu, im Einklang mit der Situation zu handeln und angemessen auf sie zu antworten. Dies läßt uns auch nicht an Kleinigkeiten haften bleiben, sondern öffnet unerwartet die Augen für das Wesentliche, in dem eine Unterscheidung von Vergänglichem und Dauerhaftem erfolgt. Wir nehmen die Gegenwart als Ausgangsbasis der Transformation wahr und schreiten vorwärts, nehmen auf, identifizieren uns mit dem, was geschieht, und lassen es wieder los, um Neues zu ermöglichen.

»Es bedeutet, hier und jetzt da zu sein und die Fixierungen loszulassen, um dadurch die Kraft des Ganzen, die Kraft des Ursprungs, die kreative Ebene des Engels zu berühren, aus der unser Leben kommt, und zu dem es wieder zurückkehrt. Sich in diesen Strom hineinzufühlen, der immer da ist, und aus diesem Spüren die Kraft, den Mut zum Augenblick, den Mut zur Konzentration auf das zu gewinnen, was hier und jetzt vor uns steht, in uns vorgeht und uns in diesem Augenblick vom Leben geschenkt wird, das, so scheint mir, ist der Schlüssel für eine spirituelle, bewußt gestaltete Lebenspraxis« (Brück, 1999, S. 199).

Die spirituelle Praxis führt zu einer achtsamen Grundhaltung. Achtsam sein heißt, aufmerksam und zentriert, im Einklang mit allen Sinnen, in voller Konzentration auf den Augenblick. So erfährt das augenblickliche Sein und Tun eine Dimension der Tiefe, steht im Kontakt mit dem transpersonalen Selbst und transzendiert die alltäglichen Widersprüche. Das Handeln wird aus sich heraus stimmig und folgerichtig. Die Ereigniskette, die äußeren und inneren Stimuli verbinden sich zu einem großen Ganzen im Dienste einer Gesamtentwicklung und im Einklang mit dem Höheren Selbst.

Rinpoche (1994, S. 84) weist die Schüler an, immer wieder die Übung der Achtsamkeit zu pflegen, denn:

»Erstens werden all unsere aufgesplitterten Aspekte, die sich bekämpft haben, zur Ruhe gebracht, miteinander versöhnt und aufgelöst … Zweitens löst die Übung der Achtsamkeit unsere Negativität, Aggressivität und die anderen stürmischen Gefühle auf, deren Kraft sich vielleicht schon über viele Leben angesammelt hat … Drittens enthüllt und offenbart diese Praxis ihre essentielle Gutherzigkeit.«

Mit Hilfe dieser Übung können wir mutig, stark und diszipliniert voranschreiten, fest gegründet im Selbst, ohne die Probleme des Egos. Nicht die Vergangenheit zählt mehr, sondern Gegenwart und Zukunft.

Der Schüler übernimmt vollständig die Verantwortung für sein Leben im Hier und Jetzt und lebt es mit Hingabe. Er kann sich identifizieren und dann wieder loslassen und sich entidentifizieren. In der Psychotherapie ist die Identifikation eine wichtige Hilfe, um Verantwortung zu übernehmen, Triebkräfte und Impulse als die eigenen zu erkennen und bewußt zu machen, Gefühle und Empfindungen zuzulassen und auszudrücken. Wenn wir diese aus dem abgespaltenen Bezirk unserer Seele befreit, sie ausgedrückt und die Verantwortung dafür übernommen haben, so wird es Zeit, sie wieder loszulassen.

Loslassen heißt in diesem Zusammenhang aber nicht verdrängen, sondern sie registrieren, bezeugen und sie aufmerksam betrachten: »Wir blasen sie nicht auf wie einen Luftballon. Es zahlt sich nämlich nicht aus, seine ganze Kraft in die Beseitigung dieser Aufwallungen der Psyche zu verlieren. Was kümmert es den Berg, wenn einige Wolken um ihn ziehen. Sein tiefstes Wesen bleibt unberührt« (Jäger, 1991, S. 126 f.). Die Entidentifikation öffnet uns die Möglichkeit, in den transpersonalen Raum vorzustoßen und unser wahres Wesen zu erkennen. »Ich habe, aber ich bin nicht: meine Sorgen, meine Begierden, mein Körper.« (ebenda, S. 127) Die ausgewogene Balance zwischen Identifikation und Desidentifikation ist ein gutes Zeichen für den inneren Fortschritt.

Es kann natürlich auch passieren, daß emotional stark besetzte Themen und unverarbeitete Kindheitstraumata auftauchen und in fixierender Weise das seelisch-geistige Fließgleichgewicht stören. Dies führt gewöhnlich zu inadäquaten Emotionen und Affekten. Willigis Jäger (vgl. 1991) unterscheidet Emotionen und Gefühle und er rät, Gefühle, als »feinere Regungen« der Psyche wichtig zu nehmen und Emotionen, die zum Ausagieren von unbewußten Aspekten führen und zumeist Verwicklungen hervorrufen, erst einmal wahrzunehmen und zu überprüfen, ob wir wirklich so handeln möchten, wonach es uns drängt. Im Zweifelsfall sollten wir vor dem Handeln tief durchatmen und uns selbst zentrieren, denn dann entspringt die Handlung mehr dem Selbst und weniger starren Verhaltensweisen.

Meditationsmeister schlagen vor: Registriere es, akzeptiere es, aber laß es auch wieder los.

Sollte dies nicht gelingen, beherrschende emotionale Reaktionsmuster in den Griff zu bekommen, dann raten auch Meditationsmeister zu einer psychotherapeutischen Behandlung, damit der emotionale Boden für den weiteren Weg bereitet wird. Abgespaltene Emotionen lassen sich in der Regel nicht beruhigen, sie müssen bewußt gemacht und verarbeitet werden. Meditation heilt keine psychischen Krankheiten, kann aber das Loslassen unterstützen, und Psychotherapie kann emotionale Probleme lösen, führt aber nicht zur Erleuchtung. Demzufolge können sich Psychotherapie und Spiritualität im Sinne einer umfassenden Bewußtseinsentwicklung sinnvoll ergänzen.

An dieser Stelle soll auf einige Aspekte des Lebensvollzugs konkreter eingegangen werden. Es wird klar, daß die spirituelle Schulung den ganzen Menschen umfaßt, die Einstellung zum Körper, den Umgang mit Beziehungen, den Beruf und andere Tätigkeiten und gesellschaftlich-ökologische Verantwortung. Es ist sinnvoll, von Zeit zu Zeit eine Lebensinventur durchzuführen, um erstarrte Muster zu erkennen und zu transformieren.

A. Die Beziehung zu meinem Körper: Der Körper ist das Gefäß und das Gefährt meines Geistes und meiner Seele. Die Entwicklungsbereitschaft meines Bewußtseins wird durch eine ausgeglichene und flexible Berücksichtigung der leiblichen Grundbedürfnisse unterstützt. Durch eine altersadäquate Körperspannung, moderaten Umgang mit den Genüssen, Beachtung einer abwechslungsreichen Ernährung und Berücksichtigung von Ausdauer, Beweglichkeit und Kraft können wir einen vitalen und energetischen Grundzustand schaffen, der zur Lebensfreude beiträgt und darüber hinaus die grenzüberschreitende Bewußtseinsentwicklung tragfähig begleiten kann. Die Beziehung zum Körper sollte pfleglich, gewaltlos und kräftigend sein. Das Verhältnis von Spannung und Entspannung sollte in einer guten Balance bleiben. Die Grenzen meines Körpers und die Fähigkeit zur Grenzüberschreitung meines Bewußtseins sind aufeinander bezogen, und in einem gesunden Wechselverhältnis tragen beide zur Entwicklung bei.

Inventurfragen: Wie ist das Verhältnis von Spannung und Entspannung, Bewegung und Ruhe? Wie ist mein Umgang mit Genüssen? Wie kräftig und ausdauernd fühle ich mich? Erlebe ich meine Sexualität als ganzheitlich? Was würde ich gern verändern?

B. Der Umgang mit Beziehungen: Beziehungen geben Heimat, bieten uns geistige und emotionale Nahrung, konfrontieren uns mit Konflikten und regen uns zur Weiterentwicklung an. Sie spiegeln uns horizontal und vertikal die karmischen Grundmuster, führen uns zu Teilidentifikationen und Rollen und verlangen uns deren Überschreitung wieder ab, weil wir sonst darin untergehen. Sie sind ein Ort der Geborgenheit, eröffnen uns Lernchancen und verführen uns zum Aufbau von Mustern und Gewohnheiten. Treue und Verläßlichkeit sollen flexibel bleiben. Periodisches Überprüfen von Geben und Nehmen, von Pflicht und Lust schafft einer stetigen Erneuerung Raum.

Inventurfragen: Fühle ich mich in meinen Beziehungen gut? Welche Rollen spiele ich, und was lebe ich nicht? Welche Gewohnheiten sind in mir gewachsen, und mit welchen bin ich einverstanden, mit welchen nicht? Überprüfe ich hin und wieder meine Beziehungen, oder lasse ich gerne alles beim alten?

C. Mein Beruf und sonstige Tätigkeiten: In meinem Beruf erfahre ich Selbstentwicklung und bringe meine gelernten und angeborenen Fähigkeiten in die Welt ein. Der Beruf entstand oft aus einer Defizitorientierung heraus und muß im Laufe der Zeit zu einer funktionellen Autonomie führen. Es kann aber auch sein, daß es notwendig wird, Dinge, die nicht mehr passen, zu verändern, um nicht stehenzubleiben. Die transpersonale Psychologie ermuntert uns, den Beruf als spirituelle Aufgabe zu sehen, in dem wir unsere Verantwortung der Welt gegenüber zum Ausdruck bringen. Mein Beruf und meine beruflichen Handlungen gehen in die Welt ein. Der innere Geist der Achtsamkeit und Aufmerksamkeit, auch in kleinen Dingen geben dem Beruf eine spirituelle Note. Für die Tätigkeiten im allgemeinen gilt, sie verantwortlich, hingebungsvoll und ohne starre Ergebnisorientierung durchzuführen. Dazu gehört auch der verantwortliche Umgang mit Talenten, mit übertragenen Aufgaben und mit gesellschaftlichen Rollen. Vergeudete Begabungen führen zu Sinnleere und Langeweile.

Inventurfragen: Fühle ich mich wohl in meinen Beruf? Sehe ich meinen Beruf als Aufgabe, als Berufung? Worin bin ich achtsam, und in welchen Bereichen empfinde ich mich als nachlässig? Wie kann ich mich und meinen Beruf weiterentwickeln? Welche Tätigkeiten fallen mir schwer, und vor welchen Tätigkeiten habe ich Angst? Wie kann ich Liebe und Hingabe dazu entwickeln?

D. Innere Entwicklung und äußere Verantwortung: Die innere Entwicklung fördert die äußere Verantwortung. Die zentrierte und aufmerksame Grundhaltung fließt in die kulturellen und gesellschaftlichen Belange ein. Wir tragen so zu einer Verbesserung der gesellschaftlichen Bedingungen in Richtung Solidarität, Freiheit, Gesundheit und Umweltbewußtsein bei. Der innere Weg ist auch ökologisch und keinesfalls unpolitisch.

Inventurfrage: Wie drückt sich zur Zeit meine Verantwortung der Welt gegenüber aus, im kleinen und im großen?

Alles ist zum Besten

Die Transformation der Persönlichkeit, der Abbau des Egos und das spirituelle Handeln können erfolgreich umgesetzt werden, wenn sie von grundlegenden Einsichten und Prinzipien getragen werden. Es sind Prinzipien, die aus Erfahrungen des Tiefenbewußtseins abgeleitet wurden und im Alltagsbewußtsein durchaus Widersprüche und Befremden hervorrufen können. Deshalb sollten sie nicht dogmatisch verkündet, sondern bestenfalls liebevoll aufbereitet werden.

Dieses Befremden, vor allem bei Menschen, für die Spiritualität noch ein unbekanntes Gebiet ist, muß man verstehen, denn jeder kann nur von seiner eigenen Warte, Erfassungskapazität und Motivation aus eine Wahrheit begreifen und annehmen.

Im folgenden stütze ich mich auf persönliche Erfahrungen, Vorträge und Ausführungen von spirituellen Lehrern und Meistern.

Die zentrale Lebensperspektive, kurz gefaßt, lautet: Alles ist zum Besten! Dies besagt, daß das Leben grundsätzlich auf Entwicklung und Evolution ausgerichtet ist. Das Dasein des Menschen entwirft sich auf diesem Hintergrund. Es gibt eine selbstaktualisierende Tendenz, die immer aufs neue die innere Potentialität realisieren möchte. Rückschläge, Hindernisse oder gar Krankheiten stehen dazu nicht im Widerspruch, sie sind lediglich eine fokussierte Ausformung von zu bewältigenden Aufgaben. Je intensiver und bewußter die Selbstverwirklichung angestrebt wird, desto gravierender können die Anforderungen werden.

Damit eng verbunden ist die Auffassung, daß inneres Erleben und äußere Situation in sinnvoller Weise miteinander verknüpft sind. C. G. Jung hat in seinen Studien die Synchronizität ausführlich behandelt:

»Synchronizität (im Gegensatz zu Synchronismus bzw. Gleichzeitigkeit) nennt er ein die Kausalität ergänzendes Erklärungsprinzip und definiert sie als ›zeitliche Koinzidenz zweier oder mehrerer nicht kausal aufeinander beziehbarer Ereignisse gleichen oder ähnlichen Sinngehalts‹, wie sie z. B. in Form eines Zusammentreffens von inneren Wahrnehmungen (Ahnungen, Träume, Gesichte, Einfälle usw.) mit äußeren Ereignissen, mögen diese in der Vergangenheit, Gegenwart oder Zukunft liegen, als sinnvoll erlebt werden können« (Jacobi, 1991, S. 55).

Kulte, Übergangsriten und Symbolhandlungen sind des weiteren Beispiele gelebter Synchronizität, weil sie die äußere mit der inneren Lebenswirklichkeit in geheimnisvoller Weise zusammenfügen. Eigentlich kommt darin zusammen, was schon immer zusammengehörte, nur daß durch das Übergewicht des empirisch-rationalen Denkens und die darauf aufbauende Logik die Verschränkung der unterschiedlichen Wirklichkeitsaspekte oft nicht gesehen werden kann. Im Tiefenbewußtsein gibt es kein Äußeres und Inneres mehr, es gehört zu einer einzigen Realität. Bateson (1983) und andere Systemtheoretiker haben die implizite Vernetzung sämtlicher Lebensprozesse ausdrücklich hervorgehoben.

Die Synchronizität kann sich nach Jung (1984, S. 285) nach drei Kategorien ordnen:

»1. Koinzidenz eines psychischen Zustandes des Beobachters mit einem gleichzeitigen, objektiven, äußeren Ereignis, welches dem psychischen Zustand oder Inhalt entspricht … wobei zwischen psychischem Zustand und äußerem Ereignis kein Kausalzusammenhang ersichtlich und, unter Berücksichtigung der oben festgestellten psychischen Relativierung von Raum und Zeit, auch nicht einmal denkbar ist.

2. Koinzidenz eines psychischen Zustandes mit einem entsprechenden (mehr oder weniger gleichzeitigen) äußeren Ereignis, welches aber außerhalb des Wahrnehmungsbereiches des Beobachters, also räumlich distant, stattfindet und erst nachträglich verifiziert werden kann …

3. Koinzidenz eines psychischen Zustandes mit einem entsprechenden, noch nicht vorhandenen, zukünftigen, also zeitlich distanten Ereignis, das ebenfalls erst nachträglich verifiziert werden kann.«

Synchronistische Erfahrungen haben ja oft Aufforderungscharakter, zum Beispiel wenn ich in der Auslage einer Buchhandlung zufällig das zu meinem momentanen Zweifeln passende Buch finde, oder im Zugabteil einen Menschen treffe, der mir bei einem persönlichen Problem Lösungen vorschlagen kann.

Die Lehre von der Synchronizität zeigt, daß die sogenannten »Zu-fälle« nicht ganz zufällig sind und daß man von einer Wirkkraft auszugehen kann, die den Menschen in Richtung Ganzheit drängt und Hinweise für den inneren Fortschritt bereithält. Natürlich ist es dann noch nicht entschieden, ob ich diese Fingerzeige auch aufnehme. Zur Realisation ist mein eigenes Zutun unabdingbar.

Wichtig ist auch, daß man zunächst scheinbar unangenehme äußere Ereignisse nicht bedingungslos abwehrt, denn wenn man anfängt, gegen etwas zu kämpfen, ist nur schwer die darin verborgene Botschaft zu erschließen. Man kann von allem lernen:

»Scheinbare Zufälle vermitteln uns einen Hinweis auf sinnvolle Zusammenhänge, die uns i. S. der Sinnfindung spontan zufallen, ohne daß wir uns darum aktiv sinngebend bemühen müssen … die Arbeit darin, die Selbstoffenbarung des Sinngefüges zu erkennen« (Zöbeli, 1998, S. 68).

Geht man davon aus, daß auf einer tieferen Ebene des Seins alles Existierende und alle Geschehnisse miteinander vernetzt sind, herrscht eine implizite Ordnung, die das menschliche Dasein mitentwirft und sequentiell lenkt. Außergewöhnliche Geschehnisse können in diesem Sinne als Entwicklungsdrehpunkte verstanden werden, in denen ruckartig klar wird, was zu tun ist.

Ein weiterer Aspekt, der mit dem Prinzip »Alles ist zum Besten« nicht außer acht gelassen werden darf, ist die Auffassung von Karma. Sie wird religionsphilosophisch mit der Seelenwanderung und der Wiedergeburt in Zusammenhang gebracht. Meines Erachtens ist dies aber keine notwendige Voraussetzung, so daß eine Betrachtung der Idee des Karmas nicht unbedingt den Glauben an eine Seelenwanderung erfordert.

Das Leben besteht aus ständigen Metamorphosen. Verwandlung und Veränderung sind konstitutionelle Daseinsvorgänge in natürlichen Wachstumsprozessen. Innere Entfaltung (selbstorganisierende Prinzipien) und äußere Anregung korrespondieren sinnvoll miteinander in Richtung zunehmender Bewußtheit und Differenziertheit. Hindernisse auf diesem Weg sind Aufforderungen, lebensfeindliche Muster aufzugeben.

Gedanken, Worte und Handlungen hinterlassen Spuren im kosmischen Feld und schaffen dadurch Karma, das uns auf einer anderen Ebene begegnet. Nichts bleibt unberücksichtigt. Karma besteht somit in unserem persönlichen Leben aus allem, was uns betrifft und beeinflußt. Es ist der Grund für die Begrenztheit des Menschen, und die Befreiung führt über die Lösung aus karmischer Verstrickung. Destruktives Handeln gegenüber anderen Menschen führt zu Spannungen und Mißgunst, die ihrerseits Ablehnung provozieren. Auch im Umgang mit sich selbst kann negatives Denken die Innenwelt atmosphärisch so vergiften, daß psychosomatische Erkrankungen die Folge sein können. Neben diesen offensichtlichen und direkten kann es auch zu verdeckten und verzögerten Auswirkungen kommen, die vielleicht erst lange Zeit später erkannt werden, möglicherweise erst kurz vor dem Tod.

Im Kashmirischen Shaivismus werden drei Arten von Karma unterschieden: das Prarabdha-Karma, das wir in der Vergangenheit erschaffen haben und das wir jetzt als die Umstände und Bedingungen unseres Lebens erfahren; das Sanchita-Karma, das in der Vergangenheit erschaffen wurde und das sich bisher aber noch nicht in Umständen und Erfahrungen manifestiert hat, und das Kriyaman-Karma, das aus unseren jetzigen Handlungen und Gedanken besteht, die subtile Eindrücke erzeugen, zu Sanchita-Karma werden und sich später als die Umstände und Erfahrungen des Prarabdha Karma manifestieren.

Im Buddhismus fungiert das Karma

»als eine Art Lagerhaus, in dem die Eindrücke unserer – durch Emotionen verursachten – vergangenen Handlungen wie Samen gelagert sind. Ergeben sich passende Bedingungen, keimen sie und manifestieren sich schließlich als Umstände und Situationen in unserem Leben« (Rinpoche, 1994, S. 141).

In diesem Zusammenhang spricht Jäger (vgl. 1991) von Vasanas, den abgesunkenen und verborgenen Wünschen, Neigungen und Ambitionen, die jederzeit wieder an die Oberfläche kommen können. Im Buddhismus seien damit auch Neigungen, Eindrücke, Handlungen und Gedanken gemeint, die in früheren Geburten entstanden sind und den Charakter des Menschen ausmachen. Dazu gehören nach Jäger auch psychische Formkräfte und Tatabsichten, also erste Impulse, die eine Tat hervorrufen. Diese Grundstrukturen oder Grundtendenzen, die sehr tief in unsere Psyche eingebettet sind und wohl auch mit uns in die nächste Existenz gehen, umzuwandeln, sei eine schwierige Aufgabe.

Von einem karmischen Standpunkt aus betrachtet, reflektieren die jeweils auftretenden Geschehnisse somit folgerichtig den aktuellen Entwicklungsstand und in ihnen horizontal und vertikal Geschichte, Aktualität und

Intentionalität des gelebten Seins. Wenn man aufmerksam alles wahrnimmt, was passiert, hat man ein ausgezeichnetes diagnostisches Instrument des persönlichen Lebensvollzugs in der Hand. Wenn man schwierige Situationen auf karmische Bedingtheiten zurückführt, empfiehlt es sich, zunächst anzuerkennen, was ist, und dann in einem nächsten Schritt auf Menschen, die davon betroffen sind, zugehen und in Ordnung bringen, was in Ordnung zu bringen ist. Daraus können sinnvolle Lebensaufgaben erwachsen.

Die Gegenwart ist jedoch keine sture Wiederholung früherer Einflüsse, denn jeder Augenblick schließt auch neue Freiheitsgrade und transformative Energiepotentiale mit ein. Die Psychotherapie lehrt uns, daß im gegenwärtigen Strom des Erlebens, in der Kraft des Augenblicks, die Tendenz zur guten Gestalt, die Energie zur Veränderung liegt. Auch die spirituellen Schulen sprechen davon, daß wir versuchen sollen, in den Augenblick zu kommen, denn dort ist uns das göttliche Prinzip am nächsten. Deshalb sollte man sich durch eine karmische Auslegung nicht zu sehr an die Vergangenheit heften und Karma als Ausrede für schwierige Situationen benutzen, sondern die wandelnde Kraft des Augenblicks erkennen:

»Dem Gesetz des Karmas entsprechend, das Heilige aller Traditionen achten, ernten wir früher oder später das, was wir gesät haben. Die meisten unserer Hindernisse sind tatsächlich das Ergebnis unseres eigenen Handelns – dessen Konsequenzen wir in Form von gegenwärtigen Situationen und Prüfungen zu tragen haben. Doch gleichzeitig sind wir nicht der Vergangenheit ausgeliefert. Wie die Siddhas uns immer wieder erklären, sind unsere vergangenen Tätigkeiten viel weniger wichtig als das, was wir gerade jetzt tun. Gemäß ›Vasishtha‹ ist die Gegenwart viel stärker als die Vergangenheit« (Vasudevananda, 1998, S. 11).

Karma kann somit als »Die Quelle und Früchte des Handelns und Denkens« skizziert werden. Betrachtet man ausschließlich das jetzige Leben, würde es auch zu mehr Verantwortlichkeit führen.

Jeder Moment eröffnet die Möglichkeit, Rollen und Pflichten zum Wohle der Gesamtentwicklung wahrzunehmen, womit ein wichtiger Schritt getan wäre, karmische Muster zu lösen. Das wird in den östlichen Religionen unter Dharma verstanden, die bewußte, liebevolle und achtsame Übernahme von Verantwortung Personen, Vorgängen und Situationen gegenüber, die von starren Verarbeitungsmustern und eingeschliffenen Verhaltensbahnungen befreien kann. In dieser Sichtweise wird man aufgefordert, für sein Leben und seine Umstände Verantwortung zu übernehmen, auch wenn man sich ungerecht behandelt fühlen sollte, denn im Zusammenklang äußerer Umstände und inneren Resonanzen kristallisieren sich wichtige Lebensaufgaben heraus. Weigert man sich, diese anzunehmen, helfen Krisen und

Krankheiten nach. Krisen sind spirituelle Entwicklungshelfer. Sie brechen vertraute Bezüge auf, um neuen Strukturen Platz zu machen. Das dazugehörige Leid macht hellhörig für Sinnfragen und bringt unerledigte und gelegentlich vergessene Angelegenheiten in Erinnerung. Es konfrontiert auch mit Abwegen und Oberflächlichkeiten. Es werden wieder existentielle Prioritäten gesetzt.

Vasudevananda (1998, S. 10) berichtet von einem Schüler, der in dem Augenblick, als er seine Krankheit vertrauensvoll annahm, eine tiefe innere Öffnung erlebte:

»Plötzlich wurde er von Wellen der Liebe überwältigt. Es war die Entscheidung, seiner Krankheit ins Auge zu blicken und sie anzunehmen, die für ihn dieses kraftvolle Erlebnis von Gnade ermöglichte. Zu dieser Zeit verstand er auch, daß er sich ohne die Krankheit niemals so geöffnet hätte. Die Krise, die sein Leben bedrohte, war auch der Antrieb für sein spirituelles Wachstum. Große Hindernisse und Schwierigkeiten sind große Lehrer – so großartige Lehrer, daß die meisten von uns ohne sie niemals spirituelle Fortschritte machen würden. Und auf diese Weise sind sie eine Form von Gnade.«

Begleitend zu der inneren Öffnung wird das Vertrauen in die Höhere Macht, die uns subtil begleitet, und in die inneren Ressourcen stärker, so daß Gottvertrauen und Selbstvertrauen unmerklich zueinanderfinden. Und man wird entdecken, daß oft inmitten von störenden Geräuschen sich das Göttliche Zutritt zu unserer Seele verschafft.

Der Grundsatz »Alles ist zum Besten« ist kein Freibrief für Passivität, denn erst wenn man das eigene Bemühen mit hinzufügt, kann der nächste Schritt gelingen. Selbstbemühung und Gnade durchdringen und bedingen einander. Wenn man einfach seinen Weg konstant und ausdauernd weitergeht, dann wird man von den feinen Schwingungen der Gnade geführt und unterstützt. Zum Wachstum gehören die Berge genauso wie die Täler, und jeder Mensch, gleich in welche Verhältnisse er geboren wurde, hat sich damit auseinanderzusetzen. Klagen über die schlechten Bedingungen oder die Verantwortung auf andere abzuschieben helfen nicht weiter, wir müssen aktiv den Gegebenheiten ins Auge blicken. Das fordert allerdings nicht zu politischer Inaktivität auf, denn die authentische Konfrontation kann sich auch auf soziale Ungerechtigkeit und politische Unterdrückung beziehen. Ghandi, der Dalai Lama und Teresa von Avila geben davon eindrucksvolles Zeugnis. Ihr engagiertes Eintreten für Gerechtigkeit und Frieden wird über die Kulturen hinweg gewürdigt. Jedes Hindernis, jedes Schicksal, dem wir offen begegnen und überwinden, setzt neue Kräfte für den weiteren Weg frei, nicht nur für sich selbst, sondern ist auch Ermutigung für andere. Hindernisse gibt es im spirituellen Weg, wie im normalen Leben, kein Lebensweg ist frei davon. Muktananda (1994, S. 446 f.) stellt dies eindrücklich klar:

»Als du noch nicht den spirituellen Weg gegangen bist, hast du irgendwelche Hindernisse bemerkt? Gab es da keine Schwierigkeiten auf deinem weltlichen Weg? Hast du auf dein Leben geschaut? Wie viele Psychologen hast du in deinem Leben aufgesucht? Wie viele Ärzte? Wie viele Freundinnen hattest du? Wie viele Freunde? Wie viele Feinde? Mit wie vielen anderen Leuten hattest du zu tun? Stößt du nur auf deinem spirituellen Weg auf Hindernisse? Wenn du all diese Dinge auch in deinem normalen Leben hast, warum sollte der spirituelle Weg dann so andersartig sein? Der spirituelle Weg ist nicht so schwierig wie der allein weltliche Weg; er ist viel einfacher. Auf dem spirituellen Pfad brauchst du dich nicht mit den anderen zu verstricken. Alles, was du tun mußt, dich nach innen zu wenden und friedlich über das Selbst zu meditieren, nicht wahr?«

Für spirituelle Schüler gilt, daß Hindernisse als eine Art Lehrer fungieren, sogar als ein Geschenk gesehen werden können: Je größer die Hindernisse, desto intensiver ist die Botschaft, die sie in sich tragen, und desto größer ist der Effekt für die spirituelle Praxis, wenn sie überwunden und transformiert werden. Kornfield (vgl. 1990) plädiert für eine achtsame Integration der aufkommenden Barrieren und schäumenden Emotionen. Blockaden und Hindernisse müsse man aufsteigen lassen und bewußt beobachten. Wir sollten die Gelegenheit nutzen, über Wut, Angst und Verlangen zu lernen, wie wir uns mit ihnen in Beziehung setzen können, ohne in ihnen gefangen zu werden. Das, so Kornfield, erfordere viel Übung.

Kornfield nennt fünf Arten von Hindernissen, die zu bewältigen eine große Herausforderung darstellt: Verlangen und Begehren; Ekel, Wut, Ablehnung; Schläfrigkeit, Stumpfsinn und Lethargie; Erregung und Ruhelosigkeit; Zweifel.

Das könnte so gehen: Es taucht Unruhe auf. Man registriert Unruhe, die Unruhe wird zur Spannung, man sagt sich innerlich »Ah, Spannung«, nicht genug, nun glüht heiße Wut in der Seele, und man nimmt wahr und findet die Richtung der Wut heraus. So lernt man sich genauer kennen, nimmt auf, ohne zu verdrängen, und läßt los, ohne auszuagieren. Die detaillierte Erforschung fördert die Verwandlung von Hindernissen, und die freiwerdende, zuvor an den Affekt gebundene Energie steht dann im Dienste des inneren Prozesses. »Durch das systematische Üben mit den Hindernissen entdeckst Du, wie Du weise und mit weniger Identifikationen mit ihnen umgehen kannst, ohne gefangen zu sein« (ebenda, S. 170). Wenn man Hindernisse vergegenwärtigt, sobald sie auftreten, sie bewußt kontempliert und sie in die Meditation einbringt, werden sie zum »helfenden Freund« (vgl. Pasadika, 1998), weil »eine vorübergehend unterbrochene Bewußtheit sofort wieder aufgenommen, weiterentwickelt und vertieft werden kann« (ebenda, S. 55).

Das Leben schafft Situationen, in denen wir innerlich wachsen und weiterkommen können. Aber sie stehen im Einklang mit den Potentialen und der inneren Weisheit, so daß wir nicht überfordert werden.

Jean Gebser stellt dazu fest,

»daß wir die Einsicht gewonnen, in welchem Maße alles, was uns geschieht, gestaltend und kräftigend zu unserem Leben, nämlich zu uns selber gehört, und daß es somit durchaus abwegig ist, sich über Mißgeschick und dergleichen zu beklagen, weil wir es selber sind, die dies oder jenes Hindernis, das von außen auf uns zukommt, nicht etwa nur anziehen, sondern, so wir es nicht umgestalten und zu verwandeln vermochten, es fälschlicherweise als ungerechtfertigte Tragik oder als unüberwindliche Hürde betrachten. Statt dessen sollten wir uns eingestehen, daß diese Hindernisse wir selber sind, da sie in uns ruhen, und daß sie nur deshalb in Erscheinung treten, um uns darauf aufmerksam zu machen, worin unser Lebens Leistung zu bestehen hätte« (Gebser, in: Müller, 1999, S. 54).

Diese Einstellung hilft, Hürden nach ihrem Sinn abzutasten, genau hinzuspüren: Was will der unangenehme Umstand mir sagen, welche Botschaft und welche Aufgabe steckt darin, was bedeutet es für mein Leben, was habe ich zu lernen und was habe ich zu tun? Wenn jemand zum Beispiel schwer erkrankt, kann die Botschaft lauten, Oberflächlichkeiten im Leben abzubauen und sich wieder auf das Wesentliche zu besinnen. Krankheiten bergen radikale Öffnungen, sie können zu Wendepunkten werden, wenn man sie annimmt. Die Geschichte der Psychosomatik zeigt dies in ganz ähnlicher Weise auf. Oder ein anderer ist mir gegenüber unehrlich, dann kann das heißen, daß ich mich meiner eigenen Unehrlichkeit radikal zu stellen habe. Von außen kann auf mich zukommen, was innerlich noch nicht bewältigt ist. Ich erinnere mich gut an eine Situation, als mich bei einem Vortrag plötzlich ein Blackout überfiel und mir im nachhinein klar wurde, daß mich in diesem Moment mein Ego zu überheblichen Sätzen verleitete. Im Laufe des spirituellen Weges spitzen sich die Schwierigkeiten auf Ego-Konfrontationen zu, insbesondere dann, wenn man sich gerade in einem Ashram aufhält, denn die intensive Energie, die dort wirkt, bringt Schattenaspekte und Egoanteile prompt und intensiv an die Oberfläche. Man zieht die Dinge an, die man für den inneren Fortschritt braucht, und wenn man sie wieder zurückweist, dann verblaßt ihre positive Wirkung, und wir kämpfen an der falschen Stelle. Wenn man aber seiner Aufgabe folgt und sich stellt, dann können an der Stelle der größten Schwierigkeiten die schönsten Blüten wachsen:

»Im allgemeinen fangen die Leute an, sich zu beklagen, wenn sie nur das kleinste Leid ertragen müssen, und sie beanspruchen den Segen Gottes, der Zeit, des Schicksals und der Kräfte des Universums. Sie glauben, daß in ihrem Leben alles falsch gelaufen sei. Aber die Einstellung eines Weisen ist völlig anders. Er heißt Leiden mit großer Liebe willkommen, weil er weiß, daß er von bestimmten schlechten Karmas befreit wird und in eine Phase von Freude und Glückseligkeit kommt, wenn er seine gegenwärtigen Leiden würdevoll erträgt. Zu erkennen, daß sich Leiden zu unserem eigenen Vorteil, zu unserem eigenen Nutzen, einstellt und dabei Ruhe und Gelassenheit zu bewahren, das ist die neue Sichtweise« (Muktananda, 1994, S. 37).

Es ist eine ungewohnte Sprache, die wir lernen müssen, wenn wir uns auf diese Einsichten stützen. Unser eigener Geist wird dann zum radikalen Ort der Veränderung, denn gelingt das, ändern sich auch die Umstände. Wenn die Einstellung »Alles ist zum Besten« inmitten der weltlichen Ströme verwirklicht werden kann, werden Furchtlosigkeit, Gelassenheit und tiefer Frieden eine bezaubernde Atmosphäre in unser Leben bringen.

»Die wichtigste Sache im Leben ist der innere Friede. Man sollte so handeln, daß man inneren Frieden und Zufriedenheit erreichen kann. Wenn jemand einmal innere Zufriedenheit erreicht hat, wird er glücklich sein, was auch immer die Früchte seines Handelns sein werden. Das ist das Wesentliche im Leben: Man sollte lernen, frei von Angst zu sein. Du magst vom Mond zurückkehren, oder vom Himmel, du magst ein großes Vermögen verdienen, du magst sogar der Meister des ganzen Kosmos werden, aber wenn du ohne Frieden bist, wenn du ohne Zufriedenheit bist, was bringt dir dann das Ganze? Wenn du Schlaftabletten nehmen mußt, um schlafen zu können, wenn du Rauschmittel benützen mußt, um die Ekstase zu genießen, was bringt es dann? Man sollte zufrieden bleiben, was auch immer das Schicksal mit sich bringt. Es ist die innere Zufriedenheit, die das Wichtigste ist. Ohne sie kommt man nicht zur Ruhe« (ebenda, S. 34).

Alles ist zum Besten! Dazu gehört auch die Frage, ob man selbst gerade das tut, was die gemäß unseren Fähigkeiten beste Antwort auf die Situation ist. Das eigene Bemühen ist dafür Voraussetzung, daß die Frucht der Situation hervorkommen kann. Zu beachten ist, daß wir dabei nicht neidvoll auf andere blicken, denn jeder hat seine ganz spezielle Aufgabe zu erfüllen: »Wenn du deine Aufgabe erfüllst, egal wie sie auch sein mag, wirst du erfolgreich sein. Es mag Zeit kosten, aber so wird es zu deiner Aufgabe, zu deiner Gottheit, es wird zu deinem eigenen Gott« (Gurumayi, 1996, S. 44).

Im Zen-Buddhismus spricht man von Tariki (Kraft des anderen) und Jiriki (eigene Kraft), die in einer tieferen Sicht zusammenwachsen und zu

Polen einer spirituellen Wirklichkeit werden (vgl. Frambach, 1993). In einem mittleren Modus von Wirken und Bewirktwerden, von Agieren und Zulassen, von Identifizieren und Loslassen entfaltet sich auf dem Boden einer schöpferischen Indifferenz das Bewußtsein zu mehr Weite, die dann im Gewahrsein des transzendentalen Grundes den Menschen über sich selbst hinauswachsen läßt.

Dieses Bewußtsein ermöglicht auch ein inneres Freiwerden von Karma, das heißt, daß sich Dinge lösen lassen, die durch unsere Verantwortung in Unordnung geraten sind. So ist es möglich, sich in jedem Augenblick von schuldhaften Bindungen und Fixierungen zu entlasten. Dazu gehört auch die verantwortliche Übernahme unserer eigenen Lebensgeschichte, das Loslassen von Schuldzuweisungen an Bezugspersonen und die Veränderung im Augenblick, denn nur im Hier und Jetzt ist Veränderung lebendig möglich. Die Realität des Vergangenen ist nicht mehr zu ändern und das Zukünftige ist noch nicht eingetreten. Beginne jetzt mit dem, was du erreichen möchtest, schiebe es nicht vor dir her, denn jeder Augenblick ist kostbar, denn: »Wenn du Gott und der Wahrheit voll vertraust und erkennst, daß das, was auch immer geschieht, Gottes Wille ist, dann fühlt sich jeder Platz, jeder Augenblick und jedes Ereignis in deinem Leben großartig an« (Muktananda, 1994, S. 37).

Wenn die uns gestellten Aufgaben mit ganzem Herzen und intensiver Hingabe beantwortet werden, tritt Gnade hinzu, und wir können uns vollständig von destruktiven inneren Bindungen und Mustern befreien. Im Gleichmut des Geistes geht es dann nicht mehr um Sieg oder Niederlage, sondern um Liebe und Weisheit.

Die spirituellen Übungen legen großen Wert darauf, den Geist positiv auszurichten, ohne dabei zu harmonisieren oder Konflikten aus dem Weg zu gehen, denn Gedanken sind kraftvolle Energieträger. Emotionale Fixierungen konstellieren sich über eingeprägte kognitive Muster, die automatisch ablaufen, ohne daß sie rechtzeitig unterbrochen werden können.

»So wie du denkst, so wirst du … Wenn du positive Gedanken hast, dann wirst du wachsen. Wenn du schlechte Gedanken hast, dann wirst du kleiner werden. Je edler die Gedanken, desto größer die Freiheit. Je niederer die Gedanken, desto mehr Schwierigkeiten wirst du erzeugen. Wenn deine Gedanken nicht gut sind, dann werden sie zu Ablenkungen führen und das sind wahre Hindernisse in unserem Leben – nicht nur im Yoga oder in der Meditation, sondern auch im Alltag« (Gurumayi, 1992, S. 35).

Krise als Wachstumsimpuls

In einer Krise gerät der Mensch in einen Engpaß und erfährt in dramatischer Weise eine Zuspitzung seiner inneren Lage. Alte vertraute Bewältigungsmechanismen greifen nicht mehr, und in unaufhaltsamer Weise verdichtet sich das Problemgeschehen. Unkontrollierbare Energien treten hinzu und nehmen allmählich, bisweilen auch abrupt, dem Ich das Heft aus der Hand. Der gewöhnliche Lauf des Lebens wird nachhaltig unterbrochen, und das Krisengeschehen übernimmt die Regie. Die Radikalität einer Krise zwingt den Menschen zur Veränderung, wenn er nicht in destruktive Verhaltensweisen abgleiten möchte. Angst, Unsicherheit und Ohnmacht sind die beherrschenden Emotionen. Angst vor dem unsicheren Ausgang, Unsicherheit über die Verfügbarkeit von Ressourcen und Fähigkeiten sowie Ohnmacht angesichts fehlender Kontrolle über das Geschehen. Diese Gefühlsregungen können auch in aufschäumende aggressive Affekte gegen das hereinbrechende Krisengeschehen und in depressive Zustände umschlagen. Häufig schämt man sich für das, was passiert, kapselt sich ab und bleibt einsam sich selbst überlassen. Krisen erfassen immer den ganzen Menschen, den Körper, die Psyche, seinen Sinnhorizont und seine soziale Welt. Sie stellen, umfassender als Konflikte, den gesamten Lebensentwurf bedrohlich in Frage. Ein Konflikt kann zur Krise werden, wenn die geläufigen Lösungsstrategien fehlschlagen und er sich dadurch verschärft. Der Mensch geht nicht von sich selbst aus in die Krise, er wird hineingestoßen durch innere und äußere Impulse, die zumeist aus dem Unbewußten kommen. Die Chancen einer Krise liegen in Wandlung, Erneuerung, Aufgeben von alten Mustern, Loslassen von engen Lebenskonzepten und das Erleben von existentiellerem und tieferem Lebensgefühl.

Wenn man dabei erkennt, daß es keinen Spielraum für die bewährten Strategien des Verstehens und Handelns mehr gibt und daß die alten Bewältigungsmuster deshalb nicht mehr greifen, weil sie überholt sind und der Entwicklung im Weg stehen, kann man die Chance ergreifen. Die Krise zwingt uns, den Daseinsentwurf zu erneuern und bis dahin verschlossene Türen zu öffnen. Es ist ein Zustand zwischen Tod und Geburt. Das Alte, bis dahin Gültige hat seine Kraft verloren, und das Neue, notwendig andere ist noch nicht Wirklichkeit geworden. Diese Phase braucht Geduld, um herauszufinden, was loszulassen und aufzugreifen ist. Was muß aufgegeben werden und was möchte sich zeigen? Vorschnelle Lösungen sind gewöhnlich nicht von Dauer, sie zögern nur den Neubeginn hinaus. Man sollte nicht in die Geschwindigkeit greifen, nicht verlangsamen und nicht beschleunigen, denn das der Krise immanente Tempo ist in der Regel dem zugrundeliegenden Problemgeschehen adäquat. Es gibt ganz unterschiedliche Krisen. Die von den meisten Menschen akzeptierten, sind die sogenannten Reifungskrisen, die jeder Mensch zu durchlaufen hat, ja, ihr vermeintliches Fehlen kann sogar zum Problem werden. Erikson (1976) hat in seinem Buch *Identität und Lebenszyklus* darauf hingewiesen, daß man in gewissen Lebensaltern Krisen zu bewältigen hat, um in der Entwicklung nicht steckenzubleiben, zum Beispiel die Adoleszenzkrise: In der Ablösung von den Eltern müssen junge Menschen vertraute Gewohnheiten durchbrechen, werden Auflehnung und Widerspruch äußern, um das eigene Selbst zu finden und die je eigenen Anlagen zu verwirklichen. Aus dem in elterliche Schemata eingepaßten Kind muß ein reifer Erwachsener werden, und das gelingt nur, wenn der junge Mensch sich kraftvoll dem Einfluß der Eltern entzieht. Das verursacht auf beiden Seiten Schmerzen, um sich abzulösen und loszulassen. Dann kann ein neues und selbständiges Leben beginnen. So will es die Natur. Wenn man sich gegen diesen Impuls stellt, entstehen Abhängigkeit und Krankheit. Krisen werden auch durch Schicksalsschläge ausgelöst. Im Angesicht eines tödlichen Unfalls oder einer unheilbaren Erkrankung geht es darum, eine Entscheidung, die bereits gefallen ist, zu akzeptieren und seinen Sinnhorizont zu erweitern, denn die schmerzhafte Wirklichkeit ist nicht mehr rückgängig zu machen. Baier (unv. Vortrag) nennt dies Akzeptanzkrisen und unterscheidet sie von Entscheidungskrisen, deren Richtung durch Wahrhaftigkeit und Authentizität bestimmt werden muß, wenn nicht ein Rückfall in alte Muster erfolgen soll. Lebensentscheidungen dürfen nicht aus einem Anpassungsdruck heraus getroffen werden, sonst sind Trauer und Unglück vorprogrammiert. Sich mutig und vertrauensvoll für das Stimmige einzusetzen zahlt sich letztendlich immer aus, auch wenn es am Anfang schmerzlich und mühsam erscheint.

Generell sollte man Krisen nicht aus dem Weg gehen, denn sie umfassen wichtige Reifungsschritte und Lebensbotschaften. Es ist gut, eine Krise anzunehmen, in sie hineinzugehen, sie kennenzulernen und zu spüren, was sie bedeuten soll. Der Sinn der Krise ist, mich bzw. mein Bewußtsein zu erweitern. Darum liegt die Lösung naturgemäß auf einer höheren Ebene. Zugang zu dieser Ebene gewährt die Intuition. Durch das Beachten von Träumen, Symbolen, Synchronizitäten und »Zufällen« kann man sich für die Intuition sensibilisieren. Man kann sich aber auch bewußt an die innere Weisheit oder den inneren (spirituellen) Meister wenden. Man richtet seine Fragen in einem entspannten, meditativen Zustand an sein tiefstes inneres Wesen. Meist sind die Antworten und Hinweise überraschend, neu, paradox, so daß man es als riskant empfindet, diese zu befolgen. Sie sind eindrückliche Wegweiser und verleihen energievolle Unterstützung, denn sie werden von tiefen Schichten der Seele gerufen. Jetzt gilt es, sich der eigenen

Ressourcen zu vergewissern und das Wagnis des nächsten Schrittes zu gehen. Dann kommen in der Regel unerwartete Hilfen aus dem transpersonalen Bewußtseinsraum, aber auch von außen auf uns zu. Das ist die ermutigende Botschaft vieler spirituell Reisender. Im Eingangsstadium einer Krise ist es hilfreich, einfach zuzulassen und zu akzeptieren, was passiert. Im Durchgangsstadium der Krise sollte man sich den Themen stellen, die aufgeworfen werden, und im Zielstadium ist es sinnvoll, über Veränderungen seines Lebens auf dem Hintergrund des Erfahrenen zu kontemplieren.

Wenn im folgenden von spirituellen Krisen die Rede ist, dann heißt das nicht, daß andere Krisen nicht auch eine spirituelle Dimension hätten, sondern nur, daß sie mit einem spirituellen Weg in Zusammenhang stehen oder spezifisch spirituelle Themen enthalten. Probleme und Krisen in der spirituellen Entwicklung sind bekannt, und ihnen wird in den unterschiedlichen Wegen Beachtung geschenkt. Die spirituelle Bewußtseinschulung führt zu fundamentalen Transformationsprozessen der Persönlichkeit, und man kommt mit starken Energieströmen in Kontakt. Dabei können Hindernisse, Zweifel und Blockaden schärfer hervortreten, denn im vollen Lichte werden die Schatten kontrastreicher. Die innere Weisheit übernimmt sorgsam die Regie über die weiteren Prozesse, und deshalb ist es wirklich förderlich, wenn wir diesem Plan nicht im Weg stehen. Komplikationen entstehen normalerweise eher durch heftigen Widerstand, als im Geschehenlassen. Krisen brechen innere Verhärtungen auf und zeigen an, was loszulassen ist. Die Wandlung ist nicht immer an aufschäumende Krisen gekoppelt; sie kann auch ruhig und harmonisch ablaufen, Schritt für Schritt, ohne große Sprünge oder spektakuläre Durchbrüche.

»Der Transformationsprozeß einer spirituellen Entwicklung kann einen unterschiedlichen Verlauf nehmen. Beim einen verläuft er relativ ruhig, es findet ein stetes Loslassen einer ichzentrierten Weltverhaftung statt. Bei anderen ist die Entwicklung nicht so harmonisch. Es kommt zu verschiedenen, zum Teil aufsehenerregenden Phänomenen. Vom Gesichtspunkt des Absoluten aus betrachtet kommt diesen Ereignissen die Bedeutung von Nebenwirkungen zu (so wie bestimmte Medikamente Nebenwirkungen haben oder auch die psychotherapeutische Arbeit zeitweilige krisenhafte Phasen auslösen kann). Für den betreffenden Menschen können diese Phänomene jedoch recht bedrohlich sein, vor allem dann, wenn ein Rahmen fehlt in den sie eingeordnet werden können« (Helg, 2000, S. 284).

Das Gelingen eines Prozesses hängt also nicht von der Lautstärke ab, doch ist es gut, wenn man über die unterschiedlichen Töne, Themen und Ausformungen von spirituellen Krisen Bescheid weiß, um konstruktiv damit umgehen zu können.

Was ist eine spirituelle Krise?

Krisen sind für die spirituelle Entwicklung immer bedeutsam. Die »spirituelle Krise« kann leicht mißverstanden werden, denn sie weist auch Phänomene auf, die spirituell unerfahrene Fachleute psychopathologisch deuten. Dies kann dann zu verhängnisvollen Behandlungsansätzen und sogar zu einer Einweisung in die Psychiatrie führen. Eine medikamentöse Behandlung von spirituellen Krisen führt zwar zu einer zeitweiligen Dämpfung der Symtomatik, bewirkt aber, was die Lernerfahrung betrifft, genau das Gegenteil, denn nur wenn eine bewußte Verarbeitung erfolgt, kann das Bewußtsein daran wachsen. Da spirituelle Krisen tief in die existentielle Seinsweise eines Individuums eingreifen, wäre »existentiell-spirituelle Krise« der bessere Beschreibungsbegriff. Sie sind Durchbrüche und Aufbrüche, die spirituelle Impulse vermitteln, mit spirituellen Themen in Zusammenhang gebracht werden können, einem spirituellen Weg vorausgehen oder während eines spirituellen Weges auftreten. Auch im Umfeld von bewußtseinsverändernden Drogen, mystischen Übungen oder parapsychologischen Praktiken sind sie anzutreffen. Sie haben in der Regel die Qualität von Aufforderung zu mehr Tiefe, zu weniger Ego und zum Einbezug des Göttlichen in unser Leben. Bei guter Unterstützung führt eine spirituelle Krise zu einem erweiterten Lebenshorizont und zu einem tieferen Daseinsgefühl.

Der Begriff »spirituelle Krise« wurde von Stanislav und Christina Grof in die transpersonale Psychologie eingeführt und für die westliche Psychotherapie aus dem reichen Erfahrungsschatz der mystischen Wege, denen diese Zustände absolut geläufig sind, fruchtbar übersetzt und zusammengefaßt.

»Spirituelle Krisen können als kritische und im Erleben schwierige Stadien einer tiefgreifenden psychologischen Transformation definiert werden, die einen ganz und gar beanspruchen. Sie nehmen die Form von außergewöhnlichen Bewußtseinszuständen an und bringen intensive Emotionen, Visionen und andere Veränderungen der Sinne sowie verschiedene physische Manifestationen mit sich« (Grof, 1991, S. 51).

Ungewöhnliche und andersartige Erlebnissequenzen können ohne Vorwarnung die Grundfesten der Persönlichkeit erschüttern. In spirituellen Krisen öffnet sich das Alltagsbewußtsein für ungewöhnliche Erfahrungen, in denen

»sich Gott mit ungeheurer Macht im gewöhnlichen Alltag einen Raum verschafft. Sein Erscheinen kann, wenn ich es einmal in traditionellen Worten ausdrücken darf, Verderben und Tod bringen, für diejenigen, die ignorant seine

Existenz leugnen; jedoch auch große Gnade, Heilung und die Erfahrung großer Liebe für Menschen, die sich dieser Erfahrung stellen« (Jahrsetz, 1995, S. 50).

Es ist das energiereiche Einbrechen der höheren Macht in unser Leben, eine totale und den ganzen Menschen betreffende Involvierung in einen Prozeß der Öffnung, Reinigung und Transformation. In den Arbeiten der Fachklinik Heiligenfeld, die sich um eine empirische Erforschung der spirituellen Krisen verdient gemacht hat, werden sie ausgehend von den allgemeinen Kriterien des DSM-IV (V 62.89 religiöses oder spirituelles Problem) im Sinne psycho-spiritueller Störungen beschrieben:

»Da spirituelle Krisen sich jedoch auf eine Fülle subtiler Erfahrungen beziehen, könnte man unter psycho-spirituellen Störungen alle Störungen zusammenfassen, die sich auf spirituelle Erfahrungen im Sinne subtiler subjektiver Erfahrungen mit der Folge psychischer oder psychosomatischer Symptome beziehen. Solche subtilen Erfahrungen wären beispielsweise Transzendenzerfahrungen, energetische Empfindungen, paranormale oder mediale Erlebnisse usw« (Belschner und Galuska, 1999, S. 79 f.).

Folgende Phänomene können im Leibbereich auftreten: Schütteln, Zittern, plötzliche Bewegungen, spontan auftretende yogaähnliche Körperhaltungen, out of body experiences, spontane Hyperventilation, sich selbst nicht mehr spüren (ohne Schwerkraft und Bodenkontakt), die innere Mitte verlieren, abwechselndes Gefühl von Enge und Weite, sich nicht mehr leiblich koordiniert oder geordnet erleben, starke Müdigkeit, Überreiztheit, Energiewallungen, Schmerzen und Spannungen vornehmlich im Bereich der Chakren.

Im psychischen Bereich kann es zu primärprozeßhaften Zuständen (Bilder, Geräusche, Anmutungen) kommen, zur Konfrontation mit archetypischen Symbolen, zu Angst, die Kontrolle zu verlieren, verrückt zu werden, zu authentischen Erinnerungen, die bis in den pränatalen Bereich zurückreichen, und zu starken Ängsten bis hin zu Panik. Bekannte Probleme werden dichter und näher erlebt, weil die Kompensationsmechanismen nicht mehr greifen und die Bewertungsmaßstäbe sich ändern. Die bedrohlichen Zustände können aber auch ins Gegenteil umschlagen; plötzlich bekommt der Mensch Zugang zu innerer Ruhe, Mut, Offenheit, Liebe, Weitsicht und Gelassenheit, wovon die Seele sanft berührt wird. Dies ist jedoch noch nicht stabil, sondern ein Vorgeschmack auf das, was sich auf dem Weg darbieten könnte.

Es kann auch zu spontaner Trance kommen, die alle Erfahrungen veränderter Bewußtseinszustände umfassen kann: Transzendenz von Raum und Zeit, Begegnung mit dem kosmischen Prinzip, Visionen von göttlichen Wesen und spirituellen Meistern, aber auch das Miterleben des eigenen Todes, Wahrnehmung von dämonischen Welten, Gefühl von Besessenheit, Kontakt mit feinstofflichen Realitätsbezirken, Astralwanderungen, spontan auftauchende parapsychologische Fertigkeiten und Reinkarnationserfahrungen.

Menschen in spirituellen Krisen wirken meist vereinsamt, weil sie Angst haben, in die Psychiatrie eingeliefert zu werden. Sie sind auch im Kontakt sprunghaft und unberechenbar, weil sie plötzlich zu Verhaltensweisen neigen, die man sonst nicht von ihnen kennt. Gefühle von Verlorenheit und Verlassenheit verstärken oft die vorher beschriebenen Phänomene bis zur Unerträglichkeit.

Phänomenologisch betrachtet lösen sich alte Strukturen auf, die bislang Halt gaben und eine feste Identitätsverankerung ermöglichten. Spannungen, alte verdrängte Konflikte, Krankheiten, abgespaltene Schattenaspekte finden sich oft parallel zu spontanen Öffnungen, ekstatischen Zuständen und subtilen Wahrnehmungen, die über die normalen Frequenzbereiche hinausgehen. Die Dynamik ist nicht aufzuhalten; alles bahnt sich seinen Weg ins Bewußtsein, ob man es will oder nicht. Die Innenwelt und die Wahrnehmung der äußeren Welt geraten aus den Fugen, verlieren ihren bis dahin vertrauten Bezugspunkt. Spirituelle Themen, transpersonale Zustände und neurotisches Material sind in eigentümlicher Weise miteinander verknüpft, als käme alles unaufhaltsam in den Vordergrund, was zu integrieren oder zu erledigen ist. Mitunter wird die personale Ordnung so durcheinandergewirbelt, daß es wie ein inneres Chaos wirkt und der Mensch nicht mehr auseinanderhalten kann, was Intuition, Wahrnehmung, Wunschvorstellungen, neurotisches Verhalten, spirituelle Erfahrungen, innere und äußere Wirklichkeit sind. Dies läßt bei ihm die Angst, verrückt zu werden, aufkommen; auch die Umwelt hat meist entsprechende Vermutungen. Und dennoch ist im Unterschied zu psychotischen Zuständen ein Ich vorhanden, das weiß, daß dies ein Prozeß ist, daß man sogar diesen Prozeß ablaufen lassen und sich innerlich davon distanzieren kann. Die innere Beteiligung an diesem Vorgang ist also nicht total, sondern nur partiell. Und zweitens kann in irgendeiner Form, möglicherweise auch durch Interventionen von außen, durchaus ein Bezug zu spirituellen Themen oder religiösen Stimmungen hergestellt werden, der anders als in Wahnstimmungen reflektierbar und verstehbar ist.

Die kosmischen Energien können emotionale Umwälzungen auslösen, die sich in Zittern, Weinen, Singen und Ausbrüchen unterschiedlicher Art äußern. Auch unwillkürliche Bewegungen und plötzlich eintretende Veränderungen der Atemmuster wurden insbesondere im Zusammenhang mit der erwachten Kundalini beschrieben. Diese kryias sind tiefsitzende Spannungen, die an die Oberfläche kommen und sich auflösen. Sinnbildlich stellt man sich die Kundalini als Schlange vor, die auf ihrem Weg zum spirituellen Zentrum (Scheitelchakra) die Blockierungen der Chakren beseitigt und sie öffnet, so daß die subtile Energie ungehindert durchfließen kann und alle Verunreinigungen des Körpers, der Seele und des Geistes abführt.

In der Literatur finden sich für diese Art von Erfahrungen auch Konnotationen und beschreibende Verknüpfungen zum spirituellen Erwachen, generell zu Durchbruchserfahrungen, transpersonalen Krisen, spontanen Deprogrammierungen, initiatischen Krisen, Kundaliniphänomenen und außergewöhnlichen Bewußtseinszuständen. Scharfetter (1994) stellt heraus, daß Inhalt, Erlebnisqualität, Erfahrung und Wirkung der Krise sehr verschieden sind. Solche Krisen könnten spontan auftreten in Lebenswandlungszeiten, Zeiten der Umstellung, der Neuorientierung, in Wachstumsphasen, aber auch in Zeiten der Erschütterung, des Schmerzes, der Angst, des Leidens, der Krankheit reaktiv sein. Sie könnten unabsichtlich induziert sein durch psychedelische Drogen oder andere Auslöser von besonderen Bewußtseinszuständen und kämen gelegentlich als Störung der Meditation vor. Sie könnten aber auch absichtlich provoziert sein durch verschiedene pharmakologische und andere Techniken. Grof (1991) spricht von einer unüberschaubaren Vielfalt der spirituellen Krisen. Extrem ausgedrückt kann es so viele spirituelle Krisen wie Menschen geben, da sich Kosmisches und Subjektives zu einer einzigartigen Signatur mischt. Trotzdem hat er einige Erfahrungsgruppen und -inhalte herausgearbeitet, die häufig genannt werden:

»Episoden von Einheitsbewußtsein (Gipfelerfahrungen), das Erwachen von Kundalini, Nahtoderfahrungen, das Auftauchen von Erinnerungen an frühere Leben, die schamanische Krise, das Erwachen von außersinnlichen Wahrnehmungen, Kommunikation mit geistigen Führern und Channeling, Begegnungen mit Ufos und Besessenheit« (ebenda, S. 109 f.).

Da bis auf die schamanische Krise die anderen Erfahrungsaspekte in den vorhergehenden Kapiteln ausführlich beschrieben wurden, soll kurz auf sie eingegangen werden:

»Visionäre Abenteuer dieser Art schließen charakteristischerweise eine Reise in die Unterwelt ein – in das Reich der Toten. Dort wird man von boshaften dämonischen Wesen angegriffen und unvorstellbaren Qualen ausgesetzt, die in Erfahrungen von Tod, Zerfall und Auslöschung gipfeln. Wie bei den schamanischen Krisen kann man die endgültige Zerstörung so erleben, daß man umgebracht, in Stücke gerissen oder von bestimmten Tieren, die als Initiatoren fungieren, verschlungen wird. Dieselben Tiere können später wieder in der Rolle eines geistigen Führers, Beschützers oder Lehrers auftauchen. Auf die Erfahrung der totalen Auslöschung folgen üblicherweise Wiederauferstehung, Wiedergeburt und der Aufstieg in himmlische Reiche. Dieser Prozeß des psychischen Todes und der Wiedergeburt scheint eng mit dem Wiedererleben des Traumas der physischen Geburt verwandt, wenn diese Verbindung auch keineswegs eine umfassende Erklärung der schamanischen Krise bietet« (ebenda).

Grof weist immer wieder darauf hin, daß das Thema Tod und Wiedergeburt ein zentraler Archetyp der Wandlung ist, der gleichzeitig authentische perinatale Erinnerungen evozieren kann.

Spirituelle Krisen finden im Zwischenreich von personaler und transpersonaler Existenz statt. Beide Seiten müssen in der Behandlung genügend Berücksichtigung finden.

Die verschiedenen Arten von spirituellen Krisen in bezug auf das Leben im heiligen Geist können nach Baier:

1) Krisen sein, durch die man erst einmal zur lebendigen Gegenwart Gottes hinfindet oder

2) solche, in die man mit der bisherigen Form der eigenen Spiritualität gerät, weil das Wirken des Geistes aus ihr gewichen ist. Viele Menschen stoßen heute durch eine Lebenskrise erstmals auf die religiöse Dimension des Lebens. Andere aber geraten in eine Krise, weil ihr herkömmliches religiöses Leben irgendwie stagniert, Glaubenszweifel überhand nehmen etc. Eine spirituelle Krise kann

3) durch religiöse Erfahrung hervorgerufen werden. Wenn Göttliches in unser Leben einbricht, dann gibt es uns meist zu verstehen: Du mußt dein Leben ändern. Die Verwandlung, zu der wir dadurch aufgerufen sind, kann in eine Lebenskrise führen. Das, was früher Freude bereitete, langweilt nun. Die alten Freunde sind vielleicht nicht ansprechbar für das, was uns bewegt und wir kennen niemand, dem wir uns mitteilen könnten. Wir haben selber vielleicht noch keine Worte dafür und verstehen uns selbst nicht recht. Es ist schwer, das Leben um seine neue Mitte herum zu ordnen. Aufs Erste scheint alles Festgefügte sich aufzulösen. Die Krise ist da. Außerdem kann

4) jede beliebige Krise spirituell erfahren und durchlebt und insofern selber spirituell sein, wenn man sie im Gebet oder in stiller Meditation vor das göttliche Geheimnis trägt und sich öffnet für Antworten, die uns aus dem göttlichen Bereich zufließen.

Spirituelle Krisen werden oft wie durch einen zündenden Funken, einen Zustand, ein Ereignis oder eine Situation ausgelöst, als käme eine Lawine ins Rollen und risse alles mit sich, was auf dem Weg liegt. Auslöser für spirituelle Krisen können Übungen, Praktiken und Rituale sein, die Veränderungen des Bewußtseins herbeiführen. Insbesondere bei Erweckungszeremonien kann es zu drastischen seelischen Irritationen kommen. Als ich im Siddha Yoga am ersten Intensivseminar teilnahm, wurde durch shaktipat (Übertragung der spirituellen Kraft vom Meister auf den Schüler) ein Kundaliniprozeß ausgelöst. Dies führte zunächst zu einem äußerst intensiven Körpergefühl mit Zittern, Prickeln, einer Mischung aus innerem Schauer und Glücksgefühl. Nach etwa einer Stunde kam eine tiefe Müdigkeit hinzu, die ich dann, als ich in mein Zimmer zurückgekehrt war, zu einer Ängstlichkeit weiterentwickelte. Diese Ängstlichkeit suchte sich dann Inhalte, die sie von psychischen Komplexen bezog. Meine kindliche Angst vor Einbrechern steigerte sich bis zu einer Panikattacke, so daß ich ständig die Zimmertür im Hotel überprüfen mußte. Symbolisch zeigte sich darin die Angst vor einer starken Kraft, die sich in mein Haus der Persönlichkeit Eintritt verschaffen wollte. Dann setzte ich mich hin und sang das Mantra Om Namah Shivaya. Dabei konnte ich beobachten, wie Kindheitserinnerungen, tatsächliches momentanes Erleben und der Wunsch nach Transformation abwechselnd ins Bewußtsein traten. Plötzlich bekam ich hohes Fieber, und ich war gezwungen, mich ins Bett zu legen, und ich hatte keine Kraft mehr, mich gegen das dynamische Geschehen zu stellen. Durch das Vertrauen in die Unterweisungen der Meditationslehrer und meine intensiven Erfahrungen mit psychotherapeutischen Selbsterfahrungsprozessen hatte ich die Sicherheit, daß mir nicht wirklich etwas zustoßen kann und daß es wichtig ist, einfach geschehen zu lassen, was geschieht. So schnell das Fieber kam, so unerklärlich rasch verschwand es auch wieder, und plötzlich fühlte ich mich grundlegend gereinigt; dazu stellte sich eine tiefe Ruhe, ein Zustand von Gelassenheit und Freiheit ein. Noch Tage danach profitierte ich von diesem positiven Lebensgefühl und der inneren Freiheit, die ich schmecken durfte.

»Natürlich erleben nicht nur Menschen, die sich einer systematischen spirituellen Praxis unterziehen, solche Krisen, sondern auch viele andere, die im Laufe ihres Lebens ein natürliches spirituelles Erwachen erfahren.« (Kornfield, 1990, S. 163). Dies kann eng mit plötzlichen existentiellen Veränderungen einhergehen, wie Tod eines nahen Angehörigen, Trennung vom Partner, Geburt, Nahtoderlebnisse, schwerwiegende Operationen und Unfälle sowie posttraumatische Belastungszustände jedweder Art. Die Psychologen sprechen von spirituell-existentiell relevanten Situationen, weil diese den Menschen mit dem Sinn des Lebens und mit der Frage nach den wirklichen Werten konfrontieren. Der dadurch einsetzende Transformationsprozeß führt zu Destabilisierungen des Persönlichkeitsgefüges, weil sich das Gleichgewicht zwischen unbewußten und bewußten psychischem Material auf einem Schlag verändert.

Tiefe therapeutische Selbsterfahrung, das Erleben außergewöhnlicher Naturschauspiele, intensive sexuelle Begegnungen und Experimente mit bewußtseinsverändernden Techniken (Hypnose, Hyperventilation und katalytische Substanzen) können ebenso den Beginn eines spontan einsetzenden spirituellen Transformationsprozesses markieren. Grof hat jahrelang mit Menschen in spirituellen Krisen gearbeitet. Er berichtet in diesem Zusammenhang:

»Bei entsprechend veranlagten Menschen kann eine Erfahrung mit bewußtseinsverändernden Drogen oder eine intensive psychotherapeutische Sitzung den letzten Anstoß geben. Es ist schon vorgekommen, daß eine transformative Krise auf dem Zahnarztstuhl beim Zahnziehen unter Lachgas ihren Anfang nahm. Die Ära des wilden, unbeaufsichtigten Experimentierens mit Psychedelika hat viele Menschen in eine spirituelle Öffnung und manche in eine spirituelle Krise katapultiert. Wir haben auch schon Fälle gesehen, bei denen eine aus medizinischen Gründen verschriebene Substanz die Erfahrung ausgelöst hat« (Grof, 1991, S. 53).

Die große Vielfalt der möglichen Auslöser für spirituelle Krisen lasse eindeutig vermuten, daß die Bereitschaft des Menschen zur inneren Transformation wesentlich wichtiger ist als äußere Stimuli (vgl. ebenda, S. 54). Der innere Drang nach Selbstverwirklichung kann noch unbewußt sein und erst über die Krise zum Bewußtsein durchbrechen.

Assagioli (1990) hat sich genauer mit der spirituellen Entwicklung auseinandergesetzt. Er entwarf einen allgemeinen Überblick über die Störungen, die während einer spirituellen Entwicklung auftreten können und benennt vier kritische Phasen oder Stadien, die sich zu Krisen entfalten können:

A. Krisen, die dem spirituellen Erwachen vorausgehen
B. Krisen, die durch das spirituelle Erwachen ausgelöst werden
C. Reaktionen auf das spirituelle Erwachen
D. Phasen des Prozesses der Verwandlung

In der Phase A. kann es die Krise in der Mitte des Lebens sein, wenn plötzlich Unzufriedenheit und Leere auftreten. Die bis dahin gültigen Werte haben keinen Bestand mehr, und dieser Mensch rutscht innerlich immer mehr ab. Ablenkungsversuche, vermehrte Aktivitäten und Narkotisierung durch Suchtmittel führen zu keinem Erfolg. Eindrücklich beschreibt Assagioli (1990, S. 64) diese Entfremdungskrise:

»Er gärt weiter in den Tiefen ihres Wesens und untergräbt die Grundfesten ihrer normalen Existenz, um von dort – vielleicht erst nach langer Zeit – mit verstärkter Intensität wieder hervorzubrechen. Der Zustand des Unbehagens und Aufgewühltseins wird immer schmerzhafter und das Gefühl innerer Leere immer unerträglicher. Der Mensch fühlt sich verwirrt. Der überwiegende Teil dessen, was sein Leben ausgemacht hat, scheint ihm jetzt wie ein Traum dahingeschwunden zu sein, während noch kein neues Licht aufgetaucht ist. Tatsächlich ist er sich der Existenz eines solchen Lichtes noch gar nicht bewußt, oder er kann sich nicht vorstellen, daß es ihn je erleuchten wird. Häufig geschieht es, daß dieser Zustand innerer Verwirrung von einer moralischen Krise begleitet wird. Das Gewissen erwacht oder wird empfindsamer. Ein neues Verantwortungsgefühl ersteht, und der Mensch wird von starken Schuldgefühlen und Gewissensbissen bedrückt. Er beurteilt sich hart und wird Opfer einer tiefen Entmutigung, die bis zu Gedanken an Selbstmord führen kann. Physisches Ausschalten scheint ihm die einzig logische Folgerung aus seinem wachsenden Gefühl von Unfähigkeit und Hoffnungslosigkeit, Zusammenbruch und Auflösung zu sein.«

Dieser Wunsch, sich das Leben zu nehmen, ist der illusionäre Versuch eines radikalen Neuanfangs. Es ist wie ein Sterben vor der Wiedergeburt; insofern wird das spirituelle Erwachen auch als zweite Geburt gedeutet. Das zu erkennen ist die Aufgabe in dieser Krise, ein Durchbruch zu einer neuen und tieferen Existenz.

Der zweite krisenanfällige Zeitpunkt kommt paradoxerweise während eines der schönsten Augenblicke, beim spirituellen Erwachen:

»Das Öffnen des Kanals zwischen den bewußten und den überbewußten Ebenen, zwischen Ich und Selbst, und die Flut von Licht, Energie und Freude, die daraus folgt, haben oft eine wunderbare Entspannung zur Folge. Häufig verschwinden die vorhergehenden Konflikte und Leiden mitsamt der von ihnen hervorgebrachten seelischen und körperlichen Symptome überraschend plötzlich und bestätigen so die Tatsache, daß sie nicht auf irgendwelchen physischen Ursachen beruhten, sondern das direkte Ergebnis inneren Ringens waren. In solchen Fällen bedeutet das spirituelle Erwachen eine wirkliche Heilung« (ebenda).

Krisen, die das Erwachen begleiten, werden vor allem durch die immensen Energien verursacht, die sich durch die Öffnung des spirituellen Kanals im Individuum ausbreiten. Wenn jemand darauf nicht vorbereitet ist, kann es zu einer Fehlidentifikation von kosmischen Kräften kommen. Wenn sie als persönliche Kraft mißverstanden werden, kann es zu einer Egoaufblähung und zu Omnipotenzideen kommen, die dann wieder abgebaut werden müssen. Missionarischer Eifer und überschwengliches Verkünden der Erfahrungen führt zwangsläufig beim Abklingen zu depressiven Zuständen, wenn der Mensch erkennen muß, daß es sich um die Verdichtung spiritueller Energien in ihm handelte und nicht um eigene Verdienste. Erst nach Überwinden dieser Hürde kann er diese Kräfte behalten und integrieren.

Ähnlich ist das mit den begleitenden parapsychologischen Fertigkeiten, die schnell wieder verschwinden, wenn sie im Dienste des Egos genutzt werden. Die große Gefahr ist der »spirituelle Materialismus« (vgl. Trungpa, 1999), die Inanspruchnahme der großartigen kosmischen Energien für den Eigenbesitz und nicht das Wiedereinbringen der gnadenvollen Geschenke in den kosmischen Kreislauf zur globalen Weiterentwicklung: »Der fatale Irrtum aller, die Opfer dieser Illusion werden, ist, daß sie ihrem personalen Ich oder Selbst die Fähigkeiten und die Macht des transpersonalen oder Höheren Selbst zuschreiben« (Assagioli, 1990, S. 66).

Ein nächster wichtiger Wendepunkt ist, wenn nach dem glückseligen Erwachen und dem begeisternden Aufbruch der Alltag einkehrt, allmählich die Faszination verblaßt und die Übungen seltener werden. Schattenaspekte und Alltagsprobleme, die in den glorreichen Zeiten der spirituellen Begeisterung wie weggeblasen schienen, kommen zurück und verdünnen das spirituelle Bedürfnis. Depressionen können auftreten, wenn der Alltag plötzlich im Gegensatz zu den außergewöhnlichen Erfahrungen öde und leer erscheint. Man erkennt, daß Momente der spirituellen Glückseligkeit nicht festgehalten werden können, und muß sie im Sinne der weiteren Entwicklung wieder loslassen.

Nach beglückenden ersten Schritten kann es zu einem plötzlichen Abreißen des inneren Kontakts kommen, zu einem Gefühl des Abgetrenntseins von Gott, und es können sich auch daraus spirituelle Krisen ergeben. Teresa von Avila (1979), spricht von einem Zustand der »spirituellen Trockenheit«. Allegorisch beschreibt sie den spirituellen Weg als ein Durchwandern von sieben Wohnungen in einer inneren Burg: In der dritten Wohnung leidet der Mensch unter Trockenheit, denn der Brunnen der Burg gibt kein Wasser mehr. Übertragen heißt das, daß der Mensch hier kaum noch gnadenhafte Erfahrungen der Nähe Gottes macht. Gott hat dem Menschen die schon geschenkten Gnaden entzogen, um ihm seine Abhängigkeit zu zeigen. Das ist die Erziehungsarbeit Gottes, und der Mensch wird durch diese Wohnung nur hindurchkommen, wenn er die ausbleibende Erfahrung Gottes in Gelassenheit und Liebe erträgt.

Dann weiterzuüben ist nicht ganz einfach. Das Heimweh nach Gott, das nicht gestillt werden kann, Depressionen und Empfindungen von Wertlosigkeit lassen in diesen Zeiten das spirituelle Ziel unerreichbar erscheinen. Abwertung, Zweifel und Kritik gegenüber dem spirituellen Weg und sich selbst, stellen sich ein. Der Schüler glaubt, tiefer zu sein als zu Beginn des Weges. Das stimmt jedoch nicht. Es ist, wenn wir hier nicht aufgeben, ein äußerst nützliches Stadium der spirituellen Entwicklung. Jetzt beginnt die Arbeit im Kleinen, die Transformation im Alltag und das allmähliche Feilen der Persönlichkeit im Sinne der Vorbereitung für höhere Ziele, denn nur wer sich hier als stark erweist, ist in der Lage, höchste Ziele zu verwirklichen.

Die spirituellen Schriften ermutigen, einfach weiterzumachen, ganz gleich, was passiert, denn wer das Licht gesehen hat, muß durch die dunklen Gebiete hindurch, um die Ganzheit verwirklichen zu können:

»Das Licht des Selbst strahlt auf die Unreinheiten, bringt sie in das Bewußtsein des Betroffenen und erleichtert ihm damit den Prozeß, sie aufzuarbeiten. Wenn dieser Prozeß zuweilen auch sehr mühsam sein kann, ist er doch ein grundlegender Aspekt eines zuverlässigen und beständigen Kommunikationskanals zwischen dem Individuum und seiner transpersonalen oder überbewußten Natur« (Assagioli, 1990, S. 72).

Die nächste Phase beginnt mit der Erkenntnis,

»daß die notwendigen Bedingungen, die für das hohe Ziel der Selbst-Verwirklichung erfüllt werden müssen, eine drastische Transmutation und Erneuerung der Persönlichkeit sind. Es ist ein langer und vielschichtiger Prozeß, der Phasen einschließt, in denen Hindernisse für das Einfließen und Wirken überbewußter Energien aktiv beseitigt werden; Phasen der Entwicklung der höheren Funktionen, die bis dahin brachgelegen haben oder unterentwickelt waren; Phasen, in denen man das höhere Selbst handeln lassen und für seine Führung empfänglich sein kann« (ebenda).

Die Aufgabe ist nun, geduldig auf das große Ziel hinzuarbeiten und die Begrenztheit der eigenen Möglichkeiten zu akzeptieren. Wenn das nicht geschieht und man sich den gestellten Anforderungen widersetzt, wird der Schüler unsicher und anfällig für alte Muster und Schattenaspekte. Die Außenwelt reagiert vermehrt mit Kritik und Ironie, weil vertraute Bezüge und Werte sich offenbar grundlegend ändern. Auch das ist eine Prüfung, inwieweit man diese Barrieren überwindet und unbeirrt weitergeht, mit Hilfe der Nahrung aus dem transpersonalen Selbst und ohne Wertschätzung von außen, und inwieweit man sich dem Weg, Gott und der inneren Weisheit die Führung über sich selbst anvertrauen kann. Neben dem Vertrauen werden auch die Hingabe und die Bereitschaft zu universaler Liebe gestärkt, einer Liebe, die sich ausschließlich der globalen Weiterentwicklung verschreibt.

Viele spirituelle Lehrer sehen noch ein wirklich zentrales und dramatisches Ereignis auf den Schüler zukommen, den Ego-Tod. Der Tod der Individualität wird verlangt, wenn man in die letzte Stufe der Selbstverwirklichung eintreten will. Dies ist mit allerheftigsten Begleiterscheinungen verbunden. Sich ganz aufzugeben, um ins Reich Gottes einzugehen, heißt bildlich gesprochen den Tod vor dem eigentlichen Tod auf sich zu nehmen. Dies kann zu Visionen der Vernichtung, der Kreuzigung und des Auslöschens der personalen Identität führen. Auch von der Außenwelt können Explosionen, der Untergang von Kulturen, Atomreaktionen und Bilder von Zerstörung ins Bewußtsein dringen. Für Perry (1990, S. 107 f.) sind es die bis dahin gewachsenen Selbst- und Weltbilder, die sterben müssen.

»Diese und andere archetypische Bilder haben die Funktion, die Prozesse des Geistes auszuführen, die Energien zu befreien und zu transformieren, die dann aus den alten Strukturen hinaus und in neue hineinschlüpfen können, die auf die Zukunft ausgerichtet sind. All dies geschieht im Interesse von Entwicklung, um ein geräumigeres Bewußtsein zu kultivieren, das für neue Dimensionen von Erfahrungen offen ist … Die Energie, die in den Strukturen des alten Selbst-Bildes und des Welt-Bildes gebunden war, in den Fragen danach, wer man ist und in welcher Art von Welt man lebt, ist riesengroß. In Träumen oder Visionen ist häufig eine Atomexplosion Ausdruck dieses riesigen Ansturms von psychischer Energie, die während des Erneuerungsprozesses ungebunden ist und eine Zeitlang Unruhe stiftet. Obwohl die eigene Natur um einen Durchbruch kämpft, kann man das Gefühl haben, daß das, was man ist und was man wertschätzt, auf dem Ramschtisch gelandet ist. Und in der Tat scheint es sich bei Werten und den emotionalen Fragen des Lebens um krasse Widersprüche zu handeln … Die völlige Umwälzung, die durch diese Art von Krise bei spirituellen Prozessen erfolgt, erinnert mich an die biblische Warnung, ›schrecklich ist's, in die Hände des lebendigen Gottes zu fallen‹. Denn in der Zeitspanne zwischen den ersten Visionen von Tod und Zerstörung der Welt und ihrer Auflösung in Erneuerung ist man oft in den Klauen der Angst und betrübt darüber, daß man isoliert ist, da die Vermittlung dieser Erfahrungen oft nicht sehr mitfühlend aufgenommen wird.«

Diese Visionen sind also keine Halluzinationen, sondern archetypische Wandlungsmetaphern. Für den spirituellen oder therapeutischen Begleiter ist das eine absolut bedeutsame Unterscheidung. Als Beispiel sei hier Muktanandas Vision des eigenen Todes angeführt:

»So wie ein sterbender Mensch seinen Mund öffnet, seine Arme ausbreitet und einen seltsamen Laut von sich gibt, so fiel ich nieder und machte dieses Geräusch. Als ich fiel, urinierte ich unwillkürlich, was mir das Gefühl gab, daß ich völlig das Bewußtsein verloren hatte. Ungefähr eine Stunde oder anderthalb Stunden lag ich in diesem unbekannten Bewußtseinszustand, und dann erhob ich mich, so wie ein Mensch vom Schlaf aufsteht, lachte und sagte zu mir: ›Ich bin gerade gestorben, aber jetzt bin ich wieder lebendig‹. Ich stand auf, fühlte mich sehr friedvoll, sehr glücklich und ganz voller Liebe. Mir wurde klar, daß ich den Tod erfahren hatte, als ich das unmanifestierte göttliche Strahlen sah, das so hell wie Millionen Sonnen war. Ich hatte sehr große Angst gehabt, aber aus dieser Erfahrung verstand ich jetzt den Tod. Ich erkannte, daß Tod nichts weiter als dieser Zustand ist. Nachdem ich einmal diese Kugel von unmanifestiertem Licht gesehen hatte, verlor ich alle Furcht. Das ist der Zustand der Befreiung vom individuellen Dasein. Seitdem ist mein Mut sehr gewachsen, und ich kenne keinerlei Furcht mehr. Ich habe vor nichts Angst. Ich denke nie daran, was geschehen wird. Ich mache mir keine Sorgen, was ein anderer tun wird. Der Ort der Furcht in mir ist zerstört worden. Ich habe völlige Furchtlosigkeit erlangt« (Muktananda, 1986, S. 217 f.).

Das Thema Tod und Wiedergeburt ist das zentrale Transformationsmotiv, das wir in allen spirituellen Richtungen finden. Es besagt, daß wir mit der Veränderung zu gehen haben, Vertrauen in den Prozeß entwickeln und alles, was wir bekommen, als göttliches Geschenk betrachten müssen. Dann sind wir reif für den Durchbruch zum kosmischen Dasein.

Hilfreicher Umgang mit Menschen in spirituellen Krisen

Grundsätzlich ist der Prozeß trotz der möglichen Komplikationen sinnvoll. Der wichtigste Grundsatz im Umgang mit spirituellen Krisen kann also nur lauten: Dein Wille geschehe! Man muß so reagieren, daß man das an die Oberfläche flutende Material verstehen, bearbeiten und integrieren kann. Die Einstellung sollte grundsätzlich positiv sein ohne Bewertung oder gar Abwertung. Dem Erfahrenden sollte erklärt werden, daß er die Energieschübe, Symbole oder Bilder ehrfurchtsvoll begrüßen und sie wie ein inneres Schauspiel, bei dem er die Hauptperson spielt, betrachten soll. Wenn Ängste auftauchen, sollten sie nicht verdrängt, aber auch nicht überbewertet werden. In Begleitung der Angst werden neue Landschaften der Seele beschritten. Sie repräsentiert das Abfallen des Alten und den Durchbruch zu Neuem. Dann können einzelne Erfahrungssequenzen, die besonders bewegend sind, aufgegriffen und im Kontext des eigenen Lebensbildes bearbeitet werden. Es ist auch sinnvoll, über kreative Medien wie Malen, Töpfern und Bewegung in die Expression zu gehen, um einerseits Energien zu entladen und andererseits einen ersten Verarbeitungsschritt zu unternehmen. Die Gestalttherapie, die Integrative Therapie und das Psychodrama stellen hervorragende Integrationstechniken mit verschiedenen Ausdrucksmedien bereit. Das läßt schon erahnen, daß ein gesundes Ich bei der Integration von großem Nutzen ist. Durch die Stärkung des Willens und anderer Ich-Funktionen kann eine gefestigte Persönlichkeit wie ein Fels in der Brandung die Stürme unbeschadet überstehen.

Ein weiterer wichtiger Aspekt ist Kontaktaufnahme mit der inneren Weisheit. Sie ist das Leitzentrum, die Vermittlungsstelle zwischen göttlichem Willen und personalem Dasein. Sie kann symbolisch um Unterstützung gebeten und befragt werden, und man kann ihr Ängste, Zweifel und Probleme vertrauensvoll übergeben.

Die Anforderungen des Alltags sind angesichts der überwältigenden inneren Erfahrungen nur schwer zu bewältigen. Besonders wenn es an guten menschlichen Begegnungen mangelt, können sich Gefühle von Einsamkeit oder die Angst, verrückt zu werden oder zu sterben, einstellen (Grof, 1991). Angst vor dem Unbekannten und Angst vor dem Kontrollverlust ist in Anbetracht der globalen Strukturveränderung ein natürliches Empfinden. Verbunden mit neurotischen Ängsten kann sie sich ins Ungemessene steigern und sich belastend auf die Lebensführung auswirken. Dem Betroffenen dies verstehbar zu machen und die Angst als untrügliches Zeichen von Veränderung positiv umzudeuten, kann lindernd wirken. Auch intensiven Gefühlen, in einem geschützten Rahmen, ihren Lauf zu lassen (Zittern, Schreien und Weinen), sie nicht gewaltsam zurückzuhalten, führt Druck ab und vermindert so die Gefahr von inadäquaten Reaktionen in der Umwelt.

Ein weiterer, kaum aushaltbarer Zustand ist das Gefühl totaler Isolation, das Jesus am Kreuz mit den Worten »Mein Gott, warum hast Du mich verlassen?« zum Ausdruck brachte. Nur wenn man diese Empfindung konfrontiert und integrieren kann, kann man umfassendes Vertrauen erlangen. Insofern ist es notwendig, diesen Aspekt voll und ganz zu durchleben und nicht zu verwischen oder zuzudecken.

Falls die innere Energieanreicherung so stark wird, daß die äußere Lebensführung erheblich beeinträchtigt wird, können auch Übungen zum »Erden« mit eingebaut werden; man sollte regelmäßige Mahlzeiten, ergänzt durch Nüsse und Trockenfrüchte, zu sich nehmen, Sport treiben, ausreichend schlafen und spazieren gehen, also alles, was einen geregelten Tagesablauf in einem guten Gleichgewicht zwischen Spannung und Entspannung fördert: »Wer auf seine körperlichen Bedürfnisse achtet und seine Gesundheit einigermaßen pflegt, hat mehr Widerstandskräfte für seelische Erschütterungen, als jemand mit fragiler Gesundheit« (Helg, 2000, S. 284). Reizüberflutung, künstlich herbeigeführte Evokation von weiterem Material und vieles Sprechen (Diskutieren) sollte vermieden werden. Vorübergehend kann Rückzug aus den Alltagspflichten (reizarme Umgebung) und eine pflegliche Behandlung durch spirituelle Freunde oder Therapeuten hilfreich sein. Mitfühlende Anteilnahme, Sympathie und Respekt dienen als Heilmittel und sind die Ergebnisse am Ende des Prozesses. Für eine hilfreiche Begleitung ist es prinzipiell erforderlich, die Phänomene des Bewußtseins, die aktuellen Lebensthemen, biographisches Material und das soziale Umfeld gleichermaßen zu berücksichtigen. Ein achtsames Eintreten in die innere Welt des anderen, um die Bedürfnisse in der aktuellen Situation zu erspüren, erfordert vom Begleiter ein Einfühlungsvermögen, das weit über den durchschnittlichen therapeutischen Kontext hinausgeht. Vorübergehendes Halten, Geborgenheit vermittelnder Körperkontakt und körperdynamische Entladungsübungen können zu einer weitgehenden psychischen Beruhigung beitragen. Darüber hinaus kann die verständliche Erklärung des Konzepts der »spirituellen Krise« den Betroffenen entscheidend entlasten. Die Kenntnis transpersonaler Phänomene und psychotherapeutische Kompetenzen sind unabdingbare Voraussetzungen für eine adäquate Begleitung (vgl. Belschner und Galuska, 1999).

Wie schon angedeutet, wäre es wenig hilfreich, eine spirituelle Krise als psychotische Entgleisung zu etikettieren, andererseits ist eine ähnliche Symptomatik wie bei Depersonalisationserscheinungen nicht zu übersehen, so daß eine differenzierte Diagnose angebracht ist.

Neben den positiven Auswirkungen einer Nicht-Etikettierung darf eine Gefahr im Umgang mit dem Begriff »spirituelle Krise« nicht übersehen werden, die Gefahr der »euphemistischen Umdeutung«, wenn »psychotische Symptomatik bis zum Grade der Dysfunktionalität, Infirmität eines Menschen auftaucht« (Scharfetter, 1994, S. 61). Dies könnte zum Schaden für den Patienten zu einer »narzißtischen Selbsterhöhung« führen und die notwendige Behandlung verzögern. Psychotiker machen auch transzendente Erfahrungen, aber diese stehen in einem anderen Kontext. Zuallererst muß die psychische Krankheit geheilt werden, damit überhaupt die Basis für eine Integration geschaffen wird. Die Gefahr, Psychotiker pauschal als Mystiker zu erklären, käme einer Verwechslung von präpersonalen und transpersonalen Zuständen gleich. Hier muß kritisch angemerkt werden, daß es für transpersonale Psychologen oft schon genügt, daß irgend etwas als außergewöhnlich erscheint, um es zu glorifizieren. Genau an diesem Punkt ist das Zusammenwirken von Psychotherapie und Spiritualität erforderlich. So wie im Alltagsleben spirituelle Erfahrungen tiefe Einschnitte bedeuten können, genauso gut kann im Kloster oder im Ashram Neurotisches ausagiert werden und Psychotisches aufbrechen. Grof (vgl. 1990, 1991) unternahm den Versuch, einige Unterscheidungskriterien zusammenzustellen, die hier etwas modifiziert werden: Ein erstes sehr wichtiges Kriterium ist, daß bei spirituellen Krisen kein organischer Befund vorliegt, auch wenn starke körperliche Symptome auftreten können. Die Lebensgeschichte psychotischer Menschen offenbart häufig eine unendlich lange und leidvolle Beziehungsproblematik mit hohem Traumatisierungsgrad. Psychotische Menschen haben keine Distanz zu ihren Erfahrungen, sie sind leibhaftig identifiziert. In der paranoiden Psychose ist der andere tatsächlich der Gegner, auch der Therapeut, und deshalb kann überhaupt kein Vertrauensverhältnis aufgebaut werden. In der spirituellen Krise wird die ausgestreckte Hand genommen, und gemeinsam kann man sich aus einer gewissen Distanz dem Geschehen reflektierend annähern, auch wenn es dann wieder zu Primärprozessen kommt. Es findet keine Verwechslung von Innenwelt und Außenwelt statt, und der spirituelle Adept ist sich bewußt, daß es sich um einen inneren Prozeß handelt. Während der psychotische Mensch eher die gewöhnliche Außenwelt von sich abschüttelt (Autismus) und unansprechbar wird, hat der Mensch in der spirituellen Krise eher ein Mitteilungsbedürfnis und kooperiert im Interesse seiner Gesundheit mit dem Begleiter. Die Kommunikation verläuft in der Regel auch kohärent und sinnfällig, anders als beim Psychotiker, wo es zu Brüchen, Spaltungen und Abschweifungen kommt (Inkohärenz im Denken und Ambivalenz im Fühlen). Deshalb kann er sich auch nur fragmentarisch an Vereinbarungen und Absprachen halten. Im psychotischen Prozeß wird ein Auseinanderfallen der Integrationsinstanzen spürbar, während sich in der spirituellen Krise der Bezugspunkt ändert. Die innere Erneuerung ist trotz aller Dramatik zu spüren, so daß es kaum zu selbst- und fremddestruktivem Verhalten kommt, was wiederum ein wichtiger Hinweis auf eine psychische Krankheit wäre.

Wenn wir uns als Begleiter auf Menschen in spirituellen Krisen einlassen, wird uns die Energie der Erneuerung durch diesen Prozeß führen und intuitiv die richtigen Interventionen bereithalten. Dabei müssen wir uns selbst den spirituellen Themen in täglicher Praxis annähern und damit den inneren Bezug zum transpersonalen Selbst aufrechterhalten. Dann erfolgt ein Prozeß, der beide Seiten erfaßt und transformiert.

Tiefungsebenen des Bewußtseins

Die vertikale Transzendenz führt in die »Reiche des Überbewußten« (Wilber, 1999). Nach Scharfetters (1994) Topologie ist das »Überbewußtsein« mit einem »anderen Ufer« zu vergleichen. Wer bereit ist, sich dorthin »aufzumachen«, kann Befreiung, Geborgenheit, Freude und Erleuchtung erlangen. Im Unterschied zu veränderten Bewußtseinszuständen ist dort der Wachbewußtseinszustand nicht nur vollständig erhalten, sondern hinsichtlich Aufmerksamkeit, Klarheit, Helligkeit, Wachheit, Konzentration, Zentrierung und Körperhaltung sogar gesteigert: »Das Wünschenswerte ist nicht ein Austritt aus dem Tageswachbewußtsein in das Überbewußtsein, sondern die allmähliche Ausdehnung des Bewußtseins mit der Integration immer weiterer Bewußtseinsbereiche.« (Scharfetter, 1994, S. 39)

Der spirituelle Pfad bereitet das Bewußtsein durch Schulung auf dieses schrittweise Hinabgleiten in tiefere Seinsbezirke vor. Dabei gibt es qualitativ unterscheidbare Stufen, wobei diese nicht statisch oder abgeschlossen zu sehen sind, sondern mit fließenden Übergängen:

»Wir erkennen sie nur, wenn wir uns vom uns rein unreflektierten Erleben distanzieren, unsere Erlebnisse mit anderen vergleichen und erkennen, ob irgendwelche übereinstimmende Muster vorhanden sind. Wenn diese übereinstimmenden Muster mit zahllosen unterschiedlichen Begebenheit verglichen werden, dann dürfen wir die berechtigte Vermutung hegen, daß es sich um Stufen handelt. In allen Fällen jedoch sind diese Stufen das Ergebnis direkter Nachforschungen und Untersuchungen, kein abstraktes Philosophieren. Und was das spirituelle Erleben betrifft, kamen alle von mir zitierten großen mystischen Traditionen zum Ergebnis, daß einige sehr wichtige spirituelle Fähigkeiten einem Stufenmodell folgen, nicht aber einem strikt vorgegebenen Muster, sondern daß sie sich als Wellen aus immer feineren und feineren Erfahrungen ausbreiten. Wenn man die Erfahrungen einer großen Anzahl von Menschen vergleicht, treten gewiß Übereinstimmungen bezüglich der Entwicklung auf. Anders gesagt, wir haben mit verschiedenen Stufen zu tun« (Wilber, 2000, S. 44).

Daniel P. Brown hat eine umfangreiche Untersuchung vorgelegt, in der er den Mahayana-Buddhismus, den Theravada-Buddhismus und die Yoga-Sutren des Hindu Yoga verglich und zu folgendem Ergebnis kam:

»Die Abfolge der Stadien dürfte universal sein, trotz der sehr unterschiedlichen Arten, wie sie innerhalb der verschiedenen Traditionen begrifflich gefaßt und beschrieben werden. Wir nehmen an, daß diese Abfolge den natürlichen Entwicklungsprozeß repräsentiert, der jedem Menschen zugänglich ist, der Meditation praktiziert« (Brown, 1988, S. 232).

Von der Vorbereitung bis zum Erreichen eines dauerhaften Zustandes im Tiefenbewußtsein arbeitete er drei Hauptstadien, die vorbereitenden Übungen, die Konzentrationsmeditation und die Einsichtsmeditation, heraus, die er später in insgesamt 18 Stufen aufteilte. Andere Autoren beschreiben, leicht variierend, vier vertikal-transzendente Entwicklungsstufen des Bewußtseins: die meditative (psychische), die subtile, die kausale und die nichtduale.

Da die Tiefungsebenen ausschließlich direkt erfahrbar sind und die Sprache die Inhalte nicht zuverlässig fassen kann, wird hier ein gradueller Dreischritt vorgeschlagen: Der erste Grad der Transzendenz ist die Ebene des »Zeugenbewußtseins«, der zweite Grad, das »kosmische Bewußtsein« und der dritte Grad das »Einheitsbewußtsein«.

Die spirituelle Entwicklung baut zwar auf der personal-existentiellen auf, aber in den meisten Fällen ist die Persönlichkeitsentwicklung noch nicht abgeschlossen:

»Menschen, in denen der kosmische Sinn erwacht, sind deshalb nicht mit einem Schlag allwissend oder unfehlbar geworden. Die Größten unter ihnen sind zunächst, obwohl auf höherer Ebene, trotzdem etwa in der gleichen Lage wie Kinder, die sich soeben ihres Ichs bewußt geworden sind. Sie haben eine neue

Bewußtseinsstufe erreicht, die zu erforschen oder zu meistern sie jedoch weder Zeit noch Gelegenheit hatten. Auch auf höherer Ebene kann man klug oder töricht sein. Und ebenso wie ein Mensch, der sich noch in der Sphäre des Ichbewußtseins bewegt, moralisch weit unter sein Niveau gehen kann, so wird sich auch der neue, kosmische Mensch in gewissen Situationen von den noch ichbeherrschten Menschen seiner Umgebung kaum unterscheiden« (Bucke, 1988, S. 37).

Auch der spirituelle Fortschritt ist erfahrungsgemäß nicht stabil, sondern kann leicht wieder auf einen niedrigeren Grad zurückfallen. Die höheren Grade implizieren die niederen Grade, sie sind gegeneinander offen und überschneiden sich. Das Überbewußtsein ist somit ein Stand der Entwicklung und kein fester Besitz, über den man jederzeit verfügen kann. Diese graduellen Erfahrungsqualitäten können in einem allmählichen und langdauerndem spirituellen Pfad erreicht werden. Allerdings wird auch immer wieder von der Möglichkeit berichtet, daß es zu spontanen Durchbrüchen kommen kann. Sie können erfahrungsgemäß die Ebene aber nur halten, wenn kontinuierliche Übungen diesen Zustand festigen.

Das Zeugenbewußtsein

Für Wilber ist es die erste transpersonale Stufe, die er die »psychische« nennt, und in Gottwalds Bewußtseinsstufenentwicklungskonzept ist es der »Zustand des transzendentalen reinen Bewußtseins« oder der »Meditationszustand«. Das Bewußtsein löst sich allmählich von der ausschließlichen Identifikation mit dem individuellen Ich und mit seinen Objekten. Man lernt, die Ereignisse im Bewußtseinsstrom zu beobachten, sie zu registrieren und in ihrem Kontext durch das Auflösen von rigiden Bewertungen zu verändern. Alles, was auftaucht, ist in Ordnung. Durch die Lockerung der Identifikationen entsteht ein Freiraum, in dem sich das Höhere Selbst als neues tieferliegendes Zentrum meldet. In der Meditation werden Bewußtheit, Gelassenheit und Loslassen geübt. Die auftauchenden Bilder, Vorstellungen und Empfindungen werden wahrgenommen und wieder in den Bewußtseinsstrom zurückgelassen. Unterstützt wird dieser Vorgang durch die Beruhigung des Atems, dem allmählichen Abbau des aktiven Denkens und die Schulung der Körperbewußtheit. Dann wird das Ego brüchig und durch die Risse hindurch »erkennen wir die tiefe Verbundenheit von uns allen, eine Erkenntnis, aus der spontane Wärme und Mitempfinden aufsteigen« (Kornfield, 1985, S. 176).

Daneben erkennt man, wie Vergänglichkeit die vordergründigen, äußerlichen und oberflächlichen Bezugspunkte sind, auf denen unsere Identität beruht. Die Selbstwertfindung über Ansehen, Geld, Bildung, Attraktivität und Besitz aufzugeben, bedeutet auch Abschied nehmen von vertrauten, verläßlichen und sozial anerkannten Rollen:

»›Mujo kan‹, die existentielle Empfindung der Vergänglichkeit, kann so verstanden werden, daß die prinzipielle Gefährdung und Brüchigkeit der bisherigen Identität ins Bewußtsein dämmert. Sie ist gleichsam auf Sand gebaut, denn die Objekte der Identifikation sind alle von mujo, von Unbeständigkeit und Vergänglichkeit geprägt« (Frambach, 1993, S. 150).

Erkennt man das, fallen die »vordergründigen Identitätsobjekte« weg, und die Sehnsucht nach einem tieferen Grund der Identität wird verstärkt. Die Meditation ist das Vehikel dazu.

Man kann die Meditation durch Konzentrieren auf ein Objekt oder ein Mantra (»Konzentration mit Stütze«) unterstützen, um sich nicht in den vielfältigen Fluktuationen des Geistes zu verlieren. Jeder Meditierende wird mit der Macht der Gedankenwellen konfrontiert, denn je mehr Stille und Leere erreicht werden sollen, desto lauter und eindringlicher werden die Vorstellungsinhalte. In der Zen-Meditation zum Beispiel gibt es die Anweisung »Kehre einfach zu deinem Atem zurück«. Die gedankliche und mentale Aktivität verringert sich, und ein Gefühl der inneren Ruhe kehrt ein. Alles, was passiert, darf so sein, wie es ist. Es ist auch nicht schlimm, wenn starke innere Hektik aufkommt. Der tibetische Buddhismus empfiehlt dann, einfach die Dinge zu benennen und wieder loszulassen. In den yogischen Traditionen wird ein Mantra gegeben: Om Namah Shivaya, das Königsmantra des Siddha-Yoga, das soviel besagt wie: Ich ehre mein inneres Selbst. Regelmäßige Wiederholung des Mantras zentriert den Geist. Es »kann jedes Objekt des Gewahrseins benutzt werden, solange es greifbar ist und klar definierte Eigenschaften besitzt, die die Konzentration stützen können« (Brown, 1988, S. 244). Inmitten der vielschichtigen Vorstellungen (im wahrsten Sinne des Wortes) und Gedanken wird dann ein Zentrum, eine Mitte spürbar, die über die gewöhnliche Innenempfindung hinausgeht, ein Selbst, in dessen Verankerung man sich mehr und mehr erlebt. Man ruht in sich selbst und erfährt das Bewußtsein aus sich selbst heraus. Der Atem wird ruhiger und fließender, die Bewegungen nehmen ab, und wir können tiefer in die Versenkung gehen. Das Zeugenbewußtsein vergegenwärtigt die Geschehnisse, nimmt die impliziten Botschaften auf und läßt sie wieder los.

Dieses Zeugenbewußtsein kann dann auch allmählich im Alltag aufgerufen werden. Man lernt dabei, widrige Ereignisse, Wünsche, Anhaftungen und Hindernisse nicht mehr als Gegenspieler des inneren Prozesses zu sehen, sondern sie werden als Aufgaben und Lernschritte begrüßt, nach dem Motto: Alles ist zum Besten! Keshab (in: Haich, 1958, S. 41) lebt diese Einstellung: »Ich bin ein geborener Schüler. Alles, was existiert, ist mein Meister. Ich lerne von allem.«

Das soll nicht bedeuten, daß die aktive Auseinandersetzung mit einem Problem vernachlässigt wird. Taucht zum Beispiel ein Konflikt in der Partnerschaft auf, dann können wir dies auf zwei Ebenen betrachten: einmal auf der Interaktionsebene, auf der wir authentisch in die Auseinandersetzung gehen und die Gefühle, so wie sie im Augenblick sind, nicht unterdrücken. Auf der zweiten Ebene entidentifizieren wir uns mit dem Problem, rufen unseren inneren Zeugen auf und fragen: Was zeigt sich darin, was möchte mir das Problem vermitteln? Danach ist das Problem selbst nicht mehr starr und vielleicht auch nicht mehr so wichtig, sondern im Vordergrund steht die Aufgabe, die uns darin gestellt wird. Die Trennung zwischen Subjekt und Objekt und zwischen zwei Subjekten ist nicht mehr so absolut, denn beide sind Komponenten eines Prozesses. Wir können dies auch erleben, wenn wir in intensiver Weise der Schönheit der Natur begegnen. Wir schwimmen ins Meer hinaus und fühlen uns plötzlich eins mit der Tiefe, mit der Kraft und mit der Stille des Meeres. Die Versunkenheit in ein Gebet, die Öffnung für tiefes Mitgefühl, die volle Konzentration auf eine Tätigkeit und intuitives Spüren werden allmählich intensiver, begleitet von einem Gefühl, daß ein umfassendes Kraftfeld den eigenen Lebensprozeß weiterträgt.

Das Zeugenbewußtsein kann auch starke und zum Teil destruktive Gefühle transformieren. Wenn zum Beispiel aufwallende Leidenschaft erlebt wird, kann sich diese in Hingabe verwandeln, oder wenn man bebenden Zorn erlebt, kann dies zu Klarheit führen. Wichtig ist, daß wir diese Gefühle nicht unterdrücken, sondern registrieren und dann im Zeugenbewußtsein betrachten und reflektieren. Das nimmt dem Leben die Starrheit, die Humorlosigkeit und die übertriebene Ernsthaftigkeit. Im Zeugenbewußtsein findet ein kontinuierliches Wechselspiel von Annehmen und Loslassen statt. Der Spielraum für das Wesentliche im Leben wird größer.

Auch kollektive Archetypen, Bilder und Symbole werden vermehrt ins Bewußtsein kommen. Sie bergen kollektive Transformationskräfte. Im achtsamen Aufnehmen können daraus neue Handlungs- und Wahrnehmungsmuster erschlossen und die freiwerdende Seinsenergie bezogen werden.

Die Befreiung von vordergründigen Identitätsfixierungen führt zu einer Identitätsdifferenzierung:

»Wir differenzieren uns von der bisher fixierten Form der Vordergrund-Identität, lösen uns und gewinnen Abstand und zugleich differenziert sich unsere Identität, es treten neue, bislang ausgeschlossene Existenz-Aspekte in unser Selbst-Bewußtsein und fordern Auseinandersetzung und möglicherweise Integration« (Frambach, 1993, S. 149).

In diesem Zustand erkennt der Mensch zum erstenmal vage die Wirklichkeit des Geistes, und ihm wird klar, daß in ihm etwas ist, das über ihn hinausgeht, eine Tiefe der Identität, die es auch ermöglicht, das individuelle Ich-Sein zu transzendieren und damit die eigenen Probleme, Neurosen und das persönliche Schicksal zu relativieren.

Das ist sehr heilsam, kann aber nur dann wirklich gelingen, wenn wir sie vorher therapeutisch bearbeitet und Frieden geschlossen haben. Das Zeugenbewußtsein baut auf einem gesunden Boden der personalen Entwicklung auf:

»Wie wir schon sagten, werden sie manchmal als überindividueller Zuschauer oder Zeuge erfahren – als das, was den Strom dessen, was ist, einfach beobachtet, ohne einzugreifen, ohne es zu kommentieren oder zu manipulieren. Und das gilt für alles innere Geschehen ebenso wie für alles äußere, denn der Zeuge ist mit keinem dieser beiden Ströme ausschließlich identifiziert. Wenn, anders gesagt, das Individuum erkennt, daß sein Geist und sein Körper objektiv wahrgenommen werden können, so erkennt es gleichzeitig, daß sie kein Ich-Subjekt bilden können. Erinnern wir noch einmal an Huang-pos Feststellung, daß das Wahrgenommene nicht wahrnehmen kann. Um dieses Zeugesein geht es in der buddhistischen Praxis (›Achtsamkeit‹), in der Psychosynthese (›Desidentifikation und das transpersonale Selbst‹) und im Jüäna-Yoga (›neti, neti‹). Es scheint auch verwandt zu sein mit der von Maslow so genannten ›Plateau-Erfahrung‹, die nach seinen Worten ein Bezeugen der Wirklichkeit ist. Sie ist ein Sehen des Symbolischen oder Mythischen, des Poetischen, des Transzendenten, des Wunderbaren ... Sie ist das Transzendieren von Raum und Zeit, das etwas ganz Normales wird, so könnte man sagen ... Gerade durch diese Arten der Erfahrung wird man eingeführt in die Welt der Metamotivationen, B-Werte (›B‹ von engl. being), transzendenten Werte, in die Welt des mythologischen und überindividuellen Gewahrseins – kurz, in die spirituelle Dimension der transpersonalen Bänder« (Wilber, 1987, S. 283 f.).

In diesem ersten Transzendenzgrad des Bewußtseins sind sich die Gegensätze Subjekt-Objekt zwar schon näher, allerdings sind sie nach wie vor feste Größen im Erkenntnisvollzug. Sie spiegeln sich als flexible Glieder eines Prozesses im Zeugenbewußtsein.

Kosmisches Bewußtsein (subtil und kausal)

Der Durchbruch zum kosmischen Bewußtsein kann sich allmählich vollziehen oder plötzlich ereignen. Es ist die Ebene, in der mystische Erlebnisse stattfinden, die feinstoffliche Welt mit ihren subtilen Schwingungen (subtiles Bewußtsein) aufleuchtet und der Ursprung der Erscheinungen als Ausformungen des Universum transparent wird, so daß die Schöpfung selbst, jenseits der Zeit- und Raumachse, in ihrer Potentialität von Entstehen und Vergehen (kausales Bewußtsein) geschaut werden kann.

Mit subtil werden Prozesse bezeichnet, die feiner sind als das grobe normale Wachbewußtsein. Sie finden immer statt, doch nun hat der Schüler durch die Vertiefung seines spirituellen Weges Zugang zu ihnen und kann sie bewußt erleben und handhaben:

»Hierzu zählen innere Licht- und Klangerfahrungen, archetypische Formen und Muster, außerordentlich subtile Seligkeitsströmungen und Kognitionen (Shabd, Näda), erweiterte affektive Zustände der Liebe und des Mitleids sowie subtilere pathologische Zustände, die man nur als kosmischen Schrecken, kosmisches Böses oder kosmisches Grauen bezeichnen kann« (Wilber, 1999, S. 273).

Das Bewußtsein bricht endgültig auf und ist nun in der Lage, die feinstofflichen Energien in den Lebensvollzug einzubauen. Die sinnliche Wahrnehmung wird durch parapsychische Vorgänge erweitert. Spontan treten Hellsehen, Präkognition, Telepathie und Psychokinese auf. Die verschiedenen Ebenen der Realität, die grobstoffliche und die feinstoffliche, können geschaut werden. Das führt zu sonderbaren Wahrnehmungen. Die atmosphärische Hülle von Gegenständen und Personen kann gesehen werden, auch Schicksalsentwicklungen, Charakterzüge und Eigenschaften einer anderen Person schließen sich auf.

Wenn wir im Normalbewußtseinszustand das Explizite, die feste Form und die Beschaffenheit vor uns haben, so geht nun unser Erfassen tiefer, in das Implizite, die Welt der Schwingungen, Atmosphären und Energien. Das Andere verschwindet zwar nicht, aber in ihm und um es herum tut sich diese andere Ebene der Wirklichkeit auf, so daß ein Hin- und Herpendeln, wie von einem Aggregatzustand zum anderen, möglich wird.

Nach Bucke (1988) weist das kosmische Bewußtsein folgende Merkmale auf: Erfahrung des inneren Lichts, euphorischer Überschwang der Gefühle, Erleuchtung und Erkenntnis, Innewerden der eigenen Unsterblichkeit, Schwinden der Todesfurcht, Aufhebung der Sündenlast, Bereicherung der Persönlichkeit durch Anmut und Harmonie und physiognomische Verklärung.

Im inneren Licht offenbart sich das transpersonale Selbst. Es kann sich in unterschiedlichen Formen, Farben und Tönen zeigen und gleichzeitig frei davon sein. Muktananda (1986, S. 170) überbringt in seiner Autobiographie *Spiel des Bewußtseins* authentisch die Erfahrung des inneren Lichts, das sich zur »Blauen Perle«, dem Symbol des Höheren Selbst im Siddha-Yoga, steigert und verdichtet:

»Ich sah die dochtlose Flamme stets vor mir und war ständig von Seligkeit erfüllt … Ich sah weiterhin die göttliche Flamme, und als ich mich in sie vertiefte, erschienen andere Formen in ihr, jede Form im Inneren der vorhergehenden: zuerst die rote Aura, dann die weiße Flamme, dann das schwarze Licht und schließlich die Blaue Perle. Als ich durch all diese verschiedenen Stufen ging und weiter fortschritt, steigerten sich meine Freude und Ekstase immer mehr. Ich war dabei, eine neue Art von Seligkeit zu erleben. Ich hatte häufig Visionen, die völlig echt waren. Als ich die Blaue Perle sah, änderten sich der Zustand meines Körpers und Geistes und mein Verständnis allmählich. Ich hatte immer größere Freude an mir und war voll reiner und edler Gefühle.«

Die Form änderte sich dann:

»Manchmal fühlte ich eine neue Bewegung im Herzen, wo eine eiförmige Strahlenkugel sichtbar wurde. Das ist die Vision des strahlenden daumengroßen Wesens, das in der Shvetashvatara Upanishad wie folgt beschrieben wird: *angusthamätrah puruso'ntarätmäsada janänäm hrdaye sannivistah* – ›Die innere Seele wohnt immer als daumengroßes Wesen im Herzen aller Menschen‹« (ebenda, S. 177).

Das unvergängliche Licht des Selbst, das im Innersten jedes Menschen leuchtet, erscheint in vielfältiger Ausprägung; wir erleben es plötzlich nicht mehr nur als eigenen Kern, sondern auch in jedem Menschen, überall wo wir hinsehen. Alles wird in der Strahlkraft des göttlichen Funkens gewahr. Die Öffnung der oberen feinstofflichen Zentren (Chakren) durch die aufsteigende spirituelle Energie (Kundalini) beschleunigt die Prozesse.

Hier sind es besonders das Herzchakra, das Kehlkopfchakra und das Brauenchakra (Chakra des dritten Auges). Das Herzchakra (Anahata) ist das Zentrum der Seele und der Ort der spirituell-universellen Liebe, die sich in der Herzensqualität und Hingabe zeigt. Ihr Verströmen öffnet die Herzen der anderen und wirkt tief heilsam. Das Halschakra steht für die subtilen Bereiche des Seins und repräsentiert die Region der höheren Bewußtheit. Das Brauenchakra (Ajna) ist auch als Weisheitszentrum oder göttliches Herrschaftszentrum bekannt geworden. Kosmologisch symbolisiert es die synoptische Schau der Welt.

Er besitzt nun die Fähigkeit des Sehens mit dem dritten Auge. Mit dem dritten Auge zu sehen heißt, die Wirklichkeit tiefendimensional wahrzunehmen und auf dieser Basis sich weiter zu verwirklichen. Das Aufbrechen außergewöhnlicher Sinnesfähigkeiten und intuitiver Kompetenzen ist ebenfalls auf dieser Stufe zu finden. Das Leben organisiert sich immer mehr um das spirituelle Gesetz.

Stace (1961) entwickelte einen Katalog, mit dem die universalen Phänomene der mystischen Erfahrung beschrieben werden können: Einheit, Transzendenz von Raum und Zeit, tief empfundene religiöse Stimmung,

Gefühl der Heiligkeit, Objektivität und Realität, Unaussprechlichkeit, Flüchtigkeit und anhaltende positive Veränderung in Einstellung und Verhalten.

Die Begegnung mit den kosmischen und göttlichen Instanzen wird nah und authentisch vollzogen. Das Hervorgehen aus und das Wieder-Eingehen von Phänomenen in die kosmischen Strukturen wird anschaulich nachvollziehbar, das heißt, der Urgrund des Seins und der Schöpfung wird in seiner Wesensstruktur erkannt. Diese innere Schau geht hinter die Phänomene Leben und Tod zurück. Sie ist frei von den Beschränkungen von Raum, Zeit und diskreten Objekten:

»Dinge entstehen im Gewahrsein, bleiben eine Weile und verschwinden wieder, kommen und gehen. Sie entstehen im Raum und bewegen sich in der Zeit. Aber der reine Zeuge kommt und geht nicht. Er entsteht nicht im Raum und bewegt sich nicht in der Zeit. Er ist, wie er ist; er ist allgegenwärtig und unveränderlich. Er ist kein Objekt da draußen, weshalb er auch niemals in den Strom der Zeit, des Raums, von Geburt und Tod eintritt. All dies sind Erfahrungen, Objekte, die kommen und gehen. Aber das eigentliche Selbst kommt und geht nicht; es tritt nicht in diesen Strom ein. Man ist all dessen gewahr, weshalb man nicht darin verstrickt ist. Der Zeuge gewahrt den Raum, gewahrt die Zeit und ist deshalb frei von Raum, frei von Zeit. Er ist zeitlos und raumlos, die reinste Leere, in der Zeit und Raum ihren Auftritt haben« (Wilber, 1999, S. 287).

Dadurch entstehen Seinsgewißheit, Gelassenheit und innere Freiheit, und der Mensch wird selbst Mitspieler der kosmischen Energien. Die Handlungen sind spontan diesem Fließen eingepaßt und sind selbstverständlich richtig. Während jeder Aktion besteht ein außergewöhnlicher Bezug zum transpersonalen Selbst, was eine geistige Klarheit und Helligkeit mit sich bringt, die es ermöglicht, sekundenschnell aus dem Schlaf herauszugehen und hellwach das Richtige zu tun (Yoga-Schlaf).

Das Ich steht ganz im Dienste des höheren Selbst und ist durch Mitgefühl, Achtsamkeit und Konzentration ganz auf die evolutionäre Entwicklung ausgerichtet.

Die Repräsentation der archetypischen Welt wird im kosmischen Bewußtsein durchscheinender. Jetzt können diese kollektiven Strukturen, die uns normalerweise unbewußt beeinflussen, in ihrer Dynamik, Symbolik und Bedeutung bewußt erlebt und transformiert werden. Das Weibliche und das Männliche, der Schatten und die Welt der Dämonen werden als Abbilder von Projektionen und Wertvorstellungen in ihrem Ursprung erkannt und integriert.

An dieser Stelle ist es wichtig nochmals zu betonen, daß die kollektiven Archetypen bei C. G. Jung vor allem die präpersonalen und personalen Entwicklungsprozesse widerspiegeln. Für die psychische Entwicklung ist es sehr wichtig, sie zu integrieren. Das Selbst als Archetypus nach Jung transzendiert schon partiell die Person und begleitet in seinem kosmischen Aspekt die spirituelle Entwicklung. Die Archetypen der transpersonalen Ebene können als subtile Keim-Formen und potentielle Strukturen gesehen werden, von denen alle Manifestationen abhängen:

»Im Zustand eines tiefen kontemplativen Bewußtseins beginnt man zu verstehen, daß der ganze Kosmos direkt aus der Leerheit hervorgeht, aus der ursprünglichen Reinheit, aus dem Nirguna-Brahman, aus dem Dharmakäya, und daß die ersten Formen, die aus dieser Leerheit hervorgehen, die Grundformen sind, die die Daseinsgrundlage aller geringeren Formen bilden ... Diese Formen sind die wirklichen Archetypen – ein Begriff, der ›ursprüngliches Muster‹ oder ›Urform‹ bedeutet. Es gibt ein Licht, von dem alle geringeren Lichter nur ein blasser Abglanz sind, es gibt eine Seligkeit, von der alle geringeren Freuden nur ein blutleerer Abklatsch sind, es gibt ein Bewußtsein, von dem alle geringeren Kognitionen bloße Abspiegelungen sind, es gibt einen Urklang, von dem alle geringeren Klänge nur ein schwaches Echo sind. Dies sind die wirklichen Archetypen« (Wilber, 1999, S. 280).

Die dualistische Werteordnung fällt in sich zusammen, und die verschiedenen Handlungsmuster werden in ihrer Gesamtbedeutung wohlwollend angenommen. Dies stellt Hermann Hesse besonders anschaulich im *Siddharta* dar:

»Die Welt, Freund Govinda, ist nicht unvollkommen, oder auf einem langsamen Wege zur Vollkommenheit begriffen: nein, sie ist in jedem Augenblick vollkommen, alle Sünde trägt schon die Gnade in sich, alle kleinen Kinder haben schon den Greis in sich, alle Säuglinge den Tod, alle Sterbenden das ewige Leben. Es ist keinem Menschen möglich, vom anderen zu sehen, wie weit er auf seinem Weg sei, im Räuber und Würfelspieler wartet Buddha, im Brahmanen wartet der Räuber. Es gibt in der tiefen Meditation die Möglichkeit, die Zeit aufzuheben, alles gewesene, und seiende und sein werdende Leben als gleichzeitig zu sehen, und da ist alles gut, alles ist vollkommen, alles ist Brahman. Darum scheint mir das, was ist, gut, es scheint mir Tod wie Leben, Sünde, wie Heiligkeit, Klugheit wie Torheit, alles muß so sein, alles bedarf nur meiner Zustimmung, nur meiner Willigkeit, meines liebenden Einverständnisses, so ist es für mich gut, kann mir nie schaden« (Hermann Hesse, 1993, S. 263).

In dieser Ebene gibt es natürlich auch Gefahren und Hindernisse. Leicht können die aufbrechenden übernatürlichen Fähigkeiten für egoistische Zwecke mißbraucht werden, oder die Phänomene wie ein spannender Film verarbeitet werden. Aus einem erhebenden Gefühl kann Arroganz und Großtuerei erwachsen. Die Yogis sprechen von einer Verliebtheit in die siddhis (paranormale Kräfte), und die Zen-Buddhisten sehen darin den »Fallstrick der Selbst- und Phänomenverliebtheit«, die den weiteren Weg stark behindern kann.

Dahinter steht nach Wilber (1987) die Machtgier des verunsicherten Ego, das stets bereitwillig nach allem greife, womit es seine Umwelt noch besser manipulieren kann. Durch Demut und Bescheidenheit kann der Umgang mit den geschenkten Gaben verantwortungsvoll und loyal gegenüber dem spirituellen Gesetz werden.

Dies fällt natürlich besonders schwer, wenn sich in unsere Übungen Ehrgeiz mischt und wenn wir uns allzu sehr mit den übernatürlichen Kräften identifizieren. Die Yoga-Sutren nach Pantanjali (YS 3.50) stellen fest, daß diese übernatürlichen Erscheinungen und Wunderkräfte nur in einem veräußerlichten Zustand sensationell für Errungenschaften gehalten würden, aber für das eigentliche Ziel, die gegenstandslose Versenkung seien sie nichts als Hindernisse, denen man mit Gleichgültigkeit begegnen muß. Nur dann entsteht die völlige Unabhängigkeit oder Freiheit. Willigis Jäger fügt dem hinzu: »Die außergewöhnlichen Erlebnisse auf dieser Stufe loszulassen, sie förmlich ›gleich-gültig‹ werden lassen, ist eine große Herausforderung, die nur jener bewältigen kann, der dafür reif ist« (Jäger, 1991, S. 50). Und die Vorbedingung für den nächsten Schritt ist, wer reifen will, darf nicht festhalten, denn Aufnehmen und Ausscheiden gehören zum Strukturprinzip dieser Welt. »Sterben ist genauso der Vollzug des Wachsens und Reifens wie Geborenwerden« (ebenda).

Das nichtduale Tiefenbewußtsein – ein Bewußtsein der Einheit

Die spirituelle Literatur tut sich grundsätzlich schwer mit der Beschreibung und Begriffsbildung der höheren Bewußtseinszustände, weil Syntax und Semantik der sprachlichen Kommunikation aus dem empirischen Alltagsbewußtsein hervorgegangen sind. So kommt es, daß für den höchsten Grad der menschlichen Selbstverwirklichung verschiedene Begriffe stehen. Kosmisches Bewußtsein, mystische Erfahrung, Erleuchtung, Samadhi, Satori, Einheitserfahrung und Unio Mystica. Andererseits sind die Grenzen fließend, und ähnliche Erfahrungen können in verschiedenen Bewußtseinsentwicklungsstufen auftreten. Die Erfahrungen des kosmischen Bewußtseins kommen auch im Tiefenbewußtsein vor. Wenn hier mit dem nichtdualen Tiefenbewußtsein trotzdem eine neue Ebene eingeführt wird, dann umfaßt die neue Kategorie nicht ganz andere Erfahrungen, sondern sie hebt einen Aspekt besonders hervor, und zwar die vollkommene Überwindung der Dualität. Im kosmischen Bewußtsein gibt es einen Erlebenden, der tief in die Unendlichkeit eintaucht. Jetzt gibt es auch keinen Erlebenden mehr. Bildhaftes Material, Gottesvorstellungen und Visionen lösen sich auf. Nach Wilber werden die Naturmystik und die Gottheitsmystik transzendiert. Das nichtduale Tiefenbewußtsein umschließt das ganze Spektrum des Bewußtseins – transzendiert alles, schließt alles ein, als tauche man in ein tiefes Meer ein. Je tiefer man kommt, desto ruhiger, gelassener und friedvoller wird der Zustand, auch wenn an der Oberfläche hohe Wellen schlagen.

Im nichtdualen Bewußtseinszustand gibt es keine Person mehr (vollkommene Auslöschung der Individualität). Izutsu, ein Vertreter der japanischen Phänomenologie, geht von zwei Bewußtseinsebenen aus: dem empirischen Alltagsbewußtsein und dem metaphysischen Tiefenbewußtsein. Um die Leerheit (Annihilation) der Dinge im Tiefenbewußtsein zu erkennen, »muß gleichzeitig die Entsubjektivierung des Subjekts durchgeführt werden. Die Annihilation der Objekte muß von der Annihilation des Ego geleitet sein.« Und das führt zu einer Erkenntnis, die keinen Erkennenden mehr hat: »Alle Dinge sind, da sie wesenlos sind, vollständig frei. Sie sind füreinander offen, unendlich durchscheinend« (Izutsu, 1984, S. 39). Das ist die symbolische Bedeutung des Ego-Todes, der Ichlosigkeit und der Identitätsauflösung. Das empirische Bewußtsein ist nicht an sich die falsche Sicht der Welt, sondern verzerrt nur dann die Wirklichkeit, wenn das Tiefenbewußtsein ausgeblendet wird. So ist Maya (Täuschung, Illusion) nicht die Ablehnung des empirischen Bewußtseins, sondern bezieht sich auf ihren ausschließlichen Charakter. Es ist ein Verhältnis von einer relativen zu einer absoluten Wahrheit. Nach Wilber (1999, S. 297) entstehen »diese Dualitäten … fortwährend, aber es sind relative Wahrheiten, nicht die absolute Wahrheit oder Urwahrheit selbst … Sie haben eine gewisse Realität, aber sie sind nicht, wie Eckart sagen würde, das endgültige Wort.«

Das darf auch nicht als Argument gegen das gewöhnliche Denken an sich verstanden werden; es ist für das praktische Existieren unabdingbar. Die Begriffe Nichts oder Leere (shunyata) sind im Zen-Buddhismus von großer Bedeutung und stehen für die Erfahrung mit dem Göttlichen. Sie werden im westlichen Seinsverständnis oft falsch, im Sinne eines Nihilismus, interpretiert. Die Leere ist keine Auslöschung, keine Negation, sondern eine offene und transparente Seinsweise, in der Kreativität und Fülle zum Ausdruck kommen. Shizuteru Ueda erklärt dazu:

»Dieses Nichts besagt also nicht, daß es überhaupt nichts gäbe. Es soll vielmehr uns von substantialisierendem, die Wahrheit verstellenden Denken befreien, das alles vergegenständlichend denkt, es als Gegenstand festhaltend, an ihm haften bleibend. Vom Buddhismus her gesehen liegt diesem substantialisierenden Denken die Selbstsubstantialisierung des Menschen zugrunde, sein substantielles Sichselbstergreifen, das seine verborgene Wurzel in der Ich Verhaftetheit hat. Diesem begegnet der Buddhismus mit der völligen Auflösung der Substantialität, nicht jedoch um das Seiende zu eliminieren, sondern um den Menschen und die Welt gemäß der über den Gegensätzen liegenden Wahrheit neu zu stiften. Dies ist der Grund der Radikalität des Vollzugs der Negation im Buddhismus« (Ueda, 1974, 145 f.).

Es ist der Versuch, das Unfaßbare zu fassen und dessen Absolutheit, Größe und Herrlichkeit nicht durch den menschlichen Verstand zu verkürzen. Das Sein des Seienden (Heidegger) ist ungeschieden, es ist der Wahrnehmung vorauslaufend, sie umgreifend und ihr nachfolgend, bis der Wahrnehmende und das Wahrgenommene identisch werden. Das ist dann die Absolutheit, oder Unbegrenztheit, oder Substanzlosigkeit oder Leere als feinstes Medium eines beständigen Fließgleichgewichts.

Izutsu weist diesen paradox klingenden Zustand näher aus:

»Denn es meint einfach die Verwirklichung eines ontologischen Zustands, in dem jedes Ding in der empirischen Welt aufhört, das und das Ding, als etwas streng durch sein Wesen Bestimmtes zu existieren. Und da es in dieser Dimension des Seins nichts gibt, das als das und das Ding subsistiert, findet das Bewußtsein nichts, woran es sich festhalten könnte. Wenn das Bewußtsein nichts findet, woran es sich halten könnte, hört es auf ›Bewußtsein von‹ zu sein: das ›von‹ ist eliminiert und damit ist jetzt Bewußtsein rein und einfach hin« (Izutsu, 1984, S. 23).

Die Leere wird zu einem grenzenlos offenen weiten Feld, dessen Umfang unbestimmbar und dessen Zentrum überall ist und sie ist in der Lage, sich selbst in vollkommener Freiheit zu jedem Beliebigen zu determinieren. Das ist das »Spiel des Bewußtseins« (Muktananda, 1986). Shunyata annihiliert alles und erschafft zugleich alles. Es steht nicht im Widerspruch zur Schöpfung, sondern es ist die Schöpfung.

Die Überwindung der Dualismen »Subjekt-Objekt«, »Raum-Zeit« führt auch Leben und Tod als »sich ergänzende Aspekte der Ganzheit einer Polarität« – der Einheit des Geistes zusammen (Frambach, 1993, S. 170). Die im Zeugenbewußtsein geführte Auseinandersetzung mit der Vergänglichkeit führt hier zum Kontakt mit der Unsterblichkeit des Geistes im ontologischen Sinn. Pasadika (1998, S. 58) sieht im nichtdualen Tiefenbewußtsein ein Verweilen in der Großen Gleichmut, in der sich beständig Bewußtheit entfaltet. Dies

»ist letztlich die Voraussetzung für drei fundamentale Einsichten, die im Erleben vorhergegangener Erkenntnisstufen bereits herangereift sind: für die Einsicht in die Vergänglichkeit aller Gegebenheiten, in deren Leibhaftigkeit oder Unzugänglichkeit und deren Substanzlosigkeit. Diese Einsichten ... bilden schließlich den Zugang zu einem urplötzlichen Erlebnis, eine über die gesamte menschliche Erfahrungswelt hinausgehende Erkenntnisschau oder Wissensschau der Erlösung.«

Um einem weiteren Mißverständnis vorzubeugen: Im Zusammenhang mit dem Tiefenbewußtsein wird auch häufig von Loslassen und Nicht-Tun gesprochen. Darunter versteht man nicht ein passives Hängenlassen, sondern ein absichtsloses Tun. Ganz aufzugehen in der Totalität des Jetzt löst aus den Handlungen die Bewertung, weil die Handlung aus sich heraus sinnvoll ist, ohne Zutaten.

Das nichtduale Tiefenbewußtsein ist ein Aspekt des kosmischen Bewußtseins, nur radikaler und dauerhafter. Es ist nur durch einen spirituellen Weg zu erreichen. Vermutlich sind es wenige Menschen, die dies verwirklicht haben. Dazu zählen christliche Heilige, Zen- und Sufi-Meister und indische Gurus.

Durch die totale Aufhebung der Dualität, aller Fixierungen und festen Strukturen kann das letzte Geheimnis uns so durchfiltern und nahe sein, daß wir es selbst sind. Hier ist der Mensch Gott, weil er alles ist und nichts zugleich. Da hören auch die Visionen auf, denn dort, wo noch Visionen sind, ist noch bildhaftes Material und findet noch Vollzug statt.

Dies ist für den Verstand nur ganz schwer zu begreifen. Auf dieser Ebene der Erkenntnis kommt es deshalb zu einer paradox klingenden Aussage. In diesem Zustand kommt der Mensch dort an, wo er eigentlich schon immer war. Die kosmische Identität ist schon gegeben, es geht nur darum, sie wahrzunehmen. Das alltägliche, gewöhnliche Bewußtsein ist der Weg, der schon am Ziel ist. Dies bedeutet nicht, daß spirituelle Wege zwecklos sind, sondern nur, daß der Weg dort seine Erfüllung findet, wo der Mensch schon ist. Hier und Jetzt, im Alltag das Tiefenbewußtsein zu leben braucht Vorbereitung, Disziplin und Übung.

Wer im nichtdualen Tiefenbewußtsein lebt, wird im Mahayana-Buddhismus ein Buddhawesen (Bodhisattva) genannt:

»Ein Bodhisattva ist, wer das Göttliche überall und jederzeit, in jedem Menschen, jedem Ort und jedem Ding sieht und sich daher gar nicht in Einsamkeit und Trance zurückziehen muß, um seinen ›Gott‹ zu sehen. Die mystische Vision des Bodhisattva ist identisch mit dem, was er jeweils gerade tut, und ob er nun tanzt, arbeitet, lacht, weint oder leidet, für ihn gilt stets das Wort des großen Zen Meisters Ummon: ›Tag für Tag (ist) guter Tag‹« (Wilber, 1987, S. 302).

In der Erfahrung der Leere komme es zu einer Auferstehung des Selbst aus dem Nichts zu einem selbstlosen Selbst (Ueda, 1974). Hinduistische und buddhistische Traditionen heben diesen Aspekt besonders hervor, wenn von atman, purusha oder shiva, dem all-gegenwärtigen und umfassenden transpersonalen Selbst, die Rede ist.

Es wird unterschiedlich übersetzt als Essenz, Natur und Selbst. In allen Fällen ist damit das letzte belebende Prinzip im Menschen gemeint, seine latente spirituelle Energie, die erwacht und transformiert und im letzten Schritt zum »großes Erwachen« nach dem großen Tod der Ego-fixierten Individualität führt. Da die Differenzierung des Selbst- und Egobegriffes an anderer Stelle ausführlich erfolgt, soll es hier nur aphoristisch Erwähnung finden.

»Das Selbst leuchtet mit dem Licht des Allwissens und, wie die Sonne, leuchtet es selbst und beleuchtet andere Gegenstände; und die Heiligen, die in Gleichmut verharren, erfahren unvergleichbare große Wonne. In einem Moment gleich nach der Selbsterkenntnis erstrahlt plötzlich ein großes Licht. Die Besonderheit der Selbsterkenntnis ist, daß die ganze Welt in dem Atman gesehen wird. Das höchste Selbst wird im reinen Geist des Wissenden wie ein Schwan auf einem See gesehen. Das höchste Selbst leuchtet wie die Sonne in einem wolkenlosen Himmel« (Soni Jayandra, 1998, S. 25).

Selbstverwirklichung ist die Auflösung in das Selbst und die Einheit mit dem Selbst. Die Verehrung des Selbst gipfelt im Königsmantra der Siddha-Yoga-Tradition »Om namah Shivaya« (Ich ehre mein innerstes Selbst), das durch Singen und Rezitation in die höchste Wahrheit führt. Es ist die Grundlage von allem, wie die Katha Upanishad (eine vedische Weisheitslehre) deutlich macht:

»Kleiner als das Kleinste, Größer als das Größte, wohnt dieses Selbst für immer in den Herzen aller Wesen. Ein Mensch, der von Begierde befreit, von reinem Geist und reinen Sinnen ist, erblickt den Glanz des Selbst und ist frei von Sorgen« (Muktananda, 1987, S. 41).

In der Einleitung zur Guru-Gita geht Muktananda auf den Guru-Zustand ein: Guru hat zweierlei Bedeutungen: erstens er ist derjenige, der den Weg von der Dunkelheit ins Licht gegangen ist und zweitens ist die Silbe gu das, was alle Eigenschaften transzendiert, und die Silbe ru ist das, was ohne Form ist. Der Guru ist derjenige, der den Zustand jenseits von Eigenschaften (und Form) verwirklicht hat (vgl. Guru-Gita, 1988).

»Kein Objekt kann ohne einen Rückhalt existieren. So wie Gold die Grundlage für verschiedene Schmuckstücke bildet, und Baumwolle für Kleider aller Art, so ist Gott das Fundament dieses gesamten Universums. Dieses Selbst, Shiva, der Guru, ist verantwortlich für die Schöpfung, Erhaltung und Auflösung des Universums.

Der zweite Aspekt Gottes ist Bewußtsein, Chit, das alle Objekte zu allen Zeiten und an allen Orten erleuchtet. Dieses Bewußtsein ist auch das reine Licht, das dem Licht von Sonne, Mond, Feuer und allen anderen Lichtern des Universums zugrunde liegt.

Gott ist auch die Glückseligkeit, Ananda, die das Universum projiziert, aufrechterhält und schließlich wieder in sich aufnimmt ... Er wohnt in allen Wesen. Er ist als Innerstes die Grundlage der Liebe, im höchsten Maße glückselig, frei von Beschäftigung und Unruhe (nisprapancäya gäntäya). Er braucht keinen anderen Rückhalt (nirälambäya), und dennoch erhält und stützt Er alles. Er ist der höchste Glanz (tejase), der in den Augen wohnt und ihnen Licht verleiht, der in der Zunge, den Ohren, der Nase und anderen Organen wohnt, und alle Sinnesobjekte wahrnimmt. Er ist Gott, der das ganze Universum erleuchtet« (ebenda, Einführung).

In seinem Buch *Die Natur Gottes* (1979) weist Muktananda nochmals darauf hin, daß im Zustand der Selbstverwirklichung die Kundalini (spirituelle Kraft) im Scheitel-Chakra zur Ruhe kommt. Im Scheitel-Chakra (sahasrara) ist der Sitz des tausendblättrigen Lotus: Das Sich-Öffnen dieses Zentrums bedeutet, daß das spirituelle Potential des Menschen, vom durchdringenden Strahl der Sonne des reinen zeitlosen Seins berührt, voll erblüht. Es ist das Zentrum des wahren transzendentalen Bewußtseins oder der transzendenten Erkenntnis. Es ist die Verbindung mit Gott, die Vollendung der höchsten Erkenntnis durch direkte Schau, eine Vereinigung mit dem universellen Bewußtsein. Die Öffnung dieses Chakras ist Zeichen für den letzten Verwirklichungsschritt. Das Durchströmen der kosmischen Energien, das Verweilen im Zustand der Selbstverwirklichung und die Identität mit dem Göttlichen wird ausgestrahlt. Das ist Erfüllung und Gnade, in der die Einheit mit dem göttlichen Prinzip erfolgreich vollzogen ist.

Der Zustand der Selbstverwirklichung gilt nicht nur für den Wachzustand, sondern wird auch im Tiefschlaf und beim Träumen aufrechterhalten.

Das transpersonale Selbst – der Geist ist im nichtdualen Tiefenbewußtsein als Gegenwart Gottes (Gott wohnt in Dir als Du) von ewiger Natur und immer schon vorhanden.

Die Identität mit atman und purusha als Namen für die letzte Wirklichkeit ist innere Verkörperung des Wesens Gottes. In der christlichen Mystik ist es die unio mystica, die Einheit in Gott. Ähnlich der hinduistischen und buddhistischen Tradition transzendiert dieser Zustand genauso die Dualität, auch wenn dies in dem Bild der »Vermählung mit Gott« mißverstanden werden kann. Willigis Jäger (1991, S. 48), ein ausgezeichneter Kenner der christlichen und der östlichen Spiritualität schreibt dazu folgendes:

»Im Westen sind Gott und Mensch also wesenhaft getrennt, im Osten dagegen sind sie von gleicher Wesenheit. Diese letzte Wesenheit ist der Urgrund allen Seins. Gott ist sowohl die Form als auch das Formgebäude. Er ist nichts, was man getrennt sehen könnte. Diese letzte Wirklichkeit ist Ursprung von allem, aber nie getrennt von allem und nie essentiell anders als alles ... Diese letzte Wirklichkeit, die wir Christen Gott nennen, ist gleichsam der Ozean, der vor der Welle ist, aber nicht getrennt von ihr. Sie ist der Stamm, aus dem der Rebzweig kommt, aber sie ist nie getrennt vom Rebzweig. Diese letzte Wirklichkeit ist also nicht ein Sein, das getrennt existiert von allem. Sie ist das Formlose, das in der Form erscheint. Der Mensch, wie auch alle anderen Erscheinungsformen dieser Welt, ist die Form dieser letzten Wirklichkeit, Form des Lebens, Form Gottes ... Wir sind nicht ein Teil, der aufgepfropft ist, sondern ein Teil, in dem das Ganze sich verwirklicht. Das ist die Heimkehr zu Gott. Erlösung meint dann die Einordnung unseres personalen Ich, das uns ein Abgetrenntsein von Gott vorgaukelt, in das Ganze. Das wird in der Mystik mystische Union genannt, in anderen Religionen Erleuchtung, Befreiung, Satori, Samadhi usw.«

Noch deutlicher kommt die Überwindung der Dualität bei Meister Eckhart zum Ausdruck, der von der Erfahrung des dunklen Lichts des Nichts spricht. Darin ist die Subjektivität ganz verschwunden zusammen mit dem Verschwinden der Objektivität: »Beides ist zumal verschwunden zugunsten reiner Gegenwart, die nicht mehr den Unterschied enthält zwischen dem gegenwartenden und dem, dem es gegenwartet«. Jeder Begriff, sogar der Name Gottes ist aufgehoben, denn

»alles Relative muß versagen und vergehen vor jener Erfahrung, die das Unbegrenzte und schlechthin Übertreffende als das Nichts berührt ... Hier wird nicht mehr ›etwas‹ gedacht. Hier versinkt der Mensch, der ganz abgeschieden geworden ist und der in diesem Sinne nichts geworden ist, nichts denken, nichts wollen, nichts haben, der reine Stille und Leere und Offenheit ist: er versinkt in die Weite und Stille des Nichts, die von keinem Etwas mehr getrübt ist« (Welte, 1992, S. 87 u. 89).

Wenn alles fallengelassen wird, kann man zu der sich ewig vollziehenden Gottesgeburt vordringen, die in der Unio mystica ihren Gipfelpunkt findet (vgl. Braun, 1998). Die mystische Gemeinschaft mit Gott ist in letzter Konsequenz nicht personal zu verstehen, sondern sie übersteigt alles Menschenmaß und Menschenvermögen.

Nach Meister Eckhart ist jeder Mensch zur Unio mystica fähig, wenn er sich reinigt und läutert, denn: »Der Ort, an dem der Mensch der Heilstat Gottes gewahr und gewiß wird, liegt in ihm selbst, in seinem Seelenfünklein (scintilla animae)« (Meister Eckhart, in: Wehr, 1988, S. 49).

Die Grenzen zwischen kosmischem Bewußtsein und nichtdualem Tiefenbewußtsein sind in der christlichen Mystik kaum zu erkennen. Die Einheit mit Gott ist die höchste Verwirklichungsstufe, die man durch geistliche Übungen erreichen kann.

Beten und Meditation führen den Christen in die Konzentration über geistige Dinge und weg von der Sinnenverhaftung, bis die Seele von Gott in der »Vereinigung der Liebe« durchdrungen wird. Johannes vom Kreuz berichtet dazu:

»Wir empfangen diese mystische Erkenntnis Gottes nicht in irgendeiner bildlichen Form, nicht in die sinnlichen Vorstellungen gekleidet, von denen unser Geist unter anderen Umständen Gebrauch macht. Entsprechend empfangen wir in dieser Erkenntnis, da die Sinne und die Vorstellung nicht beteiligt sind, weder Form noch Eindruck, noch können wir irgendeinen Bericht geben oder irgendein Gleichnis beibringen, obwohl die geheimnisvolle und süß schmeckende Weisheit klar und deutlich ins Innerste unserer Seele dringt. Das ist die Eigenart der göttlichen Sprache: je tiefer sie eingedrungen ist, je intimer, spiritueller und übersinnlicher sie ist, desto mehr übersteigt sie die inneren wie die äußeren Sinne und legt ihnen Schweigen auf« (Johannes vom Kreuz, in: James, 1997, S. 406).

Die schriftlichen Zeugnisse der Teresa von Avila versuchen das Unsagbare anschaulich zu fassen:

»So enthebt Gott, wenn er eine Seele zur Einigung mit ihm erhebt, die natürliche Tätigkeit all ihrer Vermögen. Sie sieht weder noch hört sie, noch versteht sie etwas, solange sie mit Gott vereint ist ... Gott richtet sich im Innern dieser Seele so ein, daß sie, wenn sie wieder zu sich selbst kommt, unmöglich daran zweifeln kann, daß sie in Gott war und Gott in ihr. Diese Wahrheit bleibt ihr so stark eingeprägt, daß sie, auch wenn viele Jahre vorübergehen, ohne daß dieser Zustand zurückkehrt, die empfangene Gnade weder vergessen noch ihre Wirklichkeit bezweifeln kann« (Teresa von Avila, in: James, 1997, S. 407).

Dogen (in: Frambach, 1993, S. 165), ein Zen-Meister, bringt in einem schönen Spruch den Kern des nichtdualen Tiefenbewußtseins, das im Selbst beheimatet ist, zum Vorschein: »Den Weg des Erleuchteten erreichen heißt, sein wahres Selbst erlangen. Sein wahres Selbst erlangen heißt, sich selbst vergessen. Sich selbst vergessen heißt realisieren, daß man eins ist mit dem ganzen Universum.«

Auch im Islam wird bezeugt, daß man über die Entwerdung des Ichs zum Selbst des Mystikers (Sufi) gelangt, das für das Innerste und Göttliche steht (vgl. Bürgel, in: Scharfetter, 1998). Im nichtdualen Tiefenbewußtsein spielen somit die kulturellen Unterschiede keine große Rolle mehr. Es ist die höchste Stufe der Selbstverwirklichung, die nach Aussagen großer Mystiker erreicht werden kann. Nichtduales Tiefenbewußtsein ist Einheitsbewußtsein, in dem alle Erscheinungen, Formen und Dualitäten im Ozean des All-Eins-Seins aufgehoben sind:

»Die beiden Welten sind vollkommen in eins zusammengefallen oder genauer: Man sieht jetzt, daß sie nie getrennt waren. Im wahren mystischen Zustand dringt der Mensch bis zum Grund seines Seins vor und entdeckt, wer oder was sieht, und er findet da letztlich kein transpersonales Selbst, sondern nichts anderes als das Gesehene. Seine Erfahrung der Wirklichkeit ist, um es mit Blyth zu sagen, ›eine Erfahrung des Universums durch das Universum‹« (Wilber, 1987, S. 285).

Im Tiefenbewußtsein fallen alle individuellen Begrenzungen ab, und jede Art von Spaltung hört auf. Ganz im Einklang mit dem Selbst, in Gelassenheit und Gleichmut leben wir dann in innerer Einheit mit dem Kosmos.

Izutsu (1984, S. 32) beschreibt dies als Erweckung des »metaphysischen Bewußtseins«: »Alle Dinge sind … vollständig frei. Sie sind füreinander offen, unendlich durchscheinend.« Für Ken Wilber (1984 u. 1987) leuchten in diesem »intimen Erkennen« die innersten Zusammenhänge (das, was die Welt im Innersten zusammenhält) auf.

Dies kommt einer endgültigen Erlösung aus den Verstrickungen und Irrtümern der gemeinen Welt- und Realitätssicht gleich, die oft als Illusion beschrieben wird. Das nichtduale Tiefenbewußtsein in der vertikalen Bewußtseinstranszendenz ist nicht mit dem Willen zu bewältigen, sondern man kann sich nur vorbereiten, denn der letzte Schritt ist der Gnade vorbehalten; das lehren uns die Mystiker. Das nichtduale Tiefenbewußtsein ist befreit von allen Bindungen und geht im Selbst auf. Das sind die Botschaften der Befreiungswege. Es ist ein Erwachen zu einer Existenz, die in der Tiefe begründet ist und an der Oberfläche danach handelt. So sind Tiefenbewußtsein und empirisches Alltagsbewußtsein Pole des Bewußtseinskontinuums.

Selbstverwirklichte haben die Fähigkeit zwischen empirischem Alltagsbewußtsein und nichtdualem Tiefenbewußtsein mühelos und situationsadäquat hin- und herzupendeln. Verankert im Tiefenbewußtsein, lebt der Weise im Alltagsbewußtsein freier und runder, denn, so sagt Herrigel (1992, S. 39), es zeigt sich, »daß der Erleuchtete die Dinge nicht nur anders auffasst, sondern auch anders anfaßt.«

Wenn eine dauerhafte Transformation des Bewußtseins erreicht ist, dann können nach Brown die verschiedenen Ebenen nebeneinander existieren:

»Nach der Mahamudra wird der Meditierende zu den drei Buddha-Körpern, wovon einer auf der Ebene des Gewahrseins angesiedelt ist, einer in den verschiedenen potentiellen miteinander vernetzten kosmischen Bereichen und einer auf der Ebene gewöhnlicher Zeit/Raum-Existenz. Diese drei Umstände existieren nun miteinander als Teile des Bewußtseins des Meditierenden« (Brown, 1988, S. 273).

Die Auswirkungen der Selbstverwirklichung: a) Die Sicht auf die Realität wird dauerhaft verändert; b) das allgemein menschliche Leiden wird im Sinne der Entidentifikation losgelassen und damit existentiell gelindert; c) psychische Kräfte, die in den subtilen Bereich gehören, werden verfügbar; d) der Geist folgt dem spirituellen Gesetz und wirkt aus dieser Ordnung heraus; e) Untersuchungen von Meditierenden haben gezeigt, daß sie die gewöhnliche Realität sowohl sehen als auch durchschauen (vgl. Brown). Das Handeln aus dem Tiefenbewußtsein im Zustand der Erleuchtung wird unabhängig von Bewertung und kommt aus einer tiefen Gelassenheit:

»Waren deine Übungen gut, kannst du dauerhaft im Zustand des samadhi sein und gleichzeitig im Alltag funktionieren. Samadhi bedeutet nicht, die Augen vor der Welt zu verschließen und leblos zu werden, wie ein Stück Holz. Samadhi bedeutet, daß sich dein Geist im Einheitsbewußtsein zentriert – und mit gleicher Achtsamkeit der Freude und dem Leid begegnet. Ein Wesen im Zustand des samadhi wird nicht durch Kummer bedrückt und durch Genüsse nicht euphorisch. Wenn irgend jemand böse über ihn spricht, fühlt er sich dadurch nicht verletzt, und wenn jemand ihn lobt, macht er nicht gleich Luftsprünge« (Muktananda, 1991, S. 31).

Der Alltag ruht für den Erleuchteten dem Tiefenbewußtsein auf, und jede Handlung wird aus dem Bewußtsein der Einheit vollzogen: mit Achtsamkeit, Liebe, Gelassenheit und Konzentration. Hier schließt sich der Kreis der Selbstverwirklichung, und wir kommen dort an, wo wir schon waren, nur mit mehr Tiefe. Der wahre Mensch ist lebendig, spontan und unabhängig. Er hat eine Natürlichkeit und Unschuld, wie sie einem Kind eigen ist und die nach dem Durchgang durch den »Großen Zweifel« wiedergewonnen wurde. In ihr ist der Intellekt und das Bewußtsein des Todes und der Getrenntheit integriert. Mit ihr wird eine »völlige Gewißheit« (jap. Nyoze) der Existenz erlangt, die den »Menschen des Grundes, der keine Verwirrung kennt«, auszeichnet. (Dumoulin, 1976, S. 75) Der wahre Mensch dient von nun an subtil dem kosmischen Gesetz und hilft, begleitet und spendet Gnade, so daß viele Menschen die Reise nach innen antreten und sich verwirklichen. Dieser Zustand strahlt eine natürliche Autorität aus und lebt ganz selbstverständlich die Verpflichtung, das erlangte Geschenk weiterzugeben. Er wirkt aus der Tiefe heraus durch sein Sein und durch gnadenspendende Akte, die anderen zur Initiation und Erweckung der spirituellen Kräfte verhelfen – nicht im Sinne einer Mission, sondern durch Bereitsein für den, der die Wahrheit empfangen und den Weg gehen will:

»Die mystische Erfahrung durchbricht die Schranke des Ich und der Selbstgenügsamkeit. Die Erfahrung des gemeinsamen Lebens, das alles durchpulst, läßt Leid und Freude des anderen als eigenes Leid und eigene Freude erfahren. Die Schranken des Ich sind durchbrochen; der Egoismus, das Hauptlaster der Menschen, ist überwunden.

So sagt Eckhart: Wenn du hundert Mark bei dir mehr liebst als bei einem anderen, so ist das unrecht ... und hast du deinen Vater und deine Mutter und dich selbst lieber als einen anderen Menschen, so ist das unrecht. Und hast du die Seligkeit in dir lieber als in einem anderen, so ist das unrecht. Es gibt viele gelehrte Leute, die das nicht begreifen« (Jäger, 1991, S. 52).

Der transformierte Mensch trägt soziale Verantwortung und wirkt durch die Persönlichkeitswandlung, die er durchgemacht hat. Die Geschichte des Regenmachers gibt dies eindrucksvoll wieder:

»In einem Dorf hatte es lange nicht geregnet. Alle Gebete und Prozessionen hatten nichts genützt, der Himmel blieb verschlossen. In der größten Not wandte sich das Dorf an den Großen Regenmacher. Er kam und bat um eine Hütte am Dorfrand und um Brot und Wasser für fünf Tage. Dann schickte er die Leute zu ihrer täglichen Arbeit. Am vierten Tag regnete es. Die Menschen kamen jubelnd von ihren Feldern und Arbeitsplätzen und zogen vor die Hütte des Regenmachers, um ihn zu feiern und nach dem Geheimnis des Regenmachens zu fragen. Er antwortete ihnen: ›Ich kann keinen Regen machen‹. ›Aber es regnet doch‹, sagten die Leute. Der Regenmacher erklärte ihnen: ›Als ich in euer Dorf kam, sah ich die äußere und innere Unordnung. Ich ging in die Hütte und brachte mich selber in Ordnung. Als ich in Ordnung war, kamt auch ihr in Ordnung, und als ihr in Ordnung wart, kam auch die Natur in Ordnung, und als die Natur in Ordnung war, hat es geregnet‹« (Jäger, 1991, S. 54).

Der Zustand des höchsten Bewußtseins ist das Endresultat und die Krönung aller spirituellen Anstrengungen, in dem eine revolutionäre Wandlung des ganzen Menschen nach innen und nach außen stattgefunden hat. Und letztlich passiert nichts anderes als die Verwirklichung des Lebens im unermeßlichen Strom der Liebe:

»Du solltest fähig sein, in dir, im Zentrum der Liebe anzukommen. Die Wahrheit ist, daß göttliche Liebe dich überall umgibt. In dem Moment, in dem du die weltlichen Konzepte von Individualität, Dualität oder Illusion losläßt, bleibt Gott, bleibt die reine Liebe übrig. Wenn du die Dualität und das Trennende überwindest, wirst du, aufgehend in tiefer Liebe, dein Selbst sehen und Gott überall und in allem erkennen« (Muktananda, 1991).

III. Teil

Erfahrungsspektrum im holotropen Atmen

Der holotrope Bewußtseinszustand bringt innere Erfahrungen hervor, die das Identitätserleben entscheidend verändern können. Georges Bataille schreibt in einem Essay über die innere Erfahrung: »Erfahrungen nenne ich eine Reise an die Grenze des für den Menschen Möglichen. Das bedeutet, die existierenden Autoritäten und Werte zu negieren, die das Mögliche eingrenzen« (Bataille, 1943). Tiefe innere Erfahrung geht für ihn über die Grenze fixierter Konzepte hinaus. Dort ist auch der Raum, aus dem heraus Heilung, Entwicklung und spirituelles Wachstum der Persönlichkeit entspringen.

Erfahrungsbildung ist grundsätzlich für die menschliche Existenz wesensnotwendig. Piaget beschreibt in *Der Aufbau der Wirklichkeit beim Kinde*, daß sie in einem Wechselspiel von Akkommodation und Assimilation (vgl. Piaget, 1975) verläuft. Was von außen auf mich zukommt, verändert mich, und ich eigne mir die Welt aufgrund meiner vorhandenen Schemata an. Diese Interaktion verankert den Menschen in seiner Lebenswelt und gibt ihm Lebenssinn. Wissen kann aus dem Erfahrungsschatz der Menschheit entnommen werden. Wissenschaften bedienen sich auch der Erfahrung. Erfahrungswissenschaft stützt sich auf die Gewinnung von Daten, die sinnlich erschließbar und überprüfbar sind. Sie gleicht die gewonnenen Ergebnisse mit vorhandenen Theorien ab und verändert gegebenenfalls die bisher gültigen Gesetze und Hypothesen. Diese Vorgangsweise ist jedoch nur dort möglich, wo es sich um intersubjektiv feststellbare sinnliche Eindrücke handelt.

Ohne inneres Erleben bleibt Wissen ohne Resonanz: »Wofür man vom Erlebnisse her keinen Zugang hat, dafür hat man kein Ohr« (Nietzsche, 1980, Bd. 6, S. 300). Weisheit und Reife haben ihre Stütze in der persönlichen Erfahrung. Die innere Erfahrung bezieht sich auf Eindrücke, die nicht direkt zu beobachten, sondern nur über Kommunikation und Dialog zu erschließen sind. Aber nicht nur das, sie ist auch nicht stabil oder sich selbst identisch, sie verändert in jedem Augenblick ihre Gestalt, so daß sich das im Moment Faßbare wieder entziehen und bei einem nächsten Zugriff verwandeln kann. Die innere Erfahrung ist einem Chamäleon gleich. Wenn man nun noch daran denkt, daß das, was wir bewußt erfahren, ein Bruchteil von dem ist, was sich in uns und mit uns ereignet, kann man ermessen, wieviel Auslegungskunst notwendig ist, um den unbewußten bzw. überbewußten Aspekt zu erkennen. Man kann ebenso wie in der Traumarbeit von einem manifesten und latenten Erfahrungsaspekt ausgehen.

Die Erfahrung während einer holotropen Atemsitzung ist zunächst das, was ein Mensch in seinem Prozeß empfindet, erlebt und wahrnimmt. Es umfaßt somit alles, was er als Erfahrung wiedererkennt. Sobald die Erfahrung in das Bewußtsein kommt, wird sie durch inneres Sprechen dekodiert.

Sprache kann aber für das innere Erlebnis ein großes Hindernis darstellen, denn Syntax und Semantik sind aus vorgefertigtem Wissen aufgebaut, so daß das Neue in der Erfahrung Gefahr läuft, in alte Schemata gepreßt zu werden. Darüber hinaus ist zu berücksichtigen, daß Erfahrung schon bei ihrem Auftauchen einer Menge von psychischen Prozessen unterliegt, die in der psychologischen Forschung detailliert herausgearbeitet wurden: Jede Wahrnehmung ist selektiv. Das heißt, aus der Unmenge an Daten, die zur Verfügung steht, wird ausgewählt. Was ins eigene Konzept paßt, den eigenen Vorlieben und Neigungen entspricht, wird leichter aufgenommen. Deshalb achtet man im holotropen Zustand darauf, daß die inneren Strukturen der Erfahrungsgewinnung erweitert werden, damit man auch die Bereitschaft entwickelt, neues und den eigenen Ansichten widersprechendes Material die Schwelle zum Bewußtsein überschreiten zu lassen. Ein weiteres Problem stellen die psychischen Mechanismen dar, die sich dagegen wehren, die Seele zu belasten oder Dinge zu erleben, die eine Bedrohung für das seelische Gleichgewicht darstellen können. In der Psychotherapie werden sie Abwehrmechanismen genannt. Verdrängung und Verleugnung nehmen von dem Erfahrungsinhalt das weg, was unter normalen Umständen nicht in das innere Bild von sich selbst oder der Welt paßt und womöglich für die psychische Stabilität gefährlich sein könnte. Der Widerstand stellt sich Erfahrungen in den Weg, die früher zu Verletzungen geführt haben. Es kann aber auch sein, daß man nicht nur etwas wegnimmt (Subtraktion), sondern auch etwas hinzufügt (Addition), um eine andere Gewichtung der Erfahrung zu erzielen. Aus dem reichen Schatz der Phantasie werden ganz unmerklich neue Inhalte oder Stimmungsfärbungen beigemischt, um das Gesamtbild in ein neues Licht zu bringen.

Darüber hinaus können konkrete Erfahrungen über kollektive Archetypen und Symbole Eingang in die Seele finden. Erst über die Aufarbeitung können sie dann bewußt integriert und verstanden werden. Erfahrungen haben auch die Eigenschaft zur Kontamination (Verdichtungsprozesse), das heißt, aus unterschiedlichen Erfahrungssequenzen und verschiedenen Bewußtseinszuständen wird ein Erfahrungsganzes gewoben, das vielleicht im Augenblick des Erlebnisses noch auf Unverständnis stößt und erst nach und nach als unterschiedliche Themen erkannt werden kann.

Aber nicht nur individuelle Konzeptualisierungen bereiten die Erfahrung auf, sondern sie wird auch durch kollektive Chiffren, Denk- und Auffassungsschemata, kulturelle Bedingungen und Zeiterscheinungen und deren sprachlichen Kodierungen beeinflußt.

Jede Erfahrung stellt somit eine komplexe Mischung aus vielen Komponenten dar, bevor sie bewußt und erinnert werden kann. Was dann tatsächlich kommuniziert wird, wird weiter abgeschliffen durch das Milieu, in dem die Erfahrung berichtet, und durch die Erwartungen, wie darauf reagiert werden könnte. Kommunikation findet dabei nicht nur in der Sprache statt, sondern auch mit Gesten und Gebärden, die auf innere Resonanz bei den anderen stößt, die wiederum verbal und nonverbal auf den Erfahrenden einwirken. Der Bezug der Erfahrung zum Du und zum Wir formt die Erfahrung weiter um.

Im Umgang mit den berichteten Erfahrungen wird ein weiteres Problem sichtbar. Inwieweit die Erfahrungen real sind, oder ein Kunstprodukt der Phantasie darstellen.

Dies führt zu unüberwindlichen Hürden. Denn einerseits gibt es viele Erfahrungsberichte über authentische Erinnerungen oder Erfahrungsinhalte, die im veränderten Bewußtseinszustand zugänglich waren und vorher nicht auf normalem Informationsweg verarbeitet wurden. Andererseits gibt es natürlich auch Visionen, die eher Bilder im Sinne von Tagträumen sind und sich nicht durch außenreale Begebenheiten bestätigen lassen. Die Frage nach dem Realitätsgehalt von Erinnerungen und Vorstellungen ist so alt wie die Psychotherapie selbst. Bei Freud waren es die angeblichen Verführungsszenen, auf die er seine Theorie vom Ödipuskomplex aufbaute und die er zunächst für real hielt und später als Phantasien erkannte. Auch die Diskussion um die Realität von Mißbrauchserlebnissen bringt keine Lösung des Dilemmas.

Und sogar dann, wenn bestimmte traumatische Erlebnisse einer objektiven Überprüfung standgehalten haben, zeigen die wissenschaftlichen Diskussionen im nachhinein eindeutig, daß man in vielen Fällen den Befunden einfach nicht glaubte, weil es dem »gesunden Menschenverstand« zuwiderlief. Viele Experimente, die in der Parapsychologie mit großem Aufwand verifiziert wurden, haben bis heute noch keinen großen Einfluß auf die akademische Psychologie ausgeübt. Wenn man davon ausgeht, daß jegliche Erfahrung psychische Realität besitzt, entsprechend behandelt, ist es nicht so unbedingt wichtig, ob es objektive Kriterien im Sinne einer Außenrealität gibt. Für Karl Popper ist es die Welt 2, der man eine wichtige Bedeutung beimessen sollte, wenn man den Menschen in seinem Dasein verstehen möchte. Sie ist nur durch Introspektion zugänglich:

Sie ist

»die Welt der Bewußtseins- oder Geisteszustände ..., die jeder von uns nur aus erster Hand nur durch sich selbst kennt ... Sie ist die Welt des Wissens – im subjektiven Sinn – und enthält die ablaufenden Erfahrungen in Wahrnehmung, Denken, Gefühlen, Vorstellungen, zielgerichtetem Streben und Erinnerungen« (Popper, in: Eccles, 1975, S. 228 f).

Es ist also eine wichtige Welt, die anzuerkennen gleichbedeutend mit der Achtung vor dem Menschlichen ist. Ihre Bedeutung zu verkleinern hieße nach Hinshelwood (in: Eccles, 1975), den Zweck des Lebens zu vermindern. Es als ein Produkt natürlicher Auswahl wegzuerklären wäre ein schlichter Trugschluß.

Sollte sich eine Erfahrung als Produkt der Phantasie erweisen, hat dies ja auch gewisse Aussagekraft über den inneren Zustand dieses Menschen. Um sich der Innerlichkeit eines Menschen annähern zu können, sollte man von einer »inneren oder psychischen Realität« ausgehen, wie Heinz Hartmann (1972, S. 259) ausdrücklich betont:

»Wenn ich von ›innerer Realität‹ spreche, will ich auf die Tatsache hinweisen, daß in gewissem Sinne alle seelischen Funktionen, Tendenzen und Inhalte real sind; die Phantasietätigkeit ist demnach auch real, obwohl nicht realistisch. Das heißt, wenn man anerkennt, daß die Phantasie als ein seelischer Akt real ist, bedeute das nicht, daß ihr Inhalt die Realität reproduziert.«

Mit anderen Worten: Die Strukturen und Inhalte der Innenwelt eines konkreten Subjekts sind für dieses real und wirklich, ganz gleich, ob sie in ihrer Außenweltreproduktion gültig und zuverlässig sind. Von der Umwelt als irreal diagnostizierte Ängste eines Mitmenschen besitzen für diesen ein hohes Maß an Realität, bis hin zu somatischen Erregungen, wie Schweißausbrüchen, Zittern und Herzklopfen.

Es kann auch sein, daß Erkenntnisse im veränderten Bewußtseinszustand nicht deckungsgleich Erkenntnissen im empirischen Alltagsbewußtsein entsprechen. Wie im Traumerleben kann durch die Entschlüsselung jedoch zunächst bizarr Anmutendes innerlich folgerichtig sein. Der Innenaspekt der Realität hat eine andere Gesetzmäßigkeit: assoziative Verbindungen, zeitliches und räumliches Ineinander und Nebeneinander, spontane Bilder, Empfindungen und ganzheitliche Verknüpfungen bringen Erfahrungen hervor, die nicht mit den Maßstäben experimenteller Forschung zu erfassen sind.

Um nun einerseits dem Authentizitätsgebot jeder Erfahrung gerecht zu werden und trotzdem die vielfältige Variabilität aufgrund des Zusammenwirkens von Tatsächlichem, Fiktivem, Gespürtem, Erlebtem, Wahrgenommenem, Phantasiertem, Symbolischem, Erinnertem, Vorgestelltem, Verdichtetem, Intuitivem und Visionärem und die Erfahrungsabfolgen in unterschiedlichen Bewußtseinszuständen zu berücksichtigen, faßt Taylor im Hinblick auf perinatale und transpersonale Erfahrungen, die oft die meisten Zweifel erregen, zusammen:

»Wenn wir perinatale und transpersonale Kategorien der Erfahrung einbeziehen, stellen wir fest, daß wir Erinnerungen auf drei Arten deuten können. Die erste Interpretation besagt, daß die wiedererlangten Erinnerungen auf tatsächlichen Geschehnissen beruhen, so wie der Klient sie erinnert. Die zweite Interpretation besagt, daß die Ereignisse nicht stattgefunden haben und vom Klienten, der dafür bewußte oder unbewußte Motive hat, erfunden wurden. Die dritte Interpretation, die durch das erweiterte Paradigma möglich wird, besagt, daß bestimmte ›Erinnerungen‹ wirklich sein können, aber symbolisch konstruiert sind, um verschiedenen wahren Gefühlen, Empfindungen oder Erfahrungen Ausdruck zu geben. Persönliche Mythen in der Form solcher ›Erinnerungen‹ stehen für die wirklichen Gefühle, Empfindungen oder Erfahrungen. Diese Möglichkeiten können außerdem mit außergewöhnlichen Erfahrungen, Abreagieren und Regression auf verwirrende Weise kombiniert werden« (Taylor, 1997, S. 70).

Es wird klar, daß Erfahrungen aus holotropen Atemsitzungen, wie sie berichtet werden, einerseits eine starke innere Wirkung für die betreffende Person haben und andererseits von Außenstehenden oft äußerst skeptisch aufgenommen und kommentiert werden. Dies hat damit zu tun, daß ein äußerst heilsamer und erkenntnisreicher Zustand auf eine Außenwelt trifft, die zuerst von konzeptionellem und weltanschaulichem Ballast befreit werden muß, um das innere Wesen der Erfahrung begreifen zu können. Dies erfordert ein hohes Ausmaß an Flexibilität, Einfühlung, Liebe und Achtsamkeit. Damit verbunden ist auch eine Einstellung, die möglichst frei von Vorurteilen und Ressentiments ist. Erfahrungen sind lebendige Kunstwerke, die nur über einen inneren Zugang in ihrer Aussage und Botschaft zu enträtseln sind. Sie haben eine innere Kraft, die jeden berührt, der sie aufgreift und sie reifen und wachsen mit dem, der sie trägt und bearbeitet.

Die psychologische Forschung, die über lange Zeit dem Innenaspekt des Menschen mit objektiven Methoden beizukommen suchte, mußte zur Einsicht kommen, daß sie in eine Sackgasse geraten ist.

Die deskriptive Psychologie mit ihrem phänomenologisch-hermeneutischen Ansatz bietet dazu eine interessante Alternative, die in der Auseinandersetzung mit Atemerfahrungen wertvolle Hinweise geben kann, denn sie legt uns nahe, die Erfahrung selbst sprechen zu lassen und ihr inneres Wesen und die Bedeutung für den Erfahrenden kennenzulernen und zu verstehen.

1. Erkenntnistheoretische Grundposition: Die phänomenologisch-hermeneutische Einstellung

Nachdem den objektiven Wissenschaften in der Erkundung des Subjektiven, Erlebnishaften, Archetypischen, Intuitiven, Atmosphärischen, Symbolhaften, Phantastischen und Visionären entscheidende Grenzen gesetzt sind, braucht man eine andere Methode, die den Umgang mit diesen ermöglicht.

Die Problemgeschichte der Psychologie ist eine Geschichte methodischer Auseinandersetzung. Sie war in der grundlegenden Uneinigkeit darüber, ob sie nun den Naturwissenschaften oder den Geisteswissenschaften zugehört, einer jahrelangen Zerreißprobe mit erbitterten Denunziationen ausgesetzt. Die zergliedernd-analytische Erkenntnisgewinnung der Naturwissenschaften hatte zum Ziel kausale Erklärungsmodelle zu erarbeiten. In ihrem Bestreben, möglichst alle psychologischen Fragestellungen mit quantitativen Methoden, die streng auf Operationalisierung und neutrale Beobachtung aufgebaut wurden, zu untersuchen, verlor sie die Seele aus dem Auge. Das Subjektive und das Persönliche wurde als Fehlerquelle abgewertet. Innere Zustände und Erfahrungen lassen sich nicht zuverlässig in äußere Daten übersetzen. Sie müssen erschlossen und verstanden werden. Husserl schlägt deshalb vor, Methoden nicht über die Fragen zu stellen, denn sie sind

»mehr oder weniger komplizierte Hilfsvorrichtungen ... die zur Vorbereitung, zur Erleichterung, Sicherung und Ermöglichung künftiger Begründungen dienen und abermals keine diesen wissenschaftlichen Grundprozessen gleichwertige und neben ihnen selbständige Bedeutung beanspruchen dürfen« (Husserl, 1965, S. 23).

Das bedeutet nicht die grundsätzliche Ablehnung empiristischer, positivistischer, reduktionistischer und statistischer Vorgehensweisen in der Erkenntnisbildung, sondern kritisiert nur den Anspruch auf ein Methodenmonopol, weil sie dem Doppelaspekt (naturwissenschaftlich *und* geisteswissenschaftlich) der Psychologie (vgl. Selg, Bauer, 1971) nicht gerecht wird. Methoden haben sich nach der Fragestellung zu richten und nicht umgekehrt. Die subjektive Innenwelt, in der Gefühle, Bilder, Szenen, mentale Ereignisse und psychische Prozesse ablaufen, können niemals unter Laborbedingungen in objektive Meßdaten überführt werden.

Mit welcher Einstellung soll man nun an die Erfahrungen von Atemsitzungen herangehen, um als Außenstehender dafür ein inneres Verständnis gewinnen zu können?

Die Phänomenologie, eine Philosophie des »beständigen Anfangs«, wie Merleau-Ponty (1966) sagt, ist angetreten, über intuitives geistiges Schauen zu den »Sachen selbst« (Bocheński, 1975, S. 25) zu kommen und das Wesen der Dinge zu erfassen, und sie möchte uns in der Frage, wie wir dorthin kommen, behilflich sein; insofern, als es ihr um den Weg des Erkennens geht, gehört sie zur Erkenntnistheorie (die Wissenschaftstheorie ist eine spezielle Form der Erkenntnistheorie). Ihr erstes Anliegen ist es also, dem

Forscher einen Weg zu weisen, wie er dem Erkenntnisgegenstand begegnen kann, damit er ihn in seinem Innersten erfaßt.

Husserl (vgl. 1985), der Begründer der Phänomenologie, fragte sich: Wie können wir zu einer radikal vorurteilslosen Erkenntnis gelangen? Er schlägt uns dafür die phänomenologische Methode vor:

Diese rät uns zu einer *epochē*: Ausschalten, Einklammern, Reduktion von all dem, was uns geläufig und vertraut ist (Theorien, Gesetze, Anschauungen etc.). Es ist wie ein meditativer Vorgang, in dem wir einfach innehalten und die natürliche Gedankenbewegung unseres empirischen Bewußtseins unterbrechen.

Dies besagt nicht, daß wir das bisher gesammelte Wissen abschaffen oder verdrängen sollen, sondern nur, daß wir uns für eine gewisse Zeit davon zu enthalten bereit werden, um zu einem Staunen zu gelangen, über das wir erst tiefere Einblicke gewinnen.

Zur Verdeutlichung möchte ich ein Zitat von Metzger (1975, S. 12), einem Gestaltpsychologen, anführen:

»Das Vorgefundene einfach hinnehmen, wie es ist, auch wenn es ungewohnt, unerwartet, unlogisch, widersinnig erscheint und unbezweifelten Annahmen oder vertrauten Gedankengängen widerspricht. Die Dinge selbst sprechen lassen, ohne Seitenblicke auf Bekanntes, früher Gelerntes, Selbstverständliches, auf inhaltliches Wissen, Forderungen der Logik, Voreingenommenheiten des Sprachgebrauchs und Lücken des Wortschatzes. Der Sache mit Liebe und Ehrfurcht gegenübertreten, Zweifel und Mißtrauen aber gegebenenfalls zunächst vor allem gegen die Voraussetzungen und Begriffe zu richten, mit denen man das Gegebene bis dahin zu fassen versuchte.«

Über den phänomenologischen Ansatz kann man sich also einen Zugang zu den innerseelischen Bezirken eröffnen, denn:

»Ihr obliegt es, die seelischen Vorgänge und Zustände, aus deren Zusammenwirken sich das Ganze des menschlichen Erlebens aufbaut, anschaulich zu vergegenwärtigen. Phänomenologie ist das, was Husserl ursprünglich unter diesem Begriff verstand, nämlich deskriptive Psychologie, Beschreibung dessen, was im gegenwärtigen Erleben zugänglich ist. Die Aufgabe der phänomenologischen Erhellung wurde damit erfüllt, daß die seelischen Inhalte so, wie sie unmittelbar gegeben sind, gleichsam in ihrem inneren Antlitz betrachtet und in ihren wesentlichen Zügen bestimmt werden« (Lersch, 1962, S. 55).

Die Phänomenologie ist aber auch eine Erkenntnismethode, in der der Forscher zwar alles loslässt, was er weiß, aber auch die eigenen Erfahrungen mit ins Spiel bringen darf, ohne deshalb mangelnde Objektivität befürchten zu müssen: »Der Phänomenologe ist grob gesagt ein Wissenschaftler, der die

Tatsache, daß er selbst einmal verliebt war, in seine Forschungen über die Liebe mit einbringt« (Seiffert, 1977, S. 17), und zwar so, daß er den eigenen inneren Bahnen folgt, sie wieder losläßt und sich dem anderen zuwendet. Die objektiven Wissenschaftler würden im Gegensatz dazu das Phänomen der Liebe an der Pulsfrequenz messen, um das Ergebnis ja nicht subjektiv zu verfälschen. Die phänomenologische Einstellung kann als eine innere Haltung verstanden werden, in der wir uns in Ehrfurcht und Liebe und in dem Gefühl der Zusammengehörigkeit den Erfahrungen anderer Menschen annähern. Was uns dann begegnet, besteht aus sinnhaften Ganzheiten, die ihrem Wesen nach dynamische Strukturen aufweisen. Wir selbst müssen bereit sein, unsere gewohnten Denkstrukturen zugunsten eines Staunens aufzugeben und durch Vertrauen in die Intuition dem Mehrdeutigen wieder Raum zu geben.

Phänomenologie und Hermeneutik ergänzen sich gegenseitig. Hermeneutik ist die Kunst der Auslegung. Im hermeneutischen Vorgehen wird alles gemeinsam ausgelegt, was in der phänomenologischen Schau gegenwärtig wurde, also auch, den Sinn der Erfahrung aus der gegenwärtigen Situation zusammen mit dem Erfahrenden zu erschließen. Es ist also ein prozeßhafter Vorgang, in dem entschlüsselt und verstanden wird, was vorher erlebt wurde. In der neueren Wissenschaftsgeschichte sind es Henrik von Wright, Schleiermacher und Gadamer, die im hermeneutischen Verständnis die Berücksichtigung des Flüchtigen und Impliziten sehen. Dazu muß man lernen, »zwischen den Zeilen zu lesen« und den »Sinn auszulegen und zu erschließen«, und bereit sein, in der Erkenntnisgewinnung auf stabile »All-Sätze« zu verzichten, denn dies so erworbene Wissen ist dynamisch und instabil.

Wenn nun im folgenden Erfahrungsinhalte dargestellt werden, werden sie im Vertrauen auf einen respektvollen Umgang so eingebracht, wie sie erlebt und niedergeschrieben wurden.

Es ist lohnenswert, die Berichte auf sich wirken zu lassen, so wie die Atmenden selbst in die Atemsitzung gegangen sind und einfach losgelassen haben, um zulassen zu können.

2. Ein heuristisches Ordnungssystem

Der Mensch braucht zum Verständnis seiner Erfahrungen Anhaltspunkte. Geist und Seele sind so komplex, daß Theorien einen schnellen Verfallstermin haben. In der herkömmlichen Psychotherapie ist nach wie vor die Kindheit mit ihren vielfältigen Störungsquellen und Ressourcen ein wichtiger Faktor in der Entstehung von psychischen Krankheiten, Bewältigungsstrategien und Lebensperspektiven. Das biographische Modell ist seit Freud unumstritten. Veränderungen gab es in der Bestimmung der kritischen Spanne. In Richtung Kindheit waren es die frühen Störungen (Borderline-Symptomatik), die erste Spuren im nicht geglückten »sozialen Uterus« (von der Geburt bis zum 1./2. Lebensjahr), in dem Urvertrauen, Selbstgewißheit und Daseinsgewißheit aufgebaut werden, vermuten ließen. Da das Erinnerungsvermögen an diesen Lebensabschnitt nach neurologischer Sicht noch nicht ausgeprägt ist, wurden zur Begründung andere Gedächtniskonzepte formuliert, die zumindest ein atmosphärisches Wiedererleben früher Szenen logisch erscheinen ließ.

Eisler-Stehrenberger (1991, S. 135) beschreibt vier entwicklungspsychologische Formen des Gedächtnisses:

»1. als früheste Form das *viszerale Gedächtnis*, in dem sich Propriozeptionen, die in meinem Körper sind, die schon in der Embryonalzeit aus meinem Körper kommen, niederschlagen. 2. das *atmosphärische Gedächtnis*, in dem Atmosphären, die mich umgeben, abgespeichert werden. Wenn die Mutter gestreßt ist, gibt sie diese Atmosphäre an das Kind weiter. Wenn das drei Monate alte Baby in der Wiege liegt und Vater und Mutter brüllen sich nebenan an, so kann es dies zwar nicht sehen – und selbst wenn es freie Sicht hätte, könnte es diese Szene noch nicht erkennen und engrammieren und speichern, denn es versteht die Worte nicht, aber es nimmt die Atmosphäre auf und bewahrt sie im Leibgedächtnis. Menschen, die in den ersten beiden Lebensjahren geschädigt wurden, haben die Repräsentation destruktiver Atmosphären (und nicht die der Szenen) in sich ... Erst in der Zeit von ein bis zwei Jahren entwickelt sich dann 3. das *szenische Gedächtnis*. Das Kind kann ganze Szenen und später ganze Stücke (Scripts) als Ereignisfolgen wahrnehmen, erfassen und speichern. Als letztes entwickelt sich 4. das *verbale Gedächtnis*, in dem Laute, Worte, Begriffe festgehalten werden können.«

Damit war es mit Einschränkungen möglich, authentische Erinnerungen bis in die embryonale Existenzweise zu gewinnen.

In der anderen Richtung des Lebenspfeiles sah man die Determinanten für die komplexe psychische Entwicklung nicht allein auf die Kindheit begrenzt. Das Motto »Was Hänschen nicht lernt, lernt Hans nimmermehr« gilt nicht für das menschliche Wachstum. Alle bisherigen Lebenseindrücke, sogar die Zukunftserwartungen fließen in die gelebte Gegenwärtigkeit mit ein. Unter dem Titel *life-span development approach* sah man die gesamte Lebensspanne als psychologisch bedeutsam an: von der Empfängnis bis ins hohe Alter. Allein wenn man an die vielfältigen Erfahrungen im Erwachsenalter denkt (Beziehungen, Arbeitsfeld, Hobbys, Schicksalsschläge), wäre es äußerst beschränkt zu glauben, daß die entwicklungsrelevanten Erlebnisse mit der frühen Kindheit aufhören.

Das biographische Modell hat sicherlich viel zum Verständnis seelischer Prozesse beigetragen. Modelle und Konzepte sind jedoch immer vorläufige Skizzen, die durch neue Erfahrungen modifiziert werden müssen.

In der Erforschung der Phänomene in veränderten Bewußtseinszuständen stieß man nun auf Erfahrungen, die mit den herkömmlichen Modellen nicht mehr gefaßt werden konnten. Im Umgang damit entwickelten sich zwei Richtungen. Die eine Seite ignorierte einfach die geschilderten Erlebnisse oder erklärte sie für Humbug. Andere gingen davon aus, daß das weite Feld der Seele und des Geistes noch lange nicht hinreichend erforscht wurde; so daß es also einer Überheblichkeit gleich komme, diese Erfahrungen als Hirngespinste zurückzuweisen. Karl Popper faßte den Erkenntnisstand zusammen: »Wir einen uns im Nichtwissen, ein wenig unterscheiden wir uns im Wissen.«

Die Forscher, die sich auf den Weg machten, entwickelten Kartographien der Psyche und betonten deren heuristischen und vorläufigen Charakter. Es sind eben nur Landkarten, aber nicht das Land selbst. Hier wurde deutlich, daß die Integration der Lebensgeschichte nur einen kleinen Teil der Gesamtentwicklung ausmacht. Der Mensch muß über sich selbst hinauswachsen, das heißt das Stadium der abgegrenzten individuellen Biographie verlassen, in die transpersonalen und spirituellen Bezirke eintauchen, um ganz er selbst zu werden. Ken Wilber war eher Theoretiker, der viele spirituelle Lehren studierte, selbst meditierte und aus eigener Erfahrung ausgefeilte Systeme entwarf. Während die Ebenen »Persona-Schatten«, »Ego-Körper« und »Organismus-Umwelt« die herkömmlichen Psychotherapien abdecken, gehören die »transpersonalen Bänder« und die »geistige Ebene« zu einer erweiterten Kartographie. Das Bewußtsein ist dort nicht mehr ausschließlich mit dem Getrenntsein identifiziert, sondern es taucht in die Urbilder des kollektiven Unbewußten ein, erkennt das transpersonale Selbst, wird übergeordneter Zeuge seiner inneren Prozesse und verbindet sich mit dem kosmischen Prinzip. Im Unterschied zu Grof hebt er hervor, daß die transpersonale Ebene nicht einfach mit außergewöhnlichen Erlebnissen und Phänomenen gleichgesetzt werden kann, sondern einen ernsthaften Entwicklungsschritt in der Stufenfolge des inneren Prozesses darstellt, der nur durch Übung in Gang kommen kann.

Ken Wilber bezog sich dabei in seinen Untersuchungen auf die Landkarten östlicher spiritueller Traditionen, wie dem Zen-Buddhismus und dem Kundalini Yoga. Kosmologien und ihre unterschiedlichen Erfahrungswelten, die im Westen eher mit Aberglauben in Zusammenhang gebracht wurden, finden sich auch in den verschiedenen Totenbüchern, wie dem Bardo Thadöl des tibetischen Buddhismus, dem ägyptischen Totenbuch und den Aufzeichnungen der Maya. Der Tod wird als Übergangzustand angesehen zur Reinigung und Vorbereitung zu anderen Existenzformen und zu möglichen Wiedergeburten. Die Auflösung der Fixierungen im Leben, die Fühlungnahme mit einer anderen Welt und der Kontakt mit dem Urlicht des inneren Wesens ist begleitet von Symbolbildern, wie wir sie in den verschiedenen Nahtodeserlebnissen und Jenseitsbeschreibungen wiederfinden. Die im Übergang eintretenden Visionen zeigen nicht nur die vielfältigen Reiche des Bewußtseins auf, sondern können für den Weg im Leben bedeutsames Material freigeben. In holotropen Atemsitzungen können ganz ähnliche Zustände erlebt werden, obwohl sie westlichen Kulturen eher fremd sind. Das zeigt auch, daß nicht unbedingt eine Affinität zu kulturellen Erscheinungen bestehen muß, um ins persönliche Erleben zu treten. Grofs Beschäftigung mit den Totenbüchern (vgl. 1980 und 1994), die vor allem hinsichtlich der perinatalen Matrizen und des »Tod- und Wiedergeburtsthemas« relevant wurden, mit östlichen Kosmologien und schamanischen Nachzeichnungen der Anderswelten erleichterte die Erstellung von Ordnungskategorien für die mannigfaltigen Erfahrungen, wie sie in veränderten Bewußtseinszuständen erlebt wurden.

Um diese Erfahrungen zu ermöglichen, muß man mehrere Annahmen machen. Der Mensch hat Zugang zu Informationen, die nicht durch seine bewußte Erfahrungswelt der Lebensgeschichte abgedeckt sind. Auch Erinnerungen an perinatale und vorgeburtliche Erfahrungen scheinen demnach möglich:

»Die Erforschung veränderter Bewußtseinszustände hat überzeugende Beweise dafür geliefert, daß wir sehr wohl Erinnerungen an perinatale Erfahrungen in unserer Psyche speichern, oft auf einer tiefen, zellularen Ebene. Immer wieder haben Menschen, die ganz ohne intellektuelle Kenntnisse über ihren Weg ins Leben waren, überraschend detailliert bestimmte Umstände wie den Einsatz von Geburtszangen, Steißgeburten und die erste Reaktion der Mutter auf ihren Säugling wiedererlebt. Solche Erlebnisse ließen sich in vielen Fällen durch Einsicht in Krankenhausakten oder die Aussagen von bei der Geburt Anwesenden objektiv bestätigen« (Grof, 1993, S. 50).

Grof sieht in dem Konzept einer »zellulären Speicherung« einen möglichen Denkansatz. Des weiteren könnte man annehmen, daß durch die Öffnung der Bewußtseinsgrenzen der gesamte Wissenspool der Menschheit subtil zugänglich ist. Dieser könnte ähnlich der Hologrammtheorie des Gedächtnisses für den Menschen in einer Art universalem Hologramm implizit zur Verfügung stehen. Dieses Wissen könnte über die »morphogenetischen Felder« (vgl. Sheldrake, 1990, 1991), der raum- und zeitüberschreitenden und nicht stoffgebunden Informationsmatrizen, die uns umgeben, im Bewußtsein aktualisiert werden. Dazu kommt, daß die gewohnte Trennung des

Subjekts von anderen Subjekten und der Umgebung keine ontologische ist, sondern nur eine situative und temporäre. Sobald diese in bestimmten Zustandsformen des Bewußtseins überwunden ist, kann eine Identifikation, oder noch weitergehend ein Einheitserlebnis mit dem Außersubjektiven möglich werden.

Dabei handelt es sich zwar noch um Spekulationen, die weiterer Untersuchungen bedürfen. Auch wenn der Begriff Spekulation in der Wissenschaft anrüchig geworden ist, kann wissenschaftliche Innovation ohne kontemplative Spekulation des Wissenschaftlers nicht gelingen. Speculatio heißt sinngemäß »betrachten« (kontemplieren) und die Erhebung über das faktisch Gegebene bis zu dessen letzten Bestimmungsgründen ... In der Scholastik brachte man seinen Wortstamm mit speculum (Spiegel) in Verbindung, um die Fähigkeit zur indirekten Gotteserkenntnis zu bezeichnen. In der inneren Versenkung öffnet man sich für Intuition und Evidenzerlebnisse. Es wäre schade, diese Art der Wissensgewinnung aus der Forschung auszuschließen.

Erfahrungen in veränderten Bewußtseinszuständen kommen auch aus den Tiefen der Seele, und Berichte davon berühren das Innerste des Erfahrenden und des Zuhörers. Die Lebensperspektive und -gestaltung dieser Menschen ändert sich in vielen Fällen daraufhin radikal. Um nicht den Anschein zu erwecken, daß es dafür hinreichende Erklärungen gibt, soll das vorliegende Material heuristisch geordnet und dem Leser unvoreingenommen zur Verfügung gestellt werden.

Bevor nun ein vorläufiges Ordnungssystem entworfen wird, soll die »Kartographie der Seele« nach Grof umrissen werden, weil sie wichtige Impulse und Anhaltspunkte liefert. In seinen Büchern *Geburt, Tod und Transzendenz* (1985), *Das Abenteuer der Selbstentdeckung* (1987) und *Psyche und Kosmos* (1997) ordnete er sein über Jahrzehnte gewonnenes Material. Folgende Erfahrungsebenen können demnach in holotropen Atemsitzungen erschlossen werden:

a) Die ästhetisch-sensorische Ebene

Diese zeigt sich vor allem beim Eintritt in veränderte Bewußtseinszustände. Dort können sensorische und körperliche Empfindungen stattfinden. Glocken läuten, Zirpen von Grillen, Figuren, Farben, Ornamente. Es können auch feinstoffliche Strahlungen, Schwingungen und Frequenzen wahrgenommen werden, die uns sonst nicht zugänglich sind. Es kann aber auch zu einem hohen Aufladen und Entladen körperlicher Spannungen kommen. Es findet eine ganzheitliche Vorbereitung für die umfassende bewußtseinserweiterte Welt statt. Das fluktuierende und sonst abgeblendete Material energetisiert sich.

b) Die psychodynamische Ebene
Sie beschreibt die Ebene, die auch in der personalen Behandlung Beachtung findet.

Unerledigte Reste des Alltags, lebensgeschichtliche Themen, Lebenskonflikte, Identitätsbrüche werden szenisch, atmosphärisch und energetisch in oft beeindruckender Aktualität und Authentizität wiedererlebt. Sogar heftige körperliche Reaktionen bis hin zu neurologischen Säuglingsreflexen können sich einstellen; auch Operationsschmerzen, die durch die Narkose ausgeschaltet wurden, werden durcherlebt. So können sich auch blutunterlaufene Striemen von früheren Mißhandlungen zeigen. Im erweiterten Bewußtseinszustand sind die psychodynamischen Erfahrungen oftmals eingebettet in einen Gesamtzusammenhang archetypischer und karmischer Aspekte. Die intensiven emotionalen Reaktionen ermöglichen eine tiefgreifende Katharsis. Der Unterschied zur personalen Psychotherapie besteht in der tiefgreifenden Intensität, in der authentischen Regression und im Einbezug der anderen Welten, so daß sie umfassender integriert werden kann.

c) Die perinatale Ebene
Grof behandelt diese Ebene sehr ausführlich und mißt ihr großen Wert bei. Deshalb soll sie hier in den verschiedenen Erfahrungstypen charakterisiert werden. Er fand heraus, daß in Zuständen veränderten Bewußtseins häufig Erfahrungen rund um die Geburt auftreten. Die Geburt – ein Schnittpunkt der menschlichen Existenz – vermittelt uns in seiner leiblichen und bildhaft-symbolischen Dramaturgie einen kleinen Einblick in die Dynamik unserer Lebensentfaltung. Er ordnete das in langjährigen Forschungen gefundene Material in vier »perinatale Matrizen« (vgl. Grof, 1978, 1985, 1987):

Die erste Phase oder die *erste perinatale Matrix* siedelt er kurz vor der Geburt an. Der Fötus erfährt die ursprüngliche symbiotische Einheit mit der Mutter – ein Zustand umfassender Versorgung. Bilder und Empfindungen von ozeanischen Zuständen, Gefühlen von Allverbundenheit und Einheit und ein Fehlen von Beschränkungen, Hindernissen und Grenzen können erlebt werden. In ungünstigen Verläufen, wenn es zu somatischen oder seelischen Störungen kam, werden auch Erfahrungen von »verschmutztem Wasser« bzw. »unwirtlicher und verseuchter Natur« berichtet.

Das Erfahrungsmuster der *zweiten perinatalen Matrix* steht in Verbindung mit den ersten Anfängen der biologischen Geburt. Hier wird das ursprüngliche Gleichgewicht der intrauterinen Existenz gestört, zunächst durch alarmierende chem. Signale, dann durch Muskelkontraktionen. Der Fötus wird in periodischen Abständen durch Gebärmutterspasmen zusammengepreßt. Die Cervix (der Muttermund) ist geschlossen, und der Weg nach draußen ist noch nicht erkennbar.

Die innere Situation, in der es keinen Ausgang gibt, bringt oftmals Gefühle von Angst, Panik und Ausweglosigkeit hervor. Dieses Grundempfinden fließt dann in archetypische Visionen von »alptraumhaften Welten«, »Eingeschlossensein in einem Käfig«, »einem Strudel, in dem man untergeht«, »Angriff von Riesenspinnen«, »Höllenvisionen«, »Kali, die böse Mutter Göttin« etc. ein. Aber auch depressive Verstimmungen werden auf diesem Hintergrund direkt erlebbar und nachvollziehbar.

In der *dritten perinatalen Matrix* setzen sich die Gebärmutterkontraktionen fort, doch im Gegensatz zum vorhergehenden Stadium ist der Muttermund erweitert und ermöglicht eine allmähliche Fortbewegung des Fötus durch den Geburtskanal. Ein gewaltiger Kampf ums Überleben beginnt, dazu kommen massiver mechanischer Druck von außen (bis hundert Pfund), sowie häufig Sauerstoffmangel und drohendes Ersticken.

Aus der Sicht des Erlebens ist die dritte perinatale Matrix sehr weitläufig und intensiv: Neben dem realistischen Erleben des tatsächlichen Kampfes im Geburtskanal finden sich u. a. Erfahrungen von »Konfrontationen mit Gewalt, Aggression, Feuer, Erdbeben, Stürme«. Archetypische Motive wie »Titanenkampf«, »Fegefeuer«, »Jüngstes Gericht«, »Helden und mythische Kämpfe«, »Dämonen und Engel«, »Tod und Wiedergeburt« können ebenfalls bildhaft-symbolisch dazukommen.

In der *vierten perinatalen Matrix* erreicht das Vorwärtstreiben durch den Geburtskanal seinen Höhepunkt, und auf die extreme Steigerung von Schmerzen, Spannungen und sexueller Erregung folgen unmittelbar Entspannung und Erleichterung. Das Kind ist geboren und sieht nach langer Dunkelheit das erste Mal Licht. In dieser Phase können Lichtvisionen, das Hören von kosmischen Klängen, Gefühle von Harmonie, Entspannung und Befreiung auftreten.

In der Auseinandersetzung mit derartigen Schemata ist noch darauf hinzuweisen, daß diese nicht kausal zu verstehen sind: Nicht weil die Geburt so verlaufen ist, wie sie ist, sind wir, wie wir sind, sondern die Geburtserfahrung vermittelt uns in komprimierter Form Einsichten in unser Dasein.

d) Die transpersonale Ebene

Transpersonale Erfahrungen nach Grof sind solche, die den zeitlich-räumlichen Bezugsrahmen, sowie das »objektive Wirklichkeitsverständnis« des Alltagsbewußtseins transzendieren.

Zur zeitlichen Erweiterung des Bewußtseins zählt er: Embryonale und fötale Erfahrungen, Ahnen-Erfahrungen, Kollektive und rassische Erfahrungen, phylogenetische oder Evolutionserfahrungen, Erfahrungen früherer Inkarnationen, Präkognition, Hellsehen, Hellhören und »Zeitreisen«.

Die räumliche Erweiterung des Bewußtseins beinhaltet für ihn: Transzendierung des Ego in zwischenmenschlichen Beziehungen und in der Erfahrung der »Einheit in der Zweiheit«, Identifikation mit anderen Menschen, Gruppenidentifikation und Gruppenbewußtsein, Identifikation mit Tieren, Identifikation mit Pflanzen, Einheit mit dem Leben und der gesamten Schöpfung, Bewußtsein nicht-organischer Materie, planetarisches Bewußtsein, außerplanetarisches Bewußtsein, »Out-of-body«-Erfahrungen, Hellsehen und Hellhören bei diesen Reisen, »Raumreisen«, Telepathie.

Er spricht dann auch noch von einer räumlichen Verdichtung des Bewußtseins, wenn Organ-, Gewebe- und Zellbewußtsein erfahren wird.

Eine Erweiterung des Erfahrungsraums über den Bezugsrahmen der »objektiven Wirklichkeit« hinaus ist für ihn bei folgenden Phänomenen gegeben: Spiritistische und mediale Erfahrungen, Erfahrungen von Begegnungen mit übermenschlichen spirituellen Wesenheiten, Erfahrung von anderen Universen und der Begegnung mit deren Bewohnern, archetypische Erfahrungen und komplexe mythologische Sequenzen, Erfahrungen von Begegnungen mit verschiedenen Gottheiten, intuitives Verstehen universaler Symbole, Aktivierung der Chakras und Erweckung der Schlangenkraft (Kundalini), Erfahrung des Kosmischen Bewußtseins, Erfahrung der suprakosmischen und metakosmischen Leere.

Grof zeigte auch auf, daß Erfahrungen aus unterschiedlichen Ebenen zu einem Grundthema verdichtet werden können. Er nennt dies dann Coex-Systeme:

»Ein COEX-System (Condensed Experience) läßt sich definieren als spezifische Erinnerungskonstellation, die von verdichteter Erfahrung (und damit zusammenhängenden Phantasien aus verschiedenen Lebensabschnitten eines Individuums gebildet wird. Die Erinnerungen, die zu einem bestimmten COEX-System gehören, haben ein ähnliches Grundthema oder enthalten ähnliche Elemente und sind mit starker emotionaler Energie der gleichen Qualität besetzt ... Ein bestimmtes System kann in seinen verschiedenen Ebenen beispielweise sämtliche Erinnerungen an demütigende oder erniedrigende Situationen enthalten, die das Selbstwertgefühl des Betreffenden untergraben haben« (Grof, 1985, S. 103).

Im Zentrum steht ein hochaufgeladenes Thema, eine Kernerfahrung. Um sogenannte »kritische Details« herum, die als Brücke dienen, gruppieren sich durch assoziative Verknüpfungen ähnliche Themen und Gefühle, oder Sequenzen aus unterschiedlichen Lebensaltern und Existenzebenen. Deshalb ist davon abzuraten, eine Kategorisierung der Erfahrungsebenen zu absolut zu nehmen. Sie sind fließend, überschneiden sich und treten miteinander auf.

Grofs Konzept der perinatalen Matrizen trägt zu einer beachtlichen

Neubewertung dieser wichtigen Lebenssequenz, die leider seit Otto Rank für die Psychotherapie in Vergessenheit geraten war, bei. Allerdings muß man bei genauerem Hinsehen feststellen, daß er die pränatale Zeit, also vor dem Einsetzen des Geburtsvorgangs, nur beiläufig, in der ersten perinatalen Matrix, behandelt. Dies ist recht erstaunlich, weil wir wissen, daß die Entwicklung von der Konzeption bis zum geburtsreifen Fötus unzählige Stadien und Wachstumskrisen zu durchlaufen hat. Diese embryonale Frühzeit des menschlichen Daseins durchläuft eine an Wunder grenzende Verwirklichung des schöpferischen Impulses in Ausdifferenzierung und Integration. Die pränatale Psychologie bietet eine Fülle an Material, aus dem ersichtlich wird, daß die komplexe Einheit Mensch schon von Anfang an äußere und innere Reize wahrnimmt und auf sie reagiert. Auch diese Phasen werden in veränderten Bewußtseinszuständen äußerst intensiv erlebt.

Die Geburt ist eine wichtige Station der menschlichen Entwicklung, jedoch nicht die einzige. Eine zu starke Hervorhebung des Geburtserlebnisses kann bewirken, daß die Geburt als das ultimative Durchgangsstadium angesehen wird, wie bei Freud der Ödipuskomplex. Damit würde man erstens den anderen Erfahrungen nicht gerecht werden und zweitens zu einem kausalen Denken beitragen, in dem die Geburt zu sehr als psychopathologische Grundursache für psychische Störungen unterstrichen wird. Dazu paßt, daß Grof in seinen Workshops eine Diaserie über perinatale Erfahrungen zeigt, wodurch man sicher sein kann, daß vorrangig »Geburtserfahrungen« auftreten. Auch die Therapeuten richten sich natürlich danach und unterstützen eher eine Geburtsdeutung.

Hier soll nicht das Geburtsszenario in seinem Erlebnisgehalt und in seiner umfassenden symbolischen Bedeutung geschmälert, sondern nur der Gefahr einer Überbetonung entgegengewirkt werden, denn die Geburt ist nach den Aussagen der Entwicklungspsychologie auch nicht »der absolute Einschnitt« in der menschlichen Existenz. Für Portmann (in: Nickel, 1972, S. 106) ist das erste Lebensjahr eine unmittelbare Verlängerung der Fötalzeit

»in der der menschliche Säugling außerhalb des Mutterleibs noch eine Reihe von Entwicklungsschritten vollziehen muß, die verschiedene Arten von Säugetieren mit entsprechend längerer Austragungszeit bereits intrauterin, also im Mutterleib durchlaufen haben (z. B. Pferde, Robben, Wale, Menschenaffen).«

Ein zweiter Punkt kommt von Ken Wilber, der die inflationäre Verwendung des Begriffes »transpersonal« kritisiert. Für ihn sollte dieser Begriff nicht nur eine Erfahrung jenseits von Raum und Zeit, der leicht durch veränderte Bewußtseinszustände herzustellen ist, beschreiben, sondern einen ersten spirituellen Zustand in der Großen Kette des Seins vermitteln. Diese beruht auf einer geglückten Personalisation. Wilbers Ansatz ist jedoch etwas zu statisch, wenn man bedenkt, daß Öffnungen und Aufbrüche von Menschen spontan und ohne jede vorhergehende bewußte Entwicklung geschehen können.

Hilfreich könnte jedoch sein, im großen Bereich der »transpersonalen Erfahrungen« »spirituelle Erfahrungen« nochmals extra zu konturieren, wenngleich die Grenzen äußerst fließend sind, wie schon vorab beim Begriff Spiritualität angemerkt wurde.

Eine vorläufige Ordnung der Erfahrungen

Die Einordnung oder Katalogisierung von Erfahrungen sind Andeutungen, die als Anhaltspunkte genützt werden können. Sie sind Stand der derzeitigen Überlegungen und können jederzeit revidiert werden. Obwohl die theoretische Basis dazu in vielen Bereichen noch nicht ausreichend erschlossen ist, kann das Sammeln von Erfahrungen und deren Benennung hinsichtlich einer weiteren Erforschung nützlich sein.

Zunächst werde ich einige grobe Ordnungsdimensionen nennen, um in einem nächsten Schritt zusammenfassende Oberbegriffe zu erstellen. Die Erfahrungen lassen sich hinsichtlich mehrerer Aspekte differenzieren und untersuchen.

Zunächst kann das, was ins Bewußtsein kommt, topologisch allen Regionen entstammen: dem Bewußten, dem Vorbewußten bzw. Unterbewußten, dem Unbewußten und dem Überbewußten. Bewußtes Material kann sich in anderen Zusammenhängen zeigen. Das tritt dann ein, wenn man zum Beispiel eine Entscheidung zu treffen hat, und im veränderten Bewußtseinszustand stellt sich zu den vorhandenen Fakten eine Tendenz ein, die durch ein Symbol vermittelt wird. Plötzlich kann evident werden, was zu tun ist.

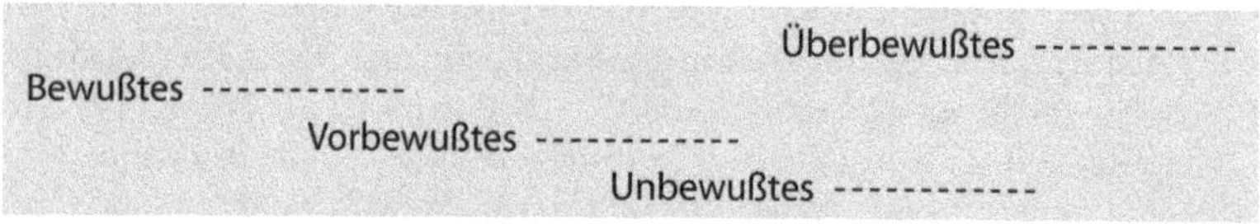

Durch den Abbau der Abwehrmechanismen dringen vermehrt vorbewußte, unterbewußte und unbewußte Inhalte, Vorstellungen und Gefühle über die Schwelle des Bewußtseins. Diese können sich ganz auf das Individuum beschränken, aber auch Kollektives anzeigen und sich sogar auf universale Strukturen beziehen. Unerledigte, unintegrierte und schmerzhafte Erfahrungen werden durch die intensive Methode radikal erfahren, so daß es zu einer ganzheitlichen Erschütterung kommen kann.

Der Erfahrungsraum kann sich auch auf das ausdehnen, was Scharfetter (1994) als Überbewußtes bezeichnet hat, also spirituelle Erfahrungen und Begegnungen mit dem Göttlichen.

Eine zweite Dimension, die evolutive, könnte anzeigen, inwieweit Erfahrungen eher therapeutischer oder eher spiritueller Natur sind.

Psychische und geistige Gesundheit und Heilung sollen eine Befreiung aus Verstrickungen sein. Therapie heilt alte Wunden, löst psychische Fixierungen auf und läßt verdrängtes, abgespaltenes Material ins Bewußtsein fließen, um es zu integrieren. Der spirituelle Weg führt den Menschen tiefer in den Lebenssinn und seine Mitte. Psychisches und Spirituelles können sich wunderbar ergänzen, und in verschiedenen Phasen kann das je Wichtige in den Vordergrund treten. Im holotropen Atmen ist beides möglich: Heilung und Integration, sowie Befreiung und Vertiefung.

Übung der Achtsamkeit und des Mitgefühls ist erfahrungsgemäß nur dann möglich, wenn keine versteckten Haßanteile aus dem Unbewußten wirken. Echte Versöhnung mit der eigenen Geschichte kann erst dann erfolgen, wenn Mitgefühl und Liebe erlebt werden können. Beide Aspekte gehören einer Dimension an, sie führen zwangsläufig zueinander, auch wenn ein Pol vorübergehend betont werden muß.

Eine weitere, die existentielle Dimension könnte das biographische Material und das transbiographische Material umfassen, das sowohl perinatales, pränatales und transpersonales enthalten kann.

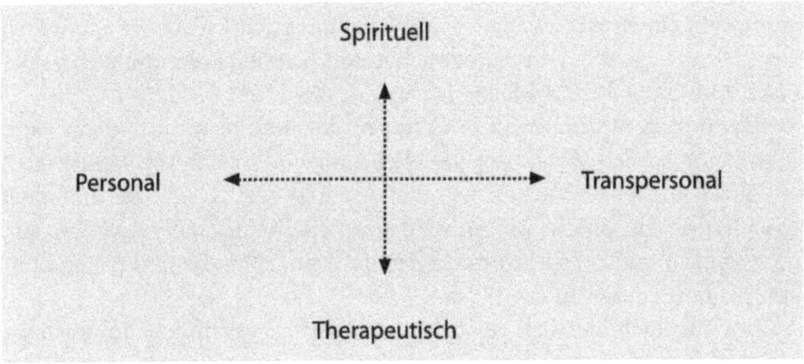

Eine weitere Dimension könnte sein: Ontogenetisch und Phylogenetisch. Erfahrungen können die individuelle Geschichtlichkeit, einschließlich möglicher früherer Inkarnationen, einschließen und sich sogar auf stammesgeschichtliche Aspekte beziehen. Sie überschneidet sich mit der Dimension personal und transpersonal, kann aber dennoch zur besonderen Kennzeichnung extra benannt werden.

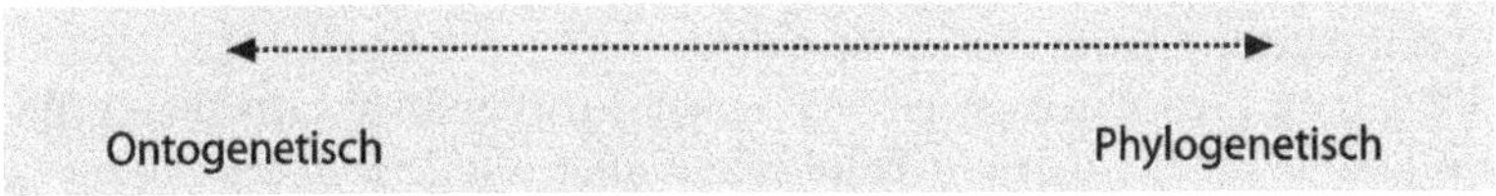

Und zum Schluß könnte man noch eine Dimension erstellen, und zwar hinsichtlich der Wahrnehmungs- und Handlungskanäle: psychologisch, intuitiv und parapsychologisch.

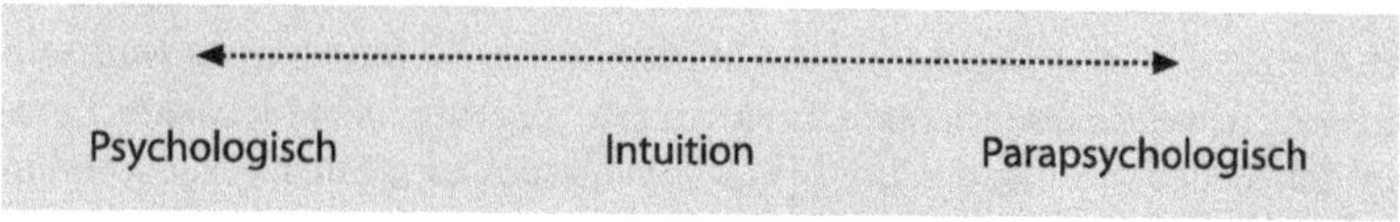

Wenn nun bestimmte Erfahrungsinhalte besprochen werden, können sie immer auch im Bezug zu diesen genannten Dimensionen gesehen werden.

Dem Leser stehen sprachlich gefaßte Erfahrungen zur Verfügung. Innere Erfahrung entfaltet sich unabhängig von vorgefertigtem Wissen. Dies beinhaltet natürlich bestimmte Einschränkungen. Sprache kann Erfahrungen verstellen, weil sie mit gültigen Regeln auszukommen hat und sie mit vertrauten Denkschemata verbindet. Deshalb berichten auch Erfahrende, daß es schwer ist, die Erlebnisse in Worte zu fassen, weil sie das Gefühl haben, daß dadurch etwas verlorengeht. Sprache ist nur Mittel, nicht Ziel der Erfahrung. Der Ausdruck Wind ist etwas anderes als das Erlebnis, im Wind zu stehen. Die verbale (digitale) Kommunikation von Erfahrungen in Gruppe wird darüber hinaus von Atmosphären und nonverbaler Begleitmusik untermalt. Die niedergeschriebene Erfahrung umfaßt nicht die spontanen Gesten und Gebärden, die Authentizität und Echtheit kommunizieren. Der Leser muß ohne diese Evidenzerfahrung auskommen.

Wenn man Stimmungen in Gruppen genauer betrachtet, dann kann beim Erzählen einer Erfahrung plötzlich Langeweile auftreten, wenn es sich um abgedroschene Sprachformeln handelt und keine innere Betroffenheit zu spüren ist; ein anderes Mal entsteht eine tiefe Dichte, in der Authentizität, Lebendigkeit und Echtheit zum Greifen nahe sind. Nur durch direkten Kontakt wird dies möglich.

Doch will ich hier den Versuch unternehmen, schriftliche Erfahrungsberichte dem Leser darzubieten. Es sei in diesem Zusammenhang bemerkt, daß ein gewisses Vorschußvertrauen in das tiefe Einlassen und in die Authentizität unerläßlich ist, um von innen her zu verstehen, was im lediglich Schriftlichen verborgen ist. Diese Menschen haben in ihren Atemsitzungen Respekt vor sich selbst und gegenüber den anderen entwickelt und tiefgreifende Transformationen ihrer Persönlichkeit erfahren.

Vorschnelle Urteile könnten für diese Menschen verletzend wirken und das Befreiende zunichte machen. Wenn man eine virtuelle Beziehung zum Erfahrenden im Sinne der »Intersubjektivität« (vgl. Marcel, 1972) und des dialogischen Ich-Du-Prinzips (vgl. Buber 1979) aufbaut, tritt man ganzheitlich, würdevoll, partnerschaftlich und offen mit dem Geschriebenen in

Kontakt, so daß im Lesen ein Begegnungserlebnis möglich werden kann: sich mit offenen Herzen anmuten lassen, die Erfahrung tief im Innern spüren und vielleicht sogar mit eigenen Erlebnissen verbinden.

Ich möchte mich nochmals ausdrücklich bei allen, die mir vertrauensvoll ihre Berichte überlassen haben, bedanken. Ich selbst füge nur knappe Erläuterungen hinzu, um nicht Gefahr zu laufen, das Eigentliche durch Deutungen zu verhüllen. Deshalb nehme ich auch von Falldarstellungen, wie sie in diesem Zusammenhang häufig erstellt werden, Abstand. In der Regel sind diese für eine Veröffentlichung so aufbereitet, daß sie beeindruckend und logisch wirken, wobei auch häufig Unverstandenes und Problematisches weggelassen wird.

Im folgenden werden nun Erfahrungen nach bestimmten Inhalten geordnet.

3. Persönliche Berichte

In den letzten zwölf Jahren habe ich aus Hunderten von Atemsitzungen Material zusammengetragen, das mir dankenswerterweise von den Teilnehmern in Form von schriftlichen Berichten zur Verfügung gestellt worden ist. Natürlich gab es viele Erfahrungen, zu denen keine schriftlichen Berichte erstellt wurden, und die in den verschiedenen Seminaren einfach besprochen worden sind. Auch können nicht alle schriftlichen Berichte dargestellt werden, denn das würde den Rahmen dieses Buches sprengen. Die veröffentlichten Berichte sind nicht besonders ausgesucht, sondern sollen einen Erfahrungsquerschnitt bilden. Die daran anschließenden Berichte sind so belassen, wie sie geschrieben wurden, um dem Leser Einblick in den inneren Erfahrungsverlauf zu geben, so wie er im nachhinein vom Erfahrenden erinnert wurde. Sie sind in ein Grobschema (personal-psychodynamische, präpersonale, transpersonale und spirituelle Erfahrungen) eingebracht und wurden dann mit Überschriften versehen, die sich auf den Erfahrungsinhalt beziehen. Um die Anonymität zu wahren, sind im folgenden die Namen geändert.

Personal-psychodynamische Erfahrungen

Diese Ebene von Erfahrungen bezieht sich auf die Lebensgeschichte und die Persönlichkeitswerdung. Was vergessen und verdrängt wurde, hat eine innere Dynamik. Es möchte sich zeigen und zum Ausdruck bringen. Lang andauernde kränkende Atmosphäre, chronische Konflikte und Gewalterfahrungen, insbesondere in der Kindheit, führen zu Abwehrhaltungen und

Fassaden. Durch das holotrope Atmen werden diese Erfahrungen in einem emotionalen Schutzraum authentisch wiedererlebt und bearbeitet, so als würde alles im Augenblick stattfinden. So können verdrängte Gefühle, mögliche, damals nicht erfolgte Gegenreaktionen und nicht wahrgenommene Bedürfnisse bewußt werden und zum Ausdruck kommen. Die Förderung ganzheitlichen Erlebens, die Integration abgespaltener Anteile, das Annehmen von Schicksalsschlägen, das authentische Wiedererleben schädigender Einflüsse und unabgeschlossener Lebenssituationen unterstützen Heilung, Spontaneität und Kreativität. Im Unterschied zu gesprächsorientierten Psychotherapieverfahren kommt es zu körpernahen und intensiven emotionalen Reaktionen, bei denen sogar Schmerzen auftreten können, die durch Narkose betäubt wurden, oder sich körperliche Reaktionen einstellen, wie blutunterlaufene Striemen nach Mißhandlungen.

Archetypische Symbole, Bilder und Atmosphären aus dem transpersonalen Raum fließen mit ein und begünstigen eine erweiterte Personalisation. Lebensentscheidungen werden dann aus einem tieferen existentiellen Verständnis getroffen. Vermiedene Lebensthemen und verborgene Aspekte der Seele werden bewußt und erweitern somit den Horizont der Person.

Lebensentscheidungen

Wichtige Lebensentscheidungen können im veränderten Bewußtseinszustand vorbereitet und durch die Einflüsse aus den tieferen Schichten der inneren Weisheit geformt werden. Es stehen dann nicht nur die äußeren Fakten, sondern auch die inneren Zusammenhänge als Entscheidungsgrundlage zur Verfügung. Damit können auch schicksalhafte Verknüpfungen gelöst werden und die Bedeutungen jenseits der engen individuellen Grenzen erkannt werden:

Entscheidung für ein weiteres Kind:

»Das Atmen (Hyperventilieren) macht keine Schmerzen, sondern löst sehr angenehme Gefühle aus. Wärme, Energie, Feuer im Bauch, ich fühle mich rundherum gut. Ich sehe die Menschen, die mir wichtig sind (...) und kann mit allem ›Schönen‹ und allem, ›was klemmt‹, ja zu ihnen sagen. Kurze Gedanken, was wäre, wenn ich sie verlieren würde. Eine Ahnung von dem riesigen Schmerz steigt auf, vergeht aber wieder ...

Der Gedanke taucht auf, daß es gut wäre, wenn meine Oma bald heimgehen würde. Gut für sie und für meine Eltern, mein Vater könnte mit fast 70 Jahren endlich aufhören, ›Kind‹ zu sein, und eine Ehe ohne die ständige Anwesenheit seiner Mutter führen. Meine Mutter hätte endlich ihren Mann allein.

Ich habe ein schlechtes Gewissen wegen dieser Gedanken – meine Oma ist ein lieber, guter Mensch. Trotzdem ist ein starker Impuls da, ihr Kraft zu schicken und ihr zu vermitteln, daß sie gehen kann, ohne Angst, und daß sie von ihrem Mann und ihrer Mutter erwartet wird.

Ein neuer Gedanke: Ich spüre die Verpflichtung meines Familiensystems, noch ein Kind zu kriegen. (Seit Generationen gibt es nur Ein-Kind Familien.) Ich spüre die Aufgabe, dieses System zu durchbrechen, und es ist schwer herauszufinden, ob es gut ist, diese Aufgabe anzunehmen. Ich entscheide mich dafür. Kurz kommt die Vorstellung, was passiert, wenn es nicht klappt. Versagensgefühle tauchen auf, aber ich kann sie loslassen.

Später ein Bild (das ich dann auch zeichne). Ich sehe einen Lichtstrahl (Gott) und einen Menschenstrom, der dahinzieht, mit Freud und Leid. Ein Teil des Stromes wird heller und geht ins Licht. Ich fühle mich mit beiden (den ›Dahinkrabblern‹ und denen ›die ins Licht gehen‹) gleich verbunden, es erscheint alles ganz einfach und gut und selbstverständlich. Ich bekomme ein Körpergefühl des ›Sich-Auflösens‹, die Grenzen verlieren, wie das Weltall, dann ziehe ich mich wieder zusammen, werde klein und kompakt und dunkel. Ich dehne mich wieder aus, löse mich auf, werde Licht usw.

Alles geschieht sehr angenehm, selbstverständlich und ruhig.

Dies war meine bisher schönste Atemsitzung!«

Später berichtete mir die Klientin, daß sie ein Kind erwarte.

Entscheidung für einen beruflichen Abschluß:

»Ich hatte aber noch ein drittes Erlebnis am Ende der Atemerfahrung, ich sah plötzlich meine Lehrbücher vor mir. Mein erster Impuls war: ›Was sollen die denn jetzt hier! Weg mit euch‹. Aber mir wurde bewußt, daß das der falsche Weg ist, wichtig ist genau die Verbindung zu ihnen zu finden, und ich sah ein Bild von Stufen, ich stand vor der letzten großen Stufe, bevor der Abschluß meines schulmedizinischen Weges vollbracht ist. Und genau für diese Erarbeitung der letzten Stufe hin zu einer größeren Befreiung, waren/sind die Bücher der Schlüssel! Sie sind die Brücke in die Befreiung und es kamen Ahnungen von Freude und Erlösung, wenn diese Stufe abgeschlossen sei.«

Einige Zeit später legte er erfolgreich die Facharztprüfung ab.

Verarbeitung von schicksalhaften Ereignissen

Die innere Verarbeitung von schicksalhaften Ereignissen ist konstitutiver Bestandteil des menschlichen Daseins. Das Schicksal greift bisweilen gnadenlos in das Leben von Menschen ein. Die Atemsitzung bietet eine gute Möglichkeit, die Umstände nochmals in ihrer Dramatik aufleben zu lassen.

Sobald sich die intensiven Prozesse beruhigt haben, können Bilder dazukommen, die das bislang unverstanden Gebliebene aufhellen. Es tritt auch ein Akzeptieren des Unausweichlichen und eine Neubestimmung der inneren Lebensperspektive hinzu.

Fünf Fehlgeburten:

»Bei der Sitzung hatte ich wieder Geburtserlebnisse, diesmal war ich die Mutter. Eine Menge Kinder verließen meinen Leib. Es war wohltuend, von meiner Sitterin unterstützt zu werden, sie drückte meine Beine in die entsprechende Stellung. Plötzlich erlebte ich alles wie in Zeitlupe, gleichzeitig hatte ich das Gefühl, etwas Wichtiges würde geschehen. Ich war wieder dabei, ein Kind zu gebären, und griff mit meinen Händen zwischen die Beine, um es heraufzuziehen. Als ich es auf meinen Bauch legen wollte, merkte ich, daß es ganz lang war und noch nicht ganz aus meinen Leib draußen war, ich zog noch einmal und plötzlich begriff ich, daß es ein riesiger dicker, grauschwarzer Wurm war, den ich da herauszog. Ich erschrak sehr und war ganz ratlos und verwirrt und legte das grauschwarze Etwas auf meinen Bauch. Und plötzlich wußte ich, daß es meine 5 Fehlgeburten waren, die da tot auf meinem Bauch lagen. Ich wurde sehr traurig und mußte weinen und schluchzen um meine toten Kinder. Ich setzte mich auf und meine Sitterin nahm mich in ihre Arme. Angeregt durch die Musik, die wie Tanzmusik auf mich wirkte, hatte ich die Idee: wenn meine Kinder schon tot sein müssen, so will ich ein letztes Mal mit ihnen tanzen! Sorgfältig arrangierte ich alle fünf auf meinem und meiner Sitterin Arme und wir wiegten uns im Takt der Musik. Ich verspürte gleichzeitig große Lust am Tanzen und arge Traurigkeit, weil ich wußte, es war das letzte Mal, es war das Abschiednehmen von meinen Kindern. Als der Tanz aus war, legte ich die Kinder langsam in die Erde und wußte, sie würden auch Erde werden. Erschöpft legte ich mich zurück, um auszuruhen. Es kamen mir auch Gedanken, daß auch ich eines Tages tot sein würde und in die gleiche Erde sinken würde. Auf einmal sah ich diese Erde und uns alle darinnen und wie kleine, zarte Wölkchen, ein klein wenig rosa gefärbt, etwa so wie Morgendunst auf einer Wiese voll Tau, stiegen meine 5 Kinder aus der Erde auf, nahmen Gestalt an und schauten wieder wie rosa Kinderkörper aus und ich wußte (und ein ungeheures Glücksgefühl durchströmte mich), sie würden wieder leben dürfen, sie würden wieder eine Mutter haben. Ich wußte, daß nicht ich diese Mutter sein würde, aber irgendwie würde etwas von mir auch in diesen Müttern sein. Ich fühlte mich sehr glücklich, und ein Gefühl des Trostes durchströmte mich. Auch später hielt dieses Gefühl des Trostes an. Niemals hatte ich es verwinden können, daß so viele Kinder von mir nicht leben durften. Trotz Therapie konnte ich mich mit dieser Tatsache nie abfinden. Nun geht es mir gut, ich weiß, meine Kinder kommen wieder und werden leben.«

Nach ihren Aussagen konnte sie sich durch diese Erfahrung von einer depressiven Lebenseinstellung befreien, denn trotz längeren Therapien konnte sie früher dieses Erlebnis nicht überwinden.

Wiedererleben eines Unfalls:

»An meiner rechten Hand schmerzten mich die bei einem Unfall gebrochenen Mittelhandknochen. An den Unfall konnte ich mich nie erinnern, obwohl ich laut Beschreibung nicht bewußtlos war. Ich erlebe den Unfall nochmals. Beim Aufprall mit dem Mofa auf das Auto trat ich aus meinem Körper heraus. Als ich im Krankenhaus aufwachte und meine Mutter im Zimmer war, trat ich wieder in meinen Körper und fragte erschrocken, was denn los sei. Dann erlebte ich den Unfall nochmals. Doch diesmal blieb ich in meinem Körper und Erinnerungen kamen. Ich sah, wie meine Freundin, die mit mir fuhr, auf eine Trage gelegt wurde. Ich rannte schreiend herum, obwohl ich selber schwer verletzt war. Überall war Blut. Leute kamen und beruhigten mich. Ich bekam eine Spritze. Ich kann mich auch an die Fahrt im Krankenwagen erinnern.«

Trauerarbeit nach dem Tod des Ehemannes:

Der Mann der Erfahrenden verstarb an Krebs. In der Trauerarbeit erfolgt die Konfrontation mit dem endgültigen Abschied. Gefühle wie Schmerz und Wut sollen unzensiert zum Vorschein kommen können, um ganz leer zu werden. Erst dann ist eine erfolgreiche Neuorientierung im Leben möglich. Die Trauerarbeit wird durch das morphogenetische Feld unterstützt, so daß kollektive Erfahrungen in die Trauerarbeit einfließen können. Geschieht dies nicht und bleibt eine Fixierung zurück, kann es zu chronischen Depressionen kommen.

»Ich bin aufgeregt und fühle mich sehr geborgen in dem Vertrauen, daß das passieren wird, was jetzt gut und richtig für mich ist – und daß meine Existenz mit Klaus, mit meiner derzeitigen Erschöpfung mit eingeschlossen ist. Ich spüre sehr schnell meine Trauer. Ich überlasse mich ganz dem, was kommt, akzeptiere, daß mein Atem sehr tief und langsam (nicht schnell) ist, spüre ein Kribbeln in Armen und Beinen, das angenehm ist, das ich aber nicht im ganzen Körper ertragen würde – und es geht auch nicht weiter. Statt dessen weine ich – endlich ohne Hemmungen, egal, welche Töne kommen, ich spüre meinen Schmerz und meine Stimme trägt ihn aus mir heraus, und trägt mich in mich hinein, ich spüre wie mein Weinen Räume in mir öffnet, bis tief in meinen Bauch, und in Wirbel, wo ich Schmerz nicht vermutet hätte. Das Weinen tut unendlich gut, ich genieße es regelrecht, daß ich nicht aufhören muß, bevor es nicht selbst aufhört, zwischendurch bin ich traurig und ärgerlich, daß ich nicht früher die Chance hatte, dies zuzulassen – wozu das ganze kirchliche Ritual einer Beerdigung, wenn nicht dazu?! Ich spüre, daß ich Jürgen noch einmal ganz fest umarmen möchte, um Abschied zu nehmen, lege ein Kissen auf meine Brust und umarme damit Jürgen, spüre meine ganze Liebe, und für jene Zeit, die letzten Wochen, wo ich ihn aus Erschöpfung und Überforderung nicht mehr so umarmen konnte, wie ich es jetzt tue, spüre, wie gut es tut, das jetzt nachholen zu können. Weine dabei, weine, weine. Dann spüre ich, wie meine Arme langsam das Kissen (den Jürgen) freigeben, in Millimeter-Rhythmen, mit jedem Atemzug ein paar Millimeter. Dann halte ich das Kissen schon so zwischen den Händen, daß sie fast beginnen, sich unter dem Kissen zu schließen, nur ein schmaler Teil liegt noch auf meinem Herzen. Ich habe das Gefühl, als müßte Jürgen so Stück für Stück aus meiner Brust heraus, und jetzt geht es um den letzten Schritt, das endgültige Loslassen. In dem Moment bekomme ich eine unendliche Wut auf diesen Gott, der mir Jürgen genommen hat, auf diesen Gott, der/die mich auch sehr liebt, wie ich tief im Innern weiß und der/die auch Jürgen und Walter liebt, und uns doch allen so weh tut. Der Schrei, den ich Gott – ihm gegenüber, entgegen schleudere kommt so ganz von meinem untersten tiefsten Bauch heraus, erfüllt meinen ganzen Körper, und ich fühle eine derartige Befreiung, schreie noch mal, noch tiefer, und noch voller, und ich spüre, daß dieser Schrei, dieser unendlich große Zorn und Vorwurf ›ankommt‹, gehört wird, akzeptiert wird. Er wird still zur Kenntnis genommen, das tut gut, aber dann merke ich das Verlangen nach einer Antwort von der anderen Seite – die spontan nicht kommt. Das tut weh.

Ich lege mich wieder hin, lausche auf eine Antwort. Aber die Antworten, die sich einfinden, sind nicht ganz so von dort, wo der Schrei herkam. Hier ist eher Herz und Verstand/Geist beteiligt: ›Du lernst durch diesen Verlust auf eine Art und Weise lieben, die dir früher nicht möglich war.‹ ›Du hast doch gespürt, wie weich/offen du auch geworden bist, in den letzten 2 Jahren.‹

›Ich bin groß, unendlich groß: in der Liebe und im Schmerz/Tod.‹

Ich liege noch lange, versuche mich wieder zu öffnen, spüre dabei meinen Trotz, meine Enttäuschung, – andererseits meine körperliche Erleichterung.

Ich male dann meine Tränen, meine Wut, das Bild, wie Jürgen mich noch im Herzen berührt – das ist auch sehr o. k. für mich, ich spüre, daß es noch nicht an der Zeit ist, daß wir uns hier lösen. Und ich sehe den Tod in Form eines Totenschädels. Der steht auf einen Brett an der Wand (der Platz, wo in meinen Träumen immer wichtige Symbole auftauchen) und ich weiß, es ist mein Tod, er sagt: ›Auch für dich bin ich da.‹ Das erschreckt und erleichtert mich.«

Mißbrauchserfahrung

Die bewußte Bearbeitung von Mißbrauchserfahrungen nimmt zu, weil dieses Problem in der Gesellschaft nicht mehr tabuisiert wird. Das holotrope Atmen bietet durch Einbeziehen vitaler und körpernaher Gefühle eine gute Basis, um den Ekel loszuwerden und ein neues Identitätsgefühl zu gewinnen:

»Ich muß zuerst sehr husten, mir ist alles zu eng am Hals, am Bauch. Ich bewege mich, spucke viel raus. Irgendwann sehe ich mich als Löwin, die in Angriff geht. Meinen Vater sehe ich nicht richtig. Dann genieße ich es, durch die Savanne zu laufen. Mir fallen plötzlich die Verstrickungen ein. Ein großer Steinbuddha – alt und verwittert – an einer Riesenwand schaut mich an. Ich bitte um Hilfe, die Verstrickung zu lösen. Vor dieser Wand mit dem Buddha ist ein Metallring – riesengroß mit Schnüren, die nach unten durchhängen wie ein Sieb.

Ich fange an, die Verschnürungen zu lösen und hangle mich von einem zum anderen. Dann merke ich, daß ich durchfallen würde, wenn ich alles löste. Unter mir geht es ewig ins Dunkle. Lange weiß ich nicht, ob ich es riskieren soll. Was passiert, wenn ich ins Unendliche falle oder hart aufpralle? Ich muß auch gar nicht alles lösen, ich kann mich auch gleich fallen lassen, wenn es sowieso passieren würde. Plötzlich kann ich mich trauen und ich falle lange. Irgendwann bin ich ohne Angst und Schmerz in einem dunklen Fluß in der Dunkelheit. Es ist unheimlich. Ich weiß nicht, ob Leichenteile mitschwimmen. Es reißt mich mit zu einer Höhle. Die kenne ich vom letzten Atmen – wie ein Zufluchtsort. Dann tanze ich auf dem Tanzplatz. Plötzlich ist es wieder dunkel. Ich liege weit geöffnet da und fürchte dauernd, daß mir ein wildes Tier in die Kehle beißt … Riß … Ich sehe eine schwarze Kutsche mit einem schwarzen Sarg von weit oben als würde ich schweben und weiß nicht, ob ich da drin bin. Zwischen den Szenen blitzen die Übergriffssituationen auf. Mein Vater auf der orangen Couch, Ekelgefühle. Immer wieder boxe ich in seine Richtung. Ich töte ihn nicht, schlage ihn nicht direkt. Meine rechte Schulter schmerzt. Ich bitte die Sitterin um Druck, und ich atme rein. Ich muß ganz laut weinen. Obertonmusik hilft mir. Ich lasse meinen Körper mitklingen. Das bringt meinen Ekel, meine Übelkeit zum Ausdruck. Ich spucke, ich würge, sehe Riesenpenisse vor mir (meinem Mund). Es ekelt mich entsetzlich. Ich tobe gegen diese Bilder und spucke den Ekel raus. Ich schreie wie ein Löwe gegen diese Übermacht. Dann kommt Traurigkeit über all das mißbrauchte Vertrauen. Die Obertonmusik bringt mich in einen eigenartigen Zustand. Ich habe das Gefühl, die Töne sind ganz bei mir, in mir, in meinem Kopf. Es dröhnt so in meinen Ohren, daß ich das Gefühl habe, im Trommelfell knallt es. Ich bin desorientiert und habe Angst, verrückt zu werden. Ich sehe leuchtende Farben mit viel Blau. Vor lauter Angst geht das Gefühl weg. Dann finde ich es bedauerlich. Nach einiger Zeit ist das Löwengefühl wieder da. Ich komme wieder zum bekannten Tanzplatz und tanze den Tanz des Lebens. Lebensfreude pur. Ich traue mich, ohne Angst diese Lust zu zeigen. Dann werde ich ganz ruhig, sacke weg für einige Zeit. Ich fühle mich sehr erschöpft, habe aber das Gefühl, viel losgebracht zu haben … Es ist ein rundes Gefühl – nicht euphorisch. Ich lasse ›es‹ malen, weil ich keine Idee habe.«

In einer anderen Atemsequenz kommen folgende Erfahrungen:

»Bei einer Musik mit Männerstimmen sehe ich eine wilde Männerhorde. Ich wetze mit dem Rücken auf der Matte und schüttele mich. Es ist sehr bedrohlich. Ich bewege mich ganz schnell, damit sie mir nichts tun können. Es ist wie ein magischer Zauber. Ich gewinne Sicherheit – es wird ein Tanz. Dazwischen sehe ich Leute in Trance, die tanzen. Es melden sich die Schultern. Ich merke, daß ich den Prozeß jetzt ausklingen lassen könnte. Aber so will ich nicht heimgehen. Ich habe das Gefühl, es steht irgendwas wie Glas zwischen mir und dem, was noch anstünde, habe aber keine Ahnung, wie ich dahin kommen könnte. Du hältst mir die Schultern zurück, ich bäume mich auf, kriege eine Wut. Ich habe das Gefühl, immer niedergedrückt worden zu sein und kämpfe dagegen an. Dann tut das Herz sehr weh. Du hilfst mit Körperarbeit und ich muß würgen und spucken. Nach einiger Zeit kommt der Schmerz im Rücken wieder. Ein Bild, das ich vor 11 Jahren schon mal in der Aufarbeitung der Vaterproblematik hatte, meldet sich mit einer Intensität, die ich noch nie so spürte. Ich fühle mich wie von einem Schwert durchbohrt. Das Schwert geht durch die Scheide und durchbohrt den Körper, um in Herzhöhe rechts neben der Wirbelsäule an diesem chronischen Schmerzpunkt herauszukommen. Ich fühle mich total verlassen und habe das Gefühl, ›es kommt nie mehr jemand‹. Ich kann einfach nicht mehr. Ich kann nur noch weinen und bitte dich noch mal um Hilfe. Du sagst, ich solle alles rauslassen und zulassen. Ich bräuchte nichts mehr zu tun. Mir tun auch die Ohren weh, vor allem rechts, was mich an die 1. Atemsitzung mit den Obertönen erinnert. Durch die Hand des Sitters wird es besser … Dann fühle ich mich fast wie im Uterus oder einer Ursuppe, wo alles mögliche (Zellen oder so was) rumschwimmt. Dann habe ich das Gefühl, daß zwei mir bekannte und vertraute Lichtwesen um mich sind: das weibliche Lichtwesen am Kopf und das männliche am Fußende. Langsam komme ich zur Ruhe. Ich fühle mich zerschlagen und erschöpft und hoffe, daß ich was lösen konnte.«

Nach den Atemsitzungen empfindet die Atmende folgendes:

»Ich vertraue dem Schmerz, daß er mich zur Freiheit führt und die Verstrickung löst. Im Tanz des Lebens bin ich frei, wenn ich ins dunkle Wasser springe, mich vom Fluß treiben laß.«

In einer anderen Atemerfahrung zeigt sich innerhalb von zwei Sitzungen eine intensive Bearbeitung des Mißbrauchs und die Wiedergewinnung des Frau-Seins.

»Der Einstieg fällt mir leicht, ich atme tief durch. Dabei gerate ich immer mehr in ekstatische Bewegungen, die meinen ganzen Körper in feine Vibration bringt. Die Schlange in mir tanzt mich in meine Weiblichkeit, Sinnlichkeit und Erotik. Ich genieße mich, meinen Körper und Fühlen, Sein. Am liebsten möchte die gesamte Atmung so sein. Nachdem ich ausgetanzt habe, würge ich eine dicke schleimige Unratswurst aus mir heraus. Ich lege mich hin. Ich werde zur 4–5 jährigen Lydia. Ich spiele und bin einfach da. Meine Freude steigert sich langsam. In meiner höchsten Freude wird mir klar, daß ich nicht mehr die kleine Lydia bin und auch meine verlorene Kindheit nie mehr zurückholen kann. Sie ist für immer verloren. Ich bin zuerst traurig, werde dann wütend auf den Onkel Heinz, der mich so früh zur Frau gemacht hatte. Mein Zorn weitet sich aus auf alle die Männer, die mir wehgetan haben, mich schändeten, vergewaltigten, demütigten … Ich richte mich auf, nehme erst einen Dolch, der sich dann in ein Schwert verwandelt und schlage einige Male mit der Wucht meines Zorns auf die Männer ein. Ich fühle, das reicht mir nicht. Ich verwandle mich in die zornige Kali und lasse aus meinen Fingern tödliche Strahlen auf die Männer heraus. Ich bin nicht zufrieden, was geschieht. Ich beginne zu fluchen. Die Worte passen nicht. Also suche ich weiter nach den richtigen Worten: ›Ihr sollt in euch die Frau fühlen! FÜHLEN!!! UND dabei Mann sein!‹ Mein Herz brennt. So stimmt es für mich und meine Heilung … Zwischendurch fühle ich Dankbarkeit und große Liebe zu den Sittern und zu den Männern. Die Hände von den beiden Männern auf meinem Herz-Chakra, fühle ich Wärme in meinem Brustkorb.«

In der darauffolgenden Atemsitzung:

»Voller Freude genieße ich wieder den ekstatischen Tanz. Dann lege ich mich hin und denke an mein Bild vom Vortag … Langsam verspüre ich eine Wandlung. Ich werde zu einem Baum. Ich stehe auf und recke mich dem Licht entgegen, wurzle tief in der Erde. Ich bin mal eine Eiche, mal eine Weide, eine Buche und andere Bäume. Die Jahreszeiten gehen an mir vorüber. Mal ist Licht, mal Dunkelheit, Ruhe, Sturm. Ich stehe da und gebe mich den Wandlungen und Gezeiten hin, komme immer wieder in Ruhe. Frieden ist in mir. Ich bin der Lebensbaum. So stehe ich lange … Nachdem ich mich hingelegt habe, erklingt Musik, die mein Becken zum Schwingen bringt. Ich merke, daß mein Becken den gesamten Körper steuern kann. Wenn es mir mal gelungen ist, auch meinen Kopf nach dem Rhythmus des Beckens fliegen zu lassen, braucht es keine Kraftanstrengung. Ich fühle mich dann ganz im Fluß, im Fließen, Schwingen und Ruhe … Danach liege ich sehr lange, tue nichts, fühle nichts, bin einfach da und liege rum. Manchmal kommen Gedanken in mir hoch, ich könnte doch … und lasse sie gehen. Es ist so schön, nichts zu tun.«

Der Ausdruck von Zorn ist ein erster Schritt die kindliche Ohnmacht bei sexuellen Übergriffen zu überwinden.

»Mit der Zeit wuchs eine ohnmächtige Wut in mir. Ich wollte wie ein kleines Kind ›giesgen‹ (in einem hohen Ton schreien und hilflos mit den Armen und Beinen zappeln – dabei wird man in der Beckengegend festgehalten). Auf meinen Wunsch hin hielt mich meine Sitterin in der Beckengegend fest. Doch ich konnte nur mit den Beinen zornen. Ich spürte einen ohnmächtigen Zorn auf meinen Opa. Ich sah seine Mistgabel, als wir in den Kuhstall kommen mußten. Diese Gabel bedrohte mein Leben. Sein steifes Glied war vor meinem Gesicht. Ich mußte es mit meinen kleinen Fingern festhalten. Immer mehr spürte ich, wie dieser Zorn im freien Raum keine Richtung fand. Ich meinte in alle Richtungen schlagen zu müssen und fand doch keine Resonanz. Durch die Begrenzung mit Matten und Druck gelang es mir meinen Zorn und meine Wut richtig rauszulassen. Noch nie habe ich so deutlich diesen ohnmächtigen Zorn gespürt, einen Zorn der keinen Namen hat. Nachdem ich gekämpft habe, um mein Leben gekämpft habe, spürte ich, daß ich nicht tot bin. Am Abend war ich traurig und zornig und ich fand das so ungerecht, daß einem kleinen Kind so was passieren konnte. Ich stellte die Existenz Gottes in Frage.«

Abtreibung

»Mein Bauch gehört mir« war der Slogan einer aufgeklärten Gesellschaft. Nach und nach zeigte sich aber in der Psychotherapie, daß die Abtreibung doch stärkere Spuren als erwartet zurückgelassen hatte. Jahrelang verdeckt gebliebene Schuldgefühle können abrupt ins Bewußtsein kommen und den Menschen überschwemmen. Die Abtreibung läßt sich zwar nicht mehr rückgängig machen, in der Bearbeitung kann eine Befreiung von chronifizierten Schuldgefühlen erfolgen, so daß eine adäquate Übernahme von Verantwortung möglich wird.

Die Integration einer Abtreibungserfahrung:

»Ich beuge mich nach vorne und raufe mir die Haare, will sie herausreißen, unbedingt. Das tue ich eine Zeit lang und strenge mich dabei sehr an … Ich kreuzige mich wieder und höre und sehe wieder die anderen in ihrem Prozeß. Diesmal finde ich es sehr lustig und muß lachen. Warum all das, wenn wir doch alle wieder in die große ›Suppe‹ kommen. Ich lache so lange, bis nur die Tränen kommen. Ich bedecke mit meinen Händen die Augen, wasche mein Gesicht, … lege dann die Hände an den Hals. Ich würge mich zweimal … Meine Hände liegen auf meinem Herzen … Die linke Hand legt sich auf meine Stirn und die Rechte oberhalb meines Schambereiches auf den Bauch. Ich drücke in meinen Unterleib, bis es schmerzt. Ich sehe mein Baby, daß ich vor 10 Jahren abtreiben ließ, wie es damals aussah, graubraun und so winzig, alles ist dran, es ist ein Junge. Ich muß so weinen. Nach einer Weile ging mein Baby in meinen Bauch, ich war noch einmal mit ihm schwanger. Glücklich streiche ich über meinen geschwollenen Bauch und bin entzückt über jede Kindsbewegung, die ich spüren darf. Langsam bereitet sich mein Körper auf die Geburt vor. Ich nehme die Preßhaltung ein und gebäre mein Baby. Es ist aber nicht da (ich weiß), sondern nur eine lange dicke Nabelschnur mit dem Mutterkuchen. Diesen muß ich kräftig aus mir herausreißen. Ich muß mich sehr anstrengen und mehrmals ziehen, bis alles heraus ist. Ich lege mich kurz nach hinten und fühle, wie meine Vagina samtweich wird, feucht und heiß. Ich setze mich über meine gespreizten aufgestellten Beine auf. Ich schaue auf und mein Baby erscheint als Lichtwesen und wir beide weinen um die Zeit, die wir nicht miteinander teilen durften, um die Zärtlichkeiten, die wir uns nicht geben konnten, über alles, was wir einander nicht gegeben haben ... Wir müssen uns verabschieden. Ich muß es wegschicken, zurück in das Licht, in den Kreislauf der Inkarnationen. ›Geh!‹, ›Geh!‹. Es geht erst, als ich es wirklich ernst meine. Ich weine meinen Abschiedsschmerz. Eine schöne Musik erklingt, wie ein Wiegenlied und ich summe zuerst und singe dann leise mit. Ich denke an die vielen ungesungenen Wiegenlieder für mein Baby und weine ... Als das Lied verklungen ist, lege ich mich still hin. Es überkommt mich eine große Sehnsucht nach meinem Baby und ich weine ... Ich lasse mich trösten und lasse meine Schwäche zu. Ich bin nicht allein. Danke!«

Lösung von körperlichen und seelischen Schmerzen, die infolge einer vor Jahren durchgeführten Abtreibung die Erfahrende belastete:

»Ich bekomme Brech- und Hustenreiz. Irgendwann muß ich tatsächlich auch brechen. Trotzdem – die Grenzen ärgern mich. Ich trete gegen sie, springe auch mit den Beinen voran in die Luft nur um sicher zu sein, daß keiner da ist, der mich behindert. Ich trete auch gegen die Wand. Am liebsten wäre mir, sie wäre nicht da. Ich hasse in diesem Moment jeden, der mir Grenzen setzt. Und dann – langsam geht mir die Luft aus – fängt mein Unterbauch zu schmerzen an. Und wie. Als ob ich urplötzlich die Regel bekommen würde. Begleitet von starken Krämpfen. Ich bitte meine Betreuerin, jemanden zu holen. Der Therapeut sagt mir, ich solle zum Schmerz hin atmen. Ich traue mich aber nicht. Dann tut es noch mehr weh, ist meine Angst. Ich versuche mich abzulenken, indem ich noch einmal anfange, gegen die Grenzen zu kämpfen. Aber nicht lange, der Bauch rührt sich weiterhin. Schließlich kommt der Therapeut wieder und legt sich neben mich. Er lädt mich ein, mich an ihn zu kuscheln. Ich mache es. Es tut mir sehr gut. Die Schmerzen im Bauch – als ob ich sie so teilen könnte. Er fragt mich, ob ich weiß was das ist. Ja, ich weiß es und es fällt mir nicht leicht, es ihm mitzuteilen. Es ist eine Abtreibung, die ich vor vielen Jahren vornehmen habe lassen. Das war mir ganz klar. Aber jetzt – ich fühlte mich gut aufgehoben, nicht im Stich gelassen – konnte ich darüber reden, und was mich in diesem Zusammenhang alles belastete. Die Schuldgefühle, die Tatsache, nichts mehr verändern zu können.

Irgendwann ging der eine Therapeut, und der andere kam und hielt meine Hand, meine Betreuerin streichelte meinen Bauch ... ich weiß nicht wie lang. Oder ich lag einfach so da auf der Matte. Langsam ließ der Schmerz nach. Ich hatte ein Gefühl, als ob er zu fließen beginnen würde. Das war dann auch meine Zeichnung. Der fließende Schmerz, der den Unterbauch verläßt.«

Integration von Schattenaspekten

Die Integration von Schattenaspekten ist für die Personalisation äußerst wichtig, denn wenn diese verleugnet werden, werden sie auf andere Menschen projiziert. Als Schatten versteht man »den ›negativen‹ Teil der Persönlichkeit, nämlich die Summe der versteckten, unvorteilhaften Eigenschaften, die mangelhaft entwickelten Funktionen und die Inhalte des persönlichen Unbewußten« (C. G. Jung, 1964, S. 71).

Erich Neumann sieht im Schatten »die andere Seite. Er ist der Ausdruck der eigenen Unvollkommenheit und Irdischkeit, das Negative, das mit den absoluten Werten nicht übereinstimmt« (Neumann, 1964, S. 26). Die persönlichen Schattenanteile können durch das Einfließen von Bildern und Symbolen aus dem kollektiven Unbewußten (Archetypen) noch intensiviert werden. Das holotrope Atmen eignet sich hierfür besonders, weil es die Grenze zwischen individueller und kollektiver Seele aufheben kann und somit zu einer umfassenden Integration beitragen kann.

Das Freiwerden der Kraft des Schattens – die Verleugnung des Schattens bindet Energien, die bei einer Integration dem gesamten psychosomatischen System wieder zur Verfügung stehen:

»Nach der üblichen Entspannungsübung gelange ich auch diesmal durch vertieftes Atmen in einen anderen Spannungszustand; starkes Pulsieren, vom Nacken ausgehend, machte sich in den Händen bemerkbar. (Dieses starke Empfinden stellt sich zu Beginn aller Atemsitzungen ein). Plötzlich vernahm ich – aus der linken Ecke des Raumes kommend – ein starkes Schnaufen bzw. ein unheimliches Zischen. Es befand sich dort ein feuerspeiendes Ungeheuer, welches mich mit furchterregenden Augen wütend anstarrte. Es erfaßte mich eine entsetzliche Angst, ich fühlte mich existentiell bedroht; es wurde mir blitzartig bewußt: Davonlaufen ist nicht die Lösung! Stelle dich dieser Auseinandersetzung. Ich versuchte mich selbst zu motivieren und brüllte: ›Komm nur her!‹ Meine Kräfte wuchsen spürbar, ich fühlte mich für diesen Kampf gewappnet. Da bemerkte ich zu meinem großen Erstaunen: Das Ungeheuer wurde in dem Maße kleiner, wie meine Kräfte wuchsen. Es dauerte eine lange Zeit: Immer wieder dieser Wechsel, einmal war das Ungeheuer, dieser Dämon riesig, übermächtig, furchterregend, dann wieder ich. Dennoch, irgendwann erfaßte mich eine tiefe Furcht, und vor lauter Angst wurde mir richtig übel, es befiel mich ein starkes Würgen. Dann aber spürte ich in meinen Händen eine übermenschliche Kraft. Die Sitterin sagte nur: ›Trau dich.‹ So stürzte ich mich auf das Ungeheuer und wollte es erwürgen. Plötzlich wurde mir bewußt, ich muß dieses Dunkle gar nicht vernichten. Es war ein wunderbares leichtes Gefühl in mir. Aus dem Ungeheuer wurde dann ein schönes Pferd. Ich schwang mich auf das herrliche Tier und gemeinsam ritten wir durch blühende Landschaften, weite fruchtbare Täler, durch karge und dennoch beeindruckende Wüsten. Dieser Ritt durch die Welt währte sehr lange; jegliches Zeitgefühl ging mir verloren. Ich war ganz eins mit dem kraftvollen wunderschönen Pferd. Irgendwann kehrte ich mit meiner Aufmerksamkeit zurück in die Gegenwart, in den Raum, wo die anderen ›Atmenden‹ auf ihrer Reise waren. Ich hörte Schluchzen, empfand in dem Augenblick alle Traurigkeit, allen Schmerz der Welt in mir und konnte gar nicht mehr aufhören zu weinen. Es war wahrlich ein kollektives Weinen mit allen Frauen der Welt, die um ihre verlorenen Kinder trauern. Irgendwann ebbte diese Traurigkeit doch wieder ab. Ich fühlte mich wie in einem Bad aus Tränen. Lange habe ich benötigt, um wieder freier zu sein. Dabei hat mir die Sitterin sehr geholfen. Liebevoll hat sie meine kalten Füße massiert, mich hingebungsvoll gestreichelt. So konnte ich wieder meine Lebendigkeit spüren und tauchte dann irgendwann wieder ganz auf. Das farbige, sehr kraftvolle Bild war Ausdruck meiner intensiven inneren Reise, in der meine Schattenseite integriert und verwandelt wurde.«

Auflösung des Körperpanzers und Lösung körperlicher Probleme

Es ist bekannt, daß bei starken traumatischen Erfahrungen die Körpersphäre abgespalten wird. In den nachfolgenden Auszügen aus mehreren Atemsitzungen zeigt sich konkret und symbolisch eine Reintegration des körperliches Aspektes der menschlichen Existenz. Wilber spricht von der zentaurischen Ebene. Dadurch werden auch Gefühle, Wahrnehmungen und Empfindungen auf eine breitere Basis gestellt. Eine gesunde und integrierte Leiblichkeit ist eine wichtige Säule der Identität.

Nach jahrelangen Abspaltungsprozessen konnte die Erfahrende mit dem Körper Freundschaft schließen:

»Lege mich auf den Bauch, habe den Rücken immer hingehalten um ›abzuwettern‹. Ich spüre die alte Verlassenheit, decke mich zu und rolle mich zusammen, wie eine Schildkröte. Mir wird übel. Mein Hals ist nicht umsonst kaputt. Das kommt vom langen Einziehen. Ich habe so viele Jahre nicht rausgeschaut aus dem Panzer. War geschützt, aber auch gefangen. Ab und zu, wenn es unerträglich wurde in der Starrheit, kotzte ich nach draußen und zog mich wieder zurück bis man das nächste Mal versuchte mich zu ›bewegen‹. Ich wurde älter und wuchs, der Panzer wuchs mit. War gefangen wollte nicht raus ... Atme schneller und schneller, schüttle meine Arme und Glieder. Irgendwann bin ich ein Fisch – sehr lang gestreckt, dann sehr rund und kugelig. Sehr schönes bewußtes Gefühl. Mein Rücken streckt und biegt sich mit der Musik, er will immer länger und freier werden. Dieser Körper, der seit Ewigkeiten gefangen war, fängt an, sich von der Starre zu befreien ... Mit dem Atmen vergeht die Trauer. Kräftiges Atmen führt zu Bewegung. Es geht mir wie den Pflanzen, mein Körper wächst in den Lautsprecher hinein. Der Körper will sich weiter befreien. Ich liege auf dem Bauch, strecke mich wie ein Pfeil zur Musik, dehne mich. Gute Spannung überall. Das linke Sakralgelenk schmerzt wie so oft. Ich bitte Sitter um Unterstützung, dieser drückt stark dagegen. Huste, huste, röchle. Es löst sich etwas ganz tief im Inneren. Strecke die Arme in den Himmel zu Gott – sehr zaghaft und demütig. Alle Dinge gleich gut sein lassen, in allen Dingen Gott sehen. Annehmen was kommt. Klare Gedanken ermöglichen den Überblick und das Erkennen zur Heilung hin. Loslassen und in das ›Nichts‹ gehen, Es machen lassen, das ist der Weg. Freundschaft mit dem Körper schließen und mich führen lassen ... Strecke und biege mich. Der Panzer hat ausgedient. Ich bin ein Vogel, tanze, köstlich, spaßig, leicht. Bin ein Schwan ... Werde wieder ruhig und gebe mich diesmal der Bauchtanzmusik mit schönen Bewegungen hin. Was ich mir immer wünschte – Kontakt zum Körper – wird wahr ... Bin selbst rund und ganz Ich atme tief ein und gebe mich der Musik hin. Mein Körper und mein Geist sind entspannt. Obwohl meine Augen mit einer Binde verschlossen sind, ist es, als ob ich meinen Körper sehen kann. Meine Welt entsteht im Geist. Ich bin nur Fühlen – fühle meinen Körper fließen in der Bewegung – wie auf Schwingen getragen. Ich bin traurig und schluchze. Aber es ist Freude und Trauer zugleich. Freude und Leid sind Eins. Ich bin der indische Elefant und schwinge den Rüssel, trage stolz die Maharani. Ich bin der Tänzer und der Trommler. Ich bin auch die Trommel und vibriere in Freude und Leid. Ich bin die Blume im Wind, die Rose im Park, der Wassertropfen auf der Rose. Ich bin das weiße Federchen, das vom Wind getragen auf dem Wasser landet. Ich bin das Weltall und alle Welten. Bin das ganze Universum – alle Universen.«

Eine andere Erfahrung beschreibt, wie durch Licht (kosmische Energien) Heilung von bösartigen Geschwüren erfolgte:

»Bei der ersten Atemsitzung hatte ich schreckliche Bilder von einem blauschwarzen bösartigen Hämangion in der rechten Leiste (rechts ist mein defekter Rotlauffuß) – ich war ziemlich sicher, davon zu sterben. Ich verfolgte, wie sich geschwürige Krater tief ins Fleisch und in den Bauch hineingruben. Plötzlich wurde ich einer Spinne gewahr und sah ihr Netz in einem Lichtstrahl. Da kam mir die

Idee das Geschwür mit Licht aufzufüllen – je besser es mir gelang, umso ruhiger wurde ich.

Dazu gibt es noch eine Nachgeschichte: Als ich vom Seminar nach Hause kam, lag eine Nachricht vom Gynäkologen vor, daß mein Abstrich schlecht ausgefallen wäre. Ich möge zu einer neuerlichen Abnahme kommen. Der Kontrollabstrich nach zwei Monaten war in Ordnung, und ich war auch gar nicht in Panik geraten, weil ich wußte, wie es zu heilen wäre. Und ich arbeitete auch täglich mit Licht.«

Durch das Wissen um psychosomatische Probleme kam es in den letzten Jahren zu einer Psychologisierung körperlicher Beschwerden. Dabei geht gewöhnlich auch das Gespür für echtes körperliches Leiden verloren. Das kann sogar dazu führen, daß notwendige körperliche Untersuchungen vernachlässigt werden. Durch das holotrope Atmen können die somatischen Bedingungen des Leidens freigelegt werden.

»Ich habe in letzter Zeit viel an meine letzte Atemsitzung gedacht, und was da alles ausgelöst wurde. Hier nun eine kurze Zusammenfassung.

Beide Atemsitzungen standen unter dem Zeichen meiner hochkommenden Galle. Da war ein Problem in meinem Körper, das ich nicht verstand. Ich vermutete, daß ein Zusammenhang bestand mit Aggression. In der ersten Atemsitzung habe ich dann auch ganz klar die Aggression gespürt, die in mir jedesmal durch Lärm entsteht. Ich halte das dann ganz schwer aus, und das war schon in meiner Kindheit so. Ich wurde sozusagen zum Opfer des Lärms. Leider habe ich es verpaßt, diese Wut auszudrücken in der ersten Sitzung, und mich entsprechend mies gefühlt danach. Ich habe mir deshalb vorgenommen, dies nicht noch einmal geschehen zu lassen. Für die 2. Sitzung habe ich mir mehr oder weniger bewußt deshalb einen Sitter ausgesucht, der in seinen Sitzungen die Emotionen immer sehr laut rausschreit. Und erneut wurde die Musik für mich während der Sitzung immer unerträglicher, und die Spannung wuchs immer mehr, bis ich sie laut herausschrie. Es brauchte danach nur noch ganz kurze Körperarbeit und dann stellte sich ein wunderbares Gefühl von Erleichterung und Entspannung ein, sowohl körperlich als auch psychisch. Es ging mir an diesem Abend total gut.

Etwas erstaunt war ich dann, daß ich eine schlechte Nacht hatte, schwitzte, und mich erkältet fühlte. Ich fragte mich dann, ob es mir überhaupt gut gehen darf. Es war unser letzter Kursmorgen, und ich fühlte mich innerlich wackelig. Auf der Heimreise wurde ich immer kränker, fiebrig, meine Nase lief. Anschließend mußte ich mich halbkrank durch einige Arbeitstage kämpfen, lag am Wochenende im Bett, danach ging es etwas besser, aber sobald die Arbeitswoche wieder losging, wurde ich erneut immer kränker.

Aber immer klarer zeichnete sich ab, daß ich eine Kieferhöhlenentzündung rechts hatte, und daß der widrige, gallige Geschmack von Eiter stammte, der mir die ganzen letzten 6 Monate den Hals hinuntergelaufen war, und daß ich diese subakut mit mir herumgeschleppt hatte, ausgelöst durch den Zahn- resp. Kiefereingriff im Herbst 2000. Ich hatte einfach atypische Symptome, und mein Zahnarzt, zu dem ich wiederholt ging mit der Frage nach einer Entzündung, beteuerte immer, alles sei in Ordnung. Rückblickend hat dieser Infekt meine Autoimmunkrankheit (meine Schilddrüsenüberfunktion) nochmals ausgelöst, und mich in einen Zustand von Halbkrankheit versetzt, der ein halbes Jahr dauerte. Jetzt, nach einer sehr aufwendigen Therapie dieses Infektes geht es mir langsam etwas besser.

Wenn ich zurückdenke, bin ich immer wieder erschüttert, zu sehen, wie lange es mir nicht gut ging, und wie bereit ich war, dies unter ›psychisch instabil‹ zu verbuchen, statt das ernst zu nehmen, was ich innerlich wußte: nämlich, daß es mir seit dem zahnärztlichen Eingriff schlecht ging.

Insgesamt hat also die letzte Atemsitzung resp. der emotional release der letzten Sitzung sehr viel bewirkt. Ich bin zutiefst überzeugt, daß dadurch der ganze Prozeß ins Rollen kam. Und ich bin sehr dankbar. Ich habe viel gelernt über den Zusammenhang von Körper und Seele, aber v. a. bin ich auch froh, daß eine schlimme körperliche Zeit zu Ende ist. Ich hoffe, daß nun auch meine Autoimmunkrankheit, d. h. meine Schilddrüsen-Überfunktion, in den nächsten Monaten zur Ruhe kommt.«

Heilung von Ängsten (Phobien)

Phobien sind zustandsspezifische und/oder objektgebundene Ängste. In der verbal ausgerichteten Psychotherapie sind sie wegen der mangelnden Erlebnistiefe nur sehr schwer zugänglich zu machen. Eine tiefgreifende Konfrontation mit dem Auslöser der Ängste im holotropen Atmen bringt in der Regel eine rasche Auflösung der Ängste mit sich. Die Erfahrende litt unter einer Spinnenphobie, wovon sie sich durch intensive Konfrontationen in zwei Atemsitzungen befreien konnte.

»Dazwischen immer wieder: Spinnen. Ich habe eine Todesangst vor Spinnen und bin einerseits nicht überrascht, daß sie auftauchen – andererseits beschließe ich, daß auch Erfahrungen ihre Grenzen haben müssen. Alles gut und schön, aber das geht nun doch zu weit. Ich wische sie immer wieder weg, die Spinnen. Aus meinen Bildern, aus meinen Gefühlen, aus meinen Gedanken. Es gelingt, aber ich muß es immer wieder tun, denn wenn ich nicht aufpasse, sind sie gleich wieder da ... Ich spüre Unbehagen, es ist heiß, es ist eng, ich will mich befreien, ich weiß nicht wie, ich brauche Hilfe, ich kann keine Hilfe holen, ich kann überhaupt keinen Kontakt aufnehmen. Es ist überhaupt keiner da, nur ich, heiß und eng und unbehaglich. Ich merke, daß dieser Zustand sich so schnell nicht ändert und hole meinen ›Verstand‹ zu Hilfe. Wieder flach hinlegen, ein bisserl atmen und so. Wieder Bilder, wieder Spinnen. Nein, nicht schon wieder. Also gut, wenn es denn sein soll. Ich gebe mich hin, ich bin zu allem bereit. Ich sehe Grashalme vor mir, ich bin im Gras. Die Spinnen strömen aus allen Richtungen auf mich zu. Große, fette, träge Spinnen, kleine, flinke, giftige, biestige, viele, viele. Sie kommen auf mich zu, sie werden mich beißen, übersäen, vernichten, sie sind so viele, ich bin so allein, sie hassen mich. Ich kann nichts mehr dagegen tun, ich will auch gar nicht mehr, habe lange genug gekämpft, bin müde. Ich warte auf das Schreckliche. Es passiert nicht. Es passiert immer noch nicht. Was ist los, Freunde? Hier bin ich! Sie wieseln in alle Richtungen, flink, geschäftig. Sie gehen ihren Angelegenheiten nach, welche immer diese auch sein mögen. Sie beachten mich nicht. Sie schrecken nicht etwa zurück vor mir, sie beachten mich nicht. Sie weichen nicht einmal wirklich aus, es ist, als wäre ich gar nicht vorhanden. Ich brauche einige Zeit, bis ich begreife. Das Begreifen ist schrecklich. Ich bin hier im Gras, und die Spinnen beachten mich nicht. Ich bin eine von ihnen. Ich bin eine Spinne. Ich bin eine Spinne. Ich bin eine Spinne. Ich kann nicht schreien. Obwohl ich gerne möchte. Mir ekelt. Ich kann nichts mehr wegwischen, es ist ja nicht außerhalb von mir. Ich kann mich nicht auslöschen, kann nicht aus mir heraustreten. Ich bin es selbst. Ich bin haarig, eklig, achtbeinig, ich sauge Blut aus anderen Lebewesen, ich ernähre mich wie ein kleiner Vampir. Und ich sehe furchtbar aus. Jetzt ist alles ganz anders. Wie kann ich mir selber entrinnen? Dieser Ekel vor mir. Ich reiße an meinen Haaren, ich winde mich im Grausen. Kein Verstand mehr. Kein Entkommen. Keine Hilfe. Ich gebe auf. Ich kauere auf der Matratze, Gesicht nach unten und schäme mich. Und trauere. Und bin zornig. Nicht auf jemand bestimmten. Nicht einmal mehr auf mich selber. Einfach so. Zornig. Und einsam.«

Der Atemsitzung folgte ein Bericht über die Auswirkungen in den Tagen danach:

»Erst nach einigen Tagen bemerke ich es. Wir leben am Land, wir leben mit Spinnen, tagtäglich. Manche besser, manche schlechter. Ich bis dato sehr schlecht. Laß ich sie tun, was sie tun wollen, betreten sie mein Gebiet, meine Sperrzone – mit unheimlicher Treffsicherheit. Sie schleichen sich die Treppe hoch, in mein Haus, in mein Bett. Ich muß sie also hindern, muß sie töten, danach graust mir erst recht. Wenn der gruselige Inhalt dann auf der Wand oder am Boden pickt. Ich weiß auch, daß ich das nicht tun darf, töten. Ich bin ja nicht blöd. Karmisch nicht vertretbar. Die tun dir doch nichts, die haben viel mehr Angst als du. Kann sein, aber noch mehr Angst haben als ich – dann ist der Tod sowieso eine Erlösung. Ich ertappe mich also dabei, wie ich eine recht fette Spinne (die Kinder meinen mit wohligem Gruseln – ich habe mich immer bemüht, meine Abneigung nicht auf die Kinder zu übertragen, man weiß ja was sich erzieherisch gehört – das sei garantiert eine Kreuzspinne, giftig, gell Mama? und sie weiden sich genüßlich an meiner vermeintlichen Angst) – also wie ich besagte Spinne und ihr Netz beobachte, eigentlich sollte ich den Staubsauger holen (eine sehr saubere Alternative zum blutig-gatschigen Mord), aber was soll's, die hängt da in meinen Pelargonien und mein Gott wie emsig sie ihr Netz baut und wie sie eilig verschwindet, wenn der Wind daherkommt und wie sie sich totstellt wenn ich daherkomme – und Himmel nochmal die paßt hierhin laß sie doch in Dreiherrgottsnamen in Ruh? Und wie anderntags eine von diesen wirklich scheußlichen großen haarigen Hausspinnen (Raubspinnen heißen die glaub ich), von denen ich zwar gelesen hab, sie können nicht mal eines Menschen Haut ritzen, aber man liest viel, jedenfalls hockt sie in meiner Spüle, normalerweise würde ich sie runterspülen, aber das kenne ich schon, die klammern sich unten am Ausguß an und wenn man das Wasser abdreht fächern sie den Körper wieder auf nur um einen zu ängstigen (zu flüchten), und überhaupt es ist furchtbar. Ich nehme also eine Tasse und finde auch ein Stück Karton und befreie dieses arme Wesen aus meinen eigenen grausamen Klauen und schüttle es in die Wiese und denke, tz tz, aus dieser Tasse wirst du wieder Tee trinken, na sowas. Und dann weiß ich es. Es ist vorbei. Keine Angst vor Spinnen mehr. Grausen, naja, schön sind sie nur, wenn ich wirklich gut drauf bin, und als Haustiere liebe ich meine Katzen wirklich mehr, aber Angst? Warum? Ich verstehe es nicht, aber das macht nichts. Macht überhaupt nichts. Noch nie vorher war es mir so gleichgültig, ob ich etwas verstehe oder nicht.«

Identität, Beziehung und Lebensfreude

Die Bejahung des Daseins und die Akzeptanz des Soseins ist bei vielen Menschen durch negative Selbstattribuierungen beeinträchtigt.

Ein »Ja« zu mir:

»Handflächen und Fingerspitzen groß, farbig – einfach bunt – verbreitert, energiegeladen, zunehmend auch der ganze Körper, fühle mich sehr weiblich, ganz ausgeprägt Frau, es strömt vom Herzen (grüne Lichter) über die Arme zu den Händen wie ein großer Energiebogen. Auch Beine und Zehen sind einbezogen. Fühle mich als ›Urfrau‹, strömend mit Kraft, vital, auch körperlich vergrößert, der Energiefluß nimmt ab, ich lasse es zu, bin verwundert; irgendwie ›ernüchtert‹ – ich schrumpfe sozusagen, spüre mich aber immer noch wie vorher im All schwebend. Spüre mich/meinen Körper immer genauer, werde immer kleiner, aber kompakter, staune, bin ganz im Kontakt, spüre meine Haut als starke und lebendige Begrenzung, ein großes ›JA‹ entsteht in mir, ›es ist so – es ist gut so – so bin ich wirklich, so stehe ich da‹, ein Gefühl von Beglückung, Nüchternheit und Demut.«

Auf dem Wege zum Mann-Sein müssen die Kastrationsängste bearbeitet werden:

»Ein riesiger Busen meiner Mutter deckt mich zu und erdrückt mich fast. Mein Unterkiefer beginnt zu zittern. Es bricht eine unendlich scheinende Aussichtslosigkeit herein. Man hat mich kastriert, meinen Schwanz abgeschnitten. Und ich habe ihn in einer Monstranz aufgehoben. Beim Pfarrerspielen bete ich ihn verzweifelt an. Aussichtslos. Mein Schwanz ist weg. Jäh krümme ich mich im Schmerz, ich wimmere. Ich gehe geschlechtslos durch das Leben. Ich bin kein Mann, aber auch keine Frau, nicht das eine, noch das andere, geschlechtslos. Und mein ganzes Leben mit meiner Sexualität bricht herein, all die Wunden brechen auf, die ich mittrage. Aussichtslos. Und in dieser Aussichtslosigkeit bleibe ich, und es ist kein Ende in Sicht. Wimmernd drehe ich meine Runden und bedecke mit einer Hand die Wunde.

Ich klettere auf einen Berg. Es tut gut, sich am Felsen zu spüren. Ich liege auf einem Gipfel, bin allein. Das Leiden an der Geschlechtslosigkeit verfolgt mich weiterhin. Gedanken, meinen Schwanz zurückzuholen, zu erkämpfen, ziehen als undurchführbar und sinnlos vorüber. In dieser Aussichtslosigkeit kommt es wie ein Geschenk. Initiation in Afrika. Jäh werde ich zugelassen, eingelassen in die Männerwelt. Und es sind mein Vater und mein Bruder dabei. Ich bekomme meinen Schwanz zurück. Er wird spürbar.

Ich sehe mich als Indianer, der klare Worte spricht. Der sich nicht anpaßt, der sagt, wie die Dinge sind, aus seinem Inneren heraus. Ich stehe, mit einem Mantel bedeckt. Und immer wieder das Wort ›aus‹, ›auss‹, ›ausss‹. Es ist die Zeit der Geschlechtslosigkeit vorbei. Ich bin Mann. Hinter mir verbrennt und verglüht die Monstranz Ich blase die Glut an. Es ist Zeit zu gehen: Ich merke es und gehe: Ich ziehe mich gänzlich um, daß kein Molekül von dieser Zeit auf mir haften kann.«

Ein wichtiger Schritt in der Identitätsbildung ist die Loslösung von der Mutter. Ist die innige Bindung zur Mutter in der frühen Kindheit unverzichtbar, so ist in den späteren Phasen der Entwicklung eine gesunde Loslösung die Voraussetzung für die Beziehungsfähigkeit zu sich selbst und zu möglichen Lebenspartnern.

»Zuerst lange nichts, Müdigkeit, fast wie einschlafen. Dann bin ich ›drinnen‹, sehr präsent, kann gut mit mir arbeiten. Spüre wieder einen körperlichen Schmerz in der Herzgegend (den habe ich öfter) und neben dem linken Schulterblattwinkel. Er tritt zusammen mit der Gewißheit auf, daß er die Bindung an meine Mutter, die nicht erfolgte Lösung repräsentiert. Ich arbeite und atme lange weiter, bis sich der Schmerz langsam löst. Es fühlt sich an wie Widerhaken, die von hinten in mein Herz dringen, und mich zurückhalten, besonders wenn es um Beziehung geht. Wie ein Zügel, der angezogen wird, wenn ich jemandem zu nahe kommen würde. Ich habe eine sehr große Sehnsucht nach wirklicher Begegnung. Sie motiviert mich, weiterzumachen. Ich bin froh, doch, auch gegen innere Widerstände, den Schritt in eine eigene Familie und Ehe getan zu haben, auch den Hausbau. Ich habe das Gefühl, daß Mutter jetzt erstmals meine von ihr getrennte Existenz ernsthaft in Erwägung zieht. Der Schmerz durch die Widerhaken wird leichter, wenn ich an das Gefühl eines Gruppenmitglieds denke, wie sie leidet, wenn sich ihr Sohn von ihr löst. Ich empfinde sehr klar, daß es die Mutter ist, die leidet. Für das Kind ist es normal, zu gehen. Das Kind empfindet aber die Gefühle der Mutter, besonders, wenn sie nicht zuläßt. Diese Gefühle hindern es am Gehen. So erscheint es mir in der Atemsitzung. Das Kind bin ich. Ich möchte mich endlich lösen. Ich atme, bis sich ein freies, leichtes Gefühl einstellt, und ich keine Schmerzen mehr habe. Zuvor hat sich der Schmerz auf die ganze linke Seite scharf begrenzt, ausgedehnt. Ich spüre ein großes Ungleichgewicht, wie eine Spaltung zwischen rechts und links. Ich spüre, ob auch rechts etwas ist, aber es ist nichts. Vielleicht, weil ich im letzten Jahr einen Zugang zu meinem Vater gefunden habe? Es ist einfach nichts, das meine Aufmerksamkeit hindern würde. Also geht es heute nur um die linke (Mutter-) Seite. Nachdem die Schmerzen weggeatmet sind (die Anweisung des Leiters, immer weiterzuatmen, bis sich die Schmerzen lösen, hat mich dabei sehr unterstützt, nicht zu früh aufzuhören) geht es mir gut, und ich fühle mich recht frei, wenn auch aus zwei unterschiedlichen Hälften zusammengesetzt …

Ich habe erstmals ein Gefühl von Identität, die sich durch sich selbst definiert. Ich habe das Gefühl, das ist ein großer Schritt für mich, einer auf den ich schon lange gewartet habe.«

Jemand, der von seinem Vater mißhandelt wurde, findet zu seiner Kraft und Männlichkeit:

»Ich sah meinen Vater wie er sich über mich bückte, der ich als etwa 2-jähriger schlafend in meinem Bettchen lag, und mich wachprügelte. Ich fühlte ohnmächtige Wut und konnte auch einen Gutteil davon wüst schreiend ausagieren; wieder sehr erschöpft ruhte ich mich noch etwas aus … Bei der Trommelmusik erlebte ich mich selbst als sehr geübten und geschickten Trommler und erfuhr mich als kraftstrotzend und energiegeladen. Irgendwie spürte ich den Zusammenhang zwischen dem Atem und der Energie, die er generiert. Auch erlebte ich den Zusammenhang zwischen Energiefluß und Sexualität. Ich fühlte mich sehr vital und sehr stark als Mann. Die intensive Energie hatte jetzt nicht mehr diesen wutvollen Charakter, sondern war mehr Ausdruck von Vitalität und Lebensfreude. Gelegentlich nahm ich den Atem, der hinein und hinausging, als strömende Wassersäule wahr, wußte aber nicht, welcher Tierform dieses Erleben entsprechen sollte. Aber irgendwie hatte ich das Gefühl, daß dieses Wasser doch mit einem Wasserwesen korrespondieren sollte.«

Wirkliches Mann-Sein bedeutet Männliches und Weibliches zu integrieren. Die gesellschaftlichen Wertungen treten dann in den Hintergrund.

»Thema: Mann sein, Ich bin auch ein Mann. Bin ich nur Sohn? Ich bin recht kindlich in meiner Art ... sagen manche. Männliche Attribute: aufgeblasener Kerl, Muskelprotz aber Innen hohl – Bilderserie von Männern, die ich verehre bzw. ablehne. Ich versuche ›Mann Sein‹ oder männliche Energie zu spüren. Etwas aufgerichtetes, stabiles, gestrecktes ... kraftvoll. Ich stelle mich hin und stehe sehr aufrecht, strecke mich mit meiner ganzen Kraft nach oben, um groß zu werden, groß und stark. Die Männerbilder auch in Verbindung mit meinem Vater gebracht, was hat er mir vermittelt: Kriegserlebnisse, Jähzornsausbrüche, Angstverbreiten, fast nie mal ›kumpeliger Vater‹ ... Rauchen, trinken, Stammtisch-Bruder ... ausgehen ... huren ... homosexuelle Begegnungen ... Schwul ..., dann hatte ich plötzlich mehr Sehnsucht nach meinem Großvater (den ich nie kennen lernte). Strenger ehrfurchtgebietender Mann, aber mit vielen unterdrückten Gefühlen, dann mein Urgroßvater, wie war der? ... Ur-Urgroßvater ... Dann die Urväter aus dem 15. Jahrhundert, aus dem achten Jahrhundert. Kriegsschauplätze ... herumliegende Tote und Verletzte, Krieg ... Zerstörung ... Es wird immer alles so schön geboren, erzogen und gedeiht und dann geht's in Richtung → AUFLÖSUNG. Die männliche Energie: Shiva. Ich merke, daß ich mich weder männlich noch weiblich fühle, sondern ich fühle mich, so wie ich b i n . Ich hab mich recht befreit körperlich gefühlt, sehr energetisch und offen. I c h = weiblich und männlich. Kurz hatte ich das Bild eines meditierenden, massiv goldenen Stiers (mit Hörnern), der ich bin.«

Die Entdeckung der Sexualität und Freude über das Frau-Sein:

»Dann später spür ich mich als Dreijährige und bin plötzlich ganz stolz, daß ich ein Mädchen bin. Das ist neu – ich paßte mich ja immer den Buben (Brüdern) an, um dazuzugehören. Gefühl: Ihr Männer könnt mir jetzt nichts mehr anhaben. Ich bin ein Mädchen, und das ist gut so. Wieder kurzes starkes Atmen, danach strömt Wärme durch meinen ganzen Körper, vor allem die Beine hinab, im Becken. Vom Gefühl her einem Orgasmus sehr ähnlich. Glücksgefühl – Ich hab meinen Unterleib wieder! Glück im ganzen Körper, mein Mund öffnet sich, wie zu einem Freudenschrei, aber es kommt nichts heraus. Die Freude bleibt innen. Nachher fällt mir dazu ein: meine Lust darf nicht öffentlich werden, hörbar werden. Das gehört sich nicht. Bin dann sehr zufrieden, fühl mich gut als Frau.«

Die Integration der Mütterlichkeit durch eine kollektive Identifikation, ohne selbst Mutter zu sein. Damit kann das Defiziterleben, keine Kinder geboren zu haben, aufgelöst werden.

»Ich befinde mich im Bauch der Erde, tiefe Erdtöne klingen in mir. Ich habe den Wunsch, mich von meinen Fesseln zu befreien, meine anima zu befreien und zu erlösen. Es ist schwer, die Hindernisse und Ketten, Verbote und Schranken abzuwerfen. Ich tanze einen Befreiungstanz – es ist ein ekstatischer Tanz, der sehr viel Kraft kostet. Neben der starken Anstrengung verspüre ich viel Wut, Trauer, aber auch manchmal Lust. Nach langer Anstrengung ist es soweit – ich fühle mich befreit – zur Frau erwacht ... Ich fühle mich verbunden mit allen Frauen – mit dem ›Weiblichen‹. Es ist ein großes Glücksgefühl – ein ozeanisches Gefühl. Dann gehe ich ins Reich der Mütter. Ich fühle mich dort nicht gleich aufgenommen (Ich bin kinderlos – habe nicht geboren). Ich bin fremd, ich gehöre nicht dazu. Trotzdem spüre ich ganz intensiv den unendlichen Schmerz, aber auch die Freude der Mütter ... und dann gebäre ich selbst. Es ist ein kleines dunkles Wesen, was ich zuerst nicht erkenne, dann aber sehe ich, daß ich selbst es bin, die ich geboren habe, es ist das Mädchen Cordula, Cordula, die Frau sein darf. Ich spüre mich ganz stark als Frau – meine Lust – meine Hingabe.«

Die Moderne und Postmoderne ist kulturgeschichtlich auch eine Zeit intensiver Auseinandersetzung mit Beziehung und Familie. Häufig wechselnde Beziehungen sind genauso an der Tagesordnung wie patchwork families. Sich mit den Problemen zu konfrontieren, sie herauszuarbeiten und zu lösen kann sinnvoll nur dann geschehen, wenn die Gefühle akzeptiert und ausgedrückt wurden, damit daraus wieder mehr Offenheit entspringen kann.

Die wahre Liebe löst die Eifersucht auf:

»Meine Gedanken und mein Körper sind voll von dieser großen Kränkung und Enttäuschung zwei Tage vorher in meiner (doch sonst so schönen) Liebesbeziehung. In meinem Kopf rattert es: ›Ich versteh's nicht! Wie konnte das passieren? Wie soll ich damit umgehen?‹ Mir wird kalt. In mir taucht mein altes Bewältigungsmuster auf: Distanz, Mauern bauen undurchdringliche: ›Ich zieh mich zurück, hab eben ganz einfach keine Zeit mehr, lasse mich auf keine Sexualität ein in nächster Zeit – Weg mit dir! –, ich fahr eine Woche auf's Land.‹

Als nächstes bekomm ich Herzschmerzen links vom Brustbein. Ich stell mir mein organisches Herz vor und seh eine tiefe blutende Wunde unter der schmerzenden Stelle – fast schon kitschig –. Au Scheiße, es tut so weh.

Ich werde unwillig, dreh mich auf alle viere und kauere mich zusammen. Wut taucht auf. Impuls, meinen Kopf gegen die Wand zu rammen. Ich tu's nicht, ist ja selbstdestruktiv.

Langsam taucht in mir eine distanziertere Sicht dieser Angelegenheit auf; ich scheine gleichsam geistig drüber zu schweben und einen Überblick zu bekommen: Unsere Beziehung ist sehr schön und wir erleben viel Schönes, es ist ein gutes Grundgefühl, es paßt so gut zwischen uns. Jetzt darf ich mir nicht alles zunichte machen wegen einer Aktion von ihr und diese ist nicht gegen mich gerichtet. Aber wofür oder wogegen dann? Ich sehe plötzlich eine Prozession von vielen, vielen Menschen einen Sandberg hinauf, bis zum Horizont, alle paarweise. Meine Gedanken dazu: Danach sehnen sich alle Menschen auf der Welt nach Liebe, nach einer schönen Liebesbeziehung, nach einer schönen Paargemeinschaft. – Und ich hab das! Bin tief berührt und dankbar. Lange Liegen am Bauch. Schmerzen im Bereich seitlich der Lendenwirbelsäule. Gefühl, auseinanderzubrechen. Bedürfnis nach Druck dort. Ich verlange danach, bekomme ihn, schmerzhaftes, stöhnendes Ausatmen, bis ich Schmerz los bin dort.«

Ein tiefes Identitätserleben bringt Lebensfreude, Lebenslust und Glücklich-Sein mit sich:

»Nach Atembeginn empfinde ich sehr bald große Lust und Freude am Leben, alles kommt mir so einfach und unkompliziert vor, ich bin von einer großen Liebe für die Menschen um mich, aber auch in meinem Leben erfüllt. Spüre dabei vor allem auch eine große Dankbarkeit dafür, mein Leben mit meiner Partnerin teilen zu können, habe ein warmes Herz für sie. Mehr und mehr erwacht dann das Bedürfnis, diesem Glücksgefühl zum Rhythmus der Musik Ausdruck zu geben, schone dabei Kopf und Oberkörper und lege meinen Bewegungsschwerpunkt in Becken und Beine; dabei vor allem kräftiges Aufschlagen auf Matte sehr befreiend. Schließlich beginne ich meinen Tanz mit Schreien zu unterstützen. Irgendwie ist mir dabei das unscharfe Bild einer großen Weide oder Alm in Erinnerung geblieben, auf der ich tanze. Im zweiten Teil der Sitzung werde ich wieder ruhiger, bleibe liegen, und stelle mir die Fragen: Wo sind meine Probleme? Warum kann es nicht immer so einfach und beglückend sein? Offensichtlich habe ich all diese Liebe und Freude in mir, warum kann ich sie nicht immer spüren? Gehe dann in Gedanken zu meinen Problemen und kann auch dabei keine Gefühle des Schmerzes empfinden. Während der ganzen Zeit fühle ich mich mit mir alleine so wohl, brauche die Sitterin nicht für diese Geborgenheit, spüre, daß die Quellen dieses Glücks allein in mir liegen. Sehe dann beim Öffnen der Augen am Ende der Matte ihre Silhouette und merke, ich kann, muß aber nicht zu ihr kommen. Aus diesem Gefühl heraus lege ich zuletzt meinen Kopf zu ihr und halte ihre Hand.«

Das Wiederfinden des »wahren personalen Selbst« führt zu spontanem Wohlbefinden. Aus ihm heraus fließen Spontaneität, Kreativität und Ästhetik:

»Mit dem vertieften Atmen begannen meine Oberflächengrenzen unscharf zu werden und sich aufzulösen in lauter kleine Wellchen, bis ich nur noch aus lächelnden Wellchen bestand. Bauch und Brust waren sehr deutlich vorhanden. Die Brust fühlte sich weit, offen und warm an und im Bauch begann es zu sprudeln, wie wenn eine unterirdische Quelle ins Wasser sprudelt mit großer Kraft und Impulsivität. Die Wellen breiteten sich über den ganzen Körper aus und über seine Grenzen hinaus … Das Sprudeln löste in seinem Zentrum ein unsägliches, an sich selbst immer wieder neu entzündendes Lachen aus. Es quoll einfach heraus, hatte auch einen komischen Aspekt und irgendwie auch mit der Absurdität des menschlichen Daseins zu tun. Die befreiende Qualität war ähnlich der, die ich intensiv und verblüffend beim Tod vor zwei Jahren erlebte. So, wie wenn alles Unwesentliche abfiele. Nach Phasen des Abebbens und Erholens, stellte sich noch zweimal, bei neuerlichem vertieftem Atmen, sofort wieder die Situation mit dem sprudelnden Quellpunkt im Bauch und dem Lachen her. In einer ruhigen Zwischenphase tauchten zwei lächelnde Mädchenaugen auf, warmherzig, jung, offen und freundlich. Sie erinnerten mich an die munteren Augen meiner jüngsten Tochter und auch an meine eigenen Kinderaugen. Gegen Ende spürte ich eine Enge im Hals, die ich gut kenne. Sie löste sich dann weitgehend in der Entspannung. Später fiel mir ein, was ich einmal gelesen hatte: erlöste Depressive haben viel zu lachen.«

Präpersonale Erfahrungen

Präpersonale Erfahrungen beziehen sich auf eine Zeit, in der noch keine eigene Persönlichkeit entwickelt wurde. Schädigungen in dieser frühen Entwicklungsstufe haben gravierende Folgen, insbesondere im Hinblick auf die Entwicklung von Urvertrauen, Selbstgewißheit und Daseinsgewißheit. In holotropen Atemsitzungen kann es zu einer Konfrontation und zu einem Ausgleich von frühen Defiziten (Nachbeelterung) kommen. Auch die Bearbeitung von Geburtskomplikationen, oder Beeinträchtigungen in den pränatalen Stadien finden häufig in intensivster Weise statt. Kommt es zu Geburtserfahrungen, können diese auch Öffnungen zu transpersonalen Dimensionen bewirken. Geburtsphänomene können auch mit den Themen Tod und Sexualität gekoppelt sein. Neben dem therapeutischen Effekt kommt es zu sinnstiftenden Einsichten in die Zusammenhänge der Lebensentwicklung, die generell befreiend wirken. Oftmals konnten Details aus den Sitzungen durch nachfolgende Befragungen bestätigt werden.

Frühe Traumata, Defizite, Konflikte und Krankheiten

In der Frühzeit der kindlichen Entwicklung, von der Geburt bis zum ersten bzw. zweiten Lebensjahr, sind Schutz, Geborgenheit und Unversehrtheit besonders wichtig, um eine gesunde Herausdifferenzierung der personalen Strukturen aus dem »wir-verhafteten« und undifferenzierten Gesamterleben zu gewährleisten. Atmosphären und szenische Eindrücke, die auf starke Beeinträchtigungen und Vernachlässigungen hinweisen, graben sich nach psychotherapeutischer Ansicht tief in die Seele und in den Charakter ein. Deshalb ist ein Ausgleich früh erlebter Traumen für die psychische Gesundheit unbedingt erforderlich.

Ich bin in Ordnung, auch wenn ich mit einer Bewegungsbehinderung auf die Welt gekommen bin.

»Statt Entspannungsübung im Stehen heftig atmen, bis man Gleichgewicht verliert, läßt sich ganz zurückfallen. Habe das Gefühl, es könnte lange dauern, bis ich umfalle, stehe sicher und kräftig, lege aber dann den Kopf ins Genick zurück und verliere plötzlich die Kontrolle und das Gleichgewicht und falle ›wie ein Baum‹ zurück. Atme dann laut und kräftig weiter, will hörbar und sichtbar sein, nehme mich nicht zurück. Das laute Atmen von einem anderen Gruppenmitglied hilft mir dabei dranzubleiben. Hörbar und sichtbar kreist immer wieder durch meine Gedanken. Fühle mich kräftig, ganz da und mir wird allmählich klar, daß ich immer schon so war: kräftig, hörbar, sichtbar. Daß ich von meiner Geburt an so war und nie anders gewesen bin. Der ›andere‹, der im Lauf der Jahre entstanden ist, war nur eine Rolle, eine Hülle, eine spezielle Identifikation: ruhig, zurückgenommen, zuvorkommend, auf die Bedürfnisse der anderen achtend, brav, auch einsam. Mir fallen eine Menge Szenen aus meiner Kindheit und Jugend bis herauf zum Erwachsenenalter ein und ich sehe mich in dieser Rolle. Eine große Traurigkeit erfaßt mich, daß ich so viele Jahre meines Lebens in so einer Hülle verbracht habe. Ich sehe dann die Hülle richtig vor mir als eine ausgezogene leblose Haut, die abgelegt wird. Es entsteht in mir der Wunsch zu erfahren, was mich dazu gemacht hat. Ich bitte darum, daß mir dieses Ereignis gezeigt wird. Ein autonomer Körperprozeß beginnt, bei dem ich mich zusammenkrümme, die Knie ganz an mich heranziehe, den Kopf ganz zu den Knien hin, und ich bitte die Sitterin, mich dabei zu unterstützen. Als sie mich hält, besonders meine Knie und Beine, entspanne ich mich allmählich wieder. Im Bereich des Solarplexus tritt eine vollkommene, sehr angenehme Entspannung ein. Die Sitterin hält dann nur mehr meine Knie, so daß ich die Oberschenkel und im Beckenbereich ganz loslassen kann. Plötzlich taucht eine Erinnerung vor mir auf; daß ich als Neugeborenes wegen einer Hüftgelenksluxation eine Spreizhose oder einen Gips verpaßt bekommen habe, die mich an meiner Bewegung gehindert hat. Die Sitter unterstützen dabei, diese Fixierung zu machen. Die Haltung ist für mich äußerst angenehm, ich fühle mich trotz der Bewegungsbehinderung vollkommen in Ordnung. Ich bin gerade auf die Welt gekommen, vollkommen ok., und da liege ich nun in einer Spreizhose. Ich kann nichts machen. Ich verspüre auch keinen Impuls, mich zu befreien und die unterdrückte Bewegung auszudrücken. Im Gegenteil. Eine wohlige Entspannung macht sich breit. Ich sehe die

Sitter als meine Eltern, die bezeugen, daß ich vollkommen in Ordnung und nicht behindert bin und immer schon so gewesen bin.«

Durch eine authentische Regression (»Säuglingsstation«) konnten chronifizierte Erlebnisqualitäten, die auf diesen Atmosphären aufbauten, verstanden und aufgearbeitet werden.

»Ich war da, und im Schutz der Dunkelheit und der raumfüllenden Musik gab es mich. Ich spürte mich als mich, als dieses geknechtete Wesen, das plötzlich ein Recht zu haben schien, an seiner Geknechtetheit zu leiden. Während ich so dalag und meine wirkliche Befindlichkeit sich ungehindert ausdrückte, hatte ich plötzlich den Eindruck eines deutlichen déjà-vu – ich kannte das alles, und ich wußte auf einmal, wo ich war: ich war auf der Säuglingsstation, wo ich als Neugeborenes lange 6 Wochen zubringen hatte müssen (da meiner Mutter durch meine Geburt [– und also durch meine Schuld –] das Becken gesprengt worden war und sie 6 Wochen bewegungslos hatte liegen müssen). Alles war mir plötzlich völlig klar: die hilflosen Schreie der anderen Babys (als die ich die anderen Erfahrenden identifizierte), von denen ich nichts wußte, außer, daß sie litten, weil sie ebenso allein und verlassen in ihren Kerkerchen lagen; die herumgeisternden Schwestern, die nur äußere Versorgungsarbeit leisten konnten, ansonsten aber dem Leiden tatenlos zusehen mußten. [Meine Sitterin erlebte ich beim späteren Klogang tatsächlich als weißgewandete Krankenschwester – pflichtbewußt und freundlich, aber unbeteiligt und kalt.] Als ich so dalag und die schrecklichen Schreie anderer Verzweifelter von allen Seiten auf mich einprasselten, spürte ich förmlich körperlich, wie alle diese Schreie und vor allem deren Botschaft mir direkt in meinen Bauch fuhren, und plötzlich war mir klar, warum ich so oft Magenschmerzen hatte, wenn ich mit anderen Menschen zusammenkam. Ich hatte plötzlich den Eindruck, als gingen mir die Schmerzen der anderen unmittelbar in meinen ungeschützten Bauch, und ich wußte plötzlich, warum ich schon die ganze Zeit während der Atemsitzung so ein wundes und übles Gefühl im Magen-Bauch-Bereich hatte. Es fiel mir ein, daß ich mir fast die ganze Zeit meinen Bauch ganz vorsichtig hatte massieren müssen. Endlich war mir klar, woher das kam. Ich war unheimlich erleichtert, als mir alle diese Wirklichkeiten klar wurden. Das war es also. Deshalb war ich so einsam und verlassen. Deshalb konnte ich die Menschen nur wahrnehmen entweder als mächtige, mir unendlich überlegene und weit entfernte Gestalten oder – auf der anderen Seite – als leidende und einsame Wesen, und deshalb fand ich meine Einsamkeit so unausdrückbar und ausweglos, und deshalb fühlte ich mich immer nur mit einsamen und verzweifelten Menschen verbunden. Es fiel mir ein, daß meine Mutter mir erzählt hatte, daß, wann immer ich ihr zum Stillen gebracht worden war, sie nur weinte, da sie so verzweifelt gewesen war (nicht nur konnte sie sich nicht bewegen und mich daher auch kaum stillen, sondern hatten ihr die Ärzte auch in Aussicht gestellt, daß sie möglicherweise nicht mehr gehen können würde. Es gab zu Hause aber schon vier andere Kinder). Und es war mir plötzlich klar: ich hatte die Traurigkeit und Verzweiflung also mit der Muttermilch eingesogen und gleichzeitig von den anderen Babys aufgenommen, und meine innere Einsamkeit und Eingekerkertheit hatte ihre Ursachen vielleicht in diesem Säuglings-KZ. Und auch mein Bewußtsein der Welt als trauriger Ort absoluter Hoffnungslosigkeit schien mir darin begründet. Und irgendwann schien mir, als ob ich mich tatsächlich als Baby fühlte, mein Körper fühlte sich winzig und schwach an, und ich bemerkte, daß ich schon die längste Zeit hilflos auf dem Rücken lag, die Ärmchen seitlich abgestreckt und ansonsten fast bewegungslos. Und in/trotz meiner ganzen Hilflosigkeit spürte ich unendliche Wellen von Liebe für die anderen Wesen, sowohl für die kleinen, als auch für die großen. Alle, so hatte ich den Eindruck, litten sie, und ich hatte unendliches Mitleid mit ihnen. Und wieder erkannte ich darin ein für mein Leben charakteristisches Muster: tiefe Liebe für alles Lebendige zu spüren, aber gleichzeitig das Gefühl zu haben, niemandem helfen zu können, nicht zuletzt aus eigener Hilflosigkeit. So lag ich längere Zeit in dieser seltsamen Mischung aus uralten, kindlichen Gefühlen und klaren Gedanken, und alle diese Erfahrungen, die ich gerade machte, taten mir gut. Ich hatte den Eindruck, etwas Wichtiges entdeckt zu haben. Daß ich mich selbst zum vielleicht aller ersten Mal vollkommen hatte gehen lassen und ausdrücken können, während ich physisch-materiell nicht allein war, würde ich erst später auf reflektorischem Wege erkennen. Jetzt, als ich noch auf der Matte lag, aber bereits langsam wieder in die Wirklichkeit des Raumes zurückkehrte, fühlte ich mich ganz weich und matt, aber doch auf irgend eine Weise erneuert. Noch fühlte ich mich zwar klein und schwach, und mein Bauch war noch ganz wund und tat weh, weswegen ich es sehr wohltuend fand, daß der Gruppenleiter zu mir kam und seine warme Hand auf meinen Bauch legte.«

Die akzeptierende Atmosphäre eines geborgenen Daseins für das Baby kann belastende Erfahrungen auflösen.

»Schwinge mich zur Trommelmusik hin und her, zunächst immer heftiger, dann ruhiger, Bild von ruhigem, kleinem See mit Schilf teilweise herum, das sich im Wind sanft wiegt (heimatlicher Neusiedlersee …); schwinge kräftiger und wieder sanfter, kämpfe heute weniger wie gestern, ruhig, erschrecke bei schroffen Musikänderungen, zieh Gesicht zusammen, Augen zusammen, halte teilweise Ohren zu, Walgesänge erschrecken mich zuerst (nicht erkannt, unheimlich), dann Bild von im Wasser schwebenden Walen mit Walkindern, lächle dazu, bin ruhig, dann unangenehme Musik, wie Kratzen über Waschbrett, kratze am Bauch liegend über Matratze, werde etwas aggressiv, dann Musik immer unangenehmer (voller Geräusche u. so laut), halte mir mit aller Gewalt die Ohren zu, zieh Gesicht und Augen zusammen, werfe mich am Bauch liegend hin und her, fange an zu strampeln, etwas mit den Beinen wegzudrücken, spüre Gegendruck (Matratze an Füßen), will das weghaben! Bild kommt: wie ich im Gitterbett im Schlafzimmer meiner Eltern liege u. meine Eltern streiten, streiten, streiten und sind laut; das Gitterbett ist zu klein für mich; ich wehre mich auf Matratze gegen alles, was auf mich eindringt und alle, die mich niederhalten, will Platz, Luft, Ruhe! Druck in meinem mittleren Rücken, ich schreie meine Wut heraus; spür, da wäre noch mehr, aber ich hab nicht soviel Kraft, hab zu wenig Luft, Atem; ich bin außer Atem; meine Sitterin legt sich neben mich und legt den Arm um mich, fühl mich geborgen, ruhe mich aus, lege mich irgendwann auf Distanz, behalte aber die Hand, lege dann auch die Hand weg, ruhe, atme wieder etwas tiefer, halte kribbelnde Hände hoch, auf Ellbogen aufgestützt, bewege sie, Assoziation wie Babyhände, die suchend, probierend, die Finger bewegend greifen, greife lange herum in der Luft; Impuls, die Arme auszustrecken; entscheide mich dann auch, es auszuprobieren, strecke der Sitterin Arme entgegen, sie kommt, umarmt mich, läßt sich umarmen, nimmt mich auf Schoß, Wohligkeit, irgendwann rücke ich runter ein Stück weg und behalte aber die Hand und halte verwundert Finger in der Hand (alles sitzend), begreife ihre Hand, bin so total verblüfft und tief berührt und find's so unbegreiflich, spiele mich mit der Hand, begreife und begreife und drücke und betaste sie ständig, ganz versunken; Satz kommt mir: Es ist so unbegreiflich, daß da jemand da ist, ganz einfach da ist und noch immer da ist, obwohl ich so wütend war. Danach spüre ich intensive Wärme- und Wohligkeitsgefühle in mir.«

Das Fehlen emotionaler Nahrung wird katastrophal erlebt. Materielle Nahrung als Ersatz führte zu ungesundem Eßverhalten. Das Wiedererleben in der Atemsitzung kann den emotionalen Hunger stillen.

»Ich ... spüre Kälte außen, meine Haut wird eisig, ich sehe oder fühle messerklingenscharfe Hacken, Skalpell, eisiges Licht, ich bin angeschnallt, spüre enge Ledergurte und eine harte Schnalle, alleine, angestrahlt von gleißendem Licht, Kälte und Gefühllosigkeit, dumpfer Schmerz im Bauch, Bedrohung und Schmerz, der nimmt mir die Luft weg, ich könnte schreien und kann es nicht. Diese Schweine schneiden an mir herum, ich, ein Baby, kalt, alleine, ohne Schutz, schneiden ohne Grund, um zu üben, entfernen sie mir den Blinddarm, üben! an einem Baby! Ich hab das Nahtmaterial nicht vertragen! Deshalb hat sich alles entzündet, und ich war monatelang im Krankenhaus. Ich vertrage es nicht, mein Bauch eitert und schmerzt, es zuckt, blitzt, tut weh, der Sitter gibt mir die Hand auf den Bauch, der Widerstand tut gut, ich presse den Schmerz heraus und versuche zu schreien, mein Bauch tut weh, ich bin so alleine, sie lassen meine Mama nicht zu mir, und die läßt sich das auch noch gefallen. Meine Eltern glauben, daß es besser ist, mich nicht zu besuchen, weil ich sonst weine, ich wundere mich, weil die anderen Kinder im Zimmer so viel weinen, ich bin völlig erstarrt und bin brav, weil sie mich dann lieber mögen ... Ich schreie, wie noch nie in meinem Leben, plötzlich überrascht mich ein tiefes haltloses Weinen, das ich nicht kontrollieren kann, ich weine über das, was ist und war, jetzt stimmt mein Gefühl, am ganzen Körper ist Traurigkeit, ich bin ganz in mir. Der Sitter hält mich und beschützt mich, endlich ist Schutz da, das Weinen ist bedrohlich, aber nicht steuerbar und heilsam zugleich. Wiederholt sehe ich die Szene – die lassen mich wochenlang in meinem Bettchen stehen und warten, nur das Essen ist warm und tut gut, wird zu meinem Trostspender bis zum heutigen Tag. Ich bin so dankbar, daß der Sitter da ist und mich beschützt, ohne was zu verlangen, eigenartigerweise habe ich nicht das Gefühl, ihm was schuldig zu sein. Ich kann es nehmen, ohne ständig von Schuldgedanken abgelenkt zu sein. Die Trauer hält einen Tag an (48 Std.), so, daß mein Körper vibriert und offen und verwundbar ist und ich immer wieder weine. Aber es ist nicht mehr so kalt.«

Das, was man in frühester Kindheit nicht bekommen hat, kann partiell nachgeholt werden. Korrigierende emotionale Erfahrungen für frühe Defizite bereiten den Boden für weiterführende Erfahrungen und Erkenntnisse im eigenen Schicksalsentwurf.

»Ich spüre Blockaden, die sich durch keine Bewegung lösen lassen. Ich möchte aufgeben und doch weitermachen, kämpfe gegen einen unsichtbaren Feind. Ich spüre die Einsamkeit, fühle mich kraftlos, hilflos, bin ärgerlich, trotzig. Ich spüre einen Druck, den ich nicht auflösen kann, weiß aber nicht, worum es geht. Ich glaube, ich habe dann jemanden gebeten, den Gruppenleiter zu holen.

Jedenfalls habe ich ganz leise begonnen, nach meiner Mutter zu rufen, und es taucht eine riesengroße Mutterbrust – ich bin nie gestillt worden – auf, an der ich saugen kann. Ich kann jetzt loslassen, mich gehen lassen, das Leben gibt von selbst, ich muß nicht ständig darum kämpfen. Gleichzeitig wundere ich mich, daß der Wunsch nach Nähe zur Mutter so groß ist. Ich empfinde Liebe für sie und Liebe kommt von ihr zu mir. Ich weine.

Das Bild schwindet. Langsam baut sich wieder ein Druck auf. Ich glaube, du berührst mich jetzt in der Herzgegend und an der Stirn. Dann löst sich die Spannung wieder. Ich weine wieder. Ich sehe Bilder von meinem Vater und mir, wie wir miteinander spielen, herumbalgen, wie er liebevoll und respektvoll mit mir umgeht, mich akzeptiert, mich führt. Wir gehen Hand in Hand. Ich bin ein kleines Kind. Er zeigt mir viel, bringt mir viel bei, ist in sich gefestigt, stark. Die Atmosphäre ist versöhnlich, spielerisch. Ich anerkenne ihn, wir gehen behutsam miteinander um. Ich meine, daß wir nie ein schlechtes Verhältnis hatten, und trauere um das, was hätte sein können. Der Wunsch nach Nähe zu und Versöhnung mit meinem Vater ist sehr stark. Ich möchte ihn so wie in diesen Bildern haben können und ihm verzeihen.«

Am Übergang zum Leben können schwere Krankheiten Todessehnsüchte auslösen:

»Ich atme. Spüre meine Atemräume. Der Atem füllt sie ganz aus. Wohliges Entspanntsein. Auflösung. Bild: Ich liege auf einer Bahre. Bin tot. Totenritual in Afrika. Musik, Trommler, eine Gruppe Leute umtanzt und feiert mich. Ich fühle mich körperlos. Einfach aufgelöst. Ein herrliches Gefühl frei zu sein. Ich höre auf zu atmen. Schweben. Atmen ist nicht mehr nötig. Meine linke Seite trennt sich von der rechten. Auflösung. Mein Körper öffnet sich. Es entsteht ein Schlitz längs dem Bauch. Daraus steigen blaue, durchsichtige Blasen auf. Ich gebe mich dem hin und erhebe mich daraus als Vogel (Adler?). Ich fliege, schwebe. Schlage mit den Flügeln. In meinen Körper zurückgekehrt. Es ist so eng, so lang und dünn. Ich habe keinen Platz. Ich will raus aus meinem Körper und weiß nicht wie. Spür Wut und drohende Explosion. Beißreflex. Wenn ich mich dem aber zuwende, geht nichts weiter. Ich steck fest …

Bin gezwungen, in meinem Körper zu bleiben. Ich weiß ja nicht, wie ich rauskommen könnte … Dann löse ich mich wieder auf und schwebe im All herum. Es ist dunkel und trotzdem sehe ich. Ich erlebe eine dicke Grenze quer über den Horizont, die mich nicht durchläßt in den Tod. Spüre Todessehnsucht. Wunsch nach Auflösung. Der Übergang ist hauchdünn. Es scheint überall gleich zu sein. Müheloser ist es doch ›drüben‹. Doch ich darf nicht … Ich kuschle mich an meine Sitterin. Sie hält mich. Große Traurigkeit überkommt mich. Vorher war Angst, daß ich so nicht ins Wachbewußtsein zurückkommen darf, wenn ich nicht klar fürs Leben entschieden bin, das ist zu gefährlich. Ich bin jetzt wieder mehr da. Also, im Halten kommt die Traurigkeit. Gehaltensein ist ein Grund, den Körper nicht zu verlassen. Ich sause ins Alter von 0 bis 2 Jahre. Dort fühl ich mich mit dem Bedürfnis konfrontiert, weggehen zu wollen und nicht zu wissen wie. Wollte ich sterben, weil ich mich nicht gehalten fühlte? Waren die beiden Lungenentzündungen lebensbedrohlich? Das Asthma, das daraus folgte, ist es aus dem Nicht-gehalten-Fühlen, dem Weggehenwollen entstanden?

Ich sehne mich so nach Verschmelzung, damit ich am Leben bleiben kann. Verschmelzung gibt mir die Erlaubnis zu bleiben. Ich brauche Gehaltenwerden, sonst sterbe ich … Ich an der Schwelle zwischen Todes- und Lebenserfahrung. Tod als Auflösung, Erlösung, Lösung, Eröffnung neuer Möglichkeiten. Eine ganz wichtige Erfahrung, meine Todessehnsucht in dieser Weise zu erleben, da ich seit vielen Jahren Menschen durch suizidale Krisen begleite.«

Geburtserfahrungen

Durch das holotrope Atmen wird das Wiedererleben von unverarbeiteten Geburtserlebnissen begünstigt. So kann es plötzlich zu Erstickungsgefühlen,

Todesängsten und Visionen von Dunkelheit kommen. Aber auch intensive Kämpfe und Befreiungsvisionen sprechen häufig für den massiven Energieumsatz, der bei einer Geburt stattfindet. Die tatsächliche Geburt kann mit einer Beeinträchtigung der Sauerstoffzufuhr einhergegangen sein, so daß das Baby »blau zur Welt kam«, wie die Eltern bei Nachfragen berichteten. Eine andere Teilnehmerin erzählte von ihrer Atemerfahrung »Ich fand mich in einem stinkenden Fruchtwasser wieder – in mir war Totes und Abgestorbenes.« Die dahinterstehende reale Erfahrung war, daß ihre Geburt zu spät eintrat. Bei Geburtserfahrungen kann sich auch ein starker Kopfdruck einstellen, und dann erst im Verlauf einer prozeßorientierten Körperarbeit kommt es zu Bildern und Szenen. Im folgenden werden einige Erfahrungen geschildert, die auf einen Geburtsprozeß hindeuten. Dabei kommt es in der Regel zu einer Integration unverarbeiteter Erlebnisanteile.

Das Einsetzen des Geburtsprozesses wird als unwiderstehlich und unabhängig vom eigenen Willen erlebt:

»Ich befinde mich in einer Kugel. Es ist eher dunkel, aber nicht finster. Warm, weich. Die Innenseite der Höhle ist uneben, nicht glatt. Auf einmal das Gefühl, ich muß da raus. Es stößt mich vorwärts. Bin schon am Ausgang. Geh noch einmal zurück. Kuschle mich an den obersten Rand der Höhle. Will noch nicht. Fühl mich voll da. Aber irgendwie geht's los. Und dann war mehr. Ich muß da durch. Ich muß weiter. Muß raus. Immer weiter. Es scheint endlos. Zeitweise die Angst, ich schaffe es nie. Unangenehm war Grenzen zu spüren. Die Matte, euch. Zu spüren, da ist noch etwas oder jemand.

Einmal hat es mir den Kopf sehr stark nach hinten gezogen. Ein Widerstand im Nacken. Das hat ziemlich weh getan. War dann auf einmal wieder weg. Irgendwann hast du mich festgehalten, und da waren das Spucken und ›Wea‹ sagen. Das hat die Mundpartie total aufgelockert, die war dann ganz weich. Und das starke Gefühl, ich muß weiter, hielt an. Vorwärts, vorwärts. Keine Ahnung, wohin. Und auf einmal war ich da. Kein Schimmer, wie das ging. Ich merkte nur, ich lieg zusammengerollt draußen.

Irgendwann liegt eine Decke über mir. Ich bin da. Unheimlich weich. Sehr glücklich. Der Mund hat dauernd Saugbewegungen gemacht. War noch lange Zeit sehr schwach. Konnte kaum den Kopf heben. Beim Essen später war's schwierig, den Löffel zu halten. Was auch auftrat, war ein Schmerz zwischen den Schulterblättern, den ich gut kenne. Der immer bei mir auftritt, wenn ich mich überanstrenge. Sei's psychisch oder körperlich. Das ging aber im Laufe des Tages wieder weg.«

Gewaltiger Druck, sinnliche Erfahrungen und emotionale Eruptionen begleiten den Geburtsvorgang:

»Es ist heiß, und eng und unbehaglich. Ich bin gefangen, in mir und überhaupt. So heiß und so eng. Ich spüre einen Druck auf meinem Kopf, und mein Körper reagiert automatisch. Er grunzt und tobt und preßt auf diesen Druck. Der Druck wird stärker und mein Körper preßt stärker und die Kraft kommt und es preßt mich, ich presse mich, Druck und Pressen und Kraft und Zorn und Gewalt und kein Halten mehr, kein Denken, Gewalt, ich muß hier raus, hier raus, raus ... Draußen Zorn, Gerüche, Schleim, viel Schleim, in Mund und Nase, Schleim, Gerüche, Licht, Zorn. Die Unterlage ist hart, es kratzt, ich liege am Rücken und schaue ins Licht, schaue in ein Gesicht. Ich werde gewiegt, ich bin immer noch zornig, ich werde getröstet, geschneuzt, mein Zorn schmilzt dahin, ich bin müde und gleichzeitig empört ob all der Unpäßlichkeiten, ich bin müde, es ist angenehm, es ist tröstlich.«

Im nachhinein schreibt die Erfahrende:

»Das war meine Geburt, mein Gott, wie realistisch, mir kann keiner mehr erzählen, daß es im Mutterleib angenehm ist, daß ein Neugeborenes die unglaublich verzückte Stimmung der Beteiligten teilt.

Wie konnte das passieren, wieso mir? Ich, die immer die Kontrolle über meinen Körper hatte, wie konnte mein Körper Dinge tun, die ich nicht befohlen habe? Wie erstaunlich. Ich rekonstruiere die Ereignisse: Die Leiterin sieht mich liegen, legt die Hand sanft auf meinen Kopf, meine Reaktion ist eindeutig, sie verstärkt den Druck. Der Sitter legt sich auf mich drauf, man hilft mir, die Erfahrung möglichst realistisch zu erleben.«

Die Dramatik einer perinatalen Erfahrung, die sich über zwei Atemsequenzen erstreckte:

»Ich kam schnell in einen tiefen Atemrhythmus und benutzte diesen, auch immer wieder – zur Orientierung, d.h. wenn ich merkte, daß ich anfing nachzudenken, kehrte ich mit meiner Aufmerksamkeit zum Atmen zurück. Meine Beine begannen sich zu bewegen, ich drehte mich nach einer Weile auf den Bauch und hatte den intensiven Wunsch, meinen Kopf zu bedecken, ihn mithilfe meiner Arme und eines Kissens fest einzuklemmen. Ich übte mit meinen Armen Druck auf ihn aus. Das Schwarze, das mich dann umgab, wurde wie ein Raum, der mich einlud, anzog und sog und mich zutiefst ängstigte. Die genaue Abfolge weiß ich nicht mehr. Ich begann gegen diesen selbsterzeugten Druck gegen meinen Kopf anzugehen. Irgendwann berührte jemand meinen Rücken. Ich hatte nur noch den Wunsch, mich zu wehren. Eine lange Phase des Kampfes folgte, heiße Wut stieg in mir hoch, sie steigerte sich zur mörderischen Wut, eine blinde, verzweifelte Lust zu morden, um mich zu befreien. Ich sah keine andere Möglichkeit, immer wieder kam der Impuls mit einem Messer zuzustoßen – es oder ich! Da war etwas Lustvolles, aber auch etwas Schicksalhaftes, Unausweichliches. Blieb ich bei dieser Wut, drückte sie aus durch Schreien oder Bewegung, fühlte ich mich sehr identisch.

Es gab aber auch Phasen, in denen Gefühle der Sinnlosigkeit auftauchten: Es nutzt nichts, führt zu nichts, der Kampf ist aussichtslos. Dann brachen die Bewegungen ab und eine tiefe Schwere senkte sich über mich. Ich machte dies mehrmals durch. Eine Berührung des Rückens löste jeweils intensive Wut und Abwehrreaktionen aus. Ich blieb jedoch nach dieser Sitzung zurück mit dem Gefühl des Nicht-zu-Ende-gebracht-Habens, des Steckengebliebenseins, keine Befriedigung, keine Lösung, nur Zerschlagenheit. Ich war unsicher, erschöpft, weinte, hatte das Empfinden keinen anderen aushalten zu können, wollte nicht gehalten werden, fühlte mich schwer, eingeengt, starr. Hatte große Angst, so nach Hause fahren zu müssen, kam mir schier lebensuntüchtig vor, automatenhaft.«

Diese Atemsitzung setzte sich in der nächsten fort, bis es zu einer Befreiung kam:

»Ich begann sie in einem Zustand innerer Not: ich wollte etwas zu Ende bringen, wußte aber auch, daß ich mich nicht darauf versteifen darf. Es war sehr schwer, immer wieder eine Haltung der ziellosen Aufmerksamkeit einzunehmen. Die Konzentration auf den Atem half. Ich kam in eine ähnliche Körperhaltung wie das erste Mal: Ich lag auf dem Bauch, den Kopf fest eingepackt zwischen Armen und Kissen. Die aufsteigenden Empfindungen waren jedoch schwächer. Ich wünschte mir zwischendrin, daß irgendwer mich ›triggert‹, meinen Rücken ›behandelt‹. Ich meldete mich nicht, es kam auch niemand. Ich wurde mutlos. Es kam eine Phase, in der ich mich mit meiner Situation einzurichten begann. Ich legte mich gemütlich hin, entspannte in Bauchlage, hörte der Musik zu. Ich hatte das Schwarze wieder vor Augen, dazu die Vorstellung von einem tiefsten und innersten Punkt. ›Führe mich, wenn du da bist‹. Es begann eine Reise, die ich nicht mehr genau erinnere. Ich fand mich wider auf dem Rücken liegend, mit weit nach hinten gestrecktem Kopf, überdehntem Hals, den gesamtem Körper in einer Vorwärtsbewegung. Andere halten mich, machen es mir eng, und ich schrie, schrie, der Atem wurde mir knapp, immer wieder wellenartig panische Angst zu ersticken, keine Luft zu bekommen. Ich hätte mir am liebsten den Hals geöffnet – Luft! Zwischendrin Pausen der Erschöpfung nur kurz, ich mußte weiter machen, sonst, …? Keine Luft, Todesangst, der Wunsch herauszukommen. Ich spüre, es ist nicht damit getan, mich jetzt gegen diesen Druck zu wehren, der von außen durch eure Körper, eure Kraft kommt: Es liegt keine Erlösung darin, mich von euch zu befreien.

Die Atemnot war in mir, nicht von euch induziert. Dennoch mußte ich kämpfen, mich vorwärtsbewegen mit meinem ganzen Körper, und es war Wut da und Not und Verzweiflung.

Allmählich hörte dies alles auf, jedoch keine Befreiung kein Durchbruch, keine Erlösung; es hörte einfach auf. Ich lag da erschöpft, naß, mitgenommen und allmählich sickerte es in mein Bewußtsein: *ich atme, ich atme, atme*. Ich spürte meinen Atem nach, und es war unendlich beglückend, ich *atme* und daneben stieg der Wunsch auf, zu danken. (Hier fällt es mir schwer weiterzuschreiben) Ist mir das Vorhergehende schon kaum faßbar, so merke ich jetzt alten, alten Widerstand – aber es ist so, ich wollte und will Gott danken, und es war so unwichtig, wer oder was er, sie es ist; ich wollte mich einfach, hinwenden und danken: Gott ist.«

Pränatale Erfahrung

Die pränatale Ebene fand bei Grof kaum wirklich Beachtung, obwohl in letzter Zeit gerade darüber sehr viel bekannt geworden ist. Die Wirkung von Außenreizen, inneren Einstellungen und chemisch-physikalischen Gegebenheiten auf das Ungeborene ist beträchtlich. Auch die einzelnen Entwicklungsschritte im Mutterleib sind so einzigartig, daß es einem Wunder gleichkommt: Drei Wochen nach der Zeugung beginnt das Herz zu schlagen, und nach acht Wochen sind sämtliche inneren und äußeren Organe angelegt. Dies ist natürlich nicht nur ein rein physiologischer, sondern auch ein seelischer Prozeß. Ein Teilnehmer erlebte in dramatischer Weise seine eigene Herzbildung mit. Danach fühlte er sich von freifließender Liebe überschwemmt. Das Erleben im Mutterleib kann für spätere Verhaltensweisen richtungsweisend sein.

Die direkte Übertragung der mütterlichen Lebenserfahrungen auf das embryonale Erleben:

»Ich atme vorsichtig schneller, eher flach als tief. Die Laute der Mitreisenden im Raum lenken mich zunächst sehr ab, vor allem das Geschrei von …, der gleich neben mir liegt. Ich erlebe Angst und Faszination, rolle mich nach einer Weile unter der Decke ein und habe zunächst die Empfindung eines sehr schnell atmenden Säuglings. Dann bin ich plötzlich in der wärmenden Leibeshöhle meiner Mutter. Die anhaltenden Schreie eines anderen verlieren an Bedrohung. Es ist sehr schön in der pulsierenden Wärme, und ich erlebe diese Atmosphäre sehr intensiv, sehr vertraut. Gleichzeitig nehme ich meine Mutter wahr; ihr sorgendes Wesen, ihre Sprechstimme und vor allem ihre seelische Verfassung: Ich spüre, daß dieses Meer an Empfindungen sehr angstbesetzt ist. In der Atmosphäre von Geborgenheit und Bedrohung sehe ich einen gespenstischen und endlosen Deportationszug – Menschen in Grau, die mit Koffern durch eine deutsche Großstadt ziehen.

Dann – nach einer Weile des Grauens – nehme ich wahr, daß meine Mutter die Hände auf ihren schwangeren Bauch hält und singt, eher summt. Ein unendliches Wonne- und Glücksgefühl durchströmt mich, grenzenlose Liebe und Dankbarkeit. Ich weine und schluchze betroffen, erschüttert, vor Freude und Schmerz. Gegen Ende der Atemreise weine ich viele Abschiedstränen, die sich in ein Gefühl von gefaßter Trauer, tiefer Liebe und Dankbarkeit über das Erlebte verwandeln.«

Nachfolgende Erläuterungen wurden vom Erfahrenden selbst zum Ausdruck gebracht:

»Kontext: Seit vielen Jahren ziehen mich die Ereignisse des ›Dritten Reiches‹ vor allem atmosphärisch sehr an. Ich bin sehr sensibel gegenüber unbewußten kollektiven Tötungsfantasien. ›Faschistische Geisteshaltungen‹ und kollektive Verdrängungsmechanismen (etwa auch in meiner Wahlheimat) spüre ich sehr schnell auf und fühle mich auch manchmal davon persönlich bedroht. In den vergangenen 2 Monaten habe ich nahezu suchtartig viele Dokumente über den Holocaust und über Nazi-Deutschland gelesen. Die Intensität meiner Wahrnehmungen ließ in mir die Vermutung auftreten, daß ich in einem früheren Leben selbst ein Opfer gewesen bin. Meine Atemreise gab mir auf diese offene Frage (vorläufig?) eine andere Antwort: Mir ist bewußt geworden, daß meine vor 13 Jahren verstorbene Mutter Schreckliches erlebt hat, und ich nehme an, daß diese leiblich-eingravierten Erfahrungen, über die sie nie oder nur andeutungsweise hat sprechen können, als Atmosphäre auch während ihrer Schwangerschaft mit mir sehr präsent gewesen sind. Gleichzeitig fühle ich mich durch diese neue Erkenntnis befreit von meiner Sucht nach ›Nazi-Lektüre‹ und stehe den historischen Tatsachen, die mich oft sehr erschreckten, mit einer neuen Gelassenheit gegenüber.«

Diese Erfahrung gibt Einblick in das psychosomatische Befinden im pränatalen Zustand:

»Bei der Entspannung werde ich locker, ich atme recht tief, bald atme ich recht schnell und merke, daß die Hände und Unterarme, Beine und Füße krampfen. Um den Hals engt mich etwas ein, doch nicht würgend, aber dennoch unangenehm. Ich denke daran, daß dieser Krampf vergeht, wenn ich mich darauf konzentriere und dorthin atme, doch es wird stärker und schmerzt. Ich denke, dann gehört es eben zu dieser Erfahrung dazu. Fühle mich wie ein Fötus in einem grau-roten Umfeld, Schlingen um den Hals, meine Hände krampfen und tun weh, habe das Gefühl mich nur eingeschränkt bewegen zu können. Gebe kurz dem Impuls nach, den Daumen zum Mund zu führen, um daran zu nuckeln, gleichzeitig denke ich, das paßt nicht für mein Alter. Plötzlich spüre ich Körperereignisse wie Massagen – Kitzeln – Druck – Druck am Kopf – er fühlt sich heiß an, will nuckeln, – zeitweise habe ich das Gefühl, schwerelos zu schweben – ich weiß nicht, wo oben und unten ist – wieder krampft es. Ich denke ich bin eine Amöbe oder ein kleines Teilchen des Weltalls. Der Krampf löst sich in wohliges Kribbeln, mein Körper zuckt rhythmisch. Ich spüre fasziniert wie der Bauch, die Brustmuskulatur und Beinmuskeln sich selbsttätig fast tänzerisch bewegen. Dies ist ein angenehmes schönes Gefühl, ich denke aufregend entspannend wie bei gutem Sex. Bin in einem Tiefschlaf, weiß nicht ob ich wach bin oder schlafe. Alles trägt mich, ich fühle mich schwer am Boden und dennoch leicht. Der Gedanke ›Ich bin da‹ erfüllt mich, ich beginne zu lachen und bin glücklich. Ich kuschle mich zu meinem Sitter, der ganz woanders sitzt, als ich angenommen hatte. Dichte – Auflösung – Friede – Öffnung – Empfangen – Verbundenheit brennende Wärme – Erfüllstein.«

Das Defizit an Mutterliebe wird vom Embryo eindrücklich wahrgenommen: Die fehlende Geborgenheit und Liebe kann in der Atemsitzung nachgeholt werden.

»Ich beginne heftig zu atmen. Es geschieht nichts. Ich liege auf dem Rücken. Natürlich, denke ich, wieder zu kopflastig. Ich atme kräftiger. Nichts. Ich verändere meine Lage. Drehe mich zur Seite. Nach einiger Zeit ziehe ich die Decke über den Kopf. Ich denke, es ist wie in einer Höhle, oder wie im Mutterleib. Es fehlt aber etwas. Ich vermisse den Kontakt.

Ich will Kontakt zur Sitterin aufnehmen und schiebe meine Hand unter der Decke hervor. Sie ergreift meine Hand. Es ist wie ein Kurzschluß. Mit einem Schlag verändert sich alles. Als wäre die Nabelschnur wieder hergestellt. Ich bin im Mutterleib, fühle es. Nichts mehr von Totstellung. Zu meiner Verzweiflung merke ich, daß meine Mutter mir nichts geben kann. Kein Kontakt, keine Beziehung zu mir. Bereits hier hat sie mir nichts geben können. Es ist furchtbar. Ich kann mich nicht mehr halten. Starke Impulse überziehen wie Wellen meine Haut. Immer wieder neue Stöße. Es bricht ein Weinen aus mir heraus, dem ich ausgeliefert bin. Mein Körper schüttelt sich in immer neuen Weinkrämpfen, bis er sich erschöpft in ein paar letzten Zuckungen ergibt. In diesem Moment legt die Sitterin ihre zweite Hand auf meine Hand, so daß diese zwischen ihren Händen liegt. Ich habe das Gefühl, als würde ich plötzlich etwas bekommen, als würde etwas von ihr zu mir fließen, als würde ich in meinen Bedürfnissen verstanden. Einen Moment bin ich voller Licht, dann ein betäubender Schmerz, den Unterschied zu merken, zu merken, was mir entgangen ist. Es setzt ein nicht enden wollendes eruptives Weinen ein. Nach langer Zeit bemerke ich, wie ich ruhig daliege. Meine Hand pulsiert in ihren Händen, öffnet sich ganz zart und schließt sich wieder. Die Sitterin läßt es zu. Es fließt von ihr Wärme und Zuversicht zu mir mit einer Selbstverständlichkeit, die sich in mir als eine große Ruhe ausbreitet. Ich bekomme etwas. Ich probiere aus, mir etwas zu holen. Es ist möglich. Selbstverständlich. Ein Gefühl der Bedeutung und Stolz breitet sich in mir aus. Mit der Zeit kann ich meine von der Hand der Sitterin nicht mehr unterscheiden. Wir sind eins. Vereinigt in den Händen, an deren Stelle ein einziges Herz getreten ist. So liege ich lange in einem Dämmerzustand.

Als ich mich wieder spüre, tauche ich aus dem Mutterleib auf, schäle mich aus der Decke. Ich bin verschwitzt, verklebt, verrotzt und verheult. Mein Hemd klebt mir am Leib ... Ich lege mich wieder hin. Erschöpft. Eine Zeit der Ruhe, in der ich wieder die Hand der Sitterin halte. Ich habe ein tiefes Gefühl in mir, mir selbst vertrauen zu können. Ich kann mein Leben meistern. Ich bin in der Lage mir zu holen, was mir fehlt.«

Transpersonale Erfahrungen

Man gelangt hier in Erfahrungsräume, die das alltägliche Wachbewußtsein überschreiten. Der Erfahrende gewinnt Einsichten über umfassendere Bedingungen der individuellen Existenz, über Schöpfungs- und Entwicklungsprozesse, über feinstoffliche Regulationsmechanismen, über archetypische Zusammenhänge und Aufbrüche in spirituelle Regionen. Die Vielfältigkeit der Erfahrungen können nur angedeutet werden, da diese Welt eine unendliche Reichweite besitzt.

Jenseits von Körper, Raum und Zeit

Der transpersonale Raum öffnet sich durch intensive Bilder, die dann über Identifikationen zu tatsächlichen Erlebnisqualitäten werden. Dies führt über die körperliche Begrenzung und über die Raum-Zeitachse hinaus.

Eine Gruppenteilnehmerin, die das erste Mal in eine Atemsitzung ging, reiste durch viele Welten, begegnet einem Einhorn (Symbol des Selbst) und vertraute sich seiner Führung an:

»Ich kann mich auf die Stimme und die Entspannung des Körpers gut einlassen. Beim schneller und tiefer Atmen will ich nichts forcieren. Aber es beginnen körperliche Veränderungen, am deutlichsten spüre ich meinen Herzschlag in der Halsschlagader, Kribbeln in den Händen und Füßen, leichte Krämpfe an Ring- und kleinem Finger und an der Außenseite des linken Fußes. Ich bin dann sehr schnell sehr weit weg in einer anderen Realität, die mir aber nicht fremd ist. Ich spüre daneben aber auch immer mein Denken, das mir erlaubt zu denken, ob das denn alles so ist, zu zweifeln. Ich bin ein Fisch, ich glaube ein Delphin, zumindest ein Tier in etwa so einer Größe. Es ist wunderbar durch das Meer zu schwimmen. Dann ein anderes Bild, ich kann meinen Körper nicht bewegen, ich merke, daß ich ein Pharao, ein starker König bin, und um mich herum schreiende Menschen, ich weiß, daß ich diese Menschen foltern lasse, das kann ich aber selbst nicht ertragen, und ich drehe den Kopf weg. Zwischendurch denke ich auch immer wieder, ob mir die Bilder nur kommen, weil mir sonst langweilig wäre, aber die Lust an den Bildern ist doch sehr groß und ich will mehr sehen. Einmal tritt starke Atemnot ein, dann spüre ich die Berührung meines Sitters im Nacken, und es geht vorbei ... Ich habe ein Bild vom Fegefeuer und will es nicht sehen und nicht hören, ich halte mir die Augen und die Ohren zu. Dann sehe ich ein Einhorn und ich weiß sofort, daß es mein Einhorn ist und daß wir uns lange, lange nicht gesehen haben und ich bin so glücklich, es stillt allen meinen Schmerz. Ich strecke die Hand aus und kann es berühren, das Fell ist weich, wie bei einem jungen Pferd und es ist schneeweiß und die rosige Haut schimmert am Flaum um die Nüstern durch. Die Augen sind so mild und es sagt mir, daß ich mir niemals um irgendetwas hätte Sorgen machen müssen und ob ich das denn nicht gespürt hätte. Ich reite mit dem Einhorn durch eine Welt, durch Wüste, Berge und Steppe. Ein anderes Bild, von dem ich aber nicht mehr weiß, ob es vor oder nach dem Einhorn ist. Ich bin diesmal eine Frau, einer keltischen Kultur, glaube ich, es sind Steine angehäuft, und ich liege auch auf den Steinen und es kann sein daß ich festgebunden bin. Ein Priester ist dabei, er ist der Chef und Krieger und ich weiß, daß sie mich opfern werden, ich bin darüber nicht erstaunt. Ich weiß, daß sie mich schlachten werden und mir die Eingeweide herausnehmen, ich habe Angst vor dem Schmerz, und ich weiß nicht, ob ich sie darum bitte oder ob es zum Ritual gehört, sie schneiden mir die Kehle durch. Dann bin ich in einem anderen Bild, ich weiß nicht wie viel Zeit später. Eine helle, weiche, weite Höhle, aber nicht in der Erde, es ist, als ob es in meinem eigenen Gehirn wäre. Da sind sie alle, alle meine Lieben, Lebende und Tote, ich weiß, daß es mein Himmel ist, alle die mir etwas bedeuten sind beisammen.«

Eine Flug in fremde Kulturen und das gleichzeitige Sein (Polylokation) an verschiedenen Orten:

»Ich bin sehr überrascht, daß ich im Eismeer starte. Damit habe ich nicht gerechnet. Ich fliege in schnellem Tempo knapp über dem Boden über endloses Eis gegen das gleißende Licht der untergehenden Sonne. Dann schwimme – besser: bin ich (ich brauche ja überhaupt nichts zu tun) – in einem offenen Wasserloch. Grün das Wasser, grün die gebrochenen Kanten der dicken Eisdecke. Da ist ein Wechsel zwischen dem Außen und Innen, der mich durch die ganze Übung begleitet: ›Im Zimmer muß es jetzt sehr heiß sein‹, denke ich in dieser Situation, ›was für ein Glück, daß ich es so angenehm kühl habe ...‹ Ich schwimme also, tauche, schwimme auch unter der Eisdecke, das Gesicht nach oben, und bin sehr erstaunt, daß ich keinerlei Atmungsprobleme habe und mich rundherum gut fühle.

Dann kommt laute Musik. Die Eisberge schieben sich zusammen, schließen das Eisloch. Ein Augenblick der Panik: Ich versuche, das Eis mit meinen Händen zu heben, aber das geht nicht. Ich werde bald wieder ruhig: Da gibt es ja noch den Weg nach unten. Ich lasse mich, die Hände lang nach oben gestreckt, wie in einem Strudel in das tiefschwarze Wasser nach unten ziehen. Ich tauche lange, endlich lande ich auf einem Unterwasser-Friedhof: Verkommene Gräber, Wasserpflanzen, Moos auf den alten Steinen. Es ist hier ein gedämpftes Licht, alles in gelb-braun-grünen Farbtönen. (So müssen Friedhöfe ausschauen, über die ein Staubecken errichtet wurde.) Ein bestimmtes Grab zieht mich an, ich wische über die Tafel des schmiedeeisernen Grabkreuzes, kann aber nichts lesen. Das ist auch in der Folge mehrmals so: Wenn ich mich einem Objekt zu sehr nähere, kann ich nichts mehr erkennen. Ich schau mir auch noch andere Gräber an, komme aber wieder zu meinem Grab zurück (Ich weiß, daß es mein Grab ist), wische die dünne Schlammschicht von der steinernen Platte, der Stein gleitet irgendwie zu Seite und ich falle in das rechteckige schwarze Loch, das sich auftut. Falle und falle eine langgezogene Spiralbahn in diesen tiefschwarzen, luftleeren Raum, sehe, wie über mir dieses himmelweiße Rechteck immer kleiner wird und finde mich nach einer Weile auf einer Wiese in einem engen Tal. Einer Wiese wie ein Getreidefeld mit durchscheinenden, hohen, hellgrünen (eine Farbe, die ich von Aquarienpflanzen kenne) Gräsern.

Von jetzt an fliege ich und mache die Erfahrung, daß die Musik, je lauter und eindringlicher sie ist (z. B. Trommeln), um so stärker und sicherer trägt. Das Tal wird weiter, öffnet sich ganz, und ich finde mich über die Anden fliegend. ›Endlich, jetzt bin ich zu Hause‹, denke ich und bin sehr tief berührt. Obwohl mir ganz danach zumute ist, will ich nicht heulen, weil ich Angst habe, ich könnte aus der Geschichte aussteigen. Nach einer Weile komme ich zum Eingang einer Höhle, fliege durch einen langen Gang und finde mich in einer großen, von Feuern beleuchteten Höhle. In der Mitte ein Totempfahl, an den ein Mensch gefesselt ist, daneben tanzend ein Medizinmann. Ob da nicht anfangs mehrere tanzende Menschen waren? Ich erinnere mich nicht mehr genau. Der am Totempfahl bin ich – aber wie kann das sein, frag ich mich, wenn ich doch der Betrachter der Szene bin? Ich (der Betrachter) bewege mich auf Stirnhöhe des Medizinmannes. Der wächst, wird riesengroß, ich betrachte somit die Szene von oben.

Aber der Medizinmann bin auch ich! Er wird nicht mehr kleiner, außer wenn ich mir das Bild vom Eingang der Höhle her ansehe. Somit muß ich mich mit ›meiner‹ Größe abfinden. Aber dieses Ich da unten? Wenn der Medizinmann nicht kleiner werden will oder kann, muß der andere, der am Totempfahl, wachsen. Das tut er auch – und damit sprengt er auch die Seile, mit denen er gefesselt ist. Jetzt bin ich ganz dieser, der gefesselt war. Ich finde mich wieder auf der Wiese mit dem hohen hellgrünen Gras. Diese Größe ist ungewohnt, ich fühle mich nicht ganz wohl darin, aber ich gehe mit großen Schritten dorthin, wo sich das Tal weitet.

Später fliege ich wieder, einzelne Szenen wiederholen sich, ich bin auch wieder am Ausgangspunkt der Reise. Ich bemühe mich, nichts zu vergessen. Dazwischen wirres Zeug, Einzelbilder (z. B. diese Straßenwalze, deren vordere Walze aus grellgelbem Plexi besteht und von innen beleuchtet ist ...), Bilder von daheim, von der Schule, von ... Das läuft ab wie ungeordnete Dias. In den Anden komme ich nochmals auf einen Friedhof ähnlich dem ersten, nur ohne Wasser: steinerne Grabdenkmäler, verwildert, überwuchert. Aber ich erinnere mich nicht mehr, was damit war. Auch ein langer Flug durch einen langen, langen, röhrenförmigen Tunnel, von dem ich aber auch nix Näheres weiß. Andere Menschen sehe ich nur in den Einzelbildern und am Schluß zur Zigeunermusik (?) Reigen tanzend. Da tut mir aber schon die ganze Zeit das Kreuz weh, ich kann aber meine Körperlage nicht verändern, weil alle Gliedmaßen so schwer sind. Und vor allem hab ich wahnsinnigen Hunger.«

Die Identifikation mit einer anderer Rolle und Figur der Geschichte ermöglicht die innere Vergegenwärtigung von Kraft, Würde und Weisheit:

»Ich atme wieder vertieft, die Musik lenkt meine Aufmerksamkeit zum Kopf. Dieser Bereich ist wie energetisch aufgeladen, ich spüre es mit meinen Händen. Ich bewege sie über meinem Kopf auseinander. Ich nehme mich, auf einer Anhöhe sitzend wahr, auf meinem Haupt eine aus vielen bunten Edelsteinen gebildete Steinkrone. Ich bin eine (aztekische?) Hohe Priesterin. Die Krone verbindet mich mit dem Himmel. Meine Aufgabe ist es, in dieser Verbindung zu bleiben, um meinem Volk zu helfen. Mein Herz ist voll Mitgefühl für mein Volk (Gruppenteilnehmer), aber ich weiß, es muß durch das Leid gehen, um Erlösung zu erlangen. Ich fühle mich meinem Volk sehr verbunden, existiere aber gleichzeitig in meiner eigenen Stille, in der Anmut des goldenen Lichts. Ich repräsentiere Kraft, Würde, Weisheit. Dies ist wichtig für mein Volk, da ich ihm damit den Weg zeige. Ich verweile lange in dieser Haltung, fühle mich ganz in mir. Danach stellt sich eine fröhlich ausgelassene Heiterkeit ein.«

Aber nicht nur nach außen können die Grenzen transzendiert werden, sondern es kann auch zu einer Reise in den Innenraum des Körpers kommen:

»Prickeln und Krämpfe treten an Kopf, Händen, Zwerchfell und Oberschenkeln auf, vor allem im Bauch glaube ich das Ziehen nicht mehr länger aushalten zu können. Es stellen sich Bilder ein von verspannten Muskelsträngen in meinem Inneren, die ich als Barrieren, Widerstände, Schranken empfinde ...

Eine Zeitlang fesseln mich die Krämpfe mit zurückgelegtem Kopf, eng an den Bauch gepreßten Händen und angezogenen Oberschenkeln, so daß ich mich kaum mehr rühren kann, genieße aber irgendwie auch diesen Ruhezustand, in dem das Atmen etwas angenehmer wird. Dann steigt die ganze Energie in den Kopf, ich versuche durch starkes Streichen mit den Händen den

Widerstand hinunter zu verlagern, bis mein Kopf wieder befreit ist, und eine Enge in der Brust spürbar wird. Mehr und mehr wird es zu einer tiefen Körpererfahrung, in der ich zunächst verschiedene Körperflüssigkeiten von ganz tief unten hervorwürge und ausspucke, und dann selbst in meine Körperhöhlen hinuntertauche, die Muskelverspannungen als Widerstände wahrnehme, den Atem durch meinen Körper wehen fühle, und Teil meiner pulsierenden, gluckernden Körperflüssigkeiten werde. Wie in einem riesengroßen Reagenzglas steigen die bunten Säfte und Blasen auf und ab. Unterstützt wird diese Wahrnehmung durch die Walgesänge. Kurz werden auch sexuelle Gefühle wach, daß sich dieser mein Körper mit anderen, weiblichen Körpern verbindet, ineinanderfließt. Ein wichtiger Eindruck bleibt: ich kann aushalten, kann immer wieder zu den Widerständen hingehen und bin letztlich am Ort des Geschehens, kann körperlich den Raum erfassen, wo meine Gefühle entstehen, wo die Angst und der Schmerz sitzen. Und ich kann bei ihnen bleiben. Die Walgesänge werden von einer feierlich getragenen Musik abgelöst, und in diesem Augenblick begegnet mir ein Bild des eigenen Todes: das wunderbare, fließende Gewebe meines Körpers, auch wenn es von Widerständen durchsetzt ist, wird eines Tages erstarren, alles wird dort stehen bleiben, wo es gerade geflossen ist, alles wird dann aus sein, für immer. Ich liebe diesen Körper, Trauer, Abschied und Wehmut überkommen mich. Gleichzeitig lasse ich beim Atmen locker. Nach Klogang und langsamem Zurückkehren legt mir die Sitterin ihre Hände auf Herz, Bauch und Rücken. Fühle mich dabei mit wohltuender Wärme, Trost und Geborgenheit erfüllt, genieße die Ruhe und Entspannung.«

Zu Hause erlebt der Erfahrende einen anderen Umgang mit sich selbst:

»Wieder zu Hause in meinem normalen Leben fühle ich mich satt und aufgefüllt mit Kontakten und menschlicher Wärme; nicht mehr bedürftig, sondern unabhängig und frei fällt es mir leichter als sonst, alte Muster in der Begegnung mit Menschen loszulassen. Ich kann meine Kontakte mehr fließen lassen, der inneren Weisheit überlassen, und ich kann Gefühle und Berührungen zulassen und aushalten.«

Häufig kommen Identifikationen mit Tieren vor. Dadurch kann es zu einem Erleben von Kraft, Geschmeidigkeit und Flexibilität kommen, die vielleicht im Alltagsleben unterrepräsentiert sind. Auch Einsichten in evolutionäre Gesetzmäßigkeiten sind möglich. Eine Verknüpfung mit menschlichen Aspekten kann assoziativ einfließen.

Die Jagd und der Tod in der Tierwelt werden existentiell begriffen:

»Jetzt bin ich eine mittelgroße Raubkatze. Eine wunderbare gelassene Spannung im gesamten Körper. Jeder Muskel mit jedem harmonisch verbunden, alle

Bewegungsabläufe leicht, elegant und selbstverständlich. Mein Körper ist so, ich spüre es in den Schultern, dem Nacken, den Vorderbeinen und meinen Pranken. Ich bin auf der Jagd. Reiner Instinkt. Konzentration, Sehen, Zuschlagen mit einem einzigen Prankenhieb, Fassen und Sichern. Das alles ein traumhaft sicherer Ablauf, von präziser Eleganz und ohne jedes schlechte Gewissen. Überhaupt sind solche Kategorien hier absurd: weder könnte ich das als aggressiv oder gar gewalttätig bezeichnen, noch greift irgendeine moralische Kategorie. All das ist notwendig. Die Notwendigkeit ist gepaart mit Anmut/Grazie und kleinstem Aufwand an Kraft. Das Jagen ist eine Lust. Jetzt ist das gejagte Tier tot. Ich berühre es mit meiner Pranke und es ›antwortet‹ nicht mehr, auch nicht, als ich den Vorgang wiederhole. Ein ganzkörperliches Empfinden von Bedauern stellt sich ein. Die Jagd ist beendet.«

Der Tiger, die Angst und die Kraft: Eine Geschichte, wie ein friedliches Zusammenleben zwischen Menschen und Tieren geschaffen werden kann:

»Die Musik ist gut, zum Abheben, die Atmung tiefer und schneller, keine Angst vor Hyperventilation mehr. Bewegung kommt in meinen Körper, Kraft, Spannung und Energie sind in mir. Ein neues Gefühl durchpulst meinen Körper. Langsam bahnt sich die Luft durch meine Kehle, wird zu einem immer lauter werdenden Schrei der immer freier herauskommt. Irgendwann habe ich das Bild einer Raubkatze von mir. Es ist ein Tiger. Ich weiß nicht mehr genau, ich glaube ich bin auf meine Füße und Arme gestützt und bilde einen Bogen mit dem Bauch nach oben. Der Kopf hängt nach unten durch, so daß meine Luftröhre mit meinem Kehlkopf eine Linie bildet. Die Luft kann frei heraus, wird nur von meiner Stimmritze gehalten und bildet einen langen immer wiederkehrenden Schrei. Ich spüre in diesem Schrei alle Kraft in mir, alle Lebensenergie. Ich darf schreien, niemand verbietet es, niemand kann mir die Kraft wegnehmen. Ich kann auch nicht mehr zwischen dem Tiger und mir unterscheiden. Ich weiß, daß ich es bin und doch bin ich Tiger und ich gleichzeitig. Und es ist schön so. Ich weiß nicht mehr, wie lange es so geht, aber es ist sehr sehr lange. Irgendwann hört das Brüllen auf und ich liege wieder auf dem Rücken. Vor mir Bilder vom Tiger. Er kommt von den Bergen in ein Dorf. Es ist ein fremdes Bergdorf in Tibet oder irgendwo. Die Menschen sind dem Tiger fremd. Er fürchtet sich vor den Menschen. Und vor allem die Menschen fürchten sich vor dem Tiger. Sie sperren ihn in einen Holzkäfig. In einer feierlichen rituellen Prozession tragen sie ihn durch das Dorf. Und wieder spüre ich genau, ich bin ich und der Tiger gleichzeitig. Es ist wunderschön diese Prozession. Und doch ist es einsam in dem Käfig. Und dann bin ich wieder frei und laufe den Berg hinauf zu einem Hügel, wo andere Tiger sind und ich bin froh nicht allein zu sein. Gemeinsam laufen wir wieder ins Dorf. Und dort ist aus der Prozession ein Fest der Tiger geworden. Die Bewohner verehren den Tiger als mächtiges Tier – als Zeichen der Kraft und des Lebens. Zu seiner Ehre feiern sie jetzt das Fest des Tigers. Alle Menschen sind als Tiger verkleidet. So können die Tiger sich unerkannt zwischen die Menschen mischen. Keiner fürchtet sich mehr vor dem anderen. Es ist schön, so unter den Menschen sein zu können.«

Über die Identifikationen mit bestimmten Naturformen und Substanzen, kann deren Zustands- und Energieform für eine bestimmte Zeit gelebt und innerlich aufgenommen werden.

Der Stein und die Ewigkeit:

»Ich liege unter Wasser, etwa einen Meter unter der Oberfläche, und schaue hinauf. Oben glitzert der Wasserspiegel gegen das Tageslicht hin, kräuselt sich leicht. Ich liege da am Grund, atme kaum. Bin ich tot? Bin in einem schwerelosen Zustand. Der Abstand zwischen meinen Atemzügen wird so lang, daß ich einen Moment lang fürchte, ich könnte tatsächlich zum atmen aufhören. Beim vorsichtigen Bewegen meiner Beine fällt mir auf, daß mein Bauch ganz aufgebläht ist. Also bin ich vielleicht doch ertrunken?

Dort, wo das Wasser tiefer wird, wird es auch dunkler, und ich sehe einen gewölbten Höhleneingang. Dort trägt es mich immer näher hin. Es kommt mir vor wie die Pforte zur Unterwelt, an die ich da gelangt bin. Und es ist ganz klar: Ich muß dort hinein. Ich zögere lange – muß das sein? Ich scheue mich vor der Dunkelheit und Unausweichlichkeit dieser Höhle. Aber der Auftrag ist gegeben. Eine Stimme sagt: ›Nun geh‹.

Bald merke ich aber, daß die Höhle zu niedrig ist um zu gehen. Ich muß kriechen und selbst so komme ich kaum weiter. Was soll ich tun? ›Werde zu Stein‹, sagt die Stimme. Muß das sein? Anders wirst du hier nicht weiterkommen. Du mußt zu Stein werden. Du mußt in die Stille gehen, in das Schweigen.

Es fällt mir schwer, aber ich sehe ein, daß es kein Zurück gibt. Und so werde ich zu einem großen, flachen, abgerundeten Stein. Werde vom Wasser umspült, kann absolut nichts mehr TUN.

Eine Ewigkeit liege ich so, zu Stein erstarrt. Von Zeit zu Zeit werde ich für ein paar Augenblicke gewahr, daß ich mich noch immer in demselben Zustand befinde. Bloß, das Wasser hat mich ein Stückchen weitergerückt. Oder war es die Zeit, die das vollbracht hat?«

Die Festigkeit und die Ruhe eines Berges:

»Ich liege starr auf dem Boden, kann mich nicht mehr bewegen, werde zu einem Berg. Ich fühle mich wieder sehr einsam. Der Berg ist auf der rechten Seite sehr karg, felsig, windig. Das Gefühl von Einsamkeit verstärkt sich. Die Schreie eines Gruppenmitglieds rechts von mir nehme ich als dunkle Energie war, die sich zum Berg hin bewegt. Ich bin sehr angespannt, verzweifelt, kann mich aber nicht bewegen. Dann formt sich langsam die linke Seite des Berges zu einer fruchtbaren Landschaft. Ich sehe Wald, rieche Heidelbeeren, nehme Bienengesumme wahr. Der Boden ist warm und feucht, Vögel fliegen zum Berg, Bäche sammeln sich zu einem Fluß, der auch die rechte Bergseite umspült. Die Atmosphäre ist harmonisch. Ich genieße jetzt für eine Weile das Gefühl ein Berg zu sein, seit Jahrtausenden fest mit der Erde verbunden, und Lebensraum für viele Lebewesen zu sein. Die karge Seite des Berges existiert zwar noch, erscheint aber nicht mehr so bedrohlich. Ich kann mich jetzt wieder bewegen, das Bild schwindet langsam.«

Über Identifikationen mit kollektiven Zuständen der Menschheitsgeschichte können kollektive Traumen bearbeitet und langfristig zu einer Lösung geführt werden.

Der unausgedrückte Schrei des Grauens in einem KZ:

»Ich spüre die Verbindung zwischen meinem Körper und der Erde, eine Erdung meines Körpers/Wesens, durch die ich mit der unendlichen Kraftquelle aus der Erdmitte verbunden bin. Jede Zelle lädt sich mit Energie auf und gibt sie wie in einem Kreislauf auch wieder ab, wobei die Aufladung extrem lustvoll ist. Das Aufnehmen und der Ausdruck dieser Kraft und Lust wird mir als Lebenswahrheit bewußt.

Das Herz der Erde, links von mir, als riesiges Erdloch in dem eine rotfleischige Materie pocht. Vulkanausbrüche und dickflüssige Lava. Dann wieder ein Gleiten über die Weite einer rollenden Hügel- und Wiesenlandschaft.

Zaungast bei einem Trabrennen. Kindliches Interesse und Freude an der Bewegung der Pferde, Menschen und der ganzen Szene. Plötzlich, links, ein Afroamerikaner, der auf der Straße vor meinen Augen niedergeschossen wird. Meine Zensurstimme sagt spöttisch: ›Na, Kleine, so sieht das Leben aus und Du bist doch gar nicht darauf vorbereitet …‹ Ebenfalls von links kommen weißgraue Gestalten – Leichen und Halbverhungerte – auf mich zu. In diesem Moment ist mir bewußt, daß Tod sehr wohl ein Teil meiner Lebenserfahrung ist. Es erscheint mir als ein Sterben; das mir wie eine Flüssigkeit als Kleinkind in die Blutbahn gespritzt wurde, indem mein Vater mich zu dem Trost machte, der den ganzen Holocaust aufwiegen mußte. Die Gestalten kommen näher aber bedrohen mich nicht. Mitten in einem Konzentrationslager, vor einer Gaskammer, in die diese Gestalten marschieren. Sie enden als Rauch. Zunächst wehre ich mich gegen dieses Bild und will nicht in die mir bekannte selbsterhebende Betroffenheit fallen. Doch da erinnere ich mich, daß es laut Grof auch KZ-Bilderlebnisse gibt, die nicht unmittelbar mit der eigenen Geschichte zu tun haben. Das erleichtert es mir, dieses Bild mit den Gestalten und den Gaskammern weiter anzusehen. Zwar stehe ich mitten im Bild, aber ich bin nicht ein Teil davon.

Der Rauch aus den Schloten drückt das unendliche Entsetzen und Grauen aus. Wie ein Tribut an dieses Grauen, dessen ich mir gerade in seiner vollen Tragweite bewußt werde, löst sich ein Brüllen aus meinem tiefsten Inneren. Der Schrei ist nicht aus persönlicher Betroffenheit, sondern jenseits persönlichen Erlebens, wie ein Ausdruck des Grauens selbst und eine Stimme jener, die nicht mehr schreien können. Es ist aber auch der Schrei eines unpersönlichen, gleichzeitig menschlichen Beobachters. Als solcher kommt mir vor, ich könnte ewig weiterschreien und könnte und dürfte nie aufhören. Der Schrei hängt weiter in der Luft wie sein eigenes Echo. Ein Ringen um Luft, im Schrei war mein Körper verkrampft und nach oben drängend wie in einer Gaskammer. Weinen kann ich erst als mir bewußt wird, daß dieses ganze Erleben in mir stattgefunden hat. Das Weinen ist befreiend und öffnet einen weiten inneren Raum. In diesem Moment ist der Druck des Intellektualisierens, des Verdrängens und des Persönlich-Nehmens aufgehoben.«

Das Leid des Krieges und die letztgültige Unverwundbarkeit:

»Ich war in einer anderen Zeit, vernahm in der Ferne wilde Kriegsschreie; am fernen Horizont sah ich eine riesige Staubwolke, konnte ein Kriegsheer ausmachen, dunkel und bedrohlich. Ich spürte überhaupt keine Angst. Durch eine wüstenähnliche Landschaft ritt ich hoch zu Pferde (ich weiß nicht, ob ich zu diesem Zeitpunkt ein Mann oder eine Frau war) mit einer Lanze oder Fahne (auch das weiß ich nicht mehr) mutig dem sich rasch näherndem riesigen Heer entgegen. War ich allein??? Hatte ich hinter mir ein Streitheer? All diese Einzelheiten kann ich nicht erinnern. Ich war auf mich ›gestellt‹, und voller Mut und Energie ritt ich in einem rasenden Galopp meinen Feinden entgegen. Schon konnte ich die Gestalten, kleine braune Männer mit furchterregenden Gesichtern, erkennen. Wilde Kriegsrufe ließen die Luft erzittern. Sie kamen schnell auf ihren kleinen, zottigen Pferden dahergeritten, direkt auf mich zu. Auch jetzt verspürte ich keine Furcht, stürmte mit meinem großen Pferd, auf dem ich mich sicher und überlegen fühlte, in den Kriegstaumel! Es durchzuckte mich eine ganz ungewöhnliche Erregung. Dann wurde ich verwundet, diesen Vorgang habe ich nicht wirklich erlebt. Ich fand mich vielmehr blutend und voller Schmerzen im Schmutz am Rande des Weges wieder. Johlend zogen die kleinen, wilden Männer weiter, um all das Schöne zu zerstören; diese friedvolle Welt, die ich schützen und bewahren wollte. Tatenlos und mit Entsetzen sah ich dieser Zerstörung zu.

Plötzlich entdeckten mich mit lautem Geschrei einige der kleinen dunklen Männer. Voller Wut, voller Gier stürzten sie sich auf mich, ich war total wehrlos, schutzlos, ausgeliefert; erlebte eine Massenvergewaltigung. Mein anfängliches Wimmern verstummte, und ich bat Gott, es möge aufhören. Mein Unterleib war wie abgetrennt, ich spürte die Schmerzen gar nicht mehr, sah, wenn ich von Zeit zu Zeit die Augen öffnete, über mir die verzerrten Gesichter. In diesem Zustand der Leere, der Gefühllosigkeit breitete sich irgendwann Mitgefühl aus. Ich spürte alles Leid dieser Erde in mir, diese verblendeten, kriegerischen, gewalttätigen Männer konnten meinem innersten Kern nichts anhaben. Ich empfand auch mit ihnen wirkliches Mitgefühl. Schließlich kehrte nach einer unendlich lang währenden Zeit Ruhe ein. Zerschunden und zusammengekrümmt lag ich im Straßenschmutz und wußte, ich werde jetzt sterben. Still, ganz unspektakulär legte sich der Tod zu mir, nahm mich in seine Arme, und ich empfand das Hinübergleiten als große Erlösung. Lange, lange befand ich mich in dem NICHTS, war tot!!! Ich hatte in dieser Phase keine Bilder, keine Empfindungen, es war NICHTS – nichts Bedrohliches, einfach NICHTS !!!«

Befreiung durch kollektive Rituale, religiöse Gesten und spontane Yogastellungen

Im kollektiven Ritual verdichten sich personale und transpersonale Abläufe und Energien. Dadurch können Entwicklungskrisen bewältigt, persönliche Engpässe überwunden und kollektive Archetypen verinnerlicht werden.

Befreiung der männlichen Sexualität vom Leistungsanspruch:

»Ich fühle mich wohl mit meinem Sitter. Es geht ungehindert und motiviert los. Die Musik dringt leicht in meinen Körper ein. Ich bin wach, aufnahmebereit und spüre, wie sich Energie aktiviert und aufsteigt (Kribbeln, Wärme, leichte Spasmen). Zunächst bewege ich mich lustvoll tanzend, genieße Kraft und Beweglichkeit. Die Bewegungen wandeln sich in Kriechen und Robben, ich werfe mich geschickt hin und her. Nach einiger Zeit kommt es mir vor, als seien diese Bewegungen in Zuge einer kriegerischen Handlung notwendig. Ich robbe konzentriert mit irgendeiner Waffe durchs Gras, versuche nicht entdeckt zu werden, fühle mich angriffslustig. In der Nähe höre ich Männergeschrei und Trommeln.

Auf einmal bin ich umgeben von einem Stamm schwarzer eingeborener Männer. Sie sind bemalt, tragen Speere und andere Waffen, trommeln und tanzen. In der Mitte eine nackte, sehr schöne Frau und ich. Die Szene hat jetzt einen sehr sexuellen Charakter. Es scheint irgendein Stammesritual stattzufinden, im Zuge dessen ich diese Frau befriedigen oder befruchten muß. Ich spüre, daß es dabei um eine sehr ernste Entscheidung geht, ähnlich einer Initiation. Ich habe Angst unter diesem Leistungsdruck zu versagen, aber auch das Gefühl, ich könnte es vielleicht schaffen. Intensiv erlebe ich die Macht der Frau in dieser Szene über Ihre Gefühle und Reaktionen meine sexuelle Leistungsfähigkeit gleichsam zu definieren! Ich erlebe Sie stärker als ich. Das macht mir Angst. Als nächstes merke ich, daß ich abwechselnd die Position, der auf dem Mann sitzend agierenden Frau einnehme und dann wieder die, des auf dem Rücken am Boden liegenden Mannes. In der Identifikation mit der Frau, traue ich mich nicht voll auf dieses Körpergefühl einzugehen bzw. das Lusterleben als Frau voll auszuagieren (z. B. mit meinen imaginären Brüsten zu spielen und noch mehr). Ich hätte Lust und den Drang mich ganz mit einem fraulichen Körper und dem Geheimnis seiner Erotik zu identifizieren, schäme mich aber vor möglichen Zuschauern, obwohl ich weiß, daß es die Toleranzgrenze des Sitters nicht überschritten hätte. In dieser Szene ist noch etwas, das ich mir nur unter Schamgefühlen eingestehen kann: es ist die Lust und in der Kindheit häufig durchlebte Phantasie, für jeden offensichtlich Macht und Heldentum (z. B. sexuelle Potenz) zu beweisen und zu demonstrieren …

Die Situation nimmt zunächst kein deutliches Ende. Erst als die Musik von einer trommelrhythmischen in eine sphärische Phase eintritt, verändert sich auch meine Erlebensszene. Es ist, als würde ich plötzlich abheben und durch die Luft aufsteigen in höhere Regionen. Ich sehe eine wunderbare Berglandschaft im gleißenden Licht der aufgehenden Sonne. Der Himmel ist blau und von weißen, lichten Wolken durchzogen. Es riecht nach Morgentau, Alm und Bergvegetation. Alles kommt mir sehr vertraut vor, ähnlich einer vergessenen Heimat. Ich bin wieder alleine und fühle mich befreit. Es berührt mich, daß ich diese friedvolle Wirklichkeit im Sinne eines ›zu Hause‹-Gefühls fast vergessen habe. Diese zweite Phase hat sehr befreienden und transzendierenden Charakter, im Vergleich zur ersten. Die Bedeutung von Erfolg und Mißerfolg relativiert sich, mein Horizont ist größer geworden. Die Musik hat viel Platz in mir, und mein Atem scheint ihr schon fast vorausahnend sensibel entgegenzuschwingen.«

Die Wiederholung einer rituellen Geste läßt die Erfahrende mit den kosmischen Kräften in Kontakt kommen. Das persönliche Leiden wird aufgelöst und das Gefühl der Identität erweitert.

»Ich bewege das Becken und die Beine rhythmisch. Dann beginnen die Beine zu schweben und ich nehme liegend die Position des tanzenden Shiva ein. Ich spüre, daß ich auf die Knie gehen muß. Der Kopf ist vor den Knien, die Stirn auf dem Boden. Ich richte mich langsam auf und frage mich, wo ich bin. Es ist als ob ich in einem Tempel wäre, aber ich sehe nicht, in welchem. Ich weiß nicht, zu welcher Zeit ich dort bin. Irgendwie ist mir das auch egal. Ich sitze einfach nur so da und merke, wie mein Körper ganz langsam in eine Bewegung kommt: ich lege die rechte Hand über meinen Kopf und die linke Hand mit der Handfläche nach unten neben mein linkes Knie. Lange sitze ich so da. Dann nehme ich beide Hände wieder zum Boden vor die Knie und den Kopf dazwischen. Es entwickelt sich eine Geste, die mir wie ein Ritus vorkommt: Hände nach rechts und links, *dann nach oben über den Kopf, dort berühren sich* die Handflächen und beide Hände strecken sich so ganz nach oben aus. Von oben ziehen sie sich auf dem gleichen Weg wieder zurück, zum Kopf und dann zum Boden, wo die Handflächen den Boden berühren. Ich habe den Eindruck, die Energie vom Himmel und von der Erde zu spüren, all die Lasten und Leiden der Erde zurückgeben zu können. Kurz bevor ich jeweils den Boden mit den Händen berühre, scheine ich die Hände in einen kleinen Teich zu tauchen, ich spüre die Kühle des Wassers und strecke mich dann aus. Der Bewegungsablauf beginnt von vorne. Irgendwann bin ich total erschöpft und müde von diesem Ritus und ich lege mich hin, um zu sterben. Kerzen stehen in einer steinernen Höhle. Ein indisches Gottesbild steht auf einem Altar und ich bin aufgebahrt. Das Sterben ist leicht, fast so als ob ich gar nicht sterben würde. Ich merke nicht viel. Jemand scheint mich in eine andere Dimension zu rufen und blaue Farben tauchen vor meinem inneren Auge auf. Es ist wunderschön. Es geht in einen anderen Raum. Dann habe ich das Gefühl, ich sei in der Gebärmutter und kämpfe mit der Begrenzung des Raumes. Dann liege ich – ohne geboren zu werden – wieder flach auf der Matte und ich spüre wie der oben beschriebene Ritus von Neuem beginnt. Obwohl ich diesen Bewegungsablauf nie mehr vollziehen wollte, bin ich jetzt sehr gerührt, weil ich meine Heimat wiedergefunden habe.

Manchmal bewege ich die Arme wie beim Tai Chi. Langsam ist der Kosmos in Bewegung, sehr langsam. Ich bin nicht mehr ich und doch bin ich es. Ich bin das Leben, ich bin der Tanz, der sich bewegende Kosmos. Die ewige Energie durchströmt mich und ich bin sehr glücklich.«

Die Umwandlung eines Fluches in einen Segen für Millionen ermordeter Kinder:

»Wieder mit dem Atmen langsame Entfaltung zum Leben, genauso wie bei der 1. Sitzung. Ich freue mich an meinem Körper, an der Haut, an den Bewegungsmöglichkeiten, an jedem Detail. Es folgt ein rasches Hin- und Herwerfen des Kopfes und mit ihm wieder Kiefersperre und Kopfschmerzen. Am liebsten würde ich mir die Haare einzeln ausziehen, damit das weggeht. So funktioniert es nicht, aber bei erneutem Atmen sehe ich auf einmal, wie aus meinem Kopf – wie unglaublich lange goldene Haare – Energiefäden herauswachsen, Sender wie Empfänger. Bei diesem Anblick komme ich mir vor wie eine ganz spezielle Art von Struwwelpeter. Es sind Energie-Strahlen, und sie ergeben eine Art ›Frisur‹. Ich kann die Energie ausrichten, wohin ich möchte, wobei sich diese ›Frisur‹ entsprechend ändert. Mal wie ein Irokesenschnitt (alle gerade in die Höhe), mal alle nach vorn über die Stirn. ich experimentiere damit und hab erst mal nur Spaß daran. Diese Strahlen kommen aber auch aus meinen Händen und aus dem Beckenboden. Jetzt fällt mir schlagartig ein, daß auch in der 1. Atemsitzung Energiestrahlen von der gleichen Power aus Kopf und Händen kamen, nur in schwarz und verbunden mit einem Fluch. Dabei wird mir klar, wie dieser Fluch von Generation zu Generation zu Generation über die Jahrhunderte weitergegeben wurde – unbewußt wahrscheinlich – wie er wirkte und dann seinerseits Hass und Schrecken erzeugte, bis hin zu meinen Eltern; und wie auch ich ihn weitergegeben habe. Es ist ein tiefer Schrecken mit dieser Erkenntnis verbunden. Der Fluch war mehr als verständlich, aber jetzt muß das aufhören. Im gleichen Augenblick beschließe ich, daß ich die Kette beenden werde. Ich entscheide, daß das aufhört. Ich entscheide ganz klar in Kopf, Seele, Körper und Geist, die Energie umzuwandeln in einen Segen, von schwarz nach Gold. Niemand kann mich daran hindern, es kann mir auch niemand die Entscheidung abnehmen. Ich will kein lebender Fluch mehr sein und auch nicht mehr verflucht. ICH WILL EIN SEGEN SEIN! Es ist eine sekundenschnelle und überwältigende Entscheidung. Ich weiß, daß ich dazu in der Lage bin, ich bin ja schon dabei, ohne eine Ahnung zu haben, was das konkret bedeuten wird. Aber es kann nur gut sein. Langsam heben sich meine Arme und Hände. Sie schicken den ersten Segen an meine Tochter. Der soll ihr Heilung bringen. Es kostet keinerlei Mühe, die Arme hochzuhalten über lange Zeit. Die goldene Energie geht von meinen Händen aus in die Ferne zu …

Später lege ich meinen Kopf in den Schoß der Sitterin. Sie greift mir in den Nacken, und wie auf Knopfdruck werde ich unsagbar traurig. Jemand verstärkt noch diesen Druck, und es kommt folgendes Bild: ich sehe von außerhalb den gesamten Globus. Auf ihm liegen Millionen ermordeter Kinder. Das ist ein furchtbarer Anblick. Kinderleichen aus Unzeiten und allen Ländern. Und wieder richte ich mich an Gott (ein männlicher Gott), frage ihn, warum er das zuläßt, klage ihn an. Innerlich teile ich ihm meine Entscheidung mit, daß ich für meinen Teil dieses Morden nicht mehr hinnehme und auch nicht mehr mitmache. Ich setze meine neue goldene Energie dagegen. Ich sage ihm: Gott, Du mußt Dich ändern. Als ich das gesagt habe (wieder mal vom alten Kinderglauben aus gesehen eine Gotteslästerung, was mich aber überhaupt nicht rührt), erscheint im dunklen Universum auf einer Art goldener Energieschale eine Göttin, umgeben von ebenfalls goldenen Energiestrahlen. Ich bin überrascht, denn sie ist ähnlich wie manche Mariendarstellungen, wo Maria als Himmelskönigin auf einem liegenden Halbmond dargestellt wird, das Baby auf dem Arm. So ist das also. Ich bin nicht katholisch und Mariendarstellungen fand ich immer schrecklich. Hier hat sie eine neue Bedeutung. Die Göttin, die das Leben und mit ihm die Kinder schützt. Gott hat meine Änderungswünsche offensichtlich akzeptiert.«

Sexualität und Spiritualität kommen geheimnisvoll zusammen:

»Zunächst verfalle ich in eine Art Starre, die vom Becken und den Beinen ausgeht. Bilder von meinem eigenen Tod. Um mich herum die Menschen, die mir lieb sind. Das Verabschieden von ihnen fällt mir leicht. Keine Verantwortung mehr, sie schaffen es auch ohne mich. Große Erleichterung. Es wird mir bewußt, wie viel Verantwortung ich immer übernehme. Weiteres Atmen. Ich bekomme

Angst, vor dem, was kommt, ohne zu wissen, was es ist. Die Überlegung entsteht, was eigentlich das schlimmste wäre, was mir passieren könnte, wenn ich mich dem Atmen ohne Zensur überlasse; vor irgend etwas habe ich Angst. Wortfetzen durchs Gehirn: hyperventilieren – Abschied – Tod – Sexualität – der kleine Tod – das bringe ich doch den Ausbildungskandidaten bei, den Atem frei gehen lassen, hyperventilieren – der Atem, ein wesentlicher Teil frei sich entfaltender sexueller Erregung – Orgasmus – der Kleine Tod! Das ist es – ich könnte einen Orgasmus kriegen. Das wäre das schlimmste. Kann man doch nicht bringen! Doch nicht hier. Um mich herum produziert der Atem Lachen, Weinen, Stille, Schreie – alles mögliche. Dem Atem ist es egal, bzw. alles recht. Da sage ich mir, gib dich rein und wenn es dann wirklich ein Orgasmus ist, dann ist es eben so. Was soll daran schlimm sein? Es ist sowieso das letzte Mal. Danach fühle ich mich absolut frei. Lange Starre, dann Unruhe und Bewegung, schließlich rhythmisch aus dem Becken heraus, immer wieder und im Innern entsteht ein Bild: Meine Bewegung ist Anbetung, aber was für eine! Eine erotisch-religiöse Handlung. Ich rufe einen Gott an. Ich weiß nicht, wer er ist, noch wie er ist. Aber das ist egal. Ich weiß, daß es ihn gibt und daß er kommt, wenn ich Zelle für Zelle ihn anbete. Nichts wird weitergehen, wenn ich diese Art Anbetung nicht zu Ende bringe. ›Ich lasse dich nicht, du segnest mich denn‹, fällt mir ein. Und schließlich passiert, was ich gefürchtet habe. Ich habe einen Orgasmus und er ist von oben kommend eine schwarze Erleuchtung. Mein Kopf scheint sich zu öffnen, und der schwarze Kosmos strömt in mich hinein. Es ist heilig und sexuell; es ist tiefschwarz und trotzdem eine Erleuchtung, es ist wunderbar und tieferschreckend zugleich. Es ist die Erfahrung der Gleichzeitigkeit aller Widersprüche in einem einzigen Moment. Das ist zu mächtig, um es allein aushalten zu können. Ich brauche dringend einen Menschen zum Fühlen … Das Gefühl dieser warmen und freundlichen Körper an meinem gibt mir das Gefühl für das Leben und meine eigene Existenz allmählich zurück, die drohte, sich aufzulösen. Froh, wieder in der Welt zu sein, gleichzeitig traurig aus dem gleichen Grund.«

Chakren, Kundalini, subtile Zustandsformen und außersinnliche Wahrnehmungen

Die Öffnung der feinstofflichen Zentren und das Erwachen der spirituellen Kräfte führt zur Auflösung von Blockaden, zur Intensivierung von Energieströmen und zu paranormalen Erfahrungen.

Die Öffnung des Wurzelchakra und die Ausbreitung von Energien:

»Ich bin vorher ruhig und leer. Nichts ist da. Ich atme – plötzlich schießt durch mein Wurzelchakra Energie. Wie wenn ein Stöpsel herausgezogen worden wäre.

Diese Energie breitet sich explosionsartig im Becken aus. Mir wird ganz warm, sexuelle Gefühle gehen durch. Wärme fließt die Wirbelsäule hinauf. Im Halsbereich entsteht auch eine Öffnung, durch die Energie einströmt. Ich öffne den Mund ganz weit. Mein Kopf streckt sich nach hinten. Es fließt durch den Mund. Kehlige Laute, ein Würgen kommt, dann wieder fließen. Meine Gliedmaßen fühlen sich ganz weich an, ganz geschmeidig. Ich bewege mich zur Musik geschmeidig und leicht.«

Die geöffneten Chakren verbinden das menschliche Dasein mit spirituellen Formen der Existenz:

»Ich liege still, in Fußsohlen und Handflächen spüre ich Hitze und Pulsieren. Es wird immer heftiger, und ich habe sehr große, sich drehende goldene Lichtscheiben an diesen Stellen; sehr warm und aussendend auch. Dann beginnen dieselben Empfindungen am unteren Ende der Wirbelsäule, im Herzen und im Scheitelpunkt meines Kopfes. Auch da tauchen diese Lichtscheiben auf. Ich liege still und spüre diese sieben Zentren ... Ich bin wieder Ich, Frau. Ich liege unter einem nachtschwarzen Sternenhimmel. Tausende Sterne schauen mich an. Es gibt Verbindung zwischen ihnen und mir, ich spüre es in meinem Körper. Es ist eine Botschaft zwischen uns und ein Gespräch. Vor allem meine Hände beginnen zu sprechen. Ich strecke meine Arme nach den Sternen aus, von meinen Handflächen und Fingerspitzen gehen ganz viele goldene Verbindungsfäden zu den Sternen. Sternenkraft kommt dadurch zu mir, ich empfange sie und beschenke mit meinen Händen meinen Körper. Ich bin nackt und berühre mich, nehme diese Energie auf. Dann strecke ich meine Handflächen wieder den Sternen entgegen. Ich danke, ich gebe und empfange wiederum. Es ist ein Kreislauf. Ich fühle mich völlig geborgen.«

Das Herzchakra und die spirituelle Geburt:

»Dann nehme ich plötzlich wahr, wie meine Hände auf der Brust liegen, mit den Fingerspitzen am Herzchakra wie um eine kleine Öffnung herum. Ein Schauer erfaßt mich, ich spüre, wie sich dieser Bereich wie bei einem Geburtsvorgang öffnet und sich etwas in mich hineingebiert. Dann ist der Satz in mir: ›Gott gebiert sich in mich hinein.‹ Ich bin überwältigt von diesem Vorgang. Es dauert eine Weile, dann ist der Vorgang plötzlich vorbei: ›Es ist vollbracht.‹ Mir wird klar, daß dieser Vorgang zu einem spirituellen Weg dazugehört, es ist wie eine zweite spirituelle Geburt, die Immanenz. Große Demut und Dankbarkeit macht sich in mir breit, Gott nimmt von mir Besitz, wird dadurch ganz zu mir. Gefühl der Ekstase und des Einheitsbewußtseins, trage Gott in meinem Herzen. Ich habe die Gewißheit, daß er mich nie mehr verlassen wird, ich spüre große Liebe. Mit einem Gefühl der Liebe und Offenheit endet die erste Sitzung.«

Wenn sich das Herzchakra öffnet und die freiwerdende Energie verströmt, ereignet sich Heilung.

»Sofort bei der ersten Musik bekomme ich starke Herzschmerzen, sie werden immer stärker und plötzlich springt mein Herz auf. Töne, Tränen, Farben, Lachen, Blumen, alles zusammen fließt heraus und fließt über meinen Körper. Ich genieße es sehr und spüre meinen Körper hell. Zum ersten Mal in meinem Leben spüre ich nicht das Dunkle. Es ist immer noch unfaßbar für mich. Ein starker Wundschmerz (es ist kein frischer Schmerz, sondern ein heilender Schmerz!). Die Sitterin legt ihre Hand auf, und ich fühle mich getröstet. Die Musik trägt mich weg, und als ich wieder da bin, dachte ich zuerst, ich sei eingeschlafen ... Und ich spürte wieder das Gefühl einer unendlichen Weite, einer großen Stille und einer fehlenden Zeit. Als Farbe taucht ein zartes Grau auf. Ich habe danach großen Durst, und das Wasser hat mir noch nie so gut geschmeckt. Danach fühle ich mich zart, aber nicht zerbrechlich. Ich spüre meinen hellen Körper und bin einfach nur glücklich. Ich bin gerne mit mir und spüre eine Scheu den anderen gegenüber.«

Öffnung der Chakren und Ausdehnung des Energieleibes:

»Bei der ersten Atemsitzung ist es mir sehr bald gelungen, mich meinem inneren Prozeß anzuvertrauen. Zuerst war ich unruhig, es tauchten Themen aus meiner jetzigen Lebenssituation auf, ohne wichtig zu werden. Bald komme ich in einen Zustand, wie ich ihn nur von ganz tiefer Meditation kenne. Ich fühlte mich vollkommen wohl, geborgen und im Frieden. In diesem Zustand konnte ich aus tiefster Konzentration beten. Dabei hatte ich das Bild von Gesichtern mir wichtiger Weiser und selbstverwirklichter Menschen, die in Kegelform aneinandergefügt waren. In dieser Welt wollte ich möglichst lange und zentriert bleiben und nahm die tiefe und schnelle Atmung als Unterstützung. Allmählich merkte ich, daß sich mit meinem Körpergefühl etwas verändert hat. Ich versuchte zu erfassen, was anders geworden ist, bis ich begriff, daß ich mich in *meinem Körper* spüre. Da war eine Enge in den Beinen wie von einer drückenden schweren Masse umgeben, weiter oben war es das Gefühl, mich in einer kleinen Höhle zu befinden. Ich bin aber außerstande, die Form dieses 2. Körpers genauer zu bestimmen. Völlig verblüffend war für mich auch die Wahrnehmung der Gleichzeitigkeit. Ich habe meinen physischen Körper gespürt, z. B. die Beine wie ich sie kenne und gleichzeitig, als würde ein Teil von mir von drückenden, schweren Beinmuskeln o. ä. beengt. Aus der Sicht dieses 2. Körpers hatte der grobstoffliche Körper die Form eines Trichters, der sich zum Kopf hin weitet: Ich wußte, daß es oben offen ist, daß ich oben hinaus kann. Die ganze Zeit über spürte ich die Chakren sehr intensiv, besonders das Scheitelchakra, an das Basischakra kann ich mich nicht erinnern. Ich überlegte auch, in welchem meiner Körper ich diese Empfindungen hatte und stellte fest, daß es sich um den grobstofflichen Körper handelt, obwohl mich das jetzt verwirrt und wundert. Natürlich habe ich versucht, dieses andere Ich zu steuern, es gelang aber nicht. In diesem Zustand wollte ich möglichst lange bleiben, ich fühlte mich wohl, geborgen und glücklich. Niemand sollte mich stören. Wenn jemand außerhalb meiner Matratze vorbeiging, irritierte mich das bereits. Vermutlich hat sich meine Aura so ausgeweitet, daß ich auch weiter entfernte Störungen wahrnahm.«

Öffnung der Chakren, Berufung für Höhere Aufgaben und umfassende Sicht der Entwicklungsvorgänge:

Zunächst eine vorausgehende Atemsitzung, in der die Herzöffnung stattfindet.

»Mein Lachen ist wieder da. Es ist mir nicht unangenehm. Ich erwarte irgendwie ein Kippen ins Weinen. Aber das geschieht nicht. Die Herzchakra – Lotus-Blüte ist gleich wieder da: Ich spüre wieder wie es aus- und einströmt. Glücksgefühle sind da – ganz enorme Glücksgefühle. Ich öffne mich weit, ganz weit und das Licht des Kosmos strömt in mich und durch mich. Ich bin eins mit dem Universum und ich bin einfach da! (Auf-) gelöst und doch ganz da!«

In einer der nächsten Sitzungen finden Transformationen statt, um die Berufung für höhere Aufgaben annehmen zu können.

»Ich lege mich hin und noch bevor die Entspannungsübung überhaupt beginnt, lodert unter mir ein großes Feuer – ich liege auf einem ziemlich hohen Scheiterhaufen und es lodert ein riesiges Feuer unter mir und um mich herum. Ich bin total angstfrei! Während der Entspannungsübung muß ich mich bzw. den Prozeß richtig zurückhalten, da ich mich auf beides nicht konzentrieren kann. Es gelingt ganz gut, die Wirbelsäule zu öffnen, wie der Gruppenleiter in der Anleitung auffordert. Flüssiges Feuer strömt meinen Wirbelkanal hinauf, der Kanal ist ganz offen. Auch das Sonnengeflecht-Chakra (das Herzchakra sowieso) und sogar das Kehlkopfchakra gehen spürbar auf. Das Dritte Auge spüre ich sehr stark und das Scheitelchakra öffnet sich ganz leicht. Dann beginnt endlich die Musik und ich kann mich meinem Prozeß hingeben. Sofort ist das Feuer wieder da. Es lodert wie anfangs unter mir und um mich. Mein Körper ist schon nicht mehr da.

Ich nehme die riesigen Schwingen wahr und mit ein paar Flügelschlägen bin ich ganz, ganz hoch oben in den Lüften. Unter mir ist Mutter Erde. Und sehr hohe, schnee- und gletscherbedeckte Berge – es könnten die Anden sein. Dann fliege ich über eine Wüste. Es fällt mir auf, daß ich total scharf sehen kann. Ich kann, obwohl ich sehr hoch oben fliege, unter mir alles ganz genau sehen – jede Maus. Da ist auch so ein Gefühl von Sorge und Bedauern, weil es deutlich spürbar ist, daß es Mutter Erde nicht sehr gut geht. Ich fliege weiter, mache ruhige, kräftige Flügelschläge – unter mir ist jetzt das Meer. Da wird mein Adlerkörper zu einem Pfeil. Ich schieße hinab, durchstoße die Oberfläche des Meeres und tauche ein. Dabei verwandelt sich der Adlerkörper in einen Fisch. Glatte Haut. Schwimmen geht mühelos. Ich werde immer größer – riesengroß. Je größer ich werde, um so stärker schiebt sich wieder diese Sorge in den Mittelpunkt meiner Aufmerksamkeit, denn auch im großen Wasser schwebt sozusagen die Information, daß ›etwas‹ nicht mehr ganz stimmt. – Hier kann ich die zeitliche Abfolge nicht mehr ganz erinnern, teilweise geschahen Ereignisse auch gleichzeitig. – Dann muß ich mir ganz lang und intensiv die Augen reiben. Da sagt jemand deutlich hörbar zu mir, daß ich die Augen öffnen soll. ›Sieh doch‹, sagt diese Stimme zu mir, ›du kannst heilen. Du kannst das Leiden dieser Welt verwandeln, du kannst heilen.‹ Und es ist nicht nur so dahingesagt, nein es ist klar und deutlich zu verstehen, daß dies ein Auftrag ist. Mir wird bewußt, daß ich mich nicht mehr im Wasser und nicht mehr im Körper eines Fisches befinde, sondern ich liege einfach da auf der Matte. Alles Leiden dieser Welt ist zu beklagen. Ich klage und wimmere lange vor mich hin. Nach einer Weile tut mir alles weh. Kopf, Zähne, Hals, Herz, Bauch und ganz besonders alle Muskeln und der Rücken. Ich rolle mich zu einem Ei zusammen, und während ich dies tue, erscheint das kräftige Feuer wieder. Es ist ein kleines Stück neben mir und ich rolle mich ganz bewußt mit all diesen Schmerzen hinein. Es brennt, es verbrennt den Schmerz, es verwandelt den Schmerz dadurch in Licht. Licht für diese Welt.

Ich habe Schwierigkeiten, von der Erde wegzukommen. Mein Körper kommt noch einmal zurück und beginnt Flugbewegungen zu machen. Das ist sehr, sehr anstrengend, jedoch es lohnt sich. Ich komme weg, ich kann abheben. Da bin ich plötzlich nicht mehr in meinem Körper, sondern es leiht ein Adler mir den seinen. Ich fliege also mit Hilfe des großen Adlers.

Plötzlich ist es glasklar, ich verstehe den Sinn des Leide(n)s. Und diese Welt braucht viel Licht! Es ist ganz wichtig, daß mit Leid richtig umgegangen wird, denn es kann sich in (äußerst notwendiges) Licht verwandeln oder aber bei falschem Umgang damit in Haß und Dunkelheit. Nur in Demut angenommenes und getragenes Leid kann sich in Licht verwandeln. Und Leid ist die transformierende Kraft. Das ist mein Auftrag, dies den Menschen mitzuteilen und sie zu lehren, mit Leid so umzugehen, daß es zu Licht werden kann. Dann teilt mir dieses höhere Wesen, das da mit mir spricht, noch etwas mit. Es teilt mir mit, daß ich mit meinem Körper sehr sorgsam umgehen soll, denn er ist ein großes Geschenk. Es ist uns für eine gewisse Zeit geschenkt. Ich solle ihn jetzt sofort, so wie er ist, voll annehmen, ihn lieben und pflegen und mich an ihm erfreuen. Er gehöre zur Grundlage meiner heilenden Kräfte. Ich tue, wie mir geheißen ward. Ich berühre meinen Körper liebevoll von den Zehen bis zum Kopf. Ich fühle mich ganz und rund und voll angenommen, wie fast noch nie. Ich liege lange so auf der Matte, um mich herum ist alles voller Licht, Licht, Licht! Eine hohe Lichtsäule ist über mir, ich bin gebettet auf Licht. Meine Handflächen strahlen starkes energetisches Licht aus, alle Chakren pulsieren. Da beginnt etwas in mir zu singen. Es sind klare, helle Töne. Ich bin sehr müde, vor allem körperlich müde. Ich schlafe noch eine Weile in den Armen meiner Sitterin.«

Und in einer späteren Atemsitzung wird der innere Kontakt zum Göttlichen vertieft und stabilisiert:

»Anfangs spüre ich meinen Schädelknochen sehr zentral. Vor allem spüre ich die Stelle, die schmerzt, wenn ich, was seit langer Zeit kaum noch vorkommt, Migräne habe. Ich betaste meinen Schädelknochen, spüre ihn ganz bewußt und nehme die leichten Unebenheiten des Knochens wahr. Die Stelle, die schmerzt, äußert sich bildlich wie ein Spalt im Schädelknochen. Dieser Spalt hat unregelmäßige Ränder. Dann kommt mein Körper in Bewegung. Orgiastische Empfindungen und Gefühle stellen sich ein. Lachen, tiefes, befreiendes Lachen öffnet meinen Brustraum, weitet den Hals und entspannt das Zwerchfell. Dann sehe ich eine halbrunde, moosige total ebene Wiese vor mir, eingefaßt von Gebirgen. Am Horizont steigt in Wellenbewegungen regenbogenfarbenes Licht herauf. Ich spüre mich auf der Matte liegen und zwar so, als läge ich auf zwei großen Händen, die zu einer Schale geformt sind. Von oben kommt helles, weißes, sehr starkes Licht. Ein Lichtkegel steht direkt über mir – Ursprung dieses Lichtes ist das Auge Gottes – DAS WESEN ALLEN ANFANGS.

Die ›Luft‹ um mich ist nicht Luft, sondern etwas Dichteres, es ist zäh und man braucht ein bißchen Kraft, um da mit den Händen durchzukommen. Dann schwebe ich eine Weile selig in diesem Licht, und irgendwann hat Gott mich zu sich emporgehoben und er zeigt mir die Welt von oben. Zeigt mir, wie er uns Menschen behutsam lenkt. Gott, das ist deutlich spürbar, ist ein ganz und gar geschlechtsloses Wesen, es ist reinste Energie, Ursprung des Kosmos. Ich sitze lange zu seiner Rechten, während er mir die Welt zeigt und mit mir spricht. Er trägt mir auf, für die mir auf der Erde anvertrauten Menschen so zu sorgen, wie er es für uns alle tut. Es ist sonnenklar, daß ich nicht alleine bin – es ist immer bei mir und wirkt durch mich. Ich befinde mich lange Zeit in diesem Frieden. Es ist ein umfassender, ein TOTALER FRIEDEN …

Einmal sitze ich auf dem Gipfel eines sehr hohen Berges, einmal sitze ich am Meer und beobachte die Wellen. Dann sehe ich Geburten im Zeitraffer. Erst sind es menschliche Geburten, dann sehe ich Säugetiere gebären – es geht alles ganz schnell vor sich, die Jungen purzeln gerade so aus den Leibern der Mütter heraus. Das geht lange so – immer weiter zurück in der Phylogenese – bis zu den Eierlegenden. Ich sehe die Schildkröten wie sie hunderte Eier in eine Sandgrube am Meeresstrand legen. In mir ist ein Gefühl vorherrschend: jeder von uns ist eingebunden, wie die Glieder einer unendlichen Kette. Am Ende liege ich in goldgelbem Licht bzw. ich bin in einem goldgelben Lichtei. Und bei all dem liegt ein tiefer göttlicher Frieden.«

Das Mantrasingen öffnet den Kanal für die latenten spirituellen Kräfte (Kundalini):

»Während der ganzen Reise kam ich nie zur Ruhe. Nirgends war mir wohl, ich fror und schwitzte, hustete und würgte, wechselte die Lage, legte Beine und Arme immer wieder um. Aber Stille und Wohlsein fand ich nicht. Am besten ging es noch beim Mantrasingen ... Und sang aus vollem Herzen mit ... So ehrte ich meine eigenen Gefühle und Wünsche.

Dann merkte ich, wie sich der Scheitel aufwölbte und die Feuerkraft ungeheuer nach oben drückte. Ich kenne diese Empfindung längst. Doch macht sie mir noch immer Angst. Deshalb hielt ich sie lange zurück und preßte die Fäuste fest auf den Schädel. Als das nicht ausreichte, stellte ich mich auf den Kopf. Nur gerade die Zehenspitzen berührten den Boden – bloß aus Rücksicht auf meinen Sitter. Irgendwann kam ... Legte seine Hand auf meinen Kopf. So konnte ich es endlich schießen lassen. Zwischen seinen Fingern hindurch. Der gewaltige Strahl rauschte weißbrüllend die Wirbelsäule hoch und sprang in den Himmel wie die Fontäne in Genf.«

Kundalini als Energie Gottes:

»Zuerst bin ich eine Tempeltänzerin und tanze liegend auf der Matte. Bald ist mein Körper eine Welle. Von den Zehen bis zum Kopf bewegt sich mein Körper in vier Wellen. Ich spüre, wie meine sexuelle Energie den Körper hochsteigt und ihn füllt. Als ich ruhig werde, sehe ich Indianerstämme ihre Rituale abhalten. Ich werde traurig, weil unsere Kultur keine ›religiöse Kultur‹ mehr hat. Dann erlebe ich erneut das Verstoßenwerden aus dem Paradies. Ich schluchze. Schlimm war, als ich auch noch erlebte, wie ich von Gott verlassen wurde. Ein Teil von dieser Gotteserfahrung ließ er mir. Das machte mich zornig. Ich verfluchte Gott, konnte Mantras nicht hören. Ich verfluchte ihn, weil er mich verließ. Es erschien mir leichter unwissend zu sein.

Mit dieser Verlassenheit wollte ich nicht leben, jedoch sterben konnte ich auch nicht.

Annehmen, daß sein Wille geschehe, konnte ich auch nicht. Es erschien mir viel schwieriger mit dem Wissen von Gott, jedoch allein, in diese gottlose Welt zu gehen ... Ich spürte, wie mein Rücken kälter wurde und die heiße Energie sich um die Wirbelsäule legte ... Ich richtete mich mit meinem Oberkörper auf. Bald hatte ich den Wunsch, einen Kopfstand zu machen. Ich machte anschließend noch einige Jogaübungen, wie die Kerze, den Rückwärtsbogen ... Dann lag ich wieder auf der Matte und mein Körper zitterte. Daraus entstanden autonome Schüttelbewegungen. Es muß so ausgesehen haben, als ob ich verrückt würde. Ich spürte, wie zwei Energieschübe entlang der Wirbelsäule hinausschnellten. Die Energie in der Wirbelsäule ging mit. Die Energie schnellte hinaus und wieder herein. Was genau wann und wie war, weiß ich nicht. Jedenfalls schleuderte sich diese durch meinen Kopf und bewegte sich um meinen Körper – sie wirbelte mich auf den Matten herum. Irgendwann war dies zu Ende.

Ein Assistent meinte, daß die Kundalini-Energie durchgebrochen ist. Vor dieser Energie hatte ich große Angst und ich wollte das nie erleben. Jedoch fühlte ich Gott in mir und eine starke Verbindung mit der universellen Energie. Ich mußte nicht zu ihr, und sie mußte nicht zu mir. Wir waren verbunden, und ich war auf der Erde. Die Angst und Einsamkeit war verschwunden.

Gott ist in mir, und ich bin in Gott. Das Licht ist in mir, und ich bin im Licht. Das Universum ist in mir, und ich bin im Universum. Die Welt ist in mir, und ich bin in der Welt. Das Leben ist in mir, und ich bin im Leben. Das Holz ist Holz, und der Baum ist Baum. Es gibt keine Fragen mehr und auch keine Antworten. Es ist, was es ist, nicht mehr und nicht weniger.«

Kundalini und das Licht der Bewußtheit:

»Über die Musik gerate ich in Bewegung (Becken, Füße, Hände …), ich setze mich auf, beginne mit dem Oberkörper zu kreisen. Ich bin eine Schlange, und sitze am Steiß in einer Lichtröhre. An ihrem Ende ist der ›große Geist‹, die Bewußtheit, das klare Licht. Dorthin will ich, aber etwas läßt mich verweilen. In meiner Vorstellung ist der Weg verbaut, ein Teil in mir hält mich davon ab.

Ich atme im Liegen weiter, möchte meine Wirbelsäule durchatmen. Ich spüre etwas wie einen Stock in der Herzgegend. Ich atme Licht hinein. Es wird warm, ich hebe meine Hände senkrecht vom Körper ab, breite sie auseinander, und fühle mich sehr offen. Ich bewege mich wieder, Ströme von Wasser fließen zum Herz.«

Kundalini als Tanz des Lichtes:

»Während eines Tanzes wird plötzlich jeder Rückenwirbel lebendig, hellgrüne und gelbe Lichtschlangen laufen aufwärts, ich fühle große Energie, viel Licht ist in mir, jeder Wirbel tanzt für sich, alles ungeheuer lustvoll und lebendig …

Gegen Ende der Sitzung großer Friede, ich stehe. Abwechselnd gelbe und grüngelbe konzentrische Lichtkreise breiten sich rasch von mir aus, ich stehe da und pulsiere Licht aus meiner Mitte, dort, wo vorher der Schmerz war, bis ins Unendliche …

Ich liege auf dem Rücken, sehr dankbar, fühle aus dem Bauch das Licht – die Kraft – die Wirbelsäule hinauf strömen, fühle die Schädeldecke als weite, leichte helle Schale, die ins Weltall reicht, und fühle hinaus in die Arme einen Lichtfluß, der in den Händen zu einem kraftvollen Sprühen voll Energie wird. Gefühle von Frieden, Liebe und Kraft alle von strömendem Charakter.«

Eine spontane Yogastellung, die eine Öffnung der oberen Chakren bewirkt:

»Zuerst ist lange nichts. Ich bin schon relativ müde und übervoll. Dann setzt wieder eine Ruhephase ein. Plötzlich ist der Körper wieder weg. Dann weiß ich nicht, bin ich da oder weg. Ich höre alles rundum sehr deutlich und zugleich spüre ich den Körper nicht. Dann hebt es mich in unbekannte Bereiche: Ruhe, Stille, Weite, unendliche Seligkeit. Getragen und gehoben. Der Atem geht kaum mehr, dann setzt er von sich aus aus. Ich brauche keine Luft mehr. Ich habe den Eindruck, ich brauche nie wieder zu atmen. Die Atmung verhält sich von selbst. Der Körper beginnt wunderbar zu glühen. Mir kommen Bilder von Yogis, die im Winter unbekleidet in Höhlen sitzen und denen nicht zu kalt ist. Wenn es zwischendurch atmet, dann nur ganz flach. Ich bin überrascht, daß ich nicht außer Atem bin vom Nichtatmen, nicht erschöpft, nicht in Beklemmung. Es ist ein wunderbar friedvoller und leichter Zustand. Dann wird die Zunge aktiv. Ich sehe dem inneren Leben wie ein erstaunter Beobachter und Zeuge zu. Die Zunge beginnt sich in der Atemverhaltung kraftvoll zu drehen. Dann bohrt sie sich, als ob sie genau wußte was zu tun ist, stark in bestimmte Punkte des oberen Gaumens. Ich bin überrascht wie viel Kraft in der Zunge steckt. Steil aufgerichtet bohrt sie sich in den oberen Gaumen und immer noch brauche ich nicht zu atmen. Die Augen drehen sich hinauf. Ich denke mir, dies muß irgendeine Yogastellung sein, in der ich mich befinde.

Subjektiv dauert dieser atemlose, äußert kraftvolle und selige Zustand sehr lange an. Ich habe das Gefühl minutenlang mit Leichtigkeit nicht zu atmen, vielleicht könnte ich ein Jahr lang so verharren und selig überdauern.«

Ein transpersonales Erkennen allgemeiner Prinzipien der Genese:

»In tiefster Verzweiflung setzte ich mich im Yogasitz auf dem Boden und weinte aus tiefster Verzweiflung gleichzeitig mit der Bitte oder dem Flehen an Gott, der es ja wissen müßte, wozu ich hier bin. Dann plötzlich wirbelte ich durch einen schwarzen Tunnel, kam vors Licht und erlebte mein jüngstes Gericht, sah in rasender Geschwindigkeit, was meine Handlungen bei anderen bewirkten und durch die anderen hindurch weitergegeben diese weiter und weiter bewirkten. Zu meinem Erstaunen wurde nicht ich vom Licht gerichtet, sondern ich selbst war es, der beurteilte (alles sprachlos, aber mit einer bis dahin nicht gekannten Form von Gewißheit) wobei das Licht sehr liebevoll und alles andere als strafend war. Auch merkte ich, im Ganzen aufzugehen, aber gleichzeitig individuell zu sein/bleiben. Zu meinem Erstaunen war das Beurteilungskriterium nicht, was ich anderen Gutes oder Böses getan hatte, sondern wie weit ich mich von mir entfernt hatte, mich nicht gelebt hatte.

Beim Zurückkommen ging es wieder durch den Tunnel, und ich erlebte mich von rechts oben auf mich herabblickend. In dieser Situation war mir klar, daß ich jetzt die Möglichkeit hatte, nicht mehr in meinen Körper zurückzukehren, trotzdem aber dahin gehörte. Ich stellte noch die Frage, worum es in meinem Leben gehe. Die Antwort (nicht sprachlich) war, dieses Erlebnis weiterzugeben … Nach der Rückkehr ins Hier und Jetzt ging ich in den Garten, blickte auf eine Birnbaumblüte und sah schlagartig gleichzeitig in völliger Klarheit die ganze Genese dieser Blüte. Wieder zurück im Zimmer begriff ich schlagartig den Unterschied zwischen Landkarte und Landschaft äußerst eindrücklich. Bei meiner Annäherung ans normale Leben sagte ich mir, ich will selbiges nicht mehr erleben (aus Angst wahnsinnig zu sein, befunden zu werden) bei einer Zugfahrt passierte es noch einmal, daß ich beim Anblick einer Schraube wieder die ganze Genese, ja selbst den Arbeiter, der sie fertigte, in absoluter Klarheit präsent hatte.«

In den Atemsitzungen kann es auch zu Erfahrungen kommen, die sich auf zukünftige Ereignisse beziehen. Auch wichtige existentielle Veränderungen bezüglich Beruf, Familie und Wohnung konnten tatsächlich wie in einem Wahrtraum vorhergesehen werden, etwa die Vorausahnung des Todes des Vaters. Ein Seminarteilnehmer schrieb mir seine Atemerfahrung nach einem Seminar, weil er sie so aufregend fand:

»Ich sah meinen Vater, der im CT (Computertomographie) liegt. Er war nackt und ganz gram im Gesicht. Im Fortdauern der Sitzung hatte ich dann das Gefühl, in ein tiefes schwarzes Loch zu fallen und nicht mehr herauszukommen. Meine Stimmung in dieser Phase war eher mit Entsetzen und Angst zu beschreiben. Irgendwie kam ich aus diesem Loch wieder raus und hatte das Gefühl, es geschafft zu haben. Dem Bild meines Vaters hab ich seltsamerweise keine Bedeutung beigemessen, weil mein Vater nie krank war, noch nie im Krankenhaus war und von mir als kerngesund erlebt wurde. 3 Tage nach dem Seminar erhielt ich in der Früh einen Anruf von meiner Mutter, daß mein Vater einen Schlaganfall erlitten hatte und ich sofort kommen sollte … Am nächsten Morgen rief das Krankenhaus an, daß mein Vater verstorben ist.«

Begegnungen mit dem Tod

Der Tod ist wie die Geburt eine existentielle Notwendigkeit. Die Begegnung mit dem Tod, die Befreiung von Todesängsten und die Einsichten in den Sterbeprozeß vertiefen das Leben.

Der ununterbrochene Bewußtseinsstrom beim Sterben:

»Allmählich wandelt sich das Erleben und das Gefühl und die Vorstellung tauchen in mir auf, sterbend zu sein. Ja, mein Körper fühlt sich an wie von einem Sterbenden bei vollem, klarem Bewußtsein. Vom Körper ist nicht mehr viel übrig, Kontrakturen überall. Ich stöhne, möchte meinen Körper endlich loswerden. Ich verstehe, warum Sterbende oft stöhnen – sie wollen ihren Körper endlich los sein. Mein Kopf biegt sich nach hinten, der Hinterkopf schiebt sich ganz stark in den Nacken. Dadurch wird es möglich, daß ein Energiestrom vom Kopf in die Wirbelsäule und weiter nach unten spürbar wird, so wie wenn sich ein Energiekanal öffnen würde. Plötzlich spüre ich einen ›letzten‹ Schlag im Herzen (Extrasystole?) und ich weiß, daß ich jetzt gestorben bin. Mein Bewußtsein bleibt aber unverändert. Es steigt die Erkenntnis in mir auf, daß beim Sterben lediglich der Körper abfällt, das Bewußtsein aber ungebrochen bleibt. Es gibt daher keinen wirklichen Tod, nur einen ununterbrochenen Strom von Bewußtsein (nicht geboren und nicht gestorben). Ich merke auch, daß ich regelrecht hellhörig bin und Stimmen um mich herum recht genau wahrnehme. Meine Wahrnehmung ist deutlich verfeinert und mein Bewußtsein ausgebreitet. Ich denke: ›Wissen die nicht, daß ich noch alles hören kann? Mir wird bewußt wie wichtig es ist, zum Todeszeitpunkt in einer schönen Umgebung zu sein, daß die Leute wenig und leise sprechen und sich bewußt sind, daß der Tote noch alles hört. Auch gute Düfte und Blumen sind sehr wichtig. Ich bleibe für lange Zeit in diesem ›Zwischenzustand‹, einem ungebrochenen Bewußtseinsstrom, klar und hell, ohne Angst, mit der Gewißheit des Einzig-Seienden. Ich habe den Eindruck, mich nach und nach und sehr langsam weiter, tiefer in das ›Reich des Todes‹ hineinzubewegen bis ich in einen tiefen Meditationszustand versinke. Mir fällt es schwer am Ende der Atemsitzung zurückzukommen, es dauert eine ganze Weile. Mir ist bewußt, etwas ganz Wichtiges erfahren zu haben.«

Wie das Geburtserleben kann nach der Aufhebung der Zeitschranken der eigene Tod erlebt werden. Dies kann konkret und authentisch geschehen, aber auch von symbolischer Natur sein.

Das Erleben des eigenen Todes und einer Inkarnation:

»Meine Angst vor dieser ersten Sitzung war sehr groß, daher baute ich mir mit Hilfe eines ›Energiefeldes‹ einen Schutz auf. Durch meine geistige Nähe zum tibetischen Buddhismus hatte ich das Gefühl, unter dem Schutze des Dalai Lamas zu stehen.

Mein Körper wurde immer schwerer, zunächst kamen viele Bilder von Verstorbenen. Vor allem meinen Cousin sah ich immer wieder. Ein starker Schmerz überkam mich und ich weinte sehr.

Nach einiger Zeit kam ein Bild des verstorbenen Zwillingsbruders eines Bekannten mit dem Satz ›W. ist für dich kein Thema mehr‹. Dabei hatte ich das Gefühl, daß Dalai Lama über meinen Rücken streicht. Wieder weinte ich sehr.

Mein Körper wurde ganz leicht, ich fühlte mich wohl und hatte die Vorstellung, daß mein Kopf am Schoß des Dalai Lama liege.

Es war ein sehr angenehmes Gefühl und auch die Sicherheit, während der ganzen restlichen Zeit von Dalai Lama begleitet zu werden, nahm mir einiges von der Angst.

Während der nächsten Sequenzen tauchten folgende Bilder auf:

Ich werde auf einem Brett von tibetischen Mönchen getragen. Mein Körper ist ganz leicht. Die Mönche singen. Es ist eine Verabschiedung. Ich sehe eine Frau, die sehr weint und mich selbst als toter tibetischer Mönch auf dem Brett liegen.

Dann werde ich verbrannt. Ich spüre das Feuer in meinem Rücken, es ist nicht unangenehm. Ich spüre auch, wie meine Knochen sich während des Verbrennens biegen.

Alles weitet sich, mein Körper fühlt sich noch leichter an. Ich komme ins Licht. Es ist ein ganz tolles und behagliches Gefühl. Das letzte Bild dieser Sitzung ist, daß ich noch einmal als Wesen auf die Erde komme. Dieses Wesen ist in einer hellblauen Statue verpackt.«

Begegnung mit Verstorbenen im Reich der Toten und Integration von problematischen Erfahrungen im Leben:

»Eine große angenehme Kälte erfaßt mich, in meinen Händen ist eine energiegeladene Spannung, mit der ich mich mit den Kräften von oben verbunden fühle. Irgendwann steige ich durch die lykischen Felsgräber auf und gelange in die Welt außerhalb der Erde. Ich begegne hämischen Stimmen, meinen Schatten, die mich auslachen, mich zu locken versuchen, mich fangen wollen. Ich kann jedoch ebenso hämisch zurücklachen, in mir entsteht eine lustvoll süße rachsüchtige Gewißheit, daß die Schatten mir nichts mehr anhaben können oder mich einfangen könnten.

Ich fühle mich getragen von einer blauen Energie, die eine angenehme Kühle hat und auf der ich passiv wie auf einer Scheibe liege und alles geschehen lasse. Später höre ich den Ruf des ›weißen Elefanten‹, der mich mit großer Sehnsucht erfüllt – nach seiner Schönheit, seiner Stärke, seiner Weichheit. Ich weiß nicht, wie ich ihn suchen kann oder wo. Während ich mich weiter tragen lasse, merke ich, daß mich mein spiritueller Meister bei der Hand nimmt, gemeinsam geht er mit mir ins blaue Licht in meinen Augen. Dann läßt er meine Hand los. Ich weiß nun, daß ich den weißen Elefanten in mir suchen muß und finden kann.

Ich komme in das Reich der Toten. Es sind Skelette, sie sind für mich nur in ihrer unsichtbaren Wesenheit zu spüren. Die Begegnung mit meinem Vater rührt mich sehr, ich spüre, daß er durch meine Energie erlöst werden kann. Das erfüllt mich mit unendlich viel Glück und Freude. Anders bei meiner Mutter und meiner ersten Frau ... Ich merke, daß ich ihnen keine Erlösung schenken kann und will, ich merke meinen Wunsch, sie noch leidend zu wissen. Ich gebe ihnen Krücken mit auf den Weg. Und ich spüre in meinem Innersten das viele Leid, das sie mir angetan haben, ich bin erfüllt von innerem Schmerz und dem Gefühl: ›Ihr habt mir so wehgetan‹ und weine lange und intensiv.«

Karma und Reinkarnation

Das Thema Karma und Reinkarnation ist sehr umstritten, weil es unklar bleibt, ob es sich tatsächlich um eine andere Existenz handelt, oder vielleicht durch die Öffnung der Bewußtseinsgrenzen eine Identifikation mit anderen gelebten Leben stattfinden kann. Häufig wurde jedoch beobachtet, daß eine sinnvolle Verknüpfung zwischen dem jetzigen Leben und dem möglichen früheren Leben hergestellt wird. Manche Leute berichten auch, daß sie ein vollkommen authentisches Gefühl für dieses andere Leben hatten. Die Situationen und Themen sind eng mit der Geschichte der Menschheit verbunden.

Die weise Frau und das verlorene Wissen:

»Ich sehe einen wunderbaren Himmel. Nicht so, wie wir ihn kennen. Nicht blau mit Wölkchen, sondern bunt schillernd rosa und violett und weiß und gold und alle Farben in zarten Spielen. Ich bin mittendrin und bewege mich sehr schnell. Man könnte es Fliegen nennen, aber es ist etwas anderes. Ich habe keinen Körper, aber ein Bewußtsein von mir. Auf einmal fühle ich mich völlig frei, total ungebunden. Es gibt nichts, was mich hält, ich habe keine Bindungen und keine Aufgaben, nicht einmal einen Körper, der sein Recht verlangt. Es ist ein unbeschreibliches Gefühl von Leichtigkeit. Gleichzeitig bin ich gänzlich Teil von etwas, das ich nicht benennen kann. Ich fühle mich eingebunden und aufgehoben, ganz zugehörig. Einerseits bin ich auf dem Weg dorthin – die Atmosphäre rings um mich rast an mir vorbei, ich bewege mich sehr schnell – andererseits bin ich bereits da. Es ist schwer zu erklären. Dieses Gefühl von völliger Freiheit und absoluter Geborgenheit macht mich so glücklich, daß ich vor lauter Freude weinen könnte. Nach einer Phase der Dunkelheit, bzw. ›Bewußt-Losigkeit‹: Ich sehe eine Frau (mich), weiß gekleidet, irgendwie griechisch-keltisch oder so. Ich bin sehr mächtig, im Sinne von Wissen und Kraft, nicht im ausübend-mißbrauchenden Sinn. Ich habe Zugang zum Wissen über Gesetze, Naturgesetze, göttliche Gesetze und muß diese Gesetze ausführen, ich unterstehe dem Göttlichen. Es hat auch mit dem Mond zu tun, mit Gebären. Ich habe Frauen an meiner Seite, mir zu dienen, aber wiederum nicht mir, sondern dem Göttlichen, dem ich unterstehe. Diese Frauen sind meine Schwestern – im totalen Sinn, nicht biologisch. Ich gebäre Kinder (ich sehe in mir eine runde Scheibe, teils eine Art Gebärmutter mit Fötus drin, teils eine Art Mondscheibe), diese Kinder werden im göttlichen Auftrag gezeugt und geboren. Ich führe nur aus, stelle mich zur Verfügung. Und ich muß den Mann auswählen. Männer sind vorhanden, aber sie leben getrennt von den Frauen und haben ein völlig anderes Aufgabengebiet als die Frauen. Die Frau wählt den Mann aus, nach Gesetzen, die nur sie kennt. Sie wählt, dann darf er kommen, dann muß er kommen, und er kommt gern, es ist eine Ehre. Nach der

Einladung wirbt er um sie und er verführt sie, das ist jetzt ganz seine Aufgabe und er erfüllt sie gut. Es geht um die Zeugung in erster Linie, aber auch um Lust. Lust ist etwas Göttliches, ein Sakrileg, es anders zu sehen. Aber die Gesetze müssen eingehalten werden. In dieser Welt, in der ich da lebe, kommt gar keiner auf die Idee, die Gesetze zu mißachten. Es hat alles seine Ordnung, jeder hat seinen Platz, seine Stellung, seine Aufgaben. Und niemand ist ›höher‹ als der andere. Auch wenn einige Aufgaben bedeutsamer erscheinen als andere, in Wahrheit ist auch der kleinste Dienst ein unverzichtbarer Teil für die große Ordnung.

Ich weiß plötzlich: Ich bin *unberührbar*. Was immer es bedeutet, ich weiß es einfach. Ich bin unberührbar außerhalb dieser göttlichen Gesetze. Dann weiß ich, daß ich durch einen Umstand, für den ich keine Schuld habe, aus dieser Welt gefallen bin, gestoßen wurde. Es mag eine Prüfung sein. So dunkel dämmert mir aber auch, daß es da andere mächtige Frauen gibt, und es geht auch um ein Kräftemessen. Eine Prüfung meiner Kräfte. Auf jeden Fall bin ich in diese Inkarnation hineingeboren, wo der Fluch bedeutet, daß ich mein Wissen verloren habe. Mein Wissen um mich. Ich weiß nicht mehr, wer ich bin. Deshalb habe ich auch keine Magie mehr. Ich weiß auch nicht mehr, daß ich unberührbar bin und habe mich berühren lassen. Ich weiß nicht, wer ich bin, deshalb wissen es auch die anderen nicht, deshalb werde ich behandelt, wie ich nicht behandelt werden darf. Das ist der Fluch, das ist die Prüfung, das ist die (vorläufige) Genugtuung der anderen Frauen. Und auf einmal weiß ich noch etwas anderes ganz genau: Ich bin unverletzt, ich bin unbeschädigt! Ich bin unberührbar, man kann mich gar nicht berühren, deshalb bin ich unversehrt geblieben. Ich habe die falsche Wahl getroffen, bzw. gar keine Wahl, ich hab ja nicht gewählt, ich hab ja meine Kraft nicht gekannt, hab mich wählen lassen, nicht meine Stellung eingenommen, dadurch habe ich mich in diese verletzende Position begeben. Aber mein Innerstes ist geschützt, niemals berührt worden. Das kann nur durch die Vereinigung mit Einverständnis des Göttlichen berührt werden. Mein Selbst ist unzerstörbar. Der Fluch wird aufgehoben, wenn ich mein Wissen um mich selbst wiedererlangt habe. Wenn ich wieder weiß, wer ich bin, werden es auch die anderen spüren und meine Würde wird nicht mehr mißachtet werden. Ich weiß auch, daß das nicht nur für mich gilt. Es gilt für die Frau schlechthin, für alle Frauen. Jede Frau hat eine andere Aufgabe, eine andere ›Stellung‹, aber jede muß wählen und darf niemals vom Mann gewählt werden. Nur sie hat das Wissen um das Göttliche in Zeugung und Geburt, er fügt sich und gibt sich hin (nicht umgekehrt, wie es die Menschen glauben). Und noch etwas weiß ich plötzlich: Meine vier Töchter sind mir aus jener Welt gefolgt, aus völlig freien Stücken, um mir beizustehen, mir zu helfen, mein Wissen wiederzuerlangen. Sie haben es freiwillig auf sich genommen, ihr eigenes Wissen, um sich selbst zu verlieren und sich dadurch der Gefahr der Verletzung ausgesetzt. Sie sind meine ›Schwestern‹, alle vier.«

Zu Hause geschieht folgendes:

»Ich denke jetzt im nachhinein noch viel über dieses Bild nach, und es ist alles ganz anders geworden. Ich fühle mich plötzlich ganz anders, mein ganzes Selbstverständnis hat sich verändert. Meine Beziehung zu meinem Mann, zu allen Männern hat sich verändert. Auch die zu meinen Töchtern und zu anderen Frauen.«

Die Zerstörung des Glaubens gelingt nicht:

»Der lange Rest der ersten Atemreise spielt sich in einem unterirdischen Felsenverlies ab. Mittelalterliche Zeiten. Ich bin eine erwachsene Frau, unverwechselbar ich (nur eben mittelalterlich), vielleicht etwas älter als ich heutzutage. Der Kerker ist stockfinster, reiner Fels, kein Fenster, keine Ritze, eine schwere kleine Tür nach vorne.

Das Ganze 1×2 m groß. Ich bin hier unten nicht allein, von weit her höre ich Menschen schreien, Frauen und Männer. Aber Kontakt untereinander ist unmöglich. Soldaten/Wachen kommen jetzt mit großem Getöse. Ich bin vorbereitet – eine täglich, ewig wiederkehrende Folter. Ich bin hier eingekerkert wegen meiner Überzeugungen, offenbar eine Religion oder Glaube. Schwer zu beschreiben. Ich habe einen Glauben/tief-innere Gewißheit. Aber nicht im Kopf, sondern dieser Glaube ist ein überwältigend klares, ganzkörperliches Gefühl (Lebensgefühl?), dessen höchste Konzentration mein Beckenboden ist. Der Körper als Tempel ist dafür die passende Metapher und der Beckenboden der Sitz der Göttin –, weil ich eine Frau bin. Ich muß das nicht glauben oder denken. Es ist so. Ich muß es nur pflegen, dann ist es unzerstörbar. Und um diese Zerstörung geht's bei der Kerkerhaft. Man will mich nicht umbringen. Das könnte mich auch nicht schrecken. Man will mich dazu bringen, daß ich diesen ›Glauben‹ aufkündige, ihm abschwöre. Die Art und Weise, wie sie es anstellen, zeigt mir, daß sie sehr genau wissen, was das Wesen dieser ›Religion‹ ist auf jeder Ebene ist ihre Folter ein Totalangriff: auf meine Sinne, meine Sinnlichkeit, Körperlichkeit, Erotik, Weiblichkeit, Ausdrucksmöglichkeit, Bewegung. Sie entziehen mir das Licht – ich kann nicht mehr sehen. Sie entziehen mir den Raum – ich kann mich nicht mehr bewegen. Sie isolieren mich – ich spüre keinen menschlichen Kontakt mehr – sie entziehen mir jede Anregung – ich höre allmählich auf zu fühlen – sie vergewaltigen mich regelmäßig – so zerstören sie allmählich meine Lust und die Liebe. Was bleibt, ist flammender Schmerz und Haß. Sie bannen mich in die Stille – ich verlerne das Hören. Sie nehmen mir das Zeitgefühl – ich verliere die Hoffnung. All das weiß ich genau. Sie haben den Kern meiner Überzeugungen zutiefst verstanden – aber sie hassen ihn. Sehr ernstzunehmende Gegner. Und ich bin eine ernstzunehmende Gegnerin.

Das wird ihnen nicht gelingen. Ich weiß: in dem Augenblick, wo ich die

Göttin verfluche, habe ich mich selbst verflucht, mich selbst verloren, mich selbst verachtet. Das will, das muß ich unbedingt verhindern. Ich habe darüber hinaus das Gefühl, eine Frau mit Verantwortung zu sein. Andere im Kerker und draußen wissen, daß die mich gefangen haben. Sie setzen ihre Hoffnungen auf mich. Ich bin für die Hoffnungen anderer verantwortlich. Wenn ich aufgebe, dann geben viele mit mir auf. Kämpfen im herkömmlichen Sinne ist vollkommen zwecklos. Aber ich setze konzentriert meine gelernten Fähigkeiten ein, die meinen ›Glauben‹ ausmachen, meine Würde bewahren. Ich streichle und tröste meinen Körper und bin durch ihn getröstet. Ich versuche, meine Verzweiflung zu singen. Das scheitert. Kein Ton mehr. Das ist schlimm. Singen ist eine wichtige Macht, die ich offenbar schon verloren habe. Ich versuche, die Verzweiflung zu tanzen. Der Raum ist zu klein. Ich versuche mit den Händen zu tanzen, auch das mißlingt. Keine Kraft mehr. Ein weiteres Machtmittel verloren. Das macht mir Angst. Ich stelle mir vor, ich würde tanzen. Wenigstens habe ich noch ein Bild von dem Tanz und bin wieder etwas beruhigt. Ich erforsche und streichle den Boden des Kerkers, gewinne jeder Berührung irgendeine Freude ab. Ich horche auf die kleinsten Geräusche, als Genuß des Hörens und als Training, nicht um etwas zu erhorchen, sondern um des Horchens selbst willen. Am schlimmsten ist es bei diesen Vergewaltigungen. Sie sind so kalt, demütigend und voller Verachtung, daß ich nicht weiß, wie ich diese Zerstörung aufhalten kann, ihr auf geheime Weise irgendeine Freude noch abzugewinnen. Meine Kräfte lassen nach, mehrfach bin ich beim Atmen kurz davor, die Göttin zu verfluchen. Es kommt nicht dazu.«

Die Lösung chronischer Angstzustände im Leben durch das Wiedererleben der Angst in einer früheren Inkarnation: Eine Teilnehmerin war nach der Atemsitzung noch ganz aufgelöst, als sie uns folgende Erfahrung mitteilte. Sie brachte sie mit einem früheren Leben in Verbindung:

»Ich wurde gepackt und in eine diesig, dunstig graue mittelalterlichen Stadt geschleppt – mit Spott und Hohn und der Drohung, mich als Hexe zu verbrennen. Aber sie tun es nicht gleich. Ich finde mich in einem Kerker wieder. Dort habe ich nur noch Angst – Nässe, Kälte, Einsamkeit. All das ist unerträglich – aber eigentlich spüre ich es nicht. Ich habe Angst vor den Stimmen draußen, vor jedem Ton, vor jedem Anschwellen der Töne, denn das bedeutet Freude, Lust, ein Volksfest, das bedeutet: Eine Hexe wird verbrannt. Aber ich will noch nicht sterben, noch nicht und nicht so … und wenn schon gestorben werden muß, dann anders, irgendwie anders. Ich will mich selber zerstören, mich auffressen, ja das ist es. Ich beiße mich, ja ich werde es schaffen, ich werde mich selber zerbeißen und niemand mehr wird mich holen können und ins Feuer werfen.«

Ich hindere sie in der Körperarbeit daran, sich zu beißen … dann bekommt sie das Gefühl »sie holen mich«. Plötzlich ist sie aus dem Kerker draußen, ganz woanders. Sie fühlt sich körperlich und seelisch zerschlagen und wund. Allmählich kommt sie in die Gegenwart zurück – beim Malen gewinnt sie langsam ihre Kräfte wieder – danach fühlte sie sich noch schwach und zittrig, gleichzeitig jedoch angstfreier.

Monate nach der Atemsitzung:

»Heute lebe ich insgesamt angstfreier und vertraue mehr in den Lebensprozeß.«

Inkarnation infolge karmischen Schuldempfindens:

»Unbeweglich liege ich, mein Körper ist sehr heiß und … sehr schwer. Eine Schale, in die ich eingefüllt bin. Wer ist ICH? Ein kurzes Bild von blauer Luft, blauem Licht. ICH ist nicht sichtbar. Ich fühle nur das Feuer in meinem Körper und die Schwere, die völlige Unbeweglichkeit. So ist es lange Zeit. Dann ganz schwach ein Gefühl spürbar – Traurigkeit. Gedanke: ich kann nicht weinen, dazu brauche ich einen Körper. Doch ich bin nur eingehüllt, unverbunden. ICH MUß MEINEN SCHMERZ UMSCHLIESSEN! kommt dann.

Irgendwann läßt die Starre nach und ich kann mich wieder bewegen, ich bin in meinem Körper. Die Trauer wird stärker, Sehnsucht weinen zu können.

Ich verkrieche mich unter der Decke, weine. Es ist ein hoffnungsloser Schmerz, eine große Verzweiflung. WIE LANGE WIRD DAS DAUERN? WANN IST MIR VERGEBEN? Es gibt keine Antwort, alles ist schwarz.

Gurumayi singt ›Arati karun‹ – wie ein Blitz fährt ihre Stimme in mich hinein – Schmerz, Wut, Entsetzen, Panik – ich bin ›außer mir‹, kontrolliere meinen Körper nicht mehr.

Nach diesem Ausbruch dauert es sehr lange, bis ich mich beruhige, das Entsetzen über dieses Ereignis ist ganz tief.«

Die Atmende sieht im Kontext dieser Atemsitzung folgendes Thema:

»Ein gestürzter Engel. Ich erlebe es als Inkarnation in den Körper, als ›Rückfall‹ auf Grund einer alten Schuld, als Folge einer Handlung, die Gesetze des Universums verletzte.«

Die Erfahrung des transpersonalen Selbst

Im veränderten Bewußtseinszustand kann die innerste Instanz, die uns trägt und führt, direkt erfahren werden. Ganz unterschiedliche Formen und Inhalte können sich zeigen, denn ihr Antlitz zeigt sich in verschiedenen Gesichtern. Sie ist die Brücke zwischen personalem, transpersonalem und spirituellem Sein. Sie spiegelt das Göttliche in jedem Menschen wider.

Innere Weisheit und unermeßliche Liebe:

»Om, ich bin ein meditierender Mönch. Danach liege ich zugedeckt am Rücken, spüre die warme Energie meiner Hände, die das Becken halten, sie strahlt hinauf zum Herz, es gibt eine Verbindung zum Kopf hinaus. Das Herz strahlt, ich sehe Prismakugeln, die das Licht in allen Farben reflektieren. Ich spüre die unendliche Liebe meiner inneren Weisheit. Das Herz entfaltet sich in Blitzesschnelle zu einer wunderschönen Blume, die sich für Sekundenbruchteile in hoher Frequenz dreht. Danach ein Zustand von Verbundenheit mit Himmel und Erde.«

Eintauchen in das blaue Licht und das Gefühl einer umfassenden Geborgenheit:

»Ich sah einen spiralförmigen Weg in Lavaerde hineingehend, in ungeheure Tiefen führend, und wie schön war es, da hineinzulaufen oder aufzusteigen – wie viel Leichtigkeit und Wellen flossen durch meinen Körper. Wichtig war, die Arme mit in den Fluß zu nehmen, dies geschah erst, indem ich sie mit unter den Kopf legte.

Am Eingang zu diesem Weg leuchtete ein blaues Licht, es war gleichsam am Eingang des Beckens, am unteren Ende meiner Wirbelsäule. In meinem Becken zu wandeln in die Tiefe zu gehen und das blaue Licht zu sehen, war wie zu Hause anzukommen! – Ich habe nach Jahren der Wanderschaft und Suche mein Zuhause in mir gefunden – die Erfahrung war eigentlich schlicht aber von viel Leichtigkeit und stiller Freude durchdrungen, eben einfach Sein.«

Das transpersonale Selbst als höhere Macht:

»Der Moment, wo das höhere Selbst mir seine Botschaft offenbart. Es ging los mit Schmerzen im Nacken, dort hingehend kam viel Schreien und Toben, als ob etwas Schwarzes, Dunkles aus mir heraustreten würde. Es wurde zum Gefühl, jemand hält und packt mich am Nacken. Ich kämpfe dagegen an, aber aller Kampf erscheint letztlich zwecklos – erst als ich aufgebe und es bitte, nach vorn zu kommen, läßt der Geist los und verschwindet. Darüber irritiert rufe ich: ›Wo bist du?! Wer bist du?!‹ aber es herrscht Schweigen, und ich merke langsam, daß ›Es‹ die höhere Macht war, vielleicht um mir meine Begrenztheit zu demonstrieren und sie wartet jetzt auf mich – es steht an, daß ich zu ihr gehe und nicht umgekehrt. Es geht dabei um die Entscheidung, ich habe die Wahl, wie jeder von uns, zu ihr zu gehen und ihr zu dienen, was bedeutet, in Verbindung mit dem Leben, der Liebe und damit mit der höheren Macht zu sein oder in die Selbstbestimmung, die Ich-Bestimmung zu gehen, und ich sah auch diesen Weg, der in die Verbindungslosigkeit, die irrtümliche Freiheit führt verbunden mit Leere und Einsamkeit. Der Preis dieses Weges ist, daß demjenigen die innere Lebensenergie mit der Zeit mehr und mehr schwindet. Die Entscheidung, der höheren Macht zu dienen, hat den Preis, die Ich-Bestimmung abzulegen. Als ich diese beiden Wege vor mir sah – kam von tief innen heraus, nicht laut und rufend, eher still, aber von einer Klarheit und Entschlossenheit durchdrungen, ein Ja für den ersten Weg – und in dem Moment leuchtete mein blaues Licht etwas heller. Wie bereits erwähnt, war dieses Erlebnis auch eher schlicht, aber von einer stillen Leichtigkeit und Freude erfüllt.

Umgeben von anderen ›Dienern‹, verbunden durch ein Licht und die Liebe, wurde mir meine Aufgabe gezeigt – an die Treppe zu gehen und die ›Verlorenen, Verirrten‹ zurück in die Lebendigkeit zu holen, dies geschieht über ›Berühren‹. Denn durch Berührung kann die Liebe fließen, und jene ist wie ein Samenkorn – Voraussetzung aber immer ist, daß der andere sich berühren lassen will!

Und ich sah, daß es in dieser Welt auch dunkle Kräfte gibt, die bemüht sind, die Verirrten zu halten und an sich zu binden. Mir erscheint es als die Erfahrung eines unserer Lebensgesetze, was die Wahlmöglichkeit zwischen Verbundenheit und letztendlicher Erfüllung sowie der Ich-Bestimmung und ihrer scheinbaren Freiheit bedeutet, wonach ich mich schon lange gefragt habe, wie diese beiden Wege zusammengehören. Auf einmal bekam ich ein Schwert geschenkt – ein Schwert der Erkenntnis und der Liebe – für die Arbeit und meine Aufgabe. Je mehr wir bereit sind, unser Ego aufzugeben, desto mehr wächst die Verbundenheit bis hin zur Verschmelzung – was wohl als Erleuchtung bezeichnet wird. Was gleichsam am schwersten mir erscheint und ein langer Weg (egal wie weit) für mich sein wird. Der entscheidende Kern von Therapie ist die Berührung, erscheint es mir, in und mit Liebe und Güte die erstmal alles gewähren läßt – den anderen so annimmt, wie er ist. Denn alles ›So sein‹ hat seinen Sinn und Veränderung, kann erst durch Annahme und Wertschätzung dieses Sinns erwachsen.«

Die Unzerstörbarkeit der göttlichen Mitte:

»Ich liege ruhig da, die Arme ausgestreckt, die Beine geschlossen. Ich fühlte mich wie Jesus am Kreuz, bin es jedoch nicht. Ich höre die Soldaten und weiß nun die zwei anderen, die neben mir gekreuzigt werden. Die Menschen, die mich auf der Kreuzigung begleiten, geben mir die Kraft, diesen Gang auszuhalten. Mit meinem Sonnengeflecht bin ich in totaler Verbundenheit mit dem Göttlichen, und aus meiner Mitte heraus strahlt ein helles Licht, und wenn ich mich darauf konzentriere, durchflutet dieses Licht und diese Wärme meinen ganzen Körper. Anflüge von Schmerzen kann ich geschehen lassen und ›tun mir nichts‹ durch diese Verbundenheit zum Göttlichen. Mir ist vollkommen klar, daß mir meine Feinde nichts anhaben können, mich (und somit das Göttliche) nicht zerstören können, weil sie blind sind. Diese Kraft kann nicht zerstört werden, weil sie in allen vorhanden ist, und wenn Zugang zu ihr da ist, nur Liebe und Mitgefühl möglich ist. Herr, vergib ihnen, denn sie wissen nicht was sie tun, dies kann ich im tiefsten Herzen spüren. Im Moment des Todes ist es hell und gleichzeitig ist mein ganzer Körper durchlässig, und eine strahlend warme Verbindung ist zwischen meinem Herz, meiner Wirbelsäule und der Lust, der Sexualität, der Vereinigung – alles ist eins.«

Jeder trägt die innere Weisheit in sich:

»Die Entspannung läßt mich ganz tief in die Matte sinken. Das Kreuzbein weich, Wirbel für Wirbel entspannt. Die Wärme, um nicht zu sagen Hitze, kriecht den Rücken hinauf und verläßt mich die ganze Reise hindurch nicht mehr. Wärme und Licht breiten sich in mir aus. Das bin ich – so viel Wärme ist in mir. Ich erfahre mich als warmes Wesen, ich gebe und teile. Hinter den Erfahrungen tönt ein Mantra ›Die innere Weisheit wohnt im Körper‹. Es wiederholt sich immer wieder in meinem Kopf. Es ist sonderbar, das Gefühl von Licht und Wärme, bzw. der Ort in dem die Weisheit wohnt, ist mein Rumpf. Arme, Beine, Hals und Kopf gehören irgendwie nicht dazu. Es erinnert mich an eine andere Erfahrung, bei der sich meine Beine verlängert und dann vom Körper gelöst haben. Ich werde bewegt. Es zieht mich nach unten in einen Sog. Mein Körper tanzt und wirbelt. Es kommt Freude auf, Lebensfreude. Dann das Bild von der inneren Weisheit, sie ist da, immer da. Wie ein Mandala, wie ein buntes Muster aus allen Farben, die es gibt. Ich muß lachen. Ich weiß plötzlich ganz genau, daß dies nicht der Platz, der Tag für Schmerzen ist. Mein Brustkorb (der in der letzten Sitzung vor Schmerz brannte wie Feuer) ist heute frei, darf frei sein, der ganze Körper ist frei. Ich muß den Schmerz nicht behalten. Ich kann lachen, ich bin gute Energie, und ich kann mir gute Energie zufügen. Ich kann sehen, daß Menschen so viel Schönes, Gutes, Lustiges, Sinnvolles, Fröhliches tun. Lachen erfüllt mich, kommt aus mir. Die afrikanische Musik ist so wunderbar, ist Lebensfreude und Gemeinschaft. Wechselgesänge. Spaß. Die Musik zeigt sich in Mustern, in räumlichen Mustern …

Meine Handflächen strömen Wärme aus. Diese Wärme sollte immer fließen, weitergegeben werden. Es ist alles da. Diese viele gute Energie will sich verteilen. Nun komme ich zurück zu meinem Mantra ›Die innere Weisheit wohnt im Körper, die Weisheit wohnt im Körper, die Weisheit wohnt im Körper …‹ Ich frage mich in der Erfahrung. Zum Körper, in dem die Weisheit wohnt gehören doch auch Arme und Beine und der Kopf. Warum spürte ich den Rumpf nur so stark, hell, klar und warm? Aber die Hände ja auch! Ich möchte mit meinen Beinen und Füßen den Weg der Weisheit gehen, mit meinen Händen und Armen im Sinne der Weisheit handeln, mit meinem Kopf Gedanken der Weisheit pflegen, nähren, gebären und ausdrücken. Ich komme sehr glücklich, dankbar, beschenkt zurück, aber auch mit dieser letzten Frage. Meine Bilder sind hell, spiegeln das Licht und die Energie.«

Spirituelle Erfahrungen

Das spirituelle Erwachen

Im spirituellen Erwachen wird der Suchende gefunden, denn er ist für die Offenbarung des Göttlichen bereit. Die kraftvolle Sehnsucht nach Wissen und die hingebungsvolle Suche zerreißen den Schleier des oberflächlichen Lebens (maya). Der spirituelle Weg wird zu einem bedeutungsvollen Thema.

Spirituelle Sehnsucht und Wegziehen des Schleiers:

»Und zwar hatte ich den Eindruck, als ob ein dunkler Nebel über mir läge und über diesem Nebel, wußte ich, war das Licht oder die Liebe oder wie immer wir das nennen wollen.

Dieser Nebel lag nun zwischen mir und dem Licht, verhinderte den Kontakt mit dem Licht und war undurchdringlich. Was mich aber am meisten erschütterte war die Erkenntnis, daß dieser abgeschnittene Zustand eigentlich mein Normalzustand war, in dem ich, na sagen wir, 95 Prozent meines Lebens verbracht hatte und unter dem ich vordergründig auch gar nicht gelitten hatte.

Nun brach sich aber immer stärker dieser Schmerz angesichts des ›Abgetrenntseins‹ vom Licht die Bahn zusammen mit der Erkenntnis, daß dieses ›Abgetrenntsein‹ ein schmerzhafter Zustand ist, ob ich es nun spüre oder nicht.

Und dieser Schmerz verband sich zusehends mit dem grausigen Gefühl der Hilflosigkeit und des Ausgeliefertseins an diese Situation, da mir auch klar wurde, daß ich nichts *tun* konnte, um diese qualvolle Situation zu ändern. Ich konnte nur dranbleiben und sie aushalten und ich entschloß mich auch dazu und schrie vor Schmerz, und der dunkle Nebel wurde nicht weniger, auch nicht der Schmerz, ich blieb eben einfach dran, und irgendwann begann sich dieser Nebel langsam aufzulösen, und ich wurde in diese ungeheure Welle von Licht und Liebe aufgenommen, die mich ganz erfüllte, mein Herz fühlte sich an, als ob es den ganzen Raum erfüllte, eine tiefe Dankbarkeit kam in mir auf und immer wieder die Worte, in das Licht gerichtet: ›Ich bin bereit‹ und ›Nimm mich‹. Anfangs waren diese Worte noch von etwas Scham und Angst begleitet, aber dieses Licht ließ alle diese Gefühle dahinschmelzen, wie Eis in der Sonne, und es war, als ob ich auf diesen Worten immer tiefer in dieses Licht hineinreiten würde … Und so verbrachte ich noch lange Zeit in der stillen Ekstase dieses Lichts und dieser Liebe, erfüllt von diesen beiden Sätzen: ›Ich bin bereit‹ und ›Nimm mich‹ und hatte gar keine Angst davor und wußte, daß es nun Zeit wird, mich um eine spirituelle Praxis zu kümmern.«

Das »Frei«-Werden:

»Kurz nachdem ich zu atmen begonnen habe, spüre ich das Bedürfnis auf meine Brust zu klopfen, um sie zu lockern. Bitte auch die Sitterin einige Zeit, dies zu tun. Es ist ein Gefühl zwischen Lust und es kaum auszuhalten, es wird auch ein Lachen und Weinen gleichzeitig frei. Danach klopfe ich wieder selbst auf meine Brust, diesmal aber viel intensiver, die Bewegung steigert sich bis zu einem Höhepunkt und verebbt dann.

Nach einiger Zeit verspüre ich das Bedürfnis, in die Brücke zu gehen, um die Brust zu dehnen. Mit jedem Mal spüre ich einen leichten und wohligeren Energiefluß in diesem Bereich. Die Brücke gelingt mir auch immer besser und höher, solange bis es nicht mehr geht. Das *Gefühl* in der Brust ist jetzt sehr gut, energievoll, weit und sehr angenehm. Danach tauche ich in einen sehr tiefen Bewußtseinszustand, den ich schon kenne, ohne Bilder, wie in einer sehr tiefen Meditation.

Als ich wieder zurückkomme, bemerke ich nach einiger Zeit, daß es einen Schleier zwischen mir und der Umwelt gibt. Er ist wie eine Kuppel über mir, mit den Händen nicht erreichbar. Dieser Schleier isoliert mich irgendwie, seine Konsistenz ist wie eine Käseglocke, aber auch ganz leicht, nahezu unzerreißlich, durchsichtig, legt sich überall an, fast gallertig. Als ich so daliege – bzw. habe ich mich mittlerweile hingekniet – überkommt mich der feste Entschluß, diesen Schleier zu zerreißen. Ich habe auch den Eindruck, daß dies der Schleier der Illusion ist (Maya), der Illusion der Getrenntheit, der Individualität. Ich stehe plötzlich auf und schreie aus Leibeskräften, es klingt wie ein Ruf. Ich will von jemandem gehört werden durch den Schleier hindurch. Prompt antwortet mir auch jemand (wie sich später herausstellte, war es ein anderer Atmender, der gerade eine korrespondierende Erfahrung hatte). Ich kann mich also wieder beruhigt hinknien, immerhin bin ich gehört worden. Aber der Schleier ist immer noch da, mir wird bewußt daß es nicht in meiner Macht liegt, ihn zu zerreißen, er ist für mich nicht erreichbar. Verzweiflung überkommt mich. Ich knie und beginne zu weinen. Da habe ich plötzlich den Eindruck, wie wenn ich zu Füßen meiner spirituellen Lehrerin knien würde und sie einfach dasitzt und wartet. Ich weiß auf einmal, daß es nur einen Weg gibt, den Schleier zu zerreißen: Der Titel eines autobiographischen Buches einer spirituellen Meisterin ›Asche zu meines Gurus Füßen‹ blitzt durch meinen Kopf. Ich muß zu Asche werden! Ich weiß aber nicht wie! Ich muß es zulassen, ist mir klar. Da fällt mir ein, daß ich zu dieser Atemsitzung ein Bild meiner spirituellen Meisterin mitgenommen habe (was ich sonst nie tue) und bitte die Sitterin mir das Bild zu geben. Ich lege es vor mich hin, und nun bricht der letzte Widerstand. Ich schluchze und sinke vor ihren Füßen zusammen. Endlich kann ich ganz loslassen. Ich lege mich dann ganz zu Boden als Zeichen der vollkommenen Hingabe und abwechselnd gehen mir das Wort ›Asche‹ und das Mantra ›Om Namah Shivaya‹ durch den Kopf. Nun ist der

Schleier zerrissen. Als ich eine Weile so daliege, höre ich plötzlich eine innere Stimme, die sagt: ›Du bist frei, steh auf und geh!‹ Es dauert eine Weile, bis ich der Aufforderung folge. Ich stehe auf und gehe mit Hilfe der Sitterin durch den Raum. Ich merke, daß der Schleier wirklich verschwunden ist. Ich fühle mich frei und genieße die Runden, die ich durch den Raum mache. Darum gehe ich wieder auf meinen Platz und lege mich hin, den Oberkörper etwas erhöht gegen den Rand gelehnt. Ich merke, wie sich vom Herzen aus allmählich ein ganz besonderes Gefühl ausbreitet, ein ganz besonderer Zustand, wie ich ihn schon kennengelernt habe, aber diesmal noch intensiver und mehr im Inneren verankert. Es ist wie ein drehender Wirbel in meinem Herzen, der den ganzen Brustraum und darüber hinaus ausfüllt und beständig ein Gefühl der Seligkeit ausströmt. Die Beschreibungen in der spirituellen Literatur, die diese Erfahrung einem ›Nektar‹ gleich auffassen, treffen hundertprozentig zu. Die Erfahrung ist sehr intensiv und anhaltend, wenn sie schwächer wird, kann ich sie durch eine besondere Art der ›Schau‹ wieder verstärken. Ich umarme dann die Sitterin und spüre, wie sich augenblicklich unsere Herzen verbinden, es ist nichts dazwischen. Als ich mich auf den Bauch lege, verbindet sich mein Herz augenblicklich mit der Erde, es ist ein unbeschreibliches Gefühl. Ich bitte sie, vom Kreuz abwärts das Gesäß und die Beine zu massieren, damit sich der ›Nektar‹ im ganzen Körper ausbreiten kann. Ich bleibe dann noch längere Zeit liegen, genieße diesen Zustand der völligen Freiheit und komme ganz langsam mit meiner Erfahrung zu einem Abschluß.«

Eine spirituelle Geburt:

»Ich spreize meine Beine in die Grätsche und winkele die Füße zueinander an. Die Musik paßt zu meinem Bedürfnis zu tanzen. ES tanzt mich. Zuerst fühle ich, als hätte ich viele Arme, mit denen ich tanzen, geben, erhalten, halten … kann. Sie wirbeln um mich herum, geben mir Lebensfreude, Glück. Meine Beine tanzen ebenso wie mein gesamter Körper mit. Der Tanz geht über in Schlängelbewegungen und dann mit der nächsten Musik zum nächsten Tanz. Ich tanze viele Tänze der Buschvölker auf dem afrikanischen Kontinent, Fruchtbarkeitstänze, Erntetänze, Geburt eines Kindes, Todestänze und viele mehr. Immer wieder werden andere Körperteile von mir zum Tanzen gebracht, bis ich erschöpft bin. Das ganze dauert ca. 1,5 Stunden oder mehr. Ich weiß, daß meine Schlange mich tanzen läßt, ich muß sie mir verdienen. Während des Tanzens fühle ich, wie ich mich immer weiter öffne, von unten, dem Wurzel-Chakra hinauf bis zum Kronen-Chakra, deren Öffnung in Verbindung mit dem Stirn-Chakra passiert (hier setzte ich mich dabei auf). Ich fühle, wie eine Fontäne von feinstofflicher Energie aus meinem Kopf schießt und sich wie ein feiner Energieregen über mich ergießt, um über das Wurzel-Chakra wieder in mich hineinzufließen. Ich sitze da und bin glücklich. Wie ein kleines Kind spiele ich mit dem Energieregen und halte meine Hände unter dem sanft herabfallendem Strom und fühle, wie die Energieladungen auf meinem Handrücken wie feine Explosionen sich entladen. Ich bin ganz verzückt, möchte ewig so spielen.

Ich lege mich hin, bin still, ganz still, verbunden mit der Erde und dem Himmel. Ich bin Buddha. Alles in mir und um mir ist still, ruhig, beredtes Schweigen, rund. Ich fühle mich eins mit Himmel, Erde, Natur, verstehe die Tiere, die Pflanzen, den Wind, ich bin.

Ich bin Jesus, hänge am Kreuz und leide. Ich leide doppelt: Einmal wegen der vielen Irrungen der Menschen und weil sie mich nicht verstehen. Dieses Leiden erfüllt mich gleichzeitig mit Glückseligkeit. Ich habe beide entgegengesetzten Gefühle in mir, Freude und Leid, Glück und Unglück, Seligkeit und Schmerz, Gesundheit und Krankheit … beides gehört zusammen und ist dann erst vollkommen, bis zur Auflösung. Ich fühle, daß ich fertig bin und liege in Meditationshaltung (Beine angewinkelt und Hände an den Knien nach oben offen), tanze noch ein wenig und bin dann ruhig. Das ist noch nicht richtig. Ich setze mich in die Meditationshaltung auf und leere mich … Ich sehe ein kleines Licht. Es flackert. Ich denke, daß die Tür geöffnet wurde und somit mein Licht entstand. Ich blinzle. Dieses Licht kommt noch einmal zu mir. Es ist weißer als weiß und sehr lebendig, es wärmt mich, macht mich glücklich und vollkommen. Ich habe meine spirituelle Geburt erlebt.«

Ich nehme das Göttliche an, und ich werde von ihm angenommen:

»Es ist wie ein Gebet, Sehnsucht und Bitte … NIMM MICH AN … dann wandelt es sich in etwas anderes, eine andere Qualität breitet sich aus, es wird zu … ICH NEHME AN … Ein tiefes Gefühl von … ICH ÖFFNE MICH … – Bilder von einer Zeremonie – wie eine Einweihung – habe ein weißes Kleid an – bekomme Verbindung zu einem (Mann/Meister/Geistführer?). Er ist noch weiter weg, aber ich spüre schon die Verbindung. Das ›ICH ÜBERGEBE MICH‹ … ›ICH WILLIGE EIN‹, das Ja zur Göttlichen Energie bestimmt die ganze Atmung. Ich spüre es auch körperlich. Energie fließt von unten nach oben – Feierstimmung – fühle mich verbunden, nicht alleine, um mich herum sind Gestalten.«

Und in der nächsten Atemsitzung:

»Energie aus dem Becken, Vibrationen ohne Ende. Ich könnte sie stoppen, wenn ich anspanne, doch wenn ich loslasse kommen sie, es passiert wie von selbst, wenn ich einwillige, es strömt durch mich durch, ohne Ende. Ich bin Energie … Ewige Energie. Ich spüre danach keinen Muskelkater oder Spannungen, da die Bewegung wie von selbst ging, nicht ich tue sie.«

Initiation und spiritueller Name:

»Einige Tage später habe ich ein sehr ergreifendes Erlebnis in einer Atemsitzung … Im Verlauf des Prozesses – es war eine Art Initiation – bekam ich einen neuen

Namen, meinen Namen, der mir ganz viel Kraft gab. AYDA – ich weiß nicht, was er bedeutet. Ich hatte auch das Gefühl, zwischendurch in einer mir fremden Sprache zu reden. Begleitet war diese Namensgebung mit dem Spruch: ›Ich habe deinen Namen in meine Haut geschrieben. Mein bist du, spricht der Herr.‹ Ich bekam das Gefühl, in eine Schöpfung hineingeboren zu sein, in einen größeren Zusammenhang, der mich zutiefst berührt und meint ...

Damit verbunden wurde mir bewußt, daß ich die Verwundungen, die Folterungen und Demütigungen, die mir, meiner Seele zuteil, zugefügt wurden, nur über einen spirituellen, transpersonalen Weg vergeben und loslassen kann, daß mein menschlicher Geist und Wille nicht ausreicht, um sie loslassen zu können.«

Begegnungen mit dem Numinosen

Das Göttliche bricht sich im Menschen durch. Es zeigt sich in tiefen Seinsfühlungen, in Lichterlebnissen, in Gefühlen der Einheit und der Verbundenheit. Stets ist es von unermeßlichen Gefühlen der Liebe, des Glücks und der Hingabe begleitet. Intime Prinzipien des Seins werden durch erhellende Evidenzerlebnisse zugänglich. Das Göttliche kann sich auch in der Begegnung mit spirituellen Meistern und Weisen zeigen.

Licht, Schönheit, Frieden und Liebe:

»Nach einiger Zeit beginnt der Körper sich zu bewegen. Die Schultern und die Brust wollen im Rhythmus des Atems auf und nieder gehen; der Kopf will sich immer wieder leicht hin- und herbewegen. Dann wollen die Hände das dritte Auge massieren; lange bearbeiten die Handballen das dritte Auge und die Stirn, kräftig und weich.

Dann tritt zwischen den aktiven Atemphasen immer wieder Ruhe ein. In diesen Ruhephasen geht der Körper von sich aus einerseits in bestimmte Positionen, und andererseits spüre ich ihn nicht mehr und gleite in andere Bewußtseinszustände still und lautlos hinein. Levitationes. Es ist so viel Licht da, göttliches, strahlendes Licht, Seine Gegenwart ist überwältigend. Die Arme heben sich, und beide Hände legen sich mit den Handrücken über die Stirn und über das dritte Auge. Die Hände schützen mich noch vor der überwältigenden Macht und Schönheit Seines Lichts. Es ist zu viel für mich, und Tränen der Seligkeit, des Überwältigtsein brechen aus. Dann heben sich die Hände im Liegen über den Kopf. Das ganze Sein ist ausgebreitet, Ihm entgegen. Frieden, Seligkeit, Glück, Liebe, Schönheit, eingetaucht in das Eine, aufgehoben, wie eine Blüte, die sich ganz öffnet, sich Ihm entgegenhaltend.

In einer anderen Phase der Seligkeit breiten sich die Hände seitlich von selbst aus; Zeigefinger und Daumen finden ohne mein Zutun zueinander. Alles ist restlos ausgebreitet und dem Göttlichen hingegeben. Der Kopf bewegt sich leicht in den Nacken, der Oberkörper wölbt sich öffnend leicht auf, der Körper ist nicht mehr zu spüren, eingetaucht in Transzendenz, erfüllt und durchströmt von göttlichen Emotionen, von Licht von unbeschreiblicher Seligkeit ... Tränen strömen unentwegt, tiefes Weinen dringt aus dem Innersten, ein hoher erschütternder Ton des Weinens steigt gerade und hoch auf in den Himmel. Es ist nicht Schmerz über Irdisches, es ist Erschütterung und Erlösung, die Überwältigung durch Seine Schönheit – unglaublich (der Kopf schüttelt sich leicht hin und her), unglaublich, daß so viel Schönes und Erhabenes existiert, unauslöschbar.«

Alles ist jetzt. Es gibt keine Eile, weil es keine Zeit gibt:

»Es beginnt mit dem Gefühl des Friedens, das ich schon bei der 1. Atemsitzung kennen lernte – keine Erwartungen, einfach nur SEIN. Dann sehe ich vor mir einen felsigen Berggipfel, von der Sonne beschienen. Ich hänge an einem Seil, weiß zwar nicht, wo es befestigt ist, aber es gibt mir absolute Sicherheit – ich werde gehalten, und es hält mich aus. Es gibt keine Eile, denn ich bin fast am Gipfel – Zeit spielt keine Rolle. Ich beginne nun entlang des Felsens am Seil herumzuschwingen – es macht mir Spaß. Jetzt schwinge ich in einem Zirkuszelt an einem Seil, es macht viel Spaß, Freude und Lust mitten in der Manege, umgeben von so vielen Zuschauern. Da bin ich gleichzeitig die Frau, die in der Manege am Seil schwingt und turnt, eine indische Tempeltänzerin und eine Schlangenbeschwörerin. Da ist mir klar – es gibt keine Zeit, alles ist gleichzeitig – ich bin alles zur gleichen Zeit, es gibt keine Vergangenheit und keine Zukunft – ALLES IST JETZT! Mit diesem Gefühl – es ist wie eine tiefe, gefühlsmäßige Erkenntnis, lasse ich mich langsam an dem Seil hinunter, durch einen Schacht in die Erde – mit dem Bewußtsein: ES GIBT KEINE EILE, WEIL ES KEINE ZEIT GIBT! Was ist das für ein Gefühl – es löst unheimliche Freude in mir aus – es gibt keine Eile, weil es keine Zeit gibt – habt ihr das gewußt, ich möchte es hinausposaunen, rufen, herumgehen und euch allen sagen – es gibt keine Eile, weil es keine Zeit gibt – dieses Gefühl macht mich überglücklich – mit diesem Gefühl mache ich Rast! Ich kann da bleiben, wo ich bin, solange ich nur will. Bilder ziehen an mir vorbei, ich habe Zeit, ich kann alles erleben weil ALLES JETZT IST! ALLES IST JETZT! Ich bin beseelt von einem neuen Gefühl – ich bin selig, freudig, glücklich, in Wahrheit gibt es keine Worte für dieses Gefühl. Ich genieße es und juble vor mich hin und weiß dieses Gefühl ist von ganz großer Bedeutung für mich – es ist wichtig für mein Leben – es befreit mich – es löst so vieles auf ...

Dieses Erlebnis hat mich sehr nachhaltig beeindruckt und die Sätze von C. G. Jung drücken vielleicht am besten aus, welche Bedeutung diese Erfahrung für mich hat: Ich könnte es so formulieren als ein Ja – Sagen zum Sein – ein unbedingtes ›Ja‹ zu dem, was ist, ohne subjektive Einwände. Die Bedingungen des

Daseins annehmen, so wie ich sie sehe – so wie ich sie verstehe. Mein eigenes Wesen akzeptieren, so wie ich eben bin.«

Es ist, wie es ist. Alles ist Gottesdienst:

»Erlebe nun in der Erdmitte zu sein, wo um einen glühend goldenen Amboß Menschen ziehen und mich schlagen. Hab das Gefühl in Form gegossen zu werden. Werde allerdings platt geschlagen, in der Mitte, bis ich flüssig bin und an meinen vier Extremitäten ausfließe in die vier Himmelsrichtungen wie die vier heiligen Flüsse im Paradies, fließe ich gleichzeitig in verschiedene Richtungen bis ans Ende der Welt, wo ich den Himmelsstürmen begegne. Kippe dann wieder in die Tiefen des Ozeans, vertraut gleite ich in die Tiefe, bin das Meer und gleichzeitig ein Wassertropfen, erlebe mich oben und unten, rechts und links, und spüre in all dem ›alles in einem‹ – wie ein Mantra zieht sich dieser Satz durch meine unterschiedlichsten Erfahrungen, auch durch meine Gefühlsempfindungen, Trauer, Schmerz, Lust, Glückseligkeit, es kippt hin und her und immer wieder begleitet mich mein Mantra ›alles in einem‹ und die Gewißheit ›es ist wie es ist‹. Je mehr ich wieder in ekstatische Gefühle der Glückseligkeit gerate, gemischt mit Schmerzen, die biografisch auftauchen, wie die Verletzung durch die Kirche, desto mehr stellt sich auch das Gefühl von ›alles ist Gottesdienst‹, in allem diene, verehre, lobpreise ich Gott, es ist wie es ist, hell und dunkel, gut und böse, alles fügt sich in den großen Kreislauf Leben und spüre, wie sich Sorglosigkeit einstellt. Zwischendurch bin ich auf einem Opferaltar, bereit zu sterben in die Hingabe und dann erlebe ich mich wieder verbunden zwischen oben du unten, mein Rücken ist eine Feuerstange, meine Handflächen glühen und mein Gesicht ist gebadet in Schweiß, so wie mein ganzer Oberkörper. Ich spüre die Energie im Becken, eine nicht versiegende Quelle, die mich permanent durchströmt. Ich erlebe die Vielfalt an Gottheiten und fühle mich zu Hause in ihrer Verschiedenheit …«

Alles ist Nichts. Die Fülle in der Leere:

»Ich spüre einen Hauch von Tod an mir vorbeistreichen, den ich als Ansätze von Erstickungsgefühlen wahrnehme.

Ich sehe mich im Universum, meine Kleinheit wird mir bewußt. Ich bin Nichts im Ganzen und unwichtig. Früher glaubte ich, daß der Mensch mit einer Aufgabe auf die Welt kommt. Diese wurde unwichtig. Wozu sind wir auf der Welt? Wir sind nur ein Spielball des ›Nichts‹. Letztlich gibt es die Persönlichkeit nicht mehr, weil sie sich im Nichts verliert. Da die Welt auch nur aus dem Nichts entstand, ist sie auch nichts. Alles löst sich auf. Meine Mama ist auch nicht mehr da. Sie ist in das Nichts eingegangen und als Persönlichkeit verschwunden. Ich kann mir nicht vorstellen, daß diese Seele nochmals auf die Welt kommt, eben weil sie sich aufgelöst hat. Alle Vorstellungen vom Jenseits, von einem Sinn zu leben, von

Karma und Aufgaben lösen sich im Nichts auf. Dann spüre ich, wie das Nichts eine silbergraue Hülle um meinen Körper legt. Da ich schon die Fülle im Nichts erlebt habe, erahne ich jetzt, daß es doch mehr als das Nichts gibt. Jedoch bin ich mehr mit der Auflösung im Nichts verbunden.«

Und in einer anderen Atemsitzung eine weitere Erfahrungssequenz:

»Dann sehe ich verschiedene Erscheinungsformen des Nichts, frage mich, was das Spiel bedeutet. Wozu wird ein Mensch ein Individuum, um wieder zu verschwinden. Obwohl ich mich mit dem Nichts im Raum bewege, komme ich nicht darüber hinaus. Es zieht sich bei meinem Körper zusammen und das Nichts fällt in mich hinein. Im Nichts ist auch die Fülle enthalten. Ohne Gefühle sehe ich, wie ich (das Nichts) Tausende von Menschen in den Tod schicke und mein Körper schluchzt heftig. Meine persönliche Identität löst sich auf.

Ich erzähle dem Leiter, was los ist, und merke immer mehr, daß sich beim Erzählen auch der Inhalt auflöst. Ich weiß nicht, was wirklich ist. Ich weiß auch nicht, wer ich bin.

Ich lege die Hände auf mein Herz und sage den Satz: Es ist nicht das, es ist nicht das, und es ist auch nicht das … wenn Gedanken oder Bilder kommen. Und schauen, was passiert. Nicht mehr fragen. Ich mache diese Übung, und mein Körper beginnt zu glühen und zu strahlen. Irgendwann kann ich diese Energie nicht mehr halten, und ich beende die Übung.

Obwohl ich meine Identität verloren habe, fühle ich mich ganz. Ich war in dieser Welt, doch ohne persönliche Identität. Ich wußte nicht, wer ich bin. Ich litt auch nicht daran. Ich lag lange herum, ohne etwas zu tun. Ich wollte nur mit wenigen Leuten Kontakt haben.«

Eine wichtige Erfahrung im Zusammenhang mit spirituellen Erkenntnissen ist die Auflösung von Polaritäten:

»Vom Tod zum Leben in den Himmel, alles darf sein. Lebensstrom, Blutfluß, Blutrache, Tod, Sterben, Nichts, Leere, Schwarz. Alles ist unwichtig – alles darf sein. Keine Angst – der Tod darf sein, das Leben, keine Angst, es gibt nichts anderes als Tod, Leben, Freude. Zwischen den beiden Polen fließen Ströme, ein roter, ein schwarzer, beides darf sein – alles darf sein – Trauer, Einsamkeit, Sehnsucht, Haß, Angst, Unvermögen. Ich darf loslassen, mich dem Fluß zwischen Dunkelheit, Einsamkeit, Tod und Helligkeit, Leben, Freude anvertrauen – brauche nichts mehr sein als ich bin. Brauche nicht die Gescheiteste sein, brauche die Prüfung nicht bestehen, brauche nicht geliebt werden – brauche nicht gehaßt werden, nichts ist wichtig nichts, aber alles darf sein. Ich brauche mich nicht schämen, nicht anstrengen, ich darf loslassen und mich den Strömen anvertrauen und sein, in Anbetracht der Dimensionen, zwischen Himmel und Hölle, Leben und Tod, Gemeinsamkeit und Einsamkeit, ist alles wie Sternenstaub.

Es ist schön, ihn glitzern zu sehen. Sich an seiner Helligkeit und Fröhlichkeit und Unbeschwertheit zu erfreuen – aber im Grunde ist nichts wirklich, um es unbedingt haben oder sein zu müssen, in Anbetracht, daß es Tod und Leben gibt.«

Mystiker teilen uns immer wieder mit, daß es letztlich auf dem spirituellen Weg darum geht, die Pole und Gegensätze zu integrieren. Erst dann sind die letzten Verwirklichungsschritte möglich:

»Ich bin in der Finsternis, ich spüre keine Angst, ich sehe unendlich viele Sterne, Licht kommt mir zu, ich spüre immer deutlicher, wie sich Licht und Finsternis in mir mischen. Am Anfang spüre ich, wie mein Körper zweigeteilt ist in Hell und Dunkel (linke Seite), doch dann ist die Grenze nicht mehr so hart. Ich bin mit der Finsternis verbunden und das Licht erfüllt mich, ich hab keine Angst …

In einer späteren Atemsitzung:

Ich schwebe im Weltall, dunkle Weite ohne Landemöglichkeit, es erscheint mir sehr lange, bis sich aus der Schwere- und Raumlosigkeit eine Verdichtung ergibt und ich auf Boden stehe. Ich sehe ein lichterfülltes Heiligtum, um das ich mit anderen Frauen tanze. Es erstrahlt von innen. Nach einiger Zeit wird der Tanz beendet und wer mag, kann auf einen Lichtkegel, der dem Zuckerhut gleicht, hinaufsteigen. Es geht steil bergauf. Alles erstrahlt in hellem Licht. Ich nähere mich immer mehr dem Gipfel. Ein paar Schritte davor dreh ich mich um, wissend daß ich bald das absolute Ziel erreicht habe, und sehe tief ins Tal. Ich sehe weiter als nur bis zum Heiligtum, ich sehe in unendliche Tiefen, dort, wo es finster, sehr finster ist. Ich beginne innerlich zu schwanken, ob ich mit 3–4 Schritten der irdischen Welt entgehen soll, um ganz ins himmlische Licht einzugehen oder ob ich in die Tiefe absteigen soll. Es erscheint mir als der einfache und billige Weg, nur dem Licht zu folgen und das Dunkle unberührt hinter mir zu lassen. So entscheide ich mich für den Abstieg. Mit jedem Schritt wird es immer dunkler und finsterer. Ich beginne Licht immer mehr als unangenehm zu empfinden. Als ich dann ganz tief unten bin, erlebe ich, wie Menschen geschlagen und ausgepeitscht werden. Unzählig viele werden wie selbstverständlich geschlagen. Sie versuchen davonzulaufen, aber es gibt keinen Ort, wo sie sich verstecken können und zur Ruhe kommen. Sie laufen rund um die Erde – Herden von Gejagten. Wenn das Licht erscheint, erscheint es mir als Hohn, als Verrat, als Spott, denn der Schmerz bleibt. Ich habe das Gefühl, Luzifer, der gefallene Engel, zu sein. Ich wende mich bewußt der Erde zu. Ich will meinen Platz in der Erde finden. Erst bin ich ein dunkler Rappen, dann gehe ich in eine Höhle und werde ein Bär. Ich spüre die Kräfte des Bären in mir und werde dann ein Urtier, das alles abwehrt. Ich lasse die Schlacht und die Zerstörung nicht zu. Ich brülle wütend und kämpfe gegen die Verführung durch das Licht. Ich kämpfe gegen das Licht, tobend und brüllend. Meine Behausung ist die dunkle Höhle, von der ich weit ins Land sehe.

Ich fühle mich sehr stark. Auch wenn der Kampf aussichtslos ist, werde ich für die Geschlagenen eintreten und das Licht als falscher Trost und Illusionsbringer vertreiben. Für mich gehören die *Geschlagenen der Erde* nicht dem Licht, denn das Licht hat die Menschen im Stich gelassen. Und ich sehe, wie Kriege ins Land ziehen und die Menschen getötet werden. Auf den Feldern, grob gefurcht, liegen die Leichen. Ich sehe das Tullnerfeld übersät von Leichen, ich höre den Fliegeralarm und erlebe, wie alles, was sich bewegt, niedergeschossen wird, wie im 2. Weltkrieg. Ich sehe das Gemetzel, wie in der Völkerwanderung, wie die Nibelungen, die durch das Land zogen. Und dann will die Sonne aufgehen. Ich schreie und wehre mich dagegen. Ich will die Totenwache halten. Ich will nicht, daß der Alltag einkehrt, daß alles zugedeckt wird und die Menschen auf den Leichenfeldern ihr Leben fortsetzen. Ich halte lange Wache. Ich vertreibe das Licht, ich vertreibe jeden, der etwas verändern will. Und dann sehe ich eine junge Negerin mit einem großen Krug auf dem Kopf. Sie geht aufrecht über das Feld, stolz, sehr selbstbewußt und natürlich. Sie geht bis zu ihrer einfachen Strohhütte, dort setzt sie sich vor die Hütte. Ich spüre, daß sie hier leben darf. Langsam dürfen Menschen wieder auf diesem Land leben.«

Die spirituelle Meisterin nimmt in mir Platz:

»Genieße sehr meine Gefühle, die Bewegtheit und die Veränderungen und die Musik; Lust an meinen Bewegungen, Lust zu tanzen mit den Tönen, Lust an mir – durch Übermut und Spaß des kleinen Mädchens in mir, bin vollgefüllt mit Energie und Lebensfreude. Dazu immer wieder erotische Spannung, leichte Erregung. Ich freue mich an mir, an meinem Körper, an meinen Berührungen.

Sehr starke Verbindung zu meiner spirituellen Meisterin während der gesamten Sitzung. Ich erlebe alles als ihr Geschenk. Dazwischen Wellen von Traurigkeit und Tränen der Berührung: ›Soviel bin ich ihr wert, soviel Gnade bekomme ich geschenkt. Alles, was ich rundum im Raum höre, ist Teil des großen Geschehens/Musters, genau wie mein Erleben, wie ich. Ich habe teil, ich bin in Verbindung – nichts stört oder irritiert mich. Ich bin geschützt und geborgen und ich habe einen festen Platz in mir. Geweitete Räume, verschobene Wände, geöffnete Türen, die Zellen meines Körpers sind in Bewegung geraten, schwingen und pulsieren. Ich bin leicht und warm, meine spirituelle Meisterin ist in mir, hat Platz genommen. Viele Gebete in der Zeit danach, daß sie sich in mir ausdehnen möge, meine Räume füllen. Und in aller Bewegtheit spüre ich stark meine Festigkeit, meinen Kern, und große Sicherheit – geborgen, still und ohne Angst.«

Das Spirituelle vermittelt sich durch das Weibliche:

»Ich liege ruhig und entspannt da und habe das Gefühl, Energie wird mir zugeteilt. Es beginnt an den Händen und dann am ganzen Körper. Ich spüre sie in großen Schüben. Dankbarkeit erfüllt mich. Langsam sehe ich eine alte, weise Frau, sie hat Lumpen an, das Haar ist wirr und das Gesicht voller Falten. Sie wohnt in einem Baum und scheint mit mir Kontakt aufnehmen zu wollen. Ich gehe zu ihr und sehe dann auf meine Füße. Es sind Kinderfüße, und sie sind barfuß. Auch ich trage ein Kleid aus Lumpen. Ich komme zu der Frau, und sie führt mich ein in ihre Weisheit, die so ganz anders ist als alles, was ich bisher für weise hielt. Sie hilft mir, mich auf die Füße zu stellen und meinen aufgerichteten Körper auf der Erde wahrzunehmen. Ich muß mich nicht verstecken. Ich spüre die Verbindung von Frau-Sein und Weise-Sein. Spiritualität vermittelt durch eine Frau. Nicht vergeistigt, nicht einen himmlischen Vater-Gott ersehnend, sondern Spiritualität im Urwald, in der Vegetation, in der Fruchtbarkeit, im Prozeß des Wandels.

Ich fühle meinen Unterleib, spüre meine weiblichen Organe, die Schöpferkraft.

Ich stehe aufrecht, aber nur ganz mühsam bekomme ich meine Füße hochgehoben. Ich fühle mich von der alten Weisen geführt, sie hält mich an der Hand. Sie spricht mir Mut zu. Sehr erschöpft lege ich mich wieder hin und merke, wie diese Erfahrung in weibliche Kraft umzusetzen ist ... und ich bekomme Zugang zu dieser Kraft. Am Ende bin ich erschöpft und liege dankbar auf dem Rücken. Das Gefühl, endlich auf meine Weise willkommen geheißen zu werden.«

Hingabe, Demut und Aufgabe des Egos

Spirituelle Erfahrungen führen zu Einsichten über die Art und Weise, wie man sich dem Göttlichen anvertrauen kann. Die allmähliche Transformation des Egos, das in einem Ego-Tod kulminieren kann, sprengt die Fesseln der alten Muster und Rollen.

Transformation und das Geheimnis der Hingabe:

»Bei der Entspannung spüre ich schon, wie mein Körper immer mehr ›wegsackt‹. Danach wird mir wieder kalt, sehr kalt, es ist eine grauenhafte Kälte. Ich lasse mich von meinen Sittern zudecken – fünf Decken liegen mittlerweile auf mir – aber mir ist so entsetzlich kalt, überall zieht es herein (ich bin in die Decken eingewickelt also auch seitlich geschützt) ich friere und bin wieder tot, wieder dieses mumienartige Gefühl – steif, starr und frierend. Ich habe das Gefühl, als würde sich die ganze Energie in meiner Stirn sammeln – zuerst bei meinem 3. Auge, dann weiter oben beim Scheitelchakra – das sich öffnet. Ich muß mich *dem Tod* hingeben, weiß ich plötzlich. Gefühlsmäßig bin ich nun bereit für den Tod. Ich kann es schwer verbalisieren – ich nehme dich an, ich bin bereit, ich erwarte dich, ich begrüße dich, du bist mir willkommen so irgendwie. Da bin gleichzeitig lebendig und tot – DAS GEHEIMNIS IST DIE HINGABE – weiß ich nun. Es ist schwer, das alles in einer Reihenfolge aufzuschreiben, weil alles irgendwie gleichzeitig passiert. Ich trommle auf afrikanischen Trommeln, gleichzeitig sitze ich ... im Lotussitz – ebenfalls gleichzeitig läuft das Erlebnis der letzten Atemsitzung mit der Zeit ab und ich erkenne – das GEHEIMNIS ist die HINGABE an das JETZT. Die Hingabe im Jetzt und auch an das, was JETZT gerade in mir ist, Freude, Lust, Schmerz, Zärtlichkeit, Kummer, Trauer ... DER TOD HAT KEINEN SCHATTEN MEHR – auch das weiß ich jetzt. Dann erlebe ich einfach mehrere Situationen durch – das mit meiner Mutter, der es vor kurzem ganz schlecht ging – wo ich glaubte, daß sie bald stirbt. Situationen mit Lust, Freude ... mit dem Gefühl, dieses GEHEIMNIS muß ich in meinem Leben umsetzen, und Freude und Lust darauf es zu tun. Ich spüre die Energie wie an einem Strang vom Scheitelchakra bis zum Wurzelchakra fließen – hinunter und hinauf – dann ein Kribbeln im ganzen Körper, als würde sich etwas lösen.«

Aus der Hingabe entsteht Demut:

»Ich strample zur Musik, probiere meine Stimme aus, ich will erst mal Kraft tanken. Ich spüre danach, wie meine Hände mit Energie überzogen werden, fast so, als bekäme ich heilende Hände. Es geht mir gut. Dann bekomme ich plötzlich Kreuzschmerzen. Ich merke, daß ich nicht mehr so liegen bleiben will. Ich drehe mich um, bitte meinen Sitter, daß er die Hände mir auf den Rücken legt. Die Wärme ist sehr angenehm. Es reicht aber nicht, nur zu liegen, ich knie mich hin, den Kopf nach unten. Das ist im Moment das Beste. Ich finde zur Musik eine kleine Bewegung, nach rechts und links schaukelnd mit dem Hinterteil. Danach bewege ich mich mit dem Oberkörper nach vorne. Plötzlich wird mir bewußt, welche Haltung ich habe: Ein Betender, ein sich Verneigender. Ich muß lachen, weil ich diese Form der Körperhaltung bisher nie eingenommen habe. Im Gegenteil fand ich es immer äußerst unangenehm, wenn Ihr Euch nach der Meditation verneigt habt. Ich war immer nur zu einem kleinen Kopfnicken bereit. Aber es war mir doch immer bewußt, daß da eine Lücke ist, die zum Nachdenken anregt. Warum kann ich das nicht, finde es eher abstoßend? Ich lege mich wieder hin, um darüber nachzudenken. Ich spüre, wie in mir der Impuls hochkommt, ›Verneigen‹ zu üben. Ich setze mich hin im Schneidersitz, gehe mit dem Kopf ganz auf den Boden. Dabei wird mir auch klar, daß das Kreuz total entlastet ist, daß es eine gute Möglichkeit zur Sammlung ist, sich ganz vorzuneigen. Mir wird klar, daß mir dies zur Hingabe gefehlt hat. Demut heißt das Zauberwort. War zwar in meinem verbalen Repertoire drin, aber nicht in der körperlichen Umsetzung. Ich kann es annehmen, vor allem, wenn ich überlege, wie es sich aus den Kreuzschmerzen von selbst entwickelt hat. Danach lege ich mich hin, um nachzudenken. Der Sitter legt mir nach geraumer Zeit die Hand auf den Scheitel, es ist mir angenehm. Dann macht er eine Kopf – ›massage‹, ganz leicht. Ich gebe mich hin und es ist wunderbar.«

Das Feuer des Herzens verbrennt starre Ego-Anteile:

»Ich spüre jetzt Flammen in meiner Brust. Mein Brustkorb steht in Flammen, ich verbrenne innerlich. Am liebsten würde ich mich vorne aufreißen, weil es so weh tut, aber das geht nicht und es würde auch gar nichts nützen, das weiß ich. Die Flammen kann ich nicht besiegen. Das ist jetzt kein Bild mehr, sondern nur noch Empfindung. Und dieses Feuer spüre ich so real, wie es realer nicht mehr sein könnte. Der Leiter ist bei mir und ich sage ihm, was los ist. Meine Seelenqualen sind enorm. Und er sagt, ich soll es brennen lassen. Und so brenne ich eben. Mit der Zeit brennt sich das Feuer zu einem kleinen Punkt zusammen, der genau in meinem Herzen sitzt. Und dort bleibt er auch, nachdem die Sitzung vorbei ist.

Später breitet sich das Feuer wieder in meinem gesamten Brustraum aus, genauer gesagt: Es bewegt sich zwischen Unterbauch und Kehle, steigt auch in den Kopf, wandert unentwegt. Am Abend spüre ich es kurz auch in den Beinen. Aber das Zentrum bleibt im Brustraum. Wenn sich die ›Flammen‹ zurückziehen, bleibt immer ein schmerzhafter Punkt zurück, immer um die Herzgegend.«

Ein Nachbericht zu dieser Erfahrung:

»Ich bin jetzt seit einer Woche wieder zu Hause. Gleich nach dem Seminar bin ich krank geworden. Ich habe eine arge Erkältung, huste viel und habe einen scheußlichen Schnupfen, der nicht besser wird. Manchmal hört er auf, aber nur, um dann wieder ganz von vorne anzufangen. Und ich messe dauernd meine Temperatur, weil ich ständig innerlich glühe. Aber es sind nur 36,5 Grad. Trotzdem fühle ich mich energiegeladen und frisch. Bin überhaupt nicht müde und schläfrig wie sonst, wenn ich Grippe habe, was allerdings nicht oft vorkommt. Ich bin selten krank. Jetzt, beim Schreiben, habe ich schon wieder diesen innerlichen ›Fieberanfall‹. Aber ich messe nicht mehr, ich weiß, daß es kein Fieber ist. Wenn ich in mich hineinhöre, spüre ich das Feuer. Es wandert. Es ist in meinem Magen, in der Brust, in den Armen, im Kopf. Zur Zeit am stärksten im Kopf, im Gesicht.«

Ich bin bereit, mein Ego zu opfern:

»Ich bin Jesus am Kreuz: Ich bin bereit, Vater in deine Hände empfehle ich meinen Geist. Während es ganz dunkel wird und sich ein Erdbeben ereignet, laufen vor mir Szenen aus dem Leben von Jesus – wie im Film ab. Sein Empfang in Jerusalem, zu Besuch bei den beiden Frauen Martha und Maria in Bethanien, die Auferweckung des Lazarus. Geißelung – Dornenkrönung – der ganze Leidensweg – aber: Es gibt … keine Gefühle dazu – unter mir die Menschenmenge – sie weinen, klagen an – und es ist mir so unverständlich – ich habe mich doch freiwillig dafür entschieden – ich verstehe ihre Gefühlsausbrüche nicht – da, wo ich mich jetzt befinde, gibt es die Gefühle nicht, sie sind eine Illusion – es kommt mir vor, als wäre ich völlig frei von ihnen – es gibt tiefe Verbindungen, aber, die haben mit Gefühlen nichts zu tun.«

Die Auflösung des Alten im Ego-Tod:

»Ich fühle mich wie auf einer Wanderung durch verschiedene Welten. Dabei ist es immer wieder nötig, ›Dinge‹ abzulegen, aus mir herauszugehen. Manchmal ist es leicht; da fühle ich mich als schwebender Punkt und gleichzeitig auch Körper – dann erlebe ich wieder Verlust von etwas, an das ich mich bisher halten konnte – werde einmal mehr auf mich – auf mein Sein verwiesen. ›Feuerkugeln‹ in Bauch, Sonnengeflecht, Herz und Stirn; Schmerzen in den Hüften; Spannung im Nacken, Hals- und Kopfbereich; ganz viel Trauer – der Impuls: ›Nichts wie weg – es geht um mein Leben – Verzweiflung, Angst‹. Später der Satz: ›Der Weg – Schritt für Schritt – ist das Ziel‹. Am Ende fühle ich mich verloren, zerstückelt, wie wenn etwas zerbrochen ist, das mich gestützt hat und mir Halt war – fühle mich weich, zittrig, sehr verwirrt – spüre, daß ich viel verloren habe – was, das weiß ich nicht. Und ich habe den Eindruck, daß sich mir etwas zeigen will, das sich gleichzeitig auch verbirgt.«

4. Allgemeines Ordnungsschema der Erfahrungen

Aufgrund der mündlichen und schriftlichen Erfahrungsberichte wurde nun ein allgemeines Raster erstellt, um aufzuzeigen, in welche Richtungen Atemsitzungen gehen können und um Therapeuten, die mit holotropem Atmen arbeiten, ein auf Erfahrung basierendes Schema an die Hand zu geben. Die theoretischen Implikationen dieser Ordnungslinien wurden in früheren Kapiteln erläutert, so daß an dieser Stelle nur eine Nennung der Oberbegriffe erfolgen soll. Transpersonale und spirituelle Erfahrungen sind zwar hier unterschieden, aber letztlich nicht voneinander zu trennen. Es sollte dadurch nur das Außergewöhnliche der Begegnung mit dem Göttlichen hervorgehoben werden. Die Überschneidungen zeigen sich vor allem bei den Feindifferenzierungen. Dann kommt noch dazu, daß bestimmte Erfahrungssequenzen gleichermaßen in verschiedene Kategorien eingeordnet werden können und in mögliche andere, die gar nicht erwähnt wurden. Wenn man es genau nimmt, könnte jede einzelne Erfahrung eine eigene Überschrift haben, denn jede Einordnung reduziert die Komplexität der Erfahrung. Die Richtung einer Grobdifferenzierung wurde in Großbuchstaben angedeutet, die Feindifferenzierung in arabischen Ziffern. Die Feindifferenzierungen sind natürlich jederzeit erweiterbar:

A. Erfahrungen mit dem Setting

1. Entspannung
2. Atmen
3. Sitter
4. Leiter (Übertragungsphänomene)
5. Körperarbeit
6. Malen
7. Aufarbeitung
8. Soziale Interaktionen mit der Gruppe

B. Personale und psychodynamische Erfahrungen

1. Allgemeines biographisches Material
2. Wiedererleben von Traumata, chronischen Störungen und Defiziten
3. Existentielle Themen (Krankheit, Tod, Identität, Beruf, Familie und Beziehungen, Sexualität u. a.)
4. Konfrontation mit neurotischen Mustern und Schattenaspekten
5. Auflösung von Körperblockaden
6. Integration, Ganzheit und Versöhnung

C. Präpersonale Erfahrungen (Defizite, Traumata und korrigierende emotionale Erfahrungen)

1. Von der Geburt bis zum 1./2. Lebensjahr
2. Geburtserfahrungen
3. Die pränatale Entwicklung

D. Transpersonale Erfahrungen

1. Transzendenz von Körper, Raum und Zeit
2. Spontane Körperhaltungen und Yogastellungen
3. Erweckung und Manifestationen der Kundalinikraft
4. Öffnung und Reinigung von Chakren
5. Rituale und Stammeszeremonien
6. Verbale Phänomene (Zungenreden, andere Sprachen etc.)
7. Erfahrungen mit fremden Kulturen
8. Begegnungen mit dem Tod
9. Tod- und Wiedergeburtsphänomene (Stirb- und Werde-Prinzip)
10. Kontakt zu Verstorbenen
11. Reinkarnationserfahrungen und karmische Verstrickungen

12. Parapsychologische Phänomene
13. Reisen in mythische Welten
14. Reinigung und Heilung durch subtile Kräfte
15. Berufung für höhere Aufgaben
16. Begegnung mit kollektiven Archetypen und Wandlungssymbolen
17. Konfrontation mit dämonischen Kräften
18. Identifikation und Kontakt mit Tieren
19. Identifikation und Kontakt mit Naturformen
20. Identifikation mit kollektiven Zuständen (mit allen Hungernden dieser Erde u. ä.)

E. Spirituelle Erfahrungen

1. Existentielles Seins- und Sinngefühl, universale Liebe, umfassende Gelassenheit, Achtsamkeit, Mitgefühl, Demut, Zufriedenheit, Glückseligkeit und tiefe Verbundenheit mit der Natur
2. Spüren von kosmischen Energien und Erfahrungen des kosmischen Bewußtseins
3. Sehnsucht nach einem spirituellen Weg
4. Erweckung und Initiation für einen spirituellen Weg
5. Lichterlebnisse
6. Innere Schau der Lebenszusammenhänge (Lebenssinn) und spirituellen Gesetzmäßigkeiten
7. Begegnung mit verwirklichten Wesen
8. Zeugenbewußtsein
9. Erfahrung der inneren Weisheit und des transpersonalen Selbst
10. Konfrontation mit dem Ego und Ego-Todphänomene (Zerstückelung, Auflösung, Zerrissenwerden etc.)
11. Begegnung mit dem Göttlichen
12. Erfahrung von All-Einheit und All-Verbundenheit

Bibliographie

Allport, Gordon W.: *Gestalt und Wachstum in der Persönlichkeit.* Meisenheim am Glan 1970. Anton Hain Verlag.

Assagioli, Roberto: *Die Schulung des Willens. Methoden der Psychotherapie und Selbsttherapie.* Paderborn 1986. Junfermann.

Assagioli, Roberto: Selbst-Verwirklichung und psychologische Störung. In: Grof, Stanislav; Grof, Christina (1990), S. 55–83.

Avalon, Arthur: *Die Schlangenkraft.* Bern/München/Wien 1988. O. W. Barth.

Baier, Karl: *Spirituelle Krisen. Eine Einführung* (unveröffentlichter Vortrag, Jahr unbekannt).

Baker Roshi, Zentatsu: Lehrer und westliches Selbst. In: Loomans (Hrsg.) (1999), S. 155–160.

Bataille, Georges: *Die innere Erfahrung.* Paris 1943.

Bateson, Gregory: *Ökologie des Geistes.* Frankfurt am Main 1983. Suhrkamp.

Battegay Raymond: *Narzißmus und Objektbeziehungen.* Bern/Stuttgart/Toronto 1991. Hans Huber Verlag.

Bauer, Eberhard: Gegen den Strom schwimmen: Hundert Jahre parapsychologische Forschung In: Lucadou (1995), S. 15–45.

Beloff, John: Lehren aus der Geschichte der Parapsychologie. In: *Zeitschrift für Parapsychologie und Grenzgebiete der Psychologie* 35, 3/4 (1993), S. 129–145.

Belschner, Wilfried; Galuska, Joachim: Empirie spiritueller Krisen. In: *Zeitschrift für.Transpersonale Psychologie und Psychotherapie* 5, 1 (1999), S. 78–94.

Bender, Hans: Parapsychologie und das Fortleben nach dem Tode. In: Resch (1981), S. 593–615.

Bender, Hans: *Telepathie, Hellsehen und Psychokinese.* München, 5.Aufl. 1984, Serie Piper.

Bender, Hans: Der Okkultismus als Problem der Psychohygiene In: *Zeitschrift für Parapsychologie und Grenzgebiete der Psychologie* 33, 1/2 (1991), S.17–23.

Bender, Hans: Hans Bender im Gespräch mit Johannes Mischo (1983). In: *Zeitschrift für Parapsychologie und Grenzgebiete der Psychologie* 33, 1/2 (1991), S. 6–16.

Benedetti, Gaetano; Peciccia, Maurizio: Die Funktion des Bildes in der gestaltenden Psychotherapie bei Psychosepatienten. In: Petzold; Orth (1991), S. 317–328.

Berendt, Joachim-Ernst. *Das dritte Ohr. Vom Hören der Welt.* Reinbek bei Hamburg 1985. Rowohlt.

Blanck, Gertrude; Blank, Rubin: *Jenseits der Ichpsychologie.* Stuttgart 1989, 7. Aufl. 1999, Klett Cotta.

Blanck, Gertrude; Blanck, Rubin: *Ichpsychologie II.* Stuttgart, 3. Aufl. 1994. Klett Cotta.

Bloch, Ernst: *Subjekt – Objekt.* Frankfurt 1977. Suhrkamp.

Bocheński, Joseph M.: *Die zeitgenössischen Denkmethoden.* München 1975. UTB 6.

Boggio Gilot, Laura: Die Psychosynthese – ein Weg zu psychischer Gesundheit und Bewußtseinsentwicklung. In: Zundel; Fittkau (1989).

Bohm, David: Die implizite Ordnung. In: Schaeffer; Bachmann (Hrsg.) (1989).

Bohm, David: *Die implizite Ordnung.* München 1985. Dianus-Trikont.

Boorstein, Seymour (Hrsg.): *Transpersonale Psychotherapie.* Bern/München/Wien 1988. Scherz.

Braun, Hans-Jürg: Meister Eckeharts Denkmystik gegen Ekstasen und Visionen. In: Scharfetter; Rätsch (Hrsg.) (1998), S. 107–115.

Brockhaus Enzyklopädie in vierundzwanzig Bänden. Mannheim 1988. F. A. Brockhaus.

Brown, Daniel P.: Die Stadien der Meditation in kulturübergreifender Perspektive. In: Wilber; Engler; Brown (1988), S. 229–294.

Brown, Malcolm: *Die heilende Berührung.* Essen 1985. Synthesis.
Brück, Michael von: Spiritualität im Alltag: Christentum, Buddhismus und Hinduismus im Gespräch. In: Loomans (Hrsg.) (1999).
Brückner, Karl-Heinz (Hrsg.): *Die heilende Kraft veränderter Bewußtseinszustände.* Tagungsband des Arbeitskreises für Transpersonale Psychologie und Psychotherapie. Wien 1999. Selbstverlag.
Buber, Martin: *Das dialogische Prinzip.* Heidelberg 1979. Lambert Schneider Verlag.
Bucke, Richard Maurice: *Die Erfahrung des kosmischen Bewußtseins.* Freiburg i. Breisgau 2. Aufl. 1988. Aurum.
Bürgel, J. C.: Die Erfahrung von Mächtigkeit in der islamischen Mystik. In: Scharfetter; Rätsch (Hrsg.) (1998), S. 79–105.
Butler, Ram: *Korrespondenzkurs* Lektion 23. South Fallsburg 1994. Syda Foundation.
Butzenberger, Klaus: Mystik und Theorie der Mystik im Hinduismus. In: Scharfetter; Rätsch (Hrsg.) (1998), S. 29–44.

Campbell, Joseph: *Der Heros in tausend Gestalten.* Frankfurt am Main 1978. Suhrkamp.
Campbell, Joseph: *The Way of the Animal Powers.* San Francisco 1983. Harper & Row.
Capra Fritjof: *Das Tao der Physik.* Bern/München/Wien 1984. Scherz.
Capra, Fritjof u. a. (Hrsg.): *Psychologie in der Wende.* Bern/München/Wien 1985. Scherz.
Capra, Fritjof: Die neue Sicht der Wirklichkeit. Zur Synthese östlicher und westlicher Wissenschaft. In: Grof (Hrsg.) (1986), S. 131–144.
Capra, Fritjof: *Das neue Denken.* Bern/München/Wien 1987. Scherz.
Chauduri, Haridas: Yoga-Psychologie. In: Tart (1978), S. 330–394.
Chicken, Andy: Das Bild als Sprache und Integration der Erfahrung. In: Brückner, Karl-Heinz (Hrsg.) (1999), S. 71–76.
Chidvilisananda, Swami: *The yoga of discipline.* South Fallsburg 1996. Syda Foundation.
Condrau, Gion: *Der Mensch und sein Tod.* Zürich/Einsiedeln 1984. Benziger.
Csikszentmihalyi, Mihaly: *Dem Sinn des Lebens eine Zukunft geben.* Stuttgart 1995, 2. Aufl. 2000, Klett Cotta.

Dass Ram: *Verheißungen und Fallgruben auf dem spirituellen Weg.* In: Zundel; Fittkau (1989), S. 457–479.
Davies, Paul: Die schreckliche Leere im Inneren der Materie. In: *PM* 2 (1993), S. 39–45.
Davies Paul: Die gespenstischen Boten, die unser Weltall zusammenhalten. In: *PM* 3 (1993), S. 18–24.
De Wit, Han F.: *Die verborgene Blüte.* Petersberg 1998. Verlag Via Nova.
Der Ochs und sein Hirte. Zen-Augenblicke. München 1990. Kösel.
Descartes, René: *Abhandlung über die Methode seine Vernunft richtig zu leiten.* EA Leiden 1863.
Dittrich, Adolf: *Ätiologie – unabhängige Strukturen veränderter Wachbewußtseinszustände.* Berlin 1996. Verlag für Wissenschaft und Bildung.
Dreisbach, Ute: Meister-Schüler Beziehung im Zen. In: *Zeitschrift für transpersonale Psychologie und Psychotherapie* 5, 2 (1999), S. 27–32.
Dürckheim, Karlfried Graf: Transzendenz als Erfahrung. In: Zundel; Fittkau (1989), S. 277–289.
Dürckheim, Karlfried Graf: *Erlebnis und Wandlung.* Frankfurt am Main 1992. Suhrkamp Taschenbuch.
Dychtwald, Ken: *Körperbewußtsein.* Essen 1981. Synthesis.

Eccles, John C.: *Wahrheit und Wirklichkeit.* Berlin/Heidelberg/New York 1975. Springer.
Eccles, John C.: *Wie das Selbst sein Gehirn steuert.* Heidelberg 1994. Piper.

Eisler-Stehrenberger, Karin: Kreativer Prozeß – Therapeutischer Prozeß. In: Petzold; Orth (1991).
Eliade, Mircea: *Geschichte der religiösen Ideen.* Band 3/2. Freiburg/Basel/Wien 1991. Herder.
Erikson, Erik: *Einsicht und Verantwortung.* Frankfurt am Main 1971. Fischer.
Erikson, Erik: *Identität und Lebenszyklus.* Frankfurt am Main 1976. STW 16.

Fetscher, Rolf: Der Aufbau des Selbst. In: *Psyche* 8 (1985).
Field, Reshad: *Die Alchemie des Herzens.* München 1991. Diederichs.
Firman, John; Vargiu, James: Personales und transpersonales Wachstum. Die Perspektive der Psychosynthese. In: Boorstein (1988), S. 108–140.
Fischer, Karl Maximilian: Die Bedeutung der Musik in der Transpersonalen Atemarbeit. In: Brückner, Karl-Heinz (Hrsg.) (1999), S. 71–76.
Fischer-Schreiber, Ingrid; Ehrhard, Franz-Karl; Friedrichs, Kurt: *Lexikon der östlichen Weisheitslehren.* Bern/München/Wien 1986. Scherz.
Frambach, Ludwig: *Identität und Befreiung in Gestalttherapie, Zen und christlicher Spiritualität.* Petersberg 1993. Verlag Via Nova.
Frankl, Viktor: *Theorie und Therapie der Neurosen.* München 1983. UTB 457.
Freud, Sigmund: *Psychologie des Unbewußten.* Frankfurt am Main 1975. Studienausgabe, Fischer.
Freud, Sigmund: *Psychologie des Unbewußten.* Band 3, Reihe Conditio Humana. Frankfurt am Main 1975. Fischer.

Galuska, Joachim: Meditative Versenkung und transpersonales Bewußtsein. In: Loomans (1999), S. 161–173.
Gardenne, Volker: *Bewußtsein, Kognition und Gehirn.* Bern/Göttingen/Toronto/Seattle 1996. Huber.
Gebser, Jean: *Ursprung und Gegenwart.* 1.Teil, 2.Teil und Kommentarband. München 1973. dtv.
Goldstein, Kurt: *Ausgewählte Schriften.* Den Haag 1971. Nijhoff.
Gottwald, Franz-Theo: *Theorie und Praxis der Erweiterung menschlicher Fähigkeiten nach den Yoga-Sutras des Pantanjali.* In: Resch (Hrsg.) (1986), S. 425–452.
Govinda, Lama A.: *Grundlagen tibetischer Mystik.* Bern/München/Wien 1999. O.W. Barth (Frankfurt am Main 1979. Fischer).
Greenwell, Bonnie: *Kundalini.* Bergisch-Gladbach 1998. Gustav Lübbe Verlag.
Grof, Stanislav: *Topographie des Unbewußten.* Stuttgart 1978. Ernst Klett Verlag (7. Aufl. 1997. Klett Cotta).
Grof, Stanislav: *Geburt, Tod und Transzendenz.* München 1985. Kösel.
Grof, Stanislav: Vorstoß ins Unbewußte. In: Capra u. a. (Hrsg.) (1985), S. 100–116.
Grof, Stanislav (Hrsg.): *Alte Weisheit und modernes Denken.* München 1986. Kösel.
Grof, Stanislav: *Das Abenteuer der Selbstentdeckung.* München 1987. Kösel.
Grof, Stanislav: *Die Welt der Psyche.* München 1993. Kösel.
Grof, Stanislav: *Totenbücher. Bilder vom Leben und Sterben.* München 1994. Kösel.
Grof, Stanislav: *Kosmos und Psyche.* Frankfurt am Main 1997. Krüger.
Grof, Stanislav; Halifax, Joan: *Die Begegnung mit dem Tod.* Stuttgart 1980. Ernst Klett Verlag (2. Aufl. 1992. Klett Cotta).
Grof, Stanislav; Grof, Christina: *Spirituelle Krisen.* München 1990. Kösel.
Grof, Stanislav; Grof, Christina: *Die stürmische Suche nach dem Selbst.* München 1991. Kösel.
Guru Gita: In: *Der Nektar des Singens.* Siddha Yoga Stiftung Schweiz 1988.
Gurumayi, Chidvilisananda: *Entzünde die Flamme in meinem Herzen,* Bd. 1 u. 2, München 1989. Siddha Yoga Verlag.

Gurumayi, Chidvilasananda: *Asche zu meines Gurus Füßen.* South Fallsburg 1990. Syda Foundation.
Gurumayi, Chidvilisananda: The higher the thoughts, the greater the freedom. In: *Darshan* 70 (1992), S. 32–39.
Gurumayi, Chidvilasananda: Transform your vision into one of wisdom. In: *Darshan* 82 (1994).
Gurumayi, Chidvilisananda: Gnade liegt im eigenen Bemühen. In: *Darshan* 111 (dt. Übersetzung 1996), S. 41–46.
Gurumayi, Chidvilisananda: If you stay with what you are, you attain the perfection of your own life. In: *Darshan* 114 (1996).

Habermas, Jürgen: *Theorie und Praxis.* Frankfurt am Main 1974. Suhrkamp.
Habermas, Jürgen: *Erkenntnis und Interesse.* Frankfurt am Main 1977. Suhrkamp.
Haich, Elisabeth: *Der Tag mit Yoga.* Stuttgart 1958. J. Fink.
Halifax, Joan: *Die andere Wirklichkeit der Schamanen.* Freiburg 1999. Hans Nietsch Verlag.
Harner, Michael: *Der Weg des Schamanen.* Reinbek bei Hamburg 1999. Rowohlt Taschenbuch.
Hartmann, Heinz: *Ich-Psychologie. Studien zur psychoanalytischen Theorie.* Stuttgart 1972. Ernst Klett Verlag.
Haynes, Renée: *The Hidden Springs. An Enquiry into Extra-Sensory Perception.* London 1973. Hutchinson.
Heidegger, Martin: *Sein und Zeit.* 12. Aufl. Tübingen 1972. Max Niemeyer Verlag.
Heim, A.: Notizen über den Tod nach Absturz. In: *Jahrbuch des Schweizer Alpenclubs* 27 (1892), S. 327 ff.
Heinl, Hildegund; Petzold, Hilarion; Sylvester, Walch: Konzepte und Erfahrungen aus der gestalttherapeutischen Arbeit mit Angehörigen sozial benachteiligter Schichten. In: Heinl; Petzold (Hrsg.) (1983).
Heinl, Hildegund; Petzold, Hilarion (Hrsg.): *Psychotherapie und Arbeitswelt.* Paderborn 1983. Junfermann.
Held, Klaus: Einleitung. In: Husserl, Edmund (1985), S. 5–51.
X Helg, Felix: *Psychotherapie und Spiritualität.* Düsseldorf/Zürich 2000. Walter.
Helke, Wolfram: Die personale Leibtherapie. In: Zundel; Fittkau (1989), S. 291–298.
Herrigel, Eugen: *Der Zen-Weg.* München 1992. O. W. Barth.
X Hersch, Jeanne: *Das philosophische Staunen.* München 1981. Piper.
Hesse, Hermann: *Siddharta.* Frankfurt am Main 1993. Suhrkamp.
Holler, Johannes: *Das neue Gehirn.* Südergellersen 1991. Bruno Martin Verlag.
Horney, Karen: *Neurose und menschliches Wachstum.* München 1975. Kindler.
Huang-Po: *Der Geist des Zen.* Bern 1983. O.W. Barth.
Husserl, Edmund: *Philosophie als strenge Wissenschaft.* Frankfurt am Main 1965. Klostermann Texte Philosophie.
Husserl, Edmund: *Ideen zu einer reinen Phänomenologie und phänomenologischen Philosophie.* Tübingen 1980. Max Niemeyer Verlag.
Husserl, Edmund: *Die phänomenologische Methode.* Ausgewählte Texte. Stuttgart 1985. Reclam.

Ishwarananda, Swami: The grace of the Master. In: *Darshan* 7 (1995).
Izutsu, Toshihiko: Die Entdinglichung und Wiederverdinglichung der »Dinge« im Zen-Buddhismus. In: Nitta (Hrsg.) (1984), S. 13–40.

Jacobi, Jolande: *Die Psychologie von C. G. Jung.* Frankfurt am Main 1991. Fischer Taschenbuch.
Jacobson, Edith: *Das Selbst und die Welt der Objekte.* Frankfurt am Main 1992. Suhrkamp.
Jacoby, Günter: *Allgemeine Ontologie der Wirklichkeit.* Halle 1925. Niemeyer.

Jaffé, Aniela: *Erinnerungen, Träume, Gedanken von C. G. Jung.* Olten 1985. Walter.
Jäger, Willigis: *Suche nach dem Sinn des Lebens. Bewußtseinswandel durch den Weg nach innen.* Petersberg 1991. Verlag Via Nova.
Jahrsetz, Ingo: Existentielle und spirituelle Krisen. In: Weidinger-Moser; Weidinger (Hrsg.) (1995), S. 49–63.
Jahrsetz, Ingo B.: *Holotropes Atmen, Psychotherapie und Spiritualität.* Stuttgart 1999. Pfeiffer bei Klett-Cotta.
James, William: Die Vielfalt religiöser Erfahrung. Zürich 1982. Ex Libris (Fankfurt am Main 1977. Insel).
Jaspers, Karl: *Allgemeine Psychopathologie.* Berlin/Heidelberg/New York 1973. Springer.
Jones, Ernest: Sigmund Freud. *Leben und Werk.* Bd 1. München 1984. dtv.
Josuttis, Manfred (Hrsg.): *Religion und die Droge.* Stuttgart 1972. Kohlhammer.
Jung, C. G.: Über die Beziehung der analytischen Psychologie zum dichterischen Kunstwerk. In: *Seelenprobleme der Gegenwart.* Zürich 1931. Rascher.
Jung, C. G.: Zwei Schriften über analytische Psychologie. *Ges. Werke* Bd. 7. Zürich/Stuttgart 1964. Walter.
Jung, C. G.: *Die Beziehungen zwischen dem Ich und dem Unbewußten.* Olten/Freiburg i. B. 1971. Walter.
Jung, C. G.: *Briefe* Bd. 1, Olten/Freiburg i. B.1972. Walter.
Jung, C. G.: Archetyp und Unbewußtes. *Grundwerk C. G. Jung* in 9 Bänden. Olten/Freiburg i. B. 1984. Walter.
Jung, C. G.: Psychological Commentary on Kundalini Yoga. Spring Publ. 1975. In: Grof (1986).

Kalweit, Holger: Schamanische Psychotherapie. In: Zundel; Fittkau (1989), S. 145–161.
Kalweit, Holger: Die Seele des Schamanen, Sternengötter und der Ursprung der Religion. In: Scharfetter; Rätsch (Hrgs.) (1998), S. 161–191.
Kast, Verena: *Kreativität in der Psychologie von C. G. Jung.* Zürich 1974. Juris-Druck Verlag.
Katha Upanishad: *Die Unsterblichkeit des Selbst.* München/Wien 1989. O. W. Barth.
Keller, Georg: Bemerkenswertes zu Mandalas. www.ergokreativ.onlinehome.de/facharta.htm.
Kepner, James I.: *Körperprozesse.* Köln 1988. Edition Humanistische Psychologie.
Kohut, Heinz: *Heilung des Selbst.* Frankfurt am Main 1979. stw.
Koosaka, Ina Odira: Rebirthing. In: *Connection* 5, 5 (1989).
Kornfield, Jack: Aspekte einer Theorie und Praxis der Meditation. In Capra u. a.(Hrsg.) (1985), S. 172–176.
Kornfield, Jack: Hindernisse und Wechselfälle in der spirituellen Praxis. In: Grof, Stanislav; Grof, Christina (Hrsg.) (1990), S. 160–203.
Krämer, Sybille (Hrsg.): *Bewußtsein.* Frankfurt am Main 1996. stw 1240.
Kripananda, Swami: Kundalini – die Energie der Transformation. In: Grof, Stanislav (Hrsg.) (1986).
Krishna, G.: *Kundalini: Erweckung geistiger Kräfte im Menschen.* Bern 1977. Scherz.
Kübler-Ross, Elisabeth: *Über den Tod und das Leben danach.* Neuwied 1990. Verlag »Die Silberschnur«.
Kuhn, Thomas: *Die Struktur wissenschaftlicher Revolutionen.* Frankfurt 1973. Suhrkamp.
Kurth, Krista: Jeden Tag eine Übung. In: *Darshan* 101 (dt. Übersetzung 1996).
Kurtz, Ron: *Körperzentrierte Psychotherapie.* Essen 1986. Synthesis.

Laplanche, Jean: Kurze Abhandlung über das Unbewußte. In: *Psyche* 53, 12 (1999), S. 1213–1246.
Lersch, Philipp: *Aufbau der Person.* München 1962. Johann Ambrosius Barth Verlag.

Leviton, Richard: Sie ging den Weg des Berges. In: *Esotera* 9 (1993).

Levy-Bruhl, C.: *Les fonctions mentales dans les sociétés inferieures.* Paris 1928. Alcan.

Lexikon der östlichen Weisheitslehren. Bern/München/Wien 2. Aufl. 1986, Scherz.

Loddenkemper, Hermann: Aspekte des Bewußtseins. In: Resch (Hrsg.) (1986).

Loomans, Pieter: Initiatische Therapie nach Graf Dürckheim und M. Hippius-Gräfin Dürckheim. In: Zundel; Loomans (Hrsg.) (1994), S. 137–157.

Loomans, Pieter (Hrsg.): *Meditation und transpersonale Psychotherapie.* Petersberg 1999. Verlag Via Nova.

Lowen, Alexander: *Körperausdruck und Persönlichkeit.* München 1981. Kösel.

Lucadou, Walter von: *Psyche und Chaos. Theorien der Parapsychologie.* Frankfurt am Main/ Leipzig 1995. Insel.

Ludwig-Körner, Christiane: *Der Selbstbegriff in Psychologie und Psychotherapie.* Wiesbaden 1992. DUV.

Marcel, Gabriel: *Die Menschenwürde und ihr existentieller Grund.* Frankfurt 1972. Knecht.

Marcuse, Herbert: *Der eindimensionale Mensch.* Neuwied/Berlin 1976. Luchterhand.

Maslow, Abraham: Die umfassende Reichweite der menschlichen Natur. In: *Integrative Therapie* 3 (1994), S. 200–208.

Maslow, Abraham: *Psychologie des Seins.* München 1973. Kindler.

Maturana, Humberto (Hrsg.): *Erkennen. Die Organisation und Verkörperung von Wirklichkeit.* Braunschweig/Wiesbaden 1982. Vieweg.

Maturana, Humberto; Varela, Francisco: Autopoietische Systeme. Eine Bestimmung der lebendigen Organismen. In: Maturana (Hrsg.) (1982).

Matussek, Paul: *Kreativität als Chance.* München/Zürich 1979. Piper.

Meister Eckhart: *Von der Stille. Eine Auswahl.* Freiburg im Breisgau (o. Jahr). Hyperion.

Merleau-Ponty, Maurice: *Phänomenologie der Wahrnehmung.* Berlin 1966. De Gruyter Studienbuch Verlag.

Metzger, Wolfgang: *Psychologie.* 5. Aufl. Darmstadt 1975. Steinkopff.

Metzinger, Thomas: *Bewußtsein. Beiträge aus der Gegenwartsphilosophie.* Paderborn, München/ Wien/Zürich 1996. Schöningh.

Metzner, Ralph: States of Consciousness and Transpersonal Psychology. In: Vallee; Halling, (Hrsg.) (1989).

Minden, Gerald von: *Der Bruchstück-Mensch.* München/Basel 1988. Ernst Reinhard Verlag.

Moody, Raymond A.: *Leben nach dem Tod.* Reinbek bei Hamburg, 3. Aufl. 1999. Rowohlt.

Muktananda, Paramahansa: *Von der Natur Gottes.* Freiburg i. Breisgau 1979. Aurum.

Muktananda, Swami: *The perfect relationship.* South Fallsburg/New York 1980. Syda Foundation.

Muktananda, Swami: *Kundalini.* Freiburg 1982. Aurum.

Muktananda, Swami: *I have become alive.* South Fallsburg 1985. Syda Foundation.

Muktananda, Swami: *Spiel des Bewußtseins.* Freiburg i. Breisgau 1986. Aurum.

Muktananda, Swami: *Der Weg und sein Ziel.* München 1987. Goldmann.

Muktananda, Swami: Let your vision become divine. In: *Darshan* 48 (1991), S. 30–38.

Muktananda, Swami: Self-Realisation. In: *Darshan* 52 (1991). South Fallsburg.

Muktananda, Swami: *Meditate.* South Fallsburg 1991. Syda Foundation.

Muktananda, Swami: *From the finite to the infinite.* South Fallsburg 1994. Syda Foundation.

Muktananda, Swami: The new language. In: *Darshan* 91 (1994), S. 34–37.

Müller, Lutz; Seifert, Theodor: *Die analytische Psychologie C. G. Jungs als Form transpersonaler Psychologie.* In: Zundel; Fittkau (1989).

Müller, Rüdiger: Evolution als Nachvollzug – Jean Gebsers Erkenntnisse über den Weg zur Bewußtwerdung. In: Loomans (1999), S. 39–60.

Neumann, Erich: *Tiefenpsychologie und neue Ethik.* München 1964. Kindler (Reihe Geist und Psyche).
Neumann, Erich: *Ursprungsgeschichte des Bewußtseins.* München 1974. Kindler (Reihe Geist und Psyche).
Nickel, Horst: *Entwicklungspsychologie des Kindes- und Jugendalters.* 1. Bd. Bern/Stuttgart/Wien 1972. Hans Huber Verlag.
Nietzsche, Friedrich: *Kritische Studienausgabe.* München 1980. dtv.
Nitta, Yoshihiro (Hrsg.): *Japanische Beiträge zur Phänomenologie.* Freiburg/München 1984. Karl Alber Verlag.
Noyes, R. The experience of dying. In: *Psychiatrie* 35 (1972), S. 174 ff.

Osis, Karlis; Haraldsson, Erlendur: Sterbebettbeobachtungen von Ärzten und Krankenschwestern: Eine interkulturelle Umfrage. In: Resch (1981), S. 425–455.
Otto, Rudolf: Das Heilige. München 1917.

Pahnke, Walter N.: Drogen und Mystik. In: Josuttis (Hrsg.) (1972).
Palmer, John: Haben wir PSI nachgewiesen? In: *Zeitschrift für Parapsychologie und Grenzgebiete der Psychologie* 32, 1/2 (1990), S. 6–18.
Pantanjali: *Die Wurzeln des Yoga.* Bern/München/Wien 6. Aufl. 1990. Scherz.
Pasadika, Bhikkhu: Zur Entfaltung vollkommener Bewußtheit im Theravada und Vajrayana. In: Scharfetter; Rätsch (Hrsg.) (1998), S. 45–60.
Passie, Torsten: Ist Schamanismus Mystik? In: Scharfetter; Rätsch (Hrsg.) (1998) S. 121–136.
Perls, Frederick S.; Hefferline, Ralph; Goodman, Paul: *Gestalttherapie. Lebensfreude und Persönlichkeitsentfaltung.* Stuttgart 1979. Klett Cotta, 6.Aufl.1994.
Perls, Friedrich S.: *Gestalt Wachstum Integration.* Paderborn 1980. Junfermann Verlag.
Perry, John Weir: *Spirituelle Krisen und Erneuerung.* In: Grof, Stanislav; Grof, Christina (1990), S. 102–118.
Petzold, Hilarion: Vorüberlegungen und Konzepte zu einer integrativen Persönlichkeitstheorie. In: *Integrative Therapie,* 1–2 (1984), S. 73–115.
Petzold, Hilarion (Hrsg.): *Leiblichkeit.* Paderborn 1985. Junfermann.
Petzold, Hilarion; Orth, Ilse (Hrsg.): *Die neuen Kreativitätstheorien* Bd. 1. Paderborn 1991. Junfermann.
Petzold, Hilarion: *Integrative Therapie* Bd 1–3. Paderborn 1993. Junfermann.
Pfeiffer, Egon: *Grenzgang Niemandsland.* Zutphen (NL) 1993. Karin Fischer Verlag.
Piaget, Jean: *Der Aufbau der Wirklichkeit beim Kinde.* Stuttgart 1975. Klett Cotta, 2.Aufl. 1998.

Radin, Dean: *The conscious universe.* San Francisco 1997. Harper Collins.
Rätsch, Christian: *Schamanische Bewußtseinszustände und religiöse Erfahrungen.* In: Resch (Hrsg.) (1997), S. 39–70.
Rätsch, Christian: Einleitung. In: Scharfetter; Rätsch (Hrsg.) (1998), S. 119–120.
Reich, Wilhelm: *Charakteranalyse.* Frankfurt am Main 1978. Fischer-TB.
Resch, Andreas (Hrsg.): *Fortleben nach dem Tode.* Innsbruck 1981. Resch.
Resch, Andreas (Hrsg.): *Psyche und Geist.* Innsbruck 1986. Resch.
Resch, Andreas (Hrsg.): *Paranormologie und Religion.* Innsbruck 1997. Resch.
Ring, Kenneth: Aus Todesnähe. Liebend zurück ins Leben. Esotera Gespräch mit Kenneth Ring. In: *Esotera* 1 (1986), S. 42ff.
Rinpoche, Sogyal: Das tibetische Buch vom Leben und Sterben. Bern/München/Wien 1994. O. W. Barth.
Roden, Rüdiger von: *Das Erleben erweiterten Bewußtseins.* Paderborn 1997. Junfermann.

Rogers, Carl: *Entwicklung der Persönlichkeit.* Stuttgart 1979. Klett Cotta, 13. Aufl. 2000.

Rohde-Dachser, Christa: *Das Borderline Syndrom.* Bern/Stuttgart/Wien 1983. Verlag Hans Huber.

Rosenbohm, Alexandra: Schamanismus in Sibirien. Wie Kislasow aus dem Stamm der Sagai zum Schamanen wurde. In: *Connection spezial* 6/7 (48) (2000).

Ryzl, Milan: *Parapsychologie.* Genf, 7. Aufl. 1989. Ariston (Augsburg 1999. Bechtermünz Verlag).

Sabom, Michael: *Erinnerungen an den Tod.* München 1983. Kösel.

Sarasvati, Sivananda S.: *Kundalini Yoga.* Bern/München 1994. Goldmann.

Schaeffer, Michael; Bachmann, Anita (Hrsg.): *Neues Bewußtsein – Neues Leben.* München 1989. Heyne.

Scharfetter, Christian: *Der spirituelle Weg und seine Gefahren.* Stuttgart 1994. Enke.

Scharfetter, Christian: Ganzheit und Ganzheitlichkeit in der Psychotherapie. In: *Zeitschrift: Transpersonale Psychologie und Psychotherapie* 4,1 (1998), S. 60–67.

Scharfetter, Christian; Rätsch, Christian (Hrsg.): *Welten des Bewußtseins* Bd. 9: Religion, Mystik, Schamanismus. Berlin 1998. VWB Verlag.

Schmitz, Hermann: *Bewußtsein als instabiles Mannigfaltiges.* In: Krämer (Hrsg.) (1996).

Schneider, Alex: Telepathie, Hellsehen und Präkognition. In: Resch (1986), S. 233–266.

Schoen, Stephen: Gestalttherapie und buddhistische Lehren. In: *Gestaltkritik* 2 (1995).

Schröter-Kunhardt, Michael: Das Jenseits in uns. In: *Psychologie Heute* 20, 6 (1993).

Schwartz-Salant, Nathan: *Die Borderline-Persönlichkeit.* Olten/Freiburg i. Breisgau 1991. Walter.

Schwery, Walter: *Im Strom des Erwachens. Der Kundaliniweg des Siddha-Yoga und der Individuationsprozeß nach C. G. Jung.* Interlaken 1988. Ansata.

Seiffert, Helmut: *Einführung in die Wissenschaftstheorie* Bd. 1 München 1975. Bd. 2 München 1977. C. H. Beck.

Selg, Herbert; Bauer, Werner: *Forschungsmethoden der Psychologie.* Stuttgart 1971. Kohlhammer.

Sexauer, Hans: Die tanzenden Tische. Internetdokument des Instituts für Parapsychologie und Grenzgebiete der Psychologie, Freiburg. In: *Neue Wissenschaft* 2 (1960).

Sharamon, Shalila; Baginsky, Bodo J.: *Das Chakren-Handbuch.* Aitrang 1988. Windpferd.

Sheldrake, Rupert: *Das Gedächtnis der Natur.* Bern/München/Wien 1990. Scherz.

Sheldrake, Rupert: *Die Wiedergeburt der Natur.* Bern/München/Wien 1991. Scherz.

Sheldrake, Rupert: *Sieben Experimente, die die Welt verändern können.* Bern/München/Wien 1996. Scherz.

Sheldrake, Rupert: *Die Seele ist ein Feld.* Bern/München/Wien 1999. O.W. Barth.

Siddha Yoga *Korrespondenzkurs:* Siddha Yoga Stiftung. Bern 1988–1993.

Soal, S.; Bateman, F.: *Modern Experients in Telepathy.* London 1954. Faber & Faber.

Soni Jayandra: Meditation und Mystik im Jainismus. In: Scharfetter; Rätsch (Hrsg.) (1998), S. 15–27.

Stace, W.T.: *Mysticism and philosophy.* London 1961. MacMillan.

Steindl-Rast, David: Fünf Kennzeichen echten Betens. In: Zundel; Fittkau (1989), S. 195–213.

Talbot, Michael: *Das holographische Universum.* München 1992. Droemer Knaur Verlag.

Tart, Charles: *Altered states of consciousness.* New York 1969. John Wiley & Sons.

Tart, Charles: *Transpersonale Psychologie.* Olten 1978. Walter.

Tart, Charles: Bewußtseinszustände und zustandsspezifische Wissenschaften. In: Capra u. a. (Hrsg.) (1985), S. 227–243.

Tart, Charles T.: *Das Übersinnliche.* Stuttgart 1986. Klett Cotta.

Taylor, Kylea: *The Holotropic Breathwork Workshop: A Manual for trained facilitators.* Santa Cruz 1991. Selbstverlag.
Taylor, Kylea: *Hilfe für die Helfer.* Freiburg i. Breisgau 1997. Bauer.
Teegen, Frauke: Verstärkte Atmung und seelisches Erleben. In: Petzold (1985), S. 499–545.
Tenhaeff, W. H. C.: Das Geistersehen. In: Resch, Andreas (Hrsg.) (1981), S. 617–635.
Teresa von Avila: *Die innere Burg.* Zürich 1979. Diogenes.
Thomä, Helmut; Kächele, Horst: *Lehrbuch der psychoanalytischen Therapie.* Bd. 1 u. 2. Berlin u. a. 1986 u. 1988. Springer.
Trungpa, Chögyam: *Spirituellen Materialismus durchschneiden.* Zürich/München/Berlin 1999. Thesus.

Ueda, Shizuteru: Das Nichts und das Selbst im buddhistischen Denken. In: *Studia Philosophica,* Bd. XXXIV (1974).

Vallee, Ron; Halling, Steen (Hrsg.): *Existential-Phenomenological Perspectives in Psychology.* New York 1989.
Vasudevananda, Swami: You can cry or you can sing. In: *Darshan* 17 (1998), S. 9–14.
Vaughan, Frances: Die transpersonale Perspektive. In: Grof (Hrsg.) (1986).
Vaughan, Frances: *Die Reise zur Ganzheit.* München 1990. Kösel.
Vaughan, Francis; Walsh, Roger (Hrsg.): *Psychologie in der Wende.* Bern/München/Wien 1985.
Villoldo, Alberto; Krippner, Stanley: *Heilen und Schamanismus.* Basel 1986. Sphinx.

Walch, Sylvester: *Subjekt, Realität und Realitätsbewältigung.* München 1981. Minerva.
Walch, Sylvester: Was verstehen wir unter den Begriffen Ich, Ego und Selbst. In: *Zeitschrift für Transpersonale Psychologie und Psychotherapie* 5, 2 (1999).
Walsh, Roger N., Vaughan, Francis: Meditation-Pforte zum Transpersonalen. In: Capra u. a. (Hrsg.) (1985).
Walsh, Roger: *Der Geist des Schamanismus.* Olten 1992. Walter.
Walsh, Roger: Die Transpersonale Bewegung – Geschichte und derzeitiger Entwicklungsstand. In: *Zeitschrift für Transpersonale Psychologie und Psychotherapie* 1, 1 (1995).
Waters, Frank: Das Buch der Hopi. In: Harner (1991), S. 86.
Wehr, Gerhard: *Die deutsche Mystik.* 1988. O. W. Barth.
Weidinger-Moser, Maria; Weidinger, Hans-Peter (Hrsg.): *Wege zum Selbst.* Wien 1995. Eigenverlag.
Welte, Bernhard: *Meister Eckhart. Gedanken zu seinen Gedanken.* Freiburg/Basel/Wien 1992. Herder.
Werth, R.: *Bewußtsein. Psychologische, neurologische und wissenschaftstheoretische Aspekte.* Heidelberg 1983. Springer.
Wilber, Ken: *Wege zum Selbst.* München 1984. Kösel.
Wilber, Ken: *Das Spektrum des Bewußtseins.* Bern/München/Wien 1987. Scherz.
Wilber, Ken: Die Natur des Bewußtseins. In: Vaughan; Walsh (Hrsg.) (1985).
Wilber, Ken; Engler, Jack; Brown, Daniel P.: *Psychologie der Befreiung.* Bern/München/Wien 1988. O. W. Barth u. Scherz.
Wilber, Ken: Eine Spiritualität, die transformiert. In: *Zeitschrift für Transpersonale Psychologie und Psychotherapie* 3, 2 (1997), S. 58–62.
Wilber, Ken: *Eine kurze Geschichte des Kosmos.* Frankfurt am Main, 3. Aufl. 1999, Fischer.
Wilber, Ken: Spiritualität und Entwicklungslinien: Gibt es Stufen? In: *Zeitschrift für Transpersonale Psychologie und Psychotherapie* 6, 1 (2000), S. 37–48.
Winnicott, D. W.: *Reifungsprozesse und fördernde Umwelt.* Frankfurt am Main 1988.

Wyss, Dieter: *Die tiefenpsychologischen Schulen von den Anfängen bis zur Gegenwart.* Göttingen 1972. Vandenhoeck und Ruprecht.
Wyss, Dieter: *Der Kranke als Partner.* Göttingen 1982. Vandenhoeck und Ruprecht.
Wyss, Dieter: Das Traumbewußtsein. In: *Zeitschrift für Daseinsanalyse* 1, 5 (1988).

Yoga-Sutra: *Der Yoga Leitfaden des Pantanjali.* Hamburg 1987. Papyrus.

Zöbeli, Jürg: Sinngebung oder Sinnfindung. In: *Transpersonale Psychologie und Psychotherapie* 4, 1 (1998), S. 68–82.
Zundel, Edith: Transpersonale Psychologie und Psychotherapie. In: Weidinger-Moser; Weidinger (Hrsg.) (1995).
Zundel, Edith; Fittkau, Bernd: *Spirituelle Wege und Transpersonale Psychotherapie.* Paderborn 1989. Junfermann.
Zundel, Edith; Loomans, Pieter (Hrsg.): *Psychotherapie und religiöse Erfahrung.* Freiburg i. Breisgau 1994. Herder.

Register

Tiefenpsychologie und Spiritualität

Brigitte Dorst (Hg.)
C. G. Jung: Schriften zu Spiritualität und Transzendenz

Format 14 x 22 cm
264 Seiten
Hardcover mit Schutzumschlag
ISBN 978-3-8436-0222-8

Im Welt- und Menschenbild der Analytischen Psychologie C. G. Jungs ist Spiritualität von ganz besonderer Bedeutung. So schreibt Jung in einem Brief: „Die entscheidende Frage für den Menschen ist: Bist du auf Unendliches bezogen? Das ist das Kriterium seines Lebens.“ Auch der therapeutische Prozess ist nach seiner Auffassung eng mit Spiritualität verbunden: „Das Problem der Heilung ist ein religiöses Problem.“
Die Jung'sche Analytikerin Brigitte Dorst versammelt in diesem Auswahlband die wichtigsten Schriften C. G. Jungs zum Thema Spiritualität und Transzendenz und erläutert in einer Einleitung die Bedeutung spiritueller Dimensionen in Jungs Leben und Werk.